'2010中国广告年鉴

China Advertising Yearbook

新华出版社

图书在版编目（CIP）数据

’2010中国广告年鉴/《中国广告年鉴》编辑部编
.——北京：新华出版社，2010.12

ISBN 978-7-5011-9479-7

Ⅰ.①2… Ⅱ.①中… Ⅲ.①广告－中国－2010－年鉴 Ⅳ.①F713.8-54

中国版本图书馆CIP数据核字（2010）第234438号

’2010 中国广告年鉴
China Advertising Yearbook

责任编辑：梁秋克　王晓娜
出版发行：新华出版社
地　　址：北京石景山区京原路8号
网　　址：http：//www.xinhuapub.com
　　　　　http：//press.xinhuanet.com
邮　　编：100040
经　　销：新华书店
承　　制：北京同力永正图文设计事务所
开　　本：850×1168毫米　1/16
印　　张：39印张
字　　数：1050千字
版　　次：2010年12月 北京第一版
印　　次：2010年12月 北京第一次印刷
书　　号：ISBN 978-7-5011-9479-7
定　　价：380.00元（精装）

坚持科学发展

繁荣广告市场

周伯华

二〇〇八年九月

国家工商行政管理总局局长周伯华同志为《中国广告年鉴》题词

编辑说明

一、《中国广告年鉴》是一部图文并茂的大型资料工具书，2010年版收编了2009年与中国广告业发展有关的主要文献资料。

二、“大事记”、“政策法规”等，以日期为序。

三、本年鉴收集的2009年资料和数据中，未包括我国台湾省、香港特别行政区和澳门特别行政区。

四、为便于读者检索，书末附有“广告刊户索引”。

五、限于编辑水平和所掌握的资料，缺点和错误在所难免。欢迎读者批评指正。

INTRODUCTION

Ⅰ. *China Advertising Yearbook* is a big reference book with a large number of photos and illustrations.The Edition of 2010 includes major information concerning the development of China advertising industry in 2009.

Ⅱ. Columns of "Chronicle of Events" and "Policies,Laws & Regulations" are arranged in order of date.

Ⅲ. Information of Taiwan Province,Hong Kong Special Administrative Region and Macao Special Administrative Region is not included in the yearbook.

IV. For the convenience of readers, "Index of Advertisers " are enclosed at the end of the yearbook.

Ⅴ. Due to limited information available,oversight and mistakes are inevitable.We welcome readers to comment and point out our mistakes.

’2010 中国广告年鉴

China Advertising Yearbook

吴干冰	中广协副会长、浙江省广告协会会长
张木生	中广协民航分会主任
李宝林	中广协烟草分会主任
李维正	中广协电力分会主任
李文杰	中国广告主协会事业发展部主任
杜 红	中广协副会长、新浪销售与市场资深总裁
汪 良	中广协副会长、北京人民广播电台台长
沈赞臣	中广协副会长、上海灵狮广告有限公司董事长
邵国平	中广协霓虹灯分会主任
陈学军	中广协副会长、上海市工商行政管理局副局长
陈培爱	中广协学术分会主任
巫穗生	中广协副会长、广州日报社广告处处长
罗 明	中广协副会长、中广协电视分会主任、中央电视台副台长
郑加强	中广协副会长、中国国际广播电台国广传媒发展中心副总经理
郑有义	中广协副会长、人民日报广告部主任
侯超杰	国家工商行政管理总局广告监管司综合处处长
宫川勝	中广协副会长、资生堂（中国）投资有限公司总经理
贺寿天	中广协副会长、江苏省工商行政管理局副局长
贺超兵	中广协副会长、中广协户外分会主任、大贺传媒股份有限公司董事长
徐 见	中广协副会长、陕西电视台副台长
秦振东	中广协铁路分会主任
郭丽娟	中广协副会长、上海广告有限公司董事长
梁勤俭	中广协报纸分会主任
彭德湘	中广协副会长、麦肯光明广告有限公司总裁
程小玲	中广协副会长、中国广告联合总公司总经理
蒙克勤	中广协公交分会主任
鄢 钢	中广协副会长、中广协广告公司分会主任、北京国安广告总公司董事长
廖 伶	中广协副会长、重庆市广告协会会长

'2010 中国广告年鉴

China Advertising Yearbook

肖纯新	湖北省工商行政管理局商标广告处处长
张锦妙	湖北省广告协会秘书长
吴晶梅	湖南省工商行政管理局商标广告处副处长
梅金华	湖南省广告协会秘书长
林　阳	广东省工商行政管理局广告处处长
蒙飞才	广西壮族自治区工商行政管理局商标广告处处长
李玉华	广西壮族自治区广告协会秘书长
蔡泽进	海南省工商行政管理局商标广告监管处处长、海南省广告协会秘书长
魏　彬	重庆市工商行政管理局广告处处长
廖　伶	重庆市广告协会会长
袁　桥	四川省工商行政管理局广告处处长
曾广文	四川省广告协会秘书长
王岭杨	贵州省工商行政管理局广告处处长、贵州省广告协会秘书长
陈学坤	云南省工商行政管理局广告处处长
郑立新	云南省广告协会秘书长
次　仁	西藏自治区广告协会秘书长
周华庭	西藏自治区工商行政管理局商标广告处处长
张同武	陕西省工商行政管理局商标广告处处长
侯云章	陕西省广告协会秘书长
李红钦	甘肃省工商行政管理局广告处处长
严　勇	甘肃省广告协会秘书长
马秀梅	青海省工商行政管理局广告处处长、青海省广告协会秘书长
樊胜邦	宁夏回族自治区工商行政管理局商标广告处处长
王晓胤	宁夏回族自治区广告协会秘书长
刘立波	新疆维吾尔自治区工商行政管理局商标广告处处长
苗桂云	新疆维吾尔自治区广告协会副秘书长

于公安	大连市工商行政管理局商标广告处处长、大连市广告协会秘书长
王维克	宁波市工商行政管理局商标广告处、宁波市广告协会秘书长
黄志毅	厦门市工商行政管理局广告处、厦门市广告协会秘书长
周　菱	青岛市工商行政管理局广告处、青岛市广告协会秘书长
王建青	深圳市市场监督管理局广告处
程建功	深圳市广告协会秘书长
韩玉芹	沈阳市工商行政管理局广告处处长、沈阳市广告协会秘书长
姜　超	长春市工商行政管理局广告分局
陶　虹	长春市广告协会秘书长
胡松涛	哈尔滨市工商行政管理局广告处处长
王　坚	哈尔滨市广告协会秘书长
金再华	南京市工商行政管理局广告处处长
陆道爱	南京市广告协会会长
汪言福	南京市广告协会秘书长
李晓萍	杭州市工商行政管理局广告处处长
侯吉光	济南市工商行政管理局广告处处长
李树银	济南市广告协会秘书长
杨　勇	武汉市工商行政管理局商标广告处处长
杨汉康	武汉市广告协会会长
王冀广	广州市工商行政管理局广告处处长
金培武	广州市广告行业协会秘书长
武　剑	成都市工商行政管理局广告处处长
邹俐莉	成都市广告协会副秘书长
马恩太	西安市工商行政管理局广告处处长
郭栓锁	西安市广告协会秘书长

编辑部人员名单

编辑部主任：　柏　群
编辑部副主任：项　扬
编　　审：　仲　辉
编　　辑：　杨　宁　徐德铮
装帧设计：　周向东
统　　筹：　刘　丹
校　　对：　杨　宁
督　　印：　刘　丹　何　冰

搜狐新闻
上搜狐 知天下
www.sohu.com

Leo Burnett
用创意的力量 改变人的行为

2010盛会 我们继续最前
金秋十一月，盛况空前。
广州日报将走在精品级阅读的最前沿，
亚洲最强印力举重若轻，造就全城体育盛事的一纸风行！
廣州日報
追求最出色的新闻 塑造最具公信力媒体

廣州日報

www.bus-online.com.cn
跨平台 多终端 数字化的互动媒体网络
BUS-ONLINE
巴士在线，中国领先的数字媒体集团
■ 致力于构建移动电视平台、网络电视平台、手机媒体平台为长期发展战略
■ 已建成中国领先的全国性移动电视网络，拥有公交、肯德基餐厅两大传播频道
■ 独特的跨媒体运营模式，引领中国新媒体产业发展趋势
上海：021-63322666 北京：010-65686888 江西：0791-8112528
巴士在线
BUS-ONLINE
数 字 创 新 生 活

www.bus-online.com.cn
http://ydcm.cntv.cn
中国移动电视领导者
KFC
CCTV
移动传媒
国家广电部门授权批准，中央电视台与巴士在线携手打造
■公交移动电视网，覆盖全国24个城市，4万辆新型公交车，近8万个液晶显示终端
■KFC店内电视网，覆盖全国170个城市，3600家欢乐餐厅，5400台高清电视终端
■每天向全国1亿都市受众，传播高品质电视节目及生活资讯
中央电视台移动传媒独家营销机构：巴士在线传媒有限公司
上海:021-63322666
北京:010-65686888
广州:020-85657954
成都:028-85565057

业发展的领航
路广告资源整合的先导
中铁世纪
中铁世纪传媒广告有限公司
CHINA RAILWAY CENTURY MEDIA AD CO.,LTD

两个地方找到我：
摩天楼顶，腾讯网
唐知非　城市经济分析师
财经博客写手
腾讯网5年用户
线上线下，两个世界，一个生活。
腾讯网，以丰富的在线生活平台，
和多样化的数字媒体接触点，覆盖
庞大高端用户群，帮助品牌对目标
消费者进行高效互动的传播。
大回响 大影响
腾讯网86%用户在20到34岁之间

中国广西电视台
CHINA GUANGXI TELEVISION
美丽天下
红火7月，广西电视台全新改版。看美丽，看广西！

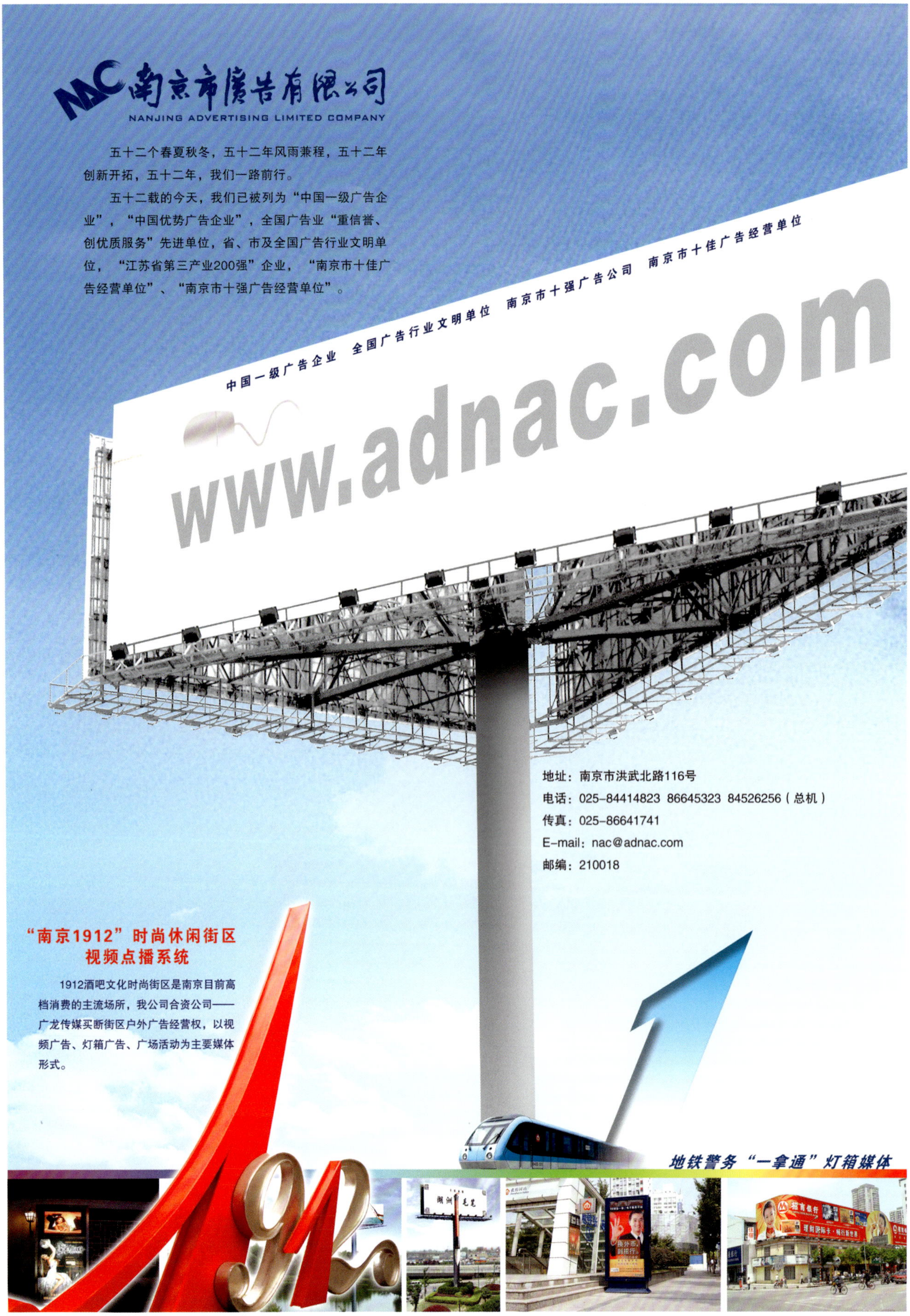
NAC 南京市广告有限公司
NANJING ADVERTISING LIMITED COMPANY
五十二个春夏秋冬，五十二年风雨兼程，五十二年创新开拓，五十二年，我们一路前行。
五十二载的今天，我们已被列为“中国一级广告企业”，“中国优势广告企业”，全国广告业“重信誉、创优质服务”先进单位，省、市及全国广告行业文明单位，“江苏省第三产业200强”企业，“南京市十佳广告经营单位”、“南京市十强广告经营单位”。
中国一级广告企业　全国广告行业文明单位　南京市十强广告公司　南京市十佳广告经营单位
www.adnac.com
地址：南京市洪武北路116号
电话：025-84414823 86645323 84526256（总机）
传真：025-86641741
E-mail：nac@adnac.com
邮编：210018
“南京1912”时尚休闲街区
视频点播系统
1912酒吧文化时尚街区是南京目前高档消费的主流场所，我公司合资公司——广龙传媒买断街区户外广告经营权，以视频广告、灯箱广告、广场活动为主要媒体形式。
地铁警务“一拿通”灯箱媒体

’2010中国广告年鉴
China Advertising Yearbook

目录

十 业界论坛

十一　广告优秀作品评选

十二　公益广告

'2010中国广告年鉴

China Advertising Yearbook

CONTENTS

X Advertising Tribune

XIX Index

’2010中国广告年鉴

China Advertising Yearbook

领导讲话

Speeches by Leaders

深入落实科学发展观 切实坚持“四个只有”为促进经济社会又好又快发展不断做出新贡献
——在全国工商行政管理工作会议上的讲话

（2009 年 12 月 24 日）

国家工商行政管理总局局长 周伯华

同志们：

这次全国工商行政管理工作会议的主要任务是，全面贯彻党的十七大、十七届三中、四中全会和中央经济工作会议精神，按照深入落实科学发展观的要求，回顾总结2009年的工作，安排部署2010年的任务。王岐山副总理对工商行政管理工作十分重视，对开好这次会议非常关心，12月18日下午专门听取了总局班子成员的工作汇报，并作出重要指示，深刻阐述了工商行政管理的地位和作用，充分肯定了2009年工商行政管理系统为应对国际金融危机做出的积极贡献，对做好明年的工作提出了四个方面的要求：一是要认清形势，进一步增强责任感和紧迫感。二是要切实加强市场监管，有效防止监管的系统性风险和区域性风险。三是要大力加强基础建设和基层基础建设工作。四是要进一步加强队伍建设，特别是党的建设。王岐山副总理的重要指示，使我们深受鼓舞和鞭策。我们一定要认真学习、深刻领会、狠抓落实，为夺取应对国际金融危机冲击的全面胜利、保持经济平稳较快发展做出新的贡献，不辜负国务院领导的殷切期望。下面，我代表总局党组讲几点意见。

一、积极应对国际金融危机，全力服务经济平稳较快发展，2009年工商行政管理工作取得显著成绩

2009 年是工商行政管理系统应对国际金融危机、服务经济平稳较快发展展现新水平的一年，是落实新“三定”、依法履行市场监管职责迈开新步伐的一年，是

加强学习培训、建设高素质干部队伍取得新成果的一年，是坚持攻坚克难、奋发有为工作受到各级党委政府高度重视和充分肯定的一年，也是全系统干部展示新风貌、创造新业绩向新中国成立60周年献上厚礼的一年。一年来，全系统在党中央、国务院和各地党委、政府的正确领导下，认真落实去年底全国工商行政管理工作会议的部署，坚决贯彻中央应对国际金融危机冲击的一揽子计划，全面实施促进经济平稳较快发展的政策措施，立足本职，服务大局，强化监管，优化服务，各项工作取得新的成绩。

（一）认真贯彻落实中央应对国际金融危机、保增长保民生保稳定的决策部署，服务经济平稳较快发展取得显著成效。

国际金融危机发生后，中央果断采取了一系列应对措施。总局党组把落实中央决策部署与履行工商行政管理职能紧密结合起来，提出了“增加总量、扩大规模、鼓励先进、淘汰落后”的促进市场主体健康发展的十六字方针，发布了开展股权出质登记、引导扩大消费，支持个体私营经济发展等9个针对性强的政策文件，实行了宽松的市场主体政策和提高公共服务水平的措施办法，把保增长、保民生、保稳定与调整经济结构结合起来，把发挥宏观调控作用与发挥市场机制作用结合起来，把实施政策帮扶与充分调动企业积极性结合起来，尽职尽责保增长、促发展。各地按照总局的部署，加强政策支持，开展帮扶行动，拓展服务领域，提高行政效能，为应对国际金融危机、促进经济平稳较快发展做出了重要贡献，受到了各地党委、政府的充分肯定。今年以来，有18位省委书记、省长对工商行政管理机关服务发展取得的成绩作出批示、给予表扬，为历年之最；总局发布服务经济发展文件数量之多，为历年之最；各地出台支持发展的政策文件多达5211件，为历年之最。这些措施实、力度大的政策办法，不仅在上半年初见成效，而且在下半年凸显政策效应，为巩固和发展企稳回升局面发挥了积极作用。

促进市场主题保持稳定健康发展态势。各地把“增加总量、扩大规模、鼓励先进、淘汰落后”的方针落实到具体工作中，积极采取加强政策扶持、开展大走访、将年检作为帮扶平台、推广网上年检、实行重大投资项目跟踪服务、做好市场主体基础信息分析工作，以及开展股权出质登记、商标专用权质权登记等一系列措施，提供便捷高效服务，帮忙解决融资难问题，促进各类市场主体稳定发展。今年以来，全系统共办理内资公司股权出资登记695.9亿元、股权出质2997亿元（股）、担保债权总额4466.7亿元、商标专用权质押价值96.8亿元；走访企业52.98万户，开辟“绿色通道”1.29万条，召开座谈会1.57万次，编发市场主体信息分析报告1.5万份；20多万户内资企业在优惠政策下延续了经营资格、出资期限；落实国家调整经济结构总体部署和产业调整、振兴规划，登记重点发展企业内资企业40.6万户、现代服务业内资企业41万户，吊销“两高一资”企业营业执照806户，在矿产资源整合中注销企业1486户、吊销营业执照815户，在参与钢铁等行业的产业结构调整中淘汰落后企业5739户。这些政策措施，降低了国际金融危机对市场主体发展的不利影响，确保了在复杂困难的环境下市场主体稳定健康发展。截至11月底，我国实有内资企业（含私营企业）971.89万户，外商投资企业43.41万户，个体工商户3184.02万户。山东运用“三押一推”方式解决企业融资难问题成效突出。吉林采取200多条扶持措施服务发展取得实效。湖南出台的促进发展措施得到了省委书记、省长的充分肯定和社会各界的好评。四川采取动产抵押登记等五种创新举措解决企业融资难问题成效显著。山西开展的“万名工商干部进十万家企业”帮扶大行动收到良好效果。天津健全了与全市重大项目、经济功能区对接的服务机制。辽宁构建六个机制促进了辽宁沿海经济带发展。广州推动的营业执照邮政特快专递服务方便了企业。沈阳建立大型企业联系制度提高了服务的针对性。重庆挖掘市场主体登记注册信息为政府决策、企业投资提供深度服务。宁波发送《特殊时期扶持政策汇编》及时向企业传递政策信息。西安发布的《产业结构与投资信息参考》为创业者提供了良好服务。

服务社会主义新农村建设成果突出。各地认真落实党的十七届三中全会精神，以深入开放“红盾护农”行动为抓手，综合发挥经纪活农、合同帮农、商标富农等服务“三农”工作机制作用，促进社会主义新农村建设成效显著。全系统在“红盾护农”行动中共查处农资违法案件3.96万件，为农民挽回经济损失1.2亿元。支持企业在农村地区设立分支机构近12万个，农民专业合作社发展到22.77万户。今年以来，共核准注册农产品商标12.76万件、地理标志219件。江苏精心实施“三化”工程，着力服务新农村建设。海南在商标富农工作中取得的成绩受到了省委书记的表扬。广西指导农资企业推行“六统一”连锁经营、宁夏培训农村经纪人、江西开展“万名干部服务下乡镇”活动、青海实施“绿色桥梁行动”、长春创造“土地托管”合同帮农新模式、湖北推出“千企联千村、共建新农村”活动等，都取得了良好效果。

支持区域经济协调发展实效明显。全系统贯彻落实国家区域发展战略，实施了支持海峡西岸经济区、北京中关村科技园区、湖北武汉城市圈、湖南长株潭“两型社会”建设等区域发展政策措施，取得了明显的政策效应和经济效益。成功举办、参与主办四川西博会、兰州投资贸易洽谈会等经贸活动，推动了东、中、西部加强经贸合作与交流。继续开展了对口支援西藏、青海藏区、新疆等工作。长三角、泛珠三角等区域执法协作向更高水平迈进。积极开展了服务上海世博会有关工作。黑龙江省工商局下发34个政策文件支持“八大经济区”建设。福建省工商局支持海峡西岸经济区建设开创新的局面。新疆自治区工商局成功承办了中国民营企业西部峰会，促成签约总额132亿元。

（二）全面加强市场监管，为应对国际金融危机营造了良好市场环境。

国际金融危机发生后，全系统加强经济形势变化对市场秩序影响的深入研究，采取针对性措施，大力强化市场监管，努力消除市场秩序中影响经济平稳较快发展的突出问题，维护市场竞争秩序和市场交易秩序的水平进一步提高。

流通环节食品安全监管和专项木整治工作力度进一步加大。各地把贯彻落实《食品安全法》和深入开展食品安全专项整治作为今年食品安全监管的重中之重，不断加大工作力度。总局就贯彻落实《食品安全法》制订了两个规章、一个意见和八项制度，扎实推动了《食品安全法》的实施。核发食品流通许可证工作顺利推进，全系统共核发许可证20.1万个。深入开展流通环节食品安全专项执法检查，组织实施打击流通环节违法添加非食用物质和滥用食品添加剂专项整治，依法加强食品安全抽样检查，大力强化日常规范管理，继续完善索证索票、购销台账等制度，食品安全监管水平有新的提高。全系统共检查食品经营户1290.2万户次，检查批发市场、集贸市场等各类市场25.5万个次，取缔无照食品经营8.9万户，捣毁食品制假售假窝点3530个，查处流通环节食品案件7.2万件。检查食品添加剂经营者48.6万余户，查处违法案件1257件。浙江深化“一票通”制度，强化了食品流通源头监管。广西创新了“三中心、一平台”食品安全监管机制。宁波推行了食品流通企业公开评价制度，取得良好成效。

竞争执法工作扎实有序推进。2009年是《反垄断法》实施取得明显成效的一年。制定出台了配套规章，开展了执法培训、国际交流和宣传工作，梳理分析了举报材料并提出了处理意见，对重点案件开展了调查核实，相关省级工商局在总局的授权、指导下开展了反垄断执法。加强了反不正当竞争执法工作，全系统共查处不正当竞争案件2.94万件，案值23.93亿元，查处公用企业滥用垄断地位强制交易、强制服务等案件389件。治理商业贿赂专项工作不断深化，全系统共查处商业贿赂案件3775件，案值12.59亿元。打击“傍名牌”执法工作深入开展，维护了企业合法权益。

商标专用权保护工作和实施商标战略成效显著。各地加强了对专卖店、商场超市、商品集散地、商标印制企业等的执法检查，强化了商标专用权行政保护力度，全系统共查处各类商标违法案件3.76万件。整顿规范商标代理市场秩序取得明显成效，维护了商标权人的合法权益。商标战略深入实施，大部分省市商标战略已由部门行为上升为政府行为。总局制定了实施意见和五年规划，开展了商标战略示范城市、示范企业工作，成功举办了第三届中国商标节，在国内外引起良好反响。商标审查工作取得重大突破，到11月底共审查商标注册申请130.06万件、同比增长109.29%，裁定商标异议案件2.27万件、同比增长128.37%。商标评审工作取得重大进展，审理商标评审案件3.3万件，商标评审案件积压问题明显缓解。截至11月底，我国累计注册商标总量415.99万件，商标申请量、审查量、有效商标注册量均位居世界第一。驰名商标认定和保护工作力度加大，截至目前共认定驰名商标1624件。积极实施商标“走出去”战略，应对国际金融危机。天津推动商标战略由部门行为上升为政府行为，市政府发布了实施商标战略意见、三年规划、委局际联席会议制度等文件。重庆构建了“政府主导、企业主体、工商主力、部门主推”的商标工作新格局。大连开展了“走进千家企业，培育商标品牌”活动，推进了商标战略的实施。

整治虚假违法广告专项行动深入推进。各地继续把医疗、药品、保健食品广告，危害未成年人身心健康的非法涉性、低俗不良广告，以及扰乱公共秩序、影响社会稳定的严重虚假违法广告作为整治重点，积极会同有关部门，深入开展专项整治。强化广告发布源头治理和对发布环节的监管，增加广告监测和社会公告频次，加大广告执法力度，落实案件查办通报制度，严厉查处影响社会稳定、损害消费者合法权益的虚假违法广告。全系统共查处广告违法案件3.2万件，责令停止发布8263件。组织开展公益广告宣传活动，成功举办了第十六届中国国际广告节。加强广告行业自律，促进广告业健康发展。

继续保持打击传销高压态势。以《刑法》增设组织领导传销最为契机，切实加大打击力度，依法查处了林枫商贸集团、“蝴蝶夫人”等一批典型案件，打击了传销违法分子的嚣张气焰。认真开展打击传销百日执法行动，查处传销案件2474件，捣毁取缔传销窝点2.51万个，教育遣散传销人员34.65万人次。打击传销社会治安综合治理工作扎实有效，创建无传销社区广泛深入，区域协作秩序机制作用积极明显。组织开展了全国直销市场专项检查，发出警示、提示万余次，进一步规范了直销市场秩序。

“家电下乡”市场专项整治取得明显成效。“家电下乡”、“汽车摩托车下乡”是今年中央应对国际金融危机、促进扩大内需的一项重要措施。总局发出通知专门进行部署。各地深入开展“家电下乡”、“汽车摩托车下乡”市场专项整治，严把家电、汽车、摩托车下乡经营主体市场准入关，监督定点企业落实进货查验制度，依法严厉打击“以旧翻新”、“以旧充新”等制假售假行为。全系统共查处违法案件2198件，查处不合格和假冒伪劣家电5316台，有效维护了“家电下乡”、“汽车摩托车下乡”政策措施的落实和市场秩序。

各类市场监管水平明显提升。总局开展了网络商品交易监管立法调研，起草了加强网络商品交易及有关服务行业监管工作的指导意见（征求意见稿）。北京、深圳、杭州等地陆续出台相关管理规定，对网络商品交易监管工作积极进行探索。完善应急处理机制，加强市场防控，认真做好防控甲型H1N1流感、高致病性禽流感工作。进一步加强了粮食、棉花、成品油、二手车市场监管。强化市场主体证照监管，全系统共查处无照经营案件48.47万件，并积极推进长效机制建设。安徽以省政府办公厅发文形式建立了查处无照经营长效工作机制。湖北集中开展了市场主体普查和无照经营清理行动，引导督促4.38万户无照经营户规范登记。湖南开展的创建无“无照经营”等“五无”监管区活动收到良好效果。上海无照市场整治规范累计完成率达98%。厦门的中介专项治理工作受到了中央政治局常委、中央纪委书记贺国强同志的充分肯定。

（三）围绕为庆祝新中国成立60周年营造良好市场氛围，高度关注民生，强化消费维权，维护社会和谐稳定工作取得良好成效。

围绕庆祝新中国成立60周年切实做好维护市场稳定、社会稳定的工作。全系统开展了一系列庆祝新中国成立60周年宣传、教育活动，进一步激发了广大工商干部的爱党爱国热情。总局还按照中央要求，就做好国庆节前后有关工作先后三次发出明电进行部署。

各地以高度的主人翁责任感，采取有力措施，在信访接待、节日市场监管、商业促销监管、旅游市场监管、应急准备等方面，做了大量卓有成效的工作，维护了节日市场繁荣稳定，为全国人民欢乐、祥和庆祝国庆做出了积极贡献。

12315行政执法体系“四个平台”建设扎实推进。总局制定了推进“四个平台”建设的意见，各地坚持把加强“四个平台”建设与提高消费维权水平、提振消费信心、充分发挥消费需求对经济增长的贡献率结合起来，加强推进消费维权公共服务平台建设，消费维权组织网络进一步完善，“一会两站”进城市社区覆盖率为82.9%，进农村村镇覆盖率为78.3%。开展了形式多样的消费教育活动，引导扩大消费需求。全系统共受理消费者申诉案件66.05万件，为消费者挽回经济损失6.51亿元。查处制售假冒伪劣商品案件8.93万件，案值11.01亿元。查处侵害消费者权益案件8.73万件，案值6.69亿元。上海、福建、贵州等省市工商局“四个平台”建设取得良好成效。江苏大力推进了放心消费区域创建工作。河北在全省100家商场建立12315视频维权系统，在线现场调解纠纷。湖北开展了“优化消费环境、服务扩大内需”维权执法主题活动，解决了一批消费者反映强烈的突出问题。杭州推行了消费仲裁庭、小额消费纠纷快速调诉机制。

促进以创业带动就业效果显著。各地加大宣传、引导、扶持力度，制定实施一系列优惠政策，鼓励、引导返乡农民工、下岗失业人员等自主创业，大力实施三年百万高校毕业生就业见习计划，支持个体私营企业积极吸纳就业再就业人员。今年以来，全系统共引导、支持72.69万名下岗失业人员在个体私营经济领域实现就业再就业。上海出台的鼓励创业促进就业意见，实效显著。河南今年帮助13.84万名农民工实现创业就业。云南建成“创业导师库网站。陕西制定实施扶持高校毕业生自主创业和灵活就业意见取得良好效果。

认真做好社会治安综合治理工作。各地积极参与了社会治安综合治理、净化社会文化环境等工作。深入开展了“打黄打非”斗争，推进了卫星电视转播秩序整治工作，加大了查处取缔黑网吧力度，进一步强化了安全生产监管。与有关部门密切配合，继续做好未成年人思想道德建设、校园周边环境整治、禁毒防艾、处置非法集资、反假币、反洗钱、打黑除恶等工作。“7·5”事件发生后，总局党组立即给新疆工商局提出要求，新疆工商系统坚决贯彻落实党中央、自治区党委的决策部署，按照总局党组的要求，在维稳宣传、市场监管等方面做了大量工作，为维护新疆社会稳定做出了积极贡献。

（四）理论和实践创新迈出新步伐，适应社会主义市场经济监管的工商行政管理体制机制进一步健全完善。

全系统以工商行政管理理论指导实践，在实践中检验、发展理论，推动工商行政管理体制机制由基本建立向健全完善迈进。

落实新“三定”、停征“两费”后经费保障改革工作顺利进行。今年是各省（区、市）政府集中对工商行政管理机关进行新“三定”的一年，也是全系统停征“两费”后改革经费保障方式的第一年，这两项工作都取得积极进展。截至目前，31个省（区、市）中，23个省级工商局的“三定”已经下发，6个已上报待批，正在制定的有2个。通过“三定”，普遍强化了监管执法职能和服务发展任务，稳定了人心，稳定了队伍，稳定了职能。今年各省（区、市）工商行政管理系统经费保障工作扎实有效，经费总额比上年增长或持平的占70%，为开展工作创造了有利条件。

“四化建设”向更高层次推进。各地不断完善监管执法制度、服务发展机制、消费维权机制和自身建设制度，坚持狠抓制度落实，企业信用分类监管、个体工商户分层分类登记管理、商品交易市场信用分类监管、食品安全监管、流通领域商品质量准入退出等制度不断完善。基本完成全系统吊销企业数据库和一人公司数据库建设，对黑牌企业和有关责任人依法进行限制，在促进企业增强信用意识、合法有序退出市场、加强企业法人自律等方面，起来了积极作用。山东开展企业社会责任评价试点工作，成立了全国第一家省级企业社会责任协会组织。北京企业信用平台升级工作完成，企业信用体系更加完善。广东建立了“网络发言人”制度，网络问政取得新突破。西藏实行“一图一卡一档案一牌”，积极推进了监管制度改革。辽宁完善市场准入、信用监管、快速反应和办案执法四大体系，着力构建长效机制。重庆积极推进“金信工程”建设，企业联合征信系统成员单位扩大到51个。青岛建立了网上舆情监控机制，积极应对网络舆论。

“四个转变”步伐进一步加强。各地积极探索将监管领域向网络市场等新兴市场主体延伸，探索实行分类监管等精细化监管方式，探索创新日常规范监管方法，监管执法效能明显提升。河北省工商系统创新执法转型、文化梳理机制和问题解决模式，为进一步做到加强监管与服务发展相统一积累了有益经验。北京强化风险监管，提高了对市场秩序风险的防控能力。浙江全面介入小额贷款公司监管，建立了一套规范化的小额贷款公司监管机制。广东实行“一个窗口许可、一支队伍办案”，实现执法事权统一化。武汉推行了社区服务“一照式”管理。长春创新了精细化登记监管。济南创新专业办案新机制，提高了监管执法效能。哈尔滨探索了“两组一队”、“双重指导，三级联动”等工作模式。

法制建设取得新进展。完成了《广告法》（修订）、《商标法》（修订）、《网络商品交易及有关服务行业监管暂行办法》（征求意见稿）、《流通环节食品安全监督管理办法》、《食品流通许可证管理办法》、《工商行政管理机关查处垄断协议、滥用市场支配地位案件程序规定》等21件法律法规规章的起草、论证、制定、修改等工作。及时清理、统计现行有效的法律法规规章，确保了工商行政管理法律法规动态更新。加强了执法监督、行政复议、法制宣传等工作，进一步发挥了行政指导的积极作用。深圳出台了《深圳市工商行政管理局企业登记实质性审查办法（试行）》，明确了企业登记实质性审查的范围、方式、标准、权限。

信息化建设取得新成效。全系统推进信息化建设的力度进一步加大，信息化建设在监管执法和服务发展中的运用更加广泛，在提高行政效率、提升现代化服务水平上的作用更加明显。许多省市建立了一体化的应用系统，市场主体登记、案件查办、执法程序规范等实现了网上即时联动。总局OA系统启动使用，“金信工程”一期建设基本完成，面向全系统31个省级工商局的总局数据中心基本建设。西安全面推行滚动年检和网上年检。“金信工程”成都工商信息系统在全国试点单位中第一个通过总局验收。

对外交流合作取得新成果。今年以来，总局与英国知识产权局、越南工贸部、日本经产省、俄罗斯联邦反垄断局等相关外国机构签署了13个合作协议，已完成和正在进行的合作活动30余项，覆盖业务领域和涉及地区机构广泛。与俄罗斯联邦反垄断局共同发起并成功合作举办了金砖四国国际竞争大会，签署大会联合公报，中、俄、印、巴四国机构建立合作机制。总局国际合作制度性合作平台已初具规模。支持港澳台发展的工作力度进一步加大。

（五）以加强培训教育为重点，“三个过硬”队伍建设取得新进展。

全系统以加强培训教育为重点，全面加强思想政治建设、业务能力建设、工作作风建设，推动“三个过硬”干部队伍建设不断向更高水平迈进。

教育培训力度进一步加大。全系统广泛掀起学习贯彻党的十七届四中全会精神的热潮，进一步提高了广大干部的政治理论水平。在全系统开展的历时半年、有36万名基层干部参加的学习实践科学发展观全员培训取得良好成效，广大基层干部深化了对科学发展观的认识，增强了贯彻落实科学发展观的自觉性和主动性。省、地（市）、县局三级“一把手”轮训工程圆满完成，培训干部3593人。省、地（市）工商局副职轮训工作全面展开，培训干部648人。专题开展了西部边疆少数民族地区执法干部培训工作，培训干部410人。四川在全员培训中认真开展“三讲一谈一考试”活动，收到良好效果。

领导班子建设进一步加强。各地大力加强领导班子建设，贯彻落实科学发展观的能力进一步提高；认真落实民主集中制、民主生活会制度、廉洁从政制度，领导班子表率作用进一步发挥，团结带领干部积极进取、开拓创新的能力进一步增强。内蒙古创新“四查一审”绩效考核模式，对各级领导班子和领导干部的工作实绩进行了全面有效的评价。

基层建设工作进一步增强。各地进一步加强了工商所硬件建设、制度建设和队伍建设，积极推动基层工商所规范化管理，促进了工商所职能作用的充分发挥。工商行政管理系统行政执法类公务员管理试点工作有序展开。精神文明创建工作效果良好，2009 年全系统有 29 个单位荣获中央文明委授予的“全国文明单位”称号。山东深入开展“基层建设年”活动，提升了基层单位监管执法和服务发展水平。济南市工商系统建设高素质队伍卓有成效，2006 年以来连续保持省级文明机关荣誉称号。吉林实施“亮盾”新工程加强干部队伍建设，取得显著成效。黑龙江省深入推进工商所工作模式创新，完善了工商所考核机制。内蒙古开展工商所“三队建设”，提升了工商所综合职能作用。江西全面开展基层工作模式改革，促进了基层职能到位。贵州全面开展创建“人民满意工商所”活动，取得良好效果。

基层党建工作深入推进。各地普遍建立了党建目标管理责任制，全面落实党建工作责任人工作机制，明确分工，责任到人，狠抓落实。加强党员教育管理，以能力建设为重点，将党员思想教育和党委职能紧密结合起来。全系统基层党组织的凝聚力和战斗力不断增强，机关作风明显改进。同时，江苏、浙江、甘肃、青岛等地积极采取多种形式创新和加强了非公有制企业党建工作。

党风廉政建设取得新成效。全系统按照今年初总局召开的党风廉政工作会议的部署，继续完善具有工商机关特点的惩治和预防腐败体系，有效防范廉政风险和监管风险。党风廉政建设和反腐败各项工作取得新进展，反腐倡廉教育深入开展，工商廉政文化建设继续扎实推进，领导干部、执法人员述职述廉制度进一步完善。政务公开、局务公开工作深入推进。行政审批、行政执法行为进一步规范。廉政风险点防范管理工作在总局机关全面展开，各省（区、市）工商局均进行试点，部分省（区、市）工商局在试点的基础上全面开展，已成为工商机关党风廉政建设新的亮点，受到了中央政治局常委、中央纪委书记贺国强和中央书记处书记、中央纪委副书记何勇，以及中央纪委、监察部多位领导的肯定。河南行政效能电子监察工作、宁夏廉政风险点防范管理工作得到了省（区）党委主要领导的充分肯定。南京市工商局成为中央纪委党风廉政建设工作联系点。广东省工商局在网上评议和省直行评团“面对面”评议中名列第一。

一年来，全系统各级学会、协会、行政学院、中心、报社、出版社等单位，紧紧围绕中心任务，充分发挥职能作用，在应对金融危机、推动就业创业、反映社会诉求、促进行业自律、提供社会服务、加强舆论宣传、开展理论研究等方面，做了大量工作，取得了显著成绩。

在充分肯定成绩的同时，我们也要清醒地认识到，在新的形势和新的挑战面前，我们的工作还存在差距和不足：适应服务科学发展、促进社会和谐的需要，我们一些同志的思想观念还需要进一步更新；适应落实新“三定”、停征“两费”的需要，基层工商部门推进职能转变、提高监管效能的步伐还需要进一步加强；适应大力弘扬求真务实、真抓实干优良作风的需要，我们在积极完善制度规章的同时，抓落实的力度还需要进一步加大；适应新时期承担市场监管、服务发展繁重任务的需要，我们建设“三个过硬”高素质干部队伍的工作还需要进一步抓紧。全面践行科学发展观、认真落实新“三定”、切实适应新形势，对我们的工作提出了更高要求。我们要进一步增强忧患意识和使命感，总结历史经验，立足当前实际，着眼长远发展，加强对涉及工商行政管理改革发展重大问题的研究，探索市场监管规律，提升服务发展效能，切实增强加强市场监管的责任感，努力提高服务科学发展的自觉性。过去的历史经验和当前的工作实践时刻启示我们：只有依法加强市场监管，工商行政管理才能树立公平公正的执法权威；只有全力服务科学发展，工商行政管理才有充分发挥职能作用的地位；只有切实维护消费者合法权益，工商行政管理才有群众支持的根基；只有建设高素质的干部队伍，工商行政管理改革发展才有坚强的组织保障。我们在工作中要牢牢把握和始终坚持。

二、进一步认清形势，切实把握“四个只有”，为促进经济社会又好又快发展不断做出新贡献

2010年，是实施“十一五”规划的最后一年。做好明年的经济社会发展工作，对于夺取应对国际金融危机影响的全面胜利、保持经济平稳较快发展、为“十二五”规划启动实施奠定良好基础，具有十分重要的意义。不久前召开的中央经济工作会议，对当前国际国内经济形势作了深刻分析和科学判断，对明年的经济工作作了全面部署，我们要认真贯彻落实。

完成好明年的工作任务，必须深刻认清形势，统一思想认识，进一步增强责任感和紧迫感。2009年是我国经济社会发展最为困难的一年，2010年是我国经济社会发展最为复杂的一年。今年，在党中央、国务院的正确领导下，我们夺取了应对国际金融危机冲击、保持经济平稳较快发展的重大胜利，有效遏止了经济增长明显下滑态势，在全球率先实现经济形势总体回升向好，成绩来之不易。同时也要清醒地认识到，当前我国经济回升的基础还不牢固，保持经济平稳较快发展、推动经济发展方式转变和经济结构调整难度增大。经济回升内在动力仍然不足，结构性矛盾仍很突出，农业基础仍不稳固，财政金融领域潜在风险增大，就业形式依然严峻。总之，明年我国经济社会发展面临的形势依然十分复杂，积极变化和不利影响同时显现，短期问题和长期问题相互交织，国内因素和国际因素相互影响，我国继续处在经济社会发展的重要战略机遇期和社会矛盾凸显期，保持经济平稳较快发展、维护社会和谐稳定的任务十分繁重。工商行政管理部门是政府的市场监管和行政执法部门，承担着维护市场秩序、规范市场主体行为、保护消费者合法权益等重要职责。在复杂的国际国内经济形势下，中央推动科学发展、促进社会和谐、惠及人民群众的各项政策措施，很多都要通过市场来实现，都要通过加强市场监管去保障落实，这对工商行政管理部门赋予了更重的任务，提出了新的课题和挑战。推动经济发展方式转变和经济结构调整宏观调控政策的落实，增加了把好市场主体准入关的复杂性；支持遇到诸多困难的各类企业保持稳定健康发展，对加强指导服务、落实帮扶措施提出了更高的要求；在复杂的市场环境下，切实做到查处各类违法经营、健全预警防范机制、提高应急处置能力，市场监管执法的难度进一步加大；落实中央惠及民生、拉动消费、扩大就业、维护稳定的政策措施，消费维权、促进就业和参与社会治安综合治理的任务更加繁重。全国工商行政管理系统广大干部要切实把认识统一到中央对经济形势的深刻分析和科学判断上来，切实把行动统一到中央对当前工作的总体部署和基本要求上来，认清形势，胸怀大局，不辱使命，敬业奉献。要继续坚定不移地实施“增加总量、扩大规模、鼓励先进、淘汰落后”的十六字方针，为支持发展先进企业、配合淘汰落后产能做出积极贡献；要进一步强化市场监管执法，为维护公平竞争市场秩序、营造良好发展环境做出积极贡献；要切实加强对“家电、汽车、摩托车下乡”等市场的监管，为落实中央惠民政策做出积极贡献；要全力服务农村改革发展，为促进农业增产、农民增收做出积极贡献；要努力做好消费维权工作，为扩大消费需求、促进经济增长做出积极贡献；要千方百计落实中央扩大就业的政策措施，为缓解当前严峻就业形势做出积极贡献。

根据中央部署，结合部门实际，2010年工商行政管理工作的总体要求是：以邓小平理论和“三个代表”重要思想为指导，全面落实科学发展观，认真贯彻党的十七大、十七届三中、四中全会和中央经济工作会议精神，紧紧围绕落实中央保持经济平稳较快发展和加强经济发展方式转变的决策部署，牢牢把握“四个只有”，大力推进“四项建设”，努力建设高素质的队伍，运用高科技的手段，实现高效能的监管，达到高质量的服务，为促进经济平稳较快发展做出新的更大贡献。按照这个总体要求，明年的工商行政管理工作，要认真落实中央决策部署，把握“四个只有”，深化认识，推动工作，创造新业绩，开拓新局面。

（一）只有依法加强市场监管，工商行政管

理才能树立公平公正的执法权威。

市场监管是工商行政管理机关的基本职责，行政执法是工商行政管理机关履行职能的基本方式。只有做到公正执法，工商行政管理才有执行力和公信力；只有做到依法行政，工商行政管理才能实现规范监管、科学监管；只有做到廉洁文明执法，工商行政管理才能赢得人民群众的信赖；只有做到创新监管机制，工商行政管理才能提高执法效能。要坚持把市场监管作为第一职责，强化监管，创新监管，以高效能的监管树立工商行政管理公平公正的执法权威。当前，特别要注意从建立健全统一、开放、竞争、有序的现代市场体系和营造良好的区域经济发展环境出发，着力加强对涉及全局的扰乱区域经济发展秩序问题的深入研究和解决，努力防止市场监管的系统性风险和区域性风险。

1、加强食品安全监管和专项整治力度，积极维护食品市场消费安全。要认真做好《食品安全法》及其实施条例的贯彻实施工作，严格落实《流通环节食品安全监督管理办法》和《食品流通许可证管理办法》以及流通环节食品安全监管“八项制度”。要继续深入开展国务院部署的为期两年的食品安全和食品添加剂专项整治，集中开展专项执法检查，大力推进食品安全示范店建设。要加大食品市场巡查和日常规范管理力度，严把食品经营主体和食品质量市场准入关。要有针对性地强化食品质量监管和质量监测工作，加强监测工作力量，增强监测设备，严格按照法律法规和规定依法开展流通环节食品质量抽样检查工作。要严格工作程序和工作纪律，严格执行食品质量检测信息发布的相关规定。要将食品安全监管重心下移，充分发挥基层工商所职能作用，严格规范食品经营者的经营行为，建立诚信体系，强化行业自律，加大市场巡查力度，创新巡查方式方法，努力提升基层食品市场监管、巡查和执法水平。要围绕规范食品市场主体资格、经营行为和保障食品质量，积极推进食品市场监管信息网络化、监管电子化和监测手段现代化，全面提升流通环节食品安全监管水平。

2、强化竞争秩序工作，切实维护公平公正的竞争环境。要切实加强反垄断执法工作，积极稳妥地依据《反垄断法》组织查处垄断案件，加快反垄断配套规章及指南的研究制定工作，继续开展垄断法培训工作。要依法查处公用企业和依法具有独占地位的经营者限制竞争行为，进一步做好打破行业垄断和地区封锁工作，依法制止滥用行政权力限制竞争行为。要加大反不正当竞争执法力度，继续推进治理商业贿赂工作，围绕中央确定的重点领域和行业，大力查办商业贿赂大要案件。继续认真开展打击“傍名牌”活动，加大商业秘密保护力度。

3、切实加强商标行政保护工作，全面推进商标战略的实施。要以保护涉农商标、地理标志、食品商标、药品商标、涉外商标为重点，继续加大商标行政执法力度，严厉打击商标侵权假冒行为。进一步完善驰名商标认定制度，加大驰名商标保护力度。加强世博会标志保护，为世博会的召开营造良好的知识产权环境。深化与国家有关部门的沟通协作，完善知识产权执法联席会议机制。进一步规范商标行政执法的区域协作。加强对商标代理行业的监管，要不断提高商标战略实施水平，确保实施意见确定的第一阶段战略任务圆满完成。抓紧推进商标战略示范工作，切实加强商标战略的研究、宣传和培训工作，大力支持地方实施商标战略。要圆满完成商标审查和评审积压的“三年任务”，商标审查周期缩短到1年之内。要在完成“三年任务”的基础上，再接再厉，争取使商标工作五年达到国际水平。要积极开展商标对外交流，加强马德里商标国际注册工作，建立商标海外维权机制，为实施“走出去”战略提供有力支撑。

4、加大整顿规范广告市场力度，切实维护文明诚信的广告市场秩序。要充分发挥整治虚假违法广告部际联席会议作用，继续以食品、药品、医疗等广告为重点，持续深入推进广告市场整治工作，强化对电视购物广告和网上非法广告的治理力度。要强化监管措施，进一步加强广告发布环节的监管，推动建立和落实媒体单位发布虚假违法及不良广告行为领导责任追究制。要加大对违法广告主和广告经营者、广告发布者的查处力度，坚持多措并举，健全联合监管的综合治理机制，密切与有关部门的协作配合，完善案件查办程序，强化部门间的工作衔接，增强联动机制的功能作用，不断增强监管合力与实效。加强行业指导，积极促进广告业健康有序发展。

5、继续保持高压态势，压力打击传销和严格规范直销。继续保持高压态势，加强对大要案件的查处，加大对传销领导者、组织者和骨干分子的打击力度，强化对诱骗少数民族群众、学生、农民等参与传销的查处工作。配合有关部门狠狠打击以“资本运作”等名义以及利用互联网从事的传销活动。进一步推进区域合作执法机制的建立，加快打击传销规范直销信息系统的全面应用，完善打击传销长效机制。继续做好宣传教育工作，营造良好的打击传销舆论氛围。进一步加强对直销企业的监管，严肃查处直销企业的违法违规行为，维护直销市场秩序。

6、加强市场主体准入监管，规范市场主体行为。要深入推进企业信用分类监管，加强基础数据、监管数据的归集，推进全国登记信息和监管信息的联网应用。要加强对企业登记代理和出资违法行为的监管，开展打击违法登记代理和虚假登记行为专项行动。要进一步加强外商投资企业出资监管，提高利用外资质量。要完善企业“黑牌数据库”，加强对法定代表人任职限制管理，探索建立企业法定代表人分类管理方式方法。要改进年检方式，强化年检发现问题和搜集企业信息的功能。要积极配合有关部门，加强对工程建设领域突出问题、安全生产、污染环境危害群众健康、资源保护和资源整合等监管。

7、全面加强各类市场监管，努力维护社会和谐稳定。要加强网络商品交易及有关服务行为的监管工作，总结推广网络商品交易及有关服务行为监管的成功经验，提高对网络商品交易及有关服务行为的监管水平。要进一步做好查处取缔无照经营工作，继续推进长效体制机制建设，充分发挥各方力量，共同做好无照经营查处、规范工作。要继续做好校园周边环境整治、打击黑网吧、预防青少年犯罪等工作，深入推进平安建设。要配合有关部门深入开展扫黄打非、查处非法生产销售卫星电视接收设施、设置非法集资、反假币、反洗钱、打击发票犯罪、禁毒等工作。要继续加强对合同、经纪和拍卖行为的监管，严厉打击利用合同进行欺诈活动的行为。

8、加大监管体制机制创新力度，不断提高市场监管效能。一是加快推进“四个转变”步伐。要按照推进“四个转变”的总体部署和要求，着力在巩固和扩大创新成果上下功夫，着力在提高监管执法针对性和有效性上下功夫，着力在深度和广度上下功夫，进一步加大推进“四个转变”的工作力度。二是深入推进“四化建设”。要针对维护市场秩序的实际需要，着力在丰富发展“四化建设”的内涵上下功夫，着力在各项监管制度的完善上下功夫，着力在完善制度体系上下功夫，不断推进“四化建设”向更高层次和更高水平发展。三是完善应急机制。要认真贯彻落实《突发事件应对法》，进一步完善工商行政管理系统市场监管、应对重大食品安全事件、防控禽流感等应急预案体系，建立应急管理指挥机构，健全应急指挥调度系统和管理组织体系，完善应急相应程序，加强应急队伍建设，强化应急保障，开展应急演练，全面提升应对突发事件处置能力和应急处置水平。四是加强协调配合。各级工商行政管理机关要加强内部职能机构的协调配合、业务条线的上下联动、区域之间的相互协作、与相关部门的沟通合作，加强资源整合，增强监管合力。

（二）只有全力服务科学发展，工商行政管理才有充分发挥职能作用的地位。

服务发展是工商行政管理工作的根本目的，是落实执政兴国第一要务的基本要求。只有坚持服务国家科学发展大局，不折不扣地贯彻落实党中央、国务院的重大决策部署，把工商行政管理工作融入到经济发展中，始终围绕当地经济科学发展开展工作，工商行政管理才有充分发挥职能作用的地位。要坚持把服务科学发展作为第一要务，增强服务意识，创新服务机制，提升服务水平，以高质量的服务体现工商行政管理发挥职能作用的地位。

1、积极支持各类市场主体健康发展。要认真落实中央保持经济平稳较快发展与加快经济发展方式转变有机统一的决策部署，按照“增加总量、扩大规模、鼓励先进、淘汰落后”的要求，积极促进各类市场主体发展。一是积极服务国有集体企业深化改革。要积极支持国有企业改革和布局调整，为强化企业发展质量，增强国有经济活力、控制力、影响力，加快推进企业兼并重组提供优质高效的登记注册服务。要积极服务集体林权改革，在市场主体准入环节探索集体林权流转的有效途径。要积极服务文化体制改革，加快振兴文化产业。要积极服务物流业调整振兴，支持现代物流发展。要积极促进旅游消费，加强发展旅游业。二是积极服务个体私营经济发展。认真贯彻《国务院关于进一步促进中小企业发展的若干意见》，除国家明令禁止的外，凡允许国有和外资企业进入的投资领域，一律对个体私营企业开放。三是积极服务外商投资企业发展。认真做好外商投资合伙企业的登记注册工作，丰富利用外资方式，简化利用外资程序，推动外资市场主体准入制度改革。认真落实国务院鼓励企业兼并重组强强联合的政策措施，积极参与外资并购审查。四是充分利用市场主体登记注册基础信息服务政府决策。完善登记管理信息的收集和披露制度，积极开展市场主体登记信息综合分析利用工作，形成分析报告，深入反映企业数量、经济规模、经济结构、产业优势等综合情况，为政府决策和投资者服务。加强对企业信用意识、社会责任意识的引导，努力实现企业利益与国家利益、人民利益的统一。

2、积极服务农村改革发展。要深入开展“红盾护农”行动，切实保障农业生产顺利进行。要以种子、化肥、农药为重点，加强农资质量监管，强化经营资格检查，严厉打击制售假冒伪劣农资坑农害农等违法行为。要积极培育和扶持多元化的农村市场主体发展。积极促进农村经纪人、农民专业合作社、农业龙头企业等各类市场主体健康发展，增强农村经济活力。要积极推广涉农合同示范文本，加大对涉农合同的行政调解力度，切实保护农民合法权益。要积极引导农业生产、经营者运用农产品商标和地理标志增产增收。

3、积极推动区域经济协调发展。一是继续参与主办和支持举办多种形式的经贸洽谈和招商引资活动，为东、中、西部市场主体搭建合作共赢平台。积极做好服务2010年上海世博会有关工作。二是积极支持各类示范区、新区等建设。继续抓好总局支持海峡西岸经济区、武汉城市圈、中关村科技园区、长株潭示范区等政策的落实工作，不断提高总局支持意见的经济效应和社会效应。继续做好对口支援西藏、青海藏区、三峡库区、新疆等地发展的工作。三是不断提高区域协作水平，在区域内统一政策规定，为区域经济发展营造良好的市场环境。

4、积极促进就业再就业。要认真贯彻中央更加积极的就业政策，大力推进“以创业带动就业”，进一步完善支持自主创业、自谋职业的相关措施和优惠政策，降低创业成本，减少创业风险，营造良好的创业环境。要引导和促进劳动密集型企业、中小企业、民营经济、各种服务业加快发展，积极鼓励和支持劳动者自主创业和自谋职业。要积极协助做好农民工职业技能培训，鼓励就地就近就业和返乡创业。要认真落实《“三年百万”高校毕业生就业见习计划》，帮助离校未就业的高校毕业生通过就业见习提升就业能力。

5、创新服务发展体制机制。要切实提高对国家经济发展政策的理解力和执行力，从服务宏观经济发展上创新体制机制。要着力推进服务市场主体的体制机制建设，不断推进服务发展模式由初级形式向高级形式转变。要加强对应对国际金融危机以来服务发展方式方法的分析研究，搞好总结和提升，不断完善服务发展的体制机制。

（三）只有切实维护消费者合法权益，工商行政管理才有群众支持的根基。

消费维权是工商行政管理机关的重要职责，是坚持以人为本、关注民生，实现好、维护好、发展好最广大人民根本利益的基本要求。只有不断提高消费维权的及时性、便捷性，建立健全高校的消费维权工作机制，认真研究消费维权新情况、新问题，坚持群众利益无小事，真心真情为消费者排忧解难，工商行政管理才能获得人民群众的真心支持。要坚持把消费维权作为重要使命，以高水平的维权夯实群众心态支持工商行政管理的根基。

1、加快推进12315行政执法体系“四个平台”建设。加快推进12315行政执法体系信息化网络和“一会两站”建设进程，在扩大覆盖面、推进规范化建设和提升水平上下功夫。继续推进12315进商场、进超市、进市场、进企业、进农村，进一步扩大社会消费维权网络覆盖面，方便广大消费者就近投诉，及时有效地调节消费纠纷，把消费矛盾和解在企业，化解在基层，促进社会和谐稳定。

2、严厉打击制售假冒伪劣商品违法行为。一是进一步强化流通领域商品质量监管工作。大力推进流通领域商品准入制度改革和创新，对商品质量入市、交易和退市进行全程监管。二是继续深入开展“家电下乡”等市场专项整治。进一步加大“家电下乡”、家电“以旧换新”等市场监管力度，依法严厉打击以“家电下乡”和“以旧换新”名义销售不合格的假冒伪劣商品等违法行为，切实维护家电商品市场秩序，积极推进扩大居民消费需求。三是突出重点开展专项执法检查。突出家用电器、装饰装修材料、手机、儿童玩具等重点商品，深入开展专项执法检查，依法严厉查处假冒伪劣违法行为。

3、加大服务领域消费维权力度。围绕餐饮服务、美容美发、装饰装修等领域，进一步加大服务领域消费维权专项执法检查力度。积极会同有关部门和行业行贿规范商业零售、家电维修等行业经营行为，加强与有关部门、行业协会的工作协作和信息通报。综合运用监管执法手段，积极推进行业示范合同文本，进一步规范服务领域经营行为。

4、积极开展消费维权宣传教育。广泛深入开展多种形式的消费宣传教育和消费引导活动，倡导科学、健康、文明消费。总局将于适当时候召开消费教育和引导活动的现场会和经验交流会，充分发挥消费拉动经济增长的重要作用。

（四）只有建设高素质的干部队伍，工商行政管理改革发展才有坚强的组织保障。

工商行政管理队伍是工商行政管理改革发展历史的创造者。只有建设政治上过硬、业务上过硬、作风上过硬的高素质干部队伍，工商行政管理才能顺势而为、与时俱进，才能在深化行政管理改革过程中把握先机，才能在面对新形势、新挑战中占据主动，才能实现事业的长远发展。要坚持把队伍建设作为重要战略任务，以高素质的干部队伍为工商行政管理改革发展提供坚强的组织保障。

1、大力加强领导班子建设。要以贯彻党的十七届四中全会精神、落实《关于进一步从严管理干部的意见》为契机，严格要求，严格教育，加强党性修养和作风养成，切实发挥好领导班子的核心带动作用。要着力提升学习践行科学发展观的能力、统筹规划的能力、创新发展的能力、管理队伍的能力，履行好岗位职责。总局行政学院要进一步加大对领导干部的培训力度，力争再用两年时间把省局和地（市）局副职以上的领导干部轮训一边。

2、大力加强党员队伍建设。全系统70%以上的干部是共产党员，是工商行政管理事业改革发展的中坚力量。要按照党的十七届四中全会“抓紧抓好党员队伍建设这一基础工程”的要求，以抓好党员队伍建设带动全系统干部队伍建设。要坚持用中国特色社会主义理论体系武装党员干部，积极开展社会主义核心价值体系学习教育，在市场监管、服务发展等工作中充分发挥共产党员的先锋模范作用。要建立健全教育、管理、服务党员长效机制，激发党员增强光荣感和责任感，始终保持先进性。要进一步加强基层党组织建设，认真落实工商所长“一岗双责”，切实发挥基层党组织在维护市场秩序、服务改革发展中的核心作用。同时，要按照党的十七届四中全会抓紧在非公有制经济组织中建立党组织的要求，积极发挥个体劳动者协会等作用，进一步做好非公有制企业党建工作，发挥好党组织在贯彻党的方针政策、监督遵守法律法规、团结凝聚职工群众，维护各方合法权益、促进健康发展中的重要作用。

3、不断提高干部队伍整体素质。工商行政管理干部队伍的整体素质和能力关系法定职责的履行，关系工商行政管理事业的长远发展。要坚持把提升干部队伍素质和能力作为队伍建设的中心任务，作为适应新形势、新任务的迫切要求。要围绕提升干部业务能力，深入开展干部大规模培训。要巩固全员培训成果，建立健全干部教育培训长效机制，创新发展网络教育、远程培训，为推进队伍建设、实现事业发展提供不竭动力。

4、大力加强勤政廉政建设。勤政促发展，廉政保平安。打造勤政廉政的干部队伍是工商行政管理队伍建设取得实效的关键所在。要按照中央从严管理干部的要求，严格管理、严格监督，建立健全强化预防、及时发现、严肃纠正的工作机制。要进一步加强廉洁从政和廉洁自律教育，有针对性地开展示范教育、警示教育、岗位廉政教育；要进一步加大查办违法违纪案件力度；要进一步推进制度创新，不断完善党风廉政建设责任制、述职述廉制度；要继续推进和完善具有工商机关特点的惩防腐败体系建设，重点推行廉政风险点防范管理，有效防范廉政风险和监管风险，总局机关要狠抓工作方案的落实，地方工商机关要总结扩大试点工作，条件具备时，全面推行；要进一步加强干部考核工作，充分发挥考核在干部管理中的导向、评价和监督作用；要进一步提升政务公开、政府信息公开水平，树立工商行政管理机关廉洁自律、勤政为民的良好形象。

新形势、新任务对工商行政管理改革发展提出了新的更高的要求。为全面完成2010年的各项任务，为推进工商行政管理事业的长远发展夯实基础，要进一步加强四项建设。

第一，大力推进学习型机关建设。要坚持不懈，持之以恒地推进学习型机关建设，着力提升干部队伍的政治素质、业务素质和作风素质，在学习中创新，在创新中发展。一是努力建设学习型领导班子。要以提高领导班子政治素质、理论水平和领导能力为重点，切实以学习型“一把手”带动形成学习型领导班子，以学习型领导班子带动形成学习型机关。二是努力建设学习型干部队伍。要引导广大干部树立终身学习、全员学习的思想观念，营造人人追求学习、重视学习、崇尚学习的良好氛围。三是努力突出学习型机关建设实效。要围绕提升履职能力、提高工作水平，结合实践工作需要，广泛开展大练兵、大比武活动，切实提升教育培训实效，努力做到以学习促工作、以工作带学习。四是努力健全干部学习教育长效机制。要把学习型机关建设作为一项长期任务，努力实现学习教育培训工作的制度化、规范化和系统化；要把建设学习型机关的制度建设与深化干部人事制度改革紧密结合，通过树立科学的用人导向，增强干部自觉学习的动力。

第二，大力推进工商文化建设。工商文化是社会主义核心价值观在工商行政管理系统的体现，是工商行政管理事业历史发展中传承下来的宝贵精神财富，核心是努力做到“四个统一”，具有与时俱进、改革创新等时代特征，对于充分履行职能、增强职业荣誉感、加强队伍建设和推进工商行政管理事业长远发展，具有重大而深远的意义。要重视工商文化建设，为工商行政管理事业提供持久发展的精神动力。一是要总结传承好工商文化。要继续发扬工商优良传统，大力弘扬“国徽头上戴、责任肩上挑”的工商精神，促进广大干部确立正确的价值取向、形成崇高的道德风尚，在总结和传承中实现工商文化的新发展。二是要创新发展好工商文化。要发挥广大基层干部的聪明才智，研究新情况、新问题，总结新经验、新成果不断丰富工商文化内涵，不断完善工商文化体系，切实发挥好先进文化的引领作用。三是要全面展示好工商文化。要搭建各类平台，加强宣传展示，不断提高工商文化在系统中的认同度、在社会上的认可度，切实发挥工商文化的导向功能。四是要切实运用好工商文化。要发挥工商文化的影响力，鼓舞人心、凝聚力量；要通过工商文化建设，激发干部的积极向上精神，热爱党，热爱祖国，热爱人民，热爱工商行政管理事业，增强履行职责的积极性和创造性。

第三，大力推进工商法制建设。要把法制工作作为“四化建设”的重要内容和工商部门依法行政的基础保障，加快法制建设步伐，提升法制工作水平。一是切实在完善工商法律法规体系上下功夫。要坚持“开门立法”，集思广益、群策群力，切实做好《商标法》、《广告法》、《反不正当竞争法》、《消费者权益保护法》、《个体工商户条例》等重点法律法规的修订工作，不断完善工商行政管理法律法规体系。二是切实在法律法规和制度支撑上下功夫。要努力取得地方政府支持，及时总结监管经验，通过立法立规，完善规章制度，强化市场监管职能。三是切实在提升依法行政水平上下功夫。在监管执法和维权服务中，最大限度地体现立法精神，最大限度地发挥工商职能，在严格执法行政的基础上积极发挥行政指导的作用，服务市场主体，促进经济发展。

第四，大力推进基础建设和基层基础建设。基础建设和基层基础建设是两项不同要求的工作。从总局到各级工商行政管理机关都要高度重视加强基础建设。一是要大力加强信息化建设。信息化建设是工商行政管理系统的重要基础建设，是提高监管执法效能的技术支撑。要进一步推进信息技术与工商业务的融合，全面深化信息化应用，加快一体化软件系统建设，注重业务系统之间的整合对接。要加大消费维权、食品安全、广告监测等监管执法信息的应用力度，创新信息应用方式，提高监管执法的信息化水平。二是要大力加强体制机制建设。体制机制建设是带有根本性、全局性、基础性的建设。要围绕新“三定”的落实，进一步深化体制机制改革。特点要围绕职能转变，加强对机构设置、职能整合、人员配备、业务规绕提高监管执法效能、提升服务发展质量、拓展监管执法领域，改革监管思路模式，完善监管方式方法，创新监管体制机制，推进工商行政管理体制的完善和发展；要围绕队伍专业化建设，抓好行政执法类公务员管理试点工作，为完善工商队伍管理体系打好基础。三是要大力加强基层队伍建设和基层基础建设。基层队伍是工商事业发展的基础。要始终把队伍建设的中心放在基层，固本强基，夯实基础。要大力开展理想信念教育、业务能力培训，增强基层干部依法履职能力和服务发展能力。要认真总结基层工商所建设经验，积极推进先进典型，努力在优化机构设置、拓展监管领域、强化精细监管、完善日常规范等方面取得新成效。

同志们，落实中央决策部署，实现经济平稳较快发展，工商行政管理部门肩负的责任重大，承担的使命光荣。我们要在以胡锦涛同志为总书记的党中央的坚强领导下，认清形势，坚定信心，迎难而上，开拓工作，圆满完成2010年的各项任务，为促进经济社会又好又快发展做出新的更大的贡献。

大力促进广告业科学发展 开创广告协会改革发展新局面

——在全国广告协会秘书长座谈会上的讲话

(2009年8月3日)

国家工商行政管理总局副局长 刘 凡

炎夏时节，大家聚会在美丽的“冰城”哈尔滨，参加“全国广协秘书长座谈会”，总结一年来的工作经验和成绩，研讨广协改革发展的目标和任务，确定下一阶段的努力方向，这是广协今年全年工作的一件大事。首先，我谨代表国家工商总局，向出席会议的各位局长、秘书长、处长表示热烈的欢迎，向工作在全国各级广协岗位上的同志们表示诚挚的问候！其次，黑龙江省工商局和黑龙江广告协会为我们这次会议进行了细致、周到的安排，提供了完善、优质的服务，让我们以热烈的掌声，向省局和黑龙江广协表示衷心的感谢！

同志们，数年以来，中广协在国家工商总局党组领导下，全面落实科学发展观，坚持“为行业发展服务”的宗旨，团结带领全国各地广协，紧密围绕总局的工作部署，认真履行“提供服务、反应诉求、规范行为”的基本职能，开展了一系列卓有成效的工作，自身建设也取得了长足进步；各地广协积极履行职能，创造性地开展行业组织工作，对促进当地广告业的发展和规范广告市场秩序起到了不可替代的重要作用，成为了完善广告行业管理、促进广告业科学发展的生力军。总局党组对你们的工作是充分肯定的。

2009年上半年以来，中广协的工作尤其突出：

一是健全中广协组织机构。召开了“中国广告协会理事会五届二次会议暨全国先进广协和广协先进工作者表彰大会”及“全国广告协会秘书长工作会议”，进一步完善了协会组织体系和运作机制。

二是不断强化行业服务工作。积极反应行业诉求，在“广告费税前抵扣比例专题调查”等方面做了大量工作；做好广告行业经营数据统计工作，加强广告发布前咨询审查服务，努力办好各种信息服务载体，为行业发展提供高质量的信息服务；成功举办了“中国广告论坛”，基本完成了第十六届中国国际广告节的前期准备工作，积极开展对外交流。

三是扎实推进行业自律。积极规范行业标准，向全国广告行业发布了《“传播文明高尚广告，关爱少年儿童身心健康”倡议书》，积极开展广告劝诫、点评工作，规范广告市场行为；职业水平评价工作取得了新进展，进一步修订广告企业资质认定标准，完善《中国互联网广告推荐使用标准》，引导行业规范发展；积极处理德国“葛瑞集团”辱华广告事件，维护了祖国的尊严。

这些工作，受到社会各界的高度关注，取得了良好的社会影响，得到了业界的普遍欢迎，获得了中央领导及总局领导的肯定。

下面，我谨就广告业发展，对广协工作的期望和要求等谈几点意见。

一、对中国广告业科学发展的思考

监管与发展，是中国广告永恒的主题。特别是在当前全力应对国际金融危机的特殊时刻，如何更加科学地处理好广告监管与行业发展的关系，以监管促发展，从而为党中央、国务院“扩内需、保增长、保民生”的决策做出我们应有的贡献，是每一个关心中国广告的人都应该认真思考的课题。

历经了不寻常、不平凡的2008年，身处波及全球的金融危机，实践告诉我们：中国广告的监管，必须是基于公众利益的；中国广告业的科学发展，必须是基于监管、发展、社会责任和国家利益“四轮驱动”的。

（一）中国广告的监管与发展

首先，中国广告业的健康发展离不开监管。“广告应当真实、合法”，这不仅是《广告法》的明文规定，也是世界广告发展历史中最基本的精神所在。广告的生存发展必须依靠法治，而基于公众利益的广告监管也必须建立在法的基础之上。建立健全广告监管的法律体系，是我们广告监管工作“依法行政”的重要基础与前提。推进广告法律法规的制订、颁行与修改，一直是我们的一项重要工作任务。

对于基于公众利益的中国广告，监管是本职，服务是大局。广告是因服务而生的。广告主、广告经营者和广告发布者是我们监管的工作对象，也是我们的服务对象。作为监管者和服务者，必须倾听业者的声音、与他们进行有效沟通。同时，为广告说话、为广告业者说话，这是我们义不容辞的责任。我们必须“在服务中加强依法监管，在监管中体现良好服务”，使产业内行业内，呈现出“竞合”而非恶性竞争的态势，去发现“双赢的边界”，去开拓广告传播的新市场和新渠道。广告监管者在服务中，也要了解广告业者、广告受众内在的需求，重新发现和定义自己的服务空间，以关爱创造价值、使服务链成为“关爱链”。我们的服务，既要基于公众利益，又要归于公众利益。

其次，发展是第一要务，我们必须把发展当作是监管的目标，让监管承担起促进广告业科学发展的重任。监管是发展的保证，只有不断加大监管力度才能保证产业健康发展。30年经验证明：广告监管不仅没有妨碍产业的发展，反而借助规范提高了行业的诚信度，提升了行业的整体素质，促进了产业的跨越，促进了广大人民群众的社会消费水平。

今天，时代已赋予“发展”以新的内涵：我们的发展必须是科学发展观统领下的发展、是可持续的发展。广告业的发展及围绕发展的广告监管工作也不例外。中国的市场环境、文化背景、媒介环境是惟一的，也就是说，没有任何国家现有的发展模式能够同中国的国情相适应。中国占全球人口的五分之一，国内市场不均衡的经济发展水平、共时性的竞争态势，是中国广告业发展问题的既定现实。对这样一种复杂的现象，任何现有的理论和模式都只有借鉴的可能、没有照搬的便利，中国广告业必须根据自己的特点，把握全球的大趋势，在理论和实际的结合上下工夫，努力实现跨越式发展。

（二）中国广告的社会责任和国家利益

科学发展的中国广告业要走得又好又快，还必须担负起社会责任、必须维护好国家利益。

作为市场经济和社会文化的组成部分，广告对构建社会主义和谐社会，有义不容辞的责任，必须成为促进社会和谐的重要元素。一个规划科学、监管得力、服务到位、健康规范的广告业，必将极大地拉动经济、社会和文化的整体发展。

广告业的发展、中国广告的行业使命，其实源于国家和民族发展的需要。同样，广告业的发展、中国广告的行业使命，又必须适应国家和民族发展的需要。我们必须站在国家和民族发展的高度来选择广告业的发展战略。只有全面协调广告的社会效益和经济效益，顺应经济社会文化和谐发展的潮流，广告业才能实现持续稳定发展。

我们知道，四轮驱动的汽车更稳健、更协同，更能适应多变复杂的路况和环境，因而也就更具有长途奔驰的能动力和机动性。在广告业发展中，监管、发展、社会责任和国家利益四者是互为关联、共同驱动的关系。发展，是第一要务；监管，是实现第一要务的保障；社会责任，体现了“以人为本”的核心；国家利益，体现了“统筹协调”的精髓。所谓“四轮驱动”，揭示了以科学发展观为指导的广告发展战略的真谛；换句话说，中国广告业的科学发展，必须是基于“四轮驱动”的。

二、对广协工作的期望和要求

在7月份刚刚闭幕的“全国工商行政管理局长座谈会”上，总局周伯华局长发表了重要讲话，他强调指出：“要努力维护良好、健康、稳定的广告市场秩序。同时积极履行指导广告业发展的职能，促进广告业又好又快发展。” 应该说，无论提高行业整体水平、推进中国广告业科学发展，还是加强行业自律，营造公平有序的广告市场环境，广协都担负着重要的使命和责任。

（一）深刻认识推进广协改革发展的重要意义和面临的机遇

推进行业协会改革发展，是完善社会主义市场经济体制的内在要求，是政府转变职能、健全社会管理体制的重要内容，是大力促进广告业发展，建立健全广告业公共服务管理体系的现实需要。

国家非常重视发挥行业协会在规范市场秩序、完善行业管理、促进行业发展等方面的作用。近年来，国家工商总局、国家发革委联合发布的《关于促进广告业发展的指导意见》（简称《指导意见》）、《关于深入贯彻落实科学发展观 支持和促进广告协会拓展职能增强服务能力完善行业管理的意见》（工商广字[2009]53号）相继出台，体现了国务院对广告协会工作的关怀和支持，为广告协会进一步发挥职能作用、促进广告业发展营造了前所未有的优良的政策环境。中广协及全国各级广协要以此为契机，振奋精神、理清思路、抓住机遇，更好地推动协会各项工作全面开展。

（二）充分发挥行业组织沟通政府和企业的桥梁纽带作用

要深入开展调查研究，掌握广告业发展的新情况、新问题，研究广告业发展的新趋势、新规律，加强理论探索，直到科学发展；要积极参与广告立法和产业政策的论证和修订工作。关于《广告法》的修订，前一阶段广协在征求业界意见方面做了有效的工作，希望全国广协系统的同志们继续为此建言献策；要积极向政府有关部门反映行业诉求，维护企业、会员的合法权益，努力构建广告行业与政府的长效沟通机制；努力改善广告业的公众形象，促进产业地位的提升。今后一个时期宣传贯彻《指导意见》是我们的一项重要工作，广告协会要发挥优势，积极参与这项工作。

（三）进一步完善广告行业自律性管理约束机制

各地广告协会要积极落实《中国广告行业自律规则》，上下协同、形成合力，共同遏制虚假违法广告的发生，积极配合政府广告监管部门净化广告市场；要继续实施广告劝诫和通报批评，对广告争议开展调研，扩大社会监督的范围；继续认真开展广告发布前的咨询审查服务，将广告发布前的自律与发布后的监管有机结合起来，努力消除虚假违法广告；要参照国内外公认的评级制度，建立一套客观、公正、科学的广告企业资质评价体系，提升广告经营单位资质水平；要广泛深入开展争创广告行业“文明先进单位”活动，改进评比的标准、程序，加大活动的宣传力度，扩大社会影响力。

（四）不断提高广协服务行业发展的能力和水平

要进一步拓宽信息服务领域，创新信息服务载体，提高信息服务水平，逐步建立广告市场专业数据公共信息平台，为政府制定政策和企业发展提供信息支持；要积极开展行业职业培训，制定广告行业培训规划，提升行业从业人员整体素质；要重点完善广告专业人才评价机制，全面推进“广告专业技术人员职业水平评价”工作；要拓展完善国际交流合作，进一步规范对外交流考察、培训和交流活动；要充分拓展和发挥国际广告协会中国分会的职能作用，扩大组织规模、改进运作模式、增强行业凝聚力、提高国际影响力。

（五）支持和引导广告企业提高市场竞争力

要积极培育具有国际竞争力的大型本土广告传播企业集团，促进产业结构的优化调整、推动产业升级；要积极引导和组织中小广告企业加强联合，发挥专长树立品牌，提高专业化服务水平，形成和发展布局合理、有产业链整合带动作用的创意产业集群；要继续办好“中国国际广告节”等专业展会，努力搭建与国际广告业的交流合作平台，促进广告新技术、新设备、新材料、新工艺和新媒体的推广应用，促进广告新技术、新设备、新材料、新媒体的推广应用，促进广告新思想、新理论、新知识、新方法的交流传播。

（六）加强广协自身的组织建设和队伍建设

要进一步发展中广协各专业分会，完善包括全国各地广协在内的中国广协组织体系和运营机制，加强全系统统一安排和部署，充分发挥各专业分会和地方广协的作用，使全国广协系统形成上下联动、互为依托的协调统一的整体工作格局。

同时，各级广告协一定要进一步强化自身队伍建设，不断提高人员素质，加强学习、增长本领、开拓进取、勇于创新，全面提高服务科学发展、促进社会和谐的能力和水平。

三、通报几个信息

（一）《广告法》修订进入冲刺阶段

《广告法》的修订列入了2009年的全国人大立法和修法计划，我们正在紧锣密鼓地推进相关的准备工作。我们将尽快向国务院法制办提交《广告法》修订草案初稿，预计2010年可以获得通过。我们的指导思想是：尽量少留遗憾。

（二）《食品安全法》的相关规定

不久前开始施行的《中华人民共和国食品安全法》，对食品广告的管理和法律责任等进行了专门规定，涉及广告的内容主要有三条，即第54条、第55条和第94条。民以食为天，食品安全是天大的事情。我们要认真贯彻落实《食品安全法》，做好法律上的相关衔接工作。

（三）最高法、最高检公布新的《司法解释》

今年5月，最高法、最高检公布了《关于办理生产、销售假药、劣药刑事案件具体应用法律若干问题的司法解释》。根据这个《司法解释》，明星的代言行为如果是明知他人生产、销售假药、劣药且符合《刑法》规定的，可以作为共犯处理。

（四）宣传推广《关于促进广告业发展的指导意见》

2008年，总局和国家发展改革委发布了《关于促进广告业发展的指导意见》，明确了促进广告业发展的重要意义，指出了广告业发展的指导思想、主要目标和任务，提出了进一步完善促进广告业发展的政策措施。宣传、推广、贯彻、落实《指导意见》，是工商系统今年的重要工作之一。

同志们，站在广告业恢复发展“而立之年”的历史节点上，我们要进一步认真思考中国广告的未来之路。希望大家本着高度的社会责任感和历史使命感，继续深入学习实践科学发展观，认真履行职能，努力改进工作，努力开创全国广协改革发展的新局面，为广告业又快又好发展作出更大的贡献，以实际行动向新中国成立60周年献礼！

在"中国国际广告服务创新发展高峰论坛"开幕式上的致词

(2009年11月24日)

中国广告协会会长　李东生

尊敬的王超先生、麦克尔·李先生、韩本毅先生，各位来宾，女士们、先生们：

大家下午好！

中国国际广告服务创新发展高峰论坛今天在这里隆重举行，我代表论坛的主办方——中国广告协会对各位的光临表示热烈的欢迎和衷心的感谢！中国服务贸易大会组委会把广告服务作为大会首批设立的七大专业版块之一，筑起了一个高端的平台，使我们来自政府相关部门、中外广告实业界和学术界的代表们有机会聚集在一起，立足于中国完全开放的广告市场现状和当前国际金融危机的特殊形势，探讨广告服务贸易这个对当今广告业十分有意义的话题，为广告服务业的创新和发展提供更多更宽阔的思路。

知识密集、技术密集、人才密集的广告业是国民经济的重要组成部分，是现代服务业和创意经济中的重要产业，在服务生产、引导消费、推动经济增长和促进社会文化发展等方面，发挥着十分重要的作用，其发展水平直接反映一个国家或地区的市场经济发育程度、科技进步水平、综合经济实力和社会文化质量。改革开放以来，我国广告业得到快速发展，显示出强劲的发展活力。截至2008年底，我国共有广告经营单位18万多户，从业人员120万人，经营总额达到1900亿元，中国已成为全球瞩目的广告市场。

我国广告业是在中国改革开放的环境下发展起来的新型服务产业，只有具备世界的眼光、全球的视野，国际化的意识和水平，中国的广告业才能获得更好的发展。随着经济全球化的进一步发展和网络技术的广泛应用，特别是中国加入WTO，2005年中国广告服务市场完全开放以后，中外两个广告市场进一步融合，也给广告业的发展带来许多我们以前所不熟悉的新课题，广告服务贸易就是其中一个。我国的广告服务贸易虽然近年来有所发展，但总体来说还存在许多不足。一是总量偏低，与我国服务贸易的整体水平不适应。近年来虽然增长速度都超过两位数，但总量和比例仍然偏低，2007年我国广告、宣传服务出口额19.1亿美元，仍只占中国服务贸易出口总额的1.6%，进口额13.4亿美元，只占服务贸易总额的1%。二是广告服务贸易区域对象与产品贸易和其他服务贸易区域对象相比过于单调，目前中国广告服务贸易的对象只集中在日本、欧盟、美国、香港地区。三是广告服务贸易的途径有待进一步拓宽，随着国内国际两个市场日益融合，广告服务贸易的形态也趋于多元化，除了传统的出口、进口，在国内市场与国外广告主、广告经营者的合作也是很重要的方式。四是运用广告服务贸易的政策环境的水平有待进一步改善。一方面现有的服务贸易政策还要完善，另一方面现有的贸易政策，广告业还没有用足，同时，由于对广告业的定位的认识不一致，相关的政策支持有时不到位，广告服务贸易也相应受到影响。

当前，服务贸易日渐成为各国经济增长的新动力，广告服务业作为直接服务于经济社会发展的新型服务产业，广告服务贸易作为服务贸易的重要领域，都面临着重要的发展机遇，具有广阔的发展空间。促进我国广告服务贸易发展，提高广告服务贸易在服务贸易中的比重和水平，是适应改革开放新形势，加速国内国际市场信息交换，拉动国内国际消费市场，提高资源配置效率，实施品牌国际化发展战略，增强中国品牌国际竞争力的迫切需要；加快发展富有创意产业知识密集型、高附加值、高整合性显著特点的广告服务业，促进广告服务贸易的长足发展，对于促进服务贸易领域产业结构调整优化，推进相关服务贸易产业发展和自主创新具有重要价值和作用。我们广告业应当抓住国家大力促进服务贸易发展的历史机遇，将广告服务贸易发展纳入国家促进服务贸易发展的整体框架，大胆探索，开拓创新，勇于参与国际竞争，使之成为中国产业、中国品牌重要的全球合作者，成为国际国内两个市场的营销传播纽带，实现广告服务贸易的新突破，开创新形势下中国广告业发展的新局面。

希望大家利用本届中国服务贸易大会和本次论坛的契机，围绕广告服务业、广告服务贸易的理论问题、政策问题、实战问题展开深入的研讨，同时，加强与服务贸易领域相关产业的交流，积极探索新的国内国际市场环境下广告经营、发展的新方向、新思路。

再次感谢大家的光临！感谢商务部、国家工商总局、大会组委会的大力支持和指导，感谢中国通用公司的通力合作！预祝论坛取得圆满成功！

谢谢大家。

中国广告业的现状与发展思路
——在"中国国际广告服务创新发展高峰论坛"上的讲话

(2009 年 11 月 24 日)

国家工商行政管理总局广告监督管理司司长　曹马陵

尊敬的李东生会长，各位来宾，女士们、先生们，下午好！

由中国广告协会主办、中国国际广告公司承办的这次高峰论坛，是第二届中国服务贸易大会的重要组成部分。论坛以"全球广告服务合作创新发展"为主题，在经济全球化不断深入、特别是在目前全球经济企稳复苏的形势下，汇聚国内外广告业界的专家学者，共同探讨中国广告服务国际合作的创新与发展问题，为积极推动广告服务贸易健康稳定发展献策出力。这是一件有助于提升中国广告业发展能力和水平的大好事，非常适时，也很有意义。我谨代表工商总局广告监管司对论坛的举办表示热烈祝贺，并借此机会就中国广告业发展的有关情况，向各位来宾作一简要介绍。

广告业的发展问题，一直以来都是我们共同关注和关心的问题。

中国广告业的发展得益于改革开放，与中国社会主义市场经济体制建设进程同步，是中国最早对外开放的领域之一。从1981年至2008年的28年间，全国广告经营单位从1160户发展到18.6万户，年均增长22.3%；广告从业人员从1.6万人增加到126.6万人，年均增长19%；广告经营额从1.18亿元增加到1899.6亿元，年均增长32.7%。中国广告业已经成为具有一定规模、推动民族品牌创建和创意经济发展的重要产业。

当然，我们也清醒地看到，中国广告业在快速发展的同时，制约广告业发展的矛盾和问题也很突出，主要是：虽然广告业总体规模持续发展，但具有综合实力和国际竞争力的广告企业不多；广告业发展存在区域性不平衡，中西部地区与东部地区差距明显；广告从业人员中高端专业人才较少，缺乏国际广告运作经验；公益广告事业缺乏有效的鼓励措施和激励机制；广告诚信度不高，市场秩序有待进一步规范等等。这些问题，需要我们进行深入研究，有针对性地制定相关政策，采取有效措施，切实加以解决。

推动广告业发展，提高广告业在现代服务业中的比重和整体水平，是中国适应对外开放新形势、加速国内国际市场信息交换、提高资源配置效率、增强自主创新能力和民族品牌竞争力的迫切需要；是促进国家产业结构调整优化、加快转变经济发展方式，推进文化、体育、影视、媒体、信息、会展、创意、中介服务等相关产业发展的有效途径；是全面建设小康社会和构建社会主义和谐社会的内在要求。当前，中国正处在全面建设小康社会和加快构建社会主义和谐社会的关键时期，广告业作为直接服务于经济社会发展的新兴产业，既面临着新的发展机遇，同时也存在严峻挑战。

中国政府高度重视广告业的发展问题，在国家"十一"规划纲要中明确提出，要加快发展服务业，推动广告业发展。今年7月，国务院常务会议通过的《文化产业振兴规划》，将广告业列为重点发展的行业。

我们要进一步从战略的高度充分认识发展广告业的重要意义，更好地发挥广告业在推动现代服务业以及国民经济和社会发展方面的重要作用，大力促进广告业的健康发展。

工商总局和地方各级工商行政管理机关，是政府负责广告管理的职能部门，承担着指导广告业发展的重要任务。2008年，国务院批准的《国家工商行政管理总局主要职责内设机构和人员编制规定》中，进一步明确了工商行政管理部门"指导广告业发展"的职能和相应职责。主要有6项：一是研究分析广告业发展状况，按照国家中长期发展战略和目标，组织拟订广告业发展规划；二是组织实施广告产业政策，协调执行中的重大问题；三是研究广告业发展和改革中存在的突出问题，提出相关对策建议；四是研究拟订促进公益广告事业发展的有关政策措施，组织和指导公益广告活动；五是组织协调广告业统计信息建设工作；六是指导广告行业组织的工作。

为了加强对广告业发展的指导，促进广告业又好又快发展，工商总局会同国家发展和改革委员会按照国务院的部署和要求，在认真研究分析广告业发展状况的基础上，提出了当前和今后一个时期广告业发展的指导思想和主要目标任务。

广告业发展的指导思想是：以邓小平理论和"三个代表"重要思想为指导，全面贯彻党的十七大精神，深入落实科学发展观和构建社会主义和谐社会的重大战略思想，把促进广告业又好又快发展，作为一项紧迫而长期的战略任务。坚持广告业协调、健康、可持续发展，坚持经济效益与社会效益并重，努力提高广告业整体素质和国际竞争力。

广告业发展的基本原则是：在国际化视野下发展中国广告业，走中国特色广告业发展道路。创新观念，完善体制，健全机制，逐步构建广告业公共服务管理体系；以发展创意产业、技术创新和保护知识产权为契机，积极调整和优化广告产业结构，全面提高广告业的专业水平；健全广告市场规则，保护消费者和广告活动主体的合法权益，完善广告业发展的促进机制和保障机制。

广告业发展的主要目标是：加快行业结构调整，促进广告产业的专业化、规模化发展，提升广告策划、创意、制作的整体水平；积极推动新兴广告媒体的发展与规范；以中华民族优秀品牌战略为基础，以广告企业为主干，以优势媒体集团为先导，形成布局合理、结构优化的广告产业体系；广告经营总额继续保持较快增长，使广告业总体发展水平与全面建设小康社会和市场经济的发展水平相适应。

广告业发展的主要任务：一是培育一批拥有著名品牌和先进技术、主业突出、核心创新能力强、具备较强国际竞争实力的大型广告企业；二是整合广告经营资源，形成一批大型综合性广告媒体；三是以创意产业为增长点，促进区域广告创意基地的形成，培育和发展具有特色的优质广告创意产业集群；四是在完善广告业发展政策和监管法律法规的基础上，构建广告业公共服务管理体系；五是加快广告专业人才培养，建立广告业人才培养教育机制；六是建立和完善公益广告发展促进机制，壮大公益广告事业。

根据上述目标任务，我们将采取以下政策措施：

1、健全广告法律制度

针对我国广告业发展的新情况、新问题和新趋势，加快《广告法》及配套法规的修订进程，完善广告市场准入与退出、广告活动规范、广告市场管理等方面的规章制度。

2、加大政策扶持力度

依据国家促进服务业发展的政策，制定和落实相关支持和鼓励发展广告策划、创意、制作及服务的政策措施。

3、完善广告业发展机制

发挥市场机制在广告业资源配置中的重要作用，研究广告业发展的体制、机制、制度和方式，指导广告业规范发展。

4、拓宽广告业投融资渠道

积极调整投资结构，在广告业的关键领域、薄弱环节，引导社会资金加大投入；鼓励各类创业风险投资机构和信用担保机构向发展前景好、吸纳就业多以及运用新技术、新业态的广告企业开拓业务。

5、增强广告企业竞争力

规范广告市场准入管理；推进广告企业建立现代企业制度；加快培育大型专业广告企业；提高中小广告企业市场竞争力。

6、提高广告制作发布技术水平和经营水平

支持数字化音视频、动漫和网络等实用新技术在广告策划、创意、制作和发布等方面的应用推广。鼓励环保型广告材料的广泛运用，支持开发低成本的替代广告材料。支持新兴广告媒介健康有序发展。创新广告技术和经营理念，借助现有的创意产业园区平台，充分发挥创意在广告业中的核心作用。

7、加强广告业对外开放与交流

把参与国际广告市场竞争，作为转变发展方式、培育我国驰名国际品牌、提升我国对外开放水平的重要内容，积极融入国际广告产业链。鼓励国内广告企业走向国际市场。

8、协调区域广告市场发展

围绕促进区域经济社会协调发展的目标，发挥各地区经济社会和广告业比较优势，促进区域广告市场繁荣和广告业协调发展。鼓励支持广告资源跨区域整合和布局，促进广告业区域合作与发展。

9、提升广告从业人员整体素质

加强广告教育的专业建设；建设广告人才培养基地；健全广告专业人员职业水平评价体系，开展广告专业技术人员职业水平评价工作。

10、建立具有广告业特点的知识产权保护制度

重视和加强对知名广告企业商标的保护，以及对广告原创作品的版权保护和创新技术的专利保护，加大对侵犯广告业知识产权行为的打击力度。

11、促进公益广告发展

提高公益广告策划、创意和制作水平；加强公益广告制度建设，建立全国公益广告创新研究基地。

12、建立健全广告业公共服务管理体系

强化广告行业组织在促进行业发展中的功能作用；完善广告业统计调查制度；建立广告业信息发布制度；建立诚信经营评价体系；推进广告经营规范建设；加强广告理论研究和广告史料保护。

13、提高广告监管体系效能

完善广告监管体系；建立虚假违法广告预防与应急处置机制；强化广告社会监督效果；加快广告监管工作信息化建设。

14、加强对广告业发展工作的组织领导

工商行政管理机关作为指导广告业发展的职能部门，要认真履行职责，积极会同发展改革委等有关部门建立相应工作协调制度，指导和协调广告业发展和改革中遇到的问题，组织落实产业政策、行业规划提出的发展目标和任务，加强宏观调控和政策引导，推动广告业加快发展。广告行业组织要积极拓展职能，充分发挥桥梁和纽带作用，积极协助政府部门贯彻产业政策、落实行业规划、完善行业管理。

以上这些政策措施基本覆盖了广告业发展的各个方

面，是中国广告业健康、协调、持续发展的有力保障。

科学发展观的第一要义是发展。坚持全面协调可持续，促进中国广告业又好又快发展，是时代赋予中国广告业的历史使命，也是广告监管部门的光荣职责。我们要以高度的责任感，用我们的智慧和心血，为中国广告业的发展尽职尽责、尽心尽力！

最后，预祝"中国国际广告服务创新发展高峰论坛"圆满成功！谢谢大家！

在"广告知识产权及保护机制"课题组成立暨开题会议上的讲话

（2009年9月8日）

中国广告协会秘书长　李国庆

非常感谢各位出席今天的会议。各位嘉宾就广告中的知识产权保护问题都做了精彩的发言，相信对大家会有所启发。刚才杨副秘书长谈到，本次课题研究是由中国广告协会和中国外商投资企业协会优质品牌保护委员会共同倡议发起的。并得到了国家工商总局、国家版权局等部门及有关协会能大力支持。同时，各方面的法律专家、媒体、企业和广告公司代表也拨冗出席了本次会议，在此我谨代表中国广告协会向在座的各位表示诚挚的谢意。

从刚才各位嘉宾的发言中可以看到，无论在广告业界还是法律界，无论在中国还是国际社会，知识产权保护问题一直就是大家广泛关注的重要课题。知识产权制度是促进人类经济发展、社会进步、科技创新、文化繁荣的基本法律制度。随着知识经济和经济全球化深入发展，知识产权日益成为国家发展的战略性资源和国际竞争力的核心要素，成为建设创新型国家的重要支撑和掌握发展主动极的关键。我国一贯以负责任的态度积极推动知识产权保护工作，在坚持遵循知识产权国际保护规则的同时，按照国情确定了中国特色的知识产权保护战略，发布了《国家知识产权战略纲要》，明确提出"扶持广告设计等版权相关产业发展"的专项任务，并建立了符合国际通行规则、门类比较齐全的《著作权法》、《商标法》、《专利法》、《驰名商标认定和保护规定》等法律法规体系，高度重视知识产权的宣传普及工作。从2004年开始，国家将每年4月20日至26日确定为"保护知识产权宣传周"，通过多种形式在全社会开展知识产权保护宣传教育活动，形成尊重劳动、尊重知识、尊重人才、尊重创造的良好社会氛围。

在保护广告知识产权方面，国家工商总局、国家发改委等有关部委先后颁布各项配套政策性文件，提出要建立具有广告业特点的知识产权保护制度，以进一步完善促进广告业发展的政策措施。在《广告法》的修订内容中，也特别强调了要对广告活动中侵犯知识产权的行为追究相应的法律责任，凸显了我国不断加大对广告知识产权保护的力度。

在国家越来越重视知识产权保护的同时，我们也要清醒地看到，广告活动中仍然存在诸多涉及知识产权保护的问题和困难。例如广告业中常出现的"假比稿"现象就备受非议。某些企业以比稿的名义，窃取广告公司的专业智慧和广告脚本，却不与该广告公司签约而是自行改编成为广告，这种行为扰乱了市场的秩序，损害了广告行业的正常发展。又例如，从司法判例实务来看，我国虽已建立起版权、商标、专利等庞大的法律法规体系，但在广告知识产权保护领域里，却仍面临一些不同观点，"法律不保护创意？"这是一直以来广告业创意和设计人士面临的现实困惑，因为广告行业所谓的创意，既包括仅限于头脑中的构思这种形式．也包括文字和画面表达出的中间产品形式，作为中间产品的创意应不应当受到保护呢？深圳市明文规定"平面设计作品的创意表达受法律保护"，这是否可以成为我们以后研究和突破的重点？再比如，随着互联网广告、手机广告等新媒体的出现，广告作品被复制、改编、剽窃的几率大幅度增加，广告中的知识产权保护面临着更多挑战。

在保护广告中知识产权的进程中，中国广告协会一直在努力，从行业自律方面提出高要求。1994年《中国广告协会自律规则》中便规定“广告创作要坚持创新、尊重版权，不得抄袭他人的创意，不得侵犯公民的肖像权”，2008年《中国广告行业自律规则》更是明确要求“广告应当尊重他人的知识产权，不抄袭他人的作品”，以及“广告主应当尊重广告公司及其他广告服务机构的合法权益，支付相应的代理费或服务费，不得无偿占有其劳动成果”。去年，在北京2008年奥运会开幕前，中国广告协会联合奥运会组委会向全国广告行业的从业单位和人员发出“防范奥运隐性市场广告行为”倡议书，并对于一些公司在广告中侵犯他人商标权等行为开展调查，并进行劝诫批评，收到良好成效。

在当前的形势下，我们开展“广告知识产权及保护机制”课题研究的确具有突出的现实意义。一是通过研究制定有效措施，建立广告中知识产权信用评价和失信惩戒等机制，进一步发挥行业自律作用，尽可能避免虚假违法广告和知识产权侵权行为；二是通过法律法规研究，向国家有关机关提出建议，推进相关立法立规的工作进程；三是通过加强广告知识产权交流合作，深入分析新动向、新特点，找出带有规律性的问题，并分析原因，为制定有针对性的措施提供依据；四是通过规范行业行为，营造规范有序的广告市场环境，更好地维护广告公司、广告主、广告发布者的合法权益。

“广告知识产权及保护机制”课题研究是一项探索性工作，希望大家在实践中不断开拓和总结，为后续的工作找出具有借鉴意义的经验。也希望更多的人关注广告知识产权保护问题，让更多的法律人了解广告，更多的广告人了解法律，协力保护广告中的知识产权，营造更加良好的广告经营环境。

’2010中国广告年鉴

China Advertising Yearbook

中国广告业发展综述

Survey of the Development of China Advertising Industry

2009年中国广告业发展综述

2009年，在金融危机的震荡与消费市场拉动的双重作用下，中国广告业经营额突破两千亿元，实现7.45%的增长，表明中国广告业仍保持着理性而稳定的成长与推进。

根据国家工商行政管理总局统计处公布的数据，2009年中国广告经营额达2041.0322亿元，比2008年增长141.4708亿元，增长率为7.45%，比2008年9.11%的增长率下降1.66个百分点。2009年中国广告经营额在GDP中的比重为0.609%，比2008年的0.631%略有下降。广告经营单位与从业人员继续稳步增长，全国共有广告经营单位20.50万户，比2008年同期增加1.92万户，增长10.34%；广告从业人员133.31万人，比上年同期增加6.67万人，增长5.27%。

中国广告业近五年的增速分别是12%、11.1%、10.68%、9.11%、7.45%，呈现出逐步放缓的趋势。2009年中国政府应对危机的种种政策的出台、建国60周年的举行、3G牌照的发放，广告业和媒体行业的格局的深刻变革，都对中国广告市场的发展产生了重要影响。

阵痛中稳步成长

广告主在2009年营销预算的收紧不仅是由于金融中的压力，2007、2008连续两年的奥运经济刺激之下，不断加大传播力度，增加投放费用，在2009年势必会出现一个缓冲期进行调整。

阵痛与震荡，构成了2009年中国广告业发展背景的两大关键词，随之而来的是每一个从业者的挣扎与自救。欣喜的是，在2010年到来的时候，一连串利好的消息预示着经济整体回暖的迹象，同时也为广告业的发展构筑了强有力的支撑。其中房地产、汽车等支柱行业已经释放出积极的信号，消费市场与广告市场的联动效应也会更加明显。这些都将有助于广告行业尽快摆脱金融危机的阴霾。

传统媒体：整体上升缓慢

从全年看，金融危机对传统媒体的冲击一直持续到7月，整整半年多的时间，各类传统媒体几乎都处在负增长的状态之下。二季度国民经济开始回暖，三季度进一步企稳向好，GDP增长达到8.9%。宏观经济环境的变化迅速反映到广告行业，8月开始广告投放明显回升，四季度进一步放量，拉动传统媒体广告由负转正。

电视媒体虽然仍是广告主营销的主力，但增幅仅为6.92%，比2008年的13.22%相差甚远；报纸实现8.11%的增长，为近三年最好的成绩；期刊去年曾达到17.23%的高涨，而2009年出现了2.08%的负增长；广播电台5.16%的增长也略低于2008年。

报纸是房地产广告的第一大媒体，广告经营也受房地产广告影响最大。早在2008年第三季度，房地产行业的不景气就使广告投放增长就出现拐点，由第二季度59%的高增长大幅下滑至三季度的-4%。2009年3月以后，房地产行业开始回暖，随后急剧升温，但广告并没有随之而回暖，反而比上年下降了22%之多。房地产行业景气与广告投放的背离，表明了房地产行业景气与广告投放之间的不确定性特征。房地产广告的大幅下滑，成为影响报纸广告持续增长的重大隐患。2008年，房地产行业一度占报纸广告收入28%的份额，2009年房地产行业广告持续低迷对报纸广告收入造成了重大影响。

2010年，新一轮电视媒体的涨价以及广告资源的压缩将使得部分广告预算下渗或流向电视以外的媒体。传统媒体在2009年越发意识到市场对跨媒体资源的渴求，开始与网络、手机等新媒体展开合作。

表一 2009年中国广告业经营状况

单位：万元

	2009年经营单位（户）	增长率（%）	2009年经营额	2008年经营额	增长率（%）
合计	204982	10.34	20410322	18995614	7.45
1.广告公司	124886	6.49	8494297	7783289	9.14
其中：股份有限公司	2333	−3.95	369235	140566	162.68
有限责任公司	122553	6.71	8125062	7642724	6.31
2.兼营广告企业	43766	20.17	891412	861964	3.42
3.电视台	2719	3.03	5361903	5015037	6.92
4.广播电台	697	4.50	718703	683409	5.16
5.报社	1894	8.81	3704633	3426737	8.11
6.期刊社	4266	−3.70	303792	310246	−2.08
7.其他	26754	20.20	935582	914933	2.26

互联网：2009媒体营销创新的亮点

根据中国广告协会互动网络分会的统计，2009年中国互联网广告规模达到109.1616亿，增长率为9.6%。2009年对互联网广告市场贡献最大的前五位行业分别是汽车、房地产、食品、招生招聘、金融保险。

2009年的互联网广告发展成为广告业的亮点。从数字上来讲，在广告行业整体经营额增速减缓的前提下，互联网的增速超过了整体增速；从经营方式上来讲，网络媒体不断推出新的平台模式、内容模式、沟通模式，以及经营模式，网络广告的空间得到拓展；从受众上来讲，截至2009年7月，中国网民数量达到3.38亿，覆盖人群越发庞大。总体上，互联网的经营与发展进一步成熟，新的传播格局日渐成型，在这个过程中，适应于新的传播格局的营销传播模式也逐渐被广告主了解和接受。

其中，网络营销人员在产品创新、经营创新上取得了诸多进步；平台与产品的多元化为广告主提供了更多营销选择。另一方面，互联网与传统媒体之间的牵连越来越密切。中国网络电视台的开办，盛大与湖南广电合资公司的成立，展示了各种形式的"传统媒体+新媒体"的联合。

户外广告：负增长之后的全面回暖

2008年受到大规模的户外广告整顿和资本退潮的影响，户外广告在经营单位户数、媒体数、经营额方面均出现不同程度的下滑，可喜的是，户外广告行业在2009年市场状况堪忧的环境下，逆势上扬，取得了经营增长率7.0%的好成绩，而户外广告数只增长1.0%，可见，优势资源在2009年更加集中，行业内部的盘整更加规范。

户外广告企业在2009年的发展并不被看好，主要原因除了大环境的萧条之外，更有行业自身发展的制约因素。比如行业内部比较散乱，难以形成规模；缺乏第三方的科学监测与专业评估；投放上缺乏策划创新的能力等等。

然而，金融危机的影响使得广告主越发青睐成本低，能直达目标消费者，并且迅速拉动地区销售的媒体，户外广告就成为他们的选择。

户外广告经营者们也需要更加关注传播效率和媒体性比，通过科学的量化评估手段，实现精准营销，真正有实效的、占领优势渠道或贴近消费终端的户外媒体将获得长足的发展。同时，单一媒体类别的投放效果每况愈下，整合锁定区域内不同种类的可选媒体，线上线下

表二 2009年户外广告经营情况

项　目	单　位	2009年	2008年	增长率（%）
户外广告经营单位	户	69300	66808	3.73
户外广告经营额	万元	1922153	1796328	7.0
户外广告数	个	2163796	2143125	1.0
其中：展示牌广告	个	421073	384842	9.4
电子显示装置广告	个	236108	127897	84.6
灯箱广告	个	379151	454838	−16.6
霓虹灯广告	个	97503	110592	−11.8
交通工具广告	个	392753	347918	12.9
水上漂浮物广告	个	979	896	9.3
升空器具广告	个	6002	6497	−7.6
充气物广告	个	24206	32577	−25.7
模型广告	个	12564	11783	6.6
其他户外广告	个	593457	665285	−10.8

表三　户外投放户外广告数最大的十个行业

名次	行业	数量（单位：个）
1	房地产	217115
2	食品	208161
3	酒类	115727
4	服装、服饰	106163
5	家用电器	99505
6	药品	85659
7	商场销售	71493
8	化妆品	65789
9	信息产品	64708
10	医疗服务	63421

联动的混媒组合投放，不仅是必然的，也是必须的。整合是2009年全行业的主旋律，既是为了企业更好地生存，也是为了更好地服务客户。

广告公司：外资公司重夺阵地

2008年，外资公司经营额的表现不尽如人意，增长率是−21.5%，2009年则强势崛起，实现了47.14%的高增长，而个体企业出人意料地出现了35.27%的负增长。

金融危机中最为紧张的就是外资企业，由于长期以来依靠国际品牌为生，在客户在全球范围内受到冲击时，广告公司也成了重灾区，于是，挖掘本土客户、节流开源，成为外资公司共同采取的两条措施。现在看来，这一策略的制定和执行是比较成功的，带领公司经营迎来了飞速发展的一年。而个体企业则由于规模、服务等方面的局限，被夺走了大片市场份额。

区域广告市场：向三四线城市推进

北京、上海、广东依然位居区域经营额前三甲，其中以北京增长率最大，为8.4%；上海的增速越发地趋缓，从2007年的12.6%下降到2008年的4.82%，2009年更是下降到1.6%；2008年出现负增长的广东实现反弹，增长率为7.4%，三地总和占有全国经营额总额47.7%的份额。另外，江苏、浙江、天津、福建，依然紧随其后，排在第二梯队。

2009 年增长率最高的地区分别为福建 45．4%、海南 39.3%、安徽 28.4%、甘肃 27.7%、内蒙古 23.8%。全国有五个地区出现负增长，分别为湖南 -79.7%、宁夏 -42.1%、新疆 -24.6%、广西 -2.5%、重庆 -0.4%。

2009 年广告业向三四线城市推进的趋势越发明确，中国广告业大都集中在一二线城市，广大三四线城市仍处于不完全开发或待开发状态。一线城市的投入成本越来越高，其性价比越来越低，三四线城市已经成为新一轮经济发展与社会消费的主要增长区域，三四线城市的广告业也将中国广告市场新的增长版块。

表四　2009 年广告公司经营情况

项　目	2009 年经营单位（户）	增长率（%）	2009 年经营额（万元）	2008 年经营额（万元）	增长率（%）
合　计	204982	10.34	20410322	18995614	7.45
国有企业	6627	-7.51	1873993	1529974	22.49
国有事业	7945	-7.27	8695976	8252436	5.37
集体企业	2926	0.31	382401	365297	4.68
集体事业	712	5.79	116571	113576	2.64
私营企业	144597	11.35	5930075	5642548	5.10
个体工商户	23501	32.68	282206	435979	-35.27
外商投资企业	779	5.70	1203904	818220	47.14
其　他	17895	-1.31	1925197	1837584	4.77

表五　2009年全国各地区广告经营状况

地区	经营单位（户）	从业人员（人）	2009年经营额（万元）	2008年经营额（万元）	增长率（%）
合计	204982	1334898	20410322	18995614	7.5
国家局	303	5497	371024	355149	4.5
北京	15389	120154	3867176	3567810	8.4
上海	36960	168488	3182216	3133541	1.6
广东	21396	157772	2691187	2505990	7.4
江苏	13486	100877	1789402	1535291	16.6
浙江	13362	94658	1518759	1382663	9.8
天津	7601	43776	929025	839202	10.7
福建	7382	54752	815270	560714	45.4
山东	11803	81513	763131	702359	8.7
四川	5192	30374	560467	506337	10.7
安徽	5145	31889	467037	363714	28.4
辽宁	4829	32431	442073	428508	3.2
河南	6780	49546	350995	330443	6.2
湖北	5088	33367	345066	319572	8.0
重庆	8022	46383	331961	333293	−0.4
江西	3693	32055	249753	231682	8.0
山西	3016	20706	241880	201665	19.9
吉林	2852	15046	220606	188264	17.2
黑龙江	2669	20613	214565	203948	5.2
云南	4159	19563	202360	177626	13.9
陕西	1768	11446	140441	138894	1.1
河北	4347	30112	137832	128791	7.0
内蒙古	2239	17370	104449	84382	23.8
新疆	4168	24726	101229	134209	−24.6

续表

地区	经营单位（户）	从业人员（人）	2009年经营额（万元）	2008年经营额（万元）	增长率（%）
贵州	1199	7781	81419	81419	0
湖南	2692	16244	72551	357640	−79.7
广西	4631	34750	59614	61141	−2.5
甘肃	1612	12440	52115	40815	27.7
海南	1155	7289	50131	35991	39.3
青海	401	3156	25168	24022	4.8
宁夏	1281	7910	16403	28306	−42.1
西藏	362	2214	15003	12238	22.6

'2010中国广告年鉴

China Advertising Yearbook

中国广告业年度统计与数字

Annual Statistics & Numerals of China Advertising Industry

2009年全国广告经营单位基本情况统计表

项目			经营单位（户）	从业人员（人）	广告经营额（万元）	纳税额（万元）
合计			204982	1334898	20410322	1023087
其中	国有企业		6627	167902	1873993	108270
	国有事业		7945	837250	8695976	312680
	集体企业		2926	39324	382401	20819
	集体事业		712	11297	116571	4441
	私营企业		144597	811878	5930075	432368
	个体工商户		23501	42501	282206	18019
	外商投资企业		779	24493	1203904	72274
	其他		17895	135440	1925197	54217
其中	广告公司		124886	927836	8494297	558348
	其中	股份有限公司	2333	10117	369235	5961
		有限责任公司	122553	917719	8125062	552387
	兼营广告企业		43766	75196	891412	20455
	电视台		2719	255508	5361903	153043
	广播电台		697	51998	718703	41270
	报社		1894	647654	3704633	176474
	期刊社		4266	30915	303792	25056
	经营广告的网站		1662	19650	313814	29691
	其他		25092	61328	621768	18751

资料来源：国家工商行政管理总局广告监督管理司

2009年全国主要行业

项 目			房地产	食品	药品	汽车	服务业	医疗服务
合 计			2070085	1756407	1568711	1516022	1322526	1290670
其中	国有企业		158800	73825	126743	80481	129787	64306
	国有事业		951859	87498	616728	380029	862674	628595
	集体企业		28402	24055	20216	12224	36082	26291
	集体事业		25221	6049	2721	3866	8758	9458
	私营企业		322882	900185	440790	699198	325941	424091
	个体工商户		20117	88789	10067	15063	18472	11745
	外商投资企业		121296	18908	135653	49248	54556	10362
	其他		127830	135589	163103	82417	132441	115823
其中	广告公司		575448	873732	621890	715773	476913	426492
	其中	股份有限公司	17992	16700	1615	27716	15299	5750
		有限责任公司	557456	857032	620274	688057	461614	420742
	兼营广告企业		65790	224567	53608	44056	83820	41797
	电视台		823893	32493	284882	209283	595053	324891
	广播电台		48838	9776	62968	36643	76880	74487
	报社		162215	30935	348066	247664	277765	370103
	期刊社		11516	28958	26400	14210	27826	17012
	经营广告的网站		16383	23944	80008	12258	3514	4326
	其他		52324	110493	38200	42638	26942	31562

广告营业额统计表

单位：万元

项目			化妆品	家用电器	保健食品	信息产业	其他	小计
合计			1272575	986663	924961	704263	6997440	20410322
其中	国有企业		105644	101514	83658	86278	768880	1873993
	国有事业		634428	396240	398552	282918	2706703	8695976
	集体企业		24099	35519	23663	7548	129032	382401
	集体事业		3183	4652	6163	2639	38614	116571
	私营企业		274185	285756	217273	200641	1927440	5930075
	个体工商户		10178	12906	11096	7080	122981	282206
	外商投资企业		107919	64083	34456	61073	540765	1203904
	其他		112939	85992	150099	56087	763025	1925197
其中	广告公司		500921	414747	309850	310694	3213733	8494297
	其中	股份有限公司	10172	2337	13274	22396	242566	369235
		有限责任公司	490750	412410	296576	288298	2971166	8125062
	兼营广告企业		54959	49389	37567	26012	359219	891412
	电视台		529177	244163	276684	152765	1665606	5361903
	广播电台		19067	38252	51370	30824	227377	718703
	报社		109683	178393	190681	134418	1037989	3704633
	期刊社		22276	11994	11196	15100	115346	303792
	经营广告的网站		8611	13405	2822	18620	134217	313814
	其他		27881	36319	44791	15831	243953	621768

资料来源：国家工商行政管理总局广告监督管理司

2009 年全国各地区广告经营情况统计表

地　区	经营单位（户）	从业人员（人）	广告经营额（万元）
国家局	303	5497	371024
北京市	15389	120154	3867177
上海市	36960	168488	3182216
天津市	7601	43776	929026
重庆市	8022	46383	331962
河北省	4347	30112	137833
山西省	3016	20706	241880
内蒙古自治区	2239	17370	104449
辽宁省	4829	32431	442073
吉林省	2852	15046	220607
黑龙江省	2669	20613	214565
江苏省	13486	100877	1789402
浙江省	13362	94658	1518760
安徽省	5145	31889	467038
福建省	7382	54752	815270
江西省	3693	32055	249753
山东省	11803	81513	763132
河南省	6780	49546	350996

续表

地　区	经营单位（户）	从业人员（人）	广告经营额（万元）
湖北省	5088	33367	345067
湖南省	2692	16244	72551
广东省	21396	157772	2691187
广西壮族自治区	4631	34750	59614
海南省	1155	7289	50132
四川省	5192	30374	560468
贵州省	1199	7781	81419
云南省	4159	19563	202360
陕西省	1768	11446	140442
甘肃省	1612	12440	52116
青海省	401	3156	25168
宁夏回族自治区	1281	7910	16403
新疆维吾尔自治区	4168	24726	101229
西藏自治区	362	2214	15004
合　计	204982	1334898	20410322

资料来源：国家工商行政管理总局广告监督管理司

2009年全国户外广告基本情况统计表

项　目		单　位	合　计
户外广告商品（服务）类别	兽药	个	2931
	食品	个	219593
	其中：保健食品	个	54661
	酒类	个	120145
	化妆品	个	65413
	烟草	个	5852
	房地产	个	205671
	家用电器	个	121636
	信息产品	个	44093
	服装、服饰	个	127301
	汽车	个	69024
	金融保险	个	62997
	生活美容、美体　、休闲服务	个	100077
	信息服务	个	59550
	加工承揽及经营合作	个	10229
	商场销售	个	86195
	教育	个	17234
	旅游	个	38487
	招工招聘及其他劳务	个	16979
	出入境中介	个	2283
	其他	个	584704

资料来源：国家工商行政管理总局广告监督管理司

2009年全国固定形式印刷品广告基本情况统计表

项目		单位	合计
广告发布单位户数		户	3748
其中	内资企业	户	3731
	其中：私营企业	户	2808
	外商投资企业	户	17
	其中：中外合资企业	户	14
	外商独资企业	户	3
广告经营额		万元	174689
其中	内资企业	万元	167256
	其中：私营企业	万元	119166
	外商投资企业	万元	7433
	其中：中外合资企业	万元	3226
	外商独资企业	万元	4207
监管情况	查处违法广告案件	件	1205
	其中：未经登记擅自发布	件	704
	其中：停止广告服务	件	300
	罚没金额	万元	7429
违法形式	名称不规范	件	83
	发布非广告信息	件	107
	发布虚假违法广告	件	365
	其他	件	397

资料来源：国家工商行政管理总局广告监督管理司

2009年全国查处广告

项　目		查处案件总数(件)	其中：按违法性质分		
			虚假广告	非法经营广告	其 他
合　计		46903	13295	8373	25235
违法经营额	1万元以下	40395	10816	7272	22307
	1-5万元	5602	2112	979	2511
	5-10万元	587	228	88	271
	10-50万元	253	116	31	106
	50万元以上	66	23	3	40
违法主体	广告主	27705	8585	4638	14482
	广告经营者	5254	1450	1411	2393
	广告发布者	9921	2285	1924	5712
	其他	4023	975	400	2648
违法媒介	电视	5134	2216	689	2229
	广播	750	351	103	296
	报纸	4275	1272	507	2496
	期刊	404	133	90	181
	户外	22355	3049	5606	13700
	印刷品	5693	2278	762	2653
	网络	1824	1442	73	309
	其他	6468	2554	543	3371

违法案件情况统计表

责令公开更正（件）	责令停止发布（件）	停业整顿（户）	吊销证照（户）	罚没款（万元）
3790	15294	109	4	21009
*	*	*	*	*
*	*	*	*	*
*	*	*	*	*
*	*	*	*	*
*	*	*	*	*
2614	9617	68		11179
407	1359	21	4	2411
626	3598	13		6004
143	720	7		1414
411	2160	4	1	4360
59	271	2		530
276	2034	3	2	3087
12	132	4		310
1620	6098	80		5745
484	2248	9		2198
209	679			1532
19	1672	7	1	3246

	项目	查处案件总数(件)	其中：按违法性质分		
			虚假广告	非法经营广告	其他
违法类别	药品	6016	2341	891	2784
	医疗器械	801	286	129	386
	医疗服务	4032	978	714	2340
	农资	1029	454	160	415
	其中：农药	375	186	58	131
	兽药	11	3	3	5
	食品	4898	1985	850	2063
	其中：保健食品	2862	1320	358	1184
	酒类	695	159	195	341
	化妆品	714	224	138	352
	烟草	72	4	20	48
	房地产	2268	338	588	1342
	家用电器	1578	411	396	771
	信息产品	357	114	59	184
	服装、服饰	1302	471	252	579
	汽车	467	66	100	301
	金融保险	229	17	71	141
	生活美容、美体、休闲服务	792	277	156	359

续表

责令公开更正（件）	责令停止发布（件）	停业整顿（户）	吊销证照（户）	罚没款（万元）
465	2198	5	3	3156
65	264			503
279	1621	8		3009
87	242	11		416
53	66	4		137
2	2	2		31
493	1943	17		2436
274	1254	3		1444
67	163	2		247
61	205	9		570
4	17	1		57
191	617			1527
136	445	5		464
23	98	1		96
103	318	6		363
37	137	1		170
7	44			134
73	295	1		204

项目		查处案件总数(件)	其中：按违法性质分		
			虚假广告	非法经营广告	其他
违法类别	信息服务	487	89	159	239
	加工承揽及经营合作	148	39	36	73
	商场销售	947	142	251	554
	教育	342	92	74	176
	旅游	107	20	28	59
	招工招聘及其他劳务	167	41	19	107
	出入境中介	37	6	1	30
	其他	19418	4741	3086	11591

续表

责令公开更正（件）	责令停止发布（件）	停业整顿（户）	吊销证照（户）	罚没款（万元）
55	172	1		171
4	55	1		47
60	290			310
42	139	1		199
13	32			28
9	61			59
2	2			9
1514	5936	39	1	6833

资料来源：国家工商行政管理总局广告监督管理司

2009 年度中国广告企业（媒体服务类）广告营业额前 100 名排序

排名	单位名称	营业额（万元）
1	分众传媒	344915
2	凯帝珂广告（上海）有限公司	171618
3	广东凯络广告有限公司上海分公司	158592
4	江苏大贺国际广告集团有限公司	114600
5	中视金桥国际传媒有限公司	108551
6	海南白马广告媒体投资有限公司	96651
7	上海中视国际广告有限公司	54923
8	上海中润解放传媒有限公司	53627
9	福建分众传媒有限公司	50100
10	北京桦榭广告有限公司上海分公司	49905
11	上海橡果广告传播有限公司	49352
12	上海新民传媒广告有限公司	43279
13	上海机场德高动量广告有限公司	40193
14	福建号百信息服务分公司	38000
15	星尚传媒（上海）有限公司	37713
16	上海印纪广告有限公司	35051
17	安徽省金娟国际广告有限公司	33800
18	德高广告（上海）有限公司	31561
19	上海印济广告有限公司	31226
20	上海申通德高地铁广告有限公司	28474
21	三人行广告有限公司上海分公司	27302
22	北京巴士传媒股份有限公司	26000
23	江苏永达广告有限公司	23800
24	上海郁金香广告传媒有限公司	23696
25	上海大漠神灯广告有限公司	22000
26	上海格致广告有限公司	21022
27	太原好运达国际广告公司	20550
28	上海雅仕维广告传播有限公司	20503
29	厦门世通华纳传媒公司	20000
30	上海亚风文化传播有限公司	18068

续表

排名	单位名称	营业额（万元）
31	上海诠释广告有限公司	17271
32	上海康泰纳仕广告有限公司	15155
33	中国广告联合总公司	14616
34	上海华君广告有限公司	13746
35	德高广告（北京）有限公司上海分公司	13636
36	上海嘉美信息广告有限公司	13345
37	西部机场集团广告传媒公司	13213
38	上海东杰广告传媒有限公司	12857
39	上海恺润广告有限公司	12535
40	贵州天马广告公司	12490
41	南京雷迪欧广告公司	11858
42	上海新华传媒文化传播有限公司	11621
43	上海智高广告有限公司	10296
44	上海前景广告有限公司	10255
45	杭州公交广告公司	10059
46	上海中广影视广告有限公司	10043
47	上海翰荣文化传播有限公司	9618
48	上海杨航文化传媒有限公司	9439
49	南京梅迪派勒公交广告有限公司	9216
50	上海外联发文化传媒有限公司	9008
51	上海优扬动漫文化传媒有限公司	8996
52	西安沙龙广告装饰公司	8900
53	上海地铁时代传媒发展有限公司	8791
54	浙江高速广告有限责任公司	8500
55	上海二十一世纪文化传播有限公司	8436
56	中铁世纪传媒广告有限公司	8366
57	上海东方明珠移动电视有限公司	8300
58	道琼斯广告（上海）有限公司	8046
59	上海天浩广告有限公司	8042
60	安徽黑白广告有限责任公司	7730
61	上海全土豆网络科技有限公司	7517
62	湖北东方广告有限公司	7479
63	上海飞帆广告有限公司	7456
64	上海铁路文化广告发展有限公司	7256
65	四川唐码西南户外传媒有限公司	7200

续表

排名	单位名称	营业额（万元）
66	上海电广媒体传播有限公司	7033
67	北京东方英龙广告有限公司上海分公司	6969
68	上海申浦广告装潢有限公司	6747
69	上海迪岸广告有限公司	6639
70	山东通广传媒广告有限公司	6500
71	上海天润广告传播有限公司	6338
72	星空传媒（中国）有限公司	6224
73	上海报章分类广告有限公司	6008
74	西安市振兴公交广告有限责任公司	5962
75	宁波联合动力广告有限公司	5925
76	上海东湖广告装饰有限公司	5909
77	上海凌克翡尔广告有限公司	5845
78	上海二十一世纪广告有限公司	5837
79	河南天明公交广告有限公司	5429
80	太原领先盛世文化传媒公司	5380
81	上海通锐广告有限公司	5367
82	上海新云传媒有限公司	5300
83	上海华映文化传媒有限公司	5235
84	杭州东方龙广告传媒有限公司	5200
85	安徽传媒信息广告公司	5100
86	上海广播电视报业经营有限公司	5072
87	上海艾普广告有限公司	5004
88	上海雅仕维广告有限公司	5000
89	上海优视广告传播有限公司	4878
90	贵州高速广告有限公司	4798
91	东莞市心域广告有限公司	4704
92	上海热线信息网络有限公司	4654
93	上海红博文化传播有限公司	4500
94	上海电力广告有限公司	4434
95	江苏宁沪投资发展有限责任公司	4411
96	上海海亚广告有限公司	4408
97	上海盛越广告有限公司	4395
98	上海大众广告有限公司	4358
99	上海魅惑广告有限公司	4294
100	福建省锦绣广告有限公司	4260

资料来源：中国广告协会

2009 年度中国广告企业（非媒体服务类）广告营业额前 100 名排序

排名	单位名称	营业额（万元）
1	智威汤逊－中乔广告有限公司上海分公司	566800
2	上海李奥贝纳广告有限公司	496205
3	盛世长城国际广告有限公司	421895
4	麦肯·光明广告有限公司	368590
5	北京电通广告有限公司	367416
6	北京恒美广告有限公司上海分公司	225596
7	广东省广告股份有限公司	205024
8	上海广告有限公司	131815
9	中航文化股份有限公司	111718
10	福建奥华集团	100000
11	思美传媒股份有限公司	80012
12	南京银都广告商务有限责任公司	68000
13	北京互通联合国际广告有限公司	61800
14	福建鼎力营销顾问公司	60000
15	上海灵狮广告有限公司	55437
16	上海博报堂广告有限公司	54765
17	上海美术设计公司	51037
18	上海旭通广告有限公司	48200
19	博达大桥国际广告传媒有限公司上海分公司	43342
20	上海龙韵广告传播股份有限公司	38116
21	四川省巴蜀新形象广告传媒股份有限公司	32860
22	福建新恒基广告公司	32000
23	上海先河文化传播有限公司	30116
24	上海奥美广告有限公司	29186
25	广东广旭广告有限公司	26000
26	哈尔滨海润国际广告传播（集团）有限公司	25500
27	上海印迹广告有限公司	18207
28	合肥嘉宝传媒有限公司	17987
29	上海威汉广告有限公司	17951
30	旭通世纪（上海）广告有限公司	15797
31	上海四维广告印务有限公司	14303

续表

排名	单位名称	营业额（万元）
32	北京国安广告总公司	14239
33	上海扬子江广告有限公司	12662
34	天联广告有限公司上海分公司	12063
35	上海唐神广告传播有限公司	11203
36	上海韦柯广告有限公司	10850
37	长春吉广传媒集团有限公司	10748
38	上海腾迈广告有限公司	10558
39	深圳市风火广告有限公司	10218
40	泉州精彩广告有限公司	9680
41	上海蓝梦广告有限责任公司	9281
42	灵智精实广告有限公司上海分公司	9103
43	上海宝迪广告有限公司	8747
44	山西丹特森广告公司	8675
45	山东省国际广告有限公司	8500
46	广州交易会广告有限公司	8000
47	江苏华实广告有限公司	7694
48	陕西典汇传播咨询公司	7555
49	上海国泰广告有限公司	7217
50	上海网迈广告有限公司	6700
51	北京美通互动广告有限公司	6194
52	上海千胜广告事务所	6000
53	湖南大华国际广告有限公司	5809
54	上海四维文化传媒有限公司	5705
55	上海观池文化传播有限公司	5572
56	大广（上海）广告有限公司	5550
57	上海通锐广告有限公司	5367
58	泉州市艺林广告有限公司	5357
59	上海焦点广告传播有限公司	5200
60	上海麒灵广告有限公司	5088
61	上海梅高创意咨询有限公司	5000
62	上海云鹤广告传播有限公司	4956
63	上海天硕广告有限公司	4859
64	上海网策广告有限公司	4761
65	百比赫广告（上海）有限公司	4738

续表

排名	单位名称	营业额（万元）
66	合肥新方舟广告有限责任公司	4644
67	武汉利器传播集团有限公司	4621
68	上海浩方在线信息技术有限公司	4457
69	上海欣劲广告有限公司	4391
70	上海杰凡文化传媒有限公司	4277
71	辽宁龙邦传播事业有限公司	4211
72	湖南木林森文化发展有限公司	4208
73	上海新泽广告有限公司	4200
74	浙江亚视传播有限责任公司	4176
75	上海同盟广告有限公司	4151
76	上海大白兔广告有限公司	4132
77	上海大瀚广告有限公司	4025
78	上海电气广告有限公司	4024
79	江苏卓越形象媒体传播有限公司	3875
80	上海欣影国际传播有限公司	3864
81	上海拜占廷广告有限公司	3823
82	苏州工业园区嘉都广告有限公司	3763
83	上海汇申广告有限公司	3753
84	上海欧润吉广告传播有限公司	3688
85	群策广告有限公司上海分公司	3686
86	上海策众广告有限公司	3669
87	上海贞观文化传播有限公司	3519
88	上海美远文化传播有限公司	3484
89	上海畅思广告有限公司	3475
90	上海高文传播装潢有限公司	3441
91	上海中艺美术合作公司	3419
92	上海弈动广告有限公司	3414
93	上海触感广告有限公司	3359
94	江苏金鼎广告传播有限公司	3356
95	上海鸿图大洋广告有限公司	3290
96	上海三欣广告装潢有限公司	3211
97	上海桑桥广告有限公司	3167
98	浙江义乌中国小商品城广告有限责任公司	3100
99	上海大同广告有限公司	3024
100	重庆金牛慧通广告有限公司	3023

资料来源：中国广告协会

2009年度中国媒体单位广告营业额前100名排序

排名	单位名称	营业额（万元）
1	中央电视台	1610000
2	上海东方传媒集团有限公司（原上海文广新闻传媒集团）	385200
3	深圳报业集团	372700
4	湖南电广传媒股份有限公司广告分公司	288063
5	北京电视台	260000
6	广州日报	215000
7	浙江广播电视集团	205759
8	安徽电视台广告中心	155000
9	新浪	138100
10	搜狐	120900
11	国家广播电影电视总局电影卫星频道节目制作中心广告部	117290
12	天津电视台	115000
13	广东羊城晚报广告公司	104000
14	湖北省广电总台	103720
15	广东电视台	101000
16	福建广播电视集团	100000
16	福建报业集团	100000
17	腾讯	96200
18	钱江报系有限公司	96003
19	百度	90000
20	辽宁电视台	86000
21	四川广播电视集团广告中心	85200
22	湖北电视台	83700
23	天津市今晚传媒广告有限公司（今晚报社）	80000
23	江西电视台广告中心	80000
24	都市快报	77800
25	江苏新华日报报业集团	76722
26	陕西电视台广告中心	73800
27	北京人民广播电台	62328
28	贵州电视台	62000
29	西安华商广告有限公司（华商报）	60676

续表

排名	单位名称	营业额（万元）
30	厦门广播电视集团	60000
31	云南电视台广告管理中心	58300
32	吉林电视台	55000
33	宁波日报报业集团	45635
34	半岛都市报	45000
35	新民晚报社	43279
36	新安晚报社	40000
37	海南电视台	38300
38	无锡市广电广告有限公司	37785
39	武汉晚报广告发展公司	35000
39	中央人民广播电台	35000
40	天津人民广播电台	34500
41	温州日报报业集团	33248
42	广东人民广播电台	32000
43	山西电视总台广告中心	31700
44	新闻报社（新闻晨报）	31411
45	常州广播电视台	30120
46	宁波广播电视广告中心	28500
47	温州市广播电视总台	28000
47	青岛日报报业集团	28000
48	云南日报报业集团广告中心	26500
49	江苏人民广播电台	26328
50	海峡都市报	25000
51	北京环宇广告公司（参考消息）	23875
52	贵州日报报业集团	23000
53	陕西人民广播电台广告中心	22500
54	贵阳日报传媒集团	22000
54	内蒙电视台	22000
55	厦门日报社广告部	21800
56	山东人民广播电台	21000
57	乌鲁木齐晚报社	20909
58	陕西人民广播电台	20500
59	西安晚报广告经营中心	19208
60	辽宁人民广播电台	18800
61	黑龙江人民广播电台	18000

续表

排名	单位名称	营业额（万元）
62	浙江日报新闻发展有限公司	17000
62	浙江日报	17000
62	浙江人民广播电台	17000
62	湖北人民广播电台	17000
63	山西日报社广告中心	16731
64	上海第一财经日报	16661
65	厦门广播电视广告有限公司	16502
66	济南日报报业集团	16000
67	杭州日报	15500
68	合肥晚报社广告中心	15300
69	海南日报报业集团广告中心	15000
69	西安电视台广告部	15000
69	南京人民广播电台	15000
69	河南人民广播电台	15000
70	杭州电视台综合生活频道	14300
71	安徽人民广播电台	14000
72	河北人民广播电台	13600
73	泉州刺桐广告公司（东南早报社）	13500
74	济南电视台广告信息中心	13354
75	珠海特区报	13300
76	泉州晚报社	13034
77	福州广电中心	13000
77	大连人民广播电台	13000
78	常州日报社	12536
79	太原电视台广告中心	12500
80	福州日报广告部	12000
80	泉州电视台	12000
80	台州广播电视总台广告中心	12000
80	四川人民广播电台	12000
81	上海世纪出版股份有限公司译文出版社	11869
82	佛山人民广播电台	11800
83	江西人民广播电台	11000
84	南京日报	10890
85	绍兴日报广告有限公司	10566
86	绍兴广播电视总台	10500

续表

排名	单位名称	营业额（万元）
87	金华日报社	10200
88	重庆人民广播电台	10000
88	青岛人民广播电台	10000
88	沈阳人民广播电台	10000
89	山西太报传媒公司	9793
90	金华广播电视总台	9400
91	新闻报社（新闻晚报）	9200
92	吉林人民广播电台	9000
93	上海教育电视台	8664
94	嘉兴市广播电视总台	8511
95	江苏教育电视台	8483
96	嘉兴嘉报传媒广告有限公司	8457
97	东方早报社	8346
98	广州人民广播电台	8000
99	经济日报社广告部	7800
100	唐山广播电视传媒有限公司	7600

资料来源：中国广告协会

2009 年度中国广告企业户外广告营业额前 100 名排序

排名	单位名称	营业额（万元）
1	分众传媒	230854
2	凯帝珂广告（上海）有限公司	171618
3	广东凯络广告有限公司上海分公司	158592
4	海南白马广告媒体投资有限公司	96651
5	江苏大贺国际广告集团有限公司	80220
6	福建分众传媒有限公司	50100
7	上海机场德高动量广告有限公司	40193
8	德高广告（上海）有限公司	31561
9	上海申通德高地铁广告有限公司	28474
10	北京巴士传媒股份有限公司	26000
11	上海郁金香广告传媒有限公司	23696
12	上海雅仕维广告传播有限公司	20503
13	厦门世通华纳传媒公司	20000
14	江苏永达广告有限公司	18000
15	中航文化股份有限公司	16050
16	上海华君广告有限公司	13746
17	德高广告（北京）有限公司上海分公司	13636
18	广东省广告股份有限公司	13580
19	杭州公交广告公司	10013
20	南京梅迪派勒公交广告有限公司	9216
21	西安沙龙广告装饰公司	8900
22	上海地铁时代传媒发展有限公司	8791
23	浙江高速广告有限责任公司	8500
24	中铁世纪传媒广告有限公司	8366
25	上海东方明珠移动电视有限公司	8300
26	安徽黑白广告有限责任公司	7730
27	湖北东方广告有限公司	7479
28	上海铁路文化广告发展有限公司	7256
29	上海飞帆广告有限公司	7108
30	北京东方英龙广告有限公司上海分公司	6969
31	泉州精彩广告有限公司	6750

续表

排名	单位名称	营业额（万元）
32	上海申浦广告装潢有限公司	6747
33	上海迪岸广告有限公司	6639
34	西部机场集团广告传媒公司	6578
35	山东通广传媒广告有限公司	6500
36	太原好运达国际广告公司	6300
37	西安市振兴公交广告有限责任公司	5962
38	上海美术设计公司	5933
39	上海凌克翡尔广告有限公司	5845
40	北京电通广告有限公司	5450
41	河南天明公交广告有限公司	5429
42	太原领先盛世文化传媒公司	5380
43	上海新云传媒有限公司	5300
44	杭州东方龙广告传媒有限公司	5200
45	上海雅仕维广告有限公司	5000
46	江苏华实广告有限公司	4820
47	四川唐码西南户外传媒有限公司	4720
48	东莞市心域广告有限公司	4704
49	贵州高速广告有限公司	4642
50	江苏宁沪投资发展有限责任公司	4411
51	上海海亚广告有限公司	4408
52	上海大众广告有限公司	4358
53	上海电力广告有限公司	4344
54	上海魅惑广告有限公司	4294
55	福建省锦绣广告有限公司	4260
56	东方航空传媒有限公司	4249
57	合肥公交集团有限公司广告部	4207
58	上海马良广告有限公司	4115
59	上海智马传媒有限公司	3905
60	上海巍珂－庆余广告有限公司	3866
61	宁波友谊传媒投资有限公司	3800
62	宁波嘉和公交广告有限公司	3755
63	湖南新广联巴士广告有限公司	3621
64	迪恩智广告（上海）有限公司	3391
65	宁波联合动力广告有限公司	3369
66	上海香榭丽广告有限公司	3303

续表

排名	单位名称	营业额（万元）
67	上海航空传播有限公司	3235
68	武汉利器传播集团有限公司	3045
69	上海唐码广告有限公司	2863
70	上海盛力广告传播有限公司	2745
71	北京华扬联众广告有限公司上海分公司	2710
72	无锡市巴士广告有限公司	2709
73	上海东湖广告装饰有限公司	2698
74	江苏天合营销策划有限公司	2499
75	厦门市唐码博美广告有限公司	2479
76	上海高越广告传媒有限公司	2362
77	福建唐码新奥传媒有限公司	2357
78	上海赤兔广告有限公司	2347
79	温州公交广告有限公司	2335
80	宁波市顺通广告装潢公司	2300
81	厦门市路桥广告有限公司	2252
82	上海腾隆广告有限公司	2186
83	上海郁金香广告有限公司	2185
84	上海新兴媒体信息传播有限公司	2179
85	宁波机场联合广告有限公司	2160
86	湖州长城梅地亚文化传播有限公司	2017
87	武汉丽兰广告艺术有限公司	2000
88	西安高新艾特广告公司	1980
89	浙江银马广告有限公司	1900
90	上海西南广告有限公司	1882
91	武汉经济开发区新纪元广告装饰有限公司	1863
92	思美传媒股份有限公司	1797
93	山西丹特森广告公司	1752
94	武汉尊荣广告国际传播发展有限公司	1668
95	台州市通用广告装饰有限公司	1600
96	深圳市蓝太阳广告有限公司	1588
97	上海强生广告有限公司	1580
98	苏州工业园区嘉都广告有限公司	1500
99	西安金迅数码印务广告有限责任公司	1315
100	哈尔滨海润国际广告传播（集团）有限公司	1200

资料来源：中国广告协会

2009年度中国广告企业（非媒体服务类）广告营业收入前100名排序

排名	单位名称	营业收入（万元）
1	北京电通广告有限公司	110757
2	盛世长城国际广告有限公司	75609
3	上海广告有限公司	73751
4	中航文化股份有限公司	71104
5	上海灵狮广告有限公司	55437
6	上海美术设计公司	36484
7	思美传媒股份有限公司	11410
8	长春吉广传媒集团有限公司	10205
9	四川省巴蜀新形象广告传媒股份有限公司	9971
10	北京互通联合国际广告有限公司	9568
11	上海宝迪广告有限公司	8747
12	南京银都广告商务有限责任公司	8568
13	深圳市风火广告有限公司	8078
14	上海蓝梦广告有限责任公司	8040
15	泉州精彩广告有限公司	7536
16	上海国泰广告有限公司	7217
17	上海网迈广告有限公司	6700
18	上海千胜广告事务所	6000
19	江苏华实广告有限公司	5896
20	上海四维文化传媒有限公司	5705
21	上海观池文化传播有限公司	5572
22	大广（上海）广告有限公司	5550
23	广州交易会广告有限公司	5505
24	上海通锐广告有限公司	5367
25	上海焦点广告传播有限公司	5200
26	上海麒灵广告有限公司	5088
27	上海梅高创意咨询有限公司	5000
28	上海云鹤广告传播有限公司	4956
29	上海天硕广告有限公司	4859
30	上海网策广告有限公司	4761
31	百比赫广告（上海）有限公司	4738

续表

排名	单位名称	营业收入（万元）
32	上海浩方在线信息技术有限公司	4457
33	上海欣劲广告有限公司	4391
34	上海杰凡文化传媒有限公司	4277
35	上海新泽广告有限公司	4200
36	上海同盟广告有限公司	4151
37	上海大白兔广告有限公司	4132
38	上海大瀚广告有限公司	4025
39	上海电气广告有限公司	4024
40	上海欣影国际传播有限公司	3864
41	上海拜占廷广告有限公司	3823
42	上海汇申广告有限公司	3753
43	上海欧润吉广告传播有限公司	3688
44	群策广告有限公司上海分公司	3686
45	上海策众广告有限公司	3669
46	湖南大华国际广告有限公司	3605
47	苏州工业园区嘉都广告有限公司	3555
48	上海贞观文化传播有限公司	3519
49	上海美远文化传播有限公司	3484
50	上海畅思广告有限公司	3475
51	上海高文传播装潢有限公司	3441
52	上海中艺美术合作公司	3419
53	上海弈动广告有限公司	3414
54	上海触感广告有限公司	3359
55	江苏金鼎广告传播有限公司	3356
56	武汉利器传播集团有限公司	3295
57	上海鸿图大洋广告有限公司	3290
58	上海三欣广告装潢有限公司	3211
59	上海桑桥广告有限公司	3167
60	浙江义乌中国小商品城广告有限责任公司	3100
61	上海大同广告有限公司	3024
62	北京国安广告总公司	2936
63	图素广告（上海）有限公司	2934
64	辽宁龙邦传播事业有限公司	2901
65	上海兰飞鱼广告有限公司	2842
66	上海昂立广告有限公司	2833

续表

排名	单位名称	营业收入（万元）
67	上海传能广告有限公司	2817
68	上海爱戈文化传播有限公司	2800
69	上海华绍文化传播有限公司	2790
70	上海智艺广告有限公司	2722
71	北京华扬联众广告有限公司上海分公司	2710
72	上海南方广告有限公司	2680
73	上海博派广告有限公司	2633
74	上海创智广告有限公司	2614
75	中影电通太科广告有限公司上海分公司	2601
76	上海新易传媒广告有限公司	2569
77	湖州中杰广告有限公司	2500
78	汉唐极创国际广告（北京）有限公司上海分公司	2498
79	爱德威广告（上海）有限公司	2480
80	凯立广告（上海）有限公司	2462
81	上海智维互动广告有限公司	2448
82	上海音特莱迪广告有限公司	2400
83	上海东派广告有限公司	2384
84	上海吉广文化传播有限公司	2344
85	合肥嘉宝传媒有限公司	2343
86	上海传广广告传播有限公司	2335
87	上海恒怡月和文化传播有限公司	2313
88	大广（广州）广告有限公司上海分公司	2258
89	读广大广（上海）广告有限公司	2242
90	湖南木林森文化发展有限公司	2228
91	上海韵创广告有限公司	2226
92	上海那伽文化传播有限公司	2223
93	上海风颖文化传播有限公司	2200
94	上海海溢广告有限公司	2158
95	上海伊夫广告设计制作有限公司	2153
96	上海大由广告有限公司	2141
97	上海云指广告有限公司	2115
98	上海华泰文化传播有限公司	2106
99	哈尔滨海润国际广告传播（集团）有限公司	2100
100	上海诚诺广告有限公司	2100

资料来源：中国广告协会

2009年全国广告经营单位增长情况统计表

（与2008年同期对比）

项　目		2009年	2008年	增长率（%）
户数（户）		204982	185765	10.34
其中	国有企业	6627	7165	−7.51
	国有事业	7945	8568	−7.27
	集体企业	2926	2917	0.31
	集体事业	712	673	5.79
	个体、私营企业	168098	147572	13.91
	外商投资企业	779	737	5.70
	其他	17895	18133	−1.31
其中	广告公司	124886	117274	6.49
	兼营广告企业	43766	36420	20.17
	电视台	2719	2639	3.03
	广播电台	697	667	4.50
	报社	1894	2077	−8.81
	期刊社	4266	4430	−3.70
	经营广告的网站	1662	1448	14.78
	其他	25092	20810	20.58
从业人员（人）		1334898	1266393	5.41
广告经营额（亿元）		2041	1900	7.45
查处违法案件（件）		46903	51599	−9.10
罚没金额（万元）		21009	24660	−14.81

资料来源：国家工商行政管理总局广告监督管理司

1990—2009年全国广告基本情况

项目(年)	经营单位(户)	从业人员(人)	广告经营额(万元)	查处案件总数(件)	罚没金额(万元)
1990	11123	131970	250173	—	—
1991	11769	134506	350893	—	—
1992	16652	184279	632216	—	—
1993	31744	310638	1264374	—	—
1994	43046	410094	2002623	—	—
1995	48082	477371	2732690	—	—
1996	52871	512087	3666372	—	—
1997	57024	545788	4619638	31780	5855
1998	61730	578876	5378327	37707	4884
1999	64882	587474	6220506	51494	7552
2000	70747	641116	7126632	66824	10005
2001	78339	709076	7948876	79236	15801
2002	89552	756414	9031464	83653	17752
2003	101786	871366	10786846	71689	18552
2004	113508	913832	12645601	61755	17062
2005	125394	940415	14163487	67676	20750

续表

项目(年)	经营单位(户)	从业人员(人)	广告经营额(万元)	查处案件总数(件)	罚没金额(万元)
2006	143129	1040099	15730018	61867	23157
2007	172615	1112528	17409626	56627	27189
2008	185765	1266393	18995614	51599	24660
2009	204982	1334898	20410322	46903	21009

资料来源：国家工商行政管理总局广告监督管理司

'2010中国广告年鉴

China Advertising Yearbook

大事记

Chronicle of Events

2009年中国广告业大事记

1月1日，中国广告协会互动网络分会制定的《中国互联网广告推荐使用标准（试行）》于本日起试行，对目前互联网广告的使用尺寸、技术标准和容量大小进行了筛查，初步选出各网站经常使用的广告标准199种，作为推荐标准，覆盖了目前互联网广告投放量的80%以上。

1月9日，国家工商行政管理总局下发《关于在整治互联网低俗之风专项行动中严厉打击非法“性药品”广告和性病治疗广告的通知》，对贯彻落实《全国整治互联网低俗之风专项行动工作方案》，继续深入治理网上非法“性药品”广告和性病治疗广告的有关工作进行部署。

1月13日，国家工商行政管理总局发布公告，曝光“福娃娃网”等8家发布非法“性药品”广告的网站。

2月11日，国家工商行政管理总局发布违法广告公告，曝光2008年第四季度监测检查发现的《重庆晨报》等10家媒体发布的部分严重违法广告。

2月13日，国家广播电影电视总局、卫生部、国家工商行政管理总局、国家食品药品监督管理局、国家中医药管理局等五部门联合下发《关于进一步加强广播电视医疗和药品广告监督工作的通知》。

2月19日，国家工商行政管理总局、中央宣传部、国务院新闻办公室、公安部、监察部、国务院纠风办、工业和信息化部、卫生部、国家广播电影电视总局、新闻出版总署、国家食品药品监督管理局、国家中医药管理局等十二部门联合下发《2009年整治虚假违法广告专项行动部际联席会议工作要点》。

2月20日，国家工商行政管理总局、中央文明办联合下发《关于开展第八届（2007—2008年度）全国优秀公益广告评选活动的通知》。

3月6日，中央纪委办公厅、中央宣传部办公厅、国家工商行政管理总局办公厅、国家广电总局办公厅联合下发《关于“扬正气，促和谐”全国廉政公益广告创作展播评选活动获奖情况的通报》。

3月6日，国家工商行政管理总局发布公告，曝光5家发布非法“性药品”广告的网站。

3月13日，国家工商行政管理总局下发《关于深入贯彻落实科学发展观支持和促进广告协会拓展职能增强服务能力完善行业管理的意见》。

3月13日，国家工商行政管理总局颁布了《关于深入贯彻落实科学发展观支持和促进广告协会拓展职能增强服务能力完善行业管理的意见》（工商广字[2009]53号）。该文件对进一步转变政府职能、加强广告行业组织的作用、支持和促进广告协会工作，进而促进广告业科学发展，具有重要意义。

3月14日，广告主管部门采取措施加强对未成年人身心健康的保护。为贯彻落实中办、国办有关文件精神，国家工商总局和中国广告协会采取措施在广告监管和行业自律中加强对未成年人身心健康的保护，中广协发出《“传播文明高尚广告，关爱少年儿童身心健康”倡议书》，号召全行业切实把净化广告文化环境，促进青少年健康成长的各项工作落到实处。

4月6日，由陕西省人民政府和国家工商行政管理总局联合主办的“中国东西部广告战略合作洽谈会”在西安举行。陕西省副省长朱静芝致辞，国家工商行政管理总局副局长刘凡出席会议并讲话。

4月7日，卫生部、国家工商行政管理总局、国家食品药品监督管理局令第65号发布《医疗器械广告审查办法》，自2009年5月20日起施行。1995年3月8日发布的《医疗器械广告审查办法》（国家工商行政管理局、国家医药管理局令第24号）同时废止。

4月20日，中央宣传部办公厅、中央文明办秘书组、国家工商总局办公厅、国家广电总局办公厅、新闻出版总署办公厅联合下发《关于表彰全国过“迎奥运讲文明树新风”公益广告宣传活动优秀作品、先进单位的通报》。

4月22日，国家工商行政管理总局、中国人民银行联合下发《关于加强各类纪念章（品）以及人民币相关广告管理的通知》。

4月24日，中央纪委办公厅、中央宣传部办公厅、国家工商行政管理总局办公厅、国家广电总局办公厅、新闻出版总署办公厅联合下发《关于开展“扬正气，促和谐”全国优秀廉政公益广告创作展播活动的通报》。

4月27日，中国人民银行、中国银行业监督管理委员会、公安部、国家工商行政管理总局联合下发《关于加强银行卡安全管理预防和打击银行卡犯罪的通知》。

4月28日，国家工商行政管理总局、卫生部、国家食品药品监督管理局令第40号发布《医疗器械广告审查发布标准》，自2009年5月20日起施行。1995年3月3日国家工商行政管理局发布的《医疗器械广告审查标准》同时废止。

5月12日，国家工商行政管理总局发布广告管理提示公告，规范信用卡相关广告的发布管理。

5月17日，国家工商行政管理总局发布违法广告公告，曝光2009年第一季度监测检查发现的《呼和浩特晚报》等10家媒体发布的部分严重违法广告。

5月25日，中央宣传部、中央文明办、国家工商总局、国家广电总局、新闻出版署联合下发《关于开展“迎国庆讲文明树新风”公益广告宣传活动的通知》。

5月26日，中国广告协会召开违法违规广告公开点评发布会，对工商总局第一季度监测发现的违法违规广告进行公开点评。

6月21日—27日，在被誉为广告界奥斯卡奖的第56届戛纳国际广告节上，来自86个国家的22,652个参赛作品角逐11个类别的金银铜狮奖和全场大奖。香港麦肯光明荣获设计类的全场大奖，这是中国首次获得戛纳广告节全场大奖。

7月1日，卫生部、国务院新闻办公室、工业和信息化部、公安部、国家工商行政管理总局、国家食品药品监督管理局、国家中医药管理局等7部门联合下发《关于开展全国互联网医疗保健和药品信息服务专项整治行动的通知》。

7月1日，宝洁中国调整广告投放策略。宝洁在中国区广告投放发生了两大变化，一是将中国的非电视媒体投放代理由原来的星传媒体换成竞立媒介；另外在媒介谈判方面，宝洁取消了媒介代理公司，改为亲自出马与媒体谈判。宝洁取消第三方可能引发联合利华、可口可乐等快消公司的效仿，进而引发国内广告格局大变化。

7月7日，卫生部、公安部、工业和信息化部、国家工商总局、国家食品药品监督管理局、国家中医药管理局等6部门联合下发《关于印发药品安全专项整治工作方案的通知》。

7月21日，国家工商行政管理总局下发《关于广告案件查办落实情况的通报》，通报2008年1月至2009年3月总局责成各地查办广告案件的落实情况。

7月22日，国务院讨论并原则通过我国第一部文化产业专项规划《文化产业振兴规划》，广告业被列入国家文化产业振兴规划。《文化产业振兴规划》，提出以文化创意、影视制作、出版发行、印刷复制、广告、演艺娱乐、文化会展、数字内容和动漫等产业为重点，加大扶持力度，完善产业政策体系，实现跨越式发展。

7月29日，国家工商行政管理总局发布违法广告公告，曝光2009年第三季度监测检查发现的《半岛晨报》

等10家媒体发布的部分严重违法广告。

7月31日，财政部、国家税务总局印发《关于部分行业广告费和业务宣传费税前扣除政策的通知》，对化妆品制造、医药制造和饮料制造（不含酒类制造）企业发生的广告费和业务宣传费支出税前扣除比例从15%放宽到30%。

8月3日，全国广告协会秘书长座谈会在哈尔滨召开。

8月12日，中国广告协会对第二季度全国违法广告进行公开点评。

8月17日，国家工商行政管理总局、新闻出版总署、国家食品药品监督管理局联合下发《关于查处部分报纸发布严重违法广告的通知》，部署查处黑龙江《新晚报》、《生活报》，吉林《新文化报》，天津《今晚报》，陕西《华商报》等5家报纸发布的50个严重违法药品广告。

8月18日，国家工商行政管理总局局务会审议通过《广告法（修订送审稿）》。

8月28日，《广告法（修订送审稿）》正式报送国务院。

8月28日，国家工商行政管理总局制定并印发《食品广告监管制度》。

9月1日，国家工商行政管理总局下发《关于积极配合有关专项行动，进一步加大对违法广告整治力度的通知》。

9月4日，卫生部、工业和信息化部、公安部、监察部、财政部、商务部、国家海关总署、国家工商总局、国家广电总局、国务院法制办、银监会、国家邮政局、国家食品药品监管局等13部门联合下发《关于开展打击利用互联网等媒体发布虚假广告及通过寄递等渠道销售假药的专项整治行动的通知》。

9月8日，由中国广告协会和中国外商投资企业协会优质品牌保护委员会共同倡议发起的"广告知识产权及保护机制"课题在北京召开研究组成立暨开题会议。中国广告协会秘书长李国庆、国家版权局版权管理司副司长许超、国家工商总局广告司规划发展处处长赵践、中国外商投资企业协会优质品牌保护委员会主席张为安、版权协会常务副理事长张秀平等负责人参加了会议。

9月10日，国家广电总局出台《广播电视广告播出管理办法》（俗称"广告限播令"，简称"61号令"），对电视广告播出的时长和广告播出的类型作出明确规定。这一规定震动业内，专家表示，受此影响，卫视损失的广告时段价值约为100亿元，为避免损失，众多卫视纷纷涨价，平均涨幅超过20%，创历年新高。同时，为避免因涨价而流失客户，卫视纷纷优化自身的资源配置，加大了自制剧、综艺节目的投资力度；开发特殊广告资源；调整客户结构，优化价格体系等一系列大动作接踵而至。各家卫视在年底之前，再次用行动发起了2010年激烈竞争的一次集体宣言。

9月21日，国家工商行政管理总局发布违法广告公告，曝光"水果瘦"等17个涉嫌严重违法的电视直销广告。

10月15日，华视传媒与DMG在上海共同宣布了双方合并的消息。通过本次整合，华视传媒的户外数字移动电视广告联播网将与DMG的全国地铁电视广告网全面、完整地融为一体，打造出一个地铁公交电视无缝对接的、中国乃至全球最大的户外数字移动电视广告联播网（"新联播网"）。合并后的新联播网将覆盖中国30余个主要城市，并进入香港，首次将广告运营拓展到中国大陆之外。新联播网的自有终端数在本次整合后将超过16万个，占据中国移动电视终端总量的70%以上。此次合并，将大大加快移动电视广告市场的发展，提升移动电视媒体的整体形象，具有里程碑式的重要意义。

10月21日，上海文广新闻传媒集团（下称"文广集团"）分拆而成的上海广播电视台、上海东方传媒（集团）有限公司（下称"东方传媒"）正式揭牌，成为全国第一家获得广电总局正式批准制播分离改革方案的省级媒体。制播分离一方面为引进社会资本创造了条件，一方面也标志文广集团从一个地方性的广播电视机构转变为面向全国、乃至全球华语世界的内容提供商、发行商和服务商的目标。专家表示，制播分离可促使提高原先隶属于系统内的影视制作机构的生产效率，生产出更符合市场需求的产品，并且为广告经营资源和节目营销资源整合提供了有利条件。无论结果如何，文广集团的尝试都将为目前竞争日趋激烈的电视台格局带来有益的探索与新鲜的活力。

10月27日，国家工商行政管理总局发布违法广告公告，曝光2009年第三季度监测检查发现的《京华时报》等12家媒体发布的部分严重违法广告。

10月30日，第16届中国国际广告节在南宁国际会展中心拉开帷幕。此次广告节的国际化色彩更加浓厚：本届中国国际广告节吸引了来自国际广告协会、亚太广告节、美国广告理事会、釜山国际广告节、日本广告业协会、日本电通及国外著名广告公司、国际广告界的权威人士参加，同时本届国际广告节在中国——东盟博览会永久举办地南宁市举行；时间紧接第六届中国——东盟博览会之后，相关东盟人士的参与，更加加深了中国国际广告节的国际化色彩，进一步扩大了中国国际广告节的国际影响。

11月1日，中国广告协会在第16届中国国际广告节"广告代言人行为规范与社会责任"论坛的研讨中，引用了相声演员侯耀华代言的10则典型违法广告，将社会各界对此问题的关注和讨论推向高潮，对有效制止虚假广告和推动相关立法起到了积极的作用。

11月18日，以"2010，看我 看中国"为主题的中央电视台2010年黄金资源广告招标竞购大会总额达109.6645亿元，比去年92.5627亿增长了17.1亿元。这一数字，绝非一次广告资源竞拍活动那么简单。对于央视而言，这表明了建台近51年来积累的品牌效应再次得到国内外广告客户的有力肯定，也意味着2009年的大规模改版得到了客户们的充分认可；对于广告界而言，这一数字则意味作为经济先导性的广告产业并没有受到金融危机致命的打击，而是依旧蓬勃向上，稳定增长；对于企业家们而言，这意味着2010年将是一个充满了竞争，危机与商机并存的活力之年；而对于中国而言，这意味着信心，而信心，意味着无往不胜。

11月23日，国家工商行政管理总局发布违法广告公告，曝光"康倍腰椎挺"等8个涉嫌严重违法的电视直销广告。

11月24日，中国国际广告服务创新发展高峰论坛在北京举行。

11月26日，中国房产信息集团上市。中国房产信息集团由中国领先的房地产服务公司易居(中国)控股有限公司("易居")与新浪共同创建，通过资源的整合，双方在各自领域领先的公司将共同打造中国领先的房地产网络和信息平台。CRIC将携手房地产企业，通过行业内的资源整合以及广泛合作和参与，形成具有一定规模、标准、专业的主导产业，为中国房地产业信息化发展贡献力量。

12月5日，由商务部主导、广告公司参与制作的"中国制造"广告宣传片开始在美国有线新闻网(CNN)等国际媒体播出，着意重新打造与巩固"中国制造"在全球市场的声誉。

12月17日，国家工商行政管理总局下发《关于贯彻落实<进一步深入整治互联网和手机媒体淫秽色情及低俗信息工作方案>继续加大网上非法"性药品"广告和性病治疗广告整治力度的通知》。

12月17日，国家工商行政管理总局、中央文明办联合下发《关于第八届（2007—2008年度）全国优秀公益广告评选获奖情况的通报》。

’2010中国广告年鉴

China Advertising Yearbook

全国广告行业
文明单位展示专栏

The Column of Civilized Units of China Advertising Industry

电影频道
1996-2010
15
打开电视看电影
打开电视看电影
从1996年电影频道-CCTV6诞生的那一刻起
这一口号就始终贯穿其成长发展的每一个阶段
内容为王的媒体竞争时代
电视的大众媒介特性和电影的专业化特征
在电影频道被紧密、有机地结合在一起
十五年，电影频道差异化创新的探索日益成熟和深入
十五年，近十亿的观众规模、央视前三甲的收视排名令人骄傲和自豪
十五年
打开电视看电影
最具投资价值媒体的魅力无限
THE LAST EMPEROR
天下无贼
【东京审判】
THE TOKYO TRIAL
Mr. & Mrs.
Marigold
JET LI
国家广播电影电视总局电影卫星频道节目制作中心
地 址：北京市海淀区西土城路2号 / 邮 编：100088 / 电话：010-82046622
电影频道官方网站：www.m1905.com

中国气象局华风气象影视信息集团
China Meteorological Administration
Huafeng Group of Meteorological Audio & Video Information
30年风雨无阻，
每晚19:31与您准时相约
华夏银行
HUAXIA BANK
北京
12日
-13~-7℃
13日
-15~-4℃
美心门
乌鲁木齐
12日
-16~-5℃
13日
-12~-4℃

2008–2009年度全国广告行业文明单位

天津日報

今晚传媒集团
JINWAN
Media Group
成就非凡
中国标杆品牌
世界报业百强
中国500最具价值品牌
全国报纸首家著名商标
中国晚报广告投放价值第二名
全国晚报、都市报综合竞争力20强

河北卫视
快乐家+家
品牌全国化 营销区域化
河北卫视—中国快乐家庭频道
致力于提升企业
在大华北地区的宣传效果
河北卫视

中国风
山西卫视
山西卫视　中国风

NMTV
内蒙古电视台
傳奇世界
精彩生活
赏塞外明珠 看内蒙卫视
内蒙古电视台广告管理中心
主任/ 董建新
电话/ 0471—6631000
地址/ 呼和浩特市新华大街71号
内蒙古卫视广告部（北京安信伟业传媒）
运营总监/ 乌兰
电话/ 010—85879495
地址/ 北京市朝阳区东三环北路38号北京国际中心4号楼903室

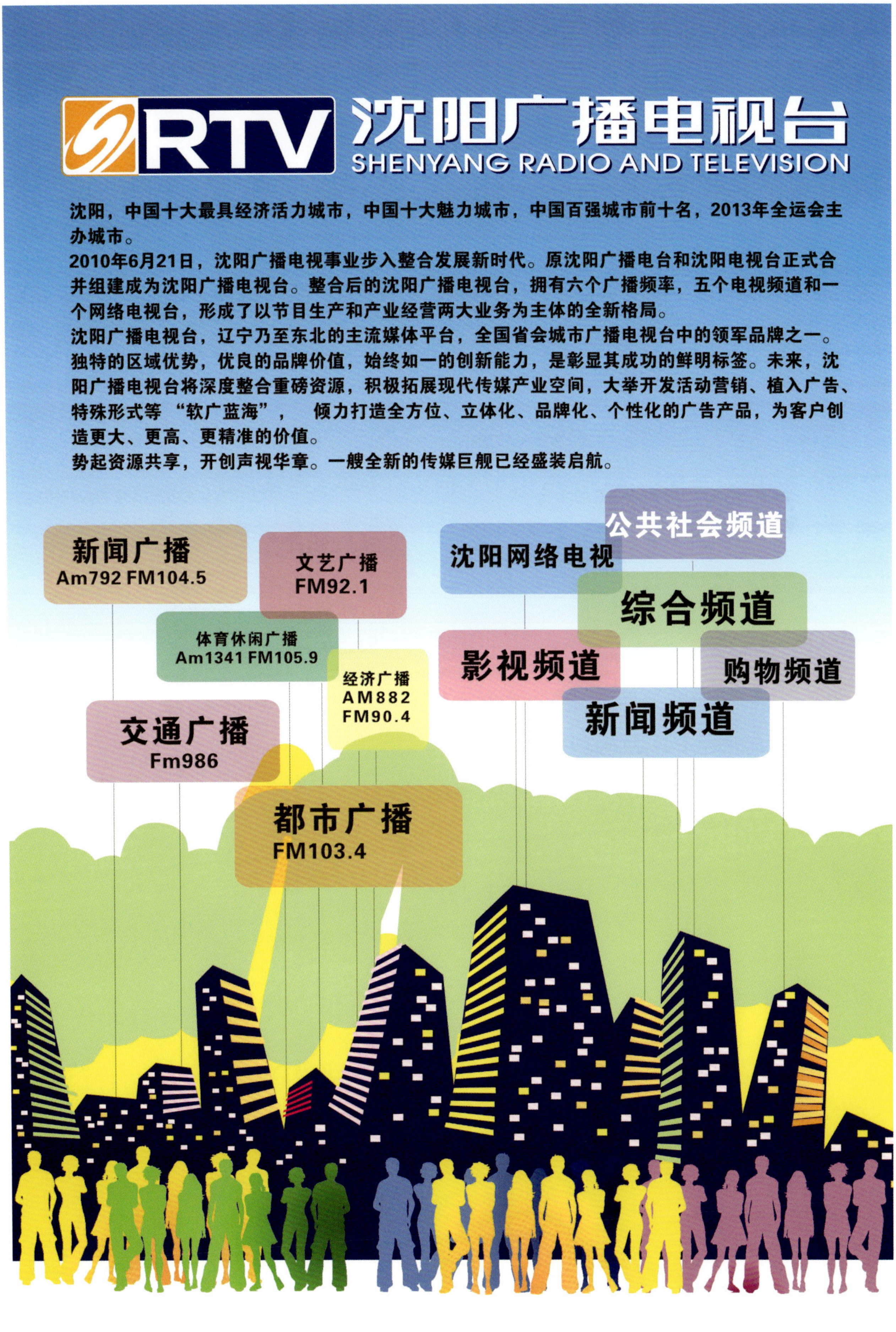

SRTV
沈阳广播电视台
SHENYANG RADIO AND TELEVISION
沈阳，中国十大最具经济活力城市，中国十大魅力城市，中国百强城市前十名，2013年全运会主办城市。
2010年6月21日，沈阳广播电视事业步入整合发展新时代。原沈阳广播电台和沈阳电视台正式合并组建成为沈阳广播电视台。整合后的沈阳广播电视台，拥有六个广播频率，五个电视频道和一个网络电视台，形成了以节目生产和产业经营两大业务为主体的全新格局。
沈阳广播电视台，辽宁乃至东北的主流媒体平台，全国省会城市广播电视台中的领军品牌之一。独特的区域优势，优良的品牌价值，始终如一的创新能力，是彰显其成功的鲜明标签。未来，沈阳广播电视台将深度整合重磅资源，积极拓展现代传媒产业空间，大举开发活动营销、植入广告、特殊形式等“软广蓝海”， 倾力打造全方位、立体化、品牌化、个性化的广告产品，为客户创造更大、更高、更精准的价值。
势起资源共享，开创声视华章。一艘全新的传媒巨舰已经盛装启航。
新闻广播
Am792 FM104.5
文艺广播
FM92.1
体育休闲广播
Am1341 FM105.9
经济广播
AM882
FM90.4
交通广播
Fm986
都市广播
FM103.4
公共社会频道
沈阳网络电视
综合频道
影视频道
购物频道
新闻频道

沈阳晚报
离你最近的报纸
&
OM
奥海传媒集团
Olympia Media
沈阳晚报
个人买经适
辽宁奥海传媒——居高声自远
Olympia Media
合媒体之力，我们更有话语权。合新闻之力，我们更加敏锐。
合整合之力，我们更有优势。合服务之力，我们更加细致。
《沈阳晚报》创刊于1985年7月1日，是东北地区创办最早的都市报。
福建奥海传媒集团是平面媒体全方位服务提供商。
《沈阳晚报》日均期发数50万份，在沈阳报业市场中，拥有读者群规模达到117万人。
福建奥海传媒集团目前在全国拥有30家公司。
《沈阳晚报》在沈阳报业市场中，平均每期阅读率到达率位居前茅。
福建奥海传媒集团整合了14个平面媒体运营平台。
《沈阳晚报》在沈阳报业市场中，年广告总收入达1.5亿元，位居同城媒体前列。
福建奥海传媒集团业务范围覆盖了14个城市和7600万人口。
SHENYANG EVENING NEWS
2008年沈阳晚报与进入辽宁的福建奥海传媒集团全面达成全部广告项目的合作经营，并合作组建了辽宁奥海天一传媒广告有限公司。
两大集团的雄厚实力，南北合作的新型运营方式，让我们有理由相信：辽宁奥海传媒集团可以给您一个满意的效果、一个优质的服务，可以和您一同创造美好的未来！

吉林电视台

与时俱进　和谐共赢

吉林电视台创建于1959年10月1日，是全国最早创建的7家电视台之一。经过50年的发展壮大，现有人员1557人，设置办公室、总编室、新闻中心等职能部门30个。目前已拥有以吉林卫视为龙头、都市、生活、影视、乡村、公共、法制等七个开路播出频道，多年来，吉林电视台始终坚持政治家办台理念和改革创新精神,不断增强舆论引导能力、频道与节目的影响力及广告经营开发管理能力。

吉林卫视频道于1999年5月1日上星播出，覆盖全国及亚太地区。近年来，吉林电视台着力打造了《回家》、《成功》、《新闻参考》、《牛群冒号》、《超级乐八点》等一批精品节目在卫视播出。其中，《回家》栏目荣获“新中国有影响的60个电视栏目”之一；《新闻参考》栏目获第19届中国新闻奖一等奖，另有12个节目分获中国广播影视大奖、提名奖。作为东北地区三大主力卫视频道之一,吉林省内省级市场综合竞争力第一的频道，以其天然的地理位置，独具特色的媒体综合竞争力，现在已经成为众多客户投放东北市场的重点选择媒体。

都市频道始播于2001年9月，从那时起，都市频道立足省会长春，面向全省观众，主打民生新闻，品牌栏目《守望都市》、《说实在的》等，精品剧目《拉大剧》、《红男绿女》等影响力不断扩大，品牌特色日益凸显，越来越受到百姓的关注和喜爱。都市频道已成为省内地面第一强势频道，2008年被评为“十大全国最具影响力省级地面频道”。

其他专业频道也各具特色，有以贴进生活、关注民生、服务百姓为定位的生活频道；以电影和电视剧为主要播出内容的影视频道；有传播农业科学、情系民生、根植沃土的乡村频道；以新资讯、心服务为定位的公共频道，以倡导有理有爱有生活的法制频道。频道的定位不同，在广告经营上形成了频道特点鲜明、优势互补的良性格局。

吉林电视台始终从营造良好舆论环境的高度，严格按照国家相关规定，加强广告管理，建立广告投诉反馈体系，做好荧屏净化工作，使吉林电视台成为省内广告播出规范、广告内容健康、广告形象良好的媒体之一，连续10年被吉林省工商局评为“广告行业信得过单位”称号；2009年被中国广告协会授予“全国广告行业精神文明先进单位”称号。敏锐把握节目内容风向，充分利用资源优势，重视广告工作，实施广告战略，社会效益与经济效益和谐共赢。实践证明，吉林电视台广告事业实现了战略性、稳步、持续的发展。我们相信，吉林电视台的广告前景会更加美好!

中國龙·行天下
新势力 新价值
2010年，黑龙江卫视三大跨越，国网、省网、市网收视全面飘红
被克顿顾问公司誉为"2010年度上半年最大收视黑马"
2011年，黑龙江卫视传播价值升级，彰显"三北"第一
覆盖升级
确保覆盖人口7个亿以上
收视升级
确保收视进入全国前10
营销升级
发掘需求、满足需求，不断提升客户品牌价值
黑龙江电视台
聚焦大东北文化 我有我的快乐
广告招商热线：0451-82890099
地址：黑龙江省哈尔滨市南岗区汉水路333号 邮编：150090

新晚报 居高声自远
中国都市报20强
MEDIA 中国十大创新晚报
中国创新晚报都市报20强
B&M 影响中国十大晚报
CBM 中国最具品牌价值晚报十强
传媒 MEDIA 中国晚报十大品牌
中国晚报十强
全国晚报广告投放价值20强
哈尔滨日报报业集团地址：哈尔滨市道里区友谊路399号 电话：0451-84890888 邮编：150018

安徽高速传媒有限公司，成立于2002年8月，隶属于安徽省高速公路控股集团有限公司，是中国一级广告企业，安徽省最大的户外媒体龙头企业。该公司注册资金5000万元，现有员工60余人，截至目前，公司总资产1.2亿元。目前，该公司是全国唯一一家所辖高速公路里程最长、覆盖面积最广、媒体发布形式最多的国有广告企业，是从事营销策划、品牌规划、广告策划、创意、代理、室内外装潢、管理咨询等综合服务项目的专业化广告公司。

目前，公司拥有安徽省高速公路控股集团有限公司旗下合宁高速、合巢芜高速、高界高速、合徐高速、合安高速、连霍高速安徽段、宣广祠高速、宁连高速安徽段、沿江高速、合淮阜高速、安景高速、马芜高速等多条国道主干线和区域干线高速公路，以及205国道天长段和安庆长江大桥等1680多公里高速公路沿线的所有广告媒体。未来该公司还将拥有在建和拟建的包括六潜、宣黄、蚌淮、黄祁、阜新高速及马鞍山、望东、池州三座长江大桥等1200公里高速公路和跨江大桥沿线的所有广告媒体。

该公司现拥有高速公路沿线两面及三面高立柱广告灯箱等900座，有效发布面积达20万平方米，媒体发布形式10余种，主要包括高速公路沿线两面体、三面体、收费大棚、收费广场单面体、防撞柱宣传牌、跨线桥、行车指南、服务区广告等。

该公司自成立以来，坚持“以市场为导向，以客户为中心，做大、做强、做精，打造龙头企业”的经营战略，经过近十年的发展，现已形成纵横南北、横贯东西、辐射广泛的高速公路媒介网络，拥有为客户提供一点发布、全省覆盖的广告发布平台和独家网络发布优势，实现了在安徽全省范围所有地市广告投放的网络化和规模化。随着安徽高速与全国高速公路路网对接的实现，该公司还积极倡导全国高速公路资源共享，现为北京、上海、湖北、湖南、江苏、浙江等全国多个省市近300家大中型企业单位提供广告服务，服务涉及服饰、食品、房地产、汽车、旅游、金融、机械等几十个行业领域。

近年来，该公司为向综合广告类企业发展，不断扩大策划设计队伍，积极拓展策划设计业务。去年以来，该公司迅速介入房地产广告营销业务，为全省多个地市房地产公司提供楼书策划、项目标志、室内装潢、会所、围墙、画册设计等服务；策划设计了高速公路行车服务指南，广受司乘人员及广告主的欢迎；多次成功承接大型会议、活动庆典等的策划设计业务；在第十五届安徽广告优秀作品评选活动、首届中国公路公益广告大赛中获得多个奖项；使公司的策划执行能力得到强势展现，为公司综合业务的进一步拓展奠定了坚实基础，赢得了良好的社会信誉。

公司自成立以来，秉承“传播信息，弘扬文明”的宗旨，合理开发有效资源、真诚服务广大客户，积累了丰富的行业经验，取得了较好的经营业绩和良好的社会效益。该公司在经营业绩连年攀升的同时，始终不忘主动承担社会责任，积极参与各项社会公益活动，除积极组织参与扶贫、赈灾捐款各项活动外，该公司还充分利用自有资源，通过发布公益性广告，积极参与解决社会问题，为维护社会公众切身利益和社会风尚贡献积极力量，仅2009年发布的公益广告就达5万多平方米。目前，该公司是“中国高速公路广告联盟副会长单位”，“安徽省广告协会副会长单位”，中国高速公路广告10强企业，被中国广告协会命名为“全国广告行业文明单位”，获得省级“广告诚信单位”、“广告行业精神文明单位”和“青年文明号”等荣誉称号。

今后，公司将继续致力于建立多元化媒介资源和立体型传播网络，精心打造“安徽高速传媒”品牌，不断提高投资效益，以优良的经营业绩和社会效益回报股东，回报社会。

安徽高速传媒，期待与您携手同行，共创美好未来！

服务电话(0551) 中国一级广告企业、中国高速公路广告10强企业

2848868（媒体发布）**2840286**（策划设计） **地址:安徽省合肥市安庆路219号**

全国地面频道十强 河南第一地面频道

《都市报道》等新闻节目 第一时间影响河南

《你最有才》原创娱乐 风靡全国五大赛区

CO.
东方广告
中国一级广告企业
厚德予人
成就你我
联系电话：027-88562145 027-88562146
传　真：027-88239919
联系地址：湖北省武汉市武昌区三层楼富贵里90号

湖南经视
经赢湖南
中国地面频道四小龙
中国十大省级地面频道
中国最具网络影响力的地面频道
地址：长沙市浏阳河大桥东省广电中心西裙楼
邮编：410003 电话：0731-84837050 网址：www.hnetv.com

巴士廣告
BUS ADVERTISING CO.
我们等着您!
China unicom 中国联通
Coca-Cola
百事可乐
NIKE
康師傅
中国移动通信
CHINA MOBILE
BALENO
Wait for you!
湖南新广联巴士广告有限公司
HU NAN XIN GUANG LIAN BA SHI GUANG GAO YOU XIAN GONG SI
电话：（0731）82232668 84192199 网址：www.hubus.com.cn
传真：（0731）82259668 84192197 地址：长沙市韶山北路139号文化大厦2118房

南方电视台广告部
www.tvscn.com
广东国际大酒店主楼1701
广州市环市东路339号
020-83316688
TVS4
TVS2
TVS1
TVS3
TVS6
南方电视 南方力量
南方电视台成立于2001年，是中国最年轻的省级电视台。
在竞争空前激烈的华南区域，南方电视台走出了一条快速做大做强的成功之路，
改变了广东电视收视市场外强内弱的格局，树起了一面新锐电视媒体的品牌旗帜！

百灵时代
Balintimes
百灵时代广告
中国公共交通媒体市场领导者
The Leadership of public transportation media in china

湖北长江出版传媒集团有限公司
长江商报
主流生活驱动力
长江商报
2006.9-2010.9.6
更公平的话语表达
更权威的本地资讯 更广阔的关注视野
更新锐的传播方式 更彻底的服务意识
24小时新闻热线：027-87666666 广告热线：027-87660206 发行热线：027-87686868
地址：武汉市洪山区珞喻路78号长江传媒大厦湖北长江商报社 网址：http://news.cnxianzai.com

重庆价值 赢在晨报
新兴的直辖市，正在成为中国最具活力的发展实验区。
重庆的魅力，在于她有无限的可能性。
重庆的机遇，也已经成为全世界的机遇。
城乡统筹，西三角经济圈、内陆开放高地、内陆唯一保税区……
重庆价值，赢在晨报
重慶晨報
重庆第一都市报
重慶晨報
重庆晨网

脑子天下第1
BRAIN NO.1
BEYOND MODERN ADVERTISING
深谙品牌大道·精准制胜策略·实拓创意精魂·专克市场难题
BEYOND
白宇現代廣告
地址：中国.云南.昆明建工大厦十八层 电话：0871-3104286 传真：0871-3193409 网址：www.beyond-ad.com E-MAIL: kmbeyond@163.com

绿色人文
经典品质
云南电视台
TEL: 0871—5355555

聲震關中

省级党报典范 西部品牌高地
深度关注社会发展
倾情传播先进文化
陕西日报
Shaanxi Daily
70年辉煌历史
陕西第1权威媒体
2009-2010中国报刊广告投放价值排行榜
全国省级日报10强
2006年度全国广告行业“文明单位”
2007年度陕西省报业发展“突出贡献奖”
2008年度改革开放三十年“最佳广告媒体”
2009全国报刊广告年度“双文明”先进集体
30万份全国发行 11地市深度覆盖 30多个国家海外发行 5报2刊1网传播模式
旗下报刊 三秦都市报 当代女报 西部法制报 陕西农村报 报刊荟萃 新闻知识

深圳市奇迹信息系统有限公司
VSelling!
——广告企业销售团队运营平台
价值=利益-成本 ➡ 销售人员只知道降价成交？
销售人员不知道如何高价成交？
企业不知道如何将主力销售人员的
个人价值转换成为企业持续发展的团队价值？
VSelling!
为广告企业搭建一个业绩可持续增长的
销售团队成熟运营模式！
在线演示中：www.Vselling.net
ADSelling!
MyOffice
客户跟踪曲线 原理
深圳市奇迹信息系统有限公司
http://www.vselling.net
0755-25828210，25828823

高度
决定影响力
中国广告年鉴
2009
第十七版
2006
第十四版
2007
第十五版
Collection of China Advertising Yearbooks (1988-2003)

’2010中国广告年鉴

China Advertising Yearbook

政策、法规

Policies, Laws and Regulations

关于在整治互联网低俗之风专项行动中严厉打击非法“性药品”广告和性病治疗广告的通知

工商明电[2009]1号

各省、自治区、直辖市及计划单列市工商行政管理局、卫生厅局、食品药品监督管理局、中医药管理局：

为净化网络环境，保护青少年身心健康，维护社会和谐稳定，最近，国务院新闻办、公安部、工业和信息化部、文化部、国家广电总局、国家新闻出版总署、国家工商总局决定，自2009年1月上旬到2月上旬，在全国组织开展集中整治互联网低俗之风专项行动，并下发了《全国整治互联网低俗之风专项行动工作方案》（以下简称《方案》）。根据《方案》要求，工商、卫生、药监、中医药部门依法对网上非法“性药品”广告和性病治疗广告进行严厉打击。现就贯彻落实《方案》要求，继续深入治理网上非法“性药品”广告和性病治疗广告的有关工作通知如下。

一、加强组织领导，切实抓好部署落实

互联网上存在的非法“性药品”广告和性病治疗广告，不仅欺骗、误导患者，扰乱药品销售和医疗服务市场秩序，而且污染社会环境，严重侵害青少年的身心健康，必须严厉惩治、坚决取缔。2007年11月，国家工商总局等中央和国务院12个部门联合下发《关于进一步治理整顿非法“性药品”广告和性病治疗广告的通知》（工商广字[2007]266号），对非法“性药品”广告和性病治疗广告进行了专项清理整顿。各地工商、卫生、药监、中医药等部门积极行动，采取了有力措施，取得了一定成效。但也要清醒地看到，网上发布非法“性药品”广告和性病治疗广告的现象虽有所遏制，但时有反弹，问题仍比较突出。各级工商、卫生、药监、中医药部门要充分认识治理整顿网上非法“性药品”广告和性病治疗广告工作的重要性、长期性和复杂性，把这次专项行动作为重要工作内容列入当地2009年整治虚假违法广告联席会议工作重点，依托联席会议制度，有效加强网上医疗、药品广告的监管，完善联合监管工作机制，在整治工作取得阶段性成果的基础上，再接再厉，密切配合，进一步加大整治力度，切实扭转互联网广告中存在的低俗之风，大力营造健康、和谐的网络环境。

二、明确分工，落实责任，加大执法力度

各地工商、卫生、药监、中医药部门要按照《方案》和《关于进一步治理整顿非法“性药品”广告和性病治疗广告的通知》要求，认真履行职责，共同落实好专项行动的有关工作。

（一）工商部门要继续加强对网上广告和重点门户网站的监测，依法查处非法“性药品”广告和性病治疗广告。对未取得营业执照从事网络医药广告发布的，要依法查处取缔。已经取得广告发布资格的经营性互联网信息服务提供者，凡未查验药监、卫生、中医药部门审批证明，导致违法发布“性药品”广告和性病治疗广告的，要从严从重查处，暂停其药品、医疗服务等广告发布业务，情节严重的，取消其广告经营资格。对查处情况，要记入有关当事人的信用档案。

（二）卫生、中医药部门要重点加强对网上医疗广告的监测，对于未取得《医疗机构执业许可证》发布治疗性病广告及信息的，要按照非法行医查处；对未取得《医疗广告审查证明》或者擅自篡改内容发布治疗性病广告的医疗机构，要责令改正，给予警告或责令其停业整顿、吊销有关诊疗科目，并移交工商部门查处。

（三）药监部门要重点加强对网上药品广告的监测，对于未经药监部门审批发布含有性生活、性暗示等低俗内容的违法药品广告的，可依法暂停该药品的

销售。

(四)各地工商、卫生、药监、中医药部门对于监测发现的非法“性药品”广告和性病治疗广告以及涉及的非法涉性广告信息网站，在依据各自职责进行处理同时，要及时通知有关部门删除违法内容或者关闭非法网站。对于违法情节严重、性质恶劣的医疗机构、药品生产经营单位以及发布低俗广告的网站，要联合有关部门予以曝光。对于涉嫌犯罪的，要及时移送公安机关。

三、专项行动

工商总局将在总局内网上发布网上违法广告监测信息和交办查处要求，请各地工商部门及时关注。各地工商机关要加强整治工作情况的汇总，于每周一向总局广告监督管理司书面上报《治理整顿网上非法“性药品”广告和性病治疗广告工作情况统计表》(见附件)。

国家工商行政管理总局

二〇〇九年一月九日

附件：

治理整顿网上非法“性药品”广告和性病治疗广告情况统计表

填表单位：

	监测检查(条次)	责令停止发布(条)	转请有关部门删除(条)
非法“性药品”广告			
性病治疗广告			
小计			
	工商部门查处案件(件)	卫生、中医药部门查处案件(件)	药监部门停止销售品种(种)
案件查处和行政措施			
	监测存在问题网站(家)	通知有关部门关闭(家)	责令停止整顿(家)
非法涉性广告网站			

注：

1、非法“性药品”广告包括：药品、保健食品、食品、仿真器械、消毒类产品及其他涉性用品广告。

2、查处案件、停止销售，包括已结案件和已立案正在办理的案件。

3、本表包括工商、卫生、药监、中医药部门工作，由工商部门汇总填报。

4、联系人：万菲；联系电话及传真：010-68023005；邮箱：wanfei@saic.gov.cn

关于进一步加强广播电视医疗和药品广告监管工作的通知

广发[2009] 8 号

各省、自治区、直辖市广播影视局，卫生厅（局），工商行政管理局，食品药品监督管理局（药品监督管理局），中医（药）管理局：

近一段时期来，一些虚假违法医疗、药品广告又出现反弹，引起社会各界不满，主要有：一是不法分子非法生产销售假冒伪劣药品，并通过广播电视媒体发布广告，欺骗消费者；二是部分医疗机构和药品生产、经销企业在进行广告宣传时，使用演职人员冒充专家、学者作疗效证明甚至是虚假疗效证明，误导消费者；三是少数广播电视媒体片面追求经济利益，审查不严，违规播放广告问题时有发生。这些问题严重危害了人民群众的生命安全和身体健康，损害了医疗机构及相关行业的社会形象和信誉，影响了广播电视媒体的社会公信力。为维护人民群众正当权益，现就进一步加强广播电视医疗、药品广告的监管工作通知如下：

一、广播电视媒体要做好播前审查把关工作，坚决杜绝虚假违法的医疗和药品广告。

各级广播电视媒体要树立政治意识、责任意识，切实做好医疗、药品广告审查和播放工作。要严格依据《广告法》、《医疗广告管理办法》、《药品广告审查办法》、《药品广告审查发布标准》等有关法律规章，认真审核有关证明文件，坚决做到：凡审批证明不符合要求，或擅自篡改审批内容的一律不得播放；凡以专家、患者形象作疗效证明的一律不得播放；凡含有宣传治愈率、有效率及医生与患者进行现场或热线沟通交流内容的一律不得播放；凡由药品生产、经销企业或医疗机构制作的医疗、健康类资讯服务节目一律不得播放。

二、广播电视媒体要严格审查医疗、健康类节目中嘉宾的资质，避免误导受众。

广播电视播出机构自行制作播放宣传普及疾病防控等科学知识的医疗、健康类节目时，需要聘请医学专家作为嘉宾的，播出机构必须认真审核嘉宾的医师执业证书、工作证、职称证明等相关证明。禁止聘请不具备执业资质的人士担当医疗、健康类节目的嘉宾。严禁以演员和社会名人主持医疗、健康类节目。

三、广播电视媒体要认真自查自纠，清理虚假违法医疗、药品广告。

各级广播电视媒体应按本《通知》要求，对本单位拟发布的医疗、药品广告及医疗资讯服务节目进行全面清查，凡不符合要求的，必须立即停播。在自查过程中，对有关广告审批证明的真实性难以确认的，应向当地卫生、药监、中医药等部门进行核实。经确认属实的，方可继续播出。

四、有关部门应各司其职，标本兼治，加强各个环节的监管。

广电、工商、卫生、药监、中医药等行政管理部门应根据“整治虚假违法广告专项行动部际联席会议制度”的要求，加强沟通协调，通力配合，加大对虚假违法医疗、药品广告的整治力度。

工商行政管理部门要依法加强对广告活动主体的监管，要结合企业信用体系建设，将制作、发布虚假违法广告的行为，纳入广告主、广告经营者的不良信用记录；对屡次制作、发布虚假违法广告或发布广告造成严重不良社会影响的，应依法停止或取消其广告经营、发布资格。

卫生行政部门、中医药管理部门应将整治虚假违法医疗广告与打击非法行医结合起来，严格审查医疗广告。对审查通过的医疗广告，应通过政府网站发布公告等方式及时向社会公示；建立制度化的监测体系，定期对媒体发布的医疗广告进行监测；要严肃查处发布虚假违法广告的医疗机构，对未取得《医疗广告审查证明》或擅自篡改其内容发布广告的医疗机构，应及时责令改正，给予警告或责令其停业整顿、吊销有关诊疗科目，并将有关情况通报工商部门。

药品监督管理部门应切实履行药品广告审查管理职能，严格执行药品广告审查发布标准，从严审批药品广告。对审查批准发布的药品广告，应通过政府网站发布公告等方式向社会及时公示；要加强广告发布后监测，对发布违法广告的及时移送工商部门查处；加强对违法发布药品广告企业的治理力度，将违法发布广告行为计入企业不良信息记录，向社会公示，对情节严重的应依法采取暂停其品种销售的行政控制措施，依法撤销广告批准文号。

广电行政管理部门应进一步完善监管系统，加强对广播电视媒体医疗、药品广告播放的监管。对违法违规发布广告的，应责令其立即整改；建立责任追究制度，对出现严重违规问题的，要对直接责任人给予处分，并追究其主要负责人的责任。

五、狠抓典型，严肃处理重大违法违规问题。

各监管部门对制作、发布虚假违法的医疗、药品广告构成犯罪的，应及时移交公安、司法等部门，依法追究其法律责任。对监管过程中发现的典型违法违规问题，应向社会公开曝光。

请接本通知后，立即转发相关单位认真执行。

国家广播电影电视总局
中华人民共和国卫生部
国家工商行政管理总局
国家食品药品监督管理局
国家中医药管理局
二〇〇九年二月十三日

关于深入贯彻落实科学发展观支持和促进广告协会拓展职能增强服务能力完善行业管理的意见

工商广字[2009]53号

各省、自治区、直辖市及计划单列市工商行政管理局：

为深入贯彻落实科学发展观，充分发挥广告协会“提供服务、反映诉求、规范行为”的功能作用，促进广告业又好又快发展，按照国务院办公厅《关于加快推进行业协会商会改革和发展的若干意见》（国办发[2007]36号）和国家工商行政管理总局、国家发展和改革委员会《关于促进广告业发展的指导意见》（工商广字[2008]85号）的有关精神，依据国务院批准的国家工商行政管理总局职责，现就支持和促进广告协会拓展职能、增强服务能力、完善行业管理提出如下意见：

一、进一步转变政府职能，为推进广告协会改革和发展创造良好的环境。

各级工商行政管理机关要认真学习贯彻《国务院办公厅关于加快推进行业协会商会改革和发展的若干意见》，充分认识推进行业协会改革发展的重要意义，进一步转变职能，按照行业协会改革发展的指导思想和总体要求，深入贯彻落实科学发展观，坚持培育发展与规范管理并重、行业协会改革与政府职能转变相协调，支持和推进广告协会建立和完善以协会章程为核心的管理制度，充分发挥“提供服务、反映诉求、规范行为”的作用，按市场化原则规范发展。

要进一步加强和改进对广告协会工作的指导，理顺与广告协会的关系，更新管理理念，改进和规范管理方式，支持广告协会依照法律法规和章程独立自主地开展活动。在出台涉及广告行业发展的重大措施前，应主动听取和征求广告协会的意见和建议，充分利用其熟悉广告行业、了解广告企业、对广告市场感知能力强以及广告行业人才资源丰富等优势，在促进行业发展中积极发挥作用。

二、进一步提高广告协会的服务能力和水平，充分发挥桥梁纽带作用。

各级工商行政管理机关要支持和引导广告协会进一步转变观念，努力适应新形势的要求，不断改进工作方式，深入开展行业调查研究，积极向政府及有关部门反映行业、会员诉求，提出行业发展和立法等方面的意见和建议；积极参与广告立法和产业政策的研究、制定，参与制定修订行业标准和行业发展规划、行业准入条件，协助政府部门贯彻产业政策、落实行业规划、完善行业管理。

要进一步拓宽服务渠道，提高广告协会的服务能力和水平，切实履行好服务行业企业的宗旨。协会根据有关规定或授权进行行业统计，掌握国内外广告业发展动态，收集、发布行业信息，积极配合政府部门开展广告业统计调查研究，完善统计调查制度；建立广告市场专业数据公共信息平台，形成全方位、多层次的信息服务网络，促进广告业经营信息、诚信信息的交流，为企业发展、行业交流和政府决策提供信息支持；建立广告人才信息库，为用人单位提供信息查询服务，实现广告人才信息共享，促进人才合法、有序流动；建立和完善广告专业人才评价机制，按照原人事部、国家工商行政管理总局联合下发的《关于印发<广告专业技术人员专业水平评价暂行规定>和<助理广告师、广告师职业水平考试实施办法>的通知》（国人部发[2007]116号）要求，组织开展广告专业技术人员职业水平评价工作；研究建立广告企业竞争力评价体系，推动广告企业技术创新、体制创新和管理创新，着力提升广告企业的市场价值；探索建立企业内部的原创作品及策划方案申请投标前的备案保护制度，鼓励广告企业增加创新研发投入，保护广告企业多种形式的创新研发智力劳动成果；组织开展行业培训，提高广告从业人员整体素质，不断增强创新能力，改善经营管理。

三、进一步加强广告行业自律，建立和完善自律性管理约束机制。

广告协会担负着实施广告行业自律的重要职责，各级工商行政管理机关要支持和指导广告协会围绕规范广告市场秩序，健全各项自律性管理制度，制定并组织实施行业职业道德准则，大力推动广告行业诚信建设，规范会员行为，加强自我监管。广告协会应积极发挥自身优势，协助政府部门维护公平竞争的市场环境，依据法律法规和自律规则，为企业提供广告发布前的咨询服务，对广告创意和广告内容的合法性提出参考意见与建议，努力提高广告发布质量和水平，增强社会公信力；开展广告刊播监测，了解和掌握广告发布状况，指导、规范和监督会员单位的广告发布活动；建立健全广告经营资质评价体系，提升广告经营单位资质水平。

四、进一步支持和引导广告企业开拓国内外市场，努力提高广告业的市场竞争力。

各级工商行政管理机关要支持和指导广告协会借鉴国内外行业组织的成功做法，在引导广告企业参与国际竞争，增强综合实力等方面充分发挥作用。广告协会应充分利用特有的优势和资源，为广告企业合作搭建平台，帮助本土广告企业通过参股、控股、承包、兼并、收购、联盟等方式，在国际广告市场上占有更多的市场份额，实现做大做强；引导和组织中小型广告企业加强联合，以其独特专长建立品牌，提高专业化服务水平，扩大国内外广告服务市场；根据市场和行业发展需要举办交易会、展览会、研讨会等活动，为广告企业开拓国内外市场创造条件；积极开展国内外广告业交流与合作，建立和完善对外交流管理制度，指导、规范和监督广告经营单位的对外交往活动；探索国际广告节商务合作的方式和途径，办好中国国际广告节。

国家工商行政管理总局

二〇〇九年三月十三日

中华人民共和国卫生部
国家工商行政管理总局　令
国家食品药品监督管理局

第 65 号

《医疗器械广告审查办法》已经卫生部部务会、国家工商行政管理总局局务会审议通过，现予发布，自 2009 年 5 月 20 日起施行。

卫　生　部　部　长　陈　竺
国家工商行政管理总局局长　周伯华
国家食品药品监督管理局局长　邵明立
二○○九年四月七日

医疗器械广告审查办法

第一条 为加强医疗器械广告管理，保证医疗器械广告的真实性和合法性，根据《中华人民共和国广告法》(以下简称《广告法》)、《中华人民共和国反不正当竞争法》、《医疗器械监督管理条例》以及国家有关广告、医疗器械监督管理的规定，制定本办法。

第二条 通过一定媒介和形式发布的广告含有医疗器械名称、产品适用范围、性能结构及组成、作用机理等内容的，应当按照本办法进行审查。

仅宣传医疗器械产品名称的广告无需审查，但在宣传时应当标注医疗器械注册证号。

第三条 申请审查的医疗器械广告，符合下列法律法规及有关规定的，方可予以通过审查：

(一)《广告法》；

(二)《医疗器械监督管理条例》；

(三)《医疗器械广告审查发布标准》；

(四)国家有关广告管理的其他规定。

第四条 省、自治区、直辖市药品监督管理部门是医疗器械广告审查机关，负责本行政区域内医疗器械广告审查工作。

县级以上工商行政管理部门是医疗器械广告监督管理机关。

第五条 国家食品药品监督管理局对医疗器械广告审查机关的医疗器械广告审查工作进行指导和监督，对医疗器械广告审查机关违反本办法的行为，依法予以处理。

第六条 医疗器械广告批准文号的申请人必须是具有合法资格的医疗器械生产企业或者医疗器械经营企业。医疗器械经营企业作为申请人的，必须征得医疗器械生产企业的同意。

申请人可以委托代办人代办医疗器械广告批准文号的申办事宜。代办人应当熟悉国家有关广告管理的相关法律、法规及规定。

第七条 申请医疗器械广告批准文号，应当向医疗器械生产企业所在地的医疗器械广告审查机关提出。

申请进口医疗器械广告批准文号，应当向《医疗器械注册登记表》中列明的代理人所在地的医疗器械广告审查机关提出；如果该产品的境外医疗器械生产企业在境内设有组织机构的，则向该组织机构所在地的医疗器械广告审查机关提出。

第八条 申请医疗器械广告批准文号，应当填写《医疗器械广告审查表》，并附与发布内容相一致的样稿（样片、样带）和医疗器械广告电子文件，同时提交以下真实、合法、有效的证明文件：

（一）申请人的《营业执照》复印件；

（二）申请人的《医疗器械生产企业许可证》或者《医疗器械经营企业许可证》复印件；

（三）申请人是医疗器械经营企业的，应当提交医疗器械生产企业同意其作为申请人的证明文件原件；

（四）代办人代为申办医疗器械广告批准文号的，应当提交申请人的委托书原件和代办人营业执照复印件等主体资格证明文件；

（五）医疗器械产品注册证书（含《医疗器械注册证》、《医疗器械注册登记表》等）的复印件；

（六）申请进口医疗器械广告批准文号的，应当提供《医疗器械注册登记表》中列明的代理人或者境外医疗器械生产企业在境内设立的组织机构的主体资格证明文件复印件；

（七）广告中涉及医疗器械注册商标、专利、认证等内容的，应当提交相关有效证明文件的复印件及其他确认广告内容真实性的证明文件。

提供本条规定的证明文件的复印件，需证件持有人签章确认。

第九条 有下列情形之一的，医疗器械广告审查机关不予受理该企业该品种医疗器械广告的申请：

（一）属于本办法第十七条、第十九条、第二十条规定的不受理情形的；

（二）撤销医疗器械广告批准文号行政程序正在执行中的。

第十条 医疗器械广告审查机关收到医疗器械广告批准文号申请后，对申请材料齐全并符合法定要求的，发给《医疗器械广告受理通知书》；申请材料不齐全或者不符合法定要求的，应当当场或者在5个工作日内一次告知申请人需要补正的全部内容；逾期不告知的，自收到申请材料之日起即为受理。

第十一条 医疗器械广告审查机关应当自受理之日起20个工作日内，依法对广告内容进行审查。对审查合格的医疗器械广告，发给医疗器械广告批准文号；对审查不合格的医疗器械广告，应当作出不予核发医疗器械广告批准文号的决定，书面通知申请人并说明理由，同时告知申请人享有依法申请行政复议或者提起行政诉讼的权利。

对批准的医疗器械广告，医疗器械广告审查机关应当报国家食品药品监督管理局备案。国家食品药品监督管理局对备案中存在问题的医疗器械广告，应当责成医疗器械广告审查机关予以纠正。

对批准的医疗器械广告，药品监督管理部门应当通过政府网站向社会予以公布。

第十二条 医疗器械广告批准文号有效期为1年。

第十三条 经批准的医疗器械广告，在发布时不得更改广告内容。医疗器械广告内容需要改动的，应当重新申请医疗器械广告批准文号。

第十四条 医疗器械广告申请人自行发布医疗器械广告的，应当将《医疗器械广告审查表》原件保存2年备查。

广告发布者、广告经营者受广告申请人委托代理、发布医疗器械广告的，应当查验《医疗器械广告审查表》原件，按照审查批准的内容发布，并将该《医疗器械广告审查表》复印件保存2年备查。

第十五条 已经批准的医疗器械广告，有下列情形之一的，原审批的医疗器械广告审查机关进行复审。复审期间，该医疗器械广告可以继续发布：

（一）国家食品药品监督管理局认为医疗器械广告审查机关批准的医疗器械广告内容不符合规定的；

（二）省级以上广告监督管理机关提出复审建议的；

（三）医疗器械广告审查机关认为应当复审的其他情形。

经复审，认为医疗器械广告不符合法定条件的，医疗器械广告审查机关应当予以纠正，收回《医疗器械广告审查表》，该医疗器械广告批准文号作废。

第十六条 有下列情形之一的，医疗器械广告审查机关应当注销医疗器械广告批准文号：

（一）医疗器械广告申请人的《医疗器械生产企业许可证》、《医疗器械经营企业许可证》被吊销的；

（二）医疗器械产品注册证书被撤销、吊销、注销的；

（三）药品监督管理部门责令终止生产、销售和使用的医疗器械；

（四）其他法律、法规规定的应当注销行政许可的情况。

第十七条 篡改经批准的医疗器械广告内容进行虚假宣传的，由药品监督管理部门责令立即停止该医疗器械广告的发布，撤销该企业该品种的医疗器械广告批准文号，1年内不受理该企业该品种的广告审批申请。

第十八条 向个人推荐使用的医疗器械广告中含有任意扩大医疗器械适用范围、绝对化夸大医疗器械疗效等严重欺骗和误导消费者内容的，省级以上药品监督管理部门一经发现，应当采取行政强制措施，在违法发布广告的企业消除不良影响前，暂停该医疗器械产品在辖区内的销售。

违法发布广告的企业如果申请解除行政强制措施，必须在相应的媒体上发布更正启示，且连续刊播不得少于3天；同时向做出行政强制措施决定的药品监督管理部门提供如下材料：

（一）发布《更正启示》的媒体原件或光盘；

（二）违法发布医疗器械广告企业的整改报告；

（三）解除行政强制措施的申请。

做出行政强制措施决定的药品监督管理部门在收到违法发布医疗器械广告企业提交的材料后，在15个工作日内做出是否解除行政强制措施的决定。

第十九条 对提供虚假材料申请医疗器械广告审批，被医疗器械广告审查机关发现的，1年内不受理该企业该品种的广告审批申请。

第二十条 对提供虚假材料申请医疗器械广告审批，取得医疗器械广告批准文号的，医疗器械广告审查机关在发现后应当撤销该医疗器械广告批准文号，并在3年内不受理该企业该品种的广告审批申请。

第二十一条 按照本办法第十五条、第十六条、第十七条、第二十条收回、注销或者撤销医疗器械广告批准文号的医疗器械广告，必须立即停止发布。

医疗器械广告审查机关按照本办法第十五条、第十六条、第十七条、第二十条收回、注销或者撤销医疗器械广告批准文号的，应当及时报国家食品药品监督管理局，同时在做出行政处理决定之日起5个工作日内通知同级广告监督管理机关。该广告继续发布的，由广告监督管理机关依法予以处理。

第二十二条 药品监督管理部门应当对审查批准的医疗器械广告发布情况进行监测检查。对违法发布的医疗器械广告，药品监督管理部门填写《违法医疗器械广告移送通知书》，连同违法医疗器械广告等样件，移送同级广告监督管理机关查处。

属于异地发布篡改经批准的医疗器械广告内容的，发布地医疗器械广告审查机关还应当向原审批的医疗器械广告审查机关提出依照本办法第十七条撤销医疗器械广告批准文号的建议。

第二十三条 对违法发布的医疗器械广告情节严重的，省、自治区、直辖市药品监督管理部门应当定期予以公告，并及时上报国家食品药品监督管理局，由国家食品药品监督管理局汇总发布。

对发布虚假医疗器械广告情节严重的，必要时，由国家工商行政管理总局会同国家食品药品监督管理局联合予以公告。

第二十四条 未经审查批准发布的医疗器械广告以及发布的医疗器械广告与审查批准的内容不一致的，广告监督管理机关应当依据《广告法》第四十三条规定予以处罚；构成虚假广告或者引人误解的虚假宣传的，广告监督管理机关应当依照《广告法》或者《中华人民共和国反不正当竞争法》有关规定予以处罚。

第二十五条 广告监督管理机关查处违法医疗器械广告案件，涉及到医疗器械专业技术内容需要认定的，应当将需要认定的内容通知省级以上药品监督管理部门，省级以上药品监督管理部门应当在收到通知书后的10个工作日内将认定的结果反馈广告监督管理机关。

第二十六条 医疗器械广告审查工作人员和广告监督管理工作人员应当接受《广告法》、《医疗器械监督管理条例》等有关法律法规的培训。医疗器械广告审查机关和广告监督管理机关的工作人员玩忽职守、滥用职权、徇私舞弊的，应当按照有关规定给予行政处分；构成犯罪的，依法追究刑事责任。

第二十七条 医疗器械广告批准文号为“X 医械广审（视）第 0000000000 号”、“X 医械广审（声）第 0000000000 号”、“X 医械广审（文）第 0000000000 号”。其中“X”为各省、自治区、直辖市的简称；“0”由 10 位数字组成，前 6 位代表审查的年月，后 4 位代表广告批准的序号。“视”“声”“文”代表用于广告媒介形式的分类代号。

第二十八条 本办法自 2009 年 5 月 20 日起施行。1995 年 3 月 8 日发布的《医疗器械广告审查办法》（国家工商行政管理局、国家医药管理局令第 24 号）同时废止。

关于加强各类纪念章（品）以及人民币相关广告管理的通知

工商广字[2009]85 号

各省、自治区、直辖市及计划单列市工商行政管理局，中国人民银行上海总部，各分行、营业管理部，省会（首府）城市中心支行，副省级城市中心支行：

最近一段时间，一些媒体发布的人民币相关广告违反了《广告法》、《中国人民银行法》和《人民币管理条例》等有关规定，其中有的广告非法使用人民币图样，或者为非法含有人民币图样的收藏品以及非法装帧的流通人民币做宣传；有的广告偷换概念混淆产品实质，把纪念章宣称为纪念币，或者把含有人民币图样的收藏品宣称为人民币；有的广告虚构事实抬高产品身价，使用中国人民银行等国家机关及工作人员名义，宣称国家权威部门破例发行、特批；有的广告宣传臆造的一种货币，如“trade dollar”，或者虚构销售情况，含有升值判断或承诺表示，夸大产品升值前景；有的广告擅自使用他人或其他机构名义做宣传等。这些行为，损害了国家法定货币的形象，严重侵害了消费者的合法权益。为维护人民币的严肃性和权威性，维护收藏品广告市场秩序，保护消费者合法权益，现就加强各类纪念章（品）以及人民币相关广告管理的有关问题通知如下：

一、人民币是国家法定货币，禁止发布伪造、变造的人民币广告，禁止在广告中或者其他商品上非法使用人民币图样。

发布的广告中使用人民币图样，或者发布含有人民币图样商品的广告，广告发布者应当查验中国人民银行人民币图样使用许可批准文件；发布宣传经营的流通人民币以及装帧的流通人民币广告，广告发布者应当查验中国人民银行经营流通人民币许可证、装帧流通人民币许可批准文件。

二、人民币纪念币（包括普通纪念币、贵金属纪念币）是限量发行、具有面值的国家法定货币，由中国人民银行统一发行并在发行时向社会公告。发布人民币纪念币广告，广告发布者应当查验中国人民银行相关公告文件。

发布以其他国家和地区名义发行的法定贵金属纪念币广告，广告发布者应当查验该纪念币经中国人民银行同意进口的审批文件和该纪念币海关报关凭证。

三、非法定货币发行机构发行的各类贵金属纪念章、纪念品以及经许可使用人民币图样的商品，不是法定货币，不得在广告中称为人民币和纪念币。

四、各类纪念章（品）以及人民币相关广告中，不得使用国家机关及其工作人员名义做宣传；使用他人或其他机构形象、名义的，要事先取得同意或授权，广告发布者应当查验相关证明材料。

五、各类纪念章（品）以及人民币相关广告中其他内容，应当清楚、明白，介绍当前市场行情、销售等情况应当客观、真实，不得在广告中发布有关升值预测和投资回报承诺等内容，不得以新闻报道形式发布上述广告。

各地工商行政管理机关要加强对本地媒体发布的各类纪念章（品）以及人民币相关广告的监测检查，发现虚假违法广告，要及时责令停止发布并依法查处。人民银行各级分支机构要加强行业管理和市场监管，对广告中涉及有关人民币虚假违法宣传内容的，要积极向当地工商行政管理机关提供认定依据，发现涉嫌违法犯罪的，及时移送司法机关处理，同时要加强有关人民币流通管理法律法规制度的宣传，维护国家法定货币的严肃性和权威性。

各级工商行政管理机关和人民银行分支机构要密切配合，依法履行各自监管职责，对执行本通知中遇到的疑难问题，要及时分别上报国家工商行政管理总局和中国人民银行。

国家工商行政管理总局
中 国 人 民 银 行
二〇〇九年四月二十二日

关于加强银行卡安全管理预防和打击银行卡犯罪的通知

银发[2009]142号

中国人民银行上海总部，各分行、营业管理部、省会（首府）城市中心支行、副省级城市中心支行；各银监局；各省、自治区、直辖市公安厅、局，工商局；新疆生产建设兵团公安局；各政策性银行、国有商业银行、股份制商业银行，中国邮政储蓄银行，中国银联股份有限公司：

为预防和打击银行卡犯罪，规范银行卡市场秩序，维护持卡人权益和社会公众对银行卡支付的信心，更好地发挥银行卡促进经济增长的作用，现就加强银行卡安全管理、预防和打击银行卡犯罪有关问题通知如下：

一、切实规范银行卡发卡行为

（一）认真落实银行卡账户实名制。发卡机构应严格遵守《中华人民共和国反洗钱法》、《个人存款账户实名制规定》（国务院令第285号发布）、《人民币银行结算账户管理办法》（中国人民银行令〔2003〕第5号发布）、《金融机构客户身份识别和客户身份资料及交易记录保存管理办法》（中国人民银行令〔2007〕第2号发布）、《中国人民银行关于进一步落实个人人民币银行存款账户实名制的通知》（银发〔2008〕191号）等法规制度要求，切实履行客户身份识别义务，确保申请人开户资料真实、完整、合规。要充分利用联网核查公民身份信息系统，验证客户身份信息。未履行责任导致匿名、假名账户开立的，要按反洗钱法予以处罚，造成客户资金损失的，要依法承担责任。联网核查公民身份信息系统运行前开立的银行卡存量账户要逐步进行联网核查，未经核实的，发卡机构要专门标识，采取更严格的风险控制措施。个人代理他人办卡的，发卡机构必须同时核对代理人和被代理人的真实身份。无正当理由不允许个人代理多人办卡。对已在银行大量开户或申卡的持卡人申请办卡，要从严审查，并加强风险防控。

（二）控制信用卡发卡风险。发卡机构可通过查询人民银行征信系统、中国银联银行卡风险信息共享系统、资信调查等方式分析申请人的资信状况，合理确定授信额度。对申领首张信用卡的客户，发卡机构要对客户亲访亲签，不得采取全程自助发卡方式。谨慎发展无稳定工作、收入的客户群体，从严授信。发卡机构不得将信用卡发卡营销业务外包，不得擅自对信用卡透支利率、计息方式、免息期计算方式等进行调整。禁止单位代办信用卡，法律法规另有规定的除外。

二、加强银行卡交易监测和使用管理

（三）保护持卡人信息安全。发卡机构应建立有效的信息安全防护系统，保护持卡人信息安全。要为申请人提供安全可靠的密码设置和修改服务，密码应能通过柜台、电话银行等渠道快速、安全修改。向持卡人提供对账单及其他服务凭证时，应对卡号进行部分屏蔽（办理柜台业务打印的凭证除外）。发放的银行卡卡片应符合《银行卡卡片规范》（JR0052-2009）和《银行卡联网联合技术规范》（JR0055-2009）的要求。发卡机构应积极发行采用PBOC 2.0标准的银行IC卡，提高卡片防伪能力。经持卡人同意，对大额交易，发卡机构可以采取电话、短信等渠道向持卡人确认或进行风险提示等风险管理措施。对于银行卡信息可能发生泄露的，发卡机构应联系持卡人，提示持卡人尽快换卡或修改密码，不能联系到持卡人且情况紧急的，可采取措施临时锁定持卡人账户。

（四）完善对交易信息的动态监测。发卡机构要建立和完善银行卡交易监测系统，建立持卡人主体交易信息数据库，实现对持卡人信息的风险防控。对信用卡授信额度及分期付款等业务的信用额度应合并计算，统一各项业务指标和风险指标的统计口径。

（五）加强大额、可疑交易信息监测和报送。发卡机构要严格执行反洗钱规定，履行大额、可疑交易报告义务，加强对银行卡资金交易的监测。对同一持卡人大量办卡、频繁开户销户、短期内资金分散汇入集中转出等异常情况，要及时进行反洗钱报送。对有疑似套现、欺诈行为的持卡人，发卡机构可采取临时锁定交易等措施，并及时向公安机关报案。对确认存在套现、欺诈行为的持卡人，发卡机构应采取止付卡片、追索欠款等措施。

发卡机构要将相关银行卡风险信息及时报送人民银行征信系统，并积极报送中国银联银行卡风险信息共享系统，充分利用共享机制进行风险防控。

（六）严格自助转账业务的处理。未经持卡人主动申请并书面确认，发卡机构不得为持卡人开通电话转账、ATM转账、网上银行转账等自助转账类业务；为持卡人开通自助转账业务时，要向持卡人充分提示开通有关业务的风险，并要对持卡人进行更为严格的真实身份核查，确保实名开户；未履行职责，产生资金风险的，要依法承担责任。持卡人开通电话、ATM转账的，每日每卡转出金额不得超过5万元人民币。持卡人开通网上银行转账的，应采用数字证书、电子签名等安全认证方式，否则单笔转账金额不应超过1千元人民币，每日累计转账金额不得超过5千元人民币。缴纳公共事业费及同一持卡人账户之间转账的除外。

三、进一步强化对受理市场的风险控管

（七）严把特约商户准入关，落实特约商户实名制。收单机构发展特约商户要建立严格的实名审核和现场调查制度，充分利用联网核查身份信息系统、人民银行征信系统、中国银联银行卡风险信息共享系统等核查方式，核实商户法定代表人或负责人、授权经办人的个人身份，了解商户的经营背景、营业场所、经营范围、财务状况、资信等，必要时，要向公安部门、工商行政管理部门、商户开户行或其他单位进一步核实。特别要关注批发、咨询、中介、公益类等低扣率、零扣率商户的审查。

（八）建立健全对特约商户的现场检查和非现场监控制度。收单机构要建立商户交易数据库和监控系统，设置可疑交易监控和分析指标，根据特约商户的经营状况和规律，建立风险控制模型。建立对特约商户的定期现场检查制度，对于新签约商户、出售易变现金商品（如珠宝、电脑等）商户，以及发生过可疑交易、涉嫌欺诈交易或涉嫌协助持卡人套现等有不良记录的高风险商户，要提高现场检查频率。严格对消费撤销、退货、消费调整等高风险业务的交易授权管理。

发现有关商户涉嫌违规受理银行卡的行为时，收单机构要及时调查核实，并予以纠正。对有疑似受理伪卡、盗录信息、套现、欺诈行为的，收单机构可暂停其银行卡交易。对确有受理伪卡、盗录信息、欺诈、套现等违法行为的商户，收单机构应立即终止其银行卡交易，并向公安部门报案，将有关情况报告人民银行，将商户和其法定代表人或负责人的相关信息报送人民银行征信系统，并积极向中国银联银行卡风险信息共享系统报送。

对于因管理不善，导致所拓展商户和所布放POS机多次发生故意受理伪卡、盗录信息、套现、欺诈等违法犯罪行为的收单机构，人民银行要予以通报并限期整改。

（九）完善收单协议和商户档案管理。收单机构应与商户签订书面协议，明确各方的权利、义务和责任。协议应包括：收单服务的终止条件、受理机具的使用要求、账户与交易数据保密条款、交易凭证的管理、各类风险损失情况下经济责任的承担等。要建立完备的商户档案，保存商户准入的证明文件复印件、风险评估报告、商户培训、POS机管理、商户信息变化、对商户的现场检查和非现场监控情况等文件资料。要加强对特约商户的培训和风险教育，至少半年一次对商户收银员和相关人员进行义务培训。

（十）严格对收单外包服务机构的管理。收单机构可以委托收单外包服务机构为特约商户提供POS机布放、维修等一项或多项服务。但特约商户的资金清算责任和风险管理责任由收单机构承担。非金融机构作为外包服务机构参与外包服务的，必须具有健全的组织架构、内控制度和业务管理、风险控制措施，有熟悉银行卡相关业务的专业人员担任董事、高级管理职务，必须执行人民银行有关业务、技术标准。

收单机构要协调程序开发商加强POS终端程序的保密管理，不得将POS密钥管理、下载、程序灌装工作委托给外包服务机构，不得允许外包服务机构以商户名义入网。对于涉及客户信息和交易信息处理的外包服务机构，收单机构不得允许外包服务机构存储银行卡卡号以外的信息。由于外包服务机构的过失，造成发卡机构和持卡人资金损失的，应由收单机构先行赔付，再根据外包协议进行追偿。

（十一）遵守收单市场秩序。收单机构应严格遵守商户类别代码和扣率的有关规定，禁止套用、变造与真实商户类型不相符的商户编码以及多家商户共用一个商户编码和多台终端机具共用一个终端编号。要正确设置并向中国银联注册有关商户信息，在交易处理时向中国银联准确上送，同时确保受理终端能够完整、准确读取并传输卡片验证码。收单机构原则上不得为经营场所地不在收单机构注册地的特约商户提供银行卡收单服务。如确有因财务、资金清算需要为经营场所不在收单机构注册地的特约商户提供收单服务的，应经收单机构总部审核同意，同时将有关收单事项向人民银行报告。严禁收单机构为了自身短期利益而出现争抢优质客户、一柜多机、不计成本降低商户结算手续费等非理性竞争行为。

四、改进银行卡受理终端的管理

（十二）加强ATM巡检、监控。收单机构布放的ATM终端要符合《银行卡自动柜员机（ATM）终端规范》（JR/T0002-2009）的要求，确保ATM的安全技术防范能力。收单机构要对ATM建立定期巡检制度，及时发现和排除风险隐患。要加大傍晚、夜间等案件高发时段ATM的巡查和监控力度，完善技术措施，创造条件实现ATM的实时监控。要及时向客户提示犯罪分子利用 ATM作案的新手段和新动向，提高客户的安全意识和自我保护能力。发现犯罪分子作案痕迹后，各收单机构应立即向公安部门报案，并协助破案。

（十三）落实POS机安全技术标准。收单机构要加强对POS机申请、参数设置、程序灌装、使用、更换、维护、撤消的管理，建立覆盖各环节完整的管理制度，规范POS机终端程序的版本控制。要严格落实POS机安全技术标准，各种POS机应符合《银行卡销售点（POS）终端规范》（JR/T0001-2009）的要求。要改善POS机密钥和参数的安全管理，确保不同的POS机使用不同的终端主密钥并定期更换（即"一机一密"）。POS机密钥和相关参数必须由收单机构指定专人管理。未达到要求和没有完成POS机"一机一密"改造工作的地区和机构，必须于2010年年底前完成改造。要严格按照规定设置和保管POS机终端维护人员密码、收银主管密码、收银员密码，并加大密码更换频率。

（十四）控制移动POS机的安装。收单机构应谨慎对待特约商户安装移动POS机的申请，除航空、交通罚款、上门收费、移动售货、物流配送等确有使用移动POS机需求的行业商户，其他类型商户原则上不得安装移动POS机。收单机构要使用更为严格的技术手段，对移动POS机的使用进行有效跟踪和监控，原则上不应允许移动POS机跨地区使用，要屏蔽移动POS商户SIM卡的漫游功能。对于确有移动POS机跨地区使用需求的商户，收单机构要对其进行严格核实确认并经总部审核同意后再予以开通，有关信息要同时向人民银行报告。要加强对移动POS机安装商户的回访工作，如发现商户私自移机使用或超出其经营范围使用的情况，一律取消其受理资格，并将有关信息录入人民银行征信系统和中国银联银行卡风险信息共享系统。收单机构要加强对电话POS等安全性较低的低成本受理终端的管理。

五、提高中国银联防风险服务水平

（十五）建立和完善银行卡风险防控体系。中国银联要建立交易数据记录、分析和监控系统，加强可疑交易监控和分析，对交易风险进行综合、动态评估和分类管理，保护账户和交易信息安全。要加强对受理市场风险的分析和研判，完善对高风险收单机构和特约商户的识别、监测措施。要敦促、协助收单机构加强对特约商户及机具的管理，研究建立全国统一的特约商户信息注册、登记、风险防控系统。要加强直联POS机的密钥管理和交易功能管理。在2010年年底前按照"一机一密"的要求完成直联POS机的改造。严格按照收单机构提交的入网申请开通POS交易功能，对于收单机构未提出开通联机退货等高风险交易功能的申请，不得擅自开通。

中国银联要加强对其分公司和子公司的规范管理，严格执行银行卡相关业务规范和技术标准，将跨行清算业务、收单业务、外包服务业务分离，对因收单和外包服务业务管理不善造成案件和损失的，须承担赔偿责任。要会同成员机构尽快制定信用卡还款、电话POS等现行联网联合业务规范中没有明确规定的跨行支付服务的业务规则和技术标准。未经商业银行同意，不得自行开通信用卡还款、电话POS等业务的跨行交易。

（十六）健全银行卡风险信息共享机制。中国银联要协调各成员机构建立防范银行卡风险的工作机制和信息共享平台，为成员机构报送银行卡交易可疑和违法违规信息、利用银行卡风险信息共享系统提供良好的服务，不断完善银行卡风险信息共享机制。要高度重视风险信息传递的时效性和有效性，对成员机构上报的风险信息及时在系统内共享，并迅速进行风险提示。对于成员机构有关涉嫌伪冒交易的调查请求，应尽快协助调查，并及时向成员机构反馈。

六、各负其责，密切配合

（十七）加强部门协调。加强银行卡安全管理、预防和打击银行卡违法犯罪是深入贯彻落实科学发展观、构建社会主义和谐社会的要求，是保障人民群众根本权益、维护银行良好声誉、建立诚信社会的重要举措，更是当前形势下支持扩大内需、促进消费、减少现金犯罪的现实需要。各人民银行分支机构、银监会派出机构、公安部门、工商行政管理部门要深刻认识加强银行卡安全管理、防范和打击银行卡违法犯罪的重要性和紧迫性，充分发挥各有关部门的职能作用和部门间的协同作用，共同采取有效措施，从源头上防范、治理银行卡违法犯罪行为，建立健全银行卡违法犯罪的联合防控机制。

（十八）人民银行、银监会要切实履行管理职责。人民银行要会同银监会认真查找银行卡业务存在的管理漏洞和风险，不断完善银行卡业务法规制度，尽快制定《银行卡条例》，配合有关部门制定和出台有关信用卡套现的司法解释，敦促各银行卡经营机构严格执行银行卡业务规范，全面开展银行卡市场的检查、监督。对于银行卡经营机构违反实名制、账户管理、利率管理、银行卡业务安全管理和反洗钱规定的，要依法实施处罚。

人民银行应会同公安部尽快建立联合整治银行卡违法犯罪的长效机制，协调两部门及各商业银行、中国银联的力量和资源，共同成立联合整治银行卡违法犯罪办公室，畅通情报信息渠道。

（十九）公安部门应保持对银行卡犯罪的高压态势。各地公安部门要把侦查破案放在突出的位置，集中精干力量，认真梳理各金融机构移送的犯罪线索，开展侦破工作，力争破获一批大要案件，打掉一批犯罪团伙，摧毁一批伪卡制造窝点。充分发挥服务、参谋职能，掌握银行卡犯罪的新手法、新趋势等情况，及时通报金融主管部门和有关商业银行。要配合检、法部门加强分析研究，为刑事打击提供法律支持。要完善并加强对银行卡犯罪活动形势的分析、研判，提高预防、打击犯罪的整体作战能力。积极受理银行卡犯罪案件，符合条件的，要尽快立案并快速侦破。要积极配合人民银行建立联合整治银行卡违法犯罪的长效机制，成立联合整治银行卡违法犯罪办公室。

（二十）工商行政管理部门要加强对信用卡相关广告的规范管理。各级工商行政管理部门要提示广告发布者加强对信用卡相关广告的审查，不得为无营业执照或没有发卡机构授权的中介机构发布信用卡广告。信用卡广告中不得含有"信用卡提现"、"信用卡贷款"、"POS消费提现"、"刷卡取现"、"办卡刷卡一条龙服务"、"代还信用卡透支款"等违法违规提供信用卡办理和提现服务的内容。对发现的违法广告，工商行政管理部门要依法查处。

各级工商行政管理部门要依法打击不法中介。不得为企业经营范围核定信用卡咨询、金融咨询、资金借贷等业务，防止咨询类中介企业以金融咨询的名义非法从事信用卡贷款业务。要配合人民银行、公安部加大对违规以信用卡咨询、金融咨询等名义非法从事信用卡贷款业务的咨询类中介企业以及信用卡套现商户的清查力度。

中国人民银行
中国银行业监督管理委员会
中华人民共和国公安部
国家工商行政管理总局
二〇〇九年四月二十七日

国家工商行政管理总局 中华人民共和国卫生部 国家食品药品监督管理局 令

第40号

《医疗器械广告审查发布标准》已经国家工商行政管理总局局务会、中华人民共和国卫生部部务会审议通过，现予发布，自2009年5月20日起施行。

国家工商行政管理总局局长　周伯华
卫生部部长　陈竺
国家食品药品监督管理局局长　邵明立
二〇〇九年四月二十八日

医疗器械广告审查发布标准

第一条　为了保证医疗器械广告的真实、合法、科学，制定本标准。

第二条　发布医疗器械广告，应当遵守《中华人民共和国广告法》（以下简称《广告法》）、《中华人民共和国反不正当竞争法》（以下简称《反不正当竞争法》）、《医疗器械监督管理条例》及国家有关规定。

第三条　下列产品不得发布广告：

（一）食品药品监督管理部门依法明令禁止生产、销售和使用的医疗器械产品；

（二）医疗机构研制的在医疗机构内部使用的医疗器械。

第四条　医疗器械广告中有关产品名称、适用范围、性能结构及组成、作用机理等内容应当以食品药品监督管理部门批准的产品注册证明文件为准。

第五条　医疗器械产品注册证明文件中有禁忌内容、注意事项的，应在广告中标明“禁忌内容或注意事项详见说明书"。

第六条　医疗器械广告中必须标明经批准的医疗器械名称、医疗器械生产企业名称、医疗器械注册证号、医疗器械广告批准文号。

经审批的医疗器械广告在广播电台发布时，可以不播出医疗器械广告批准文号。

仅出现医疗器械产品名称的，不受前款限制，但应标明医疗器械注册证号。

第七条　医疗器械广告中不得以任何非医疗器械产品名称代替医疗器械产品名称进行宣传。

第八条　推荐给个人使用的医疗器械产品广告，必须标明"请仔细阅读产品说明书或在医务人员的指导下购买和使用"。

第九条　医疗器械广告中涉及改善和增强性功能内容的，必须与经批准的医疗器械注册证明文件中的适用范围完全一致，不得出现表现性器官的内容。

报纸头版、期刊封面不得发布含有前款内容的广告。电视台、广播电台不得在7：00－22：00发布含有前款内容的广告。

第十条　医疗器械广告中有关适用范围和功效等内容的宣传应当科学准确，不得出现下列情形：

（一）含有表示功效的断言或者保证的；

（二）说明有效率和治愈率的；

（三）与其他医疗器械产品、药品或其他治疗方法的功效和安全性对比；

（四）在向个人推荐使用的医疗器械广告中，利用消费者缺乏医疗器械专业、技术知识和经验的弱点，使用超出产品注册证明文件以外的专业化术语或不科学的用语描述该产品的特征或作用机理；

（五）含有无法证实其科学性的所谓"研究发现"、"实验或数据证明"等方面的内容；

（六）违反科学规律，明示或暗示包治百病、适应所有症状的；

（七）含有"安全"、"无毒副作用"、"无效退款"、"无依赖"、"保险公司承保"等承诺性用语，含有"唯一"、"精确"、"最新技术"、"最先进科学"、"国家级产品"、"填补国内空白"等绝对化或排他性的用语；

（八）声称或暗示该医疗器械为正常生活或治疗病症所必须等内容的；

（九）含有明示或暗示该医疗器械能应付现代紧张生活或升学、考试的需要，能帮助改善或提高成绩，能使精力旺盛、增强竞争力、能增高、能益智等内容。

第十一条　医疗器械广告应当宣传和引导合理使用医疗器械，不得直接或间接怂恿公众购买使用，不得含有以下内容。

（一）含有不科学的表述或者通过渲染、夸大某种健康状况或者疾病所导致的危害，引起公众对所处健康状况或所患疾病产生担忧和恐惧，或使公众误解不使用该产品会患某种疾病或加重病情的；

（二）含有"家庭必备"或者类似内容的；

（三）含有评比、排序、推荐、指定、选用、获奖等综合性评价内容的；

（四）含有表述该产品处于"热销"、"抢购"、"试用"等的内容。

第十二条　医疗器械广告中不得含有利用医药科研单位、学术机构、医疗机构或者专家、医生、患者的名义和形象作证明的内容。

医疗器械广告中不得含有军队单位或者军队人员的名义、形象。不得利用军队装备、设施从事医疗器械广告宣传。

第十三条　医疗器械广告不得含有涉及公共信息、公共事件或其他与公共利益相关联的内容，如各类疾病信息、经济社会发展成果或医疗科学以外的科技成果。

第十四条　医疗器械广告中不得含有医疗机构的名称、地址、联系办法、诊疗项目、诊疗方法以及有关义诊、医疗（热线）咨询、开设特约门诊等医疗服务的内容。

第十五条　医疗器械广告不得在未成年人出版物和频道、节目、栏目上发布。

医疗器械广告不得以儿童为诉求对象，不得以儿童的名义介绍医疗器械。

第十六条　按照本标准第六条规定必须在医疗器械广告中出现的内容，其字体和颜色必须清晰可见、易于辨认。上述内容在电视、互联网、显示屏等媒体发布时，出现时间不得少于5秒。

第十七条　违反本标准规定发布的广告，构成虚假广告或者引人误解的虚假宣传的，依照《广告法》或者《反不正当竞争法》有关规定予以处罚。

违反本标准第三条、第四条等规定发布的医疗器械广告，依照《广告法》第四十一条处罚。

违反本标准其他规定发布广告，《广告法》、《反不正当竞争法》有规定的，依照《广告法》处罚；《广告法》、《反不正当竞争法》没有具体规定的，对负有责任的广告主、广告经营者、广告发布者，处以一万元以下罚款；有违法所得的，处以违法所得三倍以下但不超过三万元的罚款。

第十八条 本标准自2009年5月20日起施行。1995年3月3日国家工商行政管理局发布的《医疗器械广告审查标准》同时废止。

关于开展全国互联网医疗保健和药品信息服务专项整治行动的通知

卫办发[2009]67号

各省、自治区、直辖市卫生厅局、政府新闻办公室、通信管理局、公安厅局、工商行政管理局、食品药品监督管理局（药品监督管理局）、中医药管理局：

为贯彻落实《中共中央办公厅国务院办公厅关于进一步净化社会文化环境促进未成年人健康成长的若干意见》（中办发〔2009〕6号，以下简称《意见》）精神和全国净化社会文化环境工作会议要求，进一步规范互联网医疗保健信息服务和药品信息服务，净化网络文化环境，营造有利于未成年人健康成长的良好社会文化环境，卫生部、国务院新闻办、工业和信息化部、公安部、工商总局、食品药品监管局、中医药局等部门决定，自2009年7月-10月在全国开展为期3个月的互联网医疗保健和药品信息服务专项整治行动。现将有关事项通知如下：

一、指导思想和工作目标

以邓小平理论和“三个代表”重要思想为指导，深入贯彻落实科学发展观，按照社会主义核心价值体系的要求，认真贯彻落实《意见》精神和全国净化社会文化环境工作会议要求，扎实推进互联网医疗保健信息服务、药品信息服务的建设和监督管理工作。

依照《互联网信息服务管理办法》、《互联网医疗保健信息服务管理办法》、《互联网药品信息服务管理办法》，统一组织、联合行动，集中清理整治互联网医疗保健及药品信息服务中的虚假信息和低俗内容，规范互联网信息传播秩序，尽快使网络文化环境得到改善和净化，使互联网成为传播医疗保健服务信息、药品服务信息和科学健康的医药保健知识的重要阵地。

二、主要任务

（一）集中清理整顿互联网医疗保健和药品信息服务低俗内容。

按照《全国整治互联网低俗之风专项行动工作方案》（以下简称《方案》），各地各有关部门高度重视、密切配合、重拳出击，严厉打击网络淫秽色情，坚决抵制低俗之风，取得了重要的阶段性成果。但是，仍有部分网站以普及性知识为名传播《方案》中所列13个方面的低俗内容甚至淫秽色情信息，一些网站继续发布非法性病治疗广告和“性药品”（包括药品、保健食品、消毒类产品以及性仿真器械等，下同）广告。为进一步扩大整治互联网低俗之风专项行动的成果，要继续对提供互联网医疗保健和药品信息服务网站的上述涉性内容进行集中清理整顿。

1．对虽经卫生行政部门、中医药管理部门或药品监管部门审核同意，但医疗保健或药品信息服务网站或综合网站相关频道内容中含有低俗内容、非法性病治疗广告和“性药品”广告的；医疗保健信息服务网站在宣传性知识时涉及性医学、性治疗等面向专业人员开放的性科学研究内容的，自本通知印发之日起30日内，由主办单位进行自我清理，清除相关违法违规内容。对拒不改正的，由卫生行政部门、中医药管理部门或药品监管部门依法查处违法违规网站的主办者；对拒不执行三部门行政处罚决定的，由通信管理部门依据三部门行政处罚意见予以关闭。

2．对未经卫生行政部门、中医药管理部门或药品监管部门审核同意，且提供的互联网医疗保健、药品信息服务中含有低俗内容、非法性病治疗广告和“性药品”广告的网站，由相关部门依法查处违法违规网站的主办者；对拒不执行相关部门行政处罚决定的，由通信管理部门依据相关部门行政处罚意见予以关闭。

3．对传播淫秽色情内容的各类网站，由公安部门依法打击网上传播淫秽色情信息的违法犯罪活动，并依法予以关闭。

（二）集中清理整顿互联网医疗保健和药品信息服务虚假内容。

1．对经过卫生行政部门、中医药管理部门或药品监管部门审核同意，但医疗保健或药品信息服务网站发布含有名人或普通消费者作功效证明等虚假违法医疗广告或药品广告的；未经医药卫生专业人员审核把关，传播不科学或不准确医药卫生保健信息误导网民的；在开展性知识宣传时，医疗保健信息服务网站未在明显位置标明相关信息来源，或相关信息转载、摘编自非法出版物的，自本通知印发之日起30日内，由主办单位进行自我清理和改正，以确保医疗保健服务信息的科学和准确。逾期不改正的，由卫生行政部门、中医药管理部门或药品监管部门予以警告。拒不改正的，由卫生行政部门、中医药管理部门或药品监管部门依法查处违法违规网站的主办者；对拒不执行三部门行政处罚决定的，由通信管理部门依据三部门行政处罚意见予以关闭。

2．对未经卫生行政部门、中医药管理部门或药品监管部门审核同意，伪造或假冒开办单位擅自在互联网上开通医疗保健机构网站或药品信息服务网站，发布虚假医疗保健机构服务信息或销售假劣药品的，卫生行政部门、中医药管理部门和药品监管部门应加强监测监管力度，依法查处监测发现的违法违规网站主办者；对拒不执行三部门行政处罚决定的，由通信管理部门依据三部门行政处罚意见予以关闭。构成犯罪的，移送公安部门，追究刑事责任。同时，将虚假的医疗保健机构网站和药品信息服务网站向社会曝光，并发布网上医疗保健服务警示和购药警示。

3．加强对影响范围大、公众浏览频率高的综合性门户网站的日常监督检查力度，对综合性门户网站违规开展性科学研究信息服务和发布性药品信息的，由卫生行政部门或药品监管部门责令其限期改正。对拒不改正的，根据有关法律法规严肃查处或责令关闭。

（三）集中清理未经过审核同意的互联网医疗保健和药品信息服务。

1．自本通知印发之日起30日内，未经过卫生行政部门、中医药管理部门或药品监管部门审核同意，擅自在互联网信息服务中提供医疗保健或药品信息服务的主办单位，应到所在地省级卫生行政部门、中医药管理部门或药品监管部门重新补办审核手续。

2．对已经过卫生行政部门、中医药管理部门或药品监管部门审核同意，但在自查自纠中发现网站的设立条件不符合现行相关规定的，应按照要求加以整改，并按《互联网医疗保健信息服务管理办法》的有关规定重新办理相关手续。

3．在专项整治期间，卫生行政部门、中医药管理部门和药品监管部门暂停新的互联网医疗保健和药品信息服务审核工作。

三、任务分工

国务院新闻办、工业和信息化部、公安部、卫生部、工商总局、食品药品监管局、中医药局于2009年7月召开全国整治互联网医疗保健和药品信息服务专项行动电视电话会议，对专项行动进行具体部署，提出具体要求，明确工作目标。具体分工如下：

卫生行政部门负责专项行动的牵头和总体协调。卫生行政部门、中医药管理部门负责医疗保健信息服务网站开通前的审核工作，负责对经过审核同意的医疗保健信息服务网站内容的监测监管，负责对虚假医疗保健机构网站和未经审核同意开展医疗保健信息服务网站的监测，对互联网上医疗保健信息内容实施监督管理，并依法查处违法违规网站主办者。

药品监管部门负责药品信息服务网站开通前的审核工作，负责对经过审核同意的药品信息服务网站内容的监测监管，负责对发布虚假药品信息网站和未经审核同意开展药品信息服务网站的监测，对互联网上药品信息内容实施监督管理，并依法查处违法违规网站主办者。

政府新闻办公室负责对中央和地方重点商业网站、搜索引擎网站上的低俗内容进行监测和清理整治。

通信管理部门负责配合中央外宣部门、卫生行政部门、药品监管部门、中医药管理部门和工商部门，对拒不执行相关部门行政处罚决定的网站依据相关部门行政处罚意见予以关闭。

公安部门负责依法打击网上传播淫秽色情信息等违法犯罪活动。

工商部门负责协调卫生行政、药品监管和中医药管理部门，依法查处网上非法性病治疗广告、"性药品"广告。

四、工作要求

通过专项整治行动，使互联网医疗保健和药品信息服务中的低俗、虚假等不良或违法信息得到有效治理，为广大网民特别是青少年上网创造健康文明的网络环境。

（一）提高认识，认清形势，周密部署。

净化社会文化环境、促进未成年人健康成长，是党中央从党和国家事业长远发展出发作出的重大决策部署。要切实认识到开展互联网医疗保健和药品信息服务整治工作是净化网络文化环境的重要组成部分，是当前净化社会文化环境的迫切需要，是进一步扩大整治互联网低俗之风专项行动成果的迫切需要。各地各部门要充分认识开展专项整治行动的重要性和紧迫性，加强领导，周密部署，按照工作职责，结合各地实际，巩固已有成果，不断加大专项整治工作的力度。

（二）统一组织，联合行动，形成合力。

各省、自治区、直辖市的新闻、通信、公安、卫生、工商、食品药品、中医药等相关管理部门要认真做好工作部署，制定明确的工作流程，建立快速高效的联动机制，明确职责，密切配合，形成合力，确保完成专项整治工作的各项任务。

（三）加大宣传力度，鼓励公众监督。

要组织主流媒体和互联网站广泛宣传开展专项整治行动的意义和取得的成效，强化曝光谴责机制，鼓励公众监督，发动群众举报，形成全国范围内整治网上医药卫生保健信息服务低俗和虚假信息专项行动的强大舆论声势。

（四）健全互联网医疗保健和药品信息服务监管长效机制。

要把集中整治行动和日常监督管理结合起来，立足当前，着眼长远，健全互联网医疗保健和药品信息服务监管长效机制。

1．严格审核程序。依据《互联网医疗保健信息服务管理办法》、《互联网药品信息服务管理办法》，相关部门要严格审核的标准和流程，对不符合条件的一律不予审核同意；对没有经过相关部门审核同意擅自开展互联网医疗保健和药品信息服务的，相关部门应依法查处违法违规网站的主办者；对拒不执行相关部门行政处罚决定的，通信管理部门应依据相关部门行政处罚意见予以关闭。

2．加强日常监管。通过相关部门主动监测和群众举报，加强对互联网医疗保健和医药信息服务内容特别是低俗内容和虚假内容进行监管。对经过审核同意的违法违规网站，卫生行政部门、中医药管理部门和药品监管部门要给予警告，责令限期改进，对拒不整改的网站，依法查处其主办者；对拒不执行三部门行政处罚决定的，通信管理部门应依据三部门行政处罚意见予以关闭；对未经审核同意的违法违规网站或虚假医疗保健机构网站，卫生行政部门、中医药管理部门和药品监管部门要依法查处其主办者；对拒不执行三部门行政处罚决定的，通信管理部门应依据三部门行政处罚意见予以关闭；构成犯罪的，移送公安部门，追究刑事责任。

卫 生 部
国务院新闻办公室
工业和信息化部
公 安 部
国家工商行政管理总局
国家食品药品监督管理局
国家中医药管理局
二〇〇九年七月一日

关于印发药品安全专项整治工作方案的通知

国食药监办[2009]342号

各省、自治区、直辖市人民政府：

经国务院同意，现将《药品安全专项整治工作方案》印发你们。请结合实际，认真组织实施。

中华人民共和国卫生部
中华人民共和国公安部
中华人民共和国工业和信息化部
国家工商行政管理总局
国家食品药品监督管理局
国 家 中 医 药 局
二〇〇九年七月七日

药品安全专项整治工作方案

为贯彻落实国务院关于深入开展药品安全专项整治的工作部署，进一步解决影响药品安全的深层次问题，全面提升药品安全水平，维护人民群众切身利益，制定本工作方案。

一、指导思想和总体目标

（一）指导思想

全面贯彻党的十七大精神，以邓小平理论和“三个代表”重要思想为指导，深入贯彻落实科学发展观，把药品安全工作作为重要的民生工程，坚持标本兼治、着力治本，提高药品标准，严格准入条件，强化市场监管，落实安全责任，进一步规范药品市场秩序，健全药品安全工作机制，促进医药产业又好又快发展，确保公众用药安全。

（二）总体目标

通过两年左右的深入整治，进一步落实“地方政府负总责、监管部门各负其责、企业是第一责任人”的药品安全责任体系，进一步完善药品生产经营规范和质量标准，进一步强化药品市场准入管理和安全监管，进一步优化医药产业结构，使药品质量安全控制水平显著提高，企业安全责任意识和诚信意识显著增强，药品生产经营秩序显著好转，重大药品质量安全事故明显减少，人民群众的药品消费信心明显增强。

二、整治任务

（一）落实药品安全责任。

加强组织协调，完善工作机制，建立健全强化药品安全的长效制度。

（二）强化全过程监管。

全面提高药品标准，严格药品审评审批和再评价，严格控制新开办企业，严格实施质量管理规范和质量追溯，确保上市药品的质量安全。

（三）净化医药市场秩序。

加快医药产业结构调整，整治违规违法行为，为人民群众创造更加安全的用药环境。

三、整治措施

（一）强化组织领导和责任落实。

地方各级政府要加强领导，组织开展药品安全形势分析，组织制定并实施药品安全工作年度计划；加强对有关部门工作的评议考核，确保监管部门无障碍开展工作；加强对辖区内药品生产、流通、使用的检查和产品抽验，确保辖区内无制售假药的黑窝点，无非法药品集贸市场；加强不良反应监测和药品安全应急管理，健全工作体系和应急处置工作程序，及时消除药品安全隐患。

（二）打击生产销售假药。

按照国务院批准建立的打击生产销售假药部际协调联席会议的部署，各地要加强卫生行政、药品监管、公安、工业和信息化等部门的组织协调，统筹打击制售假药工作。重点打击利用互联网、邮寄等方式制售假药的行为，严格落实最高人民法院、最高人民检察院关于办理生产、销售假药、劣药刑事案件具体应用法律若干问题的解释，加强行政执法与刑事司法衔接，严厉查处重大案件。

（三）整治违法药品广告。

工商部门要会同有关部门加大违法药品广告查处力度，重点监测和打击利用互联网发布虚假广告和虚假宣传的行为，依法查处相关违法违规网站的主办者，严格落实药品生产企业、广告经营商和媒体的责任。

（四）整治非药品冒充药品。

药品监管部门要会同有关部门大力整治以食品、消毒产品、保健食品、化妆品等冒充药品上市的行为。按照谁审批、谁负责的原则，规范相关产品的上市许可。严厉打击仿冒药品，坚决维护药品市场秩序。

（五）建立国家基本药物生产供应和质量保障机制。

各地要根据国家建立基本药物制度的部署和安排，强化对基本药物生产供应、流通、配备、使用、定价报销和监管工作。工业和信息化部门要加强行业管理，提高生产供应能力，保障基本药物供应。药品监管部门要加强对基本药物的监管，确保基本药物的质量安全。政府指定的部门要加强对基本药物公开招标采购的管理，减少中间环节，降低配送成本，严格落实对中标企业质量、服务和能力的要求。物价部门要合理制定基本药物零售指导价格。卫生行政部门要加强对基本药物使用的管理，确保医疗机构优先合理使用基本药物。

（六）完善医药产业政策。

工业和信息化部门要会同有关部门制定医药产业发展政策，引导、规范创制新药，发展现代医药物流建设，鼓励同行业兼并重组，鼓励农村药品供应网建设，规范药谷和医药科技园等建设，推进医药产业结构调整。药品监管部门要严格控制新开办药品生产和批发企业数量，按照合理布局的原则从严审批零售药店。

（七）提高药品质量标准。

药品监管部门要全面落实“提高国家药品标准行动计划”，开展国家基本药物标准提高工作，加快医疗器械、中药、民族药等标准的制修订工作。开展药品再评价，重点提高注射剂产品的安全性和质量可控性。完善医疗器械标准管理，健全医疗器械标准管理机构。

（八）加强药品研制、生产、流通环节监管。

药品监管部门要提高审评审批门槛，加强现场核查，确保药品研制真实、规范。加强对高风险产品生产的监管，进一步加强对原料、辅料、化学中间体、中药饮片和药包材的管理，完善质量受权人和派驻监督员制度，坚决查处违规生产行为。组织开展上市药品的再注册，坚决淘汰不具备生产条件、质量不能保证、安全风险较大的品种。推行药品电子监管，监督企业完善质量追溯体系，实行更加严格的产品召回制度。

（九）加强临床用药管理。

卫生行政、中医药管理部门要加大对医疗机构用药的管理力度，加强合理用药宣传教育，规范医疗行为，防止不合理用药造成的伤害。医疗机构和医务人员要严格按照《处方管理办法》和说明书使用药品，防止超适应症、超剂量用药。药品监管部门要会同有关部门制定医疗机构药品质量管理办法，进一步加强药品使用环节的质量监管，规范医疗机构药品质量管理。

四、工作要求

（一）高度重视，精心组织。

各地要从保增长、保民生、保稳定的高度，深刻认识开展药品安全专项整治的重大意义，切实加强组织领导，给予经费保障。要结合各地实际，制定详细的实施方案，细化整治目标和整治措施，确定重点地区和重点环节，确保专项整治取得实实在在的成效。

（二）落实责任，形成合力。

各地要严格落实药品安全责任制和责任追究制。发生药品安全突发事件，有关部门要采取严格的控制措施，督促企业召回产品，坚决依法查处生产经营中存在的违法违规行为；造成严重后果的，有关部门要坚决依法吊销企业证照。要加大行政问责和行政监察力度，督促有关部门依法履行职责，严肃查处失职、渎职行为。

（三）广泛宣传，营造氛围。

各地要组织媒体深入农村、社区跟踪采访，做好热点问题、重点问题的报道，大力宣传专项整治的措施和成效。组织开展药品安全科普宣传活动。加强舆情收集与分析，做好舆论引导和应对工作。进一步完善药品安全突发事件新闻发布机制，保证信息及时、准确、有序发布，创造良好的科学监管、安全用药舆论环境。

（四）及时督查，确保实效。

各地要根据整治任务、整治措施和整治要求，制定督查方案，逐级开展督促检查工作。对整治效果显著的地区，要表彰奖励；对药品安全问题突出、整治不力的地区，要通报批评，督促整改。卫生部、国家食品药品监督管理局将联合有关部门，对各地药品安全专项整治工作进行督查，并向国务院报告。

关于查处部分报纸发布严重违法广告的通知

工商广字[2009]162号

天津市、黑龙江、吉林、陕西省工商行政管理局、新闻出版局、食品药品监督管理局：

根据国家食品药品监督管理局2009年1～6月份对全国93种报纸发布的药品、医疗器械、保健食品广告监测统计，黑龙江省《新晚报》、《生活报》，吉林省《新文化报》，天津市《今晚报》，陕西省《华商报》为发布严重违法广告次数最多的5家报纸，其发布严重违法药品、医疗器械、保健食品广告的数量占违法广告总量25.3%。

上述5种报纸违法广告的突出表现为：夸大产品适应症、功能主治或含有不科学地功效断言及保证；利用国家机关及其工作人员、医药科研单位、医疗机构或专家、医生、患者等名义和形象作证明；保健食品冒充药品非法宣传治疗作用；发布低俗内容的非法涉性广告。这些严重虚假违法广告，欺骗和误导消费者，侵害人民群众的切身利益，在社会上造成了恶劣影响。为此，国家工商行政管理总局、新闻出版总署、国家食品药品监督管理局，责成上述5家媒体所在地工商、新闻出版、食品药品监管部门，对其发布的严重违法广告以及涉及的产品采取相应措施，依法严厉查处。

一、天津市、黑龙江、吉林、陕西省工商行政管理部门要分别依法对上述5家报纸发布的50条严重违法广告从重处罚，并在一个月内将查处结果上报国家工商行政管理总局；新闻出版部门要依照《报纸出版管理规定》，对上述5家报社发布严重违法广告问题进行严肃处理，责成5家报纸主管单位切实落实管理职责，责令相关报社做出深刻检查，进行内部整顿，并将整改情况上报新闻出版总署；食品药品监督管理部门要在辖区内依法对50条严重违法广告所涉及的药品、医疗器械采取暂停销售的行政控制措施，并责成相关企业在原发布媒体刊登更正启事，对违法保健食品广告要发布警示公告，提醒消费者谨慎购买，同时由审批地食品药品监督管理部门撤销这些违法广告所涉及的广告批准文号，并将有关情况及时上报国家食品药品监督管理局。

二、天津市、黑龙江、吉林、陕西省食品药品监督管理局要继续跟踪监测上述5家报纸发布的药品、医疗器械、保健食品广告，及时将监测情况通报当地工商行政管理、新闻出版部门。对监测发现的严重违法广告，工商行政管理部门要及时查处，对继续发布严重违法广告的广告发布者，暂停其广告发布业务，对拒不改正的，取消其广告发布资格；食品药品监督管理部门要对严重违法广告涉及的药品、医疗器械采取行政控制措施；新闻出版部门要加强报纸的审读，把广告质量纳入报刊年度核验内容，在核验中将有关部门广告监测情况作为重点考核指标。

为进一步加大整治虚假违法广告力度，切实有效地规范药品、医疗器械、保健食品广告发布秩序，各地工商行政管理、新闻出版、食品药品监督管理部门要继续巩固和扩大整治成果，进一步加强协作配合与执法联动，加大监管执法力度，及时查处严重虚假违法药品、医疗器械、保健食品广告，为迎接新中国成立60周年营造良好的环境。

国家工商行政管理总局
新　闻　出　版　总　署
国家食品药品监督管理局
二〇〇九年八月十七日

关于印发《食品市场主体准入登记管理制度》等流通环节食品安全监管八项制度的通知

工商食字[2009]176号

各省、自治区、直辖市及计划单列市、副省级市工商行政管理局：

为加强流通环节食品安全监督管理，更好地依法履行食品安全监管职责，推动流通环节食品安全监管“四化建设”，提高依法行政水平，切实维护食品市场秩序，根据《食品安全法》、《食品安全法实施条例》，以及《食品流通许可证管理办法》、《流通环节食品安全监督管理办法》的规定，在认真总结流通环节食品安全专项整顿和日常监管经验的基础上，国家工商行政管理总局研究制定了《食品市场主体准入登记管理制度》等流通环节食品安全监管八项制度，现印发给你们，请结合本地实际，认真做好贯彻落实工作，在贯彻落实中的有关重要情况和问题，请及时报送国家工商行政管理总局。

附件：

1. 食品市场主体准入登记管理制度(略)
2. 食品市场质量监管制度(略)
3. 食品市场巡查监管制度(略)
4. 食品抽样检验工作制度(略)
5. 食品市场分类监管制度（略)
6. 食品安全预警和应急处置制度(略)
7. 食品广告监管制度
8. 食品安全监管执法协调协作制度(略)

国家工商行政管理总局
二〇〇九年八月二十八日

附件7：

食品广告监管制度

为了进一步强化食品广告监管，确保《食品安全法》对广告管理的各项规定得到有效落实，根据《广告法》、《食品安全法》等有关法律法规的规定，制定本制度。

一、食品广告监管是食品安全监管的重要环节，是工商行政管理机关的法定职责，应贯彻标本兼治、打防并重的方针，坚持专项整治与加强日常监管相结合，建立健全综合治理的长效机制。

二、工商行政管理机关依法严格监管食品广告，严厉打击发布虚假违法食品广告的行为。重点查处下列虚假违法食品广告：

（一）含有虚假、夸大内容的食品广告特别是保健食品广告。

（二）涉及宣传疾病预防、治疗功能的食品广告。

（三）未经广告审查机关审查批准发布的保健食品广告。

（四）含有使用国家机关及其工作人员、医疗机构、医生名义或者形象的食品广告，以及使用专家、消费者名义或者形象为保健食品功效做证明的广告。

（五）利用新闻报道形式、健康资讯等相关栏（节）目发布或者变相发布的保健食品广告。

（六）含有食品安全监督管理部门或者承担食品检验职责的机构、食品行业协会、消费者协会推荐内容的食品广告。

三、食品广告监管应围绕食品广告的发布前规范、发布中指导、发布后监管等主要环节，会同有关部门不断完善相关管理制度和措施，强化对食品广告活动的监管。

四、建立健全食品广告审查责任制度。按照总局《关于广告审查员管理工作若干问题的指导意见》（试行），指导广告发布者、广告经营者落实食品广告的审查责任。

（一）会同有关部门指导媒体单位履行广告发布审查的法定责任和义务，加强对媒体单位落实食品广告发布审查制度的监督检查。

（二）对广告审查人员开展食品广告法律、法规培训，指导广告发布者、广告经营者建立和完善食品广告承接登记、相关证明文件审验、广告内容核实审查、客户档案管理等工作制度。

（三）对由于广告审查措施不健全、不落实而造成发布涉及重大食品安全事件的违法广告媒体，建议有关部门追究媒体单位主管领导和有关责任人的相应责任。

五、建立健全食品广告监测制度。按照总局《关于规范和加强广告监测工作的指导意见》（试行），加强食品广告的监测预警和动态监管。

（一）食品广告监测的重点是食品广告发布量大、传播范围广、社会影响力大的媒体，并根据实际情况和监管需要，对重点区域、部分媒体、个案广告实施跟踪监测。

（二）坚持集中监测与日常监测相结合，广告监管机关与广告审查机关、媒体主管部门监测相结合，扩大食品广告监测覆盖面，实现监测信息共享。

（三）加强对监测数据的分析研究，及时将监测发现的食品广告中影响和危害食品安全的苗头性、倾向性问题，通报当地政府和有关部门。

六、建立健全违法食品广告公告制度。按照总局等十一部门联合制定的《违法广告公告制度》，加大对虚假违法食品广告的公告力度。

（一）对监测发现、投诉举报、依法查处的严重虚假违法食品广告案件，向社会公告。

（二）根据违法食品广告发布的动态及趋势，定期或不定期进行公告提示，提醒消费者识别虚假违法食品广告。

（三）通过部门联合公告、广告监管机关公告等多种方式，采取虚假违法食品广告典型案例曝光、违法食品广告提示、违法食品广告案例点评、涉嫌严重违法食品广告监测通报等多种形式，加大公告频次和曝光力度。

七、建立健全食品广告暂停发布制度。对食品安全事件涉及的广告，以及需立案调查的涉嫌虚假违法食品广告，迅速果断处置。有下列情形之一的，可暂停有关食品广告的发布：

（一）涉嫌不符合食品安全规定的食品所涉及的广告。

（二）上级交办、有关部门转办、监测发现、群众举报需立案查处的涉嫌虚假违法食品广告。

八、建立健全食品广告案件查办移送通报制度。按照总局《关于加强广告执法办案协调工作的指导意见》（试行），针对违法食品广告在多个地区、多种媒体发布或者违法广告活动涉及不同区域多个主体的情况，建立食品广告案件查办、移送、通报工作制度。

（一）省级工商行政管理机关负责本辖区内食品广告案件查处的组织、指导、协调和督办工作，对同一广告主在本辖区内多个地区不同媒体发布的违法食品广告，应及时交办广告发布者所在地工商行政管理机关依法查处。

（二）省级以下工商行政管理机关依法查处广告发布者后，发现查处异地广告主、广告经营者确有困难的，应将有关案件和相关案情移送、通报广告主、广告经营者所在地工商行政管理机关依法查处。

（三）省级以下工商行政管理机关发现广告主、广告经营者在其他地区不同媒体发布违法广告的，应通报广告发布者所在地工商行政管理机关予以查处，并将有关情况报告省级工商行政管理机关。对广告发布者属于外省工商行政管理机关管辖的，由本省省级工商行政管理机关通知有管辖权的外省省级工商行政管理机关予以处理。

九、建立健全食品广告案件查办落实情况报告制度。按照总局《广告案件查办落实情况报告制度》，加强食品广告案件的督办和监督检查。

（一）明确职责分工，落实办案责任，及时查办上级机关交办、其他地方工商行政管理机关或者有关部门移送、通报以及监测发现、群众投诉举报的本辖区内的违法广告主、广告经营者、广告发布者，并在规定期限内将处理情况上报上级机关，通知其他相关地方工商行政管理机关或者有关部门。对跨省移送或者通报的违法食品广告案件，省级工商行政管理机关可提请总局督办。

（二）建立健全广告案件的督办和监督检查工作机制，提高查办效率，落实监督职责。对推诿不办、压案不查以及行政处罚畸轻畸重、执法不到位等不规范执法行为，依照总局有关规定追究相关责任人的行政执法过错责任。

（三）总局交办、转办的食品广告案件，各地工商行政管理机关应在规定期限以书面形式向总局报告，总局定期或者不定期通报各地广告案件查办落实的情况。

十、建立健全食品广告市场退出制度。按照总局《停止广告主、广告经营者、广告发布者广告业务实施意见》，加强对食品广告活动主体的监督管理，落实食品广告市场退出机制。

（一）对因发布虚假违法食品广告，造成损害社会公共利益以及造成人身伤害或者财产损失等严重后果的，暂停或者停止相关食品生产者、经营者部分食品或者全部食品的广告发布业务。

（二）对多次发布虚假违法食品广告，食品广告违法率居高不下的媒体单位，暂停其食品广告发布业务，直至取消广告发布资格。

（三）对违法情节严重的保健食品广告，提请食品药品监管部门依法采取相关措施。

十一、建立健全行业自律管理制度。按照总局《关于深入贯彻落实科学发展观支持和促进广告协会拓展职能增强服务能力完善行业管理的意见》，指导广告行业组织建立和完善自律管理机制。

（一）支持和指导广告行业组织切实担负起实施行业自律的重要职责，协助政府部门加强食品广告监管，完善行政执法与行业自律相结合的广告市场监管机制。

（二）指导广告行业组织围绕规范食品广告市场秩序，建立健全各项自律性管理制度，开展行业自律和相关法律咨询服务，规范食品广告发布活动。

（三）支持广告行业组织依据自律规则，对实施违法食品广告活动、损害消费者合法权益、扰乱食品广告市场秩序的行为，采取劝诫、通报批评、公开谴责等自律措施，加强行业自我管理，提高行业公信力。

十二、各级工商行政管理机关按照属地管理、分级负责的原则，依法履行广告监管职责，对辖区内广告市场、广告发布媒体全面监管，全面负责，加强食品市场巡查和日常监督检查，落实广告监管责任。对疏于监管、执法不严，致使辖区内严重虚假违法食品广告屡禁不止，违法率居高不下，发生影响公共秩序和社会稳定重大广告案件的，依照有关规定追究相关责任人的责任。

十三、各级工商行政管理机关广告监管机构应积极配合食品流通监管等相关机构对食品安全的监管，围绕食品广告监管重点，加强食品广告发布环节的监管，及时将广告案件查办中发现的涉及生产和销售不符合食品安全标准的有关线索，通报食品流通监管等相关机构。

十四、各地工商行政管理机关应坚持和完善广告联合监管工作机制，充分发挥部门联席会议的作用，积极履行牵头职责，协调各有关部门落实职责分工，加强协作与配合，共同研究和解决食品广告市场存在的突出问题，对虚假违法食品广告进行综合治理，不断增强监管的合力与实效。

关于加强互联网证券期货讯息、广告宣传等专业性视听节目服务管理的通知

广发[2009]68 号

各省、自治区、直辖市广播影视局、证监局，新疆生产建设兵团广播电视局：

为深入贯彻落实《互联网视听节目服务管理规定》（国家广电总局、信息产业部令第56号），进一步加强互联网视听节目服务管理，规范网站证券期货视听讯息传播行为，现就互联网证券期货讯息、广告宣传等专业性视听节目服务管理的有关问题通知如下：

一、互联网站播放证券期货讯息类视听节目，节目内容应符合互联网视听节目管理规定，以及《证券法》和证券期货讯息传播相关管理规定。网站所播放的证券期货讯息类视听节目及涉及国家宏观经济形势、政策和证券期货市场改革监管措施的访谈、评论类视听节目，应由广播电台、电视台或具有证券、期货投资咨询相关资格的机构制作和提供。在节目中分析、预测证券期货市场，证券期货及衍生品种的行情走势，提供投资建议的机构和人员必须具备证券期货投资咨询相关资格。网站应对提供证券期货讯息类视听节目的机构和节目中分析、预测证券期货市场，证券期货及衍生品种的行情走势，提供投资建议的机构及人员是否具备证券期货投资咨询相关资格进行审查，并在节目显著位置公示（公告）机构全称、业务资格证书号码，以及参与节目人员姓名、所属机构全称和资格证书号码。互联网站不得播出带有（证券服务及产品类）广告营销和客户招揽信息的证券期货讯息类视听节目，不得为无证券期货相关资格的机构和人员从事非法证券期货活动提供便利。

二、互联网站利用搜索引擎技术，编辑、集成其他网站上的视音频节目信息并向公众提供互联网视听节目聚合服务的，应按照《互联网视听节目服务管理规定》取得《信息网络传播视听节目许可证》。互联网视听节目聚合服务网站所聚合的节目信息，限于持有《信息网络传播视听节目许可证》网站上的实时节目信息。

三、互联网站登载、播放产品介绍、服务推介、企业形象宣传等视听节目（如视频看房、汽车实拍、菜肴烹调、游戏视频、景区展示等），按国家关于广告管理的相关法规、规范实施管理。网站在登载、播放广告类视听节目的同时，还播放行业讯息、咨询及其他各类视听节目的，或为其他网站或个人提供视听节目上传服务的，须按《互联网视听节目服务管理规定》办理《信息网络传播视听节目许可证》（AVSP）。

国家广播电影电视总局
中国证券监督管理委员会
二〇〇九年八月三十一日

关于积极配合有关专项行动进一步加大对违法广告整治力度的通知

工商广字[2009]177号

各省、自治区、直辖市及计划单列市、副省级市工商行政管理局：

今年7月以来，国务院有关部门会同国家工商总局相继下发了《关于开展全国互联网医疗保健和药品信息服务专项整治行动的通知》(卫办发[2009]67号)、《关于印发药品安全专项整治方案的通知》(国食药监办[2009]342号)、《关于印发<打击整治网络淫秽色情专项行动工作方案>的通知》(公通字[2009]40号)，近期还将部署开展打击利用互联网等媒体发布虚假广告及通过寄递等渠道销售假药专项行动，以及整治手机淫秽色情和低俗信息工作。为切实做好各专项行动中有关广告整治工作，按照统一部署，现就工商部门落实整治任务分工和有关工作措施提出以下要求：

一、进一步明确职责，落实监管责任，切实抓好部署落实

根据各专项行动整治方案确定的职责分工，工商部门的主要任务是，进一步规范互联网、手机媒体广告经营行为，加强互联网、手机广告的监管；会同有关部门严厉查处发布虚假违法药品广告行为；协调有关部门依法查处互联网和手机媒体发布的非法“性药品”广告和性病治疗广告；清理整治通过手机传播的淫秽色情和低俗广告，依法查处未经工商登记利用互联网、手机媒体从事违法经营活动的企业及个人。

工商部门作为各专项行动的成员单位，要积极发挥职能作用，依法履行监管职责，按照有关要求，周密部署，统筹安排，精心组织，抓好落实。在前一阶段工作的基础上，继续巩固扩大整治成果，全力完成相关广告整治任务，积极配合有关部门，扎实推进专项行动的深入开展。

二、进一步采取有效措施，加大打击和整治力度

（一）加强网站主办者的属地监管。

鉴于网络的特殊性，对网络广告经营活动的监管，以工业和信息化部网站许可、备案信息为准，由网站主办者所在地工商部门对网络广告经营活动进行监管。查询网站备案信息，可登陆工业和信息化部ICP/IP地址/域名信息备案管理系统http://www.miibeian.gov.cn/CX/main.jsp(查询详细信息可向省级通信管理部门申请查询密匙)；对无备案信息的网站，由网站IP服务器所在地工商部门管辖。查询网站IP服务器所在地，可通过http://www.ip138.com/进行确认。各地工商部门要加强网站主办者利用网站开展广告经营活动的监管，依法查处利用网站发布违法广告的行为。

（二）加强网上广告监测和巡查。

各地工商部门要继续加强对主要门户网站和医疗保健、药品信息服务等专业网站的监测和巡查，继续把含有性生活、性暗示等低俗内容的违法医疗、药品、保健食品、消毒产品以及性仿真器械广告作为监测重点，进一步扩大网上广告监测的覆盖面，对发布非法“性药品”广告和性病治疗广告问题严重的网站，加强巡查和跟踪监测，及时发现和制止非法涉性广告的传播和蔓延。

（三）加大对网上非法涉性广告案件的查办力度。

1.严厉查处网站主办者利用互联网站及WAP网站发布非法涉性广告及淫秽色情广告的行为。一是对监测发现网站主办者利用互联网站及WAP网站发布非法涉性广告及淫秽色情广告的，工商部门要依法严厉查处相

关网站的主办者，并转请有关部门及时删除非法涉性广告及淫秽色情广告信息；对拒不改正、继续发布违法广告或者网站未取得经营许可、未备案或备案信息虚假的，工商部门在给予网站主办者行政处罚的同时，建议通信管理部门依据工商处罚决定关闭其开办的网站。二是对有关部门移送的通过手机媒体传播淫秽色情和低俗广告的网站，工商部门要依法严厉查处提供手机媒体服务企业发布违法广告的行为；对群众投诉举报的WAP网站发布淫秽色情及低俗广告的线索，工商部门要及时转请通信管理等部门对有关网站和相关内容进行核查，并对有关违法广告依法严厉查处。

2.严厉查处广告经营者和广告主代理、发布非法涉性广告及淫秽色情广告的行为。一是对拒不改正、继续发布严重违法广告的医疗机构，工商部门要依法从重处罚，同时提请卫生行政部门采取停业整顿、吊销诊疗科目直至吊销《医疗机构执业许可证》的行政措施；对发布医疗广告的非医疗机构，提请卫生行政部门按非法行医查处。二是对严重非法涉性广告所涉及的药品、保健食品以及推荐个人使用的医疗器械，工商部门要依法从重处罚，同时提请药品监管部门采取停止销售等行政措施；对非药品冒充药品宣传的，提请药品监管部门按假药查处。三是对通过所谓广告联盟方式为淫秽色情网站提供广告代理服务的广告经营者以及在淫秽色情网站发布广告的广告主，工商部门要依照《广告法》、《广告管理条例》、《无照经营查处取缔办法》及企业登记等有关法规，从重查处相关违法主体未依法办理工商登记经营广告以及发布违法广告的行为；发现涉嫌犯罪的，及时移送公安机关。

3.严格执行案件查办落实情况报告制度。各地工商部门要严格按照总局《广告案件查办落实情况报告制度》要求，加强网上非法涉性广告案件的查办和督办，明确职责分工，落实办案责任，及时查办上级机关交办、有关部门移送、监测发现、群众投诉举报的网上非法涉性等违法广告以及手机淫秽色情广告案件，并向上级机关和有关部门报告、通报处理结果。对总局监测公布的发布非法涉性广告的网站，各地工商部门要及时查处，在一个月内以书面形式向总局报告处理结果。

三、进一步加强协调配合，提高监管效能

（一）强化协作配合，建立信息沟通共享机制。

各地工商部门要进一步增强政治意识、大局意识和责任意识，按照专项行动的部署要求，切实落实广告整治任务，充分发挥职能作用，依托联席会议制度，加强部门间监管信息的沟通共享，密切与有关部门的协作配合，形成整治合力。

（二）完善案件查办程序，建立执法联动工作机制。

各地工商部门要进一步完善联席会议工作制度，在部门分工协作的基础上，按照专项行动职责分工和要求，明确与有关部门工作衔接的流程，完善广告案件的协调、通报、查办、移送工作程序，提高办案效率，建立快速高效的联动工作机制。

（三）创新监管方式，努力构建整治非法涉性广告的长效机制。

各地工商部门要充分认识网上广告整治工作的复杂性、艰巨性，按照全面清理、突出重点、标本兼治的要求，在总结前一阶段整治网上非法“性药品”广告工作经验的基础上，进一步探索网上广告监管规律，不断创新监管方式、方法，借助各部门联合整治的有利时机，大力推进网上广告长效监管机制建设，进一步加强网上广告监管能力建设，全面提升网上广告监管水平，促进网上广告监管工作跃上新台阶。

各地工商部门要在近期组织开展一次对网上广告的集中清理行动，并在有关专项行动期间做好信息上报和情况通报工作，于每月3日前将统计报表和有关情况上报总局。

附件：《打击利用互联网等媒体传播有害信息专项行动统计表》

国家工商行政管理总局

二〇〇九年九月一日

附件：

打击利用互联网等媒体传播有害信息专项行动统计表

填报单位：________________________　　日期：______年___月___日

1、监测网站__________家 其中：存在问题网站__________家
2、监测网上广告__________条 其中发现：非法“性药品”广告__________条 非法性病治疗广告__________条 淫秽色情及低俗内容广告__________条 违法药品广告__________条
3、查办网上广告案件_______件，非法涉性广告_______条，罚没款_______万元 其中查处：网站开办者__________家 手机媒体服务企业 __________家 为淫秽色情网站提供代理服务的广告经营者__________家
4、采取行政措施情况 其中：责令停止发布非法涉性广告__________条 吊销营业执照、取缔非法经营__________家 转请有关部门删除非法涉性广告__________条 提请有关部门关闭网站__________家，非法涉性广告__________条 提请卫生、药监部门采取行政措施__________件 移送公安机关__________件

注：1、非法“性药品”广告包括：药品、保健食品、食品、仿真器械、消毒类产品及其他涉性用品广告。

2、查处网上广告案件包括已办结案件和已立案正在办理的案件。

3、原“治理整顿网上非法‘性药品’广告和性病治疗广告情况统计表”和“整治手机媒体低俗之风工作统计表”不再上报。

4、请于每月3日前上报至总局广告司，联系人：万非；联系电话及传真：010-68015092；邮箱：wanfei@saic.gov.cn。

关于开展打击利用互联网等媒体发布虚假广告及通过寄递等渠道销售假药的专项整治行动的通知

卫办发[2009]85 号

各省、自治区、直辖市卫生厅（局）、通信管理局、公安厅（局）、监察厅（局）、财政厅（局）、商务主管部门、海关总署广东分署、各直属海关、工商局、广电局、人民政府法制办、银监局、邮政管理局、食品药品监管局，新疆生产建设兵团卫生局、信息办、公安局、监察局、财务局、商务局、广电局、法制局、食品药品监管分局：

为贯彻落实国务院《关于同意建立打击生产销售假药部际协调联席会议制度的批复》（国函〔2009〕42号）有关精神，严厉打击生产销售假药的违法犯罪活动，打击生产销售假药部际协调联席会议根据职责，针对目前利用互联网等媒体发布虚假药品广告，以及通过邮政信箱、快递服务等渠道销售假药等违法犯罪行为的特点，决定由打击生产销售假药部际协调联席会议制度各成员单位组织开展为期一年的专项整治行动。现将《全国打击利用互联网等媒体发布虚假广告及通过寄递等渠道销售假药专项整治行动实施方案》印发给你们，请按照本方案的要求开展工作。

附件：全国打击利用互联网等媒体发布虚假广告及通过寄递等渠道销售假药专项整治行动实施方案

中华人民共和国卫生部
中华人民共和国工业和信息化部
中华人民共和国公安部
中华人民共和国监察部
中华人民共和国财政部
中华人民共和国商务部
中华人民共和国海关总署
中华人民共和国国家工商行政管理总局
国家广播电影电视总局
国务院法制办公室
中国银行监督管理委员会
国家邮政局
国家食品药品监督管理局
二〇〇九年九月四日

附件：

全国打击利用互联网等媒体发布虚假广告及通过寄递等渠道销售假药专项整治行动实施方案

根据国务院《关于同意建立打击生产销售假药部际协调联席会议制度的批复》（国函〔2009〕42号）有关精神，为维护人民群众的生命安全和身体健康，按照打击生产销售假药部际协调联席会议制度研究的各成员单位主要职责，制定《全国打击利用互联网等媒体发布虚假广告及通过寄递等渠道销售假药专项整治行动实施方案》如下：

一、工作目标

（一）通过对互联网等媒体的整治，使利用互联网等媒体宣传、销售假劣药品猖獗的态势得到明显遏制。

（二）通过对邮政快递服务渠道的整治，使利用邮政快递渠道销售假药的行为得到有效遏制。

（三）通过进一步加强对药品广告活动的监管，使药品广告的审查进一步严格，对药品广告的监督以及对违法药品广告的查处力度进一步强化，药品广告发布的秩序进一步规范。

（四）通过进一步规范各级医疗机构的药品购入行为，使医疗机构药品购入行为更加规范，监管更加严格；对医疗机构执业行为的监管进一步强化；各种以专家名义明为宣传药品疗效、暗为销售药品的活动予以取缔，各类虚假医疗机构得到查处。

（五）初步建立完善打击利用互联网等媒体发布虚假药品广告，通过邮政信箱、快递服务等渠道销售假药行为的规章、制度，构建打击制售假药的长效机制。

（六）开展健康教育工作，向公众宣传基础医疗用药常识，引导公众从合法渠道获得医疗救治。

二、组织领导

专项整治行动在国务院的统一领导下，由卫生部牵头组织，工业和信息化部、公安部、监察部、财政部、商务部、海关总署、工商总局、广电总局、法制办、银监会、国家邮政局、食品药品监管局参加。根据工作需要，可邀请其他相关部门参加。

三、整治重点

根据专项整治行动确定的工作目标，这次专项整治工作的重点是：

（一）全面深入开展互联网发布药品信息的整治。对在互联网违法发布药品广告和销售信息等行为依法进行打击；依法加强对互联网接入服务的监管；加强对互联网有关药品信息的监测；依法查处发布违法医疗、药品广告信息的网站。

（二）全面深入开展对邮政信箱、快递服务的整治。加强邮政和快递服务管理的制度建设，健全监督机制；重点查处邮政快递企业在知道或者通过客观证据判断他人在生产、销售假药的情形下，继续提供邮递等便利条件的行为；查处邮政企业违规操作为制售假药犯罪分子开办邮政信箱提供便利的行为；严肃追究为制售假药违法犯罪分子提供邮递服务的失职、渎职相关单位及相关人员的责任。

邮政、药品监管、海关和公安部门密切合作，重点对利用邮政，快递渠道销售假药的制假、贩假团伙给予严厉打击。要通过监管，彻底摧毁制售假药犯罪分子利用邮政信箱和快递服务建立的假药流通渠道和销售网络，依法追究违法犯罪分子的法律责任。海关在开展进出境监管及执法中，需药品监管、公安、工商等部门协助提供相关信息和数据的，有关部门应及时提供。药品监管、海关和公安部门在执法过程中需要邮政快递企业提供有关数据、信息的，邮政快递企业要予以协助。

（三）进一步依法严格药品广告的监管。依法严肃查处违法发布虚假药品广告行为。重点查处：互联网、媒体违法违规发布虚假药品广告的行为；利用新闻形式等医药咨询服务节（栏）目或专题板块发布或变相发布药品广告的行为；在药品广告中使用消费者、患者、专家名义和形象作疗效证明的行为；非药品在广告中宣传药品治疗作用的行为。

（四）进一步加强医疗机构购入药品的监管。要建立健全医疗机构药品购入、储存、保管以及使用的管理规范；依法打击各类医疗机构，特别是专科医院通过邮购等方式从非法渠道购入药品的行为；依法取缔各种以医学专家名义宣传药品疗效、推销药品的活动；查处各类销售药品的虚假医疗机构和疾病、药物研究机构。

（五）各部门要结合实际工作认真调查研究在查处工作中存在的突出问题，提出建立完善法律、法规和监管体系的建议，为部际联席会议提供关于建立长效监管机制的建议。

（六）积极开展健康教育工作，向公众宣传基础医疗用药常识，引导公众从合法渠道获得医疗救治。

四、时间安排

专项整治行动为期一年，分三个阶段实施：

（一）准备阶段（2009年9月）。各有关部门按照本实施方案的要求，制订各部门的工作方案，对专项整治行动进行部署。

（二）打击、整治阶段（2009年10月－2010年5月）。各地区、各有关部门按照电视电话会议和实施方案的要求，开展专项整治工作。对利用互联网等媒体发布的虚假药品广告和销售信息进行清理，规范通过邮政信箱快递服务等渠道邮递药品的行为，对典型的、突出的制售假药违法犯罪行为予以打击。

（三）督查总结阶段（2010年6月）。卫生部、工业和信息化部、公安部、监察部、财政部、商务部、海关总署、工商总局、广电总局、法制办、银监会、国家邮政局、食品药品监管局共13个部门将组成督查组，对各地开展专项整治的情况进行重点督查，并对全国工作情况进行全面总结。

五、工作要求和措施

（一）加强领导，落实责任。加强对利用互联网等媒体发布虚假药品广告和销售信息，通过邮政信箱、快递服务等渠道销售假药等违法犯罪行为的打击，事关人民群众的身心健康和生命安全。各有关部门要切实履行法定职责，加强协调，密切配合，上下联动，形成合力。要围绕专项整治行动实施方案确定的工作目标和重点，根据每个阶段的工作部署和要求，将专项整治行动的具体任务和工作目标逐级分解，落实责任。

（二）突出重点，严格执法。各部门要按照专项整治行动实施方案的要求，结合本部门实际，突出重点，抓好各项工作。要对重点单位和重点区域，集中时间，集中力量，联合检查，对检查中发现的问题要责令限期整改，对大案要案做到调查清楚，查处到位，责任追究到位。

（三）标本兼治，健全机制。要按照整顿和规范相结合、专项行动和日常监管相结合的原则，立足建立长效管理机制，加强制度建设，实现对药品生产经营企业、互联网等媒体、广告公司、邮政快递公司、医疗机构和商业银行监管工作的制度化、经常化和规范化。要通过专项整治行动的开展，认真总结经验，积极探索和完善对利用互联网等媒体发布虚假药品广告和销售信息，通过邮政信箱、快递服务等渠道销售假药等各种制售假药违法犯罪行为打击的有效模式和方式，切实保障人民群众的健康权益。

（四）加强宣传，营造气氛。要充分发挥电视、广播、互联网、报刊等媒体的作用，大力宣传专项整治成果，及时揭露曝光利用互联网等媒体发布虚假药品广告和销售信息，通过邮政信箱、快递服务等渠道销售假药的违法犯罪行为。完善举报投诉制度，广泛发动和正确引导群众参与，动员全社会力量共同监督。

国家广播电影电视总局令

第61号

《广播电视广告播出管理办法》经国家广播电影电视总局2009年8月27日局务会议审议通过，现予发布，自2010年1月1日起施行。

国家广播电影电视总局局长　王太华

二○○九年九月八日

广播电视广告播出管理办法

第一章 总 则

第一条 为了规范广播电视广告播出秩序，促进广播电视广告业健康发展，保障公民合法权益，依据《中华人民共和国广告法》、《广播电视管理条例》等法律、行政法规，制定本办法。

第二条 广播电台、电视台（含广播电视台）等广播电视播出机构（以下简称“播出机构”）的广告播出活动，以及广播电视传输机构的相关活动，适用本办法。

第三条 本办法所称广播电视广告包括公益广告和商业广告（含资讯服务、广播购物和电视购物短片广告等）。

第四条 广播电视广告播出活动应当坚持以人为本，遵循合法、真实、公平、诚实信用的原则。

第五条 广播影视行政部门对广播电视广告播出活动实行属地管理、分级负责。

国务院广播影视行政部门负责全国广播电视广告播出活动的监督管理工作。

县级以上地方人民政府广播影视行政部门负责本行政区域内广播电视广告播出活动的监督管理工作。

第六条 广播影视行政部门鼓励广播电视公益广告制作和播出，对成绩显著的组织、个人予以表彰。

第二章　广告内容

第七条 广播电视广告是广播电视节目的重要组成部分，应当坚持正确导向，树立良好文化品位，与广播电视节目相和谐。

第八条 广播电视广告禁止含有下列内容：

（一）反对宪法确定的基本原则的；

（二）危害国家统一、主权和领土完整，危害国家安全，或者损害国家荣誉和利益的；

（三）煽动民族仇恨、民族歧视，侵害民族风俗习惯，伤害民族感情，破坏民族团结，违反宗教政策的；

（四）扰乱社会秩序，破坏社会稳定的；

（五）宣扬邪教、淫秽、赌博、暴力、迷信，危害社会公德或者民族优秀文化传统的；

（六）侮辱、歧视或者诽谤他人，侵害他人合法权益的；

（七）诱使未成年人产生不良行为或者不良价值观，危害其身心健康的；

（八）使用绝对化语言，欺骗、误导公众，故意使用错别字或者篡改成语的；

（九）商业广告中使用、变相使用中华人民共和国国旗、国徽、国歌，使用、变相使用国家领导人、领袖人物的名义、形象、声音、名言、字体或者国家机关和国家机关工作人员的名义、形象的；

（十）药品、医疗器械、医疗和健康资讯类广告中含有宣传治愈率、有效率，或者以医生、专家、患者、公众人物等形象做疗效证明的；

（十一）法律、行政法规和国家有关规定禁止的其他内容。

第九条 禁止播出下列广播电视广告：

（一）以新闻报道形式发布的广告；

（二）烟草制品广告；

（三）处方药品广告；

（四）治疗恶性肿瘤、肝病、性病或者提高性功能的药品、食品、医疗器械、医疗广告；

（五）姓名解析、运程分析、缘份测试、交友聊天等声讯服务广告；

（六）出现“母乳代用品”用语的乳制品广告；

（七）法律、行政法规和国家有关规定禁止播出的其他广告。

第十条 时政新闻类节（栏）目不得以企业或者产品名称等冠名。有关人物专访、企业专题报道等节目中不得含有地址和联系方式等内容。

第十一条 投资咨询、金融理财和连锁加盟等具有投资性质的广告，应当含有“投资有风险”等警示内容。

第十二条 除福利彩票、体育彩票等依法批准的广告外，不得播出其他具有博彩性质的广告。

第三章　广告播出

第十三条 广播电视广告播出应当合理编排。其中，商业广告应当控制总量、均衡配置。

第十四条 广播电视广告播出不得影响广播电视节目的完整性。除在节目自然段的间歇外，不得随意插播广告。

第十五条 播出机构每套节目每小时商业广告播出时长不得超过12分钟。其中，广播电台在11:00至13:00之间、电视台在19:00至21:00之间，商业广告播出总时长不得超过18分钟。

在执行转播、直播任务等特殊情况下，商业广告可以顺延播出。

第十六条 播出机构每套节目每日公益广告播出时

长不得少于商业广告时长的3%。其中，广播电台在11:00至13:00之间、电视台在19:00至21:00之间，公益广告播出数量不得少于4条（次）。

第十七条 播出电视剧时，可以在每集（以45分钟计）中插播2次商业广告，每次时长不得超过1分30秒。其中，在19:00至21:00之间播出电视剧时，每集中可以插播1次商业广告，时长不得超过1分钟。

播出电影时，插播商业广告的时长和次数参照前款规定执行。

第十八条 在电影、电视剧中插播商业广告，应当对广告时长进行提示。

第十九条 除电影、电视剧剧场或者节（栏）目冠名标识外，禁止播出任何形式的挂角广告。

第二十条 电影、电视剧剧场或者节（栏）目冠名标识不得含有下列情形：

（一）单独出现企业、产品名称，或者剧场、节（栏）目名称难以辨认的；

（二）标识尺寸大于台标，或者企业、产品名称的字体尺寸大于剧场、节（栏）目名称的；

（三）翻滚变化，每次显示时长超过5分钟，或者每段冠名标识显示间隔少于10分钟的；

（四）出现经营服务范围、项目、功能、联系方式、形象代言人等文字、图像的。

第二十一条 电影、电视剧剧场或者节（栏）目不得以治疗皮肤病、癫痫、痔疮、脚气、妇科、生殖泌尿系统等疾病的药品或者医疗机构作冠名。

第二十二条 转播、传输广播电视节目时，必须保证被转播、传输节目的完整性。不得替换、遮盖所转播、传输节目中的广告；不得以游动字幕、叠加字幕、挂角广告等任何形式插播自行组织的广告。

第二十三条 经批准在境内落地的境外电视频道中播出的广告，其内容应当符合中国法律、法规和本办法的规定。

第二十四条 播出商业广告应当尊重公众生活习惯。在6:30至7:30、11:30至12:30以及18:30至20:00的公众用餐时间，不得播出治疗皮肤病、痔疮、脚气、妇科、生殖泌尿系统等疾病的药品、医疗器械、医疗和妇女卫生用品广告。

第二十五条 播出机构应当严格控制酒类商业广告，不得在以未成年人为主要传播对象的频率、频道、节（栏）目中播出。广播电台每套节目每小时播出的烈性酒类商业广告，不得超过2条；电视台每套节目每日播出的烈性酒类商业广告不得超过12条，其中19:00至21:00之间不得超过2条。

第二十六条 在中小学生假期和未成年人相对集中的收听、收视时段，或者以未成年人为主要传播对象的频率、频道、节（栏）目中，不得播出不适宜未成年人收听、收视的商业广告。

第二十七条 播出电视商业广告时不得隐匿台标和频道标识。

第二十八条 广告主、广告经营者不得通过广告投放等方式干预、影响广播电视节目的正常播出。

第四章 监督管理

第二十九条 县级以上人民政府广播影视行政部门应当加强对本行政区域内广播电视广告播出活动的监督管理，建立、完善监督管理制度和技术手段。

第三十条 县级以上人民政府广播影视行政部门应当建立公众举报机制，公布举报电话，及时调查、处理并公布结果。

第三十一条 县级以上地方人民政府广播影视行政部门在对广播电视广告违法行为作出处理决定后5个工作日内，应当将处理情况报上一级人民政府广播影视行政部门备案。

第三十二条 因公共利益需要等特殊情况，省、自治区、直辖市以上人民政府广播影视行政部门可以要求播出机构在指定时段播出特定的公益广告，或者作出暂停播出商业广告的决定。

第三十三条 播出机构从事广告经营活动应当取得合法资质，非广告经营部门不得从事广播电视广告经营活动，记者不得借采访名义承揽广告业务。

第三十四条 播出机构应当建立广告经营、审查、播出管理制度，负责对所播出的广告进行审查。

第三十五条 播出机构应当加强对广告业务承接登记、审核等档案资料的保存和管理。

第三十六条 药品、医疗器械、医疗、食品、化妆品、农药、兽药、金融理财等须经有关行政部门审批的商业广告，播出机构在播出前应当严格审验其依法批准的文件、材料。不得播出未经审批、材料不全或者与审批通过的内容不一致的商业广告。

第三十七条 制作和播出药品、医疗器械、医疗和健康资讯类广告需要聘请医学专家作为嘉宾的，播出机构应当核验嘉宾的医师执业证书、工作证、职称证明等相关证明文件，并在广告中据实提示，不得聘请无有关专业资质的人员担当嘉宾。

第三十八条 因广告主、广告经营者提供虚假证明文件导致播出的广告违反本办法规定的，广播影视行政部门可以对有关播出机构减轻或者免除处罚。

第三十九条 国务院广播影视行政部门推动建立播出机构行业自律组织。该组织可以按照章程的规定，采取向社会公告、推荐和撤销“广播电视广告播出行业自律示范单位”等措施，加强行业自律。

第五章　法律责任

第四十条 违反本办法第八条、第九条的规定，由县级以上人民政府广播影视行政部门责令停止违法行为或者责令改正，给予警告，可以并处三万元以下罚款；情节严重的，由原发证机关吊销《广播电视频道许可证》、《广播电视播出机构许可证》。

第四十一条 违反本办法第十五条、第十六条、第十七条的规定，以及违反本办法第二十二条规定插播广告的，由县级以上人民政府广播影视行政部门依据《广播电视管理条例》第五十条、第五十一条的有关规定给予处罚。

第四十二条 违反本办法第十条、第十二条、第十九条、第二十条、第二十一条、第二十四条至第二十八条、第三十四条、第三十六条、第三十七条的规定，或者违反本办法第二十二条规定替换、遮盖广告的，由县级以上人民政府广播影视行政部门责令停止违法行为或者责令改正，给予警告，可以并处二万元以下罚款。

第四十三条 违反本办法规定的播出机构，由县级以上人民政府广播影视行政部门依据国家有关规定予以处理。

第四十四条 广播影视行政部门工作人员滥用职权、玩忽职守、徇私舞弊或者未依照本办法规定履行职责的，对负有责任的主管人员和直接责任人员依法给予处分。

第六章　附　则

第四十五条 本办法自2010年1月1日起施行。2003年9月15日国家广播电影电视总局发布的《广播电视广告播放管理暂行办法》同时废止。

关于加强电视购物短片广告和居家购物节目管理的通知

广发[2009]71号

各省、自治区、直辖市广播影视局，新疆生产建设兵团广播电视局，总局机关各司局、直属各单位，中国教育电视台：

近年来，电视购物短片广告（电视直销）和居家购物（电视购物频道）节目发展迅速，为活跃市场、扩大内需、调整经济结构，发挥了积极作用。但是，随着经济、社会发展，也出现了一些亟待解决的问题，尤其是一些广播电视播出机构不认真履行审查责任，一些电视购物短片广告中存在的虚假违法、内容庸俗、夸大宣传，误导消费等现象，造成了不良社会影响，损害了广播电视的社会公信力。为更好地满足人民群众消费需求，促进电视购物产业健康发展，根据国家有关法律、行政法规和规章，现就加强电视购物短片广告和居家购物节目管理通知如下：

一、电视购物短片广告和居家购物节目既是现代无店铺销售商业的重要形式，也是广播电视节目的重要组成部分，具有鲜明的导向性。规范电视购物短片广告和居家购物节目制作、审查、播出等环节的管理，建立行业准入和退出机制，有利于促进形成“广电为主，诚信为本，规范发展”的电视购物健康发展格局，对维护消费者合法权益，拉动国内消费，扶持企业发展，壮大广播电视产业，具有十分重要的意义。

二、根据《广播电视广告播出管理办法》，自2010年1月1日起，所有电视购物短片广告作为广告管理，计入广告播出总量，不再执行《广电总局关于禁止播出虚假违法广告和电视“挂角广告”、游动字幕广告的通知》（广发社字[2005]547号）中每小时播出此类节目“总长度不得超过15分钟”的规定。新闻、国际等专业频道和电视购物频道，不得播出电视购物短片广告。教育、少儿等专业频道不得播出不宜未成年人收看的电视购物短片广告。上星频道每天18点至24点的时段内，不得播出电视购物短片广告。

三、在电视购物频道播出的居家购物节目作为广播电视节目管理，广播电视播出机构须严格遵守《广播电视管理条例》等行政法规和规章，加强对节目内容策划和审查把关。主持人必须依法持证上岗，居家购物直播节目必须遵守有关广播电视直播节目管理规定，配备完整的“延时装置”、“储存电话”等技术保障设施，具有完善的节目制作、审查、播出、监看等管理机制，确保播出安全。

四、电视购物短片广告和居家购物节目必须坚持正确导向，坚持良好文化品位。要如实介绍所售商品，标明商品销售企业名称，公布在一定期限内可“无条件退货”和“验货付款”的承诺。特殊类商品，还必须标明相关审批文号等信息。有投资风险或者可能产生副作用的商品，必须在广告或者节目中明确提示。严禁出现以下内容：（1）内容虚假违法、格调庸俗低下；（2）夸大、夸张宣传，误导消费；（3）以公众人物、专家等名义作证明；（4）虚构断货、抢购、甩货等情形推销商品；（5）谎称商品通过认证、获得奖项或者荣誉称号等；（6）虚构或者伪造科研成果、统计资料等材料作证明；（7）法律、行政法规、规章禁止的其他内容。

五、严禁播出下列电视购物短片广告和居家购物节目：（1）含有违反本通知第四条规定内容的；（2）介绍药品、性保健品和丰胸、减肥产品的；（3）介绍无产品名称、无生产厂厂名和厂址的产品；（4）介绍帮助人体增高的器械或者内服产品的；（5）介绍植入人体式的或者需专业人士操作的各类医疗器械的；（6）出现人体性器官解剖图解、动画演示画面的；（7）法律、行政法规、规章禁止的其他广告和节目。

六、广播电视播出机构应选择市场信誉好、资金势力强、产品质量有保障的电视购物企业所投放的电视购物短片广告。要严格审验在电视台投放电视购物短片广告的电视购物企业资质和条件：（1）注册资本金不少于1000万元人民币；（2）具有固定经营场所；（3）具有不少于100个座席的呼叫系统、物流配送和结算系统；（4）具有规范的产品保修、退货、投诉处理等售后服务制度和相应机构、人员；（5）合作前三年内无商业欺诈和虚假违法等不良记录。自2010年1月1日起，广播电视播出机构一律不得播出不具备上述条件的电视购物企业提供的电视购物短片广告。被省级以上工商、卫生、药监等有关行政部门处理或者被司法部门追究刑事责任的电视购物企业，广播电视播出机构在5年内不得接受其投放的广告。

七、广播电视播出机构应当加强对所播出的电视购物短片广告的审查并对居家购物节目内容负责。要严格依法履行审查义务，坚持播前审查、重播重审等各项审查制度。建立公众投诉制度，向社会公布投诉电话或网址，及时处理公众反映的问题。因审查把关不严，播出违法违规电视购物短片广告和居家购物节目的播出机构，广播影视行政部门应依法给予行政处理，对消费者造成损害的，广播电视播出机构还须承担相应的法律责任。

八、已经批准开办的专业电视购物频道不得采取收取节目审查费、播出费或者频道占用费等方式，变相出租、转让、外包购物频道。广播电视有线网络公司（机构）不得以信息服务、电视指南等名义开办购物频道或者播出电视购物短片广告，也不得传输未经批准的购物频道。

九、各级广播影视行政部门应加强对电视购物短片广告和居家购物节目日常监管，对违反规定的广播电视播出机构和广播电视有线网络公司（机构），应按照《广播电视管理条例》、《广播电视广告播出管理办法》和《广播电视播出机构违规处理办法（试行）》等规定，给予警告、罚款、责令停播违规节目、广告，直至由批准机关吊销违规频道、播出机构许可等行政处理。对公众投诉量较大，经国家相关部门调查核实，确属存在欺骗消费者行为的，或者违反本通知规定的电视购物短片广告和居家购物节目，应及时责令停播，并向社会公告。积极支持行业自律组织和社会中介组织实行“保障赔付基金”机制，切实维护消费者合法权益。

十、为推进电视购物产业健康有序发展，遵照科学规划、统筹协调的方针，在严格控制频道数量的前提下，符合条件的播出机构，经批准可通过调整现有在有线网传输的模拟频道或开办有线数字频道的方式开办电视购物频道。鼓励播出机构联合开办电视购物频道和开办特定经营种类的电视购物频道，实现跨地区、规模化经营。已经批准开办的有线数字付费购物频道，经批准可调整为有线数字电视购物频道，不再加密播出。具体办法另行制定。

请接本通知后，立即转发相关单位遵照执行。

国家广播电影电视总局

二〇〇九年九月九日

’2010中国广告年鉴

China Advertising Yearbook

广告监管

Advertising Supervision

2009年整治虚假违法广告专项行动部际联席会议工作要点

（经部际联席会议成员单位审议通过）

二〇〇九年二月十九日

2009年虚假违法广告专项整治工作总的要求是：认真学习贯彻党的十七大、十七届三中全会和中央经济工作会议精神，深入落实科学发展观，按照联席会议工作部署，紧紧围绕维护人民群众切身利益问题，继续加大整顿规范广告市场秩序的力度；党委宣传部门和政府各有关部门协调配合，齐抓共管，坚持和完善综合治理机制；充分发挥广告监管在构建社会主义和谐社会中的职能作用，严厉打击虚假违法广告，巩固、扩大专项整治成果，加快广告监管法律制度建设，建立健全广告监管长效机制；积极研究和解决广告市场出现的新情况、新问题，为构建社会主义和谐社会做出应有的贡献。

一、继续突出整治重点，巩固、扩大广告专项整治成果

（一）针对整治虚假违法广告的长期性、复杂性和艰巨性，认真研究和把握违法广告活动的特点和规律，坚持标本兼治、打防并举、长抓不懈，遏止违法广告的反弹，不断巩固整治成果，使群众反映强烈的广告违法宣传问题得到有效治理，促进广告市场秩序持续、稳定好转。同时要认真总结集中整治取得的经验，改进和创新监管方式方法，努力实现由突击性、专项性治理向日常规范监管转变，使集中整治的成果保持长效。

（二）继续把关系人民群众健康安全和违法问题易发多发的药品、医疗、保健食品等广告作为整治重点，严格执行《药品广告审查发布标准》、《药品广告审查办法》、《医疗广告管理办法》等法规规章，进一步加大执法力度，严厉查处在广告中夸大功能、保证疗效、保证治愈；使用患者、公众人物、专家名义作疗效证明的行为；严厉查处未经广告审查擅自发布的行为；严厉查处以新闻报道、专家咨询等形式变相发布广告的行为，有效打击和遏止严重损害消费者权益的虚假违法广告。

（三）加强对涉及和影响社会稳定、危害未成年人身心健康等严重违法及不良广告的监管。继续保持打击网上非法“性药品”广告和性病治疗广告的高压态势，加强网上监测和巡查，有关部门按照各自的职责分工，共同做好对网上不良广告的删、关、查工作，不断巩固整治成果。进一步规范网站广告经营行为，依法严厉处罚为淫秽色情网站提供广告、链接等推介服务的单位和企业。

（四）加强广告监测和预警。实行广告监管机关监测与广告审查机关、媒体主管部门监测相结合，促进互联互通，实现信息共享。继续把监测的重点放在传播范围广、社会影响力大的卫视频道、大中城市电视台经济生活频道和省会城市的都市类报纸，加强对监测数据的分析研究，及时发布监测预警提示和违法广告公告，并做到监测与案件查办的有机衔接，确保违法广告及时得到查处。

（五）加强对广告发布环节的监管。监督媒体单位履行广告发布审查的法定责任和义务，严格落实广告发布审查的各项管理制度。对广告违法率居高不下或者发布影响经济社会秩序、危害未成年人身心健康等严重违法及不良广告的媒体，在依法从重查处违法广告的同时，应追究媒体单位主管领导和有关责任人的相应责任。

（六）协作办案，综合治理。对于虚假和严重违法的药品、医疗服务等广告，药品监督部门要依法落实相关药品品种暂停销售行政监管措施，卫生、中医药部门要依法落实注销诊疗科目、停业整顿等行政监管措施，

工商部门要依法落实停止广告主、广告经营者、广告发布者广告业务的行政监管措施。

二、继续坚持和完善广告联合监管工作机制，加强协作配合，形成齐抓共管的整体合力

（七）坚持和完善部际联席会议制度，进一步加强成员单位的协调配合与联动，充分发挥各部门的职能优势，实现监管资源、信息的沟通与共享，不断增强监管的合力和实效。

（八）工商行政管理机关要切实履行牵头职责，及时组织研究和解决工作中遇到的突出问题，进一步加大对违法广告案件的查处力度，对广告违法率居高不下或者发布影响市场秩序和社会稳定等性质恶劣、情节严重广告的媒体，要依法暂停其广告业务，情节严重的吊销广告经营许可证。强化属地管理，认真执行广告案件查办落实情况报告制度，完善查办工作机制，提高查办效率。密切关注影响和危害广告市场秩序的苗头性、倾向性问题，增强广告监管的敏感性和预见性，做到早发现、早处置，防止蔓延或失控。

（九）党委宣传部门要进一步加强对广告市场整治宣传工作的领导，为整治工作提供强大的舆论支持。进一步加强对媒体广告内容导向的管理。继续大力支持和积极会同广告监管机关、监察机关和纠风部门、广播影视、新闻出版行政部门、新闻行业组织及媒体的主管、主办单位，积极建立和落实发布违法广告行为领导责任追究制，指导和督促媒体在广告发布活动中加强自律，规范媒体的广告行为。对发布违法广告问题严重的媒体严肃处理，对有关责任人追究其相应责任。

（十）国务院新闻办要发挥在治理互联网不良广告工作中的总协调作用，协调有关单位及时删除网上非法“性药品”广告和性病治疗广告。

（十一）广播影视、新闻出版行政部门要按照相关法规和有关规定，在前一阶段整治工作取得成效的基础上，进一步加强对广播、电视、报纸、期刊等媒体的管理，全面落实媒体广告发布的各项管理制度，指导和督促媒体强化广告审查把关责任；加强系统内部的审看、审读和监测，对刊播违法广告的媒体进行行政处理，并负责向联席会议成员单位通报。

（十二）卫生行政部门、中医药管理部门要将整治虚假违法医疗广告与打击非法行医结合起来，认真贯彻落实《医疗广告管理办法》（2006年国家工商总局、卫生部第26号令），严把医疗广告审查出证质量关。要加强对医疗机构发布医疗广告行为的管理，严肃查处发布虚假违法广告的医疗机构，对于发布虚假和严重违法广告的医疗机构，要依法核减其诊疗科目，直至吊销《医疗机构执业许可证》。继续做好中医医疗广告监测工作，充分发挥《全国中医医疗广告出证查询系统》功能，建立前置审查制度，将中医医疗广告纳入医疗机构综合目标管理体系。

（十三）通信主管部门要继续做好行业基础管理工作，加强对互联网信息服务、声讯业务、短信息等增殖电信业务的规范管理，落实网站实名登记制度。并会同有关部门加强对互联网广告、广告类垃圾短信的治理，尽快建立健全违法网站黑名单制度。

（十四）食品药品监督管理部门要继续落实《药品广告审查办法》，加强广告审查工作，对于发布虚假和严重违法广告的药品品种，要依法坚决采取停止销售的行政措施。落实《药品医疗器械保健食品广告发布企业信用管理办法》，建立健全“违法广告黑名单制度”。

（十五）公安机关要严厉打击发布虚假广告的犯罪行为，特别是对影响恶劣的诈骗性招商、劳务输出类广告，重点查处利用虚假广告造成的涉众性经济犯罪案件。

（十六）监察机关和纠风部门要加强对有关部门履行职责的监督，督促建立新闻单位主管领导负责制和责任追究制，对违法发布广告的有关责任人依法依纪处理。

三、继续推进广告法制和工作制度建设，建立健全广告监管长效机制

（十七）继续落实中央领导同志关于加强新闻媒体

广告管理的指示精神，由中宣部牵头，工商总局等部门配合，按照科学发展观要求，研究提出进一步加强和改进新闻媒体广告宣传管理的意见和措施，积极推动媒体广告经营考核评价机制改革，引导和促进媒体单位坚持正确的广告经营导向，实现媒体广告又好又快发展。

（十八）积极做好修订《广告法》的有关准备工作，完善配套规章，出台《医疗器械广告审查办法》和《医疗器械广告审查发布标准》；制定《保健食品广告审查办法》和《保健食品广告审查发布标准》；修订《广播电视广告播放管理暂行办法》（广电总局17号令）。对现行广告管理规章和规范性文件进行全面清理，重新汇编、公布。

（十九）指导相关行业组织加强行业、企业自律工作，规范广告发布行为。加强对广告协会等行业组织法律咨询工作的指导，逐步建立有效预防虚假违法广告发布的机制。

国家工商行政管理总局
中央宣传部
国务院新闻办公室
公安部
监察部
国务院纠风办
工业和信息化部
卫生部
国家广播电影电视总局
新闻出版总署
国家食品药品监督管理局
国家中医药管理局
二〇〇九年二月十九日

国家工商行政管理总局违法广告公告

工商广公字[2009]1号

按照国家七部门《全国整治互联网低俗之风专项行动工作方案》的工作部署，国家工商总局近日对互联网上的广告进行了监测检查，发现了一批发布非法“性药品”的网站，这些网站充斥了大量非法“性药品”广告，有关画面图片内容低俗，严重违反了《广告法》有关规定。工商行政管理机关将对监测发现的非法“性药品”广告依法查处，对发布低俗广告情节严重、性质恶劣的网站提请有关部门删除违法内容、关闭非法网站。现将部分仍在发布非法“性药品”广告的网站通报如下：

1、福娃娃网（粤ICP备07500162号）

2、钓侣网（渝ICP备06004529号）

3、香私商城网（京ICP备06063835号）

4、365性趣网（蜀ICP备07502895号）

5、中国情趣购物网（鲁ICP备07007009号）

以下网站无ICP备案号

6、涩果成人网（服务器所在地：浙江省杭州市）

7、情趣天堂网（服务器所在地：北京市）

8、台州性福网（服务器所在地：河南省开封市）

国家工商行政管理总局
二〇〇九年一月十三日

国家工商行政管理总局违法广告公告

工商广公字[2009]2号

近日，国家工商行政管理总局对2008年第四季度媒体广告发布情况进行了监测检查，重点抽查了12月24日各省（区、市）电视台卫视频道，12月2–4日各省（区、市）都市类报纸及部分商报类报纸，发布的药品、医疗、保健食品、化妆品及美容服务广告。现将监测抽查发现的部分严重违法广告公告如下：

一、重庆晨报12月3日发布的重庆华西妇科医院医疗广告。该广告未经卫生行政部门审查批准，宣传BBT自凝刀、LEEP刀微创诊疗技术及效果，严重违反了医疗广告法律、法规规定。

二、半岛都市报12月3日发布的爱动力保健食品广告。该广告中有关美国‘爱动力’引爆男人幸福等内容，夸大保健食品功能，宣传改善性生活的作用，严重违反了食品广告法律、法规规定。

三、生活报12月4日发布的龙升风痛片药品广告。该广告超出药品监督管理部门审查批准内容，含有不科学地表示功效的断言和保证，严重违反了药品广告的法律、法规规定。

四、内蒙古晨报12月2日发布的延生护宝茸杞补肾健脾茶药品广告。该广告超出食品药品监督管理部门审查核准的内容，扩大药品的功能主治范围，使用患者名义做证明，严重违反了药品广告的法律、法规规定。

五、太原晚报12月3日发布的太原市中心医院集团第三医院医疗广告。该广告未按卫生行政管理部门审查核准的内容发布，宣传有关疾病的诊疗技术方法，严重违反了医疗广告的法律、法规规定。

六、沈阳晚报12月3日发布的尧王保心包药品广告。该广告隐含保证治愈内容，使用患者名义和形象做证明，夸大使用效果，严重违反了药品广告法律、法规规定。

七、南国早报12月2日发布的三0三医院医疗广告。该广告未经卫生行政部门审查批准，宣传有关疾病的诊疗技术和方法，隐含保证治愈内容，严重违反了医疗广告的法律、法规规定。

八、京华时报12月4日发布的北京华山医院医疗广告。该广告使用患者名义做证明，以新闻报道形式变相发布医疗广告，严重违反了医疗广告的法律、法规规定。

九、长江商报12月3日发布的武汉华夏医院医疗广告。该广告属于利用医疗资讯栏目变相发布医疗广告，在介绍治疗妇科疾病的有关内容中，出现医疗机构联系方式等医疗广告内容，严重违反了药品广告的法律、法规规定。

十、青海卫视12月24日发布的海珠金咳息胶囊药品广告。该广告以电视购物形式发布，宣传药品的有效率，使用医疗机构和患者名义做证明，严重违反了药品广告的法律、法规规定。

工商行政管理机关对以上违法广告依法从重查处，并会同有关部门责令发布违法广告的媒体单位限期整改，对拒不整改或整改未达到效果的，依法停止其广告业务。

国家工商行政管理总局

二〇〇九年二月十一日

关于发布2008年第2期违法药品医疗器械保健食品广告公告汇总的通知

国食药监稽[2009]64号

各省、自治区、直辖市食品药品监督管理局（药品监督管理局）：

为加强药品医疗器械保健食品广告监督管理，整治违法发布广告行为，进一步规范广告发布秩序，根据《药品管理法》和《药品管理法实施条例》的有关规定，各省（区、市）食品药品监督管理部门加强对辖区内广告发布情况的监测，并及时发布了违法公告。

2008年6月至12月期间，各省（区、市）食品药品监督管理部门以发布公告等方式通报并移送同级工商行政管理部门查处的违法药品广告24565次、违法医疗器械广告1532次、违法保健食品广告15196次。吉林、陕西和青海等10个省（区）撤销了73个因严重篡改审批内容进行违法宣传的药品广告批准文号（见附件）。

国家局将其中违法情节严重、违法发布广告频次高的药品、医疗器械、保健食品广告进行了汇总，现予发布。

一、山东三九药业有限公司生产的药品“天母降压片”，产品功能主治为“平肝潜阳。用于高血压病肝阳上亢症，症见眩晕、头痛、心悸、心烦、失眠、脉弦等”。该药品为处方药，擅自在大众媒介发布广告。广告宣称可以“使高血压患者摆脱西药……，吃了四天，西药停了，血压没有升上来，连多年的老便秘也改善了”。该广告含有不科学地表示功效的断言和保证，利用患者名义为产品功效作证明，严重欺骗和误导消费者。

二、陕西东泰制药有限公司生产的药品“银屑胶囊”，产品功能主治为“祛风解毒。用于银屑病”。该药品为处方药，擅自在大众媒介发布广告。广告宣称“痊愈患者复发不足1.6%；3年以下患者，1个疗程即可康复；10年左右患者3-4个疗程达到痊愈；20年以上的特重患者在6个疗程治疗中，确保痊愈不复发”等。该广告含有不科学地表示功效的断言和保证，利用患者名义为产品功效作证明，严重欺骗和误导消费者。

三、贵阳德昌祥药业生产的药品“清心明目上清丸”，产品功能主治为“清热散风，明目止痛”。广告宣称“ 7天消除眼内物障，3个月内白内障、青光眼恢复正常”等。该广告功能主治宣传超出食品药品监督管理部门批准的内容，广告含有不科学地表示功效的断言和保证，严重欺骗和误导消费者。

四、吉林本草堂制药有限公司生产的药品“心舒胶囊”，产品功能主治为“行气活血、通窍、解郁。用于冠心病引起的胸闷气短，心绞痛”。该药品为处方药，擅自在大众媒介发布广告，广告中宣称“主治心率失常、心肌炎、高血脂、高血压；中华心脏病康复工程指导中心重点推荐，228个国家级医院联合验证1盒有效缓解，3-5盒基本消除胸痛、房颤、早搏、冠心病、心绞痛、心肌梗塞”等。该广告功能主治宣传超出食品药品监督管理部门批准的内容，广告含有不科学地表示功效的断言和保证，并使用医疗机构的名义为产品的功效作证明，严重欺骗和误导消费者。

五、山西省吕梁中药厂生产的药品“固肾生发丸”，产品功能主治为“固肾养血，益气祛风。用于肝肾不足所致的脱发”。广告宣称“根本治疗全秃、普秃、斑秃等。该广告含有不科学地表示功效的断言和保证，利用患者形象和名义为产品功效作证明，严重欺骗和误导消费者。

六、陕西奥通科技有限公司生产的医疗器械“近视回归镜（广告中标示名称为学生第E镜）”。该产品对假性近视有治疗作用，对伴有调节性成分的近视可以抑制其进一步发展，并可不同程度地提高远视力。广告宣称“十个近视，九个能好；用3个月300度变50度；被教育部专家誉为眼镜行业一次‘革命性突破’”。该广告含有大量不科学地表示功效的断言和保证，并使用患者和专家的名义为产品功效作证明，严重欺骗和误导消费者。

七、广东省中山市维健生物技术有限公司生产的医疗器械“WK-2003型健儿贴”。该产品用于儿童多动症或多动倾向所引起自控力差，注意力不集中的辅助治疗。广告宣称“广州儿童医院、南方医科大学珠江医院全军儿科中心和中山医科大学附属第三医院等对上万名适龄儿童跟踪证实：总有效率在84%-87.6%之间；裕华西路的雯雯使用‘健儿贴’不到一个疗程，能集中注意力学习，小动作明显减少，成绩平均提高30分，病情无反复”。该广告含有大量不科学地表示功效的断言和保证，严重夸大产品功效，并使用专家、患者等名义为产品功效作证明，含有有效率等内容，严重欺骗和误导消费者。

八、保健食品“华纳牌磷脂胶囊”（卫食健进字(2002)第0047号，广告中标示名称为：清脂前列通），其批准的保健功能为“调节血脂”。广告宣称“专门解决由各种原因引起的前列腺疾病，以及由此引发的阳萎、早泄、举而不坚、性欲减退；临床验证效果显著”等。该广告宣传超出批准的保健功能范围，含有不科学地表示产品功效的断言和保证，严重欺骗和误导消费者。

九、保健食品“柳映堂牌轻轻塑胶囊”（卫食健字(2002)第0649号，广告中标示名称为：茶酵母），其批准的保健功能为“调节血脂、减肥”。广告宣称服用后“1个月减掉了8-15斤，2-3个月血脂恢复正常，6盒消除顽固便秘”等。该广告含有不科学地表示产品功效的断言和保证，严重欺骗和误导消费者。

附件：2008年第2期各省（区、市）食品药品监督管理部门撤销药品广告批准文号汇总表（略）

国家食品药品监督管理局

二〇〇九年二月十三日

国家工商行政管理总局违法广告公告

工商广公字[2009]3号

在整治互联网低俗之风专项行动工作中，工商行政管理机关依法查处了一批发布非法“性药品”广告的网站，但仍有一些网站继续发布非法“性药品”广告。这些广告内容低俗、格调低下，严重违反了《广告法》的有关规定，工商行政管理机关将依法严厉查处，并提请有关部门对发布非法“性药品”广告的网站和所涉及的产品予以处理。现将部分发布非法“性药品”广告的网站及宣传的产品公告如下：

1.“MANMAX”广告发布在IP地址为121.14.154.65的网站上，该网站备案号为渝ICP备066005529。

2.“威力可”广告发布在IP地址为121.9.206.150的网站上，该网站无ICP备案号。

3.“联邦多能多”广告发布在IP地址为222.35.138.24的网站上，该网站无ICP备案号。

4.“力加力”广告发布在IP地址为121.9.206.150的网站上，该网站无ICP备案号。

5.“三便宝胶囊”广告发布在IP地址为210.51.9.46的网站上，该网站备案号为京ICP备07008586。

国家工商行政管理总局办公厅

二〇〇九年三月六日

关于2008年全国打击虚假违法医疗广告工作情况的通报

卫办医管发[2009]73号

各省、自治区、直辖市卫生厅局，新疆生产建设兵团卫生局：

2008年是修订后的《医疗广告管理办法》（以下简称《办法》）公布实施的第二年。各级卫生行政部门认真贯彻《办法》精神，依法加强医疗广告监管，严厉打击发布虚假违法医疗广告的行为，联合相关部门对发布涉"性"非法医疗广告的行为进行了集中打击，净化了医疗市场环境，维护了群众合法权益，医疗广告监管工作取得了阶段性成效。

一、各地工作开展情况

北京、吉林、上海等地将医疗广告监管工作与打击非法行医、医院管理年活动、医疗机构校验等工作相结合，以医疗广告为切入点，加强对医疗机构执业行为的监管；江西、安徽、湖北等地开展了形式多样的医疗广告监测工作，加大对虚假违法医疗广告的曝光力度，将医疗广告监测结果纳入医疗机构日常管理指标；江苏省南京市卫生局会同工商行政管理部门集中开展了整治虚假违法医疗广告的"亮剑行动"，取得明显成效；黑龙江、江西、四川等地对发布虚假违法医疗广告的医疗机构依法给予责令停业整顿、吊销相关诊疗科目等行政处罚；广西在查处违法医疗广告的过程中，对违规使用非卫生技术人员从事医疗技术工作的梧州市航运职工医院拥民门诊，给予了吊销《医疗机构执业许可证》的行政处罚。

据统计，2008年各级卫生行政部门对发布虚假违法医疗广告的医疗机构予以行政处罚的案件共计1759件，其中撤销《医疗广告审查证明》175件，吊销相关诊疗科目38家，责令停业整顿 72家，吊销《医疗机构执业许可证》1家（具体名单见附件）。

二、存在的主要问题

2008年的医疗广告监管工作虽然取得了一定的成绩，但各类虚假违法医疗广告仍呈上升势头，形势依然比较严峻，主要表现为：

（一）一些地方对打击虚假违法医疗广告工作的重要性、必要性和艰巨性认识不足，各有关部门联动不够协调，仍存在管理的死角和薄弱环节；部分医疗机构法制观念淡薄，依法执业的意识不强；部分媒体过分追求经济利益，在未按规定审核《医疗广告审查证明》的情况下发布医疗广告，给虚假违法医疗广告留下可乘之机。

（二）虚假违法医疗广告更加隐蔽。据2008年医疗广告监测结果显示，发布虚假违法医疗广告的行为多表现为未取得《医疗广告审查证明》，或虽取得《医疗广告审查证明》但随意篡改和增加内容，甚至存在利用过期及伪造的《医疗广告审查证明》发布医疗广告；利用都市和保健类报刊、小报纸、小广播、地方电视台、网络等媒体发布虚假违法医疗广告的现象比较普遍；以义诊、专家访谈、科普讲座等名义变相发布医疗广告的行为有所增多，增加了监管难度。

（三）部分地方卫生行政部门执法人员缺乏系统培训，对虚假违法医疗广告的认定标准和处罚力度不一致，对虚假违法医疗广告的打击力度不够，未能起到足够的威慑作用。

三、下一步工作要求

（一）提高认识，加强领导。

各级卫生行政部门要进一步提高对医疗广告管理工作的认识，要从维护人民群众生命健康权益和构建社会主义和谐社会的高度认识加强医疗广告管理工作的重要意义；要进一步加强组织领导，健全工作机制，落实职责任务，加大工作力度，规范审查出证行为，严厉打击虚假违法医疗广告。

（二）开展培训，增强能力。

各地卫生行政部门要有针对性地加强对医疗广告管理队伍的培训，规范行政行为，提高执法能力。要加强对医疗机构特别是民营医疗机构的培训和指导，充分发挥医疗机构和行业协会的自律作用，引导其自觉依法执业。

（三）做好监测，广泛宣传。

各级卫生行政部门要按照我部要求，进一步做好医疗广告监测工作，要将对都市和保健类报刊、小报纸、小广播、地方电视台、网络、手机短信等媒体的监测作为日常工作的重点，加强对以义诊、专家访谈、科普讲座等名义变相发布医疗广告的监测和查处；要进一步加大宣传教育力度，发动群众积极举报医疗广告违法案件。

（四）部门协作，狠抓典型。

各地卫生行政部门要加强与相关部门的协作与配合，将对医疗广告的日常监管和专项治理整顿紧密结合起来，继续保持打击虚假违法医疗广告的高压态势，依法严厉查处虚假违法医疗广告案件。

（五）总结经验，完善机制。

各级卫生行政部门要认真总结医疗广告监管工作的经验，结合《办法》实施两年以来的工作情况，针对工作中的热点、难点问题进行深入研究，逐步建立健全医疗广告管理信息系统，完善医疗广告管理的长效机制。

附件：部分因发布虚假违法医疗广告被给予行政处罚的医疗机构名单（略）

中华人民共和国卫生部办公厅

二〇〇九年五月五日

国家工商行政管理总局广告管理提示公告

工商广公字[2009]4号

近日，中国人民银行、国家工商总局等四部门联合下发《关于加强银行卡安全管理预防和打击银行卡犯罪的通知》。根据《通知》有关规定，为规范银行信用卡相关广告内容，维护广告市场秩序和信用卡持卡人权益，国家工商总局向广告发布者、广告经营者和信用卡持卡人特作如下公告提示：

一、广告发布者、广告经营者要认真履行广告发布审查的法定责任和义务，依照有关法律、法规查验有关证明文件，核实信用卡相关广告内容，不得为无营业执照或没有发卡机构授权的中介机构设计、制作、代理、发布信用卡广告。

二、信用卡相关广告中，不得含有“信用卡提现”、“信用卡贷款”、“POS消费提现”、“刷卡取现”、“办卡刷卡一条龙服务”、“代还信用卡透支款”等违法违规提供信用卡办理和提现服务的内容。

三、信用卡持卡人应增强法律意识，自觉遵守国家有关规定，通过合法正当渠道，办理和使用信用卡，以免自身权益受到损害。

各级工商行政管理机关要加强信用卡相关广告的监管，对发现的违法广告依法查处。

国家工商行政管理总局办公厅

二〇〇九年五月十二日

国家工商行政管理总局违法广告公告

工商广公字[2009]5号

近日，国家工商行政管理总局对今年第一季度媒体广告发布情况进行了监测检查，重点抽查了3月26日各省（区、市）电视台卫视频道，3月16—18日各省（区、市）省会（首府）城市晚报，发布的药品、医疗、保健食品、化妆品及美容服务广告。现将监测抽查发现的部分严重违法广告公告如下：

一、呼和浩特晚报3月18日发布的呼和浩特五洲女子医院医疗广告。该广告以新闻报道形式，宣传德国STORS宫腹腔镜技术落户呼市五洲女子医院以及相关医疗服务项目，严重违反了医疗广告的法律、法规规定。

二、西安晚报3月18日发布的生命A蛋白食品广告。该广告中有关补充生命A蛋白全面解决男性生理功能障碍、前列腺疾病、肾虚三大问题等内容，夸大食品用途，宣传食品的治疗作用，严重违反了食品广告的法律、法规规定。

三、南昌晚报3月16日发布的南昌东大肛肠专科医院医疗广告。该广告未经卫生行政部门批准发布，宣传相关诊疗技术方式，严重违反了医疗广告的法律、法规规定。

四、贵阳晚报3月18日发布的冠心静片药品广告。该药品为处方药，在大众传播媒介发布广告，严重违反了药品广告的法律、法规规定。

五、新晚报（黑龙江）3月18日发布的倍力胶囊保健食品广告。该广告中有关增强性功能、改善性生活的内容，超出食品药品监督管理部门核定的保健功能，严重违反了食品广告的法律、法规规定。

六、南宁晚报3月17日发布的肝宁片药品广告。该广告未经食品药品监督管理部门审查批准发布，广告中隐含保证治愈、使用患者名义做证明等内容，严重违反了药品广告的法律、法规规定。

七、今晚报（天津）3月18日发布的天津市河东钟山医院医疗广告。该广告未经卫生行政部门批准发布，宣传治疗肛肠疾病的诊疗技术，严重违反了医疗广告的法律、法规规定。

八、燕赵晚报（河北）3月16日发布的仲马食品广告。该广告中有关适应男性功能性障碍、免疫力低下、急慢性前列腺疾病患者的内容，夸大食品用途，宣传食品的治疗作用，严重违反了食品广告的法律、法规规定。

九、福州晚报3月18日发布的福建武警医院医疗广告。该广告使用武警部队名义发布广告，并且在广告中宣传相关诊疗技术方法，使用患者名义做证明，严重违反了医疗广告的法律、法规规定。

十、青岛电视台一套节目3月26日发布的圣首荞芪胶囊保健食品广告。该广告夸大保健食品功效，宣传治疗糖尿病的作用，使用患者名义证明使用效果，严重违反了食品广告的法律、法规规定。

工商行政管理机关对以上违法广告，将责令停止发布并依法查处，继续会同有关部门加大广告市场监管力度。

国家工商行政管理总局

二〇〇九年五月十七日

国家工商行政管理总局违法广告公告

工商广公字[2009]6号

近日，国家工商行政管理总局对今年第二季度媒体广告发布情况进行了监测检查，重点抽查了各省（区、市）电视台卫视频道6月24日和各省（区、市）省会（首府）城市都市类报纸6月10日—12日，发布的药品、医疗、保健食品、化妆品及美容服务类广告。现将监测抽查发现的部分严重违法广告公告如下：

一、半岛晨报（辽宁）6月11日发布的大连航天医院医疗广告。该广告以健康资讯栏目变相发布医疗广告，宣传“SHE宫腔镜无痛取胚术”诊疗技术，使用患者名义宣传疗效，严重违反医疗广告的法律、法规规定。

二、新疆都市报6月11日发布的新疆天山医院耳鼻喉治疗中心医疗广告。该广告宣传美国低温等离子消融技术、瑞士MDXON刨削系统等诊疗技术，使用患者名义证明疗效，保证治愈，严重违反了医疗广告的法律、法规规定。

三、楚天都市报（湖北）6月11日发布的知蜂堂保健食品广告。该广告直接宣传产品的治疗作用，含有不科学地表示功效的断言，使用患者名义证明功效，严重违反了食品广告的法律、法规规定。

四、太原晚报6月11日发布的心舒丸药品广告。该广告属于禁止在大众传播媒介发布的处方药广告，未经药品监管部门审批，含有不科学地表示功效、使用患者名义作证明的内容，严重违反了药品广告的法律、法规规定。

五、三秦都市报（陕西）6月11日发布的雏凤精药品广告。该广告篡改药品监管部门广告审批内容，含有不科学地表示产品功效的断言，使用专家患者名义证明疗效，严重违反了药品广告的法律、法规规定。

六、北方新报（内蒙古）6月10日发布的美国美力坚保健食品广告。该广告产品功效的宣传超出国家有关部门批准的保健功能范围，使用消费者的形象证明功效，严重违反了食品广告的法律、法规规定。

七、南国早报（广西）6月12日发布的南宁肛泰肛肠医院医疗广告。该广告以医疗资讯栏目形式变相发布医疗广告，介绍韩国Dr.camescope电子肛门镜检查系统和美国PPH微创除痔技术，严重违反了医疗广告的法律、法规规定。

八、燕赵都市报（河北）6月10日发布的立胆清药品广告。该广告宣传产品含有化石双酶因子“化石溶石洗胆”的治疗原理，使用专家、患者名义证明产品功效，保证治愈，严重违反了药品广告的法律、法规规定。

九、南国都市报（海南）6月12日发布的益安宁药品广告。该广告未经药品监管部门审批擅自发布，使用患者形象证明功效，严重违反了药品广告的法律、法规规定。

十、内蒙古卫视6月24日发布的苦丁降压胶囊药品广告。该广告未经药品监管部门审批，采用专题片广告形式，使用绝对化用语夸大功效并使用专家、患者名义证明疗效，严重违反了药品广告的法律、法规规定。

对以上违法广告，由所在地工商行政管理机关依法严厉查处，并向国家工商总局报告查办结果。

国家工商行政管理总局

二〇〇九年七月二十九日

关于发布2009年第1期违法药品、医疗器械、保健食品广告公告汇总的通知

国食药监稽[2009]421号

各省、自治区、直辖市食品药品监督管理局（药品监督管理局）：

为加强药品、医疗器械、保健食品广告监督管理，整治违法发布广告行为，进一步规范广告发布秩序，根据《药品管理法》和《药品管理法实施条例》的有关规定，各省（区、市）食品药品监督管理部门加强对辖区内广告发布情况的监测，并及时发布了违法广告公告。

2009年1月至6月，各省（区、市）食品药品监督管理部门通报并移送同级工商行政管理部门查处的违法药品广告17797次，违法医疗器械广告832次、违法保健食品广告12684次。辽宁、吉林、黑龙江、浙江、江苏、河南、四川和陕西等8个省共撤销22个因严重篡改审批内容进行违法宣传的药品广告批准文号，北京等22个省（区、市）对违法广告涉及产品采取了360次暂停销售的行政强制措施。

根据《违法广告公告制度》的有关规定，国家食品药品监督管理局现将其中违法情节严重、违法发布广告频次高的药品、医疗器械、保健食品广告进行汇总，现予发布。

一、陕西君碧莎制药有限公司生产的药品“皮肤病血毒片”，其功能主治为“清血解毒，消肿止痒”。该药品为处方药，擅自在大众媒介发布广告。广告宣称 “10分钟清毒活细胞，24小时除癣换肤，超出传统药物200多倍，绿色、安全、永不复发”等。该广告含有不科学地表示功效的断言和保证，严重欺骗和误导消费者。

二、广西邦琪药业有限公司生产的药品“桂龙药膏”，其功能主治为“祛风除湿，舒筋活络，温肾补血”。广告宣称 “服用3瓶，清除65%以上的骨髓湿毒，服用6瓶，清除98%以上的骨髓湿毒，酸胀肿痛全部消失，治好不反复”等。产品功能主治的宣传超出了食品药品监督管理部门批准的内容，含有不科学地表示功效的断言和保证，严重欺骗和误导消费者。

三、广州陈李济药厂生产的药品“舒筋健腰丸”，其功能主治为“补益肝肾，强健筋骨，驱风除湿，活络止痛。用于腰膝酸痛”。广告宣称“实现非手术快速治疗腰间盘突出……经国内多家专业医院临床验证：患者服药第3天症状缓解，短期内即可恢复”等。该广告含有不科学地表示功效的断言和保证，严重欺骗和误导消费者。

四、昆明生达制药有限公司生产的药品“雪胆胃肠丸”，其功能主治为“温中散寒，理气止痛”。该药品为处方药，擅自在大众媒介发布广告。广告宣称“百治百灵、胃肠病终结药物……2—3天，腹痛腹胀现象消失；1—2个疗程，胃肠疾病完全根治”等。该广告含有利用专家、患者形象和名义作证明，不科学地表示功效的断言和保证等内容，严重欺骗和误导消费者。

五、陕西东泰制药有限公司生产的药品“银屑胶囊”，其功能主治为“祛风解毒。用于银屑病”。该药品为处方药，擅自在大众媒介发布广告。广告宣称该产品为“能治疗预防复发的专业克癣药物‘提免脱屑因子’……在5-8年之内，我国牛皮癣即将灭绝”等。该广告产品名称宣传不规范，内容含有不科学地表示功效的断言和保证，严重欺骗和误导消费者。

六、吉林金宝药业股份有限公司生产的药品“咽炎片”，其功能主治为“养阴润肺，清热解毒，清利咽喉，镇咳止痒。用于慢性咽炎引起咽干，咽痒，刺激性咳嗽”。广告宣称使用该产品“10分钟见效，两天炎症消。‘藏白金’是同类药品中唯一经美国FDA严格检验进入美国市场的‘绿色’药物”等。该广告产品名称宣传不

规范，内容含有不科学地表示功效的断言和保证，严重欺骗和误导消费者。

七、通化永仓药业有限公司生产的药品“强力脑心康片”，其功能主治为“改善循环，活血化瘀，安神宁心。用于冠心病、心绞痛、头痛眩晕、神经衰弱”。该药品为处方药，擅自在大众媒介发布广告。广告宣称使用该产品“10天左右出现奇迹，胸也不闷了，气也不短，胸口也不疼了，半个多月后瘫痪的手脚也能动了，1个多月，心脏病、脑血栓全都好了”等。该广告产品功能主治的宣传超出了食品药品监督管理部门批准的内容，含有利用患者形象和名义作证明，不科学地表示功效的断言和保证等内容，严重欺骗和误导消费者。

八、陕西奥通科技有限公司生产的医疗器械“近视回归镜”， 该产品对假性近视有治疗作用，对伴有调节性成分的近视可以抑制其进一步发展，并可不同程度的提高远视力。广告宣称使用该产品“3个月里视力有所提高，一般近视度数下降50−100，效果好的多达300−500”。该广告产品名称宣传不规范，内容含有不科学地表示功效的断言和保证，利用专家、患者等名义为产品功效作证明等，严重欺骗和误导消费者。

九、保健食品“美诺牌减肥便携茶”[卫食健字(1998)第319号，广告中标示名称为：果茶抽油瘦]，其批准的保健功能为“减肥”。广告宣称“果茶抽油瘦今夏让你狂减30斤，只抽油，不减水，皮肤也水嫩年轻了”等。该广告产品名称宣传不规范，含有不科学地表示产品功效的断言和保证，并使用大量消费者名义为产品功效作证明等内容，严重欺骗和误导消费者。

十、保健食品“拉摩力拉牌玛卡片”（国食健字J20050014号），其批准的保健功能为“缓解体力疲劳”。广告宣称“秘鲁国宝玛卡，60天让女人性感挺拔年轻10岁，让男人体内荷尔蒙分泌达到30岁水平”等。该广告产品名称宣传不规范，超出批准的保健功能范围，含有不科学地表示产品功效的断言和保证，利用专家、消费者名义为产品功效作证明等内容，严重欺骗和误导消费者。

十一、保健食品“依诺宁牌护本胶囊”[卫食健字(2002)第0776号，广告中标示名称为：血樱花]，其批准的保健功能为“调节血压、调节血脂”。广告宣称“血樱花我用了一个月逐步把降压药都停了，服用了3−5个月，彻底告别高血压，终生避免心脑血管病突发”等。该广告产品名称宣传不规范，含有不科学地表示产品功效的断言和保证，并使用消费者名义为产品功效作证明等内容，严重欺骗和误导消费者。

十二、保健食品“金脉牌金脉胶囊”（国食健字G20040560号），其批准的保健功能为“调节血脂，提高缺氧耐受力 ”。广告宣称“关爱心脑血管疾病赵忠祥认可金脉胶囊……心脏病患者1盒见效，脑中风后遗症患者3盒见效，三高体质5盒见效”等。该广告宣传超出批准的保健功能范围，含有不科学地表示产品功效的断言和保证，并使用消费者名义为产品功效作证明等内容，严重欺骗和误导消费者。

十三、保健食品“华纳牌磷脂胶囊”[卫食健进字(2002) 第0047号，广告中标示名称为：清脂前列通]，其批准的保健功能为“调节血脂”。广告宣称“服用60天至90天男性功能性障碍、神经衰弱即可痊愈”等。该广告产品名称宣传不规范，宣传内容超出批准的保健功能范围，含有不科学地表示产品功效的断言和保证，严重欺骗和误导消费者。

国家食品药品监督管理局警示广大消费者，要在医生或药师的指导下购买药品；保健食品没有治疗作用，不能代替药品，请广大消费者谨慎购买。

国家食品药品监督管理局

二〇〇九年八月十三日

国家工商行政管理总局违法广告公告

工商广公字[2009]7号

近年来，工商行政管理机关和有关部门不断加大电视直销广告的监管力度，依法规范电视购物栏目所涉及的美容、药品、医疗器械等产品广告。但是随着电视直销广告数量不断增多，各类虚假违法广告日益突出。为此，国家工商总局近期对各省、自治区、直辖市电视台卫视频道播放的电视直销广告进行了集中监测。

据监测显示，28家省（区、市）电视台卫视频道的58个产品的电视直销广告涉嫌违法。主要违法表现是：对产品制法、成分、性能或者效用进行虚假夸大宣传；使用绝对化用语或者使用前后效果对比等形式夸大产品功效；使用专家、患者、消费者名义和形象做保证，或者以暗示方法使人误解其功效；普通食品使用与药品相混淆的用语直接或间接地宣传治疗、保健作用；普通用品冒充医疗器械宣传治疗作用，夸大疗效。

现对以下涉嫌严重违法电视直销广告予以公告：

1.水果瘦电视直销广告；

2.睡睡瘦电视直销广告；

3.联邦戴戴瘦电视直销广告；

4.红颜胶囊电视直销广告；

5.巴玛雅祛疤电视直销广告；

6.疤毋痕电视直销广告；

7.花开富贵金手链电视直销广告；

8.T99钛离子魔环电视直销广告；

9.筑本T8魔链电视直销广告；

10.美国腰椎王电视直销广告；

11.金钛能量降压表电视直销广告；

12.比力斯魔环电视直销广告；

13.量子丽全能魔环电视直销广告；

14.金镇抗疲劳手链电视直销广告；

15.年轻钛降压表电视直销广告；

16.奥斯力神奇魔环电视直销广告；

17.贵度全能魔链电视直销广告。

工商行政管理机关将会同有关部门进一步加强对电视直销广告的监管，对违法发布的电视直销广告，依法严厉查处。

国家工商行政管理总局

二○○九年九月二十一日

关于停止播放“永保安康观音佛吊坠”等电视购物短片广告的通知

广发媒字[2009]186号

各省、自治区、直辖市广播影视局，新疆生产建设兵团广播电视局：

近期，一些电视台播放的“永保安康观音佛吊坠”“国宝金钻天安门”、“满天星领袖国表”、“比力斯神奇魔环”、“筑本T8全能魔链”、“69元抢数码照相机”等电视购物短片广告，其内容违反了《广电总局关于加强

电视购物短片广告和居家购物节目管理的通知》(广发〔2009〕71号)规定,主要是:

一、"永保安康观音佛吊坠"存在夸大、夸张宣传,未标明商品销售企业名称,无生产厂厂名、厂址等违规问题,并含有"观音谐音官印,象征仕途高升,升官发财"等导向偏颇的内容。

二、"国宝金钻天安门"购物短片广告存在未标明商品销售企业名称,无生产厂厂名、厂址和以领袖人物形象、开国大典等画面作商业宣传等违规问题。

三、"满天星领袖国表"购物短片广告存在未标明商品销售企业名称,无生产厂厂名、厂址和使用"唯一最能代表时间"等绝对化用语等违规问题。

四、"比力斯神奇魔环"购物短片广告存在夸大、夸张宣传,未标明商品销售企业名称和以专家形象作疗效证明等问题。

五、"筑本T8全能魔链"购物短片广告存在夸大、夸张宣传,未标明商品销售企业名称,使用"功能最强,最专业,最时尚,最超值"等绝对化用语和以社会公众人物形象作疗效证明等问题。

六、"69元抢数码照相机"购物短片广告存在夸大、夸张宣传,未标明商品销售企业名称,无产品名称、无生产厂厂名和厂址,虚构抢购等情形销售商品和主持人的主持格调庸俗低下等问题。

根据《广播电视管理条例》及《广电总局关于加强电视购物短片广告和居家购物节目管理的通知》等有关规定,自即日起各级广播电视播出机构立即停止播出上述违规购物短片广告。

请将本通知立即转发辖区内所有广播电视播出机构,并严格遵照执行。

国家广播电影电视总局
二〇〇九年九月二十五日

国家工商行政管理总局违法广告公告

工商广公字[2009]8号

近日,国家工商行政管理总局对今年第三季度媒体广告发布情况进行了监测检查,重点抽查了9月23日各省(区、市)电视台卫视频道和9月16日-18日各省(区、市)省会(首府)城市晚报及北京日报、京华时报、法制晚报、北京晨报、参考消息、作家文摘、生活报、华商报、新文化报等报纸发布的药品、医疗、保健食品、化妆品及美容服务类广告。现将监测抽查发现的部分严重违法广告公告如下:

一、京华时报(北京)9月17日A31版发布的肝之宝保健食品广告。该广告宣传产品的治疗作用,含有不科学的表示功效的断言和保证,严重违反了食品广告的法律、法规规定。

二、法制晚报(北京)9月16日B06版发布的304医院医疗广告。该广告中未经卫生行政部门审查批准擅自发布,宣传"美国DOBI乳腺肿瘤筛查系统",并使用患者名义证明疗效,严重违反了医疗广告的法律、法规规定。

三、长沙晚报9月16日A15版发布的长沙唯德医院医疗广告。该广告未经卫生行政部门审查批准擅自发布,宣传"银针分离基因渗透克隆疗法"和"基因接种排毒"疗法,含有保证治愈的内容,严重违反了医疗广告的法律、法规规定。

四、羊城晚报(广东)9月16日A11版发布的白云山脑络通胶囊药品广告。该广告属于禁止在大众传播媒介发布的处方药广告,含有不科学地表示功效、使用患者名义作证明的内容,严重违反了药品广告的法律、法规规定。

五、今晚报（天津）9月18日21版发布的天津中联医院医疗广告。该广告以健康资讯栏目变相发布医疗广告，宣传"生物微型磁环介入免疫疗法"诊疗技术，使用专家名义宣传疗效，严重违反医疗广告的法律、法规规定。

六、兰州晚报9月16日A09版发布的前列清茶药品广告。该广告属于禁止在大众传播媒介发布的处方药广告，含有不科学的表示功效的断言，严重违反了药品广告的法律、法规规定。

七、青岛晚报9月16日10版发布的北京军科医院万康痛风病研究院医疗广告。该广告未经卫生行政部门审查批准擅自发布，宣传"三联疗法"诊疗技术，使用专家、患者名义证明疗效，含有不科学的表示功效的断言或保证，严重违反了医疗广告的法律、法规规定。

八、南宁晚报9月17日09版发布的都邦超英牌麦芪参胶囊保健食品广告。该广告宣传未经国家有关部门批准的保健功能，使用消费者名义证明产品功效，严重违反了食品广告的法律、法规规定。

九、贵阳晚报9月17日30版发布的贵阳长江医院医疗广告。该广告未经卫生行政部门审查批准擅自发布，宣传"双镜一丝联合导通助孕术"等诊疗技术，严重违反了医疗广告的法律、法规规定。

十、作家文摘（北京）9月18日4版发布的泽正多维智康胶囊保健食品广告。该广告宣传产品的治疗作用，使用患者名义证明产品疗效，严重违反了食品广告的法律、法规规定。

十一、燕赵晚报（河北）9月17日A11版发布的同仁堂洗肝胶囊药品广告。该广告未经食品药品监管部门审查批准擅自发布，含有不科学的表示功效的断言，夸大产品疗效，严重违反了药品广告的法律、法规规定。

十二、东南卫视（福建）9月23日发布的魔影肤立白系列化妆品电视直销广告。该广告利用消费者名义、使用绝对化用语保证产品功效，严重违反了化妆品广告的法律、法规规定。

对以上违法广告，所在地工商行政管理机关要依法严厉查处，并向国家工商总局报告查办结果。

国家工商行政管理总局

二〇〇九年十月二十七日

国家工商行政管理总局违法广告公告

工商广公字[2009]9号

今年9月，我局向社会公告了20个卫视频道17个产品的严重违法电视直销广告，并依法进行了查处。据10月上旬跟踪监测显示，减肥产品、保健食品的违法电视直销广告数量明显下降，但仍有一些卫视频道继续发布违法电视直销广告。为进一步规范电视直销广告发布秩序，查处发布违法广告行为，现再次公告以下涉嫌严重违法电视直销广告：

一、内蒙古卫视10月6日发布的康倍腰椎挺电视直销广告。该广告宣传普通用品的治疗作用，宣称产品拥有太空热疗消瘀肿、钛金牵引矫治错位等4项专利，夸大产品性能和效用，严重违法了广告法律、法规规定。

二、青海卫视10月6日发布的腰椎复原宝电视直销广告。该广告宣传普通用品的治疗作用，宣称产品具有航空热磁消瘀肿、智能牵引钛金矫治错位等4大功能，夸大产品性能和效用，严重违法了广告法律、法规规定。

三、湖北卫视10月5日发布的欧汇腰椎挺电视直销广告。该广告宣传普通用品的治疗作用，宣称产品具有太空热疗消瘀肿等3大功能，夸大产品性能和效用，严重违法了广告法律、法规规定。

四、广东卫视10月8日发布的UK神奇摩环电视直销广告。该广告宣称UK神奇摩环的成分和效果是普通项环的3倍，夸大产品性能和效用，严重违法了广告法律、法规规定。

五、新疆卫视10月9日发布的鼻特通鼻炎仪电视直销广告。该医疗器械广告未经食品药品监管部门审批擅自发布，使用专家、患者名义做证明，夸大产品性能和效用，严重违反了广告法律、法规规定。

六、山西卫视10月6日发布的齿白金电视直销广告。该广告使用绝对化用语和消费者使用前后效果对比等形式，夸大产品性能和效用，违法了广告法律、法规规定。

七、黑龙江卫视10月8日发布的参七脑康胶囊电视直销广告。该广告属于禁止在大众传播媒介发布的处方药广告，广告中使用专家、患者名义为产品疗效做证明，含有不科学表示功效的断言，严重违反了广告法律、法规规定。

八、广西卫视10月8日发布的冰雪儿冰肌白乳液电视直销广告。该广告使用绝对化用语和消费者使用前后效果对比等形式保证产品功效，严重违反了广告法律、法规规定。

所在地工商机关要依法查处以上严重违法电视直销广告，并上报结果。

国家工商行政管理总局

二〇〇九年十一月二十三日

’2010中国广告年鉴

China Advertising Yearbook

全国各地区广告业发展与广告监管情况综述

Provincial Advertising Supervision and Developing

全国各地区广告业发展与广告监管情况综述

2009年北京市广告监管工作总结

北京市工商行政管理局广告监督管理处

北京市虚假违法广告专项整治工作动员大会

2009年的广告监管工作，全面落实国家工商总局和市局的工作部署，树立科学监管理念，坚持科学监管思路，加大对重点商品和服务广告的监管力度，强化广告经营活动的全程监管；夯实工作基础，完善相关制度，积极推进科学监管的长效机制建设，提升专业化履职能力。

一、完善广告监管数据库，对广告监管系统进行升级改造

2009年1—10月，全市共监测广告3260487条/次，涉嫌违法广告12201条/次，违法率0.37%。与去年同期相比，违法广告条次总数下降28.22%，违法率上升0.07%。

2009年，进一步完善广告监管数据库，深化广告监管的基础性工作，对广告监管系统进行了二期升级改造。

1、对电视广播广告监测识别技术进行升级，提高广告识别率。升级后广告识别率从原来的平均90%提高到96%，同时缩短了广告识别时间，提高了电视广播广告监测的技术水平和广告的监测效率，对广告监测工作提供了更有力的技术保障。

2、充分利用信息化网络技术的优势，实现监管信息的资源共享，系统升级对广告监管系统同登记系统、行政执法案件系统的数据对接进行了重新规划和设计，重构规整了网上审批功能。系统升级后，(1)实现了广

告经营资格专业登记同企业登记信息的有效衔接，实现了广告监测、广告投诉举报与调查处理、案件信息的有效衔接，(2) 优化了广告监管数据的应用层面，简化了广告监管工作人员的系统录入程序和工作量，整合了监管系统数据，丰富数据信息含量，扩大了广告监管系统的数据范围。

3、实现全市范围的全媒体监测。14个有电视台广播电台的辖区分局部署安装了广告监测系统。使全市监测的电视频道从原来的26个增加到54个，广播频道从原来的13个增加到22个。扩大了监测范围，促进了全市广告监管工作的深入开展，对郊区分局广告监管工作水平的提高和监管深度的得到增加。

二、健全广告分类分级监管制度，实现广告发布全程管理

首先，我们根据在现有分级分类监管基础上，针对城区与城区的工作量区别、城区与郊区监管重点区别，结合辖区实际情况，突出重点、明确责任。

将不同形式的广告按照类型划分为媒介广告、户外广告、网络广告、印刷品广告（含店堂广告）、固定印刷品广告五种；将广告主体、客体按照注册资本信息进行分类；结合案件查处情况、投诉举报情况以及日常监测情况进行信用度分级。针对五个不同的广告发布形式设计了“主体管理、巡查记录、跟踪处理、行政指导、主体认领、信息查询、用户管理、法规文件”八个系统功能，实现对媒介、户外、网络、印刷品和固定印刷品广告进行动态管理。充分发挥分级分类监管在日常监管中的作用，实现广告监管工作的科学化、规范化。实现风险的日常防控，掌握广告市场风险控制主动权，提高市场控制力。

三、加强广告市场控制，严厉打击虚假违法广告

2009年1月至10月，全市共查处各类违法广告案件800件，收缴罚没款1438.616万元。其中，医疗服务类违法广告案件112件，罚没款204.1756万元；人用药品违法广告案件27件，罚没款63.72万元；保健食品违法广告案件23件，罚没款29.9262万元；医疗器械违法广告案件14件，罚没款21.133万元；其他类型违法广告案件463件，罚没款810.5966万元。

2009 年上海市广告业发展及广告监管情况

上海市工商行政管理局广告监督管理处

上海市广告监督管理（半年度）工作会议

一、2009 年上海市广告业发展情况

受全球金融危机影响，2009 年上海广告业呈现经营额总量微增、增幅下降、传统媒体降幅明显、内外资企业发展不一等特点。截至 2009 年底，上海共有广告经营单位36960户，2009年全市广告经营额总计318.22亿元。

（一）行业主体继续扩容，市场投放增长趋缓，增幅同比下降

统计显示，截至 2009 年底上海共有广告经营单位36960户，比上年增加6203户，增长20.17%，增幅上升4.02个百分点；广告从业人员168488人，比上年增加54066人，增长47.25%。2009年全市广告经营额318.22亿元，较上年增长1.55%，增幅下降3.27个百分点；户均广告经营额86万元，下降15.69%；人均广告经营额18.9万元，下降31.02%。

（二）广告公司数量再增，人均经营额同比上升

截至2009年底，上海有广告公司17477户，比上年增加1272户，同比增长7.85%，增幅同比上升7.21个百分点；从业人员75448人，比上年减少4453 人，同比减少5.57%；广告公司的广告经营额238.79亿元，增加11.61亿元，同比增长5.11%，增幅同比下降20.79百分点；人均广告经营额31.65万元，同比上升11.44%。从2009 年增长情况看，增长方式仍然是靠数量增长拉动的粗放型增长，没有质的飞跃。

（三）私营广告企业户数持续增长，外商投资广告企业广告经营额增幅明显

2009年统计数据显示，各类广告企业发展并不平衡，国有广告企业数量为708户，比上年同期增长13.64%；集体广告企业数量为361户，比上年同期增长37.79%；私营广告企业和外商投资广告企业分别为34760户和156户，同比分别增长20.24%和17.29%。国有广告企业的

广告经营额与外商投资广告企业的广告经营额分别为27.6亿元和76.44亿元，同比分别上升26.61%和37.84%；集体广告企业和私营广告企业经营额分别为1.67亿元和147亿元，同比分别下降47.95%和12.06%。

虽然近几年上海的私营广告企业数量持续增加，2009年占全市广告经营单位总量的94.15%，占据了整个广告市场最大份额，但147.25亿元的广告经营额，仅占全部广告经营额的46.27%，且同比下降12.06%。

外商投资广告企业由于拥有管理、人才和客户优势，经过十几年的发展，已成为广告业的主力军，竞争优势非常明显，且发展势头强劲。随着外资进入广告业门槛基本打破，加上中国已成为世界三大广告市场的诱惑，近年来国际大型传播集团纷纷在中国加大拓展力度。尽管受金融危机影响，但2009年，由于从中央到地方，各级政府全力“保增长”，政策杠杆发挥作用，部分区域加大引资服务力度，调结构，扎实推进区域现代服务产业的优化和发展，外商投资广告企业表现出极大的信心，继续追加投资。据统计，2009年全市外商投资广告企业户数和广告经营额同比分别增长17.29%和37.84%，增幅同比分别上升5.35个百分点和24.99个百分点，显示了外商投资广告企业在上海持续发展的势头。

（四）大众媒介广告经营额同比下降，期刊广告经营额同比上升

2009年，电视台、广播电台、报社、杂志社四大传统媒体单位广告经营额总计57亿元，比上年减少4.27亿元，下降6.71%；四大媒体广告经营额占同期全市广告经营总额的比重为17.91%，同比略降1.64个百分点。2009年电视媒体广告总投放为34.57亿元，较去年同期下降3.3%；广播广告经营额3.38亿元，比去年同期下降1.3%；平面媒体主要是报纸和杂志，报纸广告投放15.12亿元，同比下降20%，在大众媒体中下降幅度最大，杂志广告为3.93亿元，同比增长25.9%。

（五）广告行业投放排序略有调整，行业结构稳中有变

与2008年相比，2009年本市广告行业投放稳中有变。行业投放排名前五位的分别是服务业、汽车、食品、化妆品和家电，广告投放额分别为40.46亿元、37.45亿元、30.29亿元、27.35亿元和16.89亿元。对比2008年行业广告投放额排名可见，服务行业从2008年第二位上升至第一位，汽车从2008年第一下降至第二位；房地产行业从第四位下降到第六位。

服务业广告经营额近10年来首次突破40亿元，达到40.46亿元，同比增长15.97%。一方面，服务业是世博经济中最重要的构成部分，另一方面，国家出台关于加快发展服务业的若干意见，制定了一系列鼓励和支持发展的政策，明确了“尽快使服务业成为国民经济的主导产业，是推进经济结构调整、加快转变经济增长方式的必由之路”。

2009年汽车行业的广告投放为37.45亿元，占投放总量的11.77%，同比增长3.14%。在全球金融危机的冲击下，汽车广告投放仍然逆势增长，这也与2009年中国汽车销量突破1364万辆，首次居全球第一的事实相符，体现我国汽车市场的强劲上升趋势。

2009年房地产广告经营额13.30亿元，占投放总量比重为4.18%。在金融危机影响下，2009年初上海楼市销售受“地产观望期”和开发量减少的影响，一度呈低迷状态，而下半年房地产价格的不断上升，又使得房地产广告投放的需求大大降低，因此2009年上海房地产广告投放额同比下降35.34%。

二、2009年上海市广告监管成果

2009年，上海市工商局共监测各类广告178.88万条，年平均监测违法率0.39%，已连续四年控制在1%以内；全年共查处各类违法广告案件1659件，罚没款2349.80万元，上海广告市场秩序总体规范有序。

（一）创新广告监管方式　提高科学监管水平

近年来上海市工商局不断探索广告监管规律，积极寻求监管机制和方式的创新和突破，致力于提高工作的指导性、有效性、准确性和统一性，工作的质量、效率和效能有了新的提升。

1、注重为广告业提供事先的指导服务，不断提

高广告监管工作的指导性

鉴于广告活动主体的日益增多和广告市场规模的日益扩大，我们先后推出一些服务举措，旨在通过事先的服务指导推动日益庞大的广告活动主体自律守法，以期取得事半功倍的效果。一是建立广告审查提示制度。编发《广告审查提示》，根据广告法的立法精神和总体原则，及时作出提示性规定供广告经营单位遵循把握。二是提供广告批文查询服务。我们在“上海广告监督管理网”（www.shad.gov.cn）上开设了“广告批文查询”栏目，将药品、医疗器械、保健食品、医疗服务等广告的审查批准情况，有权开展留学中介、证券投资咨询等服务的企业名单，受法律保护的奥运标志、世博标志清单等，集中链接在一个平台上供广告经营单位查询，便于其准确开展广告审查。三是开展广告审查员培训工作。结合每年的企业年检向广告企业发出告知承诺书，要求广告企业在成立后的一年内依法配备广告审查员，通过督促配备和系统培训，帮助广告经营单位建立健全广告审查制度。

2、注重广告监管方式创新和效能优化，不断提高广告监管工作的有效性

在具体开展广告监管执法工作时，我们始终坚持效能优先的原则，通过科学设定整治重点，将更多新媒体纳入监测，快速告知和处置违法广告，合理配置监管力量，发挥联席会议成员单位作用等，实现广告监管效能的最优化。一是根据广告监测情况科学确定整治重点。自2005年全国开展虚假违法广告专项整治以来，我们每年都根据上海广告监测情况调整整治重点，在国家工商总局确定的整治重点基础上，先后增加了房地产、投资理财、化妆品、保健用品、职业中介、教育培训、医疗器械广告作为整治规范的重点。二是创新监测技术将更多新媒体纳入监测。我们不断创新监测技术，陆续将分众传媒楼宇视屏媒体、东方明珠移动电视媒体、上海热线等互联网媒体和IPTV交互式网络电视媒体共13个新媒体纳入制度化监测范围，目前新媒体数及其广告数已分别占到监测总量的21%和10%。三是依托现代信息手段快速告知和处置违法广告。由广告监测系统、违法广告线索处理系统、广告许可系统以及上海广告监督管理网组成的上海广告监管信息系统成为上海工商广告监管信息化的重要手段。系统的重要特点之一，即将违法性质严重或屡告不止的违法广告及时从广告监测系统转入违法广告线索处理系统，由市局广告处逐级分派至有关分局、基层所队开展调查处理，确保严重违法广告得到及时严厉的查处。四是借助联席会议平台发挥有关成员单位职能作用。自2005年以来，本市工商部门牵头成立的整治虚假违法广告专项行动联席会议，成员单位已从最初的10家扩展至目前的16家，新增了房地产、教育、银监、证监、旅游和新闻主管部门作为成员单位，联席会议的平台效应进一步凸显。

3、注重与广告经营单位的互动交流，不断提高广告监管工作的准确性

根据公开、公正、透明的现代行政管理要求，我们向广告经营单位公开广告监测标准、广告监管流程和广告监管要求，并且在公开的过程中注意收集广告经营单位的反馈意见，从而不断修正完善我们的广告监管方式方法，进一步提高广告监管工作的准确性。一是建立媒体监测意见反馈通道，及时修正监测结果。二是建立广告证明文件查验通知制度，不断发现深层次违法问题。三是建立一类媒体例会制度，准确掌握主流媒体最新动态。

4、注重建章立制和加强内部管理，不断提高广告监管工作的统一性

广告监管工作是否有效，除了广告监管目标是否明确、广告监管措施是否到位外，还取决于全系统是否在市局的统一指挥下努力向着同一个目标行动。多年来，我们不断通过建章立制努力达成全系统广告监管工作的统一性，努力树立工商部门严谨、规范的执法形象。一是统一全系统广告违法案件处罚口径。我们制发了《关于统一本市广告违法案件处罚口径的若干意见》，引入分类执法理念，较早提出了依法从重、依法从轻、减轻和不予处罚的若干情形以及具体裁量罚款的幅度，统一和规范了本市工商系统广告行政执法办案工作，保证广告行政处罚自由裁量权的适当运用。二是统一广告监测工作规程。我们制发了《上海市工商行政管理系统广告监测规程》，对广告监测的实施主体、范围、基本要求、依据、方式、程序、监测结果处理、监测信息使用等作出统一规定，提高全系统广告监测工作的科学性、规范性和统一性，力求通过广告监测这一基础工作有效预防和遏制虚假违法广告。三是统一广告监管工作综合评价指标。我们制定了全系统广告监管工作综合评价指标体系，并且根据每年的新情况不断予以完善。

近年来在总局广告司的支持、指导下，上海广告监管工作虽通过探索取得一些成绩，但我们非常清醒地认识到广告监管工作依然任重道远。我们将在国家工商总局的统一指导下，继续创新广告监管方式，不断提高科学监管水平，为进一步促进上海广告业健康有序发展做出新的努力。

2009年天津市广告监督管理概况

天津市工商行政管理局广告监督管理处

天津市工商局召开整治虚假违法广告联席会议照片

2009年，工商部门加大整治虚假违法广告的力度，营造和谐有序的广告市场环境，我市广告市场得到快速发展。

广告经营单位总数已达8870户，其中专营广告公司3072户，兼营广告公司5225户，其他广告经营企业351户，媒体广告经营单位222户，全年实现广告经营额92.9亿元。

为贯彻落实市政府全市行政审批大提速的要求，工商部门负责广告行政许可的干部办理1334项广告行政审批事项（其中新办事业单位广告经营许可证5件、到期换发广告经营许可证141件、登记固定形式印刷品广告9件、审批室内烟草广告37件、户外广告登记1142件），全部在规定期限内提前完成。

为对广告经营单位的规范化管理打下基础，工商部门结合年检工作对全市广告经营单位的广告经营资格开展检查，全市有6837户广告经营单位参加检查，工商部门走访经营单位700户，帮助600户经营单位建立健全广告经营各项管理制度，通过广告经营资格检查摸清了全市广告经营单位基本情况，建立了广告经营单位管理档案。

工商部门打破固有的“事后监管、事前不介入”的监管理念，掌握广告监管的主动权，做到以变应变，使广告事前、事中、事后都处于严格的监管之中，做到事前防范、事中监控、事后查处，使广告监管工作进一步前移和后延。通过下发预警通知、告诫通知、停止发布通知、典型案件曝光等手段，实现广告监管的以动制动，迅速反应，及时把危害和不良影响有效的控制和消除在萌芽状态。全年下发违法广告停止发布通知77件，告诫通知6件，违法广告预警通知10件。全市共查处违法广告201件，罚没金额66.7万元。同时，为加大对虚假违法广告的整治力度，针对普通商品、保健食品广告夸大、虚假宣传其功效，使用与药品相混淆的用语，直接或间接地宣传治疗作用等违法行为，工商部门两次在全市范围内开展执法检查专项行动。检查药店等经营场所180家，封存、扣留凤保宁等九种商品400件，对违法广告行为起到了震慑作用。全市“五类”（药品、医疗、保健食品、化妆品、美容服务）广告严重违法率从去年同期的20.5%下降到19.7%。

为促进我市广告作品设计、制作水平，天津市工商局与天津市精神文明建设委员会办公室联合举办了“同在一方热土、共建美好家园”津酒杯公益广告作品大赛，截稿时收到参赛作品109件，对平面类作品分别评选出一等奖（2名）、二等奖（4名）、三等奖（6名）；影视类作品分别评选出一等奖（1名）、二等奖（2名）、三等奖（3名）；广播类作品评选出一等奖、二等奖、三等奖各一名。按照中广协要求，工商部门对征集广告节参赛作品工作进行专项部署，向中广协上报中国广告长城奖作品41件，中国公益广告黄河奖作品10件，其中有6件作品获得中国广告长城奖入围奖，一件作品获铜奖，市工商局还被中广协授予最佳组织奖。

2009年重庆市广告业发展及广告监管工作情况

重庆市工商行政管理局商标广告监督管理处

重庆市广告业未来五年发展指导意见座谈会

一、2009年，我市广告市场呈现市场主体总量上升，广告经营额下滑态势

至2009年底，全市有各类广告经营单位8022户，广告经营额33.2亿元，同比分别增加24.6%和减少0.3%。

其中：专业广告公司4611家，广告经营额11.3亿元，同比分别增加11.4%和减少11.7%；兼营广告企业2066家，广告经营额1.7亿元，同比分别增加84.8%和13.3%；电视、广播、报纸、期刊媒体134家，广告经营额19.5亿元，同比分别增加0.8%和6.6%。数据显示：我市广告市场总体上呈现市场主体总量大幅上升，经营额整体下滑的情况。经营额减少主要集中在专业广告公司，同比减量高达1.5亿多元。与此同时，在兼营广告企业总量急速增长的拉动下，部分企业经营额亦有同步较大增长，四大媒体广告经营额稳中有升，对阻止广告产业整体滑坡起到积极作用。

2009年我市广告经营额下滑的主要原因有两点：一是金融危机的冲击，企业资金吃紧，投资不足，最终导致处于产业链条终端的广告业务量锐减。如受全年房地产市场投资趋缓的影响，2009年我市房地产广告投入为7.56亿元，同比减少13.6%，减量达1.19亿元；二是去年底以来长达一年多的主城区户外广告专项整治，对绝大部分户外广告停止审批发布，使大批从事户外广告经营的专业广告公司业务受到严重影响，作为广告产业重要组成部分的户外广告经营额也随之大幅下降。统计显示，2009年我市户外广告经营额同比锐减15.3%，减收约1.6亿元。

二、进一步创新工作机制，保持高压严管态势，广告监管工作取得了新的成绩

一年来，我局以科学发展观为指导，按照总局“四个统一”、“四化建设”、“四个转变”和“四个只有”的总体要求，认真贯彻落实总局和重庆市委、市政府广告整治的总体要求，进一步理清工作思路，创新工作机制，保持高压严管态势，广告监管工作取得了新的成绩。媒体广告违法势头得到有效遏制，医疗、药品、医疗器械、保健食品广告发布总量及广告违法量大幅减少，户外广告内容更加规范，低俗不良广告得到有效治理，广告画面品质和档次明显提升。

（一）各级领导高度重视，主动变压力为动力

去年8月，中共中央政治局委员、重庆市委书记薄熙来同志针对我市户外广告过多过乱、商业氛围太浓、内容档次低、污染视觉等问题专门作出指示，要求有关职能部门从严治理，务必在短期内见到明显成效。重庆市委常委、宣传部长何事忠对媒体虚假违法广告问题多次作出指示，要求严字当头，高压严管。面对严峻的监管形势，局党组高度重视，提出变压力为动力，要求广告监管工作在短期内见到成效，尽快扭转监管局面的工作目标。以机构改革为契机，采取三大措施，从机构、人员、考核三个方面加强对广告整治工作的组织领导。一是继续单设广告监管处，定编7人，加强对全市工商系统广告工作业务指导。二是将广告监测中心划归广告处管理，公开招聘财政全额拨款的事业编制5人，加强广告日常监测工作。三是将广告监管工作纳入全系统10大重点工作目标考核项目之一，严格考核。上述措施，体现了市局对整治虚假违法广告、低俗不良广告的坚定决心，对各区县的工作起到很大的督促、导向作用。

（二）充分调动部门资源，推动落实媒体广告联动监管机制

一是实施媒体医药类广告发布前备案措施。2009年3月，由市委宣传部牵头，市工商局、市卫生局、市文广局、市新闻出版局和市食药监局等部门积极参与，联合制发了《关于进一步加强医疗药品医疗器械保健食品广告发布管理工作的通知》。《通知》要求，有关政府管理部门、新闻媒体单位要按照依法守规，控量增值、优化广告结构，提质升档和逐步退出医疗、药品、医疗器械、保健食品广告市场原则，严格履行广告发布程序和许可制度，完善广告代理公司和媒体单位内部管理等。为确保上述措施落到实处，《通知》还专门作出规定：凡媒体在发布上述4大类广告前，须报市委宣传部备案。为此，市工商、宣传部门加大工作配合力度，我局抽调专人到市委宣传部新闻处，帮助其对广告样稿的合法性进行审查，严把媒体广告发布关。去年，共备案审查广告2480份。广告监测情况显示：2009年4月份重庆实施媒体广告备案的当月，市级新闻媒体医疗、药品、医疗器械、保健食品广告发布总量为9.21万条，同

比减少18.25%，广告违法量同比减少61.37%，收到立竿见影的效果。二是利用广播电视监测台的技术优势，实现对市、区县两级电视媒体广告监测的全覆盖。由于我局广告监测中心的监测范围仅局限于市级新闻媒体，而对区县34家电视台自办电视节目广告的监测，目前只有广电部门的电视监测台能够覆盖，面对当前大量虚假违法广告下乡的现状，我局借助市广电局广播电视节目监测台的技术优势，由广电局定期向我局提供监测信息，由市局审查后对违法广告督促区县局查处，实现了对媒体广告管理区域上的全覆盖。目前，我局拟积极协调解决有关电视信号数据接入，实现对全市电视媒体广告监测从区域到内容的全覆盖，同时，还将借此机会对我局广告监测中心平台软硬件设施进行改造升级。深入探索推行媒体广告属地监管和委托监管相结合，市局监测和区县局监测相结合，相对集中查处和异地交叉查处相结合的媒体广告监管新模式。

（三）认真开展主城区户外广告专项整治，短期内取得明显成效

按照重庆市委、市政府关于打造内陆开放型经济高地、建设“五个重庆”的要求和部署，针对我市户外广告创意水平不高、广告内容低俗、污染视觉等问题，2009年8月下旬开始，我局在主城区开展了户外广告的整治规范工作。主要采取了五项措施：一是摸清家底，并在此基础上探索建立“一表、一帐、一档”的管理机制。二是各个行政辖区率先打造一条示范街、一条示范路、一个示范市场，并通过召开现场交流会，全面推动工作。三是强化“三性”审查。对已发布的广告进行全面清理，按照合法性、思想性和艺术性标准进行重新审查，同时，立足工商部门职能职责，对各类问题分类进行处置。四是严格执法。对未经审批擅自发布广告，特别是发布虚假违法广告，拒不配合治理的，坚决依法查处。五是强化领导和督查。市局、分局分别成立了户外广告专项治理工作班子，集中治理，确保实效。

通过上述措施，我市主城区户外广告专项治理工作在短期内取得了明显成效。主要体现在四个方面：一是清理登记主城区发布的各类户外广告12131幅，清查登记重点区域的店招广告10944块，并在此基础上确定了工作重点。二是渝北、九龙坡、巴南等分局认真按照市局的要求，积极主动争取区政府的支持，加强与市政部门的协调配合。机场路及机场户外广告发布、直港大道和铠恩家居市场周边的店招广告规范治理等已初见成效。三是配合相关部门在重点路段落实了17处固定公益广告位，并以全国科协大会在渝召开和迎接建国六十周年为契机，动员发布公益广告41块。与市委宣传部共同组织了户外公益广告创意设计大赛、“五个重庆”公益广告大赛和重庆市第三届公益广告大赛。四是依法拆除更新了一批不符合“三性”要求和画面陈旧、污损、残破的户外广告407幅，拆除未经批准擅自发布的户外广告1104幅，立案查处违法广告141件；更换、拆除招牌广告1761幅，面积1.86万平方米，立案查处违法发布的招牌广告61件。五是按照广告合法性、思想性和艺术性的要求，拟订了《户外广告发布合法性、思想性、艺术性审查意见》和《广告思想性艺术性审查专家咨询委员会工作办法》，并在一些城区试行。六是宣传工作卓有成效。向市政府上报户外广告整治专报12期，受到市政府领导的充分肯定；通过政务信息平台拟发广告专项治理动态信息和调研信息71篇，强化了信息的沟通和交流；适时撰写了主城区户外广告专项整治新闻通稿，并在中央和市级媒体进行了宣传，营造了整治工作的良好舆论氛围。

2009年河北省广告业发展与广告监管情况

河北省工商行政管理局商标广告监督管理处

河北省广告监管联席会议

2009年，全省工商系统深入践行科学发展观，广告监管工作坚持服务与监管并重、扶持与规范齐抓，促进全省广告业健康有序发展。

一、全省广告业继续保持平稳增长

宏观经济的复苏发展，拉动广告业的整体提升。2009年河北省国民经济生产总值保持了10%的高增长速度，伴随宏观经济的增长，广告业逐步复苏并不断巩固提高，统计显示，2009年全省共有广告经营单位4347户，比上年增加7户，增长0.16%；广告从业人员30112人，比上年增加1361人，增长4.7%；广告营业额达13.76亿元，比上年增长6.9%，在数量增加很少的情况下，广告经营单位的规模效益在不断提升。据调查，广告市场的增长空间主要来自两个方面：一是产业结构的调整，二是群众消费模式的结构性突破。表现在广告投放上的特征就是广告投放大幅度增加，行业结构稳中有变。

二、信息业、服务业等新兴领域成为行业广告投放的热点

产业变革带给广告业新的市场需求，广告业正紧紧追随经济潮流，不断满足新兴产业的要求。2009年广告投放的前几个行业分别是药品、房地产、食品、家用电器和酒类广告。2009年，药品广告继续保持投放量第一的位置，药品广告经营额1.17亿元，占全部广告经营额的8.5%。房地产和食品广告仍然处在第二和第三的位置，2009年的广告经营额分别为1.07亿元、0.73亿元。虽然药品、房地产和食品广告经营额延续了近年来始终占据前三的格局，但除食品广告经营额略有增长外，药品和房地产广告经营额分别比2008年减少了396万元、427万元。服务业广告经营额为0.71亿元，比2008年增长了58.12%；信息产业广告经营额为0.44亿元，比2008年增长了11.26%。总体而言，广告投放的行业格局基本未变，但在量比方面发生了一定的转化。传统的广告重点投放行业，呈现“软着陆”态势。新兴和新

崛起的行业，广告投放增长迅猛。金融服务业、通讯服务业、保险业、娱乐经纪业、咨询业、教育培训业的广告投入额显著增加。网络广告、短信广告、邮件广告等新媒体广告的发展空间不断扩大。

三、广告从业人员素质明显提高

通过举办各种形式的广告专业技术培训班、广告审查员培训班及专业性的广告创意、策划培训班，广告从业人员的专业知识、文化素质及遵纪守法意识显著提高。同时，广告业日趋激烈的竞争形势，淘汰了一批不适应潮流发展、缺乏专业人才、没有核心竞争力的小广告企业。目前，我省广告队伍专业人员数量占从业员工的70%以上，高学历、高综合素质的从业人员不断增加，具有研究生学历的从业人员已占到了10%，广告业形成了一支年轻化、发展欲强、知识面广、文化水准较高的广告人队伍。他们用自己的创意和日常的经营活动，正在构建一种具有中国特色又合国际时尚的广告文化。

四、广告经营企业的多元化

2009年底，全省广告公司为2564户，占全部广告企业的58.98%，公司制形式为广告经营企业普遍采用。广告业内国有企业数量为191户，国有事业单位数量为229户，集体企业单位数量为92户，集体事业单位为19户；个体私营企业单位数量增长了4.6%，达到了2454户；外商投资企业从无到有，2家外商合资广告企业落户河北，营业额达到了5300多万元。目前全省的广告经营企业中，公有制企业占12.2%；个体工商户私营企业占 56.45%；其他占30.83%。以民营企业为主体、投资多元化、各种经济成分的企业相互竞争的广告业格局已经形成。在此前提下，涌现出一批与与客户关系好、服务功能全、创作质量高、市场信誉好的骨干企业。

五、广告、品牌战略交相辉映，共创辉煌

企业已充分意识到广告战略在生产经营中的重要作用，在追求产品科技含量、质量和信誉的同时，不断创企业品牌宣传力度，加大广告投入，2009年全省一次性取得了26件驰名商标。“今麦郎”牌方便面“曼都珊”牌珠宝首饰、“五得利”牌面粉、“集发”牌新鲜蔬菜和水果、“栗源”牌糖炒栗子及“胖太太”牌服装等知名品牌已深入人心，取得了良好的经济效益。

六、广告市场秩序和经营环境进一步改善

一是坚持整治与规范并举，专项治理与日常监管结合，围绕广告发布前规范、发布中指导、发布后监管等主要环节，强化广告发布源头治理和发布环节的监管，增加广告监测和社会公告频次，强化监管措施，加大执法力度，完善案件查办程序，推动建立和落实媒体单位发布虚假违法及不良广告行为领导责任追究制。各级工商局、纠风办和行业主管部门联合对23家广告媒体广告负责人进行警示谈话，增强媒体的社会责任感。全年对广告企业行政告诫（限期整改）369条次，查办案件1851件。二是进一步完善了违法广告通报制度，加大对典型违法广告以及广告违法率居高不下的单位进行通报力度，省工商局在红盾网曝光了虚假违法广告89个，各级工商部门也通过不同形式曝光了一批严重违法广告企业。充分发挥社会舆论监督对虚假违法广告的威慑作用，三是健全完善长效监管机制，充分发挥广告监测中心的作用，以省、市两级监测系统构成的监测网络，对平面媒体、广播电视、网站发布的广告进行全天候、全方位监控，为专项整治工作提供有力的技术保障。同时，全省工商行政管理系统进一步完善广告监测的制度建设，确保广告监测到位。

2009年山西省广告监管工作综述

山西省工商行政管理局广告监督管理处

山西省开展重点领域违法广告集中整治会议

山西省工商局认真落实科学发展观，积极落实国家工商总局2009年工作要点及山西省政府净化社会文化环境工作电视电话会议精神，加强广告市场监管，努力做到监管与发展、服务、维权、执法的统一，大力加强“四化建设”，积极推进“四个转变”，全面实现“四高目标”。截止年底，全省检查监测广告26.28万条次；发现涉嫌违法广告3736条次；收缴违法印刷品广告48.36万份；行政告诫728条；查处违法广告案件3008件，罚没款共735.53万元。抓整治工作的同时积极引导广告经营单位开拓品牌广告经营市场，营造了良好的广告市场环境，做到了山西广告业又快又好的发展，2009年全省广告经营单位3016户，从业人员20706人，广告经营额24.19亿元，比去年增长20%。

一、以“四个从严”为整治重点，维护人民群众切身利益

为落实党中央、国务院关于“保增长、保民生、保稳定”的决策部署和张建欣副省长的批示精神，巩固近几年的整治成果，严厉打击违法广告的经营行为，促进地方经济平稳较快发展，山西省工商系统开展重点领域违法广告集中整治工作。各级工商行政管理机关按照省局的要求，认真履行职责，积极引导行业自律，以实际行动取信于民，同时严厉打击严重的广告违法行为，取得了良好的整治效果。

二、认真落实国家工商总局的部署，继续深入治理整顿网上非法“性药品”广告和性病治疗广告

全省工商行政管理机关根据国家工商行政管理总局《关于继续深入治理整顿网上非法“性药品”和性病治疗广告的通知》要求，督促经营广告的网站建立健全广告业务承接登记、审核、档案管理制度，形成了一套对违法广告的长效监测机制和查处违法广告的快速反应机制。截止年底，全省检查980家分站及380家网页、网站；整改删除36家自设网站、搜索网站；查仿真器械、保健食品违法广告1836条。

三、积极开展户外广告整治，美化城市建设创造环境

山西省工商局认真落实中央办公厅、国务院办公厅《关于进一步净化社会文化环境促进未成年人健康成长的若干意见》精神，加大了户外广告整治和监测力度，规范户外广告牌匾和内容，把广告整治与城市景观相结合，既达到了宣传和监管的效果，又美化了城市建设，创造良好的商务环境，促进了当地经济和社会的和谐、健康、有序发展。

四、做好广告经营资格检查工作，从源头上加强广告监管

山西省工商局在广告经营资格检查中结合专项整治工作，严把广告经营主体资格，进行实地经营资格检查。对不符合条件的，责令退出广告市场，缴销营业执照；对发布违法广告严重的单位责令限期整改，既规范了广告主体的广告经营行为，又促进广告监管工作的开展。大同、忻州、临汾、晋城市工商局在实地经营资格检查中，深入广告经营单位了解广告经营状况，有针对性地开展现场指导，同时宣传广告法律法规，规范广告发布内容，广告市场监管取得良好效果。

五、积极开展企业帮扶活动，促进当地经济的发展

山西省工商局深入广告经营单位及当地企业了解经营发展情况，指导其走内涵式发展之路，把广告内容丰富和企业创新有机结合，使广告更加贴近实际、贴近生活、贴近群众，在抓监管的同时，深入媒体和经营企业，组织和指导名优产品广告设计、创意，使当地的许多产品走向全国及世界，各类媒体的广告营业额均出现了较快增长，全省广告营业额达24.19亿元，比去年增长20%。进一步推动了山西经济又好又快发展。

2009年内蒙古自治区广告监管工作总结

内蒙古自治区工商行政管理局广告监督管理处

2009年2月下基层对主流媒体广告发布进行检查

2009年，全区广告监管工作以科学发展观为指导，以规范广告市场秩序和广告经营活动为目标，以主流媒体的监管为重点，以整治虚假违法广告为突破口，积极创新工作思路，大胆探索新的方式，不断加大监管力

度，为建国六十周年庆祝活动营造了良好的舆论环境，也使广告监管工作有了新的起色。

一、加强对基层广告监管工作的指导，提高广告监管工作的主动性、针对性和有效性

上半年，我们在调查研究的基础上，对全区的广告监管形势进行了认真的分析。在广告市场方面：我区的广告业受到了国际金融危机的冲击。为了应对当前的经济形势，增加广告收入，从第二季度开始，许多媒体放松了广告发布的审查把关，使虚假违法广告有所泛滥。在监管方面：一些监管人员主观上存在同情心理、攀比心理和畏难情绪。认为今年经济形势不太好，新闻媒体日子不好过，监督管理应适当宽松一些；认为我区是欠发达地区，广告资源比较少，只要其他省以上媒体敢于发布的广告我们就可以发布；认为新闻媒体有靠山、有关系，办案难度较大，因此在监管中责令整改的多，严格处罚的少。对此，我们一是及时向基层通报情况，指出存在的问题，指导基层预见性地开展工作，及时遏制虚假违法广告泛滥的势头。二是指导基层依法解决疑难问题。今年七月份，通辽市工商局上报了《关于地市级电视台对外承包医疗、药品广告问题的请示》，反映了他们对媒体承包经营难以监管的问题。我们经过研究，给予了认真的答复，并将答复抄送其他各盟市工商局。三是根据我区实际情况，在国庆节前，指导全区开展了“集中整治虚假违法广告专项行动”，为国庆庆祝活动营造了良好的舆论环境。四是指导鄂尔多斯市、巴彦淖尔市、呼伦贝尔市、包头市等工商局组织广告监管工作培训活动，提高了广告监管工作人员的执法能力。四是组织参加了国家工商总局和中央文明办组织的“第八届全国优秀公益广告评选活动”。经过评选，上报优秀作品10件，先进单位3个、先进个人3名。

二、以打击和遏制虚假违法广告为重点，进一步加大了对自治区主流媒体的监管力度

今年第一季度，受国际金融危机的冲击，自治区主流媒体的广告量和去年同期相比下降了近10%。为了应对不良的经济形势，增加广告数量和广告收入，内蒙古晨报、北方新报、内蒙古电视台等媒体放松了广告发布的审查把关，使医疗、药品、保健食品、化妆品、房地产等广告的虚假违法程度比过去更加严重，有的媒体甚至大量发布性保健品广告。一些明文禁止的融资、纪念品、信用卡等广告也时有出现。为了迅速遏制这一不良势头，根据局领导的指示，六月下旬，我们及时召开专题会议进行研究部署，收集了大量的证据，制定了“集中查处实施方案”，指导呼和浩特市工商局成立了两个执法队，对自治区主流媒体3至6月份的虚假违法广告进行严厉查处。经过两个多月的努力，责令内蒙古电视台停止发布11条严重违法广告，罚款14万元；责令北方新报停止发布6条违法广告，罚款10万元；责令内蒙古晨报停止发布5条违法广告，罚款1万元；对内蒙古广播电台罚款1万元。

但是，在严厉查处以后不久，内蒙古晨报、北方新报等媒体为了完成年度广告收入指标，仍然我行我素，置我局的处罚与责令于不顾，继续发布虚假违法广告，在社会上造成了不良影响。为了维护法律法规的严肃性，今年九月份，我们向内蒙古晨报和北方新报下发了在一个月内停止发布医疗、药品和保健食品广告的处罚决定。这是我局历史上第一次暂停媒体广告发布业务，也是全国停止广告业务时间最长的行政处罚。这一处罚，有效地震慑、教育了广告经营者和广告发布者，也使我们在充分应用法律法规加大对主流媒体监管方面有了新的启发。

三、与相关部门密切配合，及时查处违法广告案件

一是与广告监测中心密切配合，对全区平面媒体进行了集中监测，并指导基层对发现的违法广告案件进行查处。7月份，我处和广告监测中心联合抽调部分盟市工商局广告监管业务骨干，对全区今年5月11日至17日发行的101个平面媒体的254份样本进行了集中监测。共监测各类广告7889条，涉嫌虚假违法广告743条，广告违法率9.41%。并向各盟市工商局通报查处了101条

严重违法广告。二是及时转办（查办）国家工商总局和自治区食品药品监督局转来的各类广告案件。今年1至10月份，我处共受理国家工商总局通报的广告案件8件，受理自治区食品药品监督管理局转办虚假违法广告案件通知6期，《违法药品广告公告》7期。三是受理群众投诉举报案件7起。对于所有受理的案件，都及时进行查处，按时进行回复。

四、加强对广告经营主体经营资格的审查和管理，进一步规范广告经营秩序

一是开展了《广告经营许可证》年检工作。全区现有广告经营单位2075户，领取《广告经营许可证》的有331户， 其中317户通过了年度资格检查，14户未参加年检，年检率为96%。在年检中，采取自查与规范相结合、审查与核实相结合、惩戒和整改相结合的办法进行，进一步规范了我区广告市场主体的经营行为。对违法广告严重、且在处罚后不积极改进的内蒙古晨报和内蒙古商报，暂不通过年检，待其按我局要求严格整改并缴纳上一年度罚款后才通过年检。内蒙古晨报补缴罚款6万元，内蒙古商报在我局强劲的监管下放弃了医疗、药品和保健食品广告业务。二是严格固定印刷广告的准入，进一步规范固定形式印刷品广告的经营发布行为，对不按核准的名称、规格、样式发布的固定印刷品广告依法进行了查处，责令整改14家，处罚6家。全年新登记固定印刷品广告8户，全区固定形式印刷品广告已达108户，全年新登记烟草广告12件。

五、对网络广告监管进行探索研究，起草了《内蒙古自治区互联网经营主体准入和经营行为监督管理暂行办法》

近年来，我区互联网发展非常迅猛。根据自治区通信部门提供的数据，截至2008年底，全区互联网用户总数达到135万户；互联网宽带用户总数达到111万户，全区网民总数达到385万人，全区网站总数达到12454家。虽然我区互联网发展水平与全国整体发展水平相比，还有一定的差距，但存在和显露的问题仍然比较突出：一是非经营性网站未经工商登记从事营利性经营活动；二是“黑网吧”已遍布大中城市和农村牧区；三是网络非法广告比较严重；四是网络淫秽色情等有害信息自由泛滥；五是网络商品交易比较普遍；六是网络侵权、网络传销等网络犯罪活动时有发生。

可是，与网络发展形势不相对称的是网络监管明显滞后，一是绝大部分中小网络经营者不经注册登记从事营利性经营活动，给监管工作造成了发现难、取证难、处罚难；二是针对网络监管的法律法规相对滞后。三是各监管部门在监管职责、管辖权限、管辖对象、监管手段、协作机制等方面存在着不清楚和难操作等问题。

上半年，自治区党委宣传部乌兰部长亲自组织召开了三次网络监管会议，在听取了各单位的情况汇报及意见之后，责成我局代自治区政府研究起草自治区网络管理办法。我处做为网络监管工商部门的联系处室，承担了这项工作。经过调研和广泛征求意见，《内蒙古自治区互联网经营主体准入和经营行监督管理暂行办法》初稿已经草拟完毕。“办法”受到了自治区党委巡视组和中央文明办净化社会环境工作督导组的肯定。

2009年辽宁省广告监管工作总结

辽宁省工商行政管理局广告监督管理处

辽宁省广告监测中心

2009年，按照国家总局的总体部署，围绕省局工作重点，全省广告监管部门主要做了以下几项工作。

一、组织开展互联网低俗之风专项行动整治工作

根据全省整治互联网低俗之风专项行动统一部署，省局下发了文件，制定了具体工作意见，注重抓落实，专项整治行动取得了阶段性成果。

1、发挥大众传媒的社会监督作用

在整顿专项行动中，各市工商机关通过当地媒体，及时采取发布相关信息、公布举报电话等多种方式，调动社会各方面的积极性，扩大社会监督范围，进一步加强了对发布“性药品”和性病治疗广告经营活动网站的监督检查力度，有力地打击了违法广告。

2、严厉查办违法广告案件

对发布虚假违法“性药品”和性病治疗广告经营活动的网站，省局要求各市要立即调查处理，5日内上报查办情况。在整治行动中，全省共发现有8家网站发布“性药品”和性病治疗内容广告，其中还有4个网站公布的主办单位名称、地址是假的。在加大查处网站发布非法“性药品”广告和性病治疗广告力度的同时，与有关成员单位配合，还采取了删除网站链接、关闭网站等措施。对国家工商总局公布以及省委外宣办交办的醉春宵（http://zcx123.com/）、维春阁成人用品商城（http://www.sywcg.com/）、夏娃（http://www.loveaaa.com/）、辽宁性梦商城（http://liaoning.nen.com）等问题严重的网站，及时提请省通信管理局予以关闭。

3、完善监管长效机制

制定下发了《关于进一步做好整治网络低俗之风工作的通知》，继续会同卫生、药监部门做好深入整治网上低俗之风专项工作。

二、进一步规范媒体广告发布行为

年初以来，通过座谈、走访、专项监测等多种方式，各级局加强了对媒体广告发布行为的指导，并认真督促

媒体严格落实广告发布审查的各项管理制度，规范媒体广告发布行为。

1、及时召开媒体广告工作会议

与省委宣传部联合，分别于2月20日和8月12日召开沈阳地区主流媒体广告管理会议。通报沈阳地区新闻媒体广告发布监测检查情况，要求各媒体广告经营部门加强广告审查，切实履行好审查义务。阜新市局还召开全市性的广告监管工作会议，主管副市长亲自参加，市局与媒体、广告公司、广告主代表签订了“自律公约”，并制定了《广告市场巡查制实施细则》，明确了对广告经营活动日常监管的内容和方式。丹东市局规范媒体对出国劳务、涉外婚姻、出国留学等广告的审查内容。

2、加强对媒体广告发布的行政指导

一是督促整改。省局结合国家工商总局广告司《2008年第四季度广告监测通报》公布结果，针对《时代商报》、《沈阳晚报》和《半岛晨报》三家报社发布广告违法率较高的情况，于3月5日召集三家媒体的广告部负责人进行了集中谈话，提出整改要求。今年省局向沈阳地区主流媒体发布责令整改通知书16期，整改广告20条。各市局共向当地媒体发出整改和提示书466份，发出广告暂停发布通知书348份。二是走访调研。为了解当前经济形势对媒体广告经营的影响状况，省局到辽宁教育电视台走访调研，了解辽宁教育电视台的广告经营情况，指导审查广告样片、样带和文稿60余件，现场解答广告审查遇到的具体问题，征求对广告监管工作的意见。沈阳、盘锦、葫芦岛市局还通过举办培训班、告诫、走访等形式，加强对广告发布的行政指导，为促进媒体广告规范经营发展发挥了积极作用。

3、开展媒体发布医疗广告情况专项监测检查

省局与省卫生厅联合，对省内主流媒体发布的医疗广告情况进行了专项监测检查。在省卫生厅发布的医疗广告审查证明撤销公告后，我们及时在红盾信息网上发布了医疗广告审查提示，要求广告发布者、广告经营者严格医疗广告审查，对违法发布医疗广告行为依法严厉查处。对于4家擅自篡改医疗广告审查内容的医疗机构，我们向媒体发出了广告停播通知并进行了立案查处。

三、突出重点打击发布虚假违法广告行为

2009年，广告监管继续以医疗、药品、保健食品等品种为重点，加大了查处力度。全系统共查办广告案件935件（含省局），罚款1023万元，广告市场环境有所好转。

1、认真部署落实广告监管工作

2月初召开了全省工商系统商标广告管理工作会议。提出要加大对药品、医疗、保健食品、化妆品等重点品种违法广告案件的查处力度，在强化广告发布更正的同时，严厉查处广告中夸大功能、保证疗效、保证治愈率的行为；使用患者、公众人物、专家名义作疗效证明的行为；未经广告审查机关审查擅自发布的行为；以新闻报道形式变相发布广告的行为。省局对2家比较有影响的发布严重违法广告的媒体进行了处罚。营口市局开展了重点品种广告专项整治，共出动检查人员300人次，检查广告经营单位120家，监测检查广告900条，认定虚假违法广告51条，立案查处11条，有力打击了虚假违法广告。各市局按照省局的部署，继续加大对重点品种广告的监管力度，共查处药品违法广告280件，食品违法广告196件，医疗广告192件，重点品种的广告发布秩序有了明显好转。

2、曝光典型违法广告案例

在省局“3.15”新闻发布会上，曝光了尧王保心包、复方海蛇胶囊等药品违法广告，以及金虫草双参胶囊、美国V9、能量元软胶囊等共计10件欺骗和误导消费者的违法广告案例。在11家省和沈阳地区主流媒体上共发布违法广告警示公告3期，对包括含有不良内容的美国V9、喜来乐强劲胶囊、黄金腺体等13个保健食品广告，英国卫裤、美国优裤、魔依裤等5个保健用品广告，以及3个药品广告和1个医疗器械广告，共计22个欺骗和误导消费者的违法广告案例进行了曝光。一年来，各

市通过各级各类媒体共发布违法广告公告53期，曝光典型违法广告266个，对违法者起到了震慑作用。

3、强化广告日常监测检查

省局坚持每月对沈阳地区主流媒体、各市都市类报纸和广播电视报进行一次集中监测检查。今年，还对盘锦、营口、大连、丹东、本溪等地的电视、广播的广告发布情况进行了监测检查。针对监测出的问题，要求媒体及时整改。发布监测通报3期，对严重违法的59条广告，责令各市局进行了查处。沈阳市局完善了三级监测工作制度，确保了广告监测工作有效的开展，监测广告达到160万条。朝阳市局全面应用了数字化媒体广告监测系统，监测效率大大提高。辽阳市局还将广告监测情况，以《工商信息》的形式向市四大班子领导进行了汇报，为广告监管营造了良好的政务环境。

4、集中监测户外和固定形式印刷品广告

省局结合落实省委、省公安厅禁止邪教组织利用广告进行非法宣传的要求，对省内户外广告和固定形式印刷品广告的发布审查及时提出具体要求，并进行了集中监测检查，为保持广告市场正常秩序提供了有力保障。抚顺市局按照市政府的部署，加大户外医疗广告整治力度，共撤销6条公交线路54台公交车“曙光男科”车体广告和900余台出租车“曙光男科”顶灯广告。各市局进一步加强对户外广告的监管，坚决清理违法户外广告路牌，净化了城市环境。

5、拓宽广告监管领域

在对农村广告市场调研的基础上，沈阳市局开展了农村广告市场整顿，制定了《工作方案》，以查处虚假违法农资商品、养殖种植类、食品药品和危害农村和谐稳定、精神文明建设方面的四类涉农广告为重点，发放宣传单2万份，发出行政指导建议书24份，责令停止发布严重违法广告26条，查办虚假违法广告案件15件，为农村改革发展新农村建设提供了保障。丹东市局对全市固定形式印刷品广告的中介劳务广告进行了整顿，对其发布的55个出国劳务、涉外婚姻等中介服务广告逐个进行了资质审查，对违法广告及时责令改正，净化了中介服务市场广告秩序。

四、其他工作

1、认真办理提案建议答复工作

今年共办理人大、政协委员提案和建议8件，其中主办件3件，协办件5件。对于3件主办件，我们就代表提出的意见建议结合广告监管工作认真解答，得到了人大代表的认可，1件非常满意，2件基本满意。

2、开展广告经营单位年检工作

我们通过电子政务网，对广告经营单位年检工作明确了时间、范围，提出具体要求。在广告经营许可证年检工作的基础上，对省级各类广告发布者的广告经营资格进行了专项整治。通过红盾信息网发布广告经营资格整治的行政公告，向42户报刊、杂志单位发送了检查通知，确保检查率达到了100%。

3、开展公益广告评选推荐工作

与省文明委联合开展了参加全国优秀公益广告评选推荐活动。全省共征集电视广告9条，广播广告8条，平面广告11条，先进集体和个人材料4份。经筛选推荐，有10条公益广告和3名先进个人参加了全国优秀广告活动评选。

4、开展争创全国广告行业精神文明先进单位活动

经过组织准备、各市初评上报、省局筛选推荐，向国家局申报辽宁电视台等7家单位和3个个人。

5、组织各市广告协会，动员广大会员参加第十四届中国国际广告节的作品评比和广告节的各项活动

2009 年吉林省广告市场发展及广告监管情况概述

吉林省工商行政管理局广告监督管理处

吉林省广告监管与发展联席会议

2009 年，吉林省广告业受金融危机的影响并不明显。可以说是面对危机，涛声依旧。截至 2009 年底，全年新增广告经营单位 883 户，达到 2852 户；新增从业人员 4816 人，达到 15046 人；广告经营额首次突破 20 亿元，达到 22.06 亿元，比上年增长 14.7%。广告市场秩序持续向好，总违法率为 36.003%，比上年略有下降。

一、吉林广告业整体发展情况

（一）广告增速依然按部就班

近两年来，我省广告业每年都以 10% 以上的速度增长。2007 年增长 10.28%，2008 年增长 12.26%，2009 年增长 14.7%。金融危机对我省广告业的影响，主要表现在金融服务业和房地产业，其中金融服务类广告比上年下降 110%，而食品、医疗、保健食品广告分别比去年同期增长 58.59%、47.55%、43.59%，成为广告业增速的支撑。

（二）媒体广告仍然一枝独秀

全省共有电视台、电台、报纸、杂志四大传统媒体 224 户，全省媒体广告经营总额为 13.66 亿元，占全省广告经营总额的 61.9%。其中省属媒体广告经营额为 8.61 亿元，占全省广告经营总额的 39%。吉林电视台广告经营额为 5.50 亿元，独占全省 20% 的份额。占全省广告经营单位不足 8% 的媒体，经营额却占全省总额的 60% 以上，而占全省广告经营单位总户数 71.5% 的广告公司，经营额却仅占全省总额的 33.22%。说明我省广告主要是拼媒体资源，而广告公司相对疲软，缺乏市场竞争力。

（三）医药广告继续统治市场

长期以来，药品、医疗、保健食品广告，一直占有我省广告市场 60% 以上的份额。2009 年所占比重虽略有下降，占广告经营额的 57.3%，但仍占市场的统治地位。成也医药，败也医药。说明广告市场的结构调整，仍然需要下更大决心，做出更大的努力。

二、广告监管成果

2009年，是我国经济社会发展面临严峻形势的一年。一年来，全省各级广告监管部门和监管干部，在省局党组的领导下，在市、州局领导的高度重视和大力支持下，按照"跟进、有为、争先、升位"的理念和要求，紧密结合我省广告市场的实际，一手抓整顿规范，一手抓指导和促进发展，市场整治取得明显成效，监管水平进一步提升，在指导广告业发展迈出了实际步伐的同时，服务经济社会发展有了新的突破。

（一）加大整治力度，广告市场秩序持续向好

1、对涉性类不良广告坚持高压严打见成效

通过2008年末和2009年初，在全省范围内开展的声势浩大的围剿涉性类不良广告专项整治行动，基本杜绝了涉性类低俗不良广告，有效地净化了市场环境。为巩固整治成果，各地对涉性类不良广告采取跟踪监测等方法，一经发现，依法严肃查处，铲除了寄生在广告市场上的一颗毒瘤。长春市局对涉性类不良广告态度坚决，坚持"露头就打，管住管死，从严查处"的方针，决不允许死灰复燃，得到了长春市领导的充分肯定。

2、整治规范医疗、药品、保健食品广告出成果

2009年，突出了对医疗、保健食品广告的整治。2月份，省局会同省卫生厅联合下发《关于对部队医疗机构发布医疗广告开展专项整顿的通知》，9月份，又与省卫生、药监、广电、新闻出版等部门，联合下发了《关于对医疗、保健食品广告开展集中整治行动的通知》，集中开展整治行动。各级局认真落实文件精神，组成联合检查组对辖区医疗机构进行了普遍检查，深入主要媒体开展了帮查帮纠活动。全省共检查医疗机构200余家，检查医疗广告审批文件200多份，检查医疗、药品、保健食品广告3000余条，现场规范2000多条，责令整改130余条，对40条严重违法广告予以立案查处。年度监测，医疗、保健食品广告违法率比整治前下降了近20个百分点。

3、网络广告监管工作有新突破

省局先后转发了国家工商总局《关于在整治互联网低俗之风专项行动中严厉打击非法"性药品"广告和性病治疗广告的通知》、《关于积极配合有关专项行动，进一步加大对违法广告整治力度的通知》、《关于深入开展打击利用互联网等媒体发布虚假广告及通过寄递等渠道销售假药的专项整治行动的通知》等文件，各地立足现有条件，克服困难，加强网络巡查，共发现25家传递不良信息的网站，对IP地址在我省的网站，下达警示通知书10份，下架广告10条（次），提请通信管理部门关停了2家。辽源市工商局在网络广告的监管过程中，积极探索，大胆试行，建立了数据库制度、试行了许可证制度，通过与辖区主要网站合作实施网络广告监管，收到了较好效果。

4、参与了金融类广告监管

与人民银行长春市中心支行等部门联合下发了《关于转发加强各类纪念章（品）以及人民币相关广告管理的通知》、转发了《中国人民银行、中国银行业监督管理委员会、公安部、国家工商行政管理总局关于加强银行卡安全管理，预防和打击银行卡犯罪的通知》。省局与人民银行等部门在长春文化广场开展了大型宣传活动，宣传工商部门职能，宣传取得的成果，扩大了社会影响。各级局广告监管部门主动配合，迅速行动，积极作为，严格整治和规范违法违规广告行为，全省共责令停止金融类违法广告80余条（次）。我们的做法先后被国家工商总局和省政府门户网站以政务信息形式刊出。

5、总结经验推动监管工作上层次

去年7月份在延边召开的全省广告监管暨虚假违法广告专项整治经验交流会议，是集中整治虚假违法广告六年来，我省第一次召开广告监管方面的经验交流会。八个市州局、一个县局分别介绍了各自的经验，既有抓监管的做法，又有抓发展的思路；既有对传统媒体广告的监管总结，又有对现代网络广告监管的探索。通过解决突出问题，带动广告市场秩序好转；通过创新监管方式，建立长效监管机制，从不同侧面，回答了广告监管与专项整治的重点和难点问题。四家广告经营单位，分别介绍了他们在整治中规范，在规范中壮大的发展历程，具有典型示范作用。国家工商总局广告司李亚莉副司长充分肯定了我省广告治理工作取得的成绩，对我省

广告监管和专项整治的四条基本经验表示高度赞赏。

（二）强化制度建设，广告监管长效机制进一步完善

1、广告监测常态化亿

2009年，全省共组织各类监测50余次，监测广告513726条（次）。通过对数据的分析，掌握了不同时段、不同品种、不同媒体广告发布的特点和规律。全省共发布广告监测通报40期，通报中，有情况、有分析、有案例、有监管建议。不仅印发所属部门和媒体，指导广告监管和市场整治，还抄送人大、政府、政协，以及联席会议各成员单位，成为领导机关、相关部门了解广告市场情况、掌握广告监管动态的窗口。

2、联席会议制度化

2009年，省局和市、州局平均召开联席会议三次以上，集中研究了信用等级评定、市场专项整治等重大问题。开展医疗、保健食品广告集中整治行动，联席会议成员单位各司其职，各负其责，一同研究部署，一同检查规范，监管合力进一步增强。利用联席会议平台，各部门通报上级部署要求、监管思路、目标任务和国家相关部委最新出台的政策、法规，以及典型违法广告案件等，实现了信息共用，工作共担，成果共享。松原市局通过完善组织、完善职能、完善协调、完善资源的“四个完善”强化联席会议机制作用，形成了部门监管、行业自律、舆论监督、群众参与的综合治理机制。

3、日常监管规范化

吉林市局将指导与规范同步，服务与监管并举，运用非强制行政管理方式将钢性执法与柔性管理相结合，在树立工商执法新形象的同时，达到规范市场行为的目的。四平市局落实巡查制度，推行分类监管，强化执法联动，严格整治户外违法广告，有效地维护了市场秩序。白山市局把户外广告登记备案和监督管理权限全部下放到基层综合工商所，将户外广告监管纳入到市局对县区局年度工作目标考核和对基层综合工商所检查考核评比中，促进了监管职能到位。白城市局通过组织学习培训，建立自律公约，帮助完善相关制度，上门指导规范等措施，着力把好广告发布的关口，效果很好。延边州局根据广告活动的特点，把监管关口前移，从广告发布环节切入，创新事前、事中、事后“三段式”监管模式，案件违法率明显下降，受到广告经营者的欢迎。

4、处罚手段多样化

在监管实践中，全省各级广告监管机关从实际出发，灵活运用警示、公告、下架等行政手段遏制违法广告。截至2009年12月底，全省共发布各类违法广告警示504条（次），公告违法广告301条（次），下架违法广告424条（次），查处违法广告案件578件，收缴罚没款上缴省财政273.4万元。

（三）深入调查研究，扶持广告业发展迈出坚实步伐

1、指导和扶持行业发展受重视

2009年下半年以来，在省局领导的高度重视和具体指导下，就如何支持和鼓励吉林省广告业的发展，充分发挥广告在经济社会发展中的积极作用进行了调研。通过走访、座谈等形式，深入分析在金融危机背景下，影响我省广告业发展的主要障碍和制约因素，向省政府呈送了《关于我省广告业发展状况的调查报告》，提出了5个方面16条扶持我省广告业发展的政策性建议。通化市局创新广告发展理念，提出了广告业“外引内联、重组整合、提升效能、促进发展”的思路，积极推进广告经营市场化、增长方式集约化、产业素质智力化、行政管理法制化、行业管理自律化、中介服务社会化，并积极争取政府支持，将广告业列为文化产业的重要组成部分。

2、出台了关于健全和强化广告宣传助农机制的指导意见

2009年11月份，根据省局服务农村改革发展的要求，认真研究了广告宣传助农的指导思想、目标任务，及时出台了《吉林省工商局关于健全和强化“广告宣传助农机制”的指导意见》。以互利互惠，实现共赢为目标，推出鼓励广告企业承包、代理优秀涉农企业、优质农副产品，帮助培训市场营销人才，加强涉农企业及农副产品广告宣传等措施，趟出了一条广告业与我省企业、项目结合，助推吉林经济社会发展的路子。

2009年黑龙江省广告监管工作总结

黑龙江省工商行政管理局广告监督管理处

按照国家工商总局、省局年初的工作部署和要求，以邓小平理论、“三个代表”重要思想为指导，全面落实科学发展观，以“四化”建设为重点，努力做到四个统一，强化广告集中整治力度，推进监管手段，加大系统广告整治指导检查力度，切实履行职责，为经济发展和社会和谐做出新的贡献。全省广告经营单位共计2669户，比去年增加了236户；广告经营额为21.45亿元，比去年同期增加了1.06亿元；从业人员20613人，比去年同期减少了694人。

一、认真部署周密安排，继续开展广告专项整治工作

年初以来，省局党组非常重视广告整治工作，主要领导多次批示并提出要求。省局及时制定全省广告监管工作要点，明确全年广告监管工作任务，制定下发了《黑龙江工商行政管理局关于开展医疗、药品、保健食品及性保健产品广告专项整治行动的通知》并召开黑龙江省广告专项整顿推进会议。先后转发了国家工商行政管理总局《关于贯彻落实整治手机媒体低俗之风工作方案的通知》的通知、国家工商行政管理总局和中国人民银行《关于加强各类纪念章（品）以及人民币相关广告管理的通知》的通知。国家工商总局《关于积极配合有关专项行动，进一步加大对违法广告整治力度的通知》的通知，12月18日召开全省广告市场专项整治“百日执法”行动大会，全面安排部署“百日执法”行动工作任务。同时，各市地工商局结合当地实际，制定广告专项整治方案和户外广告整治方案，适时组织召开辖区广告发布者、广告经营者或广告主等不同形式的会议进行动员部署和安排，促进和提高了广告经营者、广告发布者自律意识。

二、坚持广告专项整顿和日常监管相结合，促进广告发布秩序不断规范

在广告专项整顿中，一是组织召开广告经营者广告发布者行政告诫会12次，下达责令公开更正通知书95份，责令停止发布通知书723份，责令停业整顿通知书61份，其中：省工商局先后对省直媒体行政告诫2次，下达停止发布通知书16份。全省下发广告审查提示18次，答复人大、政协提案20条件；二是在红盾护农活动中，针对涉农广告审查问题，组织媒体单位对广告审查员进行了专业培训，得到媒体的好评；三是坚持对辖区新闻媒体广告发布的监测，对发现问题及时召开告诫会、通报会，提出整改意见，要求限期改正，并注意跟踪问效，监督落实到位，对严重违法和多次发布违法广告的媒体，采取下达《广告停止发布通知》等强制措施或公开曝光，有效的加大打击力度。

三、坚持广告整顿和集中办案相结合，使严重违法广告得到有效遏制

年初以来，对国家局监测发现《新晚报》发布的“倍力胶囊”保健食品虚假违法广告，由省局立案查处，分别对哈尔滨日报报业集团、哈尔滨报达医药有限公司处以5.7万元、3.8万元的罚款。又对黑龙江电视台、《生活报》、《新晚报》发布的“肽平压软胶囊”夸大治疗作用违法广告，由省局交办、佳木斯局具体查办，分别给予黑龙江电视台、《新晚报》、《生活报》处以没收广告费，罚款21.5万元、21万元、22万元的行政处罚。按照国家工商总局《关于查处部分报纸发布严重违法广告

的通知》的要求，对黑龙江日报报业集团下属的《生活报》发布的十条违法广告给予179，828元的罚款，对哈尔滨日报报业集团下属的《新晚报》发布的九条违法广告给予182，260元的罚款。还有黑龙江电视台卫视频发布的“筑本T8魔链、贵度全能魔链、量子丽全能魔环、参七脑康胶囊”电视直销商品广告，省局正在立案调查。同时，省局直接受理112起举报和投诉，通过简易处罚等形式及时的予以处理。

截至年末，全省工商系统共查处广告违法案件1922件，罚没款822.84万元。突出表现在五大类广告上，即药品、医疗服务、食品及保健食品、医疗器械、美容服务广告。药品广告案件673件，罚没款251.27万元；医疗服务广告案件173件，罚没款62.33万元；食品及保健食品广告案件294件，罚没款62.88万元；医疗器械广告案件27件，罚没款9.88万元；美容服务广告案件63件，罚没款13.90万元。其中电视、报纸媒体发布违法广告较多，电视发布违法广告551起，报纸发布违法广告案件234起，广播发布违法广告119起。

四、落实广告监测制度，为广告监管提供一手资料

近年来，全省各级广告监管部门重视广告监测工作，充分运用广告监测数据，在对媒体实施日常监管、为各级领导提供决策信息、在广告执法办案等方面提供了重要实事依据。据统计，全省共监测242596条。对监测发现涉嫌违法的广告给辖区工商局下达《涉嫌违法广告通知书》，由媒体所在地辖区工商机关依法查处。第四次对省城媒体监测789条，涉嫌违法违规195条，通过下发违法广告停止发布通知书，简易处罚等方式进行了处理。

同时，配合省文明办开展抵制低俗不良文化广告信息整治行动，对涉及到得手机、网络、广播、电视及移动电视、报纸等相关媒体发布的药品、保健食品及性保健产品的广告进行了全面监测，共监测广告94298条，责令公开更正广告62条，停止发布广告261条。

五、落实广告联席会议制度，有效发挥综合监管作用

针对我省一些主流新闻媒体广告发布存在问题，省工商局以书面的形式向省委宣传部提出加大综合监管等建议，得到了省委宣传部的支持。11月27 日召开了省城媒体广告专项整治会议，针对前三季度广告违法问题省委宣传部赵勤义副部长做了讲话。提出媒体要从维护党和政府的形象、维护广大消费者的利益出发，要加大社会责任意识，把好广告发布环节，大会决定从联席会议成员单位抽20余人分组到省城媒体现场检查、指导广告审查发布工作，通过集中力量深入媒体检查指导，对规范省城媒体广告发布起到积极的促进作用。

六、支持、培育黑龙江广告市场不断发展

全省广告经营单位共计2669 户，其中：取得《广告经营许可证》从事广告经营活动的单位393户；申请注册登记取得《营业执照》从事广告经营活动的单位2272户。按照总局下发的《广告业发展指导意见》的要求，我们在充分调研的基础上，正在逐步完善《黑龙江广告业发展指导意见》草稿，下一步继续协调省里相关部门争取近期形成共识，联合下发《黑龙江广告业发展指导意见》。为了更好贯彻落实国家工商总局、国家发改委“关于促进广告业发展指导意见”的精神，进一步提高我省广告行业的发展水平，促使广告行业在刺激消费、拉动内需、拉动地方经济发展上能够发挥更大的作用。省工商局、省广告协会于2009年8月5日在哈尔滨举办“2009中国·黑龙江广告与地方经济发展论坛”活动。从当前广告业发展看，省工商局获得中央宣传、中央文明办、国家工商总局等部门颁发的“迎奥运、讲文明、树新风”公益广告宣传组织奖。省工商局获得中央文明办、国家工商总局颁发的公益广告组织奖称号。黑龙江广告协会获得全国第十六届广告节组织奖。今年牡丹江市有两家广告经营单位获得中国广告协会命名的全国二级广告企业称号。

2009年江苏省广告监管工作情况

江苏省工商行政管理局广告监督管理处

江苏省工商局广告监测中心部分工作人员对省会南京市的音像媒体进行监测

2009年，江苏广告监管工作坚持执法监管与服务发展的有效统一，紧紧围绕“服务型、监管型、法治型”建设目标和“保民生、护企业、促发展”的总体要求，积极履行职能，促进广告业健康稳定发展，为江苏经济大局基本稳定做出了贡献。

一年来，我们一方面根据国家和省有关部门专项整治工作的总体部署，重点围绕与广大人民群众身心健康和生命安全密切相关的食品(保健食品)、药品、医疗、医疗器械、化妆品、美容服务以及互联网发布的“性药品”和性病治疗广告的集中整治，加大行政告诫和执法办案工作力度，着力规范广告发布行为，努力控制和减少涉嫌违法广告的发布数量、频次等，竭力遏制虚假违法广告的危害和影响，维护消费者合法权益。我们先后组织和参与了开展互联网低俗之风的专项整治行动、整治手机发布淫秽色情和低俗信息等净化社会文化环境工作，开展计划生育药械市场专项治理，规范信用卡广告和“家电下乡”产品促销广告管理以及打击利用互联网等媒体发布虚假广告、通过寄递等渠道销售假药的专项治理行动等。特别是7月20日至9月底在全省范围内组织开展的虚假违法广告专项整治工作，集中全省各直属局选调的精干力量，对南京地区有关省、市媒体发布的涉嫌严重违法广告进行了重点立案调查，其力度和影响是空前的。全省工商系统共监测、检查各类广告280余万条次，立案查处涉嫌违法广告758件，罚没款1038万元，其中对违法率较高、群众投诉反映较多的医疗、药品、保健食品等重点行业或品种的涉嫌违法广告，作出行政告诫、限期整改和责令停止发布2558件，公告典型违法广告案例66件，收缴非法印刷品22万份，立案378件，罚没款674万元。经过专项治理，初步遏制了虚假违法广告发布的高发势头，市场秩序有了一定程度的好转。

另一方面，我们面对面对全球金融危机，克服困难，抓住经济企稳回升的有利态势，强化指导协调工作，促进全省广告业加快发展。截止2009年底，全省共有广告经营单位13486户、广告业从业人员100877

人，年广告经营额178.94亿元，比去年同期增长16.55%，纳税额6.2亿元，比去年增长25.76%，成为名副其实的广告大省之一。

同时，我们还引导广告行业加强自律，注重发挥广告协会的作用，通过组织从业人员法规培训、推进企业资质申报认定、开展公益广告宣传和诚信广告经营单位评比等活动，大力倡导“守法经营、诚信服务”行业风气，营造积极向上、健康有益的文化舆论氛围，提升广告业的服务形象和管理水平。省局与省文明办、省广协认真组织“迎国庆、讲文明、树新风”优秀公益广告作品评选和展出活动，促进“两个效益”、“两个文明”同步提升和发展。

2009年浙江省广告监管工作总结

浙江省工商行政管理局广告监督管理处

2009年广告监管工作紧紧围绕全局中心工作和国家总局工作要求，以科学发展观为统领，以整治虚假违法广告为主线，以规范媒介广告为重点，以促进广告业健康发展为目的，积极创新工作举措，完善广告监测、行政指导、执法办案的长效机制，努力形成工商监管、行业指导、经营者自律并举的广告管理工作新格局，努力发挥广告业在保增长、调结构、促转型中的积极作用。现将2009年广告监管工作情况总结如下：

一、基本概况

2009年度省广告监测中心监测全省171家媒体广告1136.86万条次，发现违法广告178418条次，全年广告违法率为1.57%。其中监测报纸广告519437条次，发现违法广告8366条次，广告违法率为1.61%。监测电视广告635.16万条次，发现违法广告13.73万条次，广告违法率2.16%。监测电台广告449.75万条次，发现违法广告32759条次，广告违法率为0.73%。

截止到2009年底，全省工商部门共查处虚假违法广告案件4047件，罚没款2850.67万元，其中虚假广告案件2020件，罚没款5万以上案件137件，责令公开更正751件，责令停止发布1432件。查处医疗、药品、医疗器械、保健食品、化妆品等五类广告案件1000件，罚没款999.25万元，其中五类广告中的虚假案件558件。

二、全面开展广告监测“下延一级”工作，推进媒体广告监管到位

为加强对各市媒体广告的监管，促进广告监测工作的规范化、制度化，提高广告监管工作的主动性、预见性，建立违法广告发布预警机制，根据国家工商总局《关于规范和加强广告监测工作的指导意见（试行）》的精神，省局于年初在全省推行广告监测“下延一级”工作，并对该项工作进行了专门部署，明确了“下延一级”的监测对象、监测方式和监测要求。截止10月底，全省工商系统已投入监测专用电脑、监测软件、移动硬盘等监测设备近200万元，配备监测人员112人，基本做到了每个市、县局各1名。目前，广告监测“下延一级”的成效已初步显现，下级媒体的广告违法率有了明显下降，一些严重违法广告渐趋减少，广告经营单位的自律机制逐步建立。从实际效果看，广告监测“下延一级”一方面使下级工商局增强责任了意识和大局意识，加大了监管力度；另一方面使下级媒体增加了压力，提高了曝光率，促使其严格履行广告发布审查责任。

各地在下延一级监测中，结合当地实际，也出现了不少好的做法，取得了一定成效。如台州市局投入15.

75万元建立全市数字化媒体广告监测系统，每个县市全部配置了工控机、音视频解调器、数字收音机、2000G硬盘、4通道广告监测采集系统。通过下延一级监测，台州市报业和广电业信用指数在全省排名均有明显上升。金华市局把县级电视媒体的监测时间由原来的9点到24点改为7点到24点，把所有的县级电视媒体频道列入监测范围，做到监测不留死角，并有针对性地建立了七项监管制度。嘉兴市局和软件公司合作，投资30多万元，全面改造了广告监测设备，实现对全市媒体广告统一由市局实时监测。温州市局组织广告监测中心人员携带监测设备在不通知当地工商部门和监测对象的情况下对辖区内县级电视台广告进行抽检，对每个电视台录制24小时进行监测。各地还对监测中发现违法情节轻微的行为，及时对广告主、广告经营者和发布者发出了整改通知，全系统共出具责令改正通知书568份；对于违法情节严重的行为，及时按相关的法律法规进行立案查处，有效防止了违法广告危害范围的扩大。

三、进一步加强虚假违法广告整治，市场环境渐趋净化

针对年初全省违法广告有所抬头的趋势，省局于5月份下发了《关于进一步加强虚假违法广告整治的通知》（浙工商广〔2009〕6号文件），继续把医疗、医疗器械、药品、保健食品、化妆品广告列为今年广告执法的重点，要求进一步加大对虚假违法广告的查处力度。同时，为配合《食品安全法》的实施，在5月底会同省食品药品监管局联合下发了《2009年保健食品广告专项整治方案》（浙工商广〔2009〕5号文件），对利用新闻媒体、印刷品媒体、户外媒体、互联网媒体、保健食品经营场所发布的保健食品广告以及以讲座促销违法保健食品广告行为予以重点整治。

省局在整治中，对省广播电视集团发布虚假“祥康三七银杏茶”、“仙芝楼灵芝胶囊”及“老来寿胶囊”保健食品广告处没收和罚款共58万元。各地在整治中结合实际，行动积极，成效明显。如金华市局开展了广告整治“春雷”行动，要求做到四个“必须查处”：所有的虚假违法广告一律查处，带有明显欺骗性误导性的广告必须查处，消费者投诉有危害后果的广告必须查处，省市局和政府交办的案件必须查处。宁波市局共查处保健食品广告20件、罚没款18万元，其中大要案10件。温州市局在保健食品广告整治中，对温州日报报业集团违法发布广告行为予以没收及罚款4倍共54000元。台州市局立案查处保健食品广告案件13件，罚没款10.2万元，大要案8件。湖州市局对55种严重违法广告产品立案查处，并对其中6种违法广告的产品责令退出湖州市场，查处保健食品案件92件，罚没款49.15万元，大要案15件，对屡教不改的湖州市阳光女子医院发布违法医疗广告以广告经营额的5倍从重处罚，个案罚款达到了114万元。

四、认真开展教育招生广告专项整治，规范招生市场秩序

每当暑假来临，教育招生广告就铺天盖地，其中不乏虚假广告，为了规范各类教育招生广告的发布，切实维护广大学生、家长的合法权益，6月底，省局下发了《关于加强教育招生广告管理的紧急通知》（浙工商传〔2009〕5号明电）。要求将教育招生广告纳入监测范围，主动加强与教育部门的联系，对发现的违法广告予以处理。重点查处不具备招生资格擅自发布、超出自身办学范围发布、使用国家机关或国家机关工作人员的名义作证明、擅自使用学生或家长名义、刻意贬低其他教育培训学校、含有最高级等绝对化用语、含有不科学表示教育效果的断言或保证、含有保证高薪就业等承诺的广告。杭州市局对杭州求是高复学校在网站和印刷品发布虚假广告进行立案查处，处以罚款159696元。宁波市局在专项行动中监测教育招生广告260余条，查处严重违法广告7件，罚没款19.6万元。台州市局取缔违法招生广告发布点5个，收缴虚假招生广告、招生简章1300多份，拆除招生广告牌150块，对18家无当地教育主管部门签署的意见的招生单位要求在3日内补办相关手续。衢州市局针对教育招生广告中存在的问题，通过《衢州晚报》向社会公众发出警示。丽水市局与教育局

联合下发《关于开展教育招生广告专项整治的通知》，取得了较好的整治效果。

五、整治网上低俗之风，认真开展互联网及手机广告整治

根据国家总局《关于在整治互联网低俗之风专项行动中严厉打击非法"性药品"广告和性病治疗广告的通知》，要求各地统一思想，提高认识，主动联系卫生、药监、公安、通信等部门，建立了部门之间联动机制，明确内部分工，加强上下内外配合，形成工作合力，对全省利用互联网违法发布"性药品"广告和性病医疗广告进行集中整治。截止2009年底，全省工商部门共查处网络违法广告875件，其中虚假广告779件，责令公开更正143件，责令停止发布367件，罚没款537万元。

各地在整治中行动迅速，效果明显，督促有关网站、医疗机构、药店清理各自在网上发布的涉性广告，重点对本地区的门户网站、医疗机构、药店等发布的网页网站进行全面细致的摸底排查。通过检查、走访和对网站涉性广告监测，采取"查、删、关"等措施，专项整治工作取得明显成效。如宁波市局在整治中共监测涉性广告680条、检查28家网站，停业整顿了4家网站，督促8家网站整改删除违法广告，立案查处12件涉性广告。杭州市局利用网上巡查软件搜索监测涉性广告，共清理检查各类网站1086户，网上检查监测非法广告1350条，删除了17条。台州市局通过信息产业部门删除屏蔽涉性网站6家，立案查处网络涉性广告4件。金华市局共检查监测网上非法"性药品"广告和性病治疗广告1162条，发现违法网站15家，立案查处涉性网络广告案件7件，罚没款21600元。绍兴市局共立案查处了网络广告案件15件，罚没款10万元。

六、集中开展电视购物广告清理检查，规范购物广告发布

近年来，电视购物作为一种新兴的流通业态，借助媒体的优势，以其形象直观的特点对广大消费者产生了较强的吸引力。但现实中电视购物广告夸大其词，商品质量言过其实，售后服务不落实、消费维权难等问题屡有发生，严重损害了消费者的合法权益，扰乱了正常的市场经营秩序。针对此问题，省局于今年9月下发了《关于加强电视购物行为监督管理工作的实施意见》，要求切实加强对电视购物广告的监管。重点加强对电视购物广告的日常监测，特别是对化妆品、药品、医疗器械、消毒产品、保健用品、手机和收藏品等电视广告的监测，要求集中力量集中查处一批性质严重、影响恶劣的电视购物违法广告。

省局一方面走访了相关的广告经营者和广告发布者，督促和要求他们建立健全广告审查制度和广告档案管理制度，认真履行广告审查责任，依法查验有关证明文件，自觉过滤和清除违法电视购物广告，另一方面，依法查处了省电视台发布的"皇家八件套"电视购物广告，没收广告费用3.45万元，罚款13.8万元，并叫停了省电视台"天下第一刀"违法电视购物短片。各地也积极行动，取得了阶段性成效。杭州市局建立了电视购物（直销）企业备案和售后服务责任制度，要求媒体对所有电视购物广告主进行备案，定期上报工商部门；建立了电视购物广告违法行为提示（警示）制度，及时把阶段性违法动向告知电视媒体。宁波市局共检查监测违法购物广告38条，查处12件，罚没款8.2万元。金华市局共检查发现电视购物广告52条，发现违法电视购物广告43条，立案查处5件，罚没款5.3万元。

七、加强行业指导，着力推动广告业健康发展

根据国务院和省政府新"三定方案"，工商部门承担了指导广告业发展的职能。今年全省工商部门围绕新职能，积极利用自身行业监管优势，在促进广告业发展、支持地方经济转型升级等方面做了不少有益的工作。

根据《国务院关于加快发展服务业的若干意见》和国家工商行政管理总局、国家发展和改革委员会《关于促进广告业发展的指导意见》以及浙江省人民政府《关于进一步加快发展服务业的实施意见》，省局已起草完

成了《关于促进全省广告产业提升发展的指导意见》，目前已交省政府办公厅转发。该《指导意见》内容包括依法放宽市场准入条件、推进广告企业改组改制、培育大型专业广告企业、加快广告产业集群建设、加大行业扶持力度、提供税收优惠政策、拓宽行业投融资渠道、提升广告业服务品牌建设能力、提升广告从业人员整体素质、提高广告行业科技水平、促进公益广告发展等政策措施。

各地在促进本地广告行业发展上，也行动迅速，及时出台或拟出台规划意见，如杭州市局起草完成了《杭州市广告业发展规划》，宁波市局向市政府上报了《关于履行指导广告业发展职能有关工作和建议的报告》，绍兴市局编制了《绍兴市广告业2009年－2014年发展规划》，金华市局向市政府上报了《关于金华市户外广告业生存状况的报告》，也在为出台意见作准备。

2009年安徽省广告监管工作概况

安徽省工商行政管理局广告监督管理处

安徽省召开全省工作会议

2009年，安徽省工商局在国家工商总局的指导下，深入贯彻落实科学发展观，紧密围绕安徽省工商行政管理工作会议精神，按照国家工商总局《2009年广告监管工作要点》的要求，严格落实各项制度，重点整治虚假违法的医疗、药品、保健食品广告，加强农村市场广告监管，探索开展网络、手机媒体不良文化广告专项整治，取得了一定的成绩。主要情况如下：

一、建立健全广告监管执法工作协调联动机制

2009年，安徽省工商局继续坚持和完善整治虚假违法广告联席会议制度，不断加强联席会议成员单位的协调配合与联动，充分发挥各部门的职能优势，实现监管资源、信息的沟通与共享，牵头制定了《安徽省整治虚假违法广告联合执法工作规程》，进一步构建协调配

合、齐抓共管的虚假违法广告综合治理机制。

二、加大虚假违法广告整治力度

根据国家工商总局的部署，结合实际，安徽省工商局有重点的开展了多项广告市场专项整治。2009年，安徽省各级广告监管机关共查处各类违法广告案件1400余起，罚没款450余万元。一是继续推进对虚假违法的医疗、药品、保健食品等五类涉及人民群众身心健康的广告的治理。安徽省各级广告监管机关共监测检查上述五类广告925066条次，发出行政告诫943次，查处五类虚假违法广告265件，收缴违法印刷品广告10.02万份，罚没117.62万元。二是加强对纪念章（品）及人民币广告的管理。安徽省工商局联合人民银行合肥中心支行在全省范围开展了对纪念章（品）及人民币广告的清理整顿。三是制定下发了《安徽省整治虚假违法药品广告工作方案》，进一步规范我省药品广告经营、发布秩序，打击各类虚假违法药品广告，保障公众用药健康。四是根据国家有关部门的工作部署，开展了利用互联网及邮寄等渠道销售假药的专项整治。

三、加强农村广告市场监管，保护农民合法权益

2009年，安徽省各级广告监管机关进一步强化农村广告市场监管，依法规范涉农广告发布内容，切实加大家用电器、建材、装饰材料等新农村建设重点商品和农资产品广告的监管力度，严厉打击坑农害农的虚假违法广告。2009年9月至12月，针对利用“家电下乡”活动进行虚假宣传侵害农民权益的情况，安徽省工商局在全省范围开展了借“家电下乡”等名义进行违法广告宣传专项整治行动。各级工商机关加强了对新闻媒体、互联网、印刷品广告和户外广告的监测与监管，对发现假冒“家电下乡”名义进行广告欺诈的行为，及时制止，严肃处理。2009年，我省共查处三起“家电下乡”虚假广告案件，罚没22.86万元。

四、打击不良文化广告，净化社会文化环境

为净化社会文化环境，保护青少年身心健康，维护社会和谐稳定，安徽省工商局开展了多次不良文化广告专项整治。一是严厉打击网上非法“性药品”广告和性病治疗广告。整治行动中，安徽省工商局巡查了网站6万余个，责令停止发布违法“性药品”广告及性病治疗广告128条次，转请有关部门删除非法信息2条次，关闭非法网站1个。二是开展手机媒体低俗之风专项整治工作。针对目前手机媒体上存在的非法、低俗广告，各级工商机关加强了对手机不良广告的监测检查。三是加大对不良文化广告案件的查处力度。我省广告监管机关共责令新闻媒体单位停止发布不良文化广告642条次，并对涉嫌虚假违法的不良文化广告进行了立案查处。省工商局直接立案查处了4则低俗、不良文化广告。四是公开了虚假违法广告投诉电话。为了专项整治行动取得成效，省工商局在我省主流媒体、门户网站上公布了互联网不良文化广告投诉举报电话。

五、规范固定形式印刷品广告

安徽省工商局会同安徽省新闻出版局联合下发了《固定形式印刷品广告专项整治方案》，在全省范围对固定形式印刷品广告经营、发布活动中存在的各种违法行为进行集中治理，进一步规范了广告市场秩序，促进社会经济和谐健康发展。

六、履行指导广告业发展职能，促进广告业发展

安徽省工商局根据国家工商总局与国家发改委《关于促进广告业发展的指导意见》，结合本地实际，制定了《关于促进安徽省广告业发展的指导意见》。该指导意见已于2009年1月7日正式颁布实施。

2009年福建省广告业发展及广告监管工作情况

福建省工商行政管理局商标广告监督管理处

2009年，我省工商系统以党的十七大、十七届四中全会精神为指导，深入学习实践科学发展观，认真贯彻落实全国工商行政管理工作会议精神，认真履行指导广告业发展和广告监管职责，突出整治重点，加大查处力度，广告业发展和广告监管工作都取得了新的成效。

指导广告业发展取得了新的突破

2009年省委、省政府出台了《关于加快文化产业发展的意见》，把广告业作为福建省重点发展的十大文化产业之一。为全面贯彻落实省委、省政府《关于加快文化产业发展的意见》，省工商局在2008年先期出台《关于促进福建省广告业发展的指导意见》的基础上，认真制定了《2009年福建省广告业发展工作计划》和《福建省广告业发展2009–2012年规划》，进一步明确了我省广告业发展的指导思想、发展目标和主要任务。并适时联合省发改委组织召开了"福建省促进广告业发展座谈会"和全省广告业发展工作经验交流视频会议，召集全省的主要广告龙头企业负责人共商发展大计和应对金融危机的对策，对各设区市工商局和部分优秀广告企业的经验和做法进行了交流，收到了很好的效果。漳州市工商局主动协调城管部门对户外广告减半收费，将户外广告一次审批时间由原来的1年延长至3年。莆田市工商局促成新出台的《莆田市户外广告管理暂行规定》将广告资质等级列入招投标资格，支持引导当地户外广告公共资源的市场化配置。为加强对台业务交流，省工商局还与中广协在泉州成功举办"首届海峡西岸广告高层论坛"，就改善海西广告投资环境，开放两岸广告市场，加强两岸合作等议题进行了深入探讨，得到了工商总局和省政府领导的肯定和两岸广告界的热烈欢迎。经过全系统上下的共同努力，在经受世界金融危机的情况下，我省广告业仍保持了较快的发展势头，截止2009年底，全省已有广告经营单位7382家，广告从业人员54752人，广告经营额达到81.52亿元，分别同比增长33.2%，32.1%和45.3%。加大指导、推荐和认定力度，充分发挥广告品牌企业的引领带头作用，全省共有中国一级广告资质企业16家，中国二级广告资质企业4家；拥有福建一级广告资质企业65家，福建二级资质广告企业53家，福建三级资质广告企业67家；引导广告经营单位注册服务商标103件，获得福建省著名商标认定7件、知名商标认定5件，"守合同、重信用企业"认定60家。

广告监管执法工作跃上新的台阶

一是提升了广告监管信息化水平

省工商局组织开发了多个广告业务软件，其中："网上工商广告管理"软件正式投入运行，各类广告行政许可项目实现了网上审批；升级改造了"多媒体广告监测系统"，并为各设区市工商局配备了软硬件，实现了省、市广告监测系统联网；开发了"互联网广告监测系统"和"违法广告处理系统。"

二是强化了案件查办机制

要求各地在监管工作中采取集中力量查处大要案，及时办案、快速办案。建立说情登记制，建立健全案件举报制度，建立案件会商制度，加强办案督查，加强激励机制等9项措施，有力地推进了广告案件查处工作。

三是突出了整治工作重点

紧紧围绕群众关心的热点、难点问题，重点开展了网上非法"性药品"和性病治疗广告、净化社会文化环境、清理整顿境外劳务等中介企业、预防和打击银行卡犯罪等四项专项整治工作中打击不良广告行动，收到了明显成效。其中，净化社会文化环境专项整治打击不良广告工作还得到了中央督查组和省委常委、宣传部长唐国忠、副省长叶双瑜的充分肯定。

四是完善了广告综合治理机制

积极履行整治虚假违法广告联席会议牵头单位职责，坚持每季度召开一次广告联席会议，通报工作情况，研究部署整治工作；建立落实联合约谈、联合检查、联合通报、广告审查批文抄送、案件移送、监管信息通报等联动机制，与联席会议各成员单位相互协调、紧密配合，形成部门齐抓共管的良好局面。2009年全系统共监测各类广告122.4万条次，立案查处虚假违法广告3415件，罚没953.52万元，责令公开更正487件，责令停止发布1488件。查出经营额在1万元以上的广告大要案件达307件。全省广告总违法率继续控制在1%以内。

2009年江西省广告业发展及广告监管情况

江西省工商行政管理局商标广告监督管理处

江西省举办广告审查员培训

2009年度，我省广告业在历经全球金融危机之后，采取积极措施进行战略调整，挖掘广告资源，发挥创新潜能，逆势上扬，保持了稳步发展。据统计，本年度共有广告经营单位3693 户，同比增长14%；广告从业人员32055人，同比增长3%；广告经营额达到249753万元，同比增长8%。

一、个私经济成分的比重继续增大

2009年，全省共有个体、私营企业3426户，同比增长16%，占经营总户数的92.8%；广告从业人员29373人，占从业人员总数的91%；广告营业额93004万元，同比增长9%，占经营总额的37.2%。统计显示，个体、私营企业在经营户数和从业人员方面强势增长，占有绝对比例，位各种经济成分榜首。在经营额方面，居于国有事业之后，位列第二，是我省广告经营总额的主要支撑点之一，这与省委、省政府支持全民创业等一系列英明决策密不可分。

二、专业广告公司蓬勃发展

我省专业的广告公司与个体、私营广告企业同步发展，全省共有广告公司2533家，同期增长15.7%，成为所有经营广告类别中最多的一个。广告营业额81474万元，仅次于媒介单位广告经营额，说明专业广告公司的主营项目—户外广告（包括霓虹灯广告、路牌广告、灯箱和公交广告）及广告设计、制作水平有较快提升，受到省内外客户的青睐，成为我省广告经营的稳固增长点。

三、电视、报纸媒体优势仍存

经营广告的报社、电视台、广播、期刊的户数与去年相比变化不大，其中经营广告的报社48家，电视台88家，电台13家，期刊55家。电视台广告营业额89273万元，报纸广告营业额42068万元，两项合计占营业总额的52.6%，优势明显。同时电台广告和杂志广告经营额分别为7737万元和3834万元，同比增幅不大。值得一提的是，网络广告作为媒介广告当中的新宠，其经营额为4393万元，随着网络媒介受社会关注的程度，网络广告必将愈做愈强。

四、各类别广告投放无明显差异

广告投放量居前三位依次是食品（含保健食品）25421万元、房地产18856万元、药品18644万元。依次后四位则分别是医疗17545万元、汽车14618万元、家电14602万元。在被统计的18个类别广告投放中，除美容业投入仅为2380万元外，其余16项广告经营额均已突破亿元，各类广告投放量差异不大，标志我省各行业发展均衡。

五、广告市场秩序持续好转

2009年，按照国家工商行政管理总局的工作要求，全省各级广告监督管理部门继续深入开展虚假违法广告专项整治行动，针对人民群众反映强烈的药品、医疗、保健食品广告开展集中整治，提高执法效能，不断加大案件查处力度，全省共查处各类广告违法案件1204件，同比减少1847件，罚没金额446万元，同比减少75万元，说明违法广告得到有效遏制，广告市场整顿已取得了阶段性成果。从违法的商品和服务的种类来看，药品广告违法案件为4195件，仍居首位；医疗广告违法案件为179件，居第二位；食品（含保健食品）广告违法案件为168件，违法广告仍然集中在这三大类，药品、医疗和保健食品广告的违法情况虽有好转，但监管形势依然严峻，不容轻视。网络广告在2009年查处案件4起，罚没款为4.1万元。随着虚假违法广告专项整治行动的深入，在国家总局的总体部署下，广告监管职能的进一步到位，广告违法案件还将会不断减少，广告市场经营秩序也将会进一步好转。

2009年山东省广告监管工作情况综述

山东省工商行政管理局广告监督管理处

2009年，在国家工商总局的正确领导和有关部门的关心支持下，山东省工商局认真贯彻落实科学发展观和省委省政府的工作部署，按照年初确定的工作目标，采取切实措施，加大工作力度，在强化广告监管、扶持服务广告业发展等方面做出了积极努力，取得了较好成绩。2009年，全省共查处广告违法案件3045件，罚没款1402.96万元，下发《责令整改通知书》600余件，封杀各类广告150余件，建议有关部门对50余种产品广告采取了强制措施。

一、突出重点，虚假违法广告整治工作取得实效

不断加大整治力度，先后开展了“治理整顿网上非法‘性药品’广告和性病治疗广告”、“净化社会文化环境，大力整治不良广告”、“国庆全运期间规范广告发布行为”等专项治理活动，全省广告市场秩序明显好转，

2009年4月山东省工商局召开全省工商系统净化社会文化环境电视会议，副局长张铁军（左二）、蔡福安（左三）出席会议并讲话

媒体单位发布“五类广告”违法率大幅下降。一是加大力度，强化对传统媒体广告发布的监管；二是积极开展国庆和全运期间广告监督管理；三是深入开展净化社会文化环境，大力整治不良广告专项行动；四是妥善处理虚假违法广告突发事件。

二、健全制度，完善广告监管长效机制

一是坚持联席会议制度，每季度召开一次联席会议，及时研究解决整治工作中遇到的新情况新问题。二是坚持广告监测制度，坚持日常监测和每季度定期监测相结合，及时掌控广告发布动态。三是坚持违法广告公告制度，及时通过互联网站和有关媒体向社会公开曝光，发布违法广告提示。四是坚持广告违法主体市场退出制度，净化广告市场环境。五是坚持广告违法主体责任追究制度，依法建议有关部门追究违法广告发布单位广告审查员、部门负责人和分管领导的责任。

三、完善措施，建立健全立体化广告监管网络

一是健全部门之间的齐抓共管网络，不断加强与联席会议成员单位和媒体主管部门的协调配合及联动。二是健全工商系统内部上下联动的网络，充分发挥系统管理优势，实现省局、市局、区县局、工商所四级联动。三是健全全省广告监测系统信息网络，加强全省广告监测系统建设，不断提高广告监管的现代化水平。四是健全整治虚假违法广告舆论氛围，形成了部门配合、舆论监督、群众参与良好舆论氛围。

四、强化行政指导，不断提高广告管理科学化水平

强化广告监管的行政指导，通过实行培训制、告诫制、责令整改制、行政建议制，不断提高广告管理水平。一是加大培训力度，不断提高广告从业人员整体素质，不断提高广大学员的法律知识水平和广告审查把关能力。二是查处疏导相结合，引导媒体单位规范广告发布行为，通过下发《责令整改通知书》、《行政告诫书》和《行政建议书》等方式，引导媒体单位强化自律，提高广告发布质量。三是强化部门联动，努力形成执法合力。

五、加大扶持力度，促进广告业快速健康发展

一是认真做好广告业发展的政策争取和服务工作，在充分调研的基础上，不断研究促进广告业发展的政策措施，积极争取扶持政策。二是出台促进广告业发展各项优惠政策，支持广告行业中小企业发展。三是积极开展广告登记审批和年检工作，今年以来，共审批烟草广告20件、固定形式印刷品广告105件，进行广告经营单位年检156件，办理广告登记业务27件，吊销广告经营

单位资格4家。

六、切实履行职责，加强对广告协会工作的指导

一是加强协会自身建设，健全协会组织。加强协会组织建设，成功召开山东省广告协会第四次会员代表大会，选举产生了第四届协会理事会和常务理事及会长、副会长、秘书长、副秘书长。加强协会制度建设，完善内部管理制度，重新修订了《山东省广告协会章程》、《会费缴纳与经费管理办法》，制定了《山东广告协会网站管理办法》等制度。二是搭建交流平台，积极开展广告会展和赛事活动。成功举办山东省第十二届广告节，为服务地方经济发展搭建相互交流的平台。积极开展广告作品评选活动，组织开展了“山东省迎国庆、迎全运、讲文明、树新风”公益广告评选、“山东省第十二届广告节（2009年度）广告作品征集与评选”、山东省第十届“学院杯”青年广告设计大奖赛等活动。组团参加第十六届中国国际广告节，获得最佳组织奖。三是充分发挥职能，积极扶持广告企业做大做强。积极开展中国广告业企业资质认定工作，着力培育自律诚信会员单位。积极开展广告专业技术人员评价工作，认真组织广告作品征集工作，认真完成文博会广告展工作，积极开展协会先进评选活动，积极开展为会员单位服务工作。充分发挥协会的组织作用，强化行业自律，切实维护广告市场秩序，及时向有关部门反映会员单位的意见和要求，发挥好桥梁纽带作用，为会员单位创造良好市场环境。

2009年河南省广告监管工作概述

河南省工商行政管理局广告监督管理处

河南省举办媒体互评活动

2009年河南省工商局认真落实国家工商总局虚假违法广告专项整治工作部署，按照省局广告市场监管目标任务要求，紧紧围绕维护人民群众的切实利益问题，继续把医疗、药品、保健品等严重虚假广告以及网上非法性药品广告作为整治重点，不断深化专项整治行动，广告监管工作取得明显成效。

一、专项整治继续深化

2009年2月，河南省工商局、省政府纠风办联合对全省广告市场开展了春蕾行动。此次暗访行动涉及10个市、县，23家广告发布媒体，重点是影响人民群众身心健康的医疗、药品广告，并将暗访结果在相关媒体上进行了公开曝光。对严重违规发布违法广告的媒体，省局责成当地工商部门对其进行了立案查处，纠风部门对27家广告发布单位的工作人员给予了纪律处分。明查暗访对河南省广告发布媒体违规发布严重违法广告起到了震慑作用，促进了河南省广告市场规范与净化，受到了社会各界的一致好评。

二、预警机制得到有效落实

2009年河南省各级工商行政机关认真落实虚假违法广告专项整治预警机制，在《大河报》、《东方今报》、《河南商报》等几家省会主要报纸发布了四期典型违法广告公告，曝光了一批“吸脂膳”、“敖东鹿筋壮骨酒”等70余个典型虚假违法药品、医疗、保健品广告。及时提醒广大消费者要辨明广告的真实性，理性消费，以免上当受骗。

三、不良广告整治取得明显成效

2009年年初按照《河南省整治互联网低俗之风专项行动工作方案》部署，以及河南省整治互联网低俗之风专项行动电视电话会议的要求，省局会同省卫生厅、省食品药品管理局、省中医药管理局，及时下发了《关于在整治互联网低俗之风专项整治行动中严厉打击非法“性药品”广告和性病治疗广告的通知》，就有关工作职责进行了部门分工和工作安排部署。专项行动期间，查处严重违法违规案件15起，监测存在非法涉性网站8家。对违法、违规严重的“美国艾力达”、“多彩购物网”、“爱淘吧”、“涩果成人网”、“中国两性网”、“台州性福网”六家网站移交通信管理部门依法进行处理。网上发布非法“性药品”广告和性病治疗广告的违法行为受到了打击，网上广告发布得到规范。

四、日常监管进一步强化，把促进广告业发展列入重要日程

为加强广告市场日常监管，全面把握河南省主要媒体广告发布态势，河南省工商局广告监测中心克服重重困难已经投入使用，并定期出具监测报告。同时，2009年6月29日至7月3日，省工商局组织相关人员对河南省广告发布量较大的37家报纸、19家电视台的45个电视频道发布的广告进行了集中监测检查，并形成了广告发布监测检查报告，有效指导了下半年河南省广告市场监管工作。

在对媒体日常监管的基础上，省局会同省发改委认真调查研究，根据河南省广告业的发展现状，出台了促进我省广告业发展指导意见。指导意见对河南省广告业近期发展的指导思想、目标任务尽享进行了规划和明确，为加速河南省广告业发展奠定了坚实基础，各省辖市局也都结合当地实际，出台了一批促进广告业发展指导意见，全力促进了广告市场日常监管工作。

五、创新广告监管方式，服务意识进一步加强

省局根据全省广告发布出现的新情况、新问题，不断创新监管方式。组织在河南省内影响力大、发布范围广的媒体单位对广告发布情况进行自评、互评，提高了广告发布单位的自律意识、责任意识、把关意识，创新监管的方式和手段，提高监管的效率。各省辖市局根据当地实际情况分别制定一些措施促进当地广告市场的规范和净化，进一步提高广告市场监管的有效性和长效性。

同时，河南省广告监管工作树立科学监管、服务监管的理念，开门纳谏，集思广益。2009年8月以发布会形式，联合《河南日报》、《大河报》、《河南电视台》、《河南人民广播电台》、《郑州日报》、《郑州电视台》等15家主流媒体以“自律、诚信、健康、责任”为主题，向河南省的新闻媒体提出广告发布自律倡议，受到河南省各界的广泛好评；各地市局也纷纷响应，广泛征集广告监管的新方式，以实际行动践行科学发展观。

六、积极组织参与广告业研讨推介活动，提升我省广告业创意水平

2009年省局组织了迎国庆60周年公益广告活动，从河南省报送的253件作品中，评出了一、二、三等奖共计45件作品，并推荐出10件优秀作品参加国家工商总局的评选。特别是在去年广西南宁国际广告节上，河南省局推荐的河南达利广告公司创作的《康泰心里咨询》等三幅作品获得优秀奖。这也是自2004年以来，河南省推荐的作品第一次获奖。

据统计，2009年，河南省监测广告达29万余条（次），查处违法广告案件2530件，处罚金额近1000万元。下发违法广告停止发布通知书1205件，整改发布通知书1384件，使广告市场秩序得以有效的规范。

河南省广告监管工作在系统上下共同努力下，已逐步探索出一条适应全省广告业健康发展，又科学高效的监管新思路，全省广告发布呈现规范有序的良好态势，河南广告监管工作将以科学发展观为指导，以科学监管，服务发展为抓手，进一步加大监管力度，不断创新广告监管方式方法，不断提升全省广告监管效率水平，全力推进广告监管及促进广告业发展工作取得新成效。

2009年湖北省广告监管工作总结

湖北省工商行政管理局商标广告监督管理处

广告业监管与发展专题报告会

2009年，广告工作在省局领导的重视和国家工商总局广告司的支持下，坚持以促进广告业发展为主线，以媒体广告发布规范为重点，继续加大广告监管服务和执法力度，探索广告长效监管机制，较好地完成了年度工作任务。主要情况如下：

一、围绕科学发展，服务广告业取得新成效

（一）力促省人民政府办公厅下发《关于进一步促进广告业发展的意见》。在去年《湖北广告业发展报告》基础上，今年，我们又联合省发改委联合起草《关于进一步促进广告业发展的意见》（代拟稿），征求相关部门意见后上报省政府，最后以省人民政府办公厅名义下发《关于进一步促进广告业发展的意见》（全国唯一）。该意见的出台，为我省广告业发展争取了更多的优惠、创造良好的空间。

（二）召开“广告业监管与发展”专题报告会。6月1日，借广协召开理事会之机，举办了近200人参加的“广告业监管与发展”专题报告会，邀请国家工商总局副局长刘凡就广告业的监管和发展作了专题报告，取

得了较好的社会效果。

（三）与相关部门沟通，协调创建武汉广告创意工业园。为认真贯彻国务院《关于加快发展服务业的若干意见》的文件精神，进一步落实省人民政府办公厅《关于促进广告业发展的指导意见》，促进湖北省广告产业的全面提升，我们正着手创建武汉广告创意产业园，向有关部门咨询了相关政策，与部分广告公司进行了座谈，拟定了创意产业园初步方案，目前正在作前期调研和立项工作。

二、认真履行职责，规范媒体广告发布行为取得新成绩

（一）规范广告经营主体资格，进一步做好广告经营资格年度检查工作。按照《广告法》和国家工商总局《广告经营资格检查办法》的规定，从今年1月1日—6月30日止，开展广告经营资格年度检查。年检中，重点检查广告经营单位广告审查制度等各项制度的建立和落实情况。对无广告审查人员和不实行广告审查制度的一律暂缓通过、限期整改。

（二）召开武汉地区新闻媒介负责人通气告诫会。针对武汉地区违法广告反弹实际，与省委宣传部联合召开武汉地区新闻媒介负责人通气告诫会。省委宣传部、省新闻出版局、省广电局分别对广告监管作出了明确规定。省工商局对涉嫌违法广告，采取先通知叫停后立案查处的快速预警机制，暂停发布27条违法违规广告。

（三）继续抓好广告监测工作，加大违法广告警示通报力度。对全省5家日报和12家晚报四个季度广告进行抽查监测，并对监测结果进行了通报。

（四）建立违法广告快速预警机制。对在监测检查中发现的涉嫌违法广告，采取先通知叫停后立案查处的快速预警机制，1-10月，省局对武汉地区部分媒体涉嫌严重违法广告签发“违法违规广告警示通知书”109条次；并多次通过“广告整治动态”对武汉地区典型违法广告进行了通报，将违法广告尽可能消灭在萌芽状态中，有效制止了虚假违法广告。

三、强化整治力度，开创广告市场秩序新局面

（一）继续深入整顿网上非法“性药品”广告和性病治疗广告。根据中央国家机关《关于在整治互联网低俗之风专项行动中严厉打击非法“性药品”广告和性病治疗广告的通知》文件精神，按照国家总局统一部署，我省针对非法“性药品”广告和性病治疗广告，成立了整治领导小组，制发了整治实施方案，并采取有效措施，集中开展了清理整顿涉性广告的工作，取得了阶段性成果。全省工商系统共对辖区网站850条“性药品”广告和性病治疗广告进行了监测，其中责令停止发布67条。工商部门立案查处5条，卫生部门立案查处3件，药监部门停止销售品种36种。

（二）今年上半年，国家广电总局、国家工商总局等五部局联合下发了《关于进一步加强广播电视医疗和药品广告监管工作的通知》，要求对医疗、药品广告进行一次全面的整治。为制止虚假违法广告，维护正常的广告市场秩序和广大患者的利益，我们在全省部署开展违法医疗、药品等广告专项整治工作，严厉打击在医疗（含美容）、药品、医疗器械、食品、化妆品等广告中欺骗和误导消费者的虚假违法广告。全省各级工商行政管理机关出动检查人员13253多人次，检查各类药品、医疗服务、保健食品广告8452多件，立案查处医疗服务违法广告42起，药品广告51起，医疗器械广告8起，保健食品广告16起，美容和化妆品广告10起，责令停止发布五类广告162起，罚款325.3万元，有效地净化了全省广告市场秩序。

（三）从今年8月开始，我们又联合省委宣传部、省新闻出版局、省广电局联合开展为期3个月的全省重点广告专项整治，重点查处六类违法广告，以净化我省广告市场，迎接建国六十周年大庆。我们召开了全省重点广告整治工作电视电话会议，对重点地区广告整治情况进行了联合检查。整治活动中，全省共监测、检查广告35839条，其中医疗广告5299条，药品广告4266条，食品广告2674条，化妆品和美容服务广告1988条；涉嫌违法广告2178条；对涉嫌违法广告，限期整改2028条，立案查处453条，罚没款264.678万元。通过整治，违

法情节严重、社会反响强烈的虚假违法广告蔓延之势得到有效遏止，广告违法量、违法率有所下降，各重点媒体的广告发布行为得到规范，各项广告监管制度得到进一步落实。

四、加强自身建设，夯实基础工作取得新进步

（一）制定全省工商系统基层广告监管服务工作规范。为充分发挥工商职能作用，全面提升广告监管服务水平，服务地方经济建设，我们针对基层工商分局（所）、县（市、区）工商局、市（州）工商局在内的省以下工商行政管理部门，制定了符合基层工作实际，便于操作的全省工商系统基层广告监管服务工作规范。

（二）认真答复人大代表、政协委员的议案、提案。近年来，人大代表、政协委员对我省广告业的现状和发展十分关注，今年有4份针对“广告”方面的政协提案，其中第547号提案被定为全局重点提案进行办理。按照省局办公室的要求，我处根据广告监管中的问题、困难结合提案中所提的问题，一一做了认真详细的书面答复，在报分管领导审定后，将书面答复呈报提案人，并与他们进行面对面沟通交流，汇报我们的广告工作监管情况，工作中的困难与难点，得到了政协委员的理解和支持。对我们的提案办理情况表示非常满意。我们提案工作被省局作为优秀提案上报省提案办。

（三）开展公益广告宣传活动。按照国家工商总局要求，组织各地积极开展公益广告宣传活动，对各地报送的83件公益广告作品进行了评选，向国家工商总局报送公益广告40件。

2009年湖南省广告监管工作总结

湖南省工商行政管理局广告监督管理处

湖南省广告专项整治工作第十次联席会议

2009年，全省各级工商行政管理机关根据国家工商总局的工作部署，充分发挥广告专项整治联席会议牵头单位职责作用，在加强广告日常监管的同时，以整治医疗、药品、保健品、美容服务、集资融资广告和网上“性药品”广告、性病治疗广告为重点，开展专项整治行动，加大了对各类虚假违法广告的查处力度，立案查处各类违法违规广告案件939件，责令停止发布违法广告494件，责令更正违法广告588件，对违法性质严重

的3家广告经营户进行了停业整顿。

全省广告市场秩序有了进一步好转。

一、坚持和完善广告专项整治联席会议制度，切实履行牵头职责

2009年2月26日和8月7日两次组织了全省广告专项整治工作联席会议成员单位在我局召开了广告专项整治工作第九次、第十次联席会议，总结2008年和2009年上半年全省广告专项整治工作情况，分别对2009年广告专项整治工作进行了安排和部署，两次联席会议均明确将虚假违法食品、药品、医疗广告专项整治作为全省广告整治工作的重点和目标，并要求从八月开始开展一次为期3个月的广告专项整治集中行动，重点查处一批涉及药品、医疗、保健食品、化妆品、美容服务等商品和服务的虚假违法广告。9月中旬，我局牵头组织了省广告专项整治工作联席会议成员单位，分成5个督查组，对全省14个市、州的广告治理情况进行了专项督查。同时，对全省广告专项整治工作部分行政执法单位的履职情况进行了测评。首次，在全省范围内评选出了广告整治工作先进单位45个，先进个人45名。

通过充分发挥广告专项整治工作联席会议的作用，进一步加强了与宣传、卫生、食品药品监督、新闻出版、广播电视、通信管理等部门的协调配合，及时沟通情况，认真研究解决整治工作中遇到的突出问题，有效发挥各部门的职能优势，增强了监管的合力。

二、突出监管重点，巩固、深化广告专项整治成果

我们根据广告监测情况和人民群众对各类违法广告的投诉以及药监、卫生等部门的提请处理函，对在省会媒体发布违法违规医疗、药品、保健品广告的广告主、广告经营者、广告发布者采取告诫谈话、责令停止发布、立案查处等多种行政措施。

1、把直接关系人民群众健康安全的医疗、药品、食品等广告和影响社会稳定、危害未成年人身心健康等严重违法及不良广告作为整治重点，依法严格规范，进一步加大执法力度。就做好省“两会”和春节期间对虚假违法违规广告的防范工作，进一步加强对广告的审查和发布，下发了《关于在“两会”和春节期间进一步规范广告发布的通知》到市州工商局和各媒体。2009年，我局给潇湘晨报、三湘都市报、长沙晚报、相关省级电视频道和邵阳电视台、湘西自治州电视台等媒体下发要求停止发布医疗、药品、保健食品等违法广告的责令通知书24份， 涉及违法广告254个。对广告违法率居高不下的媒体，在依法查处违法广告的同时，提请媒体追究有关责任人的相关责任。

2、拓宽了广告监管领域，严厉打击互联网等媒体发布的非法“性药品”广告和性病治疗广告。深入开展了打击利用互联网等媒体发布虚假违法广告及通过寄递等渠道销售假药的专项行动。年初，根据全国、全省关于整治互联网低俗之风专项行动的部署要求， 1月14日，由我局牵头，会同省通信管理局、卫生厅、药监局等部门紧急召开整治互联网低俗之风专项行动，严厉打击非法“性药品”广告和性病治疗广告工作碰头会议，对整治网上非法“性药品”广告和性病治疗广告进行了认真探讨和研究部署。按照国家工商行政管理总局等六部门的文件规定，各负其责，采取有力措施，加大宣传力度，密切配合，严查在互联网上发布的非法“性药品”广告和性病治疗广告。到目前为止，监测互联网上非法“性药品”广告10条，监测到非法涉性网站6家，责令停止发布1条、转请有关部门删除6条，通知省通信部门关闭了5家情节严重的网站。通过开展治理整顿，使网上非法“性药品”广告和性病治疗广告蔓延的势头得到有效遏制。

3、狠抓广告发布环节的治理，重点对省级媒体的违规行为进行了整治。2009年，省工商局对省级媒体立案17起，责令停止发布违法广告245条。同时，对社会反映强烈，发布虚假违法广告情况严重的媒体（三湘都市报）提出了行政惩戒建议涵，该报社根据我局的建议撤换了广告部副主任（调离原岗位，降级使用）。省局责令湖南都市频道、潇湘电影频道、电视剧频道、金鹰纪实频道，湖南教育电视台、长沙移动电视、潇湘晨报

等媒体停止发布正点胶囊、碧生源减肥茶、天天清护肝茶、御生堂肠清茶、纤梅水果瘦等保健食品和食品的虚假违法广告69条。对涉嫌发布虚假违法广告的潇湘晨报、三湘都市报、湖南都市频道、潇湘电影频道、湖南教育电视台等媒体进行了立案查处，查处非法食品广告1 9个，已结案件8件。目前，根据国家工商总局近期提供的广告监测情况，我局通知长沙市工商局组织办案人员对发布虚假违法医疗广告的长沙唯德医院正进行立案调查。

三、建立健全了大众媒体广告发布监管制度

为提高广告监管效能，减少和防止虚假违法广告的发布，在全省建立健全大众媒体广告发布监管制度，要求各市州局将所在地市州和县一级实行重点监管的主要媒体和监管责任机构、责任人名单报省局备案，将监管职责、任务落实到具体机构、落实到人，层层构筑监管防线。5月底前各级工商部门已建立媒体广告发布监管制度，14个市州工商局和各县级工商局对所辖主要媒体实行了“定媒体、定监管单位、定责任人”的责任监管方式。

为了更好的加强对省、市级媒体的广告监测，省工商局申请了专项经费250万元建设广告监测中心，已完成系统评估、立项、编制招标方案、组织招标等工作。目前，监测设备已经收货，进入了设备安装调试阶段。在增加经费维护硬件设施的同时，加强制度建设，要求广告监测人员每天及时报告监测情况，明确将发现的虚假违法广告采取适当形式通报省广告专项整治联席会议有关部门，以期对广告监管形成合力。

四、圆满组织了湖南省2007—2008年度优秀公益广告作品征集评选活动

根据国家工商总局、中央文明办《关于开展第八届(2007–2008年度)全国优秀公益广告评选活动的通知》(工商广字[2009]40号)精神，结合我省实际，在全省开展优秀公益广告作品征集评选活动。省工商局会同省文明办成立了开展湖南省优秀公益广告作品征集评选活动工作小组，聘请省内知名专家学者组成评委会。从3月份开始，组织实施了2007—2008年度全省优秀公益广告作品的征集工作，共征集作品276件。5月14日，对征集的作品进行评选，按平面作品、广播作品、影视作品分类，评选出金奖、银奖、铜奖、优秀奖共52件，将获得金奖、银奖的作品共11件报送国家总局、中央文明办参加全国评选，有四件作品获得铜奖，一件作品获得入围奖。通过公益广告作品的年度征集评选工作，充分发挥公益广告弘扬社会主义核心价值体系、培育文明道德风尚、营造积极健康向上的思想舆论氛围作用。

五、开展了促进广告业发展战略课题专题调研

我局牵头与湖南大学组织了湖南省促进广告业发展战略课题调研。年初召开了有各成员单位、相关媒体、广告公司和有关广告主参加的启动仪式，并明确了课题调研任务。课题调研现已从材料收集、调研阶段进入了分课题论证阶段，有望在2010年初形成课题初稿，上半年提出切实可行的促进我省广告业有序快速发展的指导思想、工作目标、重点任务和政策措施，为省政府出台相应政策措施当好参谋。

六、改变工作作风，提高行政效能，完成了广告经营单位的年检和相关行政审批工作

认真落实《政府信息公开条例》，将涉及到广告监管的相关法律、法规及有关政策，广告登记、审批、资格检查的程序和条件、时效等均在省局网站向社会进行了公开，接受监督。根据省长令的要求在2009年7月将事业单位的广告经营资格审批权下放到了各市州，行政效能得到了提高。同时，省局克服了人少任务重的困难，将广告许可审批时间从法定的20天缩短到了5天。据统计，2009年省局共办理了广告经营资格检查38件，受理审批了烟草广告、固定形式印刷品广告、广告经营资格登记73件。

2009年，通过广告整治，叫停了一大批虚假违法广

告，查处了一批典型虚假违法广告案件，全省广告违法率进一步下降，但个别媒体受经济利益的驱使，虚假违法广告反复、反弹的问题仍存在。主要体现在：

1、部分广告监管领域还存在着不到位现象，例如对网络、手机等新兴媒体的广告监管。

2、工商系统的广告监测系统未正式开通，联席会议成员单位相互之间监管资源不共享，业务上的相互衔接协调还不够。

2009 年广东省广告监管工作概况

广东省工商行政管理局广告监督管理处

广东省工商局牵头召开广东省广告监管联席会议第十二次会议

2009年，全省工商系统以科学发展观为统领，按照国家工商总局"四个统一"、"四化建设"、"四个转变"、"四高目标"的要求，从创新体制、机制入手，促进广告监管规范化、长效化建设，推动广告监管转型升级，不断提高监管效能，服务广东广告业科学发展，取得明显成效。截止2009年底，全省共有广告经营单位21396家，广告从业人员15.8万人，广告经营额269.1亿元，分别同比增长12.6%、-6.2%、7.4%，名列全国前茅。

一、创新监管体制，推动广告监管工作转型升级，不断提高服务广告业科学发展水平

为提升广告监管工作服务广东广告业发展的水平，广东省工商系统推行"一个窗口许可、一支队伍办案"的监管新体制，积极推进广告监管工作转型升级。

（一）规范广告行政许可，实行"一个窗口登记"，推进服务转型升级

积极探索相对集中登记的许可模式，整合工商登记窗口，为企业和群众提供"一站式"工商登记服务。将全省工商系统的广告行政许可业务纳入窗口服务，通过地方政府的行政服务中心或工商部门的注册大厅窗口受理、发证。制定《广东省工商行政管理局烟草广告审批规范》、《广东省工商行政管理局广告经营许可证登记规范》等规范性文件，其中前者经过省政府法制办审查并公布，规范了广告行政许可行为。全面实行政务公开，将许可项目依据、条件、程序、期限纳入政务公开内容，在注册窗口和网上提供办事指南。认真落实公示制、承

诺制、一审一核制、当场登记制和首办责任制等“五项制度”。推行引导服务、延时服务、上门服务、即时服务、跟踪服务等“五项服务”。依托登记大厅的规范化管理和电子监察，改进作风，提升效能。

（二）提高执法效能，实行“一支队伍办案”，推进监管转型升级

把全省工商系统广告办案工作全部交经检办案部门，实行“一支队伍办案”，把全省各级工商部门的广告案件统一由经检支（大）队办理，广告业务部门主要负责掌握辖区内的虚假违法广告动态情况，及时组织、指导开展虚假违法广告专项整治工作。明确各级办案机构广告违法案件的管辖权限，建立起广告违法案件线索的受理、登记、转办、移送、督办，反馈等工作机制，科学整合执法资源，进一步整合执法资源，理顺关系，做到权责统一、精简高效，提高了广告执法效能。

（三）加强检查指导，确保新体制机制的落实

为确保监管新体制的落实，省工商局加强了督促检查和内部工作指引。一是完善内部工作制度，规范业务工作流程。省工商局下发《关于加强广告监管有关工作的通知》等规范性文件，从属地管理、市场巡查、监管（登记）档案、审查员管理等方面进行了进一步规范。二是加强督促检查。开展全省工商系统广告监管工作集中检查，对各地广告许可、监测、违法案件查处、监管联席会议、统计等各项工作进行检查，完善内部工作制度，杜绝责任风险点，推动广告监管工作的落实。

二、强化广告监管长效机制，为广告业科学发展营造文明诚信的市场环境

全省工商系统狠抓广告监管长效机制建设，做到对虚假违法广告的预防、监督检查、查处常态化、长效化，全力维护文明诚信的广告市场环境。

（一）教育与惩戒相结合，强化对事前、事中、事后全程动态监管

一是强化广告预警机制，加强事前防范。对工商总局等国家相关部门公告的违法广告，以及根据监管发现和相关部门、群众反映的广告违法热点问题，及时向媒体发出违法广告预警，指导媒体单位加强广告审查，2009年以来向全省发出严禁发布“舒筋健腰丸”、“信用卡套现”等严重违法广告预警提示6次。二是强化行政告诫机制，加强事中指导。对虚假违法广告采取先告诫后处罚的监管方式，对发布虚假违法广告的广告主、广告经营者和广告发布者，单独或会同广告监管联席会议相关成员单位进行集中告诫、书面告诫等形式，限期整改。2009年全省工商系统共向媒体单位发出行政告诫559件。三是强化行政处罚机制，加强事后监督。对经预警、告诫、公告后仍然发布的违法广告，以及在监测中发现和群众投诉举报的严重虚假违法广告，重点组织查处，2009年省局向各地工商部门交办严重广告违法案件266宗，全省工商系统查处广告违法案件2062宗。四是把法制教育贯穿于广告监管全过程。全省工商系统采取法律培训、上门走访、召开座谈会、网上政务公开、举办法律咨询等多种形式对媒体和企业进行法制教育，举办广告审查员法律培训、现场法律咨询等活动317场次，增强其法律意识和依法发布广告的自觉性，受到媒体和企业的好评。

（二）建立三级广告监测网络，强化对媒体广告的实时监管

制定《广东省工商行政管理局关于广告监测工作的规定》，进一步明确各级工商部门的广告监测工作职责、程序和要求。初步建立省、市、县（区）三级广告监测网络。省工商局根据工商总局通报的监管重点和我省虚假违法广告动态情况，制定省、市两级广告监测计划，坚持每季度发布全省工商系统广告监测通报，实时抽查各市报纸、广播、电视媒体广告，并将抽查结果通报相关市工商局处理。2009年，全省工商系统共监测各类广告145万条次，同比增加32%。

（三）积极探索数字化、网格化监管模式，强化户外广告监管

明确市、县级工商部门户外广告监管职责，将户外广告纳入基层工商所日常监管内容，将辖区划分为若干网格，推行网格化监管，做到监管区域、监管职责、监

管人员“三落实”，积极探索利用计算机技术实现户外广告网格化监管，开发三维电子地图移动执法系统，提高了监管效能。

在全省工商系统广告监管的高压态势下，全省广告整治工作取得明显成效，有效地遏制了虚假违法广告。据统计，2009年全省广告平均违法率为9.7%，同比下降56.8%。

三、强化部门协调配合的执法联动机制，深入整顿和规范广告市场秩序，保障广东广告业科学发展

全省工商部门认真落实广告监管联席会议制度，2009年，各级工商部门共牵头已召开省广告监管联席会议36次，及时总结和部署全省广告专项整治工作，加强与联席会议各成员单位的协调联动，增强了监管合力与实效。

（一）建立信息通报处理机制，加强执法联动

全省工商部门积极发挥牵头作用，加强与广告监管联席会议各成员单位之间的信息沟通、共享和执法联动，省工商局每季度向省广告监管联席会议各成员单位通报全省广告监测情况，根据省卫生厅、食品药品监管局移送的广告违法线索，及时查处广告违法行为，各成员单位也根据自身职能及时处理相关广告违法主体，2009年，省卫生厅共撤销10家医疗机构11份《医疗广告审查证明》，对4家广告违法的医疗机构做出警告、停业整顿及吊销相关诊疗科目的处罚。省食品药品监管局共暂停严重违法广告宣传的11个药品的销售；省广电局、新闻出版局采取限期整改等措施及时督促媒体单位整改违法广告。

（二）建立执法协作机制，有效整治广告违法行为

全省各级工商部门加强了与当地联席会议成员单位的协作，建立密切配合的违法广告协查机制。工商部门及时向卫生行政、食品药品监管等部门发出违法广告认定协查函，得到上述部门的协作，提高了执法效率。对卫生行政和食品药品监管等部门移交的违法广告，做到件件有处理、有回复。在整治互联网和手机媒体淫秽色情及低俗信息专项整治工作中，省工商局与省通信管理局密切配合，大力查处网上非法“性药品”和性病治疗广告。2009年，省通信管理局协助工商部门核查涉嫌非法广告宣传网站450家，关闭违法网站429家。

（三）落实违法广告公告制度，增强社会舆论监督效果

2009年，经省政府法制办审查并予以公布《广东省工商行政管理局等11个单位关于实施违法广告公告制度的规定》，明确了各成员单位公告违法广告的职责，使违法广告公告制度化。2009年全省工商部门通过报纸、政府网站、红盾网站等媒体共发布违法广告公告17次，公告违法广告116条。2009年8月3日，省工商局、省委宣传部等11个部门联合在南方日报和各成员单位网站上公告18条严重违法药品、食品广告，首次曝光发布严重违法广告的新闻媒体，并通过手机向公众发布，增强了整治工作的社会监督效果。

2009年广西壮族自治区广告监管工作情况

广西壮族自治区工商行政管理局商标广告监督管理处

第十六届中国国际广告节开幕式

2009年全区各级工商机关继续加大整顿规范广告市场秩序的力度，坚持和完善综合治理机制，巩固、扩大专项整治成果，建立健全广告监管长效机制，工作取得了新的成效。据统计，全年共立案查处违法广告案件1007件，罚没款220.03万元，共发出预警警示通知502份，向社会发布违法警示公告26份。经过治理整顿，虚假违法广告得到有效遏制，广告经营环境进一步净化。重点抓了以下几项工作：

一、继续把直接关系人民群众健康安全的医疗、药品、保健食品等广告作为整治重点

依法严格规范，进一步加大执法力度，从严查处在食品广告中宣传对疾病的预防和治疗作用等违法行为；从严查处在医疗、药品广告中夸大功能、保证疗效、保证治愈，使用患者、公众人物、专家名义作疗效证明的违法行为；从严查处未经广告审查机关审查擅自发布医疗、药品、保健食品广告的违法行为；从严查处以新闻报道、专家咨询等形式变相发布广告的违法行为；严厉打击各类严重损害消费者权益的虚假广告。全区工商机关在开展虚假违法广告专项整治行动中，共检查广告5694条次，发现涉嫌一般违法广告1748条次，严重违法广告21条次，行政告诫943条，收缴违法广告印刷品1.76万份，查处虚假违法广告12条，查处一般违法广告130条，罚没金额63.75万元，向社会发布违法广告提示公告76条，公告典型违法广告案例8个。

二、加强对涉及和影响社会稳定、危害未成年人身心健康等严重违法及不良广告的监管

自治区工商局印发了《自治区工商局办公室关于印发全区工商系统净化社会文化环境促进未成年人健康成长工作集中整治行动方案的通知》，全区各级工级工商机关在专项整治工作中，牵头协调卫生、出版、广电等部门一起依法查处各类损害未成年人身心健康的不良广告。自治区工商局召开了自治区各大新闻媒体工作会议，要求各媒体严格执法党委政府的规定，加强行业自律，严格对广告发布环节的管理，对涉及未成年

人健康的、涉及性药品及性病治疗的广告发布要严格审查，广告不得有危害未成年人身心健康的内容和表现形式。全区各级工商机关加强了日常广告监测和检查，积极配合公安、文化、广电等部门开展网络淫秽色情低俗信息专项整治行动。在专项整治工作期间，我区没有发现或查处理扰乱广告市场秩序，严重违法违规发布危害未成年人身心健康的滥广告。

三、继续开展打击网上非法"性药品"广告和性病治疗广告专项行动

自治区工商局召开了卫生厅、食品药品监督管理局、中医药管理局等部门广告联席会议，专题研究，部署开展全区专项整治工作。各部门各司其职，密切配合加强网上监测和巡查，共同做好对网上不良广告的删、关、查工作，不断巩固整治成果。此次专项整治全区共监测检查非法"性药品"广告540条次、性病治疗广告88条次，监测发现存在问题的非法涉性广告网站4家，责令停上发布性病治疗广告1条，转请有关部门删除非法"性药品"广告1条、性病治疗广告3条，卫生、中医药部门查处案件1件。虽然全区各级工商、卫生、药监部门都加大了对辖区内网站的监测力度，但广西本地门户网站不多，大部分网站的点击率不高，除南宁外，其他市均没有发现网络"性药品"和性病治疗广告。

四、组织开展食品广告专项整治行动

为认真贯彻实施《食品安全法》，进一步依法加强全区食品广告市场监管，按照《自治区工商局关于认真贯彻实施〈食品安全法〉的通知》精神，第三季度在全区范围内开展了食品广告专项整治工作。全区各级工商机关采取切实办法，通过宣传、监测、执法检查、预警警示、查处违法广告、曝光典型案例等系列措施，与有关部门密切配合，上下联动，经过为期三个月的集中行动，有效地规范了我区广告市场秩序。据不完全统计，在此项专项整治行动中，全区工商系统共出动7092人次，1604车次，检查商场、超市、食品店铺、广告经营单位共13772家，监测食品广告12247条，检查各类食品广告（含餐饮）8225多条，责令停止发布违法食品广告255条，收缴违法印刷品广告12200份，拆除违法户外广告19幅，清除违法食品宣传画28张，发布警示通知8份、警示公告2期，依法查处违法食品广告案件73起。通过食品广告专项整治，基本消除了情节严重、影响恶劣、群众反映强烈的违法食品广告。

五、加强广告监测和预警

实行区局监测与各市监测相结合，广告监管机关监测与广告审查机关、媒体主管部门监测相结合，促进互联互通，实现信息共享。自治区工商局广告监测中心主要负责对全区主流媒体，包括31家报纸、11个电视频道以及5个广播电台进行广告监测。据不完全统计，全年共监测广告84万条，其中违法或涉嫌违法的广告1万多条，发布整改建议书209份。各市工商局共监测广告9.6万条，发出预警警示通知362条。

六、将服务第十六届中国国际广告节作为一项重要工作来抓，为广告节的举办积极做好支持和服务工作

以第十六届中国国际广告节在南宁举办为契机，积极推动我区广告业界积极参与、广泛交流、建立合作、扩大影响，推进广西广告产业升级。参与广告节相关活动的筹备、联络、接待事宜，支持广西广告协会动员组织自治区范围内的广告主、广告公司、媒体、工商系统人员注册参加广告节。

此外，在广告管理工作中，我们坚持和完善广告联合监管工作机制；会同党委宣传等媒体主管部门加强和改进新闻媒体广告监管；会同通信管理局等部门加强对利用通讯短消息等电信信息服务发送广告的监管；继续支持推动公益广告事业发展，组织开展2007—2008年度优秀公益广告作品评选活动。

2009年海南省广告业发展与广告监管概况

海南省工商行政管理局商标广告监督管理处

海南省工商局、卫生厅、食品药品监管局虚假违法广告整治情况通报会

2009年，海南省广告总量持续稳定增长，经济效益态势良好。海南广告行业在传播信息、指导消费、繁荣市场、树立形象、塑造品牌，提高我省商品知名度和市场占有率方面，在推进产业改革和调整产业结构，推动产品、技术、企业、产业创新方面，在提升城市形象、美化市容、丰富人民生活等方面都发挥了积极作用。

一、广告业总体情况

（一）广告业基本概况

2009年，海南省广告经营额约8亿多元，广告经营单位2000多户，从业人员7200多人。我省拥有专业广告公司880多家，省级电视台6家、市县级电视台21家，报社15家、广播电台7家、杂志35家、固定印刷品经营单位34家。有线电视、报纸、广播等媒介得到普及，广告载体日益丰富多样。大型广告立柱、霓虹灯、电子屏、灯箱、站台、车体、店牌等广告星罗棋布，互联网、手机短信、展销、演示、DM、车载楼宇分众媒介等新广告载体不断涌现。广泛应用于广告业的新技术、新设备、新工艺、新材料的科技含量不断提升，广告服务客户的手段层出不穷。

（二）户外广告发展迅速

2009年全省各类户外广告数量达30277个，其中数量前三位的分别是展示牌广告10980个、交通工具广告5755个、灯箱广告3904个，占户外广告总量的68.2%。户外广告经营单位341家，户外广告经营额17846.96万元。海南三乐户外传媒有限公司是“全国户外媒体供应商百强企业”。

（三）网络广告异军突起

我省网络广告的市场规模不断扩大，已进入快速发展时期。据不完全统计，以海南在线、天涯网、南海网等为代表的网络媒体，2009年网络广告市场规模接近到2亿元，约占海南广告市场规模的四分之一。

（四）广告人才素质不断提高

海南广告从业人员专业、学历、职称以及年龄结构有了明显改善，给广告业发展注入了生机。海南大学、海南师范大学等高等教育机构为海南广告业培养了大批广告专业高素质人才。广告人才素质的提高，为广告行业的整体水平提升和可持续发展提供了坚实的基础。

（五）广告协会发挥积极作用

省广告协会于2009年10月28日召开了第四次会员代表大会，改选了会长、副会长、秘书长和理事。新的领导机构在省工商局的指导和广告行业部门的大力支持下，做出了大量卓有成效的工作，推动了我省广告业的发展。

二、广告监管概况

广告业的迅速发展给广告监管工作带来了新的挑战，海南省工商行政管理部门肩负着广告主体市场准入、对广告发布行为和广告发布内容进行监管的重任。2009年，全省工商系统按照国家工商总局和省委、省政府关于广告监管工作的部署和要求，认真开展广告市场秩序整顿工作，积极建立健全广告监测体系，在维护广告市场秩序、保护广大消费者的合法权益等方面取得了较好的成效。

一是持续开展广告市场专项整治，加大广告市场监管力度。全省工商系统坚持整顿与规范并举，专项整治与日常监管相结合，加强广告日常监测检查，全面掌握广告发布动态，对违法广告做到早发现、早制止、早查处；强化源头治理，积极配合支持行业管理部门对违法广告涉及的产品和广告主采取行政强制措施，共同加大案件查处力度，严厉打击虚假违法广告。2009年，全省工商系统共查处各类违法广告案件587宗，罚款159.15万元，有力打击了违法广告，整顿和规范了我省广告市场秩序。

二是加强广告发布环节监管，落实广告审查责任。工商部门积极会同媒体主管部门指导监督媒体单位健全广告管理制度，推动建立发布虚假违法及不良广告的责任追究制，如2010年4月，在工商部门的大力支持下，海南日报报业集团广告中心制定了《关于进一步强化〈海南日报〉〈南国都市报〉医药广告发布工作规范管理的规定》，为我省其它媒体单位广告审查和发布的制度化、规范化作出了积极表率，对广告市场健康发展具有积极作用。

三是全力打造全省第一家现代化广告监测中心，加大广告监测工作力度。广告监测中心经过三年的发展，逐步从传统走向智能广告监测模式，负责对全省所有平面、电视、广播、网络广告进行监测，其中对广播、电视广告进行24小时不间断监测，实现了覆盖全省重点区域、重点媒体的广告监测体系，监测范围由原先只包括《海南日报》等9家报纸，扩展到10个电视频道、7个广播频率、15种报纸、30种期刊、15种固定印刷品及402家媒体，填补了广播、电视、网络广告监测空白。2009年，广告监测中心共监测各类广告140万多条次，其中涉嫌违法广告13.6万多条次，违法率为9.68%，为查处违法广告提供了大量线索；同时，编印《广告监测信息》52期，为有关部门和领导及时提供了客观、准确、全面的广告监测数据和动态分析报告。

四是以服务民生为根本出发点，重点开展与人民群众切身利益密切相关行业的广告监管工作。根据广告监测中心统计，2009年违法广告量最多的是医疗服务广告，为4万多条次，违法率也最高，达86.43%；医疗服务、药品、保健食品、化妆品、美容服务五类广告违法率高达43.03%，比各类广告的平均违法率9.68%高出33.35个百分点。针对这些特定类型的广告违法率高居不下、群众投诉较多的情况，全省工商系统组织开展了以医疗、药品、保健食品和美容化妆品等广告为重点的虚假违法广告整治，对屡教不改的违法媒体单位给予重罚，取得了一定的效果，保护了广大老百姓的合法权益。

五是加强部门间协调配合和执法联动，做好违法广告专项行动工作。全省各级工商部门以健全落实违法广告部门联席会议制度为载体，加强与省委宣传、文体、卫生、药监、公安、监察等部门的协作联动，积极推进广告监管信息沟通与共享，发挥联席会议成员单位的综合优势和整体功能。在各联席会议成员单位共同研究、统一部署、联手行动下，进一步增强了工作合力和实效。

2009年四川省广告监管工作基本情况

四川省工商行政管理局广告监督管理处

四川省虚假违法广告专项整治联席会

2009年我省广告监管工作按照省委、省政府的要求和国家工商总局的部署，深入贯彻科学发展观，认真履行指导广告业发展的职能，继续开展虚假违法广告专项整治工作，加大广告监管力度，深入整顿和规范广告市场秩序。积极探索广告监管长效机制，建立健全违法广告公告、行政告诫、约见等制度，广告监管工作逐步走向制度化、规范化、程序化和法治化，并组织广告活动主体积极参与，大力推动公益广告事业发展；坚持监管与发展、服务、维权、执法的统一和严惩违法广告与树立诚信并重的原则，充分发挥广告在市场经济中的功能作用，大力引导广告活动主体加强行业自律和守法经营，不断提高广告监管执法效能，为我省广告业发展营造了良好的环境，有力地促进了广告业持续健康发展。

一年来，经过全省广告监管机关和专项整治联席成员单位的共同努力，我省医疗、药品、保健食品等重点广告严重违法违规现象得到进一步遏制，广告市场秩序持续好转，全省广告市场明显净化，特别是医疗、药品，“性病”、“性药品”等重点涉及人民群众切身利益的虚假违法广告一度泛滥蔓延的现象得到有效控制，违法率持续降低，无广告审查批文，以公众人物、专家、患者名义作疗效证明，宣传治愈率、有效率等典型违法违规广告大幅度下降，媒体间互相攀比、不正当竞争的现象有了很大改观，广告市场秩序继续向好的方向转化，群众广告投诉率下降37%。全省工商行政管理系统共查处违法广告案件2608件，罚没款1324.75万元。

一、广告产业持续较快发展

2009年我省广告业尽管受到全球金融危机的影响，但由于全省各级广告监管机关认真贯彻国家发改委和国家工商总局共同出台的《关于促进广告业发展的指导意见》精神，帮助指导中小企业正确实施广告战略推广自己的产品，本地中小企业在广告投放量和通过广告宣传后产品的销量上仍较往年有所上升。2009年，广告营业额达56亿元，同比增长11%，位于西部第一，全国第七。

二、强化固定形式印刷品广告监管，实行专项整治

针对近几年来我省固定形式印刷品广告发展较快、良莠不齐、存在问题较多，同时几年来的虚假违法广告专项整治对大众媒介监管不断加强，一些虚假违法广告有向固定形式印刷品广告转移的趋势，我局会同省新闻出版局联合发文《关于开展固定形式印刷品广告专项整治的通知》（川工商办〔2009〕136号），在全省范围内开展了为期6个月的专项整治。据不完全统计，全省共出动人员1.5万人，查处取缔违法固定形式印刷品广告7千条次，收缴非法印刷品广告202万份，使违法的固定形式印刷品广告得到了有效控制，专项整治取得了阶段性成果，得到了黄彦容副省长的肯定。

三、公益广告取得新突破

积极组织广告业参加公益广告宣传活动，在城乡环境综合治理宣传中，全省共发布“我爱我家”公益广告两千余条。4月，我局获得中央宣传部、精神文明办和国家工商总局、国家广电和新闻出版总署颁发的全国“迎奥运讲文明树新风”公益广告宣传活动组织奖。12月，我局和省精神文明办获中央文明办和国家工商总局颁发的第八届优秀公益广告组织奖，并有6件作品获奖，其中，四川广电集团广告经营中心的“舞动人生 精彩依然”获得金奖。通过公益广告，引导媒体调整广告发布结构，优化了广告资源。

四、加大广告监测力度，夯实广告监管基础性工作

我局斥资80余万元设立了广告监测中心，该中心可以同时监测16个电视频道、8个广播频率、32家纸媒发布的广告。为更好地利用监测中心的技术优势，我局派专人加大了对成都地区的广告监测力度，每月定期出监测通报并将通报及时送虚假违法广告联席会议成员单位，对违法轻微的广告采用行政警示、行政约见等行政指导措施加以规范；对严重违法广告进行依法查处。2009年全省工商部门共监测各类广告近百万条次，发现严重涉嫌违法广告2.3万条次，行政告诫1.37万条次。同时，加强对市、州广告的监测与指导，3月中旬，在省局统一安排下，全省21个市、州工商局派员对各地主流媒体发布的广告进行了交叉监测。4月初，我局组织人员对交叉监测到的广告数据进行了分类汇总，并向各市、州联席会议成员单位通报了度监测情况，对严重的违法广告要求各地工商部门严肃查处。

五、充分发挥联席会议作用，研究解决重点难点问题

2009年我们继续把直接关系人民群众健康的医疗、药品、食品广告作为整治的重点，始终保持高压态势，针对出现的问题，省工商局牵头召开了联系会议成员单位专题会议，研究下发了《关于停止发布“鹿肽腺软胶囊”等违法违规食品、保健食品广告的通知》，作出了“鹿腺肽软胶囊”、“顶新牌太平压软胶囊”、“唤醒（康尔健）胶囊”、“美福乐减肥套盒（双s）”、“大能牌肝腹欣胶囊”等五个严重违法违规食品、保健食品广告在全省范围内半年停止发布的决定，对违法者产生了很大的威慑作用。

六、进一步拓宽监督领域，加大互联网“性病”、“性药品”广告专项整治

按照国家工商总局治理整顿网上非法“性药品”广告和性病治疗广告要求，各市、州工商局指定专人，每周对本地主要网站、专业网站、自设网站等实行定期监测，定时上报国家工商总局监测情况，对发现的问题，及时按照《广告法》及相关法律法规进行查处和规范；对不属于工商行政管理机关职责的，及时按有关规定进行移交，提请有关部门进行关闭、删除。2009年，全省进行网上巡查12万次，共监测网站8094家，排查网络经营信息64.75万条，转请相关部门删除违法“性药品”广告117条、“性广告”93条，对相关网站经营者、广告主行政告诫73次。

2009年贵州省广告监管工作总结

贵州省工商行政管理局商标广告监督管理处

贵州省医疗、药品广告及电视购物点评会

从国务院将“整治虚假违法广告”确定为整顿和规范市场经济秩序的重点工作以来，我们根据国务院总体部署和国家工商总局的工作安排，结合我省实际，积极深入地开展广告市场整顿规范工作，严厉打击了虚假违法广告行为，有效地维护了广告市场秩序。按照年初的工作安排，我们召开了广告监管联席会议成员单位工作会议，并会同广告监管联席会议成员单位制定严重违法广告通报系列制度。今年我处已出广告监测通报13期，要求各市、州、地工商行政管理局商广（科）处每月按时报送本地广告监测情况，受省局商广处委托，广告监测中心还适时对各市、州、地发布量大、覆盖面广的媒体发布的广告进行跟踪监测，对发现的问题，提出整改和解决问题的建议意见。9月22日我们还组织省广告监管联席会议成员单位和部份专家参加的“医疗药品广告及电视购物点评会”，并对严重违法的典型违法广告案例进行了曝光，省市媒体作了大量的宣传报导，收到了较好的社会效果。

在工作中，我们确立了“五抓”的工作思路，一是抓重点：把省级媒体和贵阳市级媒体作为重点单位，把省、市政府所在地城市作为重点地区，管住不丢，把保健食品、药品、医疗服务、化妆品、美容服务、农资产品等作为重点内容，盯住不放。二是抓关键：在广告监管中，我们选准媒体、花大力气、用足精力抓住这个关键环节，把住出口。三是抓制度：我们先后制定出台了《贵州省“打虚假树诚信”广告专项整治行动实施方案》、《广告监管举措》、《广告监管的辅助措施》、《广告监管机制、办案原则、整治方案》、《关于加强媒介广告监管的实施意见》等十二项制度，用制度实现长效监管。四是抓落实：我们强化广告监测力度，实施分类监管。五是抓大要案：从2005年以来，我局对国家工商局总局通报的大案要案、群众投诉、反映较大的案件进行了查处。

创新监管机制，巩固虚假违法广告专项整治成果。为了进一步净化广告市场，巩固广告专项整治取得的成果，全省各级工商行政管理机关在工作中不断探索、创新广告监管方式，使广告监管工作取得了一定实效。有的地区结合辖区广告市场的特点，建立广告经营单位广告审查制度，通过开展广告经营资质年度检查，督促广告经营单位建立广告审查员责任制度和广告内容审查制度，严把广告发布准入关。有的地区建立特殊商品或服务发布前备案制度，对诸如医疗、药品、保健食品、化妆品、农药、兽药、房地产等特殊商品或服务的广告，在发布前要送工商行政管理部门备案。有的地区建立多部门横向联动执法机制，实现部门职能优势的整合。

为了确保广告整治取得成效，去年6月份，省工商局分管广告工作的罗保林局长带领商广处负责人及相关人员，到贵州日报、贵州电视台、贵州人民广播电台、贵阳日报等省、市数家新闻媒体进行了工作调研，就媒体在广告工作中存在的问题、困难及怎样主动把好广告审查的关口、力争使贵州广告业又好又快的健康发展进行了沟通交流；走访了近十家广告公司，听取他们对治理整治广告方面的意见建议；对贵州日报等媒体下发了《违法发布广告行为告知书》18份。

我局党组书记、局长杨正国同志一直以来非常重视广告监管工作，曾5次对《广告监测通报》作出重要批示，鉴于《贵州广播电视报》违法率居高不下的情况，指示将第9期《广告监测通报》专送谌贻琴部长和谢庆生副省长，及时与省委宣传部、省广电局、省新闻出版局沟通、反映。商广处还对《贵州广播电视报》的负责人进行了戒免谈话，要求该报立即整改，并拿出具体整改措施，对虚假违法率居高不下的媒体进行行政处罚，叫停其发布的虚假违法广告。

今年，我们一是继续加强对重点广告的监管，深入开展以医疗、药品、保健食品、美容、化妆品等与人民群众生活和生命财产息息相关的广告为重点的虚假违法广告的整治，进一步加大对广告的监测和通报力度及违法广告的查处力度，增强广告监管工作的主动性；二是继续加强对重点媒体的监管，主要是发行量大、收视率高、覆盖面广的报纸版面、电视画面等媒体，重点集中在《贵阳晚报》、《贵州都市报》、《贵州商报》及各市（州、地）电视台和报纸。截止到目前，共监测各类媒体广告3424239条（次），其中涉嫌违法广告40618条（次），违法率为1.19%。全省共查处虚假违法广告案件404件，罚没款94万元。三是在日常监管中不断加大对各类广告的监测和对违法广告的查处力度，适时开展了广告市场专项整治行动。继续开展治理整顿网上非法“性药品”广告和性病治疗广告的专项行动。

4月份，我们还针药品违法广告的移送问题，召集省食品药品监督管理局、贵阳市食品药品监督管理局以及贵阳市工商局召开了协调会，就药品违法广告案件的移送问题达成了共识。

为贯彻落实国家工商行政管理总局、国家发展和改革委员会《关于促进广告业发展的指导意见》，结合贵州省实际情况，与贵州省发展和改革委员会共同出台了《关于促进贵州省广告业发展的指导意见》。6月份，为落实《关于促进广告业发展的指导意见》，我处到贵州电视台、贵州都市报等媒体和高速广告等广告公司进行调研，与广告发布者和经营者进行了深入交流，听取了他们的意见和建议，并向局党组提交了《关于高速路沿线户外广告登记管理问题的建议》，为支持我省广告业做大做强和健康有序发展作了努力。

2009年云南省广告监管工作总结

云南省工商行政管理局广告监督管理处

云南省整治虚假违法广告第十六次省级部门联席会议

2009年，全省工商系统广告监管工作以邓小平理论、“三个代表”重要思想为指导，全面落实科学发展观，深入贯彻国家工商总局“四个统一”、省工商局“三个到位”、“六个好”工作目标要求，始终坚持监管与发展、监管与服务、监管与维权、监管与执法的统一，坚持专项整治、日常监管、建立长效机制三者的有机结合，有效促进了全省广告市场的健康有序发展。

一、强化服务，全省广告业保持健康稳定发展好势头

2009年为应对金融危机爆发，国家工商总局、省局都把“保增长、保稳定”作为工商行政管理首要任务，云南省广告监管工作紧紧围绕大局，把“强化服务、促进广告业健康发展”放在更加突出的位置。一是改进服务方式。认真贯彻省政府阳光政府“四项制度”，进一步强化服务，缩短广告行政审批时限，简化办事程序，为广告经营单位提供优质、高效服务。二是加强行政指导。指导相对人正确地认识把握广告，使广告活动符合法律法规的要求，保障自身、商家和消费者的合法利益；指导相对人熟悉广告法律法规，依法建立广告承接登记、审核、档案管理三项内部管理制度，依法履行广告审查法定义务，依法办理广告行政许可、登记手续。三是坚持规范管理。各级工商部门始终坚持把发展放在首位，以规范为主，综合运用行政建议、行政告诫、责令暂停发布、约见谈话、质询等多种方式，规范广告发布行为。全省责令停止发布违法广告5899条(次)，通过发布广告监测通报、广告违法警示公告、广告提示公告、典型违法广告案例公示等多种方式，提醒公众识别，促进广告经营单位自律。四是积极做好地方广告管理法规立法前期工作。《云南省广告管理条例》起草工作全面展开，经省政府法制办同意，条例列入了2010年立法计划。省工商局成立了领导小组，制定了工作计划，研究并起草了征求意见初稿，征求了相关部门意见，于2009年12月28日召开了第一次听证会。五是积极开展贯彻落实《促进广告业发展的指导意见》的调研工作。认真贯彻国家发改委、国家工商总局《促进广告业发展的指导意见》，结合云南实际，组织开展了全省性的调查研究，16个州市工商局与当地发改部门共同

研究制定了促进广告业发展的办法、措施，省工商局也正在商省发改委制定全省促进广告业发展的意见；六是发挥行业协会作用。积极指导行业组织工作，以协会来带动行业，促进行业发展。七是积极促进公益广告事业发展。组织开展了全省第八届公益广告评比活动。各级工商部门精心组织，共收集作品256件，评选出获奖作品79件。其中，金奖3件，银奖8件，铜奖20件，入围奖48件。在此基础上，推选出参加国家工商行政管理总局和中央文明办评选的作品11件，先进单位3个，先进个人3名。

2009年，全省广告业继续保持了平稳健康发展的势头。截至2009年底，我省核准登记的广告经营单位4159户，比2008年核准登记的3887户，增加了272户，增加率为7.0%；广告从业人员19，563人，比上年的18,856人增加了707人，增加率为3.75%；广告经营收入20.23亿元，比上年的17.76亿元增长了2.47亿元，增长率为13.92%。

二、部门联动，虚假违法广告专项整治工作深入推进

今年以来，全省各级工商部门认真贯彻国家工商总局“深入开展虚假违法广告专项治理，充分发挥联席会议作用，努力维护良好、健康、稳定的广告市场秩序”工作要求，以与人民群众生活息息相关的医疗、药品、食品、保健食品、化妆品、美容服务为重点，继续保持高压态势，把虚假违法广告专项整治引向深入。一是充分发挥工商部门牵头职能作用。认真履行整治虚假违法广告联席会议牵头部门职责，各级工商部门坚持每季度组织召开一次联席会议，相互通报情况，分析存在问题，研究整治措施。二是加强协调，相互配合，形成监管合力。全省工商部门对药监部门提请立案查处的违法药品广告高度重视，仅省局就立案查处38件；药监部门认真落实广告审查备案制度，凡审批的药品广告均到工商部门备案，对工商部门提请采取行政强制措施的严重违法广告产品也采取了果断措施，仅省药监局在全省范围内暂停销售的违法广告产品就达60多个；卫生部门对发布严重违法广告医疗机构给予行政警告17家次，立案查处3家，吊销诊疗科目1家，撤销《医疗审查证明》8家；广播电视部门对省级台和州市级台播出的所有频道频率进行了检查，停止发布、纠正违法广告600余条；新闻出版部门加强了对媒体广告的引导规范，强化行业自律，在云南新闻界开展了“让党放心、让人民满意、做负责任媒体”承诺宣誓活动，增强云南媒体社会责任意识。联席会议成员单位各司其职，齐抓共管的工作格局进一步形成。三是分层分类，开展专项整治。组织开展了电视购物广告、金融服务广告、互联网广告和涉农广告等专项整治行动。其中，先后三次组织开展了互联网广告集中清理整治行动，共清理检查门户网站23,056家，其中，监测医院网站75家、食品药品网站86家、购物和成人用品网站51家；检查互联网广告13,555条（次）。对检查发现有问题的5家互联网站和1870条非法“性药品”、性病治疗广告及时进行了处理。

三、明确职责，广告市场日常监管工作得到强化

今年以来，全省各级工商部门以停收“两费”为契机，进一步促进职能转变，明确职责，强化广告层级管理，明确广告监管任务，落实广告监管责任，使全省广告日常监管工作进一步得到强化。一是加大广告监测力度。进一步加强广告监测工作，把广告监测作为广告监管的基础性工作抓落实，为广告监管工作提供有力保障。2009年，全省共监测和检查各类广告107.32万条(次)，查出违法广告10,441条(次)。二是加强了属地监管力度。各级工商部门把广告监管纳入辖区管理、片区管理和市场巡查的重要内容，强化了广告市场日常监管，尤其是强化了户外广告、印刷品广告的日常巡查，做到及时发现问题，及时加以纠正。全省基层工商部门共收缴非法印刷品广告21.18万份。三是组织开展广告市场专项检查。省局组织16个州市工商局对全省各地的广告市场进行了全面检查，全省共检查报纸20份、17个电视频道、14个广播频率。检查各类广告9,364条（次)，查出涉嫌违法广告127条(次)。通过检查，总结了全省各地广告监管工作好经验、好做法，促进了州市间的学习交流，发现了工商部门在广告监管工作中存在

的问题和不足，加强了工商部门与媒体的沟通，向媒体宣传了广告法律法规，有效促进了媒体的法律意识和责任意识，对促进全省广告市场进一步好转起到了积极作用。四是对全省主要媒体广告发布情况进行了定期抽查，对抽查发现的问题及时纠正、及时处理。1—3季度，省局共抽查媒体广告12,477条（次），发现涉嫌违法广告119条（次）。

四、夯实基础，广告监管长效机制进一步健全完善

今年以来，全省各级工商部门始终坚持标本兼治，重在治本的方针，努力建立“政府监管、群众参与、社会监督、行业自律”广告监管长效机制的基础工作。一是制度化。全面建立了省局机关广告监测、广告案件查办、受理违法广告举报、违法广告公告、行政告诫、联席会议成员单位协调联系等工作制度，为进一步全面规范全省广告监管工作奠定了基础。二是规范化。结合全省实际，就制定广告监测规范、广告抽查规范、广告经营行政指导规范和建立完善广告案件查办部门联动、系统内上下联动机制等进行了研究并提出了初步意见，规范行为标准，统一执法标准；三是法制化。严格依法行政的同时，积极开展《云南省广告管理条例》的立法前期工作，针对云南省广告市场的区域性和特殊性，开展有操作性、实用性的地方立法工作。四是程序化。理顺了广告行政许可、进一步规范了违法广告投诉举报等工作办理流程，明确了工作职责，方便服务对象，畅通信息渠道，提高社会监督效果。今年以来，仅省局就受理违法广告举报案件94件，均已办结。

五、突出重点，违法广告案件查办力度进一步加大

全省各级工商行政管理部门继续把医疗、药品、食品、保健食品、化妆品、美容服务广告作为打击重点，进一步加大案件查办力度。查处违法广告案件1705件，收缴罚没款355.2万元。其中，查处违法食品、违法保健食品案件104件，收缴罚没款57.16万元；查处违法药品广告案件199件，收缴罚没款33.14万元；查处违法医疗广告案件158件，收缴罚没款30.14万元；查处违法化妆品广告案件16件，收缴罚没款3.70万元；查处违法美容服务广告案件7件，收缴罚没款1.87万元。

2009年，全省广告监管工作取得了一定成效，但还存在一些问题。2010年，我省各级工商部门将按照国家工商总局“六个四”的要求，围绕实现云南工商“三个到位”“六个好”的工作目标，增强“四种意识”，推进“四项建设”，不断提高科学监管促进科学发展的能力和水平，在四个方面进一步加强广告市场监管，维护文明诚信的广告市场秩序：进一步理顺监管格局，把广告监管工作纳入对基层考核的重点，解决好基层有人办事的问题；进一步加强全省广告监管的基础工作，管理制度有待完善，工作程序有待规范，监管手段有待提高；进一步加强部门协调力度，发挥联席会议牵头单位作用；进一步加强医疗、药品、食品、保健食品、化妆品、美容服务等广告的整治力度。以监管促规范，以规范促发展，促进我省广告业健康有序良性发展。

2009年陕西省广告监管工作情况

陕西省工商行政管理局商标广告监督管理处

2009年，陕西省广告监管工作认真贯彻党的十七大、十七届四中全会和中央经济工作会议精神，全面落实科学发展观和构建社会主义和谐社会的要求，按照国家工商总局的总体方针和全省工商行政管理工作会议的安排部署，坚持综合治理、标本兼治的方针，以规范广告经营活动、维护公平公正市场秩序、促进广告业健康有序发展为目标，以打击虚假违法广告、建立广告长效监管机制、保护消费者合法权益为重点，以推进法制建

2009年陕西广告监测监管工作会议

设和制度创新、着力提高监管执法效能为着眼点，强化职能建设，进一步加大整顿和规范市场经济秩序工作的力度，强化服务工作，积极指导和促进广告业健康发展，较好地完成了年度各项工作任务。

一、加强广告经营资格检查，依法规范广告经营活动

为加强对广告经营活动的监督管理，依法规范广告经营审批登记，严把广告主体准入资格，根据《广告经营许可证管理办法》的有关规定，全省各级工商行政管理机关按照省局年度工作安排，从今年1至4月份，对在工商行政管理机关登记注册的320余户广播电台、电视台、报刊出版单位，事业单位及法律、行政法规规定应进行广告经营审批登记的广告经营单位进行了广告经营资格年度检查及换证工作。在年检换证工作中，各市级工商局还结合广告日常监测情况，深入广播电台、电视台、报社等广告经营单位，对媒体内部的广告承接登记制度、广告审查员“一票否决”制度、广告档案管理制度等进行了重点检查，对工作流程不规范、广告审查员把关不严等问题现场进行了纠正并限期整改。通过资格检查工作，一方面宣传和强化了国家广告经营的有关规定，增强了广告经营单位依法经营广告的意识，另一方面也掌握了广告经营单位的广告经营状况，为广告监管工作奠定了基础。

二、探索广告监管关口前移，着力做好违法广告的防范和查处工作

（一）加强广告法律法规宣传，营造良好法制环境。各级工商行政管理广告监管部门以“3.15”、“4.26”等宣传日活动为契机，以电视、广播、报纸、网络为载体，组织有关媒体和广告经营单位在全社会开展了以广告法律法规为主要内容的大型户外宣传活动。据不完全统计，在活动中共设置宣传点160余处，悬挂条幅、横幅1200余条，制作展板400余块，印发各种宣传材料56000余份。渭南市工商局还邀请电视台等17家主流媒体召开广告经营恳谈会，通报媒体存在问题，探讨诚信经营之道，并以“自律、诚信、健康、责任”为主题，联合向全市新闻媒体和广告经营单位发出了题为《加强媒体广告自律打造诚信健康新渭南》的倡议书，通过这些活动，强化了行业自律意识，营造了良好的社会舆论氛围。

（二）探索监管机制，完善监管措施。各级工商行政管理广告监管部门除加强法律法规宣传，指导媒体健全广告审查制度，对媒体和广告经营单位广告审查员进行法律法规培训外，有些市局建立了户外广告登记后实地核查制度。凡对未按核准的地点、形式、数量、规格、期限、内容发布的行为，依法进行查处。有的市局对企业举办药品、医疗器械、保健食品、义诊展示演说的活动，建立了到场监督制，一方面要求举办单位将相关资料报活动地工商所审查。另一方面工商所派员到现场监

督，对监督中发现的广告违法行为依法进行规范。特别是汉中市工商局与中国移动开发了户外广告登记信息稽查查询系统，实现了通过彩信对户外广告登记信息的即时稽查和查询。同时还购置电视、广播广告监测系统，实现了对电视、广播广告信息实时录入和检测，充分依靠信息化手段推进职能到位，促进监管方式转变。

（三）加强广告监测，及时查处广告违法行为。加强对广告的日常监测和检查，及时发现和掌握违法广告的苗头，采取当场纠正、行政告诫、诫免谈话等形式，督导媒介建立、完善和落实广告审查制度、违法广告责任追究制度，做好广告发布前的审查把关工作。为掌握全省媒介广告发布情况，督导各市局做好广告监测和案件查处工作，省局在加强对省级、西安市重点媒介的监测外，坚持每个季度对各市媒介一周发布广告情况进行一次集中抽查，抽查结果通报各市，并要求各市局责令、督导媒介整改并查处上报典型违法广告。据不完全统计，截至10月底，全省各级工商行政管理部门共监测广告25万余条次，其中涉嫌违法广告2170条次，给予行政告诫（限期整改）1380条次，责令停止发布819条次，收缴非法印刷品广告26万余份，发布医疗、药品、保健食品提示公告53次，查办案件1849件，罚没款金额422.33万元。

三、突出工作重点，深入开展对虚假违法广告的专项整治工作

（一）集中开展对网上非法“性药品”广告和性病治疗广告的专项整治。按照国家工商总局等部委和省上有关部门关于整治互联网性药品性治疗广告专项行动的工作安排，我省各级工商行政管理部门从元月份开始，在全省开展对网上非法“性药品”广告和性病治疗广告专项整治。在整治中，共检查网站286户，监测广告720条次，发现违法发布“性药品”广告和性病治疗广告的网站11户，发现违法“性药品”广告和性病治疗广告151条次。责令24家网站停止发布，对5家网站进行了立案查处，罚没款5.9万元。

（二）集中开展对违法医疗、药品、保健食品广告的专项整治。根据一季度对广告监测的情况，针对医疗、药品、保健食品广告违法率有所回升的问题，为巩固整治工作成果，保持对虚假违法广告的高压态势，维护和净化广告市场环境，全省各级工商行政管理部门在省局的统一部署下，从6月下旬开始，在全省集中开展了为期三个月的对医疗、药品、保健食品虚假违法广告的专项整治。在专项整治期间，据不完全统计，全省工商系统共出动执法人员8900余人次，车辆3900余台次，共监测广告16万余条次，其中涉嫌违法广告1794条次，给予行政告诫（限期整改）1274条次，责令停止发布709条次，收缴非法印刷品广告20余万份，查办案件617件，罚没款金额136.12万元。对12家广告主，1家广告经营者和73家广告发布者分别给予了暂停或停止广告业务的处罚。

四、认真履行职能，做好广告业的促进发展工作

一是精心组织，成功承办了“中国东西部广告战略合作洽谈会”。作为第十三届“西洽会”投资活动的重要内容，由陕西省人民省政府和国家工商行政管理总局主办，国家工商总局广告司、中国广告协会、陕西省工商局、陕西省广告协会具体承办的第十三届中国东西部合作与投资贸易洽谈会暨“中国东西部广告战略合作洽谈会”于2009年4月6日在西安隆重召开。国家工商总局刘凡副局长、陕西省人民政府朱静芝副省长等领导及国内广告业代表、陕西各主要媒体、广告公司及部分驰、著名商标企业代表共350余人参加了会议。洽谈会主要内容分为东西部广告业合作论坛和东西部广告业合作洽谈、签约两个部分。“论坛”邀请国内著名广告专家、学者作专题演讲，并由东西部广告业代表介绍广告发展战略经验；签约由省内各大广告媒体和部分广告公司与外埠企业进行项目签约。共签约项目28个，合同金额54260万元。

二是起草了《关于促进陕西广告业发展的实施意见》。按照总局、发改委《关于促进广告业发展的指导意见》的要求和景俊海副省长的指示及省政府办公厅的意见，我们在认真学习领会《指导意见》精神，广泛征求相关部门和广告从业者意见的基础上，代省政府起草了《关于促进我省广告业发展实施意见》，目前已经上报省政府，正在征求相关部门意见。

2009年甘肃省广告监管工作总结

甘肃省工商行政管理局广告监督管理处

甘肃省整治虚假违法广告联席会议第五次会议

一年来，全省广告监管工作以努力做到“四个统一”、大力加强“四化建设”、积极推进“四个转变”、全面实现“四高目标”为总要求，深入贯彻落实科学发展观，积极转变工作作风，以解决人民群众反映强烈的药品、医疗、保健食品及低俗、淫秽、色情和有悖社会主义精神文明建设、影响未成年人健康成长的不良广告为重点，进一步落实各项工作制度，加强部门协调配合，加大广告市场整顿力度，严厉打击广告虚假违法行为，为构建社会主义和谐社会，促进甘肃广告市场有序发展做出了积极贡献。

一、明确目标，科学筹划，建立广告分工监管目标责任制

年初根据我省广告监管工作实际，着眼一切围绕经济发展，一切服从经济发展，一切服务经济发展的要求，制定了2009年广告监管的总体目标和整治重点，牢牢把握广告监管工作的主动权。要求在大力抓好全省广告市场培育扶持的同时，进一步加大监管力度，继续把关系人民群众身心健康且问题易发多发的药品、医疗、保健食品、化妆品、美容服务、内容低俗等不良广告作为整治重点。具体目标：电视媒体兰州地区广告违法率不得超过2%，其它市州不得超过4%；报纸媒体兰州地区不得超过2%，其它市州不得超过4%；广播媒体兰州地区不得超过2%。为实现上述目标，建立了媒体广告分工监管目标责任制，对分工监管不力、失职行为采取责任追究制。省局主要负责全省广告市场活动的动态监管，本省或跨省发生的广告违法案件查处的协调，重大疑难案件的交办和指导工作，必要时可参与或直接查处省内发生的重大虚假违法广告案件。各市州（局）主要负责本辖区广告活动的监管，本行政区或跨区发生违法广告案件的协调，指挥和查处工作。各专职机构主要负责案件查处工作。对重点媒体如：兰州晚报、兰州晨报、西部商报、甘肃经济频道、影视频道、都市频道、卫视频道、兰州生活、兰州公共、兰州新闻频道等媒体实施

分工、定责、定人监管，实行任务、目标、责任及绩效考核挂钩。

二、加强协调、齐抓共管，形成整治虚假违法广告的长效机制

为进一步坚持和完善联席会议制度，发挥联席会议制度作用，年初，在认真征求各联席会议成员单位意见的基础上，制定了《联席会议各成员单位整治虚假违法广告工作要点》，进一步加强成员单位的协调配合与联动，明确各部门职责，形成整治虚假违法广告的长效机制，实现监管资源、信息的沟通与共享，不断增强监管合力与实效。

各级工商行政管理机关充分发挥牵头职责，认真探讨和解决工作中遇到的突出问题，统一执法标准，加大对违法广告案件的查处力度，完善查办工作机制，提高查办效率，密切关注影响和危害广告市场秩序的苗头性、倾向性问题，增强广告监管的敏感性和预见性，做到早发现早处置，防止蔓延或失控。

宣传部门狠抓了新闻媒体广告导向管理，把药品、医疗等违法广告整治作为“深入学习实践科学发展观活动”的重要内容，指导和规范广告发布工作，着力解决媒体广告刊播中存在的虚假违法问题。认真开展“都市类报纸质量安全管理年活动”，把整治虚假违法广告、净化、美化版面工作作为新闻工作的重要任务来抓，净化、美化了电视视屏报纸版面，有效降低了广告违法率。

广电部门和播出机构在抓好自身建设的同时，重点加强了对广播、电视中非法“性药品”广告和性病治疗广告及虚假违法的电视医疗资讯服务和电视购物节目的审查和监管。采取日常监播与集中检查相结合、信息反馈与情况通报相结合、一般处理与行政处罚相结合等措施，加强督促检查。同时各级广电管理部门完善了监管技术手段，加强对广播电视广告播出的监听监看，坚决克服心软、手软和“灯下黑”现象，从严管理、严格执法，严把了广告发布关。

卫生部门认真落实“全国卫生系统贯彻《医疗广告管理办法》电视电话会议”精神，集中开展了违法医疗广告的清理工作。对未经审查出证或擅自改变出证内容等违法发布广告的医疗机构进行重点监督。对检查中发现和群众举报的50家违法发布医疗广告的医疗机构进行了通报，先后责令停止发布违法医疗广告71家。省卫生厅卫生监督所对省人民医院等15家直属医疗机构进行监督检查，查办了22家医疗机构违法发布医疗广告行为。

省食品药品监督管理部门严把药品、医疗器械广告审查关，加强日常监测监管，对发布虚假药品广告情节严重的药品生产企业、医疗器械经营企业进行全面检查。

新闻出版、通信管理、公安、监察和纠风等部门按照国家十二部委《关于进一步治理整顿非法“性药品”广告和性病治疗广告的通知》精神，按照分工认真履行职责，排除执法中遇到的阻力和干扰。积极配合工商部门开展药品、医疗等违法广告整治工作。

三、强化监管，狠抓落实，各项工作扎实有效开展

（一）深入开展整治互联网低俗之风专项行动，狠抓违法网络广告的治理

根据中央外宣办《全国整治互联网低俗之风专项行动工作方案》、国家工商总局《关于在整治互联网低俗之风专项行动中严厉打击非法“性药品”广告和性病治疗广告的通知》和省委外宣办《关于印发全省整治互联网低俗之风专项行动工作实施方案的通知》的要求，突出抓了网上非法“性药品”广告和性病治疗广告的治理整顿，取得了较好的效果。一是思想重视，认识明确。网上非法发布“性药品”广告和性病治疗广告，属于网络淫秽色情有害信息，严重影响互联网健康发展，为了更进一步抓好网上非法发布“性药品”和性病治疗广告的治理整顿工作，结合我省实际，及时转发了国家工商总局《关于继续深入治理整顿网上非法“性药品”广告和性病治疗广告的通知》，进行层层动员，制定工作方案，分解落实责任，提出新的要求，并及时把《甘肃省打击整治网络淫秽色情专项行动工作方案》下发到各市、州工商局，要求在治理的基础上再次做出安排部

署，分解落实整治任务，使治理整顿非法发布“性药品”和性病治疗广告工作的各个环节有人抓、有人管。二是继续落实分工，明确责任。根据治理整顿网上非法“性药品”和性病治疗广告的任务，对我省获通信管理部门批准的79家经营性网站，按照分工进行监管，责任到人，确保网上监管工作不出漏洞，不留死角。发现监管缺位，直接追究监管单位及监管责任人的失职渎职责任。三是加强网络广告监测，构建长效监管机制。我省网络广告监管仍处在起步和摸索阶段，工作基础薄弱，为此我们根据前一阶段监管中发现的问题，积极制定了相应的措施，严格按照总局党组提出的“积极推进制度化、规范化、程序化、法治化建设，努力构建长效管理机制”的要求，把网络广告监测纳入我省广告监测系统，实现全方位监测，大力推进网上广告长效监管机制建设。四是积极配合专项行动，加大对网络违法广告的整治力度。今年七月以来，国务院会同国家工商总局相继下发了《关于开展全国互联网医疗保健和药品信息服务专项整治行动的通知》、《关于印发药品安全专项整治方案的通知》、《关于印发〈打击整治网络淫秽色情专项行动工作方案〉的通知》。为切实做好专项行动有关广告整治工作，根据各专项行动整治方案，及时将国家工商总局《关于积极配合有关专项行动进一步加大对违法广告整治力度的通知》转发到各市、州工商局，要求各级会同有关部门，进一步规范互联网、手机媒体广告经营行为，加强互联网、手机广告的监管；严厉查处发布虚假违法药品广告行为；协调有关部门依法查处互联网和手机媒体发布的非法“性药品”广告和性病治疗广告；清理整治通过手机传播的淫秽色情和低俗广告，依法查处未经工商登记利用互联网、手机媒体从事违法经营活动的企业及个人。同时强调各级广告监管机关要依法履行监管职责，按照有关要求，周密部署，统筹安排，精心组织，抓好落实，积极配合有关部门，扎实推进专项行动的深入开展。

（二）加强对各类纪念章（品）以及人民币相关广告的监管

根据国家工商总局和中国人民银行《关于加强各类纪念章（品）以及人民币相关广告管理的通知》的要求精神，全省开展了以各类纪念章(品)以及人民币相关广告的清理。一是及时和中国人民银行兰州中心支行联合向各市、州转发《关于加强各类纪念章（品）以及人民币相关广告管理的通知》，要求进一步提高认识，强化领导，履职尽责，协调配合，认真抓好落实，确保我省各类纪念章（品）以及人民币相关广告市场规范有序。二是要求媒体在发布各类纪念章（品）以及人民币相关广告时发现有非法使用人民币图样、或者发布含有人民币图样商品的广告时，要查验人民币图样使用许可批准文件及许可证；广告宣传中使用国家机关、工作人员、其他机构做宣传要事先取得同意或授权，并查验相关证明材料。三是进一步宣传人民币流通管理法律法规，维护国家法定货币的严肃性和权威性。加强对各类纪念章（品）以及人民币相关广告的监管，发现虚假违法广告及时责令停止发布并依法进行查处。

（三）认真开展公益广告评选活动，促进广告业健康发展

为更好地发挥公益广告在社会主义精神文明建设中的作用，促进我省广告业的健康发展。遵照国家工商行政管理总局、中央精神文明办的要求，在全省各级工商行政管理机关和社会各界新闻工作者的共同努力下，我省公益广告事业取得了长足进步。一是精心组织、认真落实。认真落实国家工商行政管理总局、中央精神文明办《关于开展第八届全国优秀公益广告评选活动的通知》精神，加强领导、精心组织，对全省公益广告宣传工作进行了安排部署。全省的广告主、广告经营者、广告发布者踊跃参加，高标准制作一批主题鲜明、新颖独特、美观大方具有时代特征、内容积极健康、能准确传递信息、有强烈视觉冲击力的公益广告作品。各地选出了370条（件）公益广告作品（其中：影视作品57件，广播作品20件，平面作品293件）。二是认真筛选，表彰先进。会同省文明办、省广告协会以及广告专业人员认真组织优秀公益广告作品征集、筛选工作。对报送的370条（件）公益广告作品进行认真审查，严格把关，采取对每一件作品从不同角度、不同观点、不同审美观上

认真把关，集思广益，对策划起点高、内涵深刻、涉及面广、表现完美、制作严谨、综合效果好的优秀公益广告作品提出看法和意见。对全省2007-2008年度的10件优秀公益广告作品及3个先进单位、3名先进个人报送国家工商总局进行表彰。其中：影视类有兰州智诚同辉文化传播有限公司选送的“关怀的手”；天水电视台选送的“燃放烟花爆竹、安全首当其冲”；甘肃矿区电视台选送的“执行岗位规范”。广播类有甘肃省广播电影电视总台选送的“关爱老人”；甘肃省广播电影电视总台选送的 “为奥运喝彩”；甘肃省广播电影电视总台选送的“社会公德心”。平面类有庆阳市协力广告有限公司选送的“镜头篇”；白银市邮政局函件分局选送的“节能减排我行动——鱼缸篇”；兰州公交集团万众广告彩印有限公司选送的“礼者，人道之极也”；兰州公交集团万众广告彩印有限公司选送的“细节”。同时，推荐常年关心、支持、参与公益广告事业、出资制作、创作、发布广告活动的先进单位、先进个人各3名以及公益广告宣传组织奖2名。先进单位：兰州智诚同辉文化传播有限公司、天水电视台广告中心、兰州公交集团万众广告彩印有限公司。先进个人：甘肃省广播电影电视总台总编室副主任魏文楷、天水广播电视台电视广告中心主任王尚荣、庆阳市协力广告有限公司总经理苏虎宁；组织奖：甘肃省工商行政管理局、甘肃省精神文明建设指导委员会办公室。

（四）完善广告监测与市场巡查制度，增强广告监管的预见性和主动性

一是积极完善监测功能。广告监测和市场巡查是广告监管的基础性工作。我省广告监测中心积极改进措施，目前已实现对全省35个电视频道兰州辖区8个广播频道、10份报纸刊播的各类广告进行监测。其中，对兰州地区内的11个电视频道、8个广播频道、10份报纸。广告监测系统通过工商行政管理网互连，实现省局、市局、县局、工商所四级互通和信息共享。监测到的违法广告可通过12315综合执法网下达到全省14个市、86个县区工商局及5个专业分局和656个工商所。实现了全方位、全过程动态监测，取得了监管主动性，提升了广告监管能力。同时监测信息已通过月报、季报、专项报告的形式向各有关部门提供，为各级政府和领导的决策提供了科学、权威的依据，也为制定监管对策提供了重要参考。截止9月份共监测报纸、电视、广播广告101万条次，涉嫌严重违法广告3.5万余条次，平均违法率3 .1%。从广告监测情况看，药品、医疗广告违法率仍然很高。二是严格要求通报公告制度。为了更进一步加强对广告监管的力度，11月18日我们集中对全省电视报纸进行了集中监测，共监测严重违法广告51条。根据监测情况，结合我省违法广告公告通报制度，在全省下发了关于《2009年11月份广告监测的情况通报》，对监测到了严重违法广告进行了逐一通报，并要求各市、州工商局根据管理辖范围和分工要求对通报的典型严重违法广告进行从严从重查处，有效震慑违法行为。

（五）加大执法力度，严肃查处虚假违法广告

全省各级广告监管执法人员，依法行政，严厉查处以药品、医疗、保健食品为重点的各类违法广告，震慑了广告违法行为，有力地维护了广告市场秩序。共查处各类广告违法案件1337件，罚没款156.26万元。查处的重点违法广告案件主要有：“正心泰颗粒”、“苦参素片”、“宏兴息踹丸”、“龙升风痛片” 等药品广告；“天水协合医院”、“华夏医院”、“天水女子医院” 等发布的医疗广告；兰州崔大夫美容广告；“果蔬纤体奶茶”、“双参金虫草胶囊” 保健食品广告。

四、发挥职能作用，积极推进监管与服务的统一

（一）积极开展广告法律法规宣传，着力提高广告经营者法律法规意识，规范广告发布行为

全省各级广告监管机关以3·15消费者权益保护日活动为契机，组织人员在各类公共场所设立咨询服务点、散发宣传单，积极开展广告法律法规宣传，让广大消费者进一步认识药品、医疗等违法广告的危害性，努力提高全社会的广告法律法规意识和消费者对虚假违法广告的鉴别能力。据不完全完统计，在宣传活动中全省

共出动人员4160人（次），接待咨询人员人22318（次），散发宣传材料5万余份。

（二）做到监管与服务的统一，召开新闻媒体整治虚假违法广告座谈会

全年召开了四次由兰州市工商局主管广告业务的领导及商广处、甘肃报业集团领导、甘肃日报广告处长及各子报广告部负责人、甘肃广告播电台分管广告业务的领导、广告管理中心主任、各广播、电视频道广告部负责人参加的虚假违法广告整治座谈会，通报广告监测情况，要求各媒体加强自律意识，落实好各项制度，严把审查关，增强社会责任意识，杜绝虚假违法广告发布，努力实现广告监管多指导、省指责，多规范、少处罚的转变。兰州局探索新的广告监管方式，正确处理监管与服务的关系。在广告监管中加强行政指导，建立健全预警防范制度，克服以往重监管、轻服务、重罚款、轻规范的现象。通过“说、劝、引、商、帮”等柔性措施，解决监管中的难点和热点，引导行政相对人遵章守法，诚信经营，初步实现了由“被动执法”向“主动服务”的转变，由强制执法向和谐监管的转变。

（三）是加强督导检查，规范发布行为

全省各级广告监管机关结合广告经营资格检查，认真检查广告经营单位的《广告业务承接登记制度》、《广告业务合同档案管理制度》、《广告审查员制度》、《广告收费备案制度》、《广告业务财务管理制度》。通过检查，对遵守广告法律法规情况良好的广告发布单位，实行随到随检。对广告经营基本管理制度尚未建立和执行的，连续多次发布违法广告，暂缓通过资格检查，限期整改。对发布违法广告屡教不改的，实行责令限期整改或暂停其部分类别商品或者服务广告的发布业务，直至取消其广告经营资格。2009年5月，经监测发现兰州秦陇疑难病研究所秦陇堂诊所在广告活动中擅自篡改《医疗广告审查证明》内容，经与中医管理部门协调，做出撤证之日起一年内不再受理其医疗广告审查申请的决定。四是加强对广告业发展的指导，促进广告业的健康发展。根据国家关于促进广告业发展的指导意见，结合我省实际，积极指导协会改革发展，完善行业管理，充分发挥广告业在服务生产、引导消费、推动经济增长中的功能作用。为扩大消费需求，促进经济平稳较快发展，营造健康、有序的广告市场环境明确发展方向。

（四）加强广告法规培训，努力提高监管队伍素质

为提高全省广告监管人员服务水平和执法办案能力， 9月21日至24日，利用4天时间，举办了由14个市（州）、86个县区及矿区、东风厂区工商行政管理局110余名广告监管人员参加的培训班。重点对《广告监管形式与当前任务》、《户外广告、印刷品广告监管》、《广告新规解读》、《广告行政执法》等内容进行了学习、辅导。在此基础上，为提高学习教育的针对性和有效性，采取了模拟办案和讨论交流等方法，加深了学员对培训内容的理解，提高了培训质量。通过集中培训，使参加培训的学员思想认识上达到三个统一，即：把思想认识统一到广告市场形势的科学判断上来，把思想认识统一到科学发展观和构建和谐社会上来，把思想认识统一到人民群众的期望上来。参培学员纷纷表示：参加培训受益菲浅，理清了思路，明确了责任，更新了知识，振奋了精神。下去后一定要结合当地的实际，创新工作，在促进当地经济建设中做出广告监管人员应有的贡献。

一年来我省广告监管工作在各级广告监管机关的努力下，取得了一些成绩，但也存在一些问题。一是对网络广告监测和巡查比较困难，无法做到全部覆盖，还不能对部分不良网站实施有力监控和打击。二是违法药品医疗广告有所反弹，变相发布违法医疗广告的现象还没有根除。

2009年青海省广告监管工作总结

青海省工商行政管理局广告监督管理处

青海省广告协会第五届会员代表大会

2009年，青海省工商局广告监管工作始终坚持以发展为主，不断规范的原则，继续开展了以医疗、药品、保健食品广告及危害未成年人健康的网上非法“性药品”广告和性病治疗广告为重点的虚假违法广告专项整治工作，较好的完成了工作任务。

一、抢抓机遇，稳步推进广告事业的健康发展

随着青海经济的持续稳步发展，青海广告事业也得到了长足的发展。尤其是近两年“大美青海”品牌的宣传，西宁市全国卫生城市创建，给青海广告业的发展带来了机遇，同时也带来了挑战。青海省省委、省政府为了加快青海经济的发展，让青海走出省门、走出国门，让全国了解青海，甚至让全世界了解青海，进一步扩大青海省知名度的宣传，2009年，加大了“大美青海”品牌的宣传力度，举办了“国际藏毯展览会”、“郁金香节经贸洽谈会”、“国际公路自行车赛”、“抢渡黄河赛”、“国际攀岩赛”等一系列大型赛事活动，这些大型赛事活动的举办，“大美青海”品牌的宣传，为青海省广告业的健康发展创造了宽松的环境，为广告人展现才华搭建了平台。同时，对广告人也提出了更高的要求。机遇和挑战促进了青海省广告业的健康发展。2009年，全省广告经营额达到了2.5亿元，同比增长了4.8%，广告经营单位401户，同比增长2.8%，从业人员3156人，同比增长1.5%。登记户外广告987条，同比增长18.5%；发展固定形式印刷品广告经营户5户，同比增长29%。

二、强化了广告市场的日常监管，严厉打击了虚假违法广告

一是开展了广告经营单位年度资格检查。按照工作安排，3月份下发了《关于开展2008年广告经营单位资格检查通知》，3-6月份对2008年12月31日前登记的广告经营单位从登记时的情况、检查时的情况，从业人员情况、投资情况、设备情况、制度建立落实情况、经

营情况七个方面进行了经营资格检查。对8户广告经营管理制度不健全的经营单位进行了整改。对4户停业的经营单位，取消了广告经营资格。全省375户广告经营单位通过了经营资格检查，年检率为96%。

二是开展了医疗、药品和保健食品虚假违法广告整治和网上非法“性药品”广告及性病治疗广告的整治。继续开展了由工商牵头，会同宣传、监察、卫生、食品药品监督管理、广电等部门联合的集中季度广告监测。共监测广告5654条(次)，发现涉嫌违法广告90条(次)，违法率为1.6%。积极配合有关部门对网上非法“性药品”广告和性病治疗广告进行了整治。检查各类网站166户，监测广告627条，发现违法广告18条，责令整改15条，查处3条，罚款1.24万元。全省工商系统共查处违法广告案件244起，同比下降19%。罚款56.85万元，同比增长21.6%。

三、积极参加公益广告创作活动，加强广告界的交流

一是会同青海省精神文明建设指导委员会，积极参加了第八届全国优秀广告评选活动，共收集参评作品15件，其中：电视作品5件、广播作品2件、平面作品8件，经过评选上报国家工商总局电视作品5件，广播作品2件，平面作品5件，共计12件。在评选活动中，青海电视台广告经营中心等3家广告经营单位，被评为第八届全国优秀公益广告评选活动先进单位，古城等3人被评为第八届全国优秀公益广告评选活动先进个人。

二是为庆祝新中国成立60周年，会同省委宣传部，积极动员广告人开展了主题为“迎国庆、讲文明、树新风”的公益广告创作活动。评选了影视、广播、平面7件公益广告作品，参加了评选活动。

三是为开阔了眼界，加强广告界的交流，组织63人参加了第十六届中国国际广告节，动员青海电视台、西宁电视台首次在第十六届中国国际广告节会刊《广告的力量》上刊登出了“三江之源、地球之颠”、“大爱传天下、五洲一家人”的品牌广告。

2009年宁夏回族自治区广告监管工作总结

宁夏回族自治区工商行政管理局商标广告监督管理处

2009年，全区工商系统在广告监管执法中以科学发展观为指导，按照“四个统一”的要求，大胆探索、积极创新，在建立完善长效监管机制和体系上下功夫，努力使广告监管工作把握规律性、富于创造性、体现时代性，在打击虚假违法广告、促进宁夏广告业又好又快发展方面取得了较明显的成效，广告市场秩序总体趋于好转。今年，全区主要新闻媒体广告总违法率达1.92%同比下降22.9%，广告经营额达3.6亿元同比增长9.8%。全区广告业总体上呈稳步上升趋势，发展势态良好。

一、大力开展广告专项整治

（一）开展网上非法“性药品”广告和性病治疗广告专项整治。切实落实工作责任制，定人、定岗、定时，对我区26家经营性网站进行了多次全面细致的检查，目前尚未发现上述广告。

（二）开展不良广告专项整治，为贯彻落实《全区净化社会文化环境会议》精神，下发了工商系统《关于开展不良广告专项整治行动的通知》，将此项工作作为全年广告监管工作重点。

（三）开展医疗、药品、保健食品广告专项整治，截止目前全区各级工商部门对电视、广播、报纸等新闻媒体以及各类户外媒体发布的21300余条（次）相关广告进行了严格检查，区局对严重违法违规、内容低俗的42条广告，以“督办”的形式交有关市、县（区）工商局

宁夏回族自治区举办工商系统商标广告监管人员培训

依法从严从重查处；全区共对涉嫌违法违规的247条广告责令停止发布，收缴涉性违法印刷品43000余份，停播52条不良广告，立案查处82件，罚没款53.58万元。通过开展专项检查，有效地遏制了不良广告的蔓延，改善了新闻媒体广告环境，为净化社会文化环境发挥了积极作用。

二、推行查办广告违法案件“三分离制度”，强化广告监测工作

制定下发了《关于进一步加强广告案件查处和监测工作的通知》，要求全区各级工商机关在查办新闻媒体广告违法、违规案件时，按照公开、公正、效率原则，实行监测、立案、查处三分离办案工作机制。同时要求全区各级工商机关要立足于现有条件切实加强对新闻媒体广告监测的力度。“三分离制度”的实施是落实廉政风险点防范工作的有效举措之一也使得2009年查办广告案件的质量有了较大提高。同时，为进一步加强广告监测预警工作，每季度定期发布区级和市级新闻媒体广告发布监测情况通报。该通报将同时抄送自治区整治虚假违法广告联席会议成员单位。今年共发布了3期广告监测通报，1期联合检查通报，1期广告管理提示公告，通报了10件典型违法广告，全区通报批评了宁夏教育电视台，并对在监测和案件督办工作中不力的部门提出了批评，促进了监管工作扎实有效的开展。

三、创新监管方式，开展联合检查

为加强制度建设改进和探索新的监管方式方法，经自治区9家整治虚假违法广告联席会议成员各成员单位讨论修改，制定印发了《整治虚假违法广告联席会议成员单位联合检查制度》。6月10日至12日，由自治区工商局牵头，会同自治区整治虚假违法广告联席会议成员单位，对全区药品、医疗、保健食品等类广告进行了全面检查。检查结束后，根据检查情况下发了《自治区整治虚假违法广告联席会议办公室关于联合检查新闻媒体广告情况的通报》，通报了检查情况，提出了整改意见。

四、加强日常监管

一是要求各级工商局采取有力措施，加强对所属各类媒体发布的各类纪念章（品）以及人民币相关广告的监测检查，依法查处此类违法广告；二是根据中国人民银行、国家工商总局等四部门联合下发《关于加强银行卡安全管理预防和打击银行卡犯罪的通知》有关规定，向全区广告发布者、广告经营者和信用卡持卡人发布了公告提示；三是转发了国家工商总局《关于积极配合有关专项行动进一步加大对违法广告整治力度的通知》和《关于深入开展打击利用互联网等媒体发布虚假广告及

通过寄递等渠道销售假药的专项整治行动的通知》，要求各局充分认识网上广告整治工作的复杂性、艰巨性，明确职责，加强对网站主办者的属地监管和网上广告监测、巡查。加大对网上非法涉性广告和药品虚假广告的查办力度；四是加大案件督办力度，截至目前，区局共督办案件42件，督办案件罚没款共计11.978万元，责令整改停播广告22件。由于监督有力，各新闻媒体的自律意识也有较大提高，今年5月份，宁夏电视台被国家广播电影电视总局评为"全国广播电视广告播放行业自律示范单位"，为我区争得了荣誉，也为其他媒体树立了榜样。

五、加大对广告业的扶持和指导力度

为促进我区广告业又好又快的发展步伐，下半年，我处积极协调相关部门开展调研论证，起草了《宁夏促进广告业发展的指导意见》，预计在十二月份由自治区政府批转实施。

六、工作存在的问题

一是广告督办案件监督检查不够。2009年，全区共督办广告案件42件，有部分市、分局不能按督办要求处理并及时上报，影响了工作效能。

二是对广告监管工作宣传不够。今年，我处在广告监管方面不断探索创新并出台实施了新的举措，成效显著，但宣传工作没有跟上，影响了社会效应。也不利于宣传宁夏工商、促进全社会广告法制意识的提高。

三是在促进广告业发展方面，思想还跟不上形式的发展，措施还不多。

2009年新疆维吾尔自治区广告监管工作总结

新疆维吾尔自治区工商行政管理局广告监督管理处

新疆维吾尔自治区整治虚假违法广告专项行动动员大会

2009年，全疆各地工商局根据自治区工商局工作会议精神和目标责任状的要求，加大整顿和规范广告市场秩序的力度，建立健全广告监管长效机制，全面形成了广告发布事前法律咨询、事中监测警示、事后分类监管的动态监管格局。据不完全统计，全疆全年共监测各类广告28.5万条次，发现涉嫌违法违规广告1217条次，发出行政警示、告诫653条次，约谈媒体、广告经营单位374家次；收缴违法印刷品广告23.4万份，清理违规户外广告562面；查处违法广告案件1047件，罚没款137万元。据全年广告监测数据显示，实现了各类媒体重点商品（服务）违法广告总量下降5%的目标。

一、 加强政治学习，统一思想认识

7.5事件发生后，我处及时召集各大媒体广告部负责人会议，要求媒体单位进一步落实各项广告管理制度，严格广告发布前审查把关，确保全区广告市场的安全和稳定。在处室内要求全体干部不信谣、不传谣，加强学习，坚守岗位，将思想统一到自治区党委和政府的精神上，认真做好各项广告监管工作。通过对新疆历史、民族、宗教和反分裂四本书的学习，使大家了解了新疆历史发展的沿革，看清了民族分裂主义的实质和危害，增强了维护国家利益维护法律尊严的责任感和使命感。广告处和广协积极做好拥军慰问工作，7月15日，购买了食品慰问了执行维稳任务的武警官兵。

二、加强日常监管，建立长效监管机制

（一）把好准入关，积极推进服务年建设

各级广告监管机关积极落实"服务年"的要求，认真开展《广告经营许可证》年度检查审验工作。和田、克州等地工商局采取"走出去"上门服务、"请进来"面对面沟通等方式，针对媒体单位广告管理制度是否健全、广告档案是否规范、经营行为是否合法等情况进行检查，对存在问题的单位要求限期整改，确保了年检工作取得实效。全疆共对418家广告经营单位的《广告经许可证》进行了年度检查，办理变更手续31件、注销登记16件。办理户外广告4581件，固定形式印刷品广告30件，烟草广告18件。

（二）加大信息化建设，提升监测效能

为加强广告监测工作，各地在现有办公条件的基础上，想方设法完善监测设备，延伸了监测范围，提升了监测效能。通过广告监测，规范了广告经营行为，提高了广告监管工作的主动性和预见性，使违法广告得到有效控制。

乌鲁木齐市工商局党组下决心投入50万元配置了广告监测设备，实现了电视、广播、网络等领域广告的全方位监测，并成功的查办了全疆受首件网络违法广告案件。吐鲁番地区建立了广告监测通报制，每月在地区红盾网中发布《广告监测通报》，同时将通报抄送地委宣传部、纪监委、广电文体局等广告整治联席成员单位。

塔城、哈密地区制定完善了《广告监测制度》，对各类媒体单位实行日常监测统计，对重点媒体发现问题及时警示约谈，走访指导和督促广告经营单位开展自查自纠工作，定期通报监测结果，对广告发布环节存在的突出问题进行了点评。

博州、阿勒泰地区实行广告监测工作情况通报和分析制度，广告交叉检查制度，按月通报监测情况，加大了对广告市场的监管力度。

（三）实施分类监管，发挥综合执法效能

各地工商局充分运用工商综合业务软件数据信息和广告监测信息，将广告违法类别按照违法性质，违法后果、违法次数进行分类监管，对初次违法或情节轻微的一半违法行为采用警示、整改、乐坛等行政指导的方法，对情节严重，告诫无效的从重处罚充分发挥综合执法效能，做到宽严相济，以人为本，和谐执法。

喀什、克州、博州等地工商局在广告监管中始终坚持高压严打态势，认真落实市场"网格化"监管模式，加强市场巡查力度。对违法性质轻、没有造成后果、且第一次违法者，采用告知书的方法，发出警告，要求整改；对违法性质严重、造成严重后果、且屡教不改的违法者，从重从严处罚，并通过媒体曝光，起到了震慑作用。

巴州、伊犁工商局将广告监管工作开展情况纳入到基层单位的业务考核之中，重点针对医疗、药品、保健品等广告进行检查。先后组织对州直范围内的媒体广播站、印刷厂、医院、药房以及个体诊所的专项检查，坚持将日常巡查和专项检查有机结合，形成局、所两级巡查体系，并通过联合检查、交叉检查，形成了对广告经营单位的动态监管机制。

三、突出重点亮点，提升监管效能

（一）全面推进广告发布前法律咨询工作

广告发布前法律咨询服务是今年工作会议确定的重点工作之一，在各级工商局和广告协会的重视和支持下，3月已在全疆全面推行，据不完全统计，全年受理广告发布前法律咨询2689件，建议修改1189件，退回478件，有效的阻断了虚假违法广告的发布通道，同时也向广告经营单位宣讲了广告法律法规。

巴州、塔城、昌吉等地工商局，根据本地实际，建立了一整套较为完备的操作规程和制度；乌鲁木齐、五家渠、博州就此进行了专门培训；阿拉尔年底成立了广告协会，全面推进此项工作。

阿克苏工商局领导带队深入县（市）工商局作专题调研，深入媒体开展宣传和座谈，制定了“二制一账一书”（即《广告发布前法律咨询服务制度》、《阿克苏地区工商系统重点商品广告备案制度》、《广告发布前法律咨询服务台账》、《阿克苏地区广协广告发布前法律咨询服务意见书》）在系统推广试行，并成立了各县（市）广告发布前法律咨询服务站。

克拉玛依、石河子市工商局实行了网上受理；克拉玛依工商局对其自主开发的户外广告登记软件进行升级改造，在互联网上研发建立广告发布前的法律咨询服务平台，石河子投资7万多元开发了广告发布前法律咨询服务软件，网络的自助和互动的方式，使此项工作更为便捷高效。

（二）组织实施公益广告评选和推广工作

4月至5月，根据国家工商总局的统一部署，在全疆开展了“全国第七届公益广告大赛”的作品征集和报送活动，共征集影视、广播、平面类公益广告作品200余件，经过组织专家评审，最终选送35件作品代表我区角逐全国大赛。

7．5事件后，国家工商总局、中国广告协会迅速做出决定在全国开展“民族团结公益广告大赛”，并选定自治区工商局、自治区广告协会为承办单位。接此重任后，我们立即根据总局的要求草拟方案，于9月22日王书记带队参加了在北京召开的新闻发布会，10月16日在乌鲁木齐召开了全疆动员大会，安排部署了大赛的组织实施和宣传推广工作，李屹部长亲自到会并作了重要讲话。民族团结公益广告大赛得到了自治区民委等相关部门和新疆人民广播电台、新疆电视台等主流媒体的大力支持。到目前已征集作品58件，共发布平面广告21期、广播广告：新疆人民广播电台以20条次／天发布，乌鲁木齐市人民广播电台14条次／天发布；电视广告：新疆电视台6条次／天发布，乌鲁木齐市电视台5条次／天发布，全疆各地也相应开展了宣传展示。12月底我处将此项工作的进展情况向国家工商总局和中广协做了专题汇报，得到了刘凡局长和李东生会长的肯定和赞许，他们强调一定要办好民族团结公益广告大赛，要通过广告的独特视角深刻表现“民族团结”的大主题。

在积极组织民族团结公益广告大赛的同时，区局广告处还积极指导广告协会开展好广告行业精神文明单位命名和广告企业资质认定工作，号召全行业发挥行业优势，勇担社会责任，做精神文明建设的排头兵。

乌鲁木齐市工商局召开了“乌鲁木齐地区广告界诚信大会”，在广告行业中积极倡导诚信经营；阿克苏地区工商局利用“阿广行风热线”向公众宣传广告法有关知识，拓宽违法广告的社会投诉渠道，发挥了“政府监管、行业自律、舆论监督、群众参与”的作用。据不完全统计，2009年，全疆广告业利用自有媒体发布各类公益广告20余万条次，有力的促进了各地精神文明建设工作

（三）集中开展重点商品广告专项整治

3月至6月，根据自治区人民政府的统一安排，自治区卫生、工商、药监等部门联合开展“自治区打击非法行医、销售假劣药品、发布虚假违法广告等违法违规行为专项整治工作”在此次专项整治中，各级工商部门与相关部门配合，立足本职，将专项整治工作与贯彻落实本系统的工作重点和各项管理制度结合起来，在当地党委政府的统一部署下，在同一时间、从不同的角度打响了打击非法行医、制售假劣药品、查处虚假违法广告的攻坚战。据不完全统计，全区共出动执法人员4062人次、执法车辆2711车次、检查各类市场主体5261家、查办各类违法案件89起。清查了医药市场，形成了强有力的执法合力和打压态势，震慑了不法行为，净化了医药市场，确保人民群众就医用药安全。此次活动为整

治虚假违法广告联席会议制度向纵深发展探索出了新思路、新作法。

此外，4月区局广告处与自治区教育厅联合开展“出国留学广告”的专题整治，7月，与自治区卫生厅监督所联合开展违法医疗广告的集中整治。9月组织开展了节日市场的食品广告专项检查。全年共召集媒体广告发布情况通报会5次。

（四）举办全疆广告审查员和专业技术培训班

7月至10月，广告处、广告协会送教上门，奔赴全疆9个授课点，组织了全疆第九期广告审查员和专业技术培训班，全疆参训学员达1200余名，培训班邀请新疆著名广告公司负责人及高校教师巡回宣讲，送教上门方便了基层，为广告经营单位节约了费用，多媒体教学提高了培训效果，法律法规的学习提高了广告审查员的责任意识，专业技术知识丰富了业务人员的从业技能。培训班还将广告法的宣教与规范广告行业自律相结合，督促广告经营单位认真执行《广告审查员管理办法》，建立完善审查员制度，配齐审查员，落实审查员责任追究，做到早警示、早预防，用制度堵住违法广告的源头。

乌鲁木齐、塔城、和田、吐鲁番等地的培训工作领导重视、宣传充分、组织严密，成效显著。

（五）组团参加“第十六届中国广告节”

中国国际广告节已成为中国最具权威性、专业性、规模最大、影响最广的广告界盛会。它集国家级专业比赛评比、媒体展会、设备展会、商务交流、高峰论坛为一体，为行业提供一个更加专业而开阔的交流平台，映示行业发展现状，提升行业专业品质，透析行业矛盾和问题，引领行业持续发展，成功地推动了中国广告业发展。为增进新疆广告人与内地省区广告界的交流与合作，拓宽视野、加强学习，共组织全疆各广告经营单位及媒体的领导、广告部负责人、广告创意、设计制作人员100余人赴南宁市参加“第十六届中国国际广告节”。

2009年西藏自治区广告业发展与广告监管情况

西藏自治区工商行政管理局商标广告监督管理处

西藏自治区工商行政管理系统广告业务知识讲座

广告业作为现代服务业的重要组成部分和创意经济中的重要产业，在服务生产、引导消费、推动经济增长和社会文化发展等方面发挥着十分重要的作用。推动广告业发展，提高广告业现代服务业中的比重和整体水平，是我区适应对外开放新形势、加速国内外市场信息交换、提高资源配置效率、增强自主创新能力和民族品牌竞争力的迫切需要；是促进产业结构调整优化、加快转变经济发展方式，推进文化、体育、影视、媒体、信息、会展、创意、中介服务等相关产业发展的有效途径；是全面建设小康社会和构建社会主义和谐社会的内在要求。

一、西藏广告业面临的机遇与挑战

以邓小平理论和"三个代表"重要思想为指导，全面贯彻党的十七大精神，深入落实科学发展观和构建社会主义和谐社会的重大战略思想，把促进广告业又好又快发展，作为一项紧迫而长期的战略任务。坚持广告业协调、健康、可持续发展，坚持经济效益与社会效益并重，努力提高广告业整体素质和国际竞争力。

2009年，全局始终以监管促发展，全面强化行政指导服务，努力克服国际金融危机对广告业的不利影响，为我区广告业发展营造良好的环境。为进一步加强对广告经营者、广告发布者的管理，努力规范广告经营行为，维护广告市场秩序，促进我区广告行业又好又快发展。截止2009年底，我区工商机关共登记注册广告经营单位362户，同比增长2.84%；从业人员2214人，增长5.18%；广告经营额1.5亿元，同比增长22.6%。可以说，在我国经济总体实力持续提升的大好形势下，广告业有着明显的发展机遇和较大的成长空间。同时，产业自身发展的瓶颈，以及市场环境、传播环境的新变化，也给广告业带来了严峻的挑战。

改革开放以来特别是近年来，我区广告业得到较快发展，显示出较强的发展活力。广告业已成为我区具有一定规模和影响、推动经济发展的新兴产业。但是，由于我区经济相对落后，广告业起步较晚，制约广告业健康发展的矛盾和问题也很突出，具体表现为广告业总体规模不大，具有综合实力和竞争力的广告企业不多，区域发展不平衡，广告从业人员中高端专业人才较少且缺乏广告运作经验，公益广告事业发展缓慢以及广告诚信度不高，市场秩序有待进一步规范等等。

二、加强行政指导，帮扶广告经营单位做大做强

全区工商部门针对重点地区、重点媒体存在的突出问题，主动改进监管方式，变堵为疏，预防为先，引导为要，规范为重，通过加强行政指导，帮助广告经营者、发布者通过依法诚信经营，获得可持续的经济效益，创造西藏广告业可持续的繁荣。

（一）广告业发展面临的有利条件

从宏观经济形势和和经济政策看，国民经济发展的良好态势必然带动广告业的持续发展。当前，党中央提出要加快经济发展方面转变，这是广告业乘势而为的良机。

广告业是现代服务业中的重要产业，是创意经济中的创意产业。以知识密集、技术密集和人才密集为特征，能源和资源的消耗很低；随着互联网、多媒体等高新技术的快速发展和普及，新兴广告媒体层出不穷，为广告业开拓了新的业务形式和发展领域；此外，我国发展区域经济、加快城市建设、繁荣文化市场的步伐加快，各种经济、文化活动日益丰富多元，也为广告业带来大量的市场机会。

（二）广告业发展面临的不利因素

当前广告业存在着一些不容忽视的问题，主要有：(1) 广告业还处于粗放型发展阶段，专业化程度不高、核心竞争力不强，自身品牌建设意识和能力较差；(2) 广告经营单位数量不多，平均规模小；(3) 广告高端专业人才缺乏，高水平的整合营销、传播策划、广告创意制作人才严重不足；(4) 虚假违法广告在一些行业中还相当突出，如医疗广告、药品广告、保健品广告等等，广告市场秩序还有待进一步规范。

三、西藏企业、商家的广告意识不断增强，广告在我区经济生活中的作用日益增强

随着经济的不断发展，西藏各类企业也得到迅猛发展。为了适应国内外市场日趋紧张的竞争需要，西藏的企业、商家从长远发展出发，开始追求品牌效益和广告

效益，广告投入逐年增加，所应用的技术越来越先进，产生的效益也越来越明显，广告行业已成为我区具有一定规模和影响的新兴产业，一批实力强、规模大、专业技术程度高的综合性广告公司相继出现。

四、各种广告形式不仅适应了企业、商家的不同需求，也在亮化、美化城市方面发挥了积极作用

在广告形式上，除大众传媒外，立柱灯箱、霓虹灯、大型气模、彩色喷绘、车身、大型电子屏幕、电子出版物、互联网等新兴媒体不断涌现，从而使得广告宣传形式日趋多样化。同时，由于新材料、新工艺的广泛应用，不仅提高了我区的广告制作水平，也满足了市场不同群体的广告需求。不少强势媒体积极适应市场需求，调整经营策略，从而使得广告的发行量和信息量也日益扩大、增强。广告业的迅速发展不但有力地促进了我区经济的快速健康发展，同时也在美化城市风景、引导社会风气等方面起到了不可忽视的作用，在"两个文明"建设中发挥着越来越重要的作用。

五、强化广告市场监管整治工作

（一）加大日常检查巡查力度

充分发挥基层局（所）直接深入市场的作用，把检查辖区广告作为基层局（所）市场巡查的重要内容之一，明确责任，常抓不懈；强化对广告发布环节特别是各类媒体的监管，努力在发布环节及时发现和制止各类虚假违法广告；立足重点地区、重点媒体和重点时段，积极开展专项执法行动，强化整治力度。陆续组织开展了净化春节、藏历年期间广告市场、整治互联网和手机媒体低俗之风以及清理违法招聘广告等专项工作，努力全面规范广告经营发布行为。

（二）强化广告监测工作

开展广告监测9期，监测相关广告2396条，发现各类涉嫌虚假违法广告277条（次），发布广告监测通报4期，上报查办违法广告案件落实情况督查专报1期。全年累计检查媒体、药店、医疗机构、网站等各类市场经营主体6200余户（个），检查监测各类媒体、户外相关食品、保健食品、药品、医疗等各类广告5300条（个），其中广告监测2396条、其他检查2904条（个）；发现各类虚假违法广告390条（个），其中行政告诫（限期整改）196条、责令停止发布134条、查处60条；查处各类广告违法案件91件，其中虚假违法广告案件55件、非法经营广告案件11件、其他广告违法案件25件，罚没金额18.69万元。较好地履行了广告监管执法职责。

（三）加强广播电视医疗和药品广告监管

自治区工商局会同自治区广播电影电视局等部门联合转发了国家广播电影电视总局、国家工商行政管理总局等五部门《关于进一步加强广播电视医疗和药品广告监管工作的通知》（自治区广播电影电视局牵头），在拉萨与区、市两级整治虚假违法广告联席会议有关成员单位及各大媒体开展了加强广播电视医疗和药品广告监管工作座谈会，通报一季度有关部门整治虚假违法广告工作情况，全面协调部署拉萨地区加强广播电视报刊等媒体医疗、药品等广告监管工作。

（四）开展第八届（2007—2008年度）全国优秀公益广告参选工作

会同自治区文明办推荐西藏电视台等五家单位的"保护环境 保护美好家园"等七件公益广告参加全国优秀公益广告评选。

’2010中国广告年鉴

China Advertising Yearbook

中国媒体及广告公司品牌展示
上海市专栏

The Column of Brand Show of China Media & Advertising Companies in Shanghai

解放日报
上海新闻舆论的排头兵 领头羊
新闻晨报
SHANGHAI MORNING POST
上海早报市场第一品牌
新闻晚报
SHANGHAI EVENING POST
新一代都市晚报
申江服务导报
SHANGHAI TIMES
上海最受欢迎的时尚类周报
报刊文摘
BAOKAN WENZHAI
新中国成立后创办的第一张文摘报
人才市场报
中国第一家人才专业媒体
房地产时报
REAL ESTATE TIMES
国家建设部和上海市房地产局指定信息发布媒体
Shanghai Students' Post
全国第一张面向中学师生的英文报纸
上海法治报
上海唯一的法治新闻专业权威报纸
时代报
METRO EXPRESS
中国大陆第一张地铁日报
支部生活
全国品牌地方党刊，被誉为“不见面的支部书记”
晨刊 WestEast 分享东西
进军奢侈品行业
倡廉文摘
共创廉洁社会
新沪商 BIZ BUZZ
培育精英企业家阶层
代言海派商业文化
解放网
www.jfdaily.com
了解上海的第一选择
打造报网联动的新闻资讯平台
SJPC 上海三联书店
中国著名出版社之一
新华传媒
XINHUA MEDIA
A股代码：600825
上海滑稽剧团
繁荣 创作 演出
解放日报报业集团
Jiefang Daily Group
新媒体，让报纸触电
i-news
上海第一张手机报
随身感受 互动体验
用户规模100万
i-mook
跨地区报网互动电子传媒
时尚互动 个性娱乐
融资500万美金
商业模式不断突破
i-paper
全球第一张电子报
即时更新 仿真阅读
不断深化用户体验
i-street
上海的全新大型户外媒体
解放日报报业集团成立于2000年10月9日，是以中共上海市委机关报《解放日报》为主报组建的一个具有较强核心竞争力和综合性的媒体集团，集团媒体种类丰富，结构合理，共计十报四刊一网络一家出版社一家文艺院团。
集团新闻宣传围绕中心，服务大局，提高了舆论影响力；连续举办高层次“文化讲坛”，彰显了党报集团的文化追求，被誉为上海的一个文化品牌；解放日报经专业公司评估，品牌价值为46.3亿元；由集团主办的新闻晨报连续3次入选“全国晚报都市类报纸竞争力20强”，申江服务导报荣获“全国城市周报十强”和“上海优秀创新媒体”称号，房地产时报和人才市场报也分别获得“全国城市周报十强”称号。
集团关注新技术走向，率先布局新媒体领域。作为国家数字报业实验室的常务理事单位之一，始终致力于融合不同的传播形态。I-NEWS手机报、I-MOOK网络数码杂志、I-PAPER电子报、I-STREET公众新闻视屏四个系列产品和二维码互动服务项目，完成了在新媒体通用领域的布局，并已基本形成品牌影响力。4I新媒体项目被国家出版总署确定为首批“中国数字报业创新项目”。
2007年集团利润总额3.80亿元（含2007年新增控股公司），比上年增长18.90%，国有资产保值增值率达114.64%。
2008年1月28日，正式实施被定向增发，集团成为新华传媒控股方，进入资本市场，开始了传媒产业发展的新开端。
全神贯注谋发展，信心百倍迎未来。
解放日报报业集团正朝着新时期主流文化战略投资者的目标向前迈进。
地址：上海市汉口路300号 电话：021-63521111 邮编：200001

EXPO
2010
SHANGHAI CHINA

SMG
中国2010年上海世博会合作媒体
Official Media Partner of Expo 2010 Shanghai China
世博惊艳登场
SMG演绎媒介传奇
上海东方传媒集团有限公司
中国2010年上海世博会合作媒体
以实效、直观、多渠道信息传播手段
成就卓尔不凡的品牌价值
目光所在，价值所在
SMG演绎媒介传奇
上海广播电视台　上海东方传媒集团有限公司
广告经营中心
上海市南京西路651号广电大厦11楼
邮编/200041　电话/8621-6256 5899
网址/http://adv.smg.cn　传真/8621-6267 8022　6267 6855

FOCUSMEDIA
Focus Media 分众传媒
http://www.focusmedia.cn
分众传媒–中国领先的数字化媒体集团
商务楼宇液晶电视
卖场联播网
框架公寓平面媒体
城市LED彩屏联播网
高端影院映前广告联播网
互联网广告
公司地址：上海市江苏路369号兆丰世贸大厦28–30层
公司电话：+86–21–3212 4661
商务楼宇液晶电视
高尔夫联播网
互联网广告
城市LED彩屏联播网
框架公寓平面媒体
卖场联播网
数码海报
全国高端影院映前广告联播网
分众直效

ESTĒE LAUDER

LG

雪碧
冰·茶味
混搭茶香
透心凉
新上市

上体馆站
华山路
徐家汇站
华山路站
凯旋路
江苏路站
宋园路
古北路
后滩站
静安寺站
常熟路站
2010

若非精通百艺，岂能挥洒自如？
整合中外传播智慧，挥洒十八般武艺为企业打通任督二脉
引领品牌步入登峰造极之境

EXPO 2010 SHANGHAI CHINA
上海廣告
世博集团·上海广告有限公司
EXPO GROUP - Shanghai Advertising Corporation

上海大众广告有限公司
SHANGHAI DAZHONG ADVERTISING CO.,LTD.
地址：上海市中山西路1515号7楼　邮编：200235
电话：021-64287280　传真：021-64286890

履　历　表

姓　名	上海大众广告有限公司	性　别	综合类	
出生年月	1993.1.11	出生地	上　海	
户　籍	中国广告协会理事单位	民　族	本　土	
职　称	中国一级广告企业	特　长	创　意	

专长能力

1993年　国内首家创作出租车后窗单透视全幅广告
1994年　国内独创出租车车顶灯箱广告
2000年　上海地区开创发布物流车车身广告
2004年　创刊《引领大众》月刊填补车厢文化的空白
2007年　将“1/3空间”概念引用至出租车后窗广告媒体
2008年　将“3D画”的艺术形式引用至商业促销宣传
2010年　上海地区推出长途客运站站内广告联播网

所获表彰

2001年　至今连续九年获“全国广告文明单位”称号
2004年　获首批“中国一级广告企业”资质称号至今
2006年　被评为上海市“守合同重信用”AAA级企业
2007年　被评为“中国百强户外媒体”供应商
2008年　获上海市“企业诚信奖”
2010年　入选《中国广告年鉴》中国广告公司品牌展示专栏——上海市精选品牌

社会公益

2001年　至今每年组织创作人员参加中广节公益广告作品的参赛，并多次入围获奖
2003年　非典期间公司员工连夜赶制公益宣传广告，弘扬“守望相助，共抗非典”的民族精神
2006年　配合上海市禁毒办公室开展“6.26国际禁毒日”的宣传活动，制作发布以“争当禁毒先锋”为主题的公益广告
2008年　以支持申奥、申博为题，在自身的交通媒体上发布了系列公益广告；面对特大雪灾和汶川地震为灾区踊跃捐款达51770元，并在公司各类媒体上发布抗震救灾的公益广告
2010年　第一时间组织全体员工开展爱心捐款，共向玉树地震灾区捐款
公司开展以“倡导低碳生活”为主题的设计创意大赛

网址：dzgg.96822.com

新闻之心 晨 温暖上海

新闻晨报十年庆
2000-2010

每个人，每件事，都让我们上心

新闻晨报
SHANGHAI MORNING POST

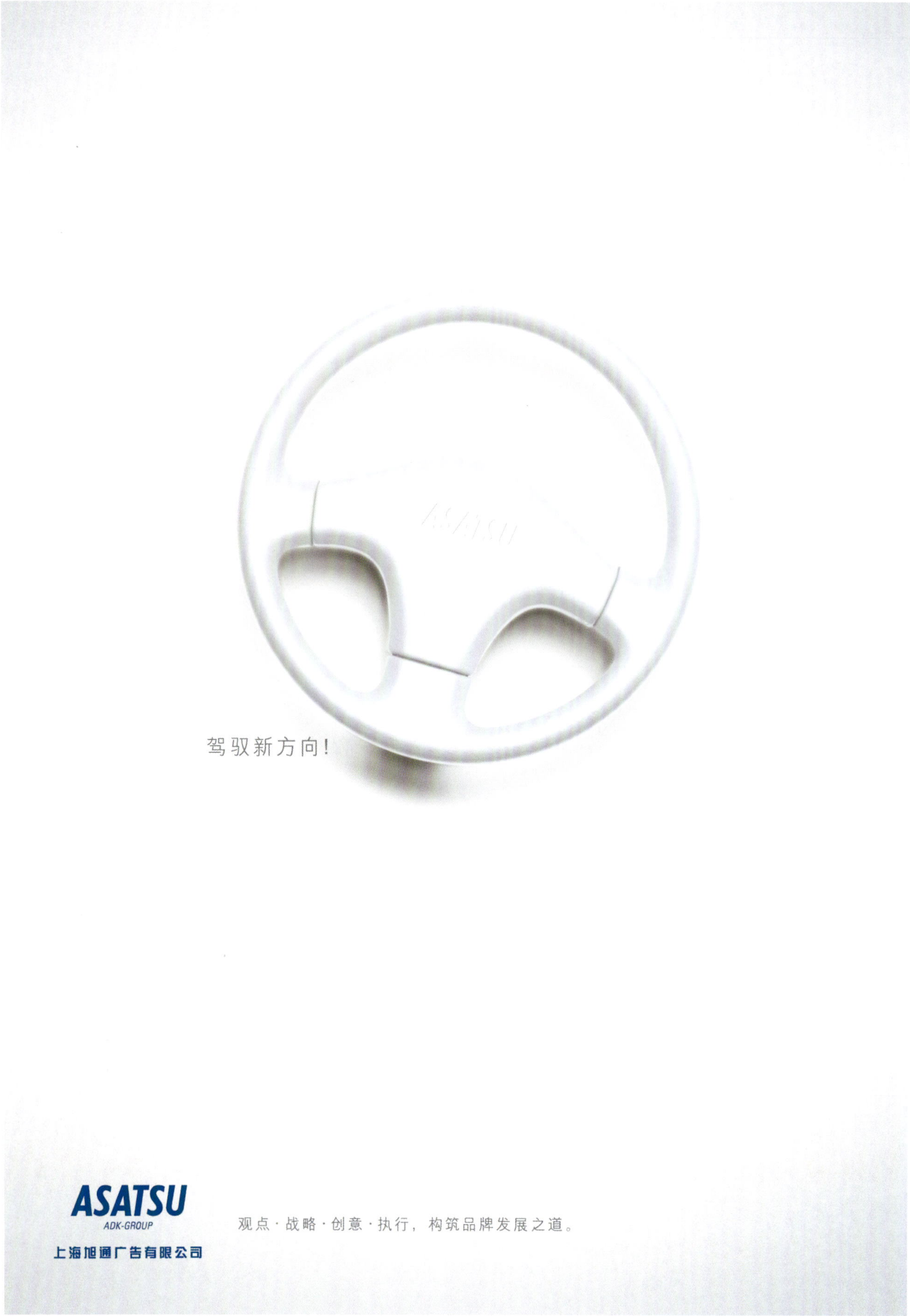
驾驭新方向!
ASATSU
ADK-GROUP
上海旭通广告有限公司
观点·战略·创意·执行，构筑品牌发展之道。

中国电信
CHINA TELECOM
网络式覆盖
把握城市每个角落
世博主流媒体
全市媒体数量达7000
广告投放热线
800-8200-666
TELEPHONE
SIA
CREATION & MEDIA
上海信息广告有限公司
Shanghai Information Advertising Co.,Ltd.
SIA
CREATION & MEDIA
上海信息广告有限公司
Shanghai Information Advertising Co.,Ltd.
南京西路920号15楼
邮编：200041
电话：800-8200-666
客户服务信箱：shxxgg@163.com

上海电力广告有限公司系综合型广告公司，中国一级广告企业、全国广告行业文明单位、中国广告协会电力委员会主任单位、上海市黄浦区广告协会副会长单位。
主营户外灯箱、霓虹灯广告等业务。利用行业特点，在高架等主要道路上，采用电杆广告旗这一媒体形式，为世博、奥运、APEC等许多重大国际、国内活动营造热烈气氛，进行宣传，并发布了许多国际著名品牌广告，广受称赞。
公司设计、制作和发布的许多优秀广告作品，在全国和上海市的广告作品评比中屡次获奖。
注重企业的社会责任和全过程客户满意服务，在诚信经营、专业水准和服务质量不断进取、提升……
地址：上海市徐家汇路430号
汇泰大楼611室　电话：021-64152167
做广告？我们一起寻找合适的定位……
电力广告

汇聚上海 博览景色
上海景色广告有限公司
Shanghai Jingse Advertising CO.,LTD.
JINGSE Outdoor Media
景 色 广 告

争做最专业的品牌媒体管家

FAST HORSE OUTDOOR MEDIA

Fast.horse Outdoor Media

赤兔（户外）传媒

·精锐户外媒体供应商·

上海赤兔广告有限公司 — 赤兔（户外）传媒 成立于2002年。是一家从事户外媒体销售及购买的专业性户外媒体传媒公司。公司经过不断发展，现已拥有众多上海市中心地区一线黄金媒体以及专业化媒体运营管理体系和专业经营团队。公司致力于成为上海户外广告业的领跑者。

经过数年来的积累与历练，我们已拥有丰富的优质户外媒体资源及专业的户外媒体服务能力。公司运用强势资源、专业服务、以及公司与生俱来的精品意识。已为国内外众多知名广告公司、广告代理传播机构、以及国际知名品牌广告主提供了精锐的户外媒体及专业的户外广告发布服务。

我们的经营理念是：以上海最繁华的商圈地标为中心，以客户的需要为重心，极力打造顶级户外广告媒体，真正为客户实现品牌价值最大化。

我们的团队：我们拥有一支专业的户外广告传媒队伍，策略、市场、媒介、销售、审批、创意、制作、工程、售后服务等部门分别负责

上海市恒丰路218号（现代交通大厦）1002室 Rm 1002,No.218,XianDai JiaoTong Mansion,Hengfeng Rd
公司电话 Tel:+86 21-51286996 51288159 51288167 公司传真 Fax:+86 21-51288170
www.fasthorsemedia.com

北京·上海 地铁LED大屏幕媒体
不可回避的视觉角度
8-12m² 顶天立地
独家端头墙位置
4mm 点间距 清·细·逼真
80dB视听双感受
MCG
NEW GENERATION
NEW IMAGINATION

北京 / 上海 / 广州 / 深圳 / 天津 / 重庆 / 杭州 / 南京 / 武汉 / 青岛 / 沈阳 / 哈尔滨 / 郑州 / 宁波 / 西安
TULIP
郁金香传媒
郁金香传媒
城市CBD大屏幕联播网
超过15个城市40余块屏幕
每周覆盖全国最具影响力人群6000万以上
地址：上海市延安西路1088号长峰中心2701室
Add.: Suite 2701, 1088 West Yan'an Road,Shanghai, China, 200052 Tel : 86 21 62523000 62512802 Fax : 86 21 62512773
www.tulipmegamedia.com

TANG SUN 唐神

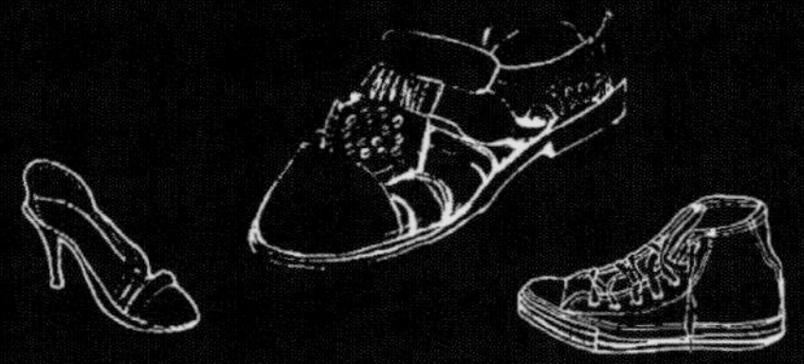

如何选择广告代理商？

上海唐神广告传播有限公司 **一站式服务，确保传播效益**

营销策划、整合传播、创意设计、影视制作、媒介代理、网络互动

16年专业历程　中国一级广告企业　上海市著名商标　连续多年营业额排名中国前50强

合作品牌：浦发银行信用卡、东方有线、交大昂立、太平洋保险、棒约翰、上药集团、中华药业、雷氏药业、鹏欣地产

上海金陵东路2号（外滩11号）光明大厦9层

www.tangshen.com　021-51087800

也许，生意大了，你正在考虑建立自己的品牌王国，
也许，你已经计划做新品上市推广，
也许，服务你的广告公司总是让你感到不尽如意，
……

现在，你需要选择一家广告公司，但，没有哪家广告司会说自己不专业。
你可以参照以下 6 点去评估一家广告公司：

❶ 已经存活了一段时间

也许，一家新开业的广告公司真的很不错，但没有人愿意去担这个风险，终究，你托付给它的是一个品牌，一个产品，还有上千万甚至更多的广告预算。除非你对这家广告公司和这家公司里的人非常了解，坚信它一定有能力打理好你的广告业务。

❷ 不要过份迷信“大师”

一个品牌神话的诞生，背后可能有一位“大师”的功劳。但你所见到的那些“大师”究竟是名副其实，还是自命不凡呢？更要命的是，所谓的“大师”可不会专为你一家卖命。广告是团队协作的工作，个人的发挥永远无法代替团队的力量，再厉害的专家也无法解决所有的问题，迷信某位“大师”，不如相信一群专家组成的团队。

❸ 规模与本土经验同等重要

规模是衡量一家广告公司的重要的标准。营销传播是一个智力集中度相对较大的行业，没有人能够做到专精于每一个环节，规模越大的广告公司，代表着可执行的广告服务领域也越大。但并非所有大规模的广告公司都充分了解你的需求，了解本土市场的操作特色，有能力还必须找到对的方法，在规模和本土经验两者间，你需要权衡。

❹ 看它自己的生意做得怎么样

一家广告公司连自已的生意都打理不好，很难能够帮助你的品牌或者产品创造价值。如果一家广告公司的代理品牌过于集中在一个行业，往往容易形成固有的套路，难有创新与亮点。经验可以让代理的风险降低，但也很有可能让你的品牌平淡无奇。

❺ 媒介服务能力也是一个关键

由于公司投入到具体媒介的费用很大，所以广告代理商的媒介策划、代理能力应该同样强大，有能力进行正确的媒介策划和获得较低的折扣及快速的发布。

❻ 相信创意的力量，但不要迷信创意的力量

市场定位、产品定位、品牌定位、目标消费者定位、传播定位、广告制作、媒介策略、渠道终端建设、促销活动，这一切并不是靠一个创意就能解决的。有销售力的广告并不都需要惊天动地的大创意，如果你的眼睛只盯在创意上，你就会很容易迷失在眼花缭乱、不切实际的广告幻境里。

CINNO新云传媒
中国一级广告企业
First-class Advertising Agency of China
中国百强户外媒体供应商
China Top 100 OOH Media Owner (Regional)
地 址：上海市浦东新区浦东南路2304号 电 话：021-50588282
Add: No.2304,Pudong NanRoad,Pudong New Area, Shanghai Tel:021-50588282

机场动量 JCDecaux

JCDecaux **Airport** Shanghai

JCDecaux Group is the world's 2nd largest & Asia Pacific No1 outdoor advertising specialist, and the market leader in airport advertising worldwide, with concessions in 165 airports.

Since its creation in 2005, JCDecaux China has developed the largest and most diversified outdoor media network in the country,covering metro,bus,airport,street furniture and campus advertising and managing operations in 34 cities, HK and Macau included.

JCDecaux Momentum Shanghai Airport Advertising Co., Ltd is a JV established by JCDecaux and Shanghai International Airport in 2005 to provide customers with innovative, interactive and tailor-made solutions in China Airports.

The exclusive media operator in both Shanghai Hongqiao and Pudong International Airports, as well as in the new Hongqiao Traffic Center and Shanghai FBO Private Jet Terminal, the company also runs the media in Qingdao Liuting International Airport and the terminal 3 of Beijing Capital International Airport.

德高集团 是在亚太乃至世界处于领先地位的户外广告专家，领跑全球机场广告领域，拥有165个机场的广告特许经营权。

德高中国创建于2005年，业务遍及中国34个城市（包括香港和澳门），现已建成中国最大最多样的户外媒体网络，覆盖了地铁、公交、机场、街道设施和校园广告等多种形式。

上海机场德高动量广告有限公司是由德高和上海国际机场于2005年成立的合资公司，致力于在中国机场领域为客户提供独特、创新量身定制的广告服务。

机场德高创建之初，获得了上海虹桥机场和浦东国际机场的独家广告经营权（包括虹桥交通中心和公务机、私人包机区域），现在其媒体经营网络已经拓展至北京首都国际机场T3及青岛流亭国际机场。

Address: 8F, Erdos International Plaza, No.1118
South Pudong Road, Shanghai, China
TEL: (86 21) 38600000 FAX : (86 21) 58779908

地址：中国上海浦东南路1118号鄂尔多斯国际大厦8楼
电话：（86 21） 38600000 传真：（86 21） 58779908

更多详细内容请登陆： www.samdecaux.com

'2010中国广告年鉴

China Advertising Yearbook

行业组织

Organizations in Advertising Industry

中国广告协会

中国广告协会职能任务

1、学习、宣传、贯彻《中华人民共和国广告法》和有关广告管理法规、规章，协助政府做好行业管理，同时向政府有关部门反映行业的意见和建议，充分发挥政府与行业沟通的桥梁和纽带作用。

2、开展广告业发展状况的调查研究，积极参与广告行业的相关法律、法规和产业政策的研究、制定，接受委托参与制订、修订广告行业标准、发展规划、准入条件，完善广告行业管理，促进广告行业发展。

3、经政府有关部门批准，开展广告业企业资质认定工作，促进企业向专业化、集约化、品牌化、规模化发展，提高经营管理水平和核心竞争力，增强企业的社会责任感。

4、开展国内国外培训、学术论坛、经验交流等活动，加强广告理论研究，努力提高从业人员的业务能力、法律素质、道德品质。

5、拓展信息资源渠道，建立信息网络。经政府有关部门授权进行行业统计、分析、整理、发布，收集与广告业有关的国内外信息，为行业和会员单位提供信息服务。依照有关规定，出版行业图书、杂志、内部刊物等，办好行业网站。

6、受政府委托或根据市场和行业发展需要，举办行业展览，推广先进的广告制作技术、设备、材料、工艺，开展促进广告的创意、设计、制作、发布水平提高的活动。

7、开展国际交流与合作。积极与国际广告组织以及各国、各地区广告组织建立联系，探讨促进业务合作，代表和统一组织中国广告界参加国际广告活动。积极支持广告企业走向国际市场，在企业参与国际竞争等方面发挥作用。

8、加强行业自律。做好广告发布前的咨询工作，根据政府有关部门的授权，开展广告内容和形式的合法性审核。建立广告监测、劝诫机制和广告投诉处理机制。组织制定行规、行约，推动企业依法、诚信经营、公平竞争。经有政府有关部门批准，开展行业文明单位、优秀工作者的评选、表彰活动，逐步完善行业信用体系，努力构建和维护良好的广告经营秩序。积极宣传并向社会推荐资质优秀的广告企业。

9、有效地开展行业维权工作。开展行业法律事务咨询服务，调解行业内、外部纠纷，针对事关行业发展的重大问题进行深入调研，积极反映行业的诉求，维护行业的权益。

10、承办政府部门授权或委托的有关事项。

中国广告协会组织机构

一、办事机构

综合事务部、会员管理部、对外联络部、学术培训部、信息咨询部、中广协广告信息文化传播有限责任公司（会展部）、《现代广告》杂志社、信息服务中心、法律服务中心。

二、分支机构

中国广告协会电视分会、中国广告协会广播分会、中国广告协会广告公司分会、中国广告协会报刊分会、中国广告协会学术分会、中国广告协会铁路分会、中国广告协会公交分会、中国广告协会法律咨询分会、中国广告协会民航分会、中国广告协会烟草分会、中国广告协会户外广告分会、中国广告协会电力分会、中国广告协会霓虹灯广告分会、中国广告协会互动网络分会、中国广告协会商业企业委员会。

中国广告协会组织结构图

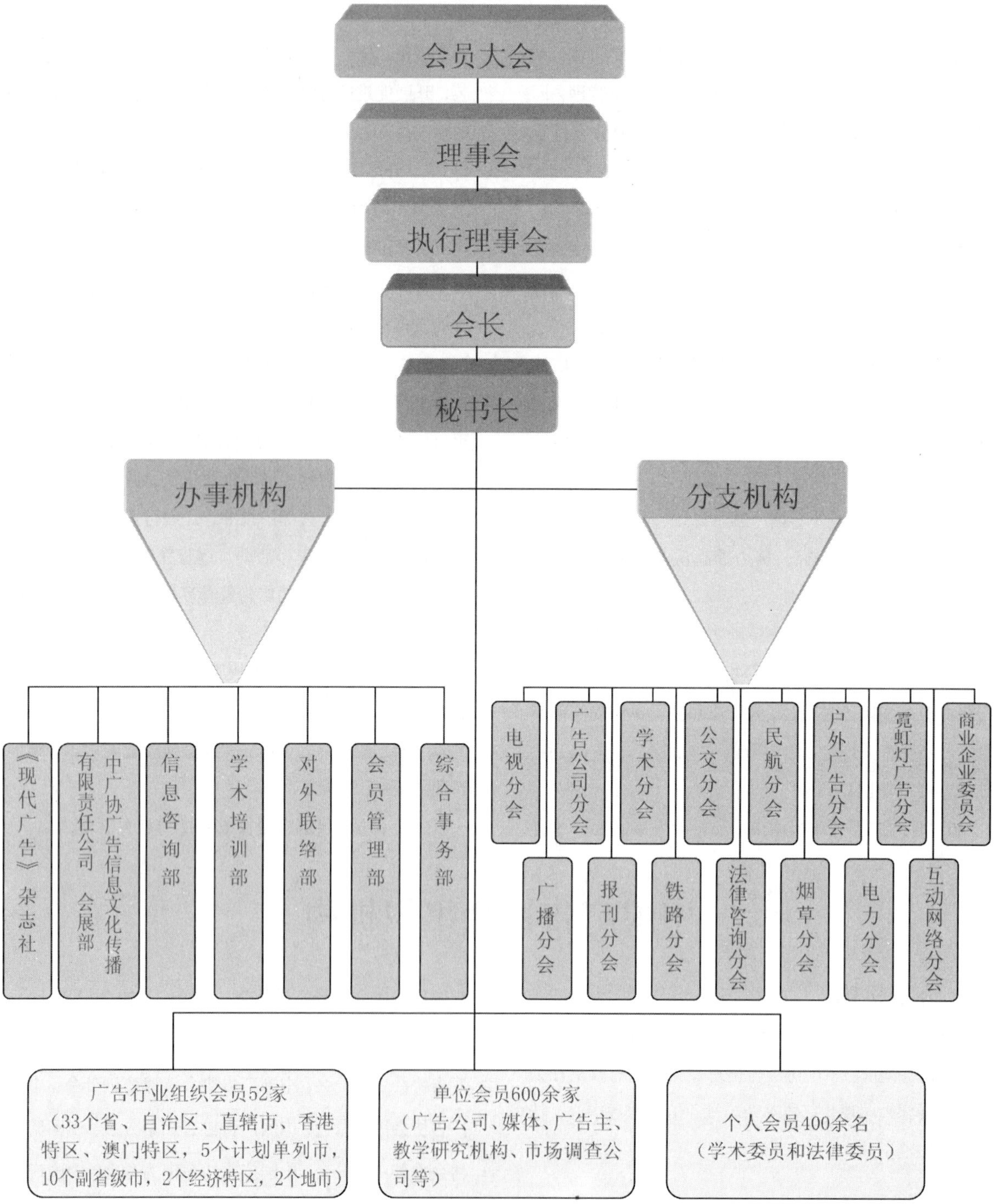

中国广告协会章程

（2008年1月12日第五次会员大会修订）

第一章 总 则

第一条 本会名称：中国广告协会

简称：中广协

英文译名为：CHINA ADVERTISING ASSOCIATION

英文缩写：CAA

第二条 中国广告协会是由全国范围内的广告公司、各类广告媒体、各行业广告主、广告调查机构、广告设备器材供应机构等经营单位、地方性广告组织、广告教学研究机构及个人自愿结成的、非营利性的行业组织。

第三条 本会的宗旨：高举中国特色社会主义伟大旗帜，以马克思列宁主义、毛泽东思想、邓小平理论和“三个代表”重要思想为指导，坚持四项基本原则，坚持改革开放，全面贯彻落实科学发展观，遵守宪法、法律、法规和国家政策，遵守社会道德风尚，代表和维护行业的合法权益，为行业服务，加强行业自律，促进广告业健康、和谐发展。

第四条 本会的业务主管单位是国家工商行政管理总局，民政部为本会的社团登记管理机关。本会接受业务主管单位和社团登记管理机关的业务指导和监督管理。

第五条 本会的办公住所设在北京。

第二章 业务范围

第六条 “提供服务、反映诉求、规范行为”是本会的主要职能，本会紧密围绕职能开展业务工作。

一、学习、宣传、贯彻《中华人民共和国广告法》和有关广告管理法规、规章，协助政府做好行业管理，同时向政府有关部门反映行业的意见和建议，充分发挥政府与行业沟通的桥梁和纽带作用。

二、开展广告业发展状况的调查研究，积极参与广告行业的相关法律、法规和产业政策的研究、制定，接受委托参与制订、修订广告行业标准、发展规划、准入条件，完善广告行业管理，促进广告行业发展。

三、经政府有关部门批准，开展广告业企业资质认定工作，促进企业向专业化、集约化、品牌化、规模化发展，提高经营管理水平和核心竞争力，增强企业的社会责任感，积极宣传并向社会推荐资质优秀的广告企业。

四、开展国内国外培训、学术论坛、经验交流等活动，加强广告理论研究，努力提高从业人员的业务能力、法律素质、道德品质。

五、拓展信息资源渠道，建立信息网络。经政府有关部门授权进行行业统计、分析、整理、发布，收集与广告业有关的国内外信息，为行业和会员单位提供信息服务。出版行业图书、杂志、内部刊物等，办好行业网站。

六、受政府委托或根据市场和行业发展需要，举办行业展会，推广先进的广告制作技术、设备、材料、工艺，开展促进广告的创意、设计、制作、发布水平提高的活动。

七、开展国际交流与合作。积极与国际广告组织以及各国、各地区广告组织建立联系，探讨促进业务合作，代表和统一组织中国广告界参加国际广告活动。积极支持广告企业走向国际市场，在企业参与国际竞争等方面发挥作用。

八、加强行业自律。做好广告发布前的咨询工作，根据政府有关部门的授权，开展广告内容和形式的合法性审核。建立广告监测、劝诫机制和广告投诉处理机制。组织制定行规、行约，推动企业依法、诚信经营、公平竞争。经有政府有关部门批准，开展行业文明单位、优秀工作者的评选、表彰活动，逐步完善行业信用体系，努力构建和维护良好的广告经营秩序。

九、有效地开展行业维权工作。开展行业法律事务咨询服务，调解行业内、外部纠纷，针对事关行业发展的重大问题进行深入调研，积极反映行业的诉求，维护行业的权益。

十、承办政府部门授权或委托的有关事项。

第三章 会 员

第七条 本会的会员分为单位会员和个人会员。

第八条 申请加入本会的会员，必须具备下列条件：

一、拥护本会的章程；

二、有加入本会的意愿；

三、具有一定的资质和良好的信誉。

单位会员

（一）具有企业法人资格或广告经营资格，依法经营二年以上，并符合下列条件之一者：

1、年广告营业额在600万元以上的广告公司；

2、年广告营业额在3000万元以上设有专门的广告经营机构的报社、电视台；

3、年广告营业额在1000万元以上，设有专门的广告经营机构的网络公司；

4、年广告营业额在300万元以上，设有专门的广告经营机构的广播电台；

5、年广告营业额在100万元以上的杂志社、广告信息服务机构、广告调查研究机构、广告器材与设备企业等单位；

6、年广告费投入在500万元以上，设有广告宣传机构的工商企业。

（二）具有社团法人资格的广告行业组织和其他相关组织。

个人会员

具有较高的广告学术水平和丰富实践经验的学者、专家，并基本符合下列条件之一者：

1、出版过广告学术专著或在全国性报刊杂志上发表过广告论文，从事广告理论研究3年以上的研究员或副研究员；

2、有广告及相关学科的专著发表，在高等院校从事广告教育3年以上的教授或副教授；

3、从事广告策划、创意、设计或经营管理工作5年以上，获得过国家级优秀广告论文或作品奖或在全国性杂志、出版物上发表过广告论文的广告经营单位的工作者；

4、取得国家有关单位认定的广告或与广告相关领域的高级专业技术资格证书者。

第九条 会员入会程序

一、单位申请入会需提交入会申请书，个人申请入会需由两位个人会员推荐；

二、经理事会讨论通过；

三、荣誉会员由协会办事机构提名，常务理事会批准；

四、理事会授权办事机构发给会员证书、标牌。

第十条 会员享有下列权利

一、本会的选举权、被选举权和表决权；

二、参加本会举办的各项活动；

三、获得本会服务的优惠及优先权；

四、遇到经营困难、矛盾有获得本会支持、帮助和法律援助的权利；

五、享有本会帮助提升会员单位品牌影响力的权利；

六、对本会工作的批评建议权和监督权；

七、自愿入会、自由退会的权利。

第十一条 会员履行下列义务

一、执行本会的决议；

二、完成本会交办的工作；

三、积极参加本会组织的各项活动；

四、按规定交纳会费；

五、向本会反映情况，提供有关资料；

六、维护本会的合法权益和形象。

第十二条 会员退会应书面通知本会，并交回会员证书、标牌；会员如果二年不交会费或不参加本会组织的活动，视为自动退会。

第十三条 会员如有以下情况，将予以除名：

一、有严重违反本章程的行为；

二、营业执照或广告经营许可证被吊销，法人团体被注销或被取缔。

第十四条 本会每年第一季度由办事机构对会员资格进行综合性复审，对不符合会员资格者（含主动退会、视为自动退会、除名），报请常务理事会批准后，取消其会员资格并通报全体会员。

第四章 组织机构和负责人产生与罢免

第十五条 本会的最高权力机构是会员大会，会员大会的职权是：

一、制定和修改章程；

二、选举和罢免理事；

三、审议理事会的工作报告和财务报告；

四、确定本会的工作方针和任务；

五、制定和修改会费标准；

六、决定其他重大事宜；

七、决定终止事宜。

第十六条 会员大会须有三分之二以上会员代表出席方能召开，其决议须经到会会员代表半数以上表决通过方能生效。

第十七条 会员大会每届五年。因特殊情况需提前或延期换届的，须由理事会表决通过，报业务主管单位审查，经社团登记管理机关批准同意。但延期换届最长不超过一年。

第十八条 理事会是会员大会的执行机构，在会员大会闭会期间，领导本会开展日常工作，对会员大会负责。

第十九条 理事会的职权是：

一、执行会员大会的决议；

二、选举和罢免会长、副会长、秘书长，常务理事；

三、筹备召开会员大会；

四、向会员大会报告工作和财务状况；

五、决定设立办事机构、分支机构、代表机构和实体机构；

六、决定副秘书长和各机构主要负责人的聘任；

七、会员的除名；

八、领导本会各机构开展工作；

九、制定本会内部管理制度；

十、决定本会的重大事项。

第二十条 理事会每年至少召开一次会议，情况特殊的也可采用通讯形式召开。

第二十一条 理事会须有三分之二以上理事出席方能召开，其决议须经到会理事三分之二以上表决通过方能生效。

第二十二条 理事由于工作变动或其他原因，在任期内不能继续担任理事工作时，由理事单位或本会办事机构提出新的人选，理事会讨论决定人员的调换。变更手续由办事机构办理，并向全体会员通报。

第二十三条 本会设立常务理事会。常务理事会由理事会选举产生，在理事会闭会期间，行使第十九条第一、三、五、六、七、八、九款职权，对理事会负责。

第二十四条 常务理事会至少半年召开一次会议，情况特殊的也可采用通讯形式召开。

第二十五条 常务理事会须有三分之二以上常务理事出席方能召开，其决议须经到会常务理事三分之二以上表决通过方能生效。

第二十六条 常务理事会设立秘书处，在秘书长领导下处理日常工作。

第二十七条 本会的会长、副会长、秘书长必须具备下列条件：

一、遵守宪法、法律、法规和国家政策，遵守社会道德风尚；

二、在本会业务领域内有较大影响；

三、会长、副会长、秘书长最高任职年龄不超过70周岁；

四、身体健康，能坚持正常工作；

五、未受过剥夺政治权利的刑事处罚；

六、具有完全民事行为能力。

第二十八条 本会会长由国家工商行政管理总局提名、副会长由上届理事会提名，报业务主管机关审核，秘书长、副秘书长由业务主管机关提名，并均经本届理事会选举产生。

会长、副会长如超过最高任职年龄的，须经理事会表决通过，报业务主管单位审查和社团登记管理机关批准同意后，方可任职。

本会会长、副会长、秘书长任期五年，任期最长不得超过两届。因特殊情况需延长任期的，须经会员大会三分之二以上会员表决通过，报业务主管单位审查和社团登记管理机关批准同意后，方可任职。

第二十九条 本会会长、副会长、常务理事由于工作变动或其他原因，不能继续履行本会工作职责，可由本人所在单位或本会办事机构提出调换人选的建议，经常务理事会讨论后召开理事会或书面征求理事意见获半数以上理事同意，报业务主管单位批准，方可任命、免除。

第三十条 本会秘书长为法定代表人。本会法定代表人不得兼任其他社会团体的法定代表人。

第三十一条 本会会长行使下列职权：

一、召集和主持理事会和常务理事会；

二、检查会员大会、理事会、常务理事会决议落实情况。

第三十二条 本会秘书长行使下列职权：

一、主持办事机构开展日常工作，组织实施年度工作计划；

二、检查各分支机构、代表机构、实体机构开展工作；

三、代表本会签署有关重要文件；

四、提名办事机构各部门负责人人选，报业务主管部门审核备案；提名分支机构、代表机构主要负责人人选，提交常务理事会决定；

五、决定办事机构、代表机构、实体机构专职工作人员的聘用；

六、处理其他日常事务。

第五章 资产管理、使用原则

第三十三条 本会经费来源

一、会费；

二、政府资助；

三、有偿服务收入；

四、利息；

五、捐赠；

六、其他合法收入。

第三十四条 本会按照国家有关规定制定会费标准，收取会员的会费。

第三十五条 本会经费必须用于本章程规定的业务范围和事业的发展，不得在会员中分配。

第三十六条 本会建立严格的财务管理制度，保证会计资料合法、真实、准确、完整。

第三十七条 本会配备具有专业资格的会计人员。会计不得兼任出纳。会计人员必须进行会计核算，实行会计监督。会计人员调动工作或离职时，必须与接管人员办清交接手续。

第三十八条 本会资产管理必须执行国家规定的财务管理制度，接受会员大会和财政管理部门的监督。资产来源属于国家拨款或者社会捐赠、资助的，必须接受审计机关的监督。

第三十九条 本会换届或更换法定代表人之前，必须接受社团登记管理机关和业务主管单位组织的财务审计。

第四十条 本会的资产，任何单位、个人不得侵占、私分和挪用。

第四十一条 本会专职工作人员的工资和保险、福利待遇，参照国家对事业单位的有关规定执行。

第六章 章程的修改程序

第四十二条 对本会章程的修改，须经理事会表决通过后，提交会员大会审议。

第四十三条 本会修改的章程，须在会员大会通过后15日内，经业务主管单位审查同意，并报社团登记管理机关核准后生效。

第七章 终止程序及终止后的财产处理

第四十四条 本会完成宗旨或自行解散或由于分立、合并等原因需要注销的，由常务理事会提出终止动议。

第四十五条 本会终止动议须经会员大会表决通过，并报业务主管单位审查同意。

第四十六条 本会终止前，须在业务主管单位及有关机关指导下成立清算组织，清理债权债务，处理善后事宜。清算期间，不开展清算以外的活动。

第四十七条 本会经社团登记管理机关办理注销登记手续后，即为终止。

第四十八条 本会终止后的剩余财产，在业务主管单位和社团登记管理机关的监督下，按照国家有关规定，用于发展与本会宗旨相关的事业。

第八章 附 则

第四十九条 本会的会员接纳与管理办法、会费缴纳与管理办法、自律规则、分支机构管理制度等由理事会另行制定。

第五十条 本章程经2008年1月12日第五次会员大会表决通过。

第五十一条 本章程的解释权属本会的理事会。

第五十二条 本章程自社团登记管理机关核准之日起生效。

中国广告协会分支机构负责人名单

1、电视分会

主 任：

罗 明 中央电视台副台长

副主任：

金国强 （专职副主任）

郭振玺 中央电视台财经频道总监

张晓建 江西电视台副台长、广告部主任

樊旭文 湖南卫视广告部主任

金仲波 上海东方传媒集团有限公司广告经营中心主任

秘书长：

金国强（兼）

副秘书长：

王　澎　北京电视台广告部主任

何海明　中央电视台广告部副主任

常　委：

党海燕　国家广播电影电视总局电影卫星频道节目制作中心广告部主任

郭列亚　重庆广播电视集团（总台）电视广告经营中心主任

云　燕　天津电视台副台长

郑　刚　云南电视台副台长

杨克光　广东电视台广告部主任

王悦路　河北电视台广告管理中心主任

宋士忠　山东电视台广告部主任

王军保　河南电视台广告管理中心主任

崔　军　辽宁广播电视广告有限公司总经理

张建勇　四川广播电视集团广告经营中心主任

张应敬　江苏广播电视总台电视广告管理中心办公室主任

查道存　安徽电视台广告中心主任

2、广播分会

主　任：

刘宝顺　原中央人民广播电台副台长

副主任：

王　勇　天津人民广播电台副台长

王晓轩　辽宁人民广播电台副台长

石贵田　湖南人民广播电台副总编辑

史林杰　新疆人民广播电台党委书记

刘卫星　陕西人民广播电台副台长

杨　晶　黑龙江广电局副总编辑

孙　柏　山东人民广播电台副台长

杨文华　深广集团广告中心副总经理

李明月　浙江广电集团管委会委员

李忠诚　湖北广电总台编委会副主任

何　东　四川人民广播电台副台长

宋书深　河北人民广播电台副台长

张文雷　中央台央广传总经理

郑加强　国际台国广传媒副总经理

孟　立　北京台广告经营办主任

赵随意　广东人民广播电台副台长

蒋金戈　上广集团广告中心副主任

曾庆洪　江西人民广播电台副台长

覃信刚　云南人民广播电台台长

秘书长：

吴　江　中央台央广传媒副总经理

副秘书长：

赵　凯　（专职副秘书长）

刘博天　中广协会员部工作人员

汤永坚　南京台雷迪欧广告公司总经理

魏建文　西安人民广播电台广告中心主任

常　委：

戴玉山　国际台国广传媒广告市场部主任

刘延平　福建广电集团广播广告公司经理

朱　光　沈阳人民广播电台广告部主任

刘贵珍　山西人民广播电台副台长

王　彬　大连台经营管理中心主任

蒋永泰　厦门广播电视集团广告公司助总

张志鹏　甘肃人民广播电台广告部主任

曹　勇　江苏广电总台广播传媒中心副总裁

张一莉　浙广集团广告管理中心主任

古　城　青海人民广播电台广告部主任

刘述平　贵州台广告营运中心主任

宋　扬　宁夏台广告经营中心主任

程　普　江西人民广播电台副台长

王德佩　南京人民广播电台副台长

刘长江　西藏人民广播电台台长

马文彬　成都台天成声音传媒有限公司总经理

范　健　广西人民广播电台副台长

梁彦琴　武汉总台广播广告业务总监

郭文秀　内蒙古人民广播电台副台长

方伟标　广州人民广播电台广告部主任

周英琼　宁波广电广告中心主任

陈经敏　吉林人民广播电台副台长

王云松　安徽人民广播电台副台长

詹　卡　重庆广电总台助总

陈敏儿　佛山人民广播电台副台长

3、广告公司分会

主　任：

鄢　钢　北京国安广告公司

副主任：

吴子华　中国国际广告公司

吴晓波　广东平成广告有限公司

张　丽　南京银都广告商务有限责任公司

李　栋　上海广告公司

沈赞臣　上海灵狮广告有限公司

周佩莲　盛世长城国际广告有限公司

孟兴中　四川巴蜀新形象广告传媒股份有限公司

胡纪平　北京广告公司

赵和平　北京电通广告公司

高　峻　上海梅高创意咨询有限公司

萧景勋　四川西南国际广告公司

童　年　北京太阳圣火广告有限公司

程小玲　中国广告联合总公司

潘　阳　哈尔滨国际广告传媒集团

秘书长：

刘文哲　中国广告协会学术培训部

常　委：

王　欣　扬罗必凯广告公司

王德荣　天津盛华国际广告发展有限公司

王濂洪　上海美术设计公司

邓超明　北京互通联合国际广告有限公司

吴　斌　贵州天马广告公司

陈树林　天津双木广告策划传播有限公司

徐　建　北京闪特捷先广告传媒有限公司

徐建国　安徽金鹏国际广告公司

谈　兵　上广国际广告创意产业基地发展有限公司

贾丽军　江苏卓越形象媒体传播有限公司

蒋　明　南京市广告有限公司

蒋小燕　上海中宣国际传播（集团）有限公司

戴书华　广东省广告集团有限公司

4、报刊分会

主　任：

梁勤俭　（专职主任）

副主任：

李　健　北京日报社

张勤耘　湖北日报社

朱长元　解放日报社

巫穗生　广州日报社

秘书长：

倪宝忠　北京晚报社

委　员：

左　海　光明日报社

乔建宾　中国青年报

王湘宏　参考消息报社

邓效锋　天津日报社

王　克　今晚报社

王更海　河北日报社

王健生　新民晚报社

张东航　吉林日报社

宋　革　深圳特区报社

邓晓林　安徽日报社

李　伟　山西日报社

姜　晖　南方日报报业集团

肖金生　重庆日报报业集团

周　诚　甘肃日报社

何玉明　黑龙江日报报业集团

方卫英　浙江日报社

郭维昆　云南日报社

唐惠明　宁波日报报业集团

徐少达　辽宁日报报业集团

梁洪文 齐鲁晚报社
董 奇 无锡日报报业集团
魏 剑 河南日报社
解廉廉 经济日报社
熊资佐 大连日报社
谭邦君 厦门日报社
薛晓燕 陕西日报社

5、学术分会

主任：

陈培爱 厦门大学新闻传播学院

副主任：

唐仁承 上海实业集团有限公司
姜 弘 北京大成广告有限公司
董立津 梅高广告公司
吴晓波 广东平成广告有限公司
倪 宁 人民大学新闻传播学院
陈 刚 北京大学新闻与传播学院
黄升民 中国传媒大学广告学院
金定海 上海师范大学人文与传播学院
张金海 武汉大学媒体发展研究中心
程士安 复旦大学新闻学院广告学系
何 洁 清华大学美术学院
何海明 中央电视台广告部
关瑞鸿 中国广告协会学术培训部

秘书长：

关瑞鸿（兼）

常 委：

丁邦清 广东省广告公司
张鼎健 广州市中合玖鼎广告有限公司
贾丽军 卓越形象品牌创意产业机构
江绍雄 蓝道广告公司
徐 建 北京东方捷先广告传播有限公司
姚 林 央视市场研究
陈树林 天津双木广告策划传播有限
张晓岚 张晓岚营销策划中心
徐智明 北京龙之媒广告文化书店
乔 均 南京财经大学营销与物流管理学院
胡晓云 浙江大学传媒与国际文化学院
郭线庐 西安美术学院
王亚非 鲁迅美术学院视觉传达系
傅根清 中国海洋大学新闻传播学院
罗子明 北京工商大学传播与艺术学院
杨海军 河南大学新闻与传播学院
徐永新 人民日报社广告部
徐浩然 江苏电视台新闻中心
张 农 中央人民广播电台、中广达广播发展总公司
杨宇时 北京大学新媒体研究中心研究员

6、铁路分会

名誉主任：

石希玉 原铁道部副部长
中国铁道企业管理协会会长

主 任：

秦振东 （专职主任）

秘书长：

秦振东（兼）

副秘书长：

徐世良 （专职）

常 委：

杨新阳 时刻广告中心
赵建民 河北冀铁广告公司
陆永革 上海铁路局广告公司
陈漠武 福建铁路局广告公司
张万生 柳州铁路广告公司
费绍红 兰州铁路广告艺术总公司
戴文军 武汉铁路广告装饰艺术公司
孙跃进 青岛铁路分局广告公司
李春冀 人民铁道报
高凡长 沙铁路广告公司
廖名杰 成都铁路广告公司
任 雁 辽宁铁道融信广告公司

孙长松 广铁集团文化广告总公司

由日胜 大连铁广传媒广告公司

吕长根 浙江万达铁路广告公司

7、公交分会

主 任：

蒙克勤 北京巴士传媒股份有限公司董事长
北京公交广告有限责任公司董事长

副主任：

王建钢 上海公共交通广告有限公司总经理

王维平 上海强生广告有限公司总经理

吴凤祥 长春市公交广告有限责任公司总经理

薄玉才 山西同航公交广告有限公司总经理

汪振尧 西安市振兴公交广告有限责任公司总经理

李 熙 杭州公交广告公司总经理

刘航军 南京梅迪派勒广告公司总经理

康福林 南京国广联广告公司总经理

李长清 成都公交广告有限公司总经理

戴日炳 广州市电车广告公司总经理

王 凯 北京地下铁道广告公司总经理

秘书长：

詹和魁 天津公交广告公司总经理

副秘书长：

刘建国 北京公交广告有限责任公司副经理

8、法律咨询分会

主任：

李国庆 中国广告协会副会长兼秘书长

秘书长：

李方午 中国广告协会秘书长助理兼法律服务中心主任

委 员：

陶 萍 中国广告协会信息咨询部主任

陈一和 江西省工商局广告处

戴如林 江苏省工商局广告处

邓从锐 湖北省工商局广告处

姜天波 国家工商总局反垄断与反不正当竞争执法局

李亚莉 国家工商总局广告监督管理司

刘 钢 湖南省工商局广告处

刘 芸 安徽省工商局广告处

刘红亮 国家工商总局法规司

王 凯 辽宁省工商局广告处

王 珊 北京市工商局广告处

韦 犁 国家工商总局反垄断与反不正当竞争执法局

余玉敏 四川省工商局广告处

张红勤 浙江省工商局广告处

庄新仿 河北省工商局广告处

程 琥 北京市高级人民法院行政庭

郭启文 国务院法制办工交司

黄 敏 国家食品药品监督管理局食品安全监管司

罗东川 最高人民法院研究室

腾 飞 国务院发展研究中心

张 迅 国务院法制办工交司

张晋京 国家食品药品监督管理局食品许可司

程永顺 北京务实知识产权发展中心

甘功仁 中央财经大学法学院

高金波 汉龙律师事务所

黄升民 中国传媒大学广告学院

琚存旭 乾坤律师事务所

李德成 中华全国律师协会知识产权专业委员会

刘双舟 中央财经大学法学院

唐广良 中国社会科学院知识产权中心

王世强 中国法学会研究员

王锡锌 北京大学法学院

王晓晔 中国社会科学院经济法研究室

吴宏伟 中国人民大学法学院

谢鸿飞 中国社会科学院民法研究室

徐孟洲 中国人民大学法学院

薛刚凌 中国政法大学法学院

赵旭东 中国政法大学民商经济法学院

朱慈蕴　清华大学法学院
陈念端　上海腾迈广告有限公司
李　怡　中央电视台广告部
李西沙　北京电通广告有限公司
沈赞臣　上海灵狮广告有限公司
王　澎　北京电视台广告部
王重义　上海广播电视台广告部
徐　建　北京捷诚先境广告公司
安利（中国）日用品有限公司
百胜餐饮集团中国事业部
宝洁（中国）有限公司
北京大宝化妆品有限公司
达能乳品销售（上海）有限公司
多美滋婴幼儿食品有限公司
高露洁棕榄（中国）有限公司
广东拉芳日化有限公司
汉高（中国）投资有限公司
好来化工（中山）有限公司
可口可乐（中国）有限公司
联合利华(中国)有限公司
玛氏食品（中国）有限公司
欧莱雅（中国）有限公司
上海家化联合股份有限公司
上海雅培制药有限公司
索尼（中国）有限公司
椰树集团有限公司
资生堂（中国）投资有限公司
资生堂丽源化妆品有限公司

9、民航分会

主　任：
张木生　北京首都机场广告有限公司董事长
秘书长：
任　娟　北京首都机场广告有限公司
常　委：
许德仓　中国航空传媒广告公司总经理
刘　伟　上海机场广告有限公司总经理
丁新康　上海东方传媒有限公司副总经理
王真智　上海航空传播有限公司副总经理
王　卫　广州白云国际广告有限公司董事长
王建宁　中国南航集团文化传播有限公司总经理
李　建　深圳市机场广告有限公司总经理
陈华广　成都国际机场广告有限公司总经理

10、烟草分会

主　任：
刘　杰　中国烟草杂志社社长、主编

11、户外广告分会

主　任：
贺超兵　大贺传媒股份有限公司董事长
副主任：
于凯宾　长春长江广告有限责任公司总经理
应曙光　上海西南广告公司总经理
陆有勇　宁波友谊传媒投资有限公司总经理
杨英智　浙江高速广告有限公司总经理
张建国　安徽黑白广告有限责任公司总经理
陈　梃　TOM户外传媒集团副总经理
周志强　江苏永达广告有限公司总经理
赵松青　北京炎黄时代广告有限公司总经理
宣　勤　上海东湖广告装饰有限公司副总经理
韩子劲　海南白马广告媒体投资有限公司总经理
萧景勋　四川唐码西南户外传媒有限公司总经理
秘书长：
王焕章　（专职）
常　委：
江南春　分众传媒(中国)控股有限公司董事长
刘　方　武汉市丽兰广告艺术有限公司董事长
朱桂庭　河北沧州市狮城霓虹广告有限公司总经理
何吉伦　北京分时广告传媒有限公司总经理
杨允红　夏门市路桥广告公司总经理

杨国敬　广东速度广告有限公司总经理

杨　凯　山东迅华传媒广告有限公司总经理

李大卫　西安沙龙广告装饰有限公司总经理

金洪友　浙江鹏程户外传媒有限公司总经理

陈鹤彪　北京歌华广告有限公司副董事长

蒋　明　南京市广告有限公司总经理

12、电力分会

主　任：

李维正　上海电力广告有限公司董事长

副主任：

杨国昌　浙江杭州电力广告有限公司总经理

张　焰　武汉光明广告有限公司总经理

辛　伟　青岛电力广告有限公司总经理

秘书长：

司琳娜　河南电力广告有限公司总经理

常　委：

周荣杰　北京中朗传媒广告有限公司总经理

杜镜宣　嘉兴电通广告公司总经理

刘鹏龙　济南鲁源电力广告有限公司总经理

赵亚平　洛阳市电力广告公司总经理

司琳娜　河南电力广告有限公司总经理

尤　凯　沈阳路灯广告公司总经理

于生江　天津市三源电力广告有限公经理

王　强　兰州倚能电力广告策划有限公司经理

13、霓虹灯广告分会

主　任：

邵国平：上海新亚霓虹广告有限公司总经理

副主任：

周芝杰　佛山南海星光霓虹灯有限公司总经理

林永洁　重庆亚光霓虹广告有限责任公司总经理

张　焰　武汉光明广告公司总经理

赵　勇　南京中亚景观照明工程有限公司总经理

聂振勇　北京世纪金文广告有限公司总经理

陈　观　上海东湖霓虹灯厂有限公司总理

常　委：

蓝文彦　广州新广美霓虹灯广告公司总经理

吴宝明　广州金时电子设备厂厂长

高　扬　北京新赛标牌制品有限公司总经理

张　晖　上海骏昌霓虹光管有限公司总经理

韩起文　大连(南昌)美霓光环境科技发展有限公司董事长

王金才　扬州东方霓虹广告有限公司总经理

徐松炎　杭州勇电广告材料有限公司总经理

唐开兴　云南金龙霓虹灯广告工程有限责任公司总经理

王海清　新疆乌鲁木齐夕阳红霓虹灯厂厂长

林少芝　珠海市南宇星电子有限公司总经理

张林生　邯郸市三木霓虹有限公司总经理

丁学忠　五色领先国际照明工程(北京)有限公司董事长

委　员：

牛海军　内蒙古恒隆城市景观照明工程有限公司总经理

朱俊伟　上海中亚霓虹科技有限公司总经理

朱桂廷　沧州市狮城霓虹广告有限公司总经理

吴国庆　江阴华西霓虹广告装饰公司总经理

李　骏　南昌诚德霓虹照明工程有限公司总经理

金　平　陕西金山照明设备工程有限公司总经理

姜振顺　烟台新亚霓虹广告有限公司总经理

谈德鸿　上海亿亚电器有限公司总经理

褚玉鸣　上海霓虹电器厂卢湾分厂董事长

秘书长：

温伯安（专职）

副秘书长：

褚玉鸣　上海霓虹电器厂卢湾分厂董事长

陈　观　上海东湖霓虹灯厂有限公司总经理

14、互动网络分会

顾　问：

李东生　中国广告协会会长

高新民 中国互联网协会常务副会长

曹马陵 国家工商行政管理总局广告司司长

刘正荣 国务院新闻办副主任

寇晓伟 国家新闻出版署音像电子出版和网络管理司副司长

洪京一 国家信息产业部信息化推进司副司长

孙 瑜 中共中央宣传部舆情信息局副局长

佟力强 北京市互联网宣传管理办公室常务副主任

姜旭平 清华大学经济管理学院研究员

谢 康 广东中山大学网络自动化研究员

主 任：

时学志 原中国广告协会秘书长（退休）

副主任：

曹国伟(新浪)、张朝阳（搜狐）、丁磊（网易）、陈永、(协会)、苏涛（信息协会)、马化腾（腾讯)、张莅政(新传)、罗川(微软MSN)、王雷雷(TOM)、朱海龙（好耶)、苏同（华扬联众)、周韶宁(Google)、李彦宏（百度)、庾良建（尼尔森)、谷永锵（合一)、马云（雅虎)、周云帆（空中)、杨伟庆（艾瑞)

秘书长：

陈 永 现代广告杂志社社长

中国广告协会企业资质认定公告（第7号）

2009年12月27日，中国广告协会企业资质认定委员会第七次认定会议在北京召开。此次会议认定了中国一级广告企业17家；核准了中国二级广告企业83家，中国三级广告企业33 家。此次被认定的广告企业的资质等级有效期为2009年12月27日至2012年12月27日。现予公告。

中国一级广告企业

综合服务类

上海南方广告有限公司

河北春秋文化传播有限公司

武汉利器传播集团有限公司

湖北诺亚传媒有限公司

湖南木林森文化发展有限公司

深圳市风火广告有限公司

媒体服务类

凯帝珂广告（上海）有限公司

上海铁路文化广告发展有限公司

江苏泽苑实业有限公司

苏州工业园区苏城广告有限公司

泉州市艺林广告有限公司

山东通广传媒广告有限公司

潍坊晨鸿集团有限公司

湖南大华国际广告有限公司

四川分时广告传媒有限公司

西部机场集团广告传媒（西安）有限公司

西安市振兴公交广告有限责任公司

中国二级广告企业

综合服务类

北京得天力广告中心

上海华鼎广告有限公司
上海虹桥广告有限公司
上海飞日广告有限公司
江苏金海洋国际广告有限公司
溧阳市扛天广告有限公司
溧阳市灵智广告装饰有限公司
南京博尚广告传播有限公司
德清红太阳广告策划有限公司
上虞市创想广告传媒环艺工程有限公司
温州市高速广告有限公司
新昌县汇统装璜广告有限公司
义乌市陈震广告有限公司
台州市金典传媒策划有限公司
湖州百世永盛广告有限公司
遂昌大地广告装璜有限公司
瑞安市飞豹广告装璜有限公司
湖州智业文化传媒有限公司
义乌市正大广告有限公司
台州市指南针广告装潢有限公司
台州邮政广告中心
台州蓝天广告装璜有限公司
宁波恒广传媒广告有限公司
芜湖华视传媒广告有限公司
铜陵市创意广告装饰有限责任公司
芜湖市万象广告有限责任公司
安徽万林广告传媒有限公司
安徽省宣城市远洋广告装饰有限公司
安徽省皖西敦煌广告公司
安徽非常广告有限责任公司
滁州东源广告有限公司
池州市公共交通有限公司
安徽省国文广告文化传播有限公司
池州市金兰广告装饰有限责任公司
宣城新艺装饰广告有限公司
漳州牡丹广告有限公司
江西天义广告艺术有限公司
余干县七彩广告有限公司
青岛博鳌广告有限公司
日照市金宝来广告标牌装饰工程有限公司
淄博龙吟传媒广告有限公司
淄博天雷广告有限公司
淄博皓宇广告有限公司
荆州市金凤广告有限责任公司
湖北枫叶企业发展有限公司
仙桃市丹青广告装饰有限公司
荆州市凤凰广告公司
湖北京伦影视传媒股份有限公司
湖北五四广告装璜有限公司
湖北诚信广告装饰工程有限责任公司
荆州今日灿烂广告有限公司
湖北兴裕广告有限责任公司
随州市盛世广告有限公司
湖南鼎翰文化传播有限公司
湖南认真国际文化传媒有限公司
四川省伟业广告有限公司
遵义尚诚文化传播有限公司
都匀美星广告有限责任公司

媒体服务类

北京雅仕维广告有限公司
江苏东方航空广告有限公司
吴江市宏伟广告有限公司
杭州尚诚广告有限公司
诸暨市一百广告传媒有限公司
宁波沧海广告有限公司
寿光市城建广告有限公司
安化县艺林广告装饰有限公司
桃江县大唐广告传媒有限公司
长沙红高粱广告有限公司
郴州未来广告传播有限公司
长沙北纬三十文化传播有限公司

长沙市湘雅电子广告材料有限责任公司
湖南联盛广告有限公司
衡阳时代永盛广告传媒有限公司
广州市英信广告有限公司
深圳市航空广告有限公司

设计制作类

上海明基文化广告传播有限公司
上海禾龙实业有限公司
黑龙江七彩莲花广告有限公司
湖州邦尼美广告有限公司
福建省通广展览工程有限公司
江西三原色标识制作有限公司
山东创嘉广告有限公司
泰安市泰山鸿翔文化传播有限公司

中国三级广告企业

综合服务类

上海新万宝广告装潢有限公司
丹阳市新时代广告有限公司
常熟市海威广告有限公司
金华市华视传媒有限公司
湖州新时空广告有限公司
湖州金鸽公交广告装潢有限公司
长兴龙腾盛世广告有限公司
长兴弘发广告有限公司
温州市青鸟广告装璜有限公司
绍兴市星艺广告有限公司
上虞典创广告文化传播有限公司
升华集团德清奥华广告有限公司
慈溪市鸿达广告有限公司
安徽原点广告传媒有限责任公司
滁州新晨广告有限公司
绩溪大家广告装璜有限公司
寿光市政和商务广告有限公司
寿光市路通广告有限公司
荆州市恒达广告装饰设计工程有限公司
通山县楚南雅轩广告装饰有限公司
遵义市金派文化传播有限公司
遵义鸿海喷绘广告有限责任公司
黔南州黔视广告有限责任公司
玉溪市一诺广告有限公司

媒体服务类

常州市正泰广告有限公司
金坛市宏声广告有限公司
德清县今日广告有限公司
遵义蓝焰广告装饰有限责任公司

设计制作类

扬州金笛广告有限公司
湖州巨业广告装潢有限公司
安吉县中艺广告社
望江县成盛广告装璜有限责任公司
潍坊弘宇广告有限公司

2009年中国广告协会工作总结

2009年，中广协根据总局党组的总体部署，在刘凡副局长的直接领导下，在总局机关的指导、支持下，紧紧围绕国家保民生、保增长、保稳定的大局和总局的中心工作，认真学习贯彻党的十七届三中、四中全会精神，以落实科学发展观整改措施以及总局53号文件为抓手，以抓班子，带队伍为保障，认真履行协会“提供服务，反映诉求，规范行为”的基本职能，在金融危机的背景下，积极开拓创新，在领导班子一把手调整的情况下，保证了工作的连续和队伍的稳定，较好地完成了全年的工作任务。

一、积极履行职能　完成全年工作任务

（一）接受政府有关部门的委托，积极反映行业诉求

一是积极参与《广告法》的修订工作。自《广告法》修订工作列入本届全国人大常委会立法规划后，按总局领导的指示，协会充分发挥反映诉求的职能，积极配合总局修订法律工作安排。4月下旬，受广告司的委托，向近400家广告从业单位下发了《广告法（修订征求意见稿）》的征 求意见函，召开三次座谈会，广泛听取广告主、广告公司、媒体、地方广协以及广告、法学专家的意见和建议。在参考行业意见的基础上对总局历次《广告法》修订稿进行专题研究和逐条讨论，先后形成三次修订意见稿报送总局广告司、法规司，并提供了美国、欧盟、国际商会等17个国家和国际组织的广告法律法规或者自律准则。在修订中充分征求并反映企业的意见，争取在法律草案中通过有利于保护企业合法利益的条款，如修订了原稿中对化妆品广告比较的禁止性规定。2009年度我会报送的两次修订意见稿中，共提交81条修改意见，其中28条与总局提交国务院法制办的《广告法（修订送审稿）》规定相一致或者部分吻合，第五章“广告行业协会”除个别字词略有调整外全部采纳了我们的建议。11月5日，国务院法制办特致函协会，就国务院正在审查的《广告法（修订送审稿）》向协会征求意见。

二是调研并促进了广告费税前抵扣比例问题的解决。去年年底，部分生产经营单位向协会反映广告费税前抵扣比例过低的问题，协会开展调查研究并积极反映诉求，向国家税务总局、财政部提交《中国广告协会关于化妆品行业广告费税前扣除比例的相关意见》。4月中旬，进一步对当前经济形势下全国医药、电子、汽车、食品、保健食品等部分行业企业广告费税前抵扣比例的相关情况进行摸底调查，提交了情况报告。经过协会的不懈努力，财政部、国家税务总局采纳了协会意见。并于7月联合印发通知，对化妆品制造、医药制造和饮料制造（不含酒类制造）企业发生的广告费和业务宣传费支出税前扣除比例从15%放宽到30%，为上述生产企业争取到了有利的广告营销政策，得到总局领导的肯定。

（二）提高服务意识，增强服务能力

一是完善组织机构，增强行业服务管理能力。组织召开了“中国广告协会理事会五届二次会议暨全国先进广告协会和广告协会先进工作者表彰大会”、“全国广告协会秘书长（哈尔滨）座谈会”、“中广协分支机构工作会议”。进一步发展和完善协会组织体系和运作机制。协会各分会根据不同的专业特点，积极应对全球金融危机的影响，举办了形式多样、内容丰富的专业活动，为广告业顺利度过寒冬创造机遇，提供平台。广告公司分会进行了换届选举；法律咨询分会的委员调整工作顺利完成，组织机构进一步健全。根据行业需求，就成立广告主委员会事宜与民政部民间组织管理局多次沟通，得

到民政部的认可，于11月批准成立了“中国广告协会商业企业委员会”。

二是积极开展中外广告业交流，妥善处理广告突发事件。2009年贯彻总局厉行节约的规定，压缩出国经费，在保证重要外事活动的前提下，共对外组团6次，分赴印尼、新西兰等国进行广告管理和自律调研、参加亚太广告节、戛纳广告节、亚洲广告节、釜山国际广告节，组织赴美培训团；会见接待了世界广告主联盟、亚洲广告公司协会联合会、白俄罗斯、韩国、英国、香港等广告业界的有关人士。

圆满完成在法国举办的“戛纳广告节中国系列活动”的各项工作，为中国广告行业树立了很好的国际形象。

积极处理德国“葛瑞集团辱华广告事件”，维护了祖国的尊严。4月上旬，德国葛瑞广告公司在全球广告网上发布了一条辱华广告。遵照总局领导批示，协会立即成立应对领导小组，迅速采取应对措施，代表中国广告行业与对方集团全球总部进行了严正交涉，及时发出抗议函件，约见对方负责人，提出强烈抗议，要求限期撤除并公开作出道歉，并对事件进展进行了跟踪交涉，使对方全部撤销了辱华广告并公开进行了道歉，维护了国家利益，得到了周伯华局长的肯定。

三是加强了广告咨询审查服务力度。截至10月底，协会共完成广告咨询数量1997则，在企业自愿的前提下，结合《食品安全法》的实施，对送审广告认真把关，将监管的关口前伸到了广告发布之前。对第十六届中国国际广告节中长城奖、黄河奖的入围作品约3000件进行了审查，通过严格的初审和复审，保证了获奖作品的真实性、合法性。受总局广告司的委托，对300多则电视直销广告进行监测和审查，为广告自律劝诫、公开点评工作提供了详实的素材。

四是努力办好刊物，为行业发展提供信息服务。为适应行业发展的需求，《现代广告》杂志增加了全球行业信息量，正式出版发行了美国《广告时代》中文版；编辑出版《中国广告年鉴》；同时，协会每月为会员提供国际、国内广告动态等4份电子刊物、《中国广告通讯》，受到了业界的欢迎。

组织编辑出版《中国广告三十年大事典》。为真实全面记录我国广告业改革开放三十年的发展轨迹和巨大成就，组织专家队伍历时2年半时间，编辑出版了《中国广告三十年大事典》。

五是做好广告行业经营数据统计工作。力争做到全面、科学，准确、权威，真实地反映行业发展的实际情况，努力扩大广告经营单位年度广告营业额、营业收入两项指标排序的影响力。

六是做好“争创广告行业精神文明先进单位”活动。对评选标准、申报范围、分配名额等进行了相应调整，增设了组织奖。大力宣传表彰在恪守道德自律准则、诚信规范经营、履行社会责任方面表现突出的广告经营单位，为行业科学健康发展树立典型。

（三）扎实推进行业自律，积极规范行业行为

一是向全国广告行业发布了《“传播文明高尚广告，关爱少年儿童身心健康”倡议书》。为贯彻中办、国办要求，推动广告行业精神文明建设，在征求意见的基础上制定并印发各会员单位。新华社、人民网等媒体予以报道，各地电视台、报纸、网站对中广协的倡议组织讨论，收到了积极的正面效应。

二是积极开展劝诫、点评工作。4月份，针对“郦志隆降压表”广告涉嫌违法违规发出书面劝诫通知。5月份，与总局广告司联合召开违法违规广告公开点评发布会，对总局一季度通报的违法广告中的典型案例进行了剖析。8月12日，协会对第二季度的全国违法广告进行公开点评。9月22日，协会召开严重违法电视直销广告公开点评发布会，对17则电视直销广告进行了公开谴责。10月20日，配合总局广告司，对20则涉嫌违法违规电视直销广告详细解析其违法表现及法律依据。11月1日，针对某演员代言的10则违法广告，向社会公开点评，得到了中央电视台、北京电视台等多家新闻媒体单位的支持，引起了社会公众广泛关注。消费者纷纷致电（函）声援或投诉，并对协会开展行业自律的行动表示赞赏。该演员也向社会公众公开道歉。协会严抓行业

自律的形象在公众中进一步树立，扩大了协会在社会上影响力和权威性。

三是积极推进职业水平评价工作。协会与人保部、财政部等相关单位及专家密切沟通，目前职业水平评价考试大纲已经获得批准，考试指导用书正在组织编写。

四是修订广告企业资质认定标准、完善《中国互联网广告推荐使用标准》，引导广告行业规范发展。为适应广告行业发展的新形势新要求，对广告企业资质的认定办法、评分标准重新进行了修订；为规范互联网广告标准，在广泛征询行业意见及建议的基础上，年内向社会公布《互联网广告常用名词和使用标准》的修改实施方案。

五是制定行业自律规则，规范工作流程。在充分论证的基础上，拟定了《中国广告协会处理广告争议工作规则》，作为自律体系的补充和完善，以使受理投诉、处理争议程序更加规范化，自律的要求更有针对性、更具可操作性。

（四）积极开展赛事活动，提高行业专业水准，增强行业的凝聚力

一是成功举办第十六届中国国际广告节。本届广告节契合当前特殊的经济形势和广告界的关注焦点，围绕“推进产业升级、推广创意成果、推动商务合作”的主题，历时三天，先后举办9场高峰论坛、7个专业奖项评比、8项商务展览展示、2场专题商务交流会、6场大型活动，内容丰富多彩，更加突出行业特色。

亮点有：世界创意巨星云集创意论坛；行业系列权威数据最新发布；经济文化名人谈广告·论品牌；隆重推出主流媒体联合推介会；改版推出中国广告主长城奖；全新推出丰富多彩的展览评选，增设“新中国广告60周年展”等展览；东盟色彩浓厚；评选活动更加科学化、专业化、规范化。本届广告节各项活动组织严密、程序规范，内容和形式上都有所创新。本届广告节进一步得到了总局领导和总局机关的高度重视和大力支持，刘凡副局长在开幕式上发表了重要讲话，总局共有24个司局及直属单位的领导莅临参加。

二是成功举办2009年中国广告论坛。论坛以“经济危机下的中国广告业”为主题，从权威角度对金融危机形势下中国广告业的发展趋势和应对措施进行深入探讨，提升了行业的发展信心。论坛引起了业界的广泛关注，400多人与会，是历届参会人数最多的一次。

三是成功主办“北京伦敦论坛”。与英国广告制作人协会、英国广告从业者协会成功主办了“北京伦敦论坛”，促进了中外广告业界的交流。

四是积极筹备“海西广告高层论坛”和第二届中国服务贸易大会中“国国际广告服务创新发展高峰论坛”。由国家工商总局作为指导单位，协会与福建省工商局共同主办的“海西广告高层论坛”，目的是为贯彻《国务院关于支持福建加快海峡西岸经济区建设的若干意见》，发挥闽台“五缘”（地缘相近、血缘相亲、文化相连、商缘相通、法缘相系）优势，促进海峡两岸广告业向更广范围、更大规模、更高层次交流合作，提高广告整体实力，加快广告业健康发展，为海西经济发展和社会进步作出新的更大贡献。

经国务院批准，商务部将于2009年11月24日–25日在北京举办“第二届中国服务贸易大会”，商务部邀请协会作为“中国国际广告服务创新发展高峰论坛”的主办单位，该论坛是“中国服务贸易大会”的重要组成部分，目的是基于开放市场条件下的服务贸易发展现状，为作为中国服务经济发展水平风向标的广告业提供高端交流交易平台。本次论坛以“全球广告服务合作创新发展”为主题，将围绕经济全球化趋势不断深入，中国广告市场完全开放的环境下，特别是在目前全球经济复苏的形势下，国际广告服务发展趋势、政策导向、实战方略与技巧以及各类企业国际化品牌战略服务需求、新媒体技术时代传播的新视点、3G时代消费者生活态势取向等议题展开研讨。

五是举办民族团结专题公益广告大赛活动。为充分展示我国各民族平等团结互助和谐的时代风貌，弘扬各民族共同团结奋斗、共同繁荣发展的时代主题，为维护改革发展稳定的大局创造良好的舆论氛围，向建国六十周年献上一份珍贵礼物，经国家工商总局批准，中国广告协会联合北京广告协会、内蒙古自治区广告协会、黑龙江省广告协会、广西壮族自治区广告协会、贵州省广告协会、云南省广告协会、西藏自治区广告协会、青海省广告协会、宁夏回族自治区广告协会等十家广告协会共同发起举办“民族团结专题公益广告大赛”活动，由新疆自治区工商局、新疆自治区广告协会具体承办。此次活动还得到了国家民族事务委员会等党和国家相关部门，中央电视台等主流媒体的大力支持。目前这项活动正在进行之中。

六是做好国际广告协会中国分会年会活动。2009年国际广告协会（IAA）中国分会年会于2009年11月16日在北京召开，进行分会领导机构的改选并对分会章程进行修改，讨论2010年中国分会的工作方向和整体计划，对分会组织建设和未来发展提出了合理化的意见和建议。

二、抓班子 带队伍 加强自身建设的情况

（一）以抓班子为重点，保证工作的连续和队伍的稳定

一是坚持学习制度，及时传达学习党中央国务院和总局的文件精神，统一思想，提高从全局观察分析问题的能力，增强大局意识；二是坚持民主集中制的领导制度，制定议事规则，在分工明确的基础上，凡是重大事项，必须集体讨论决定；三是坚持批评和自我批评的良好作风，做讲团结、守纪律的模范；四是坚持严格自律，在清正廉洁上作表率。

（二）以落实科学发展观整改措施为抓手，推进各项工作

按照总局统一部署，对落实科学发展观整改措施组织“回头看”，对任务项目、时间进度、责任人，逐一进行检查，并将整改措施作为全年的工作重点来抓，推进了各项工作的深入开展。

（三）以学习贯彻总局53号文件为契机，统一队伍思想

总局《关于深入贯彻落实科学发展观支持和促进广告协会拓展职能增强服务能力完善行业管理的意见》，为广告协会的发展提供了难得的机遇，对广告协会具有非常重要的指导意义。我们以此为契机，组织全员学习培训，请东生会长和广告司的同志对文件进行辅导解读，深入理解文件精神。召开了全国广告协会秘书长座谈会议，专题研究探讨如何在各级工商行政管理机关的支持和指导下，贯彻53号文件精神，拓展职能、增强服务能力、完善行业管理，促进行业发展。经过多次调研、座谈，并反复修改，于10月，针对53号文件精神完成了《关于推进中国广告协会改革发展的实施意见》，报请总局领导批准后将于年内下发各地广告协会，用于指导行业和各地广告协会的改革发展工作。以上措施既振奋了精神，也增强了责任意识，大家一致表示要抓住机遇，不辱使命，努力开创协会工作的新局面。

（四）以推行廉政风险点防范为重点加强党风廉政建设

一是开展廉政教育，强化廉政意识；二是进行风险点排查，强化风险意识，针对协会的工作性质和特点，联系广告企业资质评定、对外合作经营项目、大型活动经费收支、人事、财务等工作实际，宏观分析，微观查找，认真排查风险点，在总局纪检组监察局、机关党委、人事司的指导下，制定了防范的措施和有关配套制度。三是落实党风廉政建设责任制，强化了责任意识。

（五）以学习贯彻十七届四中全会精神为重点，狠抓党员队伍建设

学习十七届四中全会精神是一项政治任务，按照总局部署，精心安排，制定了详细的学习计划。党支部书记李国庆结合学习十七届四中全会精神及“重品行 讲党性 作表率”活动，为全体党员和工作人员讲党课。要求从党员领导干部和全体党员带头学习好；并在实际工作中充分发挥共产党员的先锋模范作用，为建设学习型党支部而努力。

（六）以“四化建设”为抓手，规范协会日常工作

一是进一步修订完善有关规章制度，按制度办事，用制度管人；二是总结完善广告节等大型活动工作流

程，明确工作程序，强调“细节决定成败”；三是梳理规范对外合作经营项目，建立有效的管理秩序。

（七）以建设和谐协会为目标，积极开展各项有益活动

一是积极开展思想谈心活动，注意解决干部职工的实际困难，倡导以人为本，以会为家。二是有计划地加强员工培训，在提高全员素质上下工夫。三是党支部充分利用发展新党员的有利时机，组织青年同志参加新党员入党宣誓和老党员重温誓词等活动，利用五四青年节组织青年参观“西藏民主改革50周年大型展览” 并组织座谈讨论，组织全体工作人员参观百色红军起义纪念馆，接受爱国主义教育，收到了很好的效果。全年2名预备党员按期转正，发展了6名预备党员。四是召开民主生活会。按照总局机关党委的要求，会前精心准备，会后落实整改措施，针对群众提出的意见、建设逐条加以落实。五是充分发挥工、青、妇组织的作用，开展了形式多样的文体活动；同时定期对在协会退休的老同志进行家访、座谈，过生日、邀请参加广告节等活动，使大家体会到集体的温暖，进一步增强了协会的凝聚力。

三、工作中存在的不足

一是对话协调机制尚未有效建立。表现在反映行业诉求，维护行业权益，帮助企业解决问题，发挥政府与企业间桥梁和纽带作用方面的不足。既缺乏与政府的对话和沟通协商机制，又缺乏对政府和社会公众的影响力和话语权。

二是缺乏中长期战略目标规划。协会的发展应该是全面、协调，可持续的发展，要符合这一要求，应该以行业的需求为根本，以协会的基本职能和广告业建设发展指导意见为依据，做出全面的科学的发展规划，使协会工作有计划有步骤地可持续发展。目前的发展思路基本上是以单项工作的研究起动为主要形式，没有对行业形势做全面深入的分析并在此基础上形成广协工作的中长期发展思路。

三是创新、突破的思想仍然有差距。协会是不以赢利为目的、以为行业服务为宗旨的组织。要围绕行业发展的根本性问题进行调研及理论研讨，为行业发展方向提供引导性服务。需要创新服务发展的模式，要以满足行业需求为目标进一步解放思想，切实提高自身服务能力。

2009年电视分会工作总结

1、2009年1月，电视分会与全国思想道德公益广告影视作品库联合倡导全国各台播放“我们的节日 我们的中国”三条公益广告，约有40家电视台播放了此广告。

2、2009年2月份，召开中国广告协会电视分会第七届二次常委工作会议（在京成功召开）。

3、2009年3月份，组织各台东欧考察，参观了波兰克拉科夫电视台，捷克电视台，匈牙利电视台。

4、2009年4月份，参加中国广播电视协会“2008度优秀电视经济节目评选”活动。

5、2009年5月份组织电视台及电视购物经营管理人员赴日本参加第七届通信营销培训。

6、2009年6月份，在京成功举办了全国省级电视台广告工作交流会议，到会有三十五家省级电视台，嘉宾到有CTR市场研究、广告人杂志社、中华广告网。

7、2009年7月份，应各省级台要求，为期六天时间组织大家海拉尔联谊互动交流活动，返程时，内蒙古电视台还为大家举办了欢送盛宴。

8、2009年7月份，电视分会与全国思想道德公益广告影视作品库联合向全国各台发放“扬正气、促和谐”全国优秀廉政公益广告展播，共发放约有119家。

9、2009年8月份，由安徽电视台承办的“首届省级电视台广告营销培训班”，在安徽合肥举办。

10、2009年9月份，电视分会与全国思想道德公益广告影视作品库联合向全国各台发放“迎国庆、讲文明、树新风”公益广告展播，共发放约有310家。

11、2009年10月份，第十六届中国国际广告节，期间10月30日由广西电视台、中国广告协会电视分会、《广告人》杂志将联合举办“八桂印象——2009电视广告人的‘绿城’盛宴”，国家广播电影电视总局、中央电视台、广西广电局、中广协的领导应邀出席。

12、2009年11月份，协助各台在京的推介会。

2009年广播分会工作总结

2009年是全面深入贯彻落实党的十九大精神的第一年，也是落实全面构建社会主义和谐社会的重要一年。在协会的正确领导下，广播分会坚持加强思想意识、创建完善机制建设的工作方针，以中国特色社会主义理论为指导，紧紧围绕“行业服务”和“行业情况调研”的宗旨，解放思想、改革创新，结合广播分会的实际工作情况，把各项工作落到实处，现总结如下：

1、召开“中广协广播分会常务委员会议”；2、进行全国广播广告作品评选；3、筹备召开“中国广告协会广播分会七届二次会议”；4、组织“广播广告多种经营模式的实践与探索”的广播论坛；5、参加东北三省广告年会；6、网络创建，内容维护及更新。

一、召开“中广协广播分会常务委员会议”

中广协广播分会常务委员会议，于2009年3月15日至17日在三亚市召开。常务委员16人出席，主任刘宝顺主持会议。

贵州台广告中心主任刘述平、安徽台广告中心副主任张原，汇报了2009年广告年会的筹备情况。

会议商定：

中国广告协会广播分会七届二次会议，9月上旬在贵阳召开，由贵州台承办。

1、会议中心议题：在新形势下广播广告如何持续发展。

2、会议中心发言：贵州台、陕西台、北京台、佛山台、黑龙江台。

3、会议内容：召开广播分会常委会；宣布优秀作品评选结果、颁奖及评选工作报告；交流广播产业经营管理经验。

4、做好优秀广播广告评选工作。五月中旬在广州进行，由广东台承办。

二、优秀广播广告评选工作

全国优秀广播广告评选，于2009年6月10至13日在广州举行，由广东台承办。由来自全国12个台的领导，3位专家对选送作品进行评析。

此次评选，共评出公益类广告获奖作品83条，商业类获奖作品66条。在公益类获奖作品中，评出一等奖12条，二等奖25条，三等奖46条。商业类获奖作品中，评出一等奖10条，二等奖20条，三等奖36条。

在本次评选中，我们邀请到厦门大学教授朱月昌，他在点评中指出：

本届送评公益类广告作品的视野更宽广了，不再是集中在“保护环境”、“节约用水”、“反毒戒烟”、“遵守交规”、“踊跃献血”、“廉政反贪”等几个老话题上。我们从现实生活中，从活生生的社会经济政治活动中找素材、找话题。如春运、大学生就业、鼓励多读书、重视书写能力培养，甚至会车关掉远光灯、轻轻关门等细小事情上入手，倡导一种美德，一种行为规范、一种价值取向。

商业类广告的创作模式也越来越新颖化，能把握商品个性和消费者的关注点。广告诉求更明显，更贴近生活，贴近群众，而且对广告歌也更加重视了。

如“禾丰饲料”（辽宁台），“齐鲁晚报”（山东台），“一生相伴——河北电台建台60周年”（河北台），都更加关注声音的创意，让听众一听就明白，一听就爱听。“晋商银行开业”（山西台）广告，把晋商的优秀传统及晋商对我国金融业的贡献巧妙地融入广告，使其具有不可替代性。“家电下乡（美的篇）”（西安台），“云南白药创可贴——用爱治愈”（中央台），“我们是一家人”（湖北台），均靠情感的力量打动听众。广告歌是广播独有的广告形式，具有很强的可听性。广州台的“OK便利店”、辽宁台的“孩子别哭”、均是原创歌曲，值得提倡。

专家们指出，广播广告作品在创作上有了很大的突破，但还是有些值得重视的问题。

坚决煞住长风

此次参评作品，超时的（即时长超过60秒的）有15条占全部参评作品的7%。50”——60”的有64条，占全部参评作品的30%，越啰嗦越不及要领，越无法给听众留下印象。广播广告短小化是发展趋向，必须努力做到尽可能的简练明确。

必须对品牌进行必要强调

品牌是广告中最重要的信息。广播的声音一忽而过，不留痕迹，必须用必要重复的方法进行强调，让听众一听就明白你要卖的是什么品牌的商品或服务。

最后是一点提醒：电台的自身宣传广告属商品广告，不要归入公益广告中

在本次评选中，每家单位只能有一人参加投票。同时，在选送作品中不报送选单位，因此评委们只根据作品本身进行评选。本次创优评析工作的公平、公正性，获得广播电视协会专家组的充分肯定。认为在广播电视协会的各项评比中，广播广告的创优评析组织严密、纪律严明、程序严格、执行自觉，评委们能站在广电协会广告信息工作委员会的立场上，严肃认真地按照标准评比，没有任何因素的干扰，真正做到了公平公正。

三、筹备召开2009年年会

中国广告协会广播分会七届二次会议于2009年8月20日在贵州省贵阳市胜利召开。

8月20日上午8:30分,会议在贵阳嘉华酒店会展中心拉开帷幕。出席开幕式的有贵州省人民政府副省长谢庆生、中国广播电视协会广告信息工作委员会会长,原中央人民广播电台常务副台长刘宝顺、贵州省委宣传部副部长姚远等领导。来自中央人民广播电台1中国国际广播电台以及各省、自治区、直辖市和部分计划单列市、地市级城市67家电台的230多名负责人及广告经营、管理人员参加了这次大会。

开幕式由贵州省广播电影电视局副总编辑宴世忠主持。由中共贵州省委宣传部副部长姚远致欢迎词,中国广播电视协会广告信息工作委员会会长,原中央台常务副台长刘宝顺致开幕词,中共贵州省人民政府副省长谢庆生同志发表了热情洋溢的讲话。

贵州省人民政府副省长谢庆生同志首先欢迎来自全国各地的广播广告同仁们的到来,然后对中国广播电视协会广告信息工作委员会举办此次大会给予了充分的肯定。谢庆生副省长指出,此次会议在推动广播广告经营单位依法、诚信经营,公平竞争,构建和维护良好的广告经营秩序的工作上起到了非常重要作用。

1、"在新形势下广播广告如何持续发展"论坛

论坛由中国广播电视协会广告信息工作委员会副会长、中国国际广播电台国广传媒副总经理郑加强主持。陕西人民广播电台副台长刘卫星、北京人民广播电台广告经营部主任孟立、广东佛山电台台长助理谢诗华、黑龙江人民广播电台乡村广播广告公关部经理任萍、深圳市科巨电子有限公司总经理陈伟雄在会上发言,为我们奉献了一台精彩的演讲。

陕西人民广播电台副台长刘卫星的精彩发言,在会场上掀起了工股浓烈的西北风。在会上刘卫星台长简单的介绍了陕西台的历史背景,讲述了陕西台利用市场运营方法,紧密与节目挂钩的销售模式在广告创收上从几千万迈向一个多亿的飞跃发展。刘卫星台长指出,要提高广播广告的价值就要创造附加值,而创建品牌节目,就是在为广播广告创造附加值的最好办法。

北京人民广播电台广告经营部主任孟立女士,发表了题为《实践创新强化管理》的演讲。孟立女士介绍了目前北京人民广播电台在广告管理上的一些方式、方法。她首先向各位代表详细的介绍了北京广播电台广告的经营和管理模式,在新的管理制度实施期间堵住了跑冒滴漏的现象。指出自2003年以来,北京台开始实行总台分项目代理的模式。这种模式打破了先前分行业代理的格局,代理公司不再局限于一两个行业,而是参与到更为广泛的竞争中去,这样提升了整个市场的活跃度,进一步提升整体效益。建议大家可以不断尝试新的代理制度,以积极的心态来应对市场。

广东佛山电台台长助理谢诗华随后上台讲演,从经营广播的角度阐述了《在新形势下广播广告如何持续发展?》。她从品牌频率营销、品牌节目营销、品牌主持人营销、品牌活动营销四个方面,论证了广播广告的发展机会,并提出媒体整合是未来的发展趋势。

由于原定发言人黑龙江台常务副台长杨晶女士公务繁忙,未参加此次会议,特派黑龙江人民广播电台乡村广播广告公关部经理任萍代读演讲稿。就《为什么是广播》发表了演讲。黑龙江台从"黑宝药业"、"哈尔滨啤酒节"两个案例阐述了打造品牌,服务客户对广播广告发展的重要性。

最后,深圳科巨电子发展公司总经理陈伟雄发言,简短的做了深圳科巨电子发展公司的背景,公司目前情况和现有产品的介绍。同时,表示了对广播广告行业再创辉煌的信心。

2、全国广播广告作品评选揭晓

广播分会副主任、评选委员会执行主任、广东台副台长赵随意,宣布全国广播广告作品评造获一等奖名单。

大会为获得一等奖的辽宁台、河南台、湖北台、西安台、广东台、南京台、江西台、河北台、新疆台、成都台、江苏台、深圳台、山西台、山东台、河北台、中央台、广州台颁发了获奖证书。

厦门大学教授朱月昌,代表评委会做评选报告,就此次评选的公平、公正性做出了高度的评价。并对此次获得一等奖的作品逐一进行了赏析点评,就各台送评作品进行了深入的分析,给了到会代表们颇多的启迪。

四、组织"广播广告多种经营模式的实践与探索"的论坛

中国广告协会广播分会于2009年11月8日，在南京召开了"广播广告多种经营模式的实践与探索"为主题的广播广告论坛。来自全国33家成员单位54位代表出席了会议。

陕西台副台长刘卫星、中央台华夏之声总经理周伟、江苏台广播传媒中心副总裁曹勇、湖北台广告中心主任王力新、成都台天成声音传媒公司总经理马文彬、广东台副台长赵随意、上海文广新闻传媒集团广告中心副主任蒋金戈为参会代表讲述了他们对 "广播广告多种经营模式的实践与探索"的想法，分享了在广播广告改革中遇到的机遇和困难。

陕西台副台长刘卫星以"通过广告形态渠道和资源的升级推展经营空间"为题与参会代表进行交流。他指出，现今的广播广告关键词是广告形态、渠道和资源。广告形态的升级可以保证我们实现稳定发展的话。资源的升级就可以帮助我们实现规模化发展。渠道的升级和占有，将帮助电台实现跨越式发展。

中央台华夏之声总经理周伟通过2007至2009年，三年间广告收入的变化为切入点，为大家讲解了在新的形势下广播广告怎样通过广播自身的优势，通过对价钱的调整来提高广告收入，抢先占领市场份额。

江苏台广播传媒中心副总裁曹勇主要针对目前江苏广播广告经营的情况进行分析和探讨。目前江苏广播产业的运营模式分为三大块， 第一块是传统广播经营模式、第二块是活动广播经营模式，第三块是广播延伸产业的经营模式。

湖北台广告中心主任王力新介绍了目前湖北省广播电视总台广播广告结构调整的基本做法。

成都台天成声音传媒公司总经理马文彬就成都台的现状进行了介绍，并对曾经、现在和将来做了简单的介绍。在广播广告的经营问题上，马总提出："做熟不做生，做近不做远"的方针。在广告管理上指出"加强管理，严格监控"的方法。

广东台副台长赵随意着重论述了关于品牌打造、实施多元化经营战略的重要性。他指出要实现频率品牌化，必须做到栏目品牌化，精心打造重点栏目品牌是关键。

上海文广新闻传媒集团广告中心副主任蒋金戈了上海广播的旧架构，针对目前上海广播市场形式进行了分析，对未来上海广播市场进行了预估。他指出广播在新时期有它新的使命，对有着200多万辆机动车、1000多万流动人口的上海大都市来说，我们的广播显然是强势媒体。从某种意义上来说广播它就是一个不断变化着的"新媒体"。

五、参加东北三省广告年会

2009年8月8日，在黑龙江参加了，东北三省广告年会暨在新形势下广播经营策略研讨会。

这次会议不仅东北三台五十多人，中央台、国际台，广东、新疆、陕西、湖北、浙江、深圳、四川、山东等台和广告信息委员会领导等十多参加了会议。

会上，东北三省及国际台、广东、陕西、湖北等台发言，就广播广告经营的新思路、新方法、新方向，区域广播经营的合作与发展，进行了深入的探讨和交流。最后，广告信息委员会会长刘宝顺做了总结讲话。

六、网络创建，内容维护及更新

2008年末，我们在中广网上建立了广信委自己的网页"中国广播广告"，网址为：www.cnr.cn——"中国广播广告"。在网页上共有七个版块，分别是：各台广告价格表、各台广告刊例、广告招商信息、新闻列表、活动公告、公益广告、经验交流。现在网页已初具规模，各会员单位可以通过我们的网页发布最新、最快的消息。

在公益广告部分，我们建立了广播广告备播库。将历届从1987年至今的所有获得一等奖广播广告作品的音频和文案全部上传。我们力求将这个备播库打造成为一个不仅可以方便广播广告同仁使用，而且对我们广播广告在下半年的网页建设中，我们不断补充信息，扩大网页信息量。将每次活动会议通知、会后内容及时上传，为会员单位提供了方便的沟通平台。同时，我们还将各地方台的落地活动通知及时上传，帮助各台加大活

动影响范围，为各台提升知名度。

各会员单位对我们的网站关注度和积极性很高，都主动的投来最新的活动或者广告刊例信息。自我们的网站建成以来受到了会员台的认可，给会员台提供了一个方便、快捷的平台。

关于明年的工作，我们将把工作重点放在：节目评选、年会、网站、培训、信息服务等方面的工作上。

2009年报刊分会工作总结

报刊分会2009年围绕中国广告协会认真履行协会“提供服务，反映诉求，规范行为”的基本职能，以不断提高服务能力、促进行业自律和健康发展为重点，较好地完成了各项工作任务。现将全年工作小结汇报如下：

一、领导支持是做好分会工作的关键

1、一年中，中广协领导多次听取报刊分会工作汇报，亲自参加报刊分会主办的活动和会议。中广协会长李东生和时学志、李国庆秘书长以及会员部刘文哲主任等分别参加了在天津召开的中国报刊广告30年纪念大会、在青岛举办的“中国报刊品牌高峰论坛暨2008-2009中国报刊广告投放价值百强榜发布会”、在新疆举办的“全国党报广告工作年会”、在上海举办的广告主长城奖评审等活动，并分别在会上作了重要讲话，传达和分析了国家有关部委对经济工作的政策和广告市场的现状以及对广告工作的影响，全国报刊广告工作者受到极大的鼓舞，特别是对形势和政策的认识和准确把握等方面有了新的理解。

2、协会领导及会员部、会展部、学术培训部、信息研究室等有关部门还给予报刊分会在工作方面的支持指导，及时提出意见和建议。如对报刊分会在承办广告主长城奖和办会、搞活动等方面给予指导性意见等各种支持和帮助。

二、提高为行业服务的能力和自觉性

做好会员单位的服务工作是协会的一贯思想，报刊分会坚定不移地执行这一宗旨和要求。为了更好地服务于会员单位和各报刊广告经营单位，我们除了与各报刊广告负责人加强日常联络外，还多次组织有关专家学者为大家进行诊断咨询，提供开拓广告经营研讨和经验交流的平台，增加工作的指导性、贴近性和服务性。

1、打造交流平台，提高协会工作的向心力。

2009年8月8日，在青岛日报报业集团和有关单位的支持下，我们在青岛举行了“中国报刊品牌高峰论坛”，来自广州日报、南方日报、浙江日报、北京青年报等130多家报刊媒体的170多位负责人齐聚青岛，畅谈如何提高报刊媒体的品牌价值。浙江日报报业集团社长高海浩就《媒体品牌经营与延伸》、广州日报报业集团副社长谢奕就《报业品牌价值完善与提升》、南京日报总编辑卜宇就《城市报纸市场价值拓展》、成都商报副总编辑陈海泉就《媒体品牌塑造与城市机遇》、大众报业集团副总经理梁洪文就《品牌价值决定市场话语权》、辽沈晚报副社长白立辉就《品牌优势与行业优势》等话题展开了深度剖析。在嘉宾互动环节，围绕报刊品牌与广告市场拓展、专业服务提升等话题，与参会嘉宾进行了热烈的交流和探讨。

2009年10月31日上午，由报刊分会与《广告人》杂志社联合主办的“2009中国传媒论坛”在南宁第16届中国国际广告节上盛大开幕。CTR市场研究股份有限公司整合营销中心总经理姚林围绕2009年报纸广告形势做了专题报告，鲁花集团品牌总监初志恒就广告主如何实现与报纸媒体的合作共赢进行了主题演讲，海南日报报业集团副社长、总经理廉振孝，陕西日报副社长薛晓燕、湖南日报社广告处处长徐勇，重庆晨报副总编辑康仁明和都市快报传媒公司总经理鲍林强，对报业广告创新经营进行了深入分析和探讨。参加广告节的报刊社代表听到了一次既有理论分析、又有生动实践介绍的精彩演讲，大家都感到受益匪浅。

2、表彰先进，增强协会工作对报刊媒体的凝聚力。

2009年1月4日，报刊分会在天津召开《中国报刊广告30年纪念大会》，表彰30年来对中国报刊广告改革创新有卓越贡献的媒体和有影响力的个人。中国广告协会会长李东生，天津市人大常委会原副主任、天津日报原总编辑石坚，中国广告协会副会长兼秘书长时学志，中国报业协会书记处书记魏铭祥，天津日报社长牛一兵，今晚传媒集团社长贾长华，原中宣部新闻局负责人洪一龙等领导出席会议，与会的专家学者、知名媒体领袖、企业领导人和广告公司经理共200余人共同见证了这一历史时刻。报刊分会对30年来在报刊广告创新发展中做出重要贡献的影响力人物和在报刊广告经营中敢吃“螃蟹”、以创新的方式推动行业发展和进步的媒体予以表彰，授予天津日报等媒体“改革创新卓越贡献媒体”称号，并颁发了荣誉证书、奖章和奖牌。李东生会长在会上发表重要讲话，辽沈晚报常务副社长刘冰，中国闽台缘博物馆副馆长、原泉州晚报副社长朱定波，天津日报报业集团党委副书记、副社长霍静，文汇报社广告部副主任王荣洪，今晚报广告公司总经理王克等获奖代表分别发言，就报社广告经营管理的经验和做法等进行了介绍，并表达了对中国报刊广告事业取得更多辉煌的祝福。

3、代表并维护会员及报刊广告工作者利益，积极参与《广告法》的修订工作。

报刊分会负责人分别参加了中广协或地方广协组织的《广告法》修订工作座谈会，提出了一些好的意见和建议。

三、尽心尽力尽职尽责完成协会交办的各项任务

1、经过分会常委会和全体工作人员的努力，2009年的广告主长城奖自当年5月开展以来，各地媒体进行广泛宣传，得到了众多知名广告主的大力响应和支持，最具传播力品牌、公众信赖品牌及热心公益活动品牌三大奖项深受广告主的晴睐，上海、福建、重庆、天津、山东、广东、江苏、北京等地知名企业纷纷向当地工商部门、广告协会及承办媒体填报了申请材料，各地初评后报中国广告主长城奖组委会终评后，产生各奖项，并在广西南宁举行的第16届中国国际广告节期间，由中广协领导向100个中国广告主长城奖获奖得主颁发奖杯及证书。

2、积极配合会员部发展新会员，协助向未按时交纳会费的报刊会员单位催收中广协会费。

3、完成了2009年中广协首次分支机构负责人联席会议的承办及接待工作。

4、协助做好中国广告论坛（上海）报业专场的组织工作。

四、加强调研增强协会工作的针对性

为了做好服务工作，报刊分会负责人和工作人员分头到全国各地报刊社进行调查研究，及时掌握各地报刊广告经营情况以及当前需要解决的急、难、新问题，尽可能为各报刊排忧解难，广泛征求、认真听取他们对报刊分会如何做好工作的意见和建议。开展了年度报刊广告论文征文活动。继续做好了广州日报杯华文报纸广告作品的征集评定工作。

五、分会工作有待改进的方面

我们虽然做了一些工作，但与协会、会员单位和全国报刊广告经营单位的要求相比，尚有较大差距，工作中有许多需要改进的地方。

1、如上下沟通还不够顺畅，在今后工作中应向中广协领导和会员部多请示、多汇报；同时也希望协会对

我们的工作给予更多指导和帮助。

2、随着形势的变化，分会的工作量也在不断增加，分会日常开支随之增加，望协会能够实行较为宽松的经费管理办法，使我们能更加专注、更大限度地服务好协会的中心工作，满足会员单位的要求。

总之，我们在协会的领导下做了一些工作，但也有诸多不足之处，通过总结工作，我们将严格按照中广协的总体思路和工作部署，继续发扬指导、协调、咨询、服务的宗旨，进一步做好2010年的各项工作。目前2010年的工作计划包括了1月在广西桂林召开的全国报刊广告工作年会、3月在湖南长沙召开的全国重点报纸广告工作会以及5月份在四川成都召开的品牌价值排行榜等。

2009年电力分会工作总结

一、电力分会理事会会议

电力分会于2009年5月12日在武汉召开了电力分会理事会会议。会议由湖北东方广告有限公司协办。

出席会议的理事单位：上海电力广告有限公司、湖北东方广告有限公司、长沙星电广告有限责任公司、嘉兴电通广告策划公司、沈阳路灯广告公司、济南鲁源电力广告有限公司、青岛恒源电力广告有限公司、山东临沂桃源广告公司、武汉光明广告有限公司、河南电力广告有限公司、洛阳电力广告有限公司、天津市三源电力广告公司、杭州电力广告有限公司、兰州倚能广告策划有限公司。

中广协会员部主任刘文哲特邀出席会议。

会议议题为：

1、交流各理事单位2008年工作情况。

2、探讨研究电力分会今后工作发展方向。

3、商讨2009年会员大会内容及活动计划。

会议认为，目前电力分会会员单位面临许多困难，主要是电力系统内部主多分离改革带来诸多不确定因素、企业领导新老交替、各地政府进行户外广告整治、拆除媒体和限制发布等。对此，会员单位应结合本地和本单位实际状况求生存、找出路、谋发展。湖北东方广告有限公司提出：须深思自身的核心竞争力类型：制作型、创意型还是资源型，当失去主业依靠时还能否发展；各地的电力资源如多电多媒体和电费帐单可以联合互动，电力分会以及会员单位应加强和促进联合。长沙星电广告有限责任公司和河南电力广告有限公司交流了满足主业需求提供小、快、急特色服务，涉足办公文具、装饰、设计、展览等多元化经营的体会。

关于电力分会工作，会议认为2009年会员大会仍然按过去方式举行，明年的会员大会则将考虑换届等事项。这是"中国广告协会分支机构管理办法"所规定：分支机构的换届年限每届3–4年。

会议要求各会员单位在经营统计、会费交纳、先进评比等中广协各项工作中积极配合上海秘书处，使之能顺利进行。会议决定：

1、2009年电力分会会员大会于10月份在杭州举行，杭州电力广告有限公司协助承办。

2、会员单位负责人（总经理、经理）人事变动后请正式发函通知电力分会上海秘书处，上海秘书处将函告中国广告协会。

3、为方便联系，拟建电力分会"QQ群"，此项工作由河南电力广告有限公司具体创建并管理。

二、争创广告行业精神文明先进单位

根据中广协关于继续开展"争创广告行业精神文明先进单位"活动的通知，秘书处向会员单位转发了有关文件。2009年申报广告行业先进单位，取消了通过电力分会向中广协申请并获得批准这一做法，会员单位均通过当地广告协会上报申请广告行业精神文明先进单位。各地获得先进称号的会员单位努力保持荣誉争创先进，上海电力广告有限公司、湖北东方广告信息有限公司积极申报全国广告行业文明单位。

三、配合中广协《中国广告协会分支机构管理办法》（讨论稿）进行修改

修改的讨论稿主要内容概要介绍如下：

1、分支机构的换届年限（每届3–4年）。

2、主任工作会议召开的时间（每年1月和7月）。

3、增加了分支机构常委会成员的产生的办法（主任由中广协提名，经常委会选举产生，副主任由常委会提名，报中广协批准经常委会选举产生，常委会委员由本届常委会提名候选人，报中广协审批后由分支机构会员大会选举产生）。

4、分支机构会员即为中广协会员。

5、加强分支机构印章管理，实行严格的盖章登记制度。

四、配合中广协开展分会工作调研

电力分会秘书处向中广协汇报了如下履行职能的基本情况：

1、每年组织召开一次会员大会。1998年至2004年以经营研讨会名义每年举办一次年会，由会议所在地电力广告公司主办。2004年成立中广协电力委员会，2005年开始由中广协电力委员会（2007年改称为电力分会）主办会员大会，由会员所在地电力广告公司承办。会员大会内容一般为：（1）年度工作报告，（2）大会交流发言，（3）各单位工作和信息交流，（4）关于组织建设和如何更好地开展活动的意见和建议，（5）领导发言，（6）表决事项，（7）参观和联谊活动。会员大会往往结合广告节活动在广告节期间举行，2008年4月电力分会理事会决定，2008年开始会员大会原则上不在广告节期间举行，但各会员单位应尽可能安排参加广告节活动。

2、每年不少于一次召开理事会。理事会内容一般为：（1）交流电力系统和广告行业有关信息，（2）电力分会工作总结和工作打算，（3）商讨确定会员大会内容和活动计划。

3、评比申报。根据中广协中国广告企业资质认定计划，申报资质企业和开展“争创广告行业精神文明先进单位”活动。

4、经验交流。坦诚交流是电力分会的优势和特点。内部交流情况良好。近年来，电力广告企业大都面临内部体制调整、外部户外整治两大困扰。因此，“变革与发展”是我们应对困难的交流主题，去年如此，今年“探讨研究电力广告企业的发展思路”仍然围绕这一主题。在这方面，青岛恒源电力广告有限公司、湖北东方广告有限公司、嘉兴电通广告策划公司、长沙星电广告有限责任公司、山东临沂桃源广告公司、河南电力广告有限公司、洛阳电力广告有限公司等会员单位多次进行大会交流发言、与同行分享经验和体会做出了积极贡献，

电力分会秘书处向中广协汇报了如下问题和建议：

问题：

（1）新意少、吸引力不强。

（2）电力系统主多分离、企业核心人员思想不稳定、户外广告“整治”导致企业生存和发展陷入困境而协会缺乏帮助。

（3）出境交流难于举行。

建议：

（1）希望中广协制订走访会员单位制度。

（2）希望中广协有专职部门或专职人员为会员单位排忧解难协调有关事务、争取利益、进行维权开展服务。

五、会员大会主题交流

2009年11月18日在杭州召开中广协电力分会第六次会员大会，20家单位参加会议，围绕“电力广告企业的发展思路”这一主题交流了经验体会，在此归纳四家单位的交流要点：

杭州电力广告有限公司：相比电力系统内其他多经企业，电力广告企业虽然经营利润较高、但毕竟规模小总量低，电力内部关注度低。电力背景是双刃剑，

有利一面不言自明，不利一面是社会责任与电相连，经营方法不可能与私企相比，不可能完全市场化经营从而造成对主业不利的舆情。面对杭州户外广告“顶天立地”的整治，目前采取“挨过”的方法，今后发展打算争取国网品牌标识制作等内部业务，与邮电部门联系信息调查和数据交换，在政府户外广告资源招拍管理中寻求机遇。

湖北东方广告信息有限公司：应充分认识到，创新媒体是时代发展的骄子。电力广告企业某些特点是：类型方面为资源型、服务型、资源+服务型。与主业水乳交融。内部市场蛋糕很大，够生存。垄断业务尚有延伸。因此，广告企业自有存在的必然性。但往往专业人才和现代企业管理不够，如不积极发展会被淘汰。我们应当关注智能电网“四网合一”带来的大好机会，充分利用、借机发展。

河南电力广告有限公司：回顾发展之路，风风雨雨十几年，精神上不怕吃苦，做法上执着坚持不放弃，努力争取省公司领导认可，做好标识业务，多元化经营，涉足装饰装修等业务。

青岛电力广告有限公司：19年发展脉络顺应了城市亮化、美化之发展，从灯杆灯箱到立式灯箱到庭院灯箱不断进步，不仅仅是广告，还是亮化和景观。深刻体会到精品才不会被拆除。充分利用行业背景，与政府合作、争取政府支持，成立亮化公司，在为政府工作的同时发展企业。

2009年法律咨询分会工作总结

2009年度，法律咨询分会积极围绕协会中心工作、配合总局工作部署，结合本分会工作计划，认真落实行业自律措施，为行业提供多方位的法律服务。现将2009年完成的主要工作总结如下：

一、提供法律服务

1、为企业提供法律服务。4月和8月，针对个别执法单位和消费者对两则广告的质疑，出具书面意见，对有关法律问题进行阐释，维护公平。

2、为媒体和企业提供法规培训。4月2日，接受中央电视台广告部邀请，与国家广电总局传媒机构管理司、国家工商总局广告司为央视AD课堂作广告法律法规方面的培训，以《广告审查的新课题》为题介绍了食品广告代言等最新广告理论研究及立法动态。4月28日至30日，接受有关化妆品企业的邀请，为其市场部和法律部作广告法律法规培训，通过案例分析讲解广告咨询审查中的注意事项。

二、反映行业诉求，积极参与法律和行业规范的修订制订工作

1、参与《广告法》修订工作。积极配合总局修订《广告法》工作安排，4月、5月在北京和武汉两地召开三次座谈会，当面听取广告主、广告公司、媒体、地方广协等单位以及广告、法学专家对修订稿的修改建议，并通过邮件、传真等方式面向全行业约500家单位以及从事广告教育、法律研究的专家和学者征求意见。同时，还多次召开会议，在参考行业意见的基础上对总局历次《广告法》修订稿进行专题研究和逐条讨论，先后形成三次修订意见稿报送总局广告司、法规司，并收集、提供了美国、欧盟、国际商会等17个国家和国际组织的广告法律法规或者自律准则。在修订中充分征求并反映企业的意见，争取在法律草案中通过有利于保护广告参与者合法利益的条款，共提交81条修改意见，其中相当一部分在得到总局采纳。

2、发布广告业关爱少年儿童倡议书。为推动广告

行业精神文明建设的深入开展，贯彻落实中办、国办要求，在广泛征求意见的基础上制定了《“传播文明高尚广告，关爱少年儿童身心健康”倡议书》，并印发各会员单位。倡议书发布后，在社会各界引起热烈反响。新华社、人民网等媒体纷纷予以报道，各地电视台、报纸、网站及消费者对中广协呼吁关爱少年儿童身心健康的倡议展开讨论。

3、参与其他立法实践。配合有关国家机关工作，积极提出相关立法建议，反映企业和社会的意见和呼声。2月，针对《食品安全法》（草案）中有关食品广告代言人法律责任追究的问题，接受全国人大常委会法工委行政法室的咨询并发表法律见解。

4、调研并促进了广告费税前抵扣比例问题的解决。在去年底向国家税务总局、财政部提交《中国广告协会关于化妆品行业广告费税前扣除比例的相关意见》的基础上，4月中旬受国家财政部税政司的委托，对全国医药、电子、汽车、食品、保健食品等部分行业企业的相关情况进行摸底调查，积极反映行业诉求。7月31日，财政部、国家税务总局印发《关于部分行业广告费和业务宣传费税前扣除政策的通知》，对化妆品制造、医药制造和饮料制造（不含酒类制造）企业发生的广告费和业务宣传费支出税前扣除比例从15%放宽到30%。分会通过不懈努力，为行业争取到了有利的广告营销政策。

5、共同研究推动设计产业发展。7月，在调研的基础上，参加了由工业和信息化部组织召开的“推动设计产业发展工作研讨会”，就经济转型关键时刻如何加速发展广告创意产业的重要问题，代表行业发表了主张。

6、开展《手机出版标准体系》调研。8月26日，配合互动网络分会，就全国信息与文献标准化技术委员会出版物格式分技术委员会关于《手机出版标准体系》中的《手机出版标准体系》、《手机出版内容监管》和《手机出版呈现格式》3项行业标准提出意见和建议。

7、发起“广告知识产权及保护机制”课题的研究。为探索广告与知识产权的相关问题，联合中国外商投资企业协会优质品牌保护委员会、中国版权协会共同成立课题组，邀请国家工商总局广告司和国家新闻出版总署版权管理司作为课题指导单位，并于9月8日召开课题组成立暨开题会议，专项研究和探讨当前商业模式下的知识产权与广告的关系，为广告业提供保护自身知识产权的途径，在广大企业、广告公司中引起较大反响。

8、制定行业自律规则，规范工作流程。在充分论证的基础上，拟定了《中国广告协会处理广告争议工作规则》，作为自律体系的补充和完善，以使受理投诉、处理争议程序更加规范化，自律的要求更有针对性、更具可操作性。

三、规范行业行为，努力开展和创新行业自律工作

1、深入开展自律劝诫、公开点评工作

（1）自律劝诫。根据消费者的投诉，针对郦志隆降压表涉嫌违法违规广告在报纸、电视媒体上泛滥的动向，4月份开展对该广告的自律劝诫工作。共向全国22个省（市）38家电视台的77个频道及1家报纸发出劝诫通知，要求停止刊播该则广告，进行自查自纠，并回复书面意见和整改措施。本次劝诫覆盖面更广，力度更大，也发现了一些倾向性的问题，并向总局作了汇报，得到了肯定。

（2）公开点评。5月26日，联合总局广告司召开了第三次涉嫌违法违规广告公开点评发布会，对总局通报的一季度违法广告中的三个典型案例进行了剖析。发布会得到了各新闻媒体单位的关注和支持，40家北京和地方媒体参加了发布会并作了报道。8月12日，对第二季度的全国违法广告进行公开点评，并受国家工商总局广告司委托，对第一季度违法广告案件查处的落实情况进行简要通报。9月22日，召开严重违法电视直销广告公开点评发布会，对17则电视直销广告进行了公开谴责。10月20日，配合总局广告司，对20则涉嫌违法违规电视直销广告详细解析其违法表现及法律依据，并提交广告司。11月1日，针对某演员代言的10则违法广告，向社会公开点评，央视、北京电视台等多家媒体高密度聚焦报道，消费者致电/函声援和投诉，并对协会开展行业自律的行动表示感谢及赞赏。协会法律分会严

抓行业自律的形象在公众中进一步树立起来。

2、受理广告投诉、调解争议和纠纷

6月、7月，分别针对两城市户外拍卖和强行拆除的事件，调查了解有关情况，向有关市人民政府发出《关于商请妥善处理拆除“灯光隧道”户外广告问题的建议》，一并接受电视台采访，发表法律见解。

四、加强和其他机构协作，拓展舆论支持空间

1、规范奶粉广告，促进母乳喂养。4月1日，受邀参加卫生部妇幼保健与社区卫生司和国际营养促进联盟(GAIN)组织召开的促进母乳喂养专题研讨会，就有关母乳喂养的网络调查结果和促进母乳喂养的策略与计划展开讨论。5月13日，参加卫生部主办的《母乳代用品销售管理办法》修订研讨会，对如何规范管理奶粉广告市场发表专题演讲。8月6日，受邀参加卫生部妇社司召开的2009年世界母乳喂养周座谈会，以进一步促进我国母乳喂养和儿童保健工作。

2、就社会热点问题发表法律观点。2009年度，就“演员多次变脸扮专家”、某产品添加和宣传未经批准的食品营养成分、广告代言人法律责任、儿童广告、贴片广告等事宜，分别接受电视台、网站、报社等媒体采访，发表法律见解。通过与新闻媒体的良好合作，不断扩大协会和法律咨询分会在社会上的影响力和舆论支持力度。

3、与北京市消费者协会合作。6月24日，参加北京市消费者协会、北京市消费者权益保护法学会、中国人民大学民商事法律科学研究中心召开的“广告代言法律责任理论研讨会”，并发表专题演讲。

五、开展国际交流合作

1、与世广联进行交流。2月11日，接待世界广告主联盟(WFA)总干事Stephan Loerke等来宾的拜访，就各自开展的广告自律情况及双方未来可能的合作事宜深入交换了意见，达成多项共识。

2、筹备召开“中国广告趋势小组讨论会”。11月，联合中国－美国商会共同举办研讨会，就中国广告业的演变以及最新法律规范趋势，对以外商为主的企业进行宣讲。

六、调整法律咨询分会人员构成

法律咨询分会的委员调整工作于三月份逐步开展，现已正式聘请各级广告监管负责人20名左右，其他政府部门5人左右，法学专家、教授、律师等20人左右，媒体广告部门、广告公司、广告主法律部门或公关部门负责人20名左右，总计60余名委员。并于年底召开了法律咨询分会全体委员大会，就《广告法修订送审稿》进行专题讨论。

2009年公交分会工作总结

按照中国广告协会的指示和工作布置，公交分会在2010年即将到来之际，将2009年的工作进行了认真的回顾和总结。2009年，不论是国家，还是各地区、各城市、各单位都经历了非同一般的影响和变化。我们公交委员会也在各位主任委员及广大会员的真诚支持和合作下，在中广协的直接领导和指导下，做了大量的工作，促进了全国城市公交广告行业的发展。为中国广告产业的综合发展，做出了我们行业应有的贡献。为了能更好的总结过去，展望未来，我将2009年分会工作总结如下：

在中广协领导下，我们所做的工作

1、2009年中国广告协会加强了对中广协各专业委

员会的指导和管理，并将制定专业分会（即分支机构）的具体管理办法，这预示着国家管理机关对中国广告业的高度重视和管理模式上的新思路。中国广告协会做为中国广告产业的最高行业管理部门，对各专业会员的管理力度自2008年起不断加强和提升。分会积极参加并提出修改建议。

2、2009年在北京对中国广告法的首次修订就是其中重要的一项。我们积极参与并发表我们行业的意见和呼声。为国家制订法规提供依据和参考意见，做出了我们的努力。

3、2009年10月30日在南宁举办的第十六届中国国际广告节，是国家工商局批准的，中国广告业最权威和最专业的广告界盛会。广告节以"推进产业升级、推广创意成果、推动商务合作"为主题，体现出中国广告业的最新发展成果。分会在中广协的领导下，积极参与筹划。提供数据和资料，并号召会员单位积极参加，得到了中广协的认可和肯定。

4、发改委为了能评价户外广告在国家经济发展中的作用，并从制定政策上如何调整和支持，2009年多次在北京召开调研会，公交广告作为户外广告的重要组成部分，我们积极参与，反映了大家在面临城市整治中遇到的一些问题，并提出了建议，希望国家能对城市公交广告给予肯定和扶植。

5、对广告人专业技术职称工作的进展，一直是全国各地广告人极为关心的热点。秘书处2009年多次与中广协职称工作组联系，力求及时掌握信息，第一时间将职称工作的情况传递给各地会员单位。按照整体工作进展，预计明年上半年此项工作可以正式启动，届时会将精神及办法传达给各地会员。

6、关于资质认证，2009年分会共有6家被认定为一级广告企业，我们希望各地快速发展，有更多的公司经过自身的努力和发展进入有资质的公交广告企业，有更多的公司被评为全国的文明单位。

根据分会工作计划，我们所做的工作

2009年在认真总结2008年工作的基础上，根据中广协对分会机构的总要求，以及主任会议所确定的工作方针。在去年的12月份，就制定出了全年的工作计划。2009年秘书处工作计划，共计22项，截止到10月底，共计完成15项，另有7项正在进行中。

其中已完成的重要工作汇报如下：

1、按照2009年的工作计划，秘书处在2008年认真整理统计会员资料的基础上，2009年继续全面收集整理会员信息资料，建立公交分会会员档案资料库，并将发展新会员作为2009年工作的重点，力争将中广协公交分会资料，统计和整理的更全面，更准确，对有信息变化的情况，及时，正确的予以更改。

2、加强信息沟通，及时了解各地会员的具体情况。对不同地区、城市会员提出的建议、问题和困难，及时了解和反映。如上海由于承办世博会，政府及交通局几次派人到北京学习北京承办奥运会时对北京公交广告的整顿和做法经验，我们都以建议的方式，尽可能防止政府行为对公交广告的过度影响。上海公交和上海强生两位王总他们在维护公交广告的位置方面付出了许多辛苦的努力，维护了公交的利益。秘书处始终给予关注并尽可能给予最大的理解和支持，尽量努力，力争能发挥协会的作用。

3、成功举办第四界《公广杯全国公交广告创意设计大赛》。"公广杯全国公交广告创意设计大赛"，我们已成功举办过三界，规定每二年一界，目的是通过大赛能够提高公交广告行业的创意水平和设计水平。这次活动是经中国广告协会批准的，在全国公交广告行业内的最高奖项，具有很大的影响力。本界大赛应在去年完成，但由于种种原因，把他移至2009年的工作议程。这次大赛湖北武汉公交广告的张华清副主任，付出了巨大的辛苦和努力，同时也得到德高中国的支持和赞助。2009年10月27日在武汉公交广告、武汉公交集团的精心组织下，在得到武汉大学、美院以及武汉广告行业协会的大力支持下，多位行业专家相聚一起，经过公平、公正、公开的认真严肃的多轮评选后，最终在各地汇集的139幅作品中评选出了全国第四界公交广告创意设计大赛的三个金奖，6个银奖，9个铜奖以及30个优秀奖项。评选结果在现场已经监委确认签字，并报中国广告协会备案。今天下午将进行颁奖，相信这次活动将在行业内带头激励，并将对获奖单位和个人在今后的企业资质及创意人员职称认定工作中带来作用。

创意设计大赛将每两年举办一次，秘书处希望从现在起各地各单位注重广告的创意设计，注重积累作品，以备在下界大赛中，能有更多的单位和作品参赛，并有更多的优秀作品涌现。

4、完成《中国城市公交广告09年年鉴》编辑工作。此项工作从去年开始，由于涉及的内容较多，编辑人员付出了许多辛苦和劳动。在整个过程中得到了各地近40名职业经理人的支持。目前，年鉴版本已于近期出版。编委将按约定将《年鉴》汇寄给各地，并发放至有关部门。为全国广告业发展提供依据。

5、2009年4月10日在青岛举办主任会议，德高青岛分公司对会议给予了巨大支持，会议召开研究了分会各项工作，取得了很好的效果。

6、筹办：中广协公交分会2009年年会。按照2008年杭州会议及青岛主任会议的意见，2009年年会应在11月中旬在南京召开，但由于南京市政府新上任领导，对今年在南京召开全国性会议有新的要求，经分会副主任报请公交集团并请示市政府后，未被批准。故在很难办的情况下，为了保证全体会员能够如期相聚，召开年度会议，秘书处报请分会领导主任，副主任及中广协批准，会议地点建议改在武汉举办，武汉公交广告在筹办第四界创意设计大赛任务很重的情况下，对年会工作又给予了巨大的支持和理解。2009年11月20日中国广告协会公交分会2009年年会在武汉隆重召开，湖北省广告协会张锦妙秘书长，武汉市广告协会会长兼武汉市工商局广告处杨汉康处长，武汉公交集团迟旭东董事长及集团领导班子的成员都参加了会议。我们的行业领导中国广告协会会员部的刘文哲主任及关瑞鸿同志也参加了会议。此次年会到会人数创历史最高，参会人员达150多人，分会主任蒙克勤同志做了“加强学习科学发展，开创公交广告改革发展新局面”的报告。这个报告融合了2009年国家对中国广告业快速发展的指导意见，站在公交广告是中国广告业整体发展中的重要部分角度，对各城市公交广告的发展状况，做出了很正确的评价，并对公交分会2009年的工作做总结，同时对下步公交分会的工作重点，以及对公交广告如何快速发展，提出了建议和意见。这次大会是成功的大会，是为来年做好工作的动员大会，相信公交分会在中广协领导下会在2010年有更大发展。

7、参与并完成中广协及政府相关部门组织的活动：

如：积极参与政府对广告法的制定，对中国广告业发展的建议，对广告人职称工作意见，对中广协分支机构管理办法的修订，以及精准营销论坛，中国广告国际论坛等工作。

8、做好日常工作，认真接待来电来访，经常与有关部门沟通做好日常工作，努力保持上通下达，让信息畅通，同时着手制定方案，建立信息平台，服务平台，交流平台，培训平台，认真落实分会为会员办实事的工作。

以上就是2009年中广协公交分会的工作总结，对计划中未完成的几项工作，分会将继续努力完成。下一年的工作。将按照中广协及主任报告所确定的工作目标，经分会确定和领导认可后，本着计划在先，有的放矢的原则去做，分会秘书处相信在分会会员的共同努力下，下步工作将会有一个更大的发展。分会将本着努力工作，服务会员的根本目的，把工作做细、做实，做好。分会希望能进一步得到中广协的更深入领导和支持，希望得到广大会员的关心，支持，在上下团结一致的共同努力下，把分会办成中广协最好的，能为大家带来利益和解决实际问题的行业之家。

2009年互动网络分会工作总结

2009年按照总局和协会的工作部署，在分会全体成员的共同努力下，我们圆满完成了全年工作计划，使互联网广告营销在金融危机的大背景下又很大提高，下面对分会的主要工作简要总结如下：

一、完成《中国互联网广告推荐使用标准》的修整完善，促进互联网广告和谐发展

去年12月30日中广协互动网络分会发布了，中国第一个《中国互联网广告推荐使用标准》。这对规范互联网广告健康快速发展，是一项史无前例的工作。但是要想真正落到实处，并不仅仅是发布这样简单的事情。需要后续很多深入细致的工作，并根据互联网的快速发展不断跟进。所以，从今年前二个季度，我们广泛征询了行业在执行过程中的意见和补充修改项目，并对"网络营销常用名词"开始进行统一标准化规范、统计工作。第三季度又进行专家审核测评和相关政府主管部门征询意见程序。现在一切工作均已完成，只等领导批准，即可向社会公布《互联网广告常用名词和使用标准》的修改实施方案。

二、进一步完善网络广告尺寸标准，使标准在行业发展中逐渐发挥作用

互联网广告尺寸标准的建立是行业协会规范行业发展一项大胆的尝试，要想让"标准"行业发展中发挥作用，要做很多深入细致的基础工作。为此我们设专人负责，定期召开分会成员间的沟通会，广泛听取意见，上半年共收集改进建议30多项。全年召开协调会7次，为"标准"的广泛推广奠定了基础。上半年拿出修改方案，提交常务理事会讨论。

三、深入行业调查研究，尝试解决行业发展急需的问题

为使行业标准化工作不断深入，从今年第一季开始度对行业发展急需的标准数据体系进行深入调查研究，了解掌握行业发展需求。吸收行业专家，共同应对行业面临的数据困扰，和解决问题的方法。

四、成功举办了"第七届中国互动网络广告高峰论坛"

于10月30日在南宁朱槿花厅成功举办了"第七届中国互动网络广告高峰论坛"。今年论坛的新突破在于体现使用价值和论坛的思想性。使论坛的每组发言都做到言之有物，有思想、有观点，让听众有收获，受启发。使原的300人的论坛座无虚席，全天始终保持在四、五百人的上座情况，最多时达到六百多人。收到很好的效果。

五、"中国互联网广告创意大赛"、"中国媒体创新营销奖"已按时全面启动

按照工作计划，全面完成了"中国互联网广告创意大赛"、"中国媒体创新营销奖"征集作品、评审、颁奖的各项工作，取得了非常好影响和效果，得到了行业的广泛赞誉。为促进中国互联网广告的交流、学习和健康发展；为促进中国跨媒体营销，探索我国媒体评价体系的建立，做出了卓有成效的工作和大胆尝试。会同人民大学新闻学院编辑出版了《营销革命》一书。在广告节上成功举办了两个奖项的颁奖盛典。

六、办好互动网络营销专刊

2009年度，专刊将推出不同主题的网络营销使用手册，作为工具书，向业界进行推荐。第1期使用手册的主题为"团队推荐"的内容，得到了业界30多家单位的积极相应。在随后的专刊中，我们将陆续推出"汽车"、"快速消费品"及"金融"等专题。

七、继续组织好网络营销沙龙

2009 年共组织各种主题的沙龙五次，为行业沟通搭建了一个很好的互动交流平台。聚合传统广告、网络广告、新媒体的资源，形成良性交流互动。使行业交流成为分会组织活动的常态。

以上就是中国广告协会互动网络分会 2009 年的基本工作概要，不足之处请领导批评指正。

2009 年户外广告分会工作总结

2009 年中广协户外广告分会在中广协的领导下，继续以“提供服务、反映诉求、规范行为”为中心，按照2009年度的工作计划，开展了一系列的工作和活动。现总结汇报如下：

一、召开分会常委会

中广协户外广告分会于2008年4月3日在天津召开了会员大会进行了换届选举，新的分会常委会在贺超兵主任的带领下，克服了许多困难，为了能够更好的为会员作好服务工作，2009年初分会召开了常委会，对2008年的工作进行了总结，对2009年的工作计划进行了讨论。会议还就2009年全国户外广告面临的严峻形势进行了研讨，各会员单位汇报了各自的工作及遇到的困难。会议对各会员单位在2008年的工作给予了肯定。会议号召各会员单位要继续顾全大局，以国家的利益为重，尤其是上海即将召开世博会，更要处理好拆牌的问题。中广协副秘书长杨洪丰要求各会员单位领导要积极开动脑筋、想办法，从事多种经营，广开财路走出困境。

二、召开“中国户外广告如何走出困境”专题研讨会

2008 年中国户外广告业首次出现负增长，在新的形势下，老的传统的户外广告行业遇到了前所未有的困难、问题，我们是坐等观望还是积极进取？我们如何才能尽快走出困境？我们需要怎样的新思维？

2009 年一开始，分会就把从思维上突破、从理论上突破作为工作的重点放在了第一位。2009 年 4 月 1 日，我分会同《中国现代广告》杂志在国家工商总局共同举办了“中国户外广告如何走出困境”专题研讨会。国家工商总局有关领导、中广协领导以及会员公司老总、有关户外广告专家 50 余人参加，户外分会主任贺超兵主持了研讨。

分众传媒首席战略官陈岩、南京零距离国际广告总执行长范业龙、西安沙龙广告装饰有限公司董事长李大卫、甘肃庆阳市协力广告有限公司总经理苏虎宁等就拆牌问题发表了看法；南京广告有限公司总经理蒋明、海南白马广告媒体投资有限公司市场部总监谭衍斌建议搭建统一销售平台和数据平台；宁波友谊传媒有限公司董事长陆有勇、四川唐码西南户外传媒有限公司副总经理任莉、国域无疆传媒集团（天津）公司副总经理李梅建议建立广告联合体，打造行业标准；大贺集团董事局主席、总经理贺超兵、上海西南广告有限公司总经理应曙光建议要与广告主直接对接，最好向广告主直接推介户外广告资源；上海强生广告有限公司总经理王维平呼吁：“户外广告一定要有一个部门来管，不能把我们和管马路、管厕所的放在一起管理。”上海大众广告有限公司总经理乐晔建议提升户外广告从业人员准入门槛，提高户外广告从业人员自身素质；江苏永达广告有限公司董事长周志强提出要以不变应万变，把握客户需求，在广告投放形式上创新，满足客户需求；沧州狮城霓虹广告有限公司董事长朱桂廷提出户外广告行业也需要包装，要让客户认识这个平台的价值，让政府认识这个行业的重要；上海东湖广告装饰有限公司副总经理宣勤还发表了“世博会下的上海户外广告，一路走好”的专题

演讲；CTR 市场研究副总裁田涛分析了“2009，户外广告的新机遇”。

研讨会归纳了 2009 年影响户外广告发展七个最主要的问题即：我国户外广告的经营方式总体仍停留在粗放式经营阶段，缺少创新模式；户外广告过度过滥开发，必然引起受众的反感和政府部门的整顿；户外广告的相关政策法规不确定、各地为政、各自为政；户外广告行业的自律仍不尽人意；户外广告行业较脆弱、将有一部分企业经不住经济危机及拆牌带来的沉重打击；其他广告形式的影响；户外广告的创意水平总体较低。此次研讨会意义深远，使户外广告企业更清晰地认识到了当前的形式及困难，为及时调整经营方向及思路，防范和规避风险起到了一定的作用。

三、积极为会员提供服务

2009 年由于受全球经济危机及全国各地清理整顿户外广告牌的影响，使我们工作的正常开展受到了一定的影响，但是我们还是想办法为会员提供了一些服务。

1、召开“面对世博会户外广告如何寻找商机研讨会”暨“户外媒体资源推介会”

上海世博会是继北京奥运会之后我国举办的又一世界盛会，是市场非常关注的重要题材。世博会素有经济、科技和文化“奥运会”之称，历史上不少国家通过举办世博会带动了本国经济、科技和文化的发展。上海世博会的举办，给全国各行业带来了发展的商机，对户外广告行业也同样存在着巨大的商机。户外分会同上海世博会的有关组织就上海世博会征用户外广告牌等事宜进行了探讨。上海世博会有关组织同意在世博会期间，在全国范围内征用我分会会员单位的部分户外广告牌。为此户外分会 7 月 3 日在上海举办了“面对世博会户外广告如何寻找商机研讨会”暨“户外媒体资源推介会”。会上户外分会贺超兵主任介绍我分会的情况及各单位领导；上海世博会领导介绍了世博会准备情况及户外广告征用情况及世博会征集标识设计情况，参会单位对各自的媒体资源进行介绍。研讨会上参会代表还分组与世博会有关机构进行了进一步接洽，促成了某些项目的合作。

2、继续为各地会员拆牌提供咨询服务

2009年户外广告公司面临的最严重的问题仍是清理整顿户外广告牌。尤其是上海、广东、西安、南京等地，最为严重的是上海，到 2009 年底已拆除各类户外广告牌近五万块，全市所有有户外广告业务的广告公司都受到了不同程度的影响，有的公司70%的牌子被拆掉，业务受到了灾难性的打击。国家要召开世博会，需要清理整顿，可是广告公司也要生存，面对如此矛盾，作为广告行业协会特别是户外广告分会，我们也非常着急。户外分会秘书处一方面将各地的情况向广告协会领导及主管政府部门反映，

一方面同这些地区的政府有关部门、广告协会、广告公司等进行了积极的沟通。我们同上海户外广告委员会裘东明主任多次通过电话进行了联系，随时了解上海拆牌的情况及广告公司的动态，统一了服从政府大局、在符合法律的前提下尽最大可能维护广告公司权利的思想认识。秘书处还同上海的各家会员公司经常进行沟通，向他们了解户外广告清理整顿的情况、探讨维权应注意的问题及经营中的新问题。对广东、陕西等地的拆牌情况分别打电话了解情况，写出了情况报告反映给了有关部门。对其他省、市广告协会反映的拆牌情况 ，我们也及时写出了反馈意见，协助其解决了部分问题。2009 年全国各地虽不同程度地遇到了拆牌的影响，但总体来讲大部分户外广告公司还是坚持了下来，部分公司的业务进行调整后逐渐恢复了元气，有了新的起色。

3、召开会员单位情况交流会

11月份在第十六届中国国际广告节期间，我们在广西南宁召开了“会员单位情况交流会”。会上40余家单位畅谈了各自的经营情况和遇到的问题，尤其对拆牌及全球即将面临的金融危机带来的影响，进行认真的分析。TOM 集团介绍了如何同政府进行沟通，帮助政府进行城市规划，求得政府支持的好经验。南京金达传媒科技有限公司介绍了户外广告监测的新成果。交流会得到了南宁交通实业有限公司的大力支持，为分会的工作的顺利开展提供了很大的便利。交流会使大家真正得到

了交流，同时结交了新的朋友。

四、积极协助中广协开展工作及活动

1、 协助会员部开展工作

除了作好户外份会日常工作外，2009年我们还协助会员部召开“全国各分支机构工作会议”、“全国秘书长工作会议”等会议做了组织工作。

2、积极参加第十六届中国国际广告节

2009年第十六届中国国际广告节在南宁举办，为了让广大会员单位参与这一年一度广告人的盛会，户外分会向会员单位发了积极参加第十六届中国国际广告节的通知。广告节举办期间，我们还承担了“副会长接待工作”及“长城奖、黄河奖颁奖”的部分工作。

五、做好秘书处日常工作

户外分会秘书处是同广大会员单位之间联系的纽带。秘书处除了组织会议及活动外，还做了以下工作：加强同各会员单位的联络，继续巩固完善通讯网络及各会员单位信息员队伍，达到了信息通畅，有事找得到人；发简报3期，各类通知近10余次；发展新会员3家；此外还做了催缴会费、参加会员单位会议等大量工作。

六、几点体会

1、要做好户外分会的工作就必须树立服务意识，时刻想一想要为会员做些什么。

2、要积极向有关部门反映会员的意见、诉求，替会员解决一些经营中的实际困难和问题。

3、举办会议、活动一定要有针对性，要有吸引力，使每一次会议、活动都能达到一定的目的，收到一定的效果。

4、必须加强平日会员间的联系，做好这方面的工作，秘书处尤为重要。

5、户外分会的工作是全体会员单位的共同工作，只有各单位的领导高度重视，给予大力支持才能使这项工作越作越好。

最后感谢中广协的领导给予我分会的大力支持，感谢各会员单位领导给予户外分会的大力支持。我们决心继续努力工作，在2010年继续做好几件实事，为把户外分会办成一流的分会而努力。

2009年霓虹灯广告分会工作总结

去年七月，在上海召开的中霓会十五次年会上，我代表中霓会第四届常委会向大会作工作报告，汇报了近四年霓虹行业发生的重大变革，严峻的市场形势迫使不少企业转变经营策略，调整结构，创新发展。现在不寻常的2009年已经过去，我们迎来了充满希望的2010年。现将几项主要工作汇报如下：

一、霓虹行业已走出困境，形成多元化发展趋势。创新成为企业可持续发展、增加新的利润增长点

不寻常的2009年已经过去，我国经济发展开始呈现止跌回升、企稳向好的势头，预计2010年的经济将“温和”增长。过去的一年，是霓虹行业转变经营策略、创新发展的关键一年。不少企业渡过了最困难的一年，对已经调整多元化经营策略的霓虹行业发展极为有利。据对上海地区15家会员单位随机问卷调查的企业经营状况：与去年同期比较，经营额上升的有5家，占1/3；经营额持平的有5家，占1/3；经营额下降的5家，占1/3。企业多元化发展业务的有14家，占93%。其中拓展LED的13家，拓展景观灯的6家，拓展亮化工程的5家，拓展显示屏的3家，拓展条屏的1家，拓展标识业务的5家。

在调整经营生产结构的同时，创新发展仍是企业发

展的新动力。杭州勇电是行业内创新发展的领头羊，他们积极组织科技人员根据市场需要，依靠自身的枝术实力，先后开发了“霓虹灯数控变压器”、“霓虹灯数控驱动器”、“霓虹灯遥控控制器”、“LED、冷阴极灯具”等新产品以及先进的LED两次封装工艺，解决了LED防水、散热的技术难点。LED两次封装工艺技术已申请了国家发明专利。2009年10月，勇电企业还成功举办了“勇电新产品推广会”，在霓虹行业处于寒冬时烧了一把火。陕西金山照明公司在西安市大拆霓虹灯时积极组织科技人员攻关LED霓虹，先后研制成功LED“霓虹炫彩屏”、“简易LED显示屏扣板压型机”和“一种简易LED显示屏扣板”等，并申请了国家专利。据介绍这些产品还适用于店招、门楣等装饰，价格近乎霓虹灯。该企业成为适用于城市商业区禁止安装霓虹灯的取代产品。由于新产品的开发，2009年的经营额也开始回升，走出了困境，随着进一步的拓展经营，前景可观。再如，北京新赛开发了灯箱布开启式铝型材、亚克力开启式灯箱铝型材、快餐莱牌开启式铝型材等，提高了产品质量，简化了装配程序，也美化了箱体饰框，提升了灯箱等级。创新使霓虹行业走出了困境，霓虹行业是大有可为的。当然，也有约1/3企业还存在一定困难，其中较多为霓虹器材专业生产企业和经销单位，他们正在积极努力。作为霓虹灯专业委员会，始终关心行业内冷阴极管和霓虹灯的发展，目前仍坚持霓虹灯发展的企业都是行业内的骨干企业，如专业制作冷阴极管的上海开明公司、专业生产电感变压器的上海亿亚公司、专业生产粉管的南海星光公司等。沉淀下来的定是金子，相信霓虹灯仍有一定的市场，而这些市场定属于他们的。

二、配合霓虹行业多元化发展

中霓会利用现有“网站”、“中霓通讯”，积极传播企业开发经营信息，以及多元化发展动态，特别是LED、灯饰产品的应用技术知识、性能、特点、品种、安装知识以及LED的国内、国际发展趋势，国家对LED产业发展政策，目前存在的问题及如何正确面对等，给同业开发多种经营以参考。

由于企业多元化经营调整产业结构，也会产生一些多余物资，如材料、工具、设备等；也有企业研发了新产品，需要宣传推广。中霓会将免费提供《中霓通讯》和《中霓会网站》为会员单位传播新产品和多余物资信息，以供交流。如需要公布此类信息的，请与秘书处联系。

三、善始善终做好中霓会换届工作，履行民主程序

去年7月在上海成功举办了中霓会四届五次会员大会暨第十五次（2009）全国霓虹灯年会，本次会议是在改革开放30周年取得伟大成就、庆祝建国60周年、中霓会成立十五周年之时召开的。来自全国各省、市的会员代表和来宾出席大会，并共同探讨因受国际金融危机和大城市拆牌行动的影响，直接影响霓虹行业发展等议题。会议通过总结交流、研讨探索，振奋精神，提振信心，取得共识，以市场需要为导向，调整生产、经营策略，在坚持做好、做精霓虹灯同时，从专业化向多元化发展，使企业逐步走出困境，做到可持续发展，为发展中国霓虹事业作出贡献。原计划在大会上进行换届改选，为此我代表四届常委会作了工作报告，但由于出席大会的会员人数未超过半数，因此临时决定延期改选。但为了使中霓会工作能健康有序进行，经常委会讨论决定，调整、增补了部分委员。一现拟在今年适当时候召开“中霓会会员代表会议”进行换届改选。（改选办法另订）（注：经本次会议讨，改选推迟一年。）

四、开展“中国霓虹景观灯光工程企业资质证书评定”

为促进行业自律，规范行业经营管理，促进行业发展，提高企业管理水平，适应多元化发展需要，支持骨干企业做大、做强，促进霓虹企业健康发展。2009年7月经各单位申请，专家评审组审核，认定邯郸市三木霓虹有限公司等13家单位为《中国一级霓虹景观灯光工程企业》，认定上海伟达霓虹广告有限公司为《中国二级霓虹景观灯光工程企业》。

五、中霓会每年一次的全国优秀作品评选，是年会的亮点

中霓会《2009年全国霓虹、景观、亮化优秀作品》经评比小组根据评选办法打分，评出一等奖一名，二等奖一名，优秀奖三名，优秀设计奖一名。送展作品具有以下特点：

1、展现了广告、亮化、标识表现样式的时代感。

2、发挥各种光源的特点予以综合运用和相互交融。

3、体现了会员单位在企业发展上的多元化经营思路。

以上作品图片、点评已分别在《中国广告》、《中国标识》、《霓虹世界》等杂志以及中霓会网站公布。

六、不再主办《霓虹世界》杂志

《霓虹世界》杂志是由济南康利装饰总厂创办的全国霓虹灯行业范围发行的双月刊。2006年5月经中霓会（甲方）与康利装饰总厂（乙方）友好协商，为更好提升《霓虹世界》杂志的水准，更好为全国乃至海外的霓虹灯行业服务，经双方协商决定，《霓虹世界》杂志由中霓会与济南康利联合举办，中霓会为主办单位，协议有效期为三年。三年来在双方共同努力，特别是杂志编委、工作人员的积极工作，编缉、出版发行都取得可喜成绩，在霓虹行业有一定影响。由于乙方至今未履行协议第6条（乙方应积极创造条件向当地有关部门申领杂志出版刊号和杂志广告经营许可证，争取公开发行）及第8条（为支持《霓虹世界》杂志，甲方两年内免收管理费，第三年视经营情况，经社委会讨论，酌情收取管理费。），经征得乙方同意，不再续签协议，原协议终止，中霓会不再主办该杂志。

七、积极参与组织召开三个专业委员会联谊会（会议名称待定）

霓虹行业出现三个专业委员会以来，中霓会一贯主张，呼吁加强团结、合作，共同为发展中国霓虹事业做出努力。为此2007年8月中霓会副主任赵勇先生邀请中照协霓虹灯生产专业委员会主任马根成先生及办公室主任曹希录先生来南京，共商合作事宜，达成共识，适当时机召开由双方会员参加的联谊会。随后，双方在彼此召开年会时都邀请对方领导出席大会。2009年10月在杭州，由马根成先生邀请温伯安、查世翔先生（中照学霓虹技术专业委员会常务副主任）、徐小荣先生（中照协霓虹灯生产专业委员会办公室副主任）共同商定，在2010年召开三个专委会的联谊会。2010年1月中照学霓虹技术专业委员会副主任谈德鸿、陈绍华、徐松炎三位先生来上海会见我和陈观女士，希望2010年三个专业委员会能成功开好拟议中的大会。据此，我们认为三个专业委员会联合召开大会的条件已基本成熟，我们将积极参与组织，力促联谊会成功召开，为霓虹行业的团结起一个好的开头。

八、中霓会会员数据

中霓会现有会员147家(其中2008、2009年新入会会员8 家。剔除已倒闭、转产及二年以上不交会费的23家)。

结束语

各位委员：

充满希望的2010年已经来到，经过艰辛奋斗，跨过难忘的2009年的霓虹行业的朋友们，我们要认真总结这段时期的行业奋斗精神，多元化策略转型的经验及得失，创造品牌，创新发展的经验体会。

我们坚信，新的一年，随着世界金融危机影响的减弱，中国一线大城市的发展已渐渐恢复，三、四线城市在摆脱了初期的货品出口危机之后，正以稳健的步伐保持较快的增长势头。国家促进经济政策的继续实施，特别是上海世博会、广州亚运会、西安世界园艺博会相继在2010、2011年举办，必将推动经济发展及城市改造，今年开始传出央行提高准备金率的消息，说明中国经济已趋好转，经济繁荣发展为霓虹行业发展带来机遇，户外广告的整顿曾给霓虹行业发展带来困境，但随着整顿告一段落，必将带来新的机遇。城市发展离不开户外媒体，特别是国家城镇一体化、新农村建设的实施给行业

发展带来机遇。虽然一线城市户外媒体已趋饱和，成本越来越高，但是作为媒体必须常改常新才有生命力。中国80个大，中城市，超过4000个以上的三、四线城市是一个具大的市场。随着中国城镇化建设和新农村建设步伐的日益加快，这就是广大市场所在。只要我们正确把握，继续调整结构，创新发展，坚持质量，发挥品牌效应，新的一年必将出现一个飞跃。

中霓会是一个民间组织，在最困难的时机，我们和大家共同关心，注意动向，传播政策，交流经验，提供信息，做了力所能及的工作，虽然还很不够，我们将继续遵循协会“提供服务，反映诉求，规范行为”的基本职能，做好工作。

新的一年，我们将继续做好信息交流，办好“网站”及“中霓通讯”，开好会员代表会议，做好换届改选工作，及时总结企业创品牌、技术创新、拓展经营、加强管理等经验，做好资质认定工作，为会员单位开拓业务创造有利条件，加强三个专委会的协作、团结。共同迎接行业发展新时期的到来。

2009年铁路分会工作总结

2009年中国广告协会铁路分会在中广协的领导下，结合铁路广告行业的实际，以服务为中心，主要做了以下工作：

一、参加中国广告协会第五届理事会第二次会议暨全国广告协会秘书长会议、全国先进广协和广协先进工作者表彰大会

二、对本系统成员基本情况摸底调查

近几年，随着铁路全行业改革、多元经营企业改革，多数铁路广告企业资源整合、企业重组已基本完成。经过调整，广告企业结构、数量、经营范围均发生较大变化。为加强、改善协会组织建设，便于开展活动和服务工作，采取电话及发出调查表等方式，对路内各广告企业基本情况做了调查。

三、召开了秘书处办公会议

2009年3月17日在上海铁路文化广告发展有限公司(苏州)召开了办公会议。总结2008年工作，并初步议定了2009年开展的服务及活动的安排。会议还结合经营及相关工作进行了磋商和交流。

四、中国广告协会领导来铁路分会和人民铁道报社调研，做好接待与汇报工作

2009年9月9日，中国广告协会李东生会长和李国庆秘书长及会员部负责人等一行4人到中广协铁路分会、人民铁道报社进行调研、考察，听取了分会工作及铁路全行业发展情况汇报。

李东生会长和李国庆秘书长通过调研，对铁路系统和铁路分会工作增加了认识和了解，对铁路发展的前景、铁路分会和人民铁道报社的广告工作给予了鼓励和肯定的同时，还对铁路分会工作提出许多建设性的指导意见，指出，铁路的发展形势好，铁路广告事业空间广阔、有较大的发展潜力，铁路分会要针对本系统的特点和实际，开展多种形势的会员活动，履行职责并做好各项服务。

五、动员本系统广告企业及员工参与中国广告节活动

第十六届中国广告节在南宁召开，铁路分会下发了通知，动员铁路系统各单位积极参加广告节，同时专程去南宁布署了各广告企业赴南宁参观学习的服务接待工作。

六、研究、拟定铁路分会组织机构充实调整方案

2009年铁路分会用了较多时间，先后多次进行研究，并多次与中广协主管部门负责人沟通，接受指导，广泛征求会员意见，完成方案初稿，为下一步的承报、落实做了准备。

七、深入会员单位做专题调研

铁路广告业在基本完成了资源整合和机构重组后，如何发挥整合优势，拓展并深入做好整体经营，提升竞争力是当前各企业面临的迫切任务和需求，各个铁路局的广告企业都在进行探索。

济南铁路局山东中铁旅游广告传媒集团，组建了创意中心，在经营拓展上探索实践，取得初步进展，分会为此做了专题调研，了解情况，为进一步总结交流做了先期准备。

八、做好日常的咨询、业务信息交流等服务。做好网络内容更新等

2009年学术分会工作总结

1、2009年学术分会发展新会员29名，并继续对学术委员进行清理整顿，对不交纳会费和不参加活动的委员劝其退会。委员的清理整顿工作今后将一直做下去，使学委会的委员真正是在业界有威望，有学术水平，有研究能力，且热心为行业服务的人员。

2、编辑、出版了书名为："中国广告理论探索三十年"的学术论文集。

3、2009年学术分会为学术委员提供的服务有：免费提供五本杂志（广告大观、广告导报、广告人、广告主、亚洲户外广告）、四份电子刊物、一本学术论文集。

4、确定了"2009年全国广告学术年会"的研究主题——"中国元素与广告营销"，并在广西自治区广告协会和广西大学新闻传播学院的协助下召开了2009年年会，出席年会的有80多位委员与邀请的8位主讲嘉宾一起围绕主题做了热烈而有深度的研讨。

5、学术分会一直以来，都认真按照中广协的职能要求来开展工作，为了充分发挥学术分会内专家、学者的学术力量，为我国广告业的理论发展多做贡献，同时也能为党和政府制定有关的行业政策提供咨询和参考，中广协学术分会提出建议并报请中广协领导批准，拟建立"中国广告协会学术研究基金"，拟通过该基金对行业内的热点问题和重大问题进行专项研究的项目进行资助。目前，第一笔由业界赞助的学术研究基金已经有了意向，我们努力在2010年年内将研究工作开展起来。

6、根据协会的要求，协助协会做好"民族团结专题公益广告大赛活动"和"第二届中国服务贸易大会"部分工作。

中国商务广告协会

中国商务广告协会章程

（中国商务广告协会第九届会员代表大会通过）

第一章 总 则

第一条 中国商务广告协会，英文名称为CHINA ADVERTISING ASSOCIATION OF COMMERCE，英译简称CAAC。

第二条 中国商务广告协会是在中华人民共和国商务部的领导下，经中华人民共和国民政部核准登记，以全国商务广告行业，包括相关的品牌和创意产业为主体的全国性行业组织，是具有法人地位的社会团体。

第三条 中国商务广告协会的基本宗旨是：坚持党的方针路线，紧密围绕商务工作，贯彻执行国家有关方针政策和法律法规，加强行业自律，引导会员洞察趋势、开拓进取，提高业务素质和整体服务水平。同时，认真听取会员的意见和要求，代表和维护会员的正当权益，发挥行业组织的桥梁和纽带作用，为建设社会主义物质文明和精神文明做出应有的贡献。

第四条 中国商务广告协会注册地址：北京市东城区台基厂头条10号。

第二章 任 务

第五条 中国商务广告协会的主要任务是：

（一） 宣传贯彻国家有关法律、法规和方针政策，协助政府做好对商务广告活动的管理，制订行规行约和诚信规范，加强行业自律。为会员单位提供相关政策法规咨询和信息服务。

（二） 发挥协会在政府与广告行业、企业和社会之间的中介作用，听取会员单位的意见和建议，参与制订、修改有关行业发展和管理的政策、法规或提出相关建议。

（三） 开展国内外广告理论与实践的研究，掌握广告、品牌、营销、媒体、公关及创意产业、文化体育产业营销等方面的动态，引进和推广有关的新理念、新思想、新媒体、新技术，积极倡导自主创新，提高业界整体实力和水平。

（四） 组织开展对广告、品牌、创意产业、传统媒体、新媒体以及公关等相关产业从业人员的培训，开展法律或政府所授权的资质认证。

（五） 举办国内或国际性的有关上述产业和相关行业的展览、展示和业务洽谈活动。

（六） 经相关政府部门批准，组织对优秀会员和优秀作品的评选活动；向社会推荐优秀的会员单位。

（七） 开发信息资源，运用网络等技术，为会员单位和企业提供信息咨询服务。

（八） 组织编辑出版专业刊物、书籍和信息资料。

（九） 积极开展国际交流与合作。

第三章 会 员

第六条 会员分为单位会员和个人会员。

（一） 单位会员

1、具有合法经营资格，综合实力和创新能力较强的广告企业、媒介单位或从事创意产业的经营单位；

2、港、澳、台地区及国外广告企业代表机构（需报业务主管单位核准备案）；

3、品牌商品生产经销企业和进出口企业；

4、广告、品牌和创意产业研究机构及信息服务机构。

（二）个人会员

1、在广告、品牌、媒体公关和创意产业等方面有显著成绩的工作者及教学研究人员。

2、热心并积极支持本会工作的广告界知名人士及有关方面人士。

第七条 申请加入本协会的会员，必须具备下列条件：

（一）拥护本会章程；

（二）在本协会的业务领域内具有一定的影响；

（三）行会员的权利和义务，按时缴纳会费。

第八条 会员入会的程序：

（一）提交入会申请书；

（二）经理事会讨论通过；

（三）由理事会或理事会授权的机构发给会员证。

第九条 会员享有下列权利：

（一）本协会的选举权、被选举权和表决权；

（二）参加本协会的活动；

（三）获得协会提供的信息、资料及参加协会组织的学术交流、出国考察及人才培训的优先权和优惠权；

（四）对本协会工作的批评建议权和监督权。

（五）入会自愿、退会自由。

第十条 会员履行下列义务：

（一）执行本协会的各项决议；

（二）维护本协会合法利益；

（三）完成本协会交办的各项工作；

（四）按规定缴纳会费；

（五）提供本会所需要的各项资料，主动反映情况，提出建议。

第十一条 会员退会应书面通知本协会，并交回会员证。会员如果逾期一年不缴纳会费或不参加本协会团体活动的，视为自动退会。

第十二条 会员如有严重违反本章程的行为，经常务理事会表决通过，予以除名。

第四章 组织机构和负责人产生、罢免

第十三条 本协会的最高权力机构是会员代表大会，会员代表大会的职权是：

（一）制定和修改协会章程；

（二）选举和罢免理事；

（三）审议理事会的工作报告和财务报告；

（四）决定终止事宜；

（五）研究决定协会工作方针和任务，通过大会提案并形成决议；

（六）决定其他重大事宜。

第十四条 会员代表大会必须有2/3以上的会员代表出席方能召开，其决议必须经到会会员代表半数以上表决通过方能生效。

第十五条 会员代表大会每届4年。因特殊情况需提前或延期换届的，须由理事会表决通过，报商务部审查并经民政部批准同意。但延期换届最长不超过1年。

第十六条 理事会是会员代表大会的执行机构，在闭会期间领导本协会开展日常工作，对会员代表大会负责。

第十七条 理事会的职权是：

（一）贯彻执行会员代表大会的决议；

（二）选举和罢免名誉会长、会长、副会长、秘书长，聘请顾问；

（三）筹备召开会员代表大会；

（四）向会员代表大会报告工作和财务状况；

（五）决定会员的吸收或除名；

（六）决定设立办事机构、分支机构、代表机构和

实体机构；

（七）决定副秘书长、各机构主要负责人的聘用；

（八）领导本协会各机构开展工作；

（九）制定内部管理制度；

（十）决定其他重大事宜。

第十八条 理事会必须有2/3以上理事出席方能召开，其决议须经到会理事2/3以上表决通过方能生效。

第十九条 理事会每年至少召开一次会议；特殊情况下，也可采用通讯形式召开。

第二十条 本协会设立常务理事会。常务理事会由理事会选举产生，在理事会闭会期间行使第十七条第一、三、五、六、七、八、九项的职权，对理事会负责。

第二十一条 常务理事会必须有2/3以上常务理事出席方能召开，其决议须经到会常务理事2/3以上表决通过方能生效。

第二十二条 常务理事会至少半年召开一次会议；特殊情况下也可采用通讯形式召开。

第二十三条 本协会的会长、副会长、秘书长必须具备下列条件：

（一）坚持党的路线、方针、政策，政治素质好；

（二）在本协会业务领域内有较大影响；

（三）会长、副会长、秘书长最高任职年龄不超过70周岁，秘书长为专职；

（四）身体健康，能坚持正常工作；

（五）未受过剥夺政治权利的刑事处罚的；

（六）具有完全民事行为能力。

第二十四条 本协会会长、副会长、秘书长任期4年。最长不超过2届。

第二十五条 本协会常务副会长为本协会法定代表人。本协会法定代表人不兼任其它团体的法定代表人。

第二十六条 本协会会长行使下列职权：

（一）召集和主持理事会和常务理事会；

（二）检查会员代表大会、理事会和常务理事会的落实情况；

（三）代表本协会签署有关重要文件。

第二十七条 本协会秘书长行使下列职权：

（一）主持办事机构开展日常工作，组织实施年度工作计划；

（二）协调各分支机构、代表机构、实体机构开展工作；

（三）提名副秘书长以及各办事处、分支机构、代表机构和实体机构主要负责人，交理事会或常务理事会决定；

（四）决定办事机构、代表机构、实体机构专职工作人员的聘用；

（五）处理其他日常事务。

第五章 资产管理、使用原则

第二十八条 本协会经费来源主要有：

（一）会费；

（二）国内外捐赠；

（三）政府资助；

（四）在核准的业务范围内开展活动或服务的收入；

（五）利息；

（六）其他合法收入。

第二十九条 本协会按照国家有关规定收取会员会费。

第三十条 本协会经费必须用于本章程规定的业务范围和事业的发展，不得在会员中分配。

第三十一条 本协会建立严格的财务管理制度，保证会计资料合法、真实、准确、完整。

第三十二条 本协会配备具有专业资格的会计人员。会计人员不得兼职出纳。会计人员必须进行会计核算，实行会计监督。会计人员调动工作或离职时，必须与接管人员办清交接手续。

第三十三条 本协会的资产管理必须执行国家规定的财务管理制度，接受会员代表大会和财政部门的监督。资产来源属于国家拨款或者社会捐赠、资助的，必须接受审计机关的监督，并将有关情况以适当方式向社会公布。

第三十四条 本协会换届或更换法定代表人之前必须接受社团登记管理机关和业务主管单位组织的财务审计。

第三十五条 本协会的资产，任何单位、个人不得侵占、私分和挪用。

第三十六条 本协会专职工作人员的工资和保险、福利待遇，参照国家对事业单位的有关规定执行。

第六章 章程和修改程序

第三十七条 本协会章程的修改，须经理事会表决通过后报会员代表大会审议。

第三十八条 本协会修改的章程，须在会员代表大会通过后15日内，经业务主管单位审查同意，并报社团登记管理机关核准后生效。

第七章 中止程序及终止后的财产处理

第三十九条 本协会完成宗旨或自行解散或由于分立、合并等原因需要注销的，由理事会或常务理事会提出终止决议。

第四十条 本协会终止决议须经会员代表大会表决通过，并报商务部审查同意。

第四十一条 本协会终止前，须在商务部及民政部的领导下成立清算组织，清理债权债务，处理善后事宜。清算期间，不开展清算以外的活动。

第四十二条 本协会经民政部办理注销登记手续后即为终止。

第四十三条 本协会终止后的剩余财产，在商务部和民政部的监督下，按照国家有关规定，用于发展与本协会宗旨相关的事业。

第八章 附 则

第四十四条 本章程的解释权属于本协会理事会。

第四十五条 本章程经协会会员代表大会表决通过，并报商务部审查同意，民政部核准后生效。

中国广告主协会

中国广告主协会组织结构图

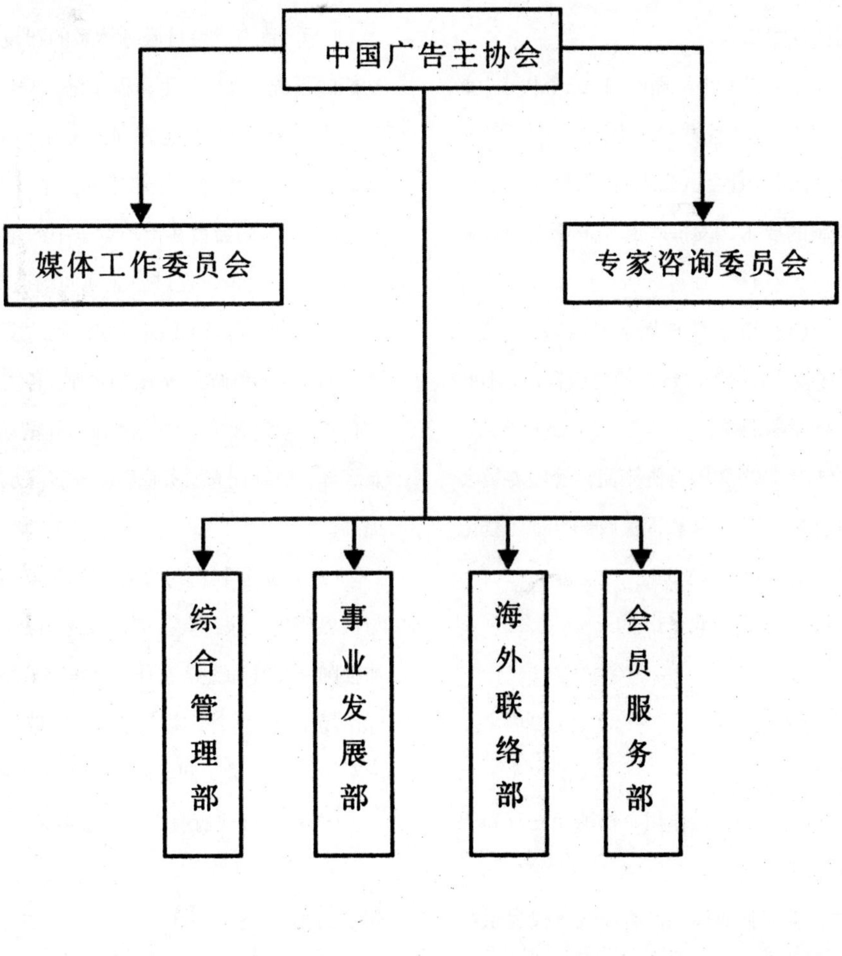

中国广告主协会章程

（2005年11月27日第一次会员代表大会通过）

第一章　总　则

第一条　本会名称：中国广告主协会。英文译名：China Association of National Advertisers；英文缩写：CANA。

第二条　本会是中国广告主自愿结成的、行业性、非营利性的全国性社团法人。

第三条　本会宗旨：以邓小平理论和"三个代表"重要思想为指导，遵守中华人民共和国宪法、法律、法规和国家的方针政策，遵守社会道德风尚，按照建立社会主义市场经济体制的要求，发挥政府和企业之间的桥梁纽带作用；实行行业自律，促进广告主广告投资的科学化、规范化；提高我国的营销传播水平，推动我国广告产业的健康有序发展；维护广告主的合法权益，不断提升广告主的市场竞争能力。

第四条　本会接受国务院国有资产监督管理委员会（业务主管单位）和中华人民共和国民政部（社团登记管理机关）的业务指导和监督管理。

第五条　本会的住所设在北京市。

第二章　业务范围

第六条　本会的业务范围：

（一）积极发挥桥梁和纽带作用，推动建立有利于广告投资的社会环境。

（二）代表本会会员同媒体、广告商及其代表组织进行协作、沟通、磋商，维护会员合法权益。逐步建立起广告主、媒体、广告商三方既合作又制约的机制。

（三）反对各种不正当竞争行为和恶性竞争行为，反对侵害国家和他人利益的行为，倡导善意、诚实、信用的商业原则，并团结会员在营销传播活动中遵从有关的各种规范和行业公约，加强自律。

（四）积极组织、推动相关的学术研究、经验交流、专业论坛、培训等活动，努力培养广告主的广告意识、商标意识、形象意识、品牌意识、公共关系意识等市场传播意识，为广告主的各类营销传播活动提供切实可行的操作标准和操作方法。

（五）致力于会员服务体系的建设工作，实现服务功能的系统化、规范化和程序化。为会员的营销传播活动提供市场调研、信息咨询、机构评估等公共服务和对策研究、效果评价、法律协助等个案服务。

（六）协调会员在市场竞争中产生的相关问题，力求避免过度竞争，促进企业间的沟通与合作。

（七）促进营销传播服务行业的发展。提倡会员本着公平、公正和诚实信用的原则与各类营销传播服务机构合作，通过评价广告商和媒体等活动，选择服务机构及媒体，扶持优秀服务商，促进服务水平和服务质量的提高。

（八）充分利用与世界广告主联合会的交流平台，与世界广告主联合会各成员及跨国公司建立广泛联系，加强国际交往和经济合作，组织会员境外考察，开展国际市场研究、境外维权等活动，推进营销传播事业与国际对接，为会员走向国际市场提供服务。

（九）办理政府有关部门委托的其他事项。

第三章　会　员

第七条　本会的会员以单位会员为主，也吸收个人会员。

第八条　申请加入本会的会员，应当符合下列条件：

（一）拥护本会的章程；

（二）有加入本会的意愿；

（三）有广告投入，在行业领域内具有一定的影响；

第九条 会员入会的程序：

（一）提交入会申请书；

（二）经理事会讨论通过；

（三）由理事会或理事会授权的机构颁发会员证。

第十条 会员享有下列权利：

（一）本会的选举权、被选举权和表决权；

（二）参与本会组织的各项活动；

（三）享受本会提供各项服务的优先权；

（四）对本会各项工作进行监督，提出意见和建议；

（五）入会自愿、退会自由。

第十一条 会员履行下列义务：

（一）遵守本会的章程；

（二）执行本会的决议；

（三）维护本会的信誉与合法权益；

（四）支持本会工作，完成本会委托的事项；

（五）按规定缴纳会费；

（六）向本会反映情况，提供有关资料。

第十二条 会员退会应书面通知本会，并交回会员证。会员如果一年不缴纳会费或不参加本会活动的，视为自动退会。

第十三条 会员如果有严重违反本章程的行为，经常务理事会表决通过，予以除名，并收回会员证。

第四章 组织机构和负责人产生、罢免

第十四条 本会的最高权力机构是会员代表大会。会员代表大会的职权是：

（一）制定和修改章程；

（二）选举和罢免理事，组成理事会；

（三）审议理事会的工作报告和财务报告；

（四）决定终止事宜；

（五）决定其他重大事项。

第十五条 会员代表大会须有2/3以上的会员代表出席方能召开，其决议须经到会会员代表半数以上表决通过方能生效。

第十六条 会员代表大会每届五年。因特殊情况需提前或延期换届的，须由理事会表决通过，报业务主管单位审查并经社团登记管理机关批准同意。但延期换届最长不超过一年。

第十七条 理事会是会员代表大会的执行机构，在会员代表大会闭会期间领导本会开展日常工作，对会员代表大会负责。

第十八条 理事会的职权是：

（一）执行会员代表大会的决议；

（二）选举和罢免会长、副会长、秘书长和常务理事；

（三）聘请名誉会长和顾问；

（四）筹备召开会员代表大会；

（五）向会员代表大会报告工作和财务状况；

（六）决定会员的吸收或除名；

（七）决定设立办事机构、分支机构、代表机构和实体机构；

（八）决定副秘书长、各机构主要负责人的聘任；

（九）领导本会各机构开展工作；

（十）制定内部管理制度；

（十一）决定其他重大事项。

第十九条 理事会经2/3以上理事出席方能召开，其决议须经到会理事2/3以上表决通过方能生效。

第二十条 理事会每年召开一次会议，由会长或会长指定的副会长召集并主持。如有重大事项，由会长决定或由1/3以上理事共同提议，可以召开特别理事会。特殊情况下，可采取通讯形式召开。

第二十一条 本会设立常务理事会。常务理事由理事会选举产生，在理事会闭会期间行使第十八条第一、四、五、六、七、八、九、十、十一项的职权，对理事会负责。

第二十二条 常务理事会须有2/3以上常务理事出席方能召开，其决议须经到会常务理事2/3以上表决通过方能生效。

第二十三条 常务理事会由会长或会长指定的副会长召集并主持，至少每半年召开一次会议；特殊情况

下，也可采用通讯形式召开。

第二十四条 本会会长、副会长、秘书长必须具备下列条件：

（一）坚持党的路线、方针、政策，政治素质好；

（二）在本会业务领域内有较大影响；

（三）具有较高的领导和组织协调能力；

（四）会长、副会长、秘书长最高年龄不超过70周岁，秘书长为专职；

（五）身体健康，能坚持正常工作；

（六）未受过剥夺政治权利的刑事处罚的；

（七）具有完全民事行为能力。

第二十五条 本会会长、副会长、秘书长如超过最高任职年龄的，须经理事会表决通过，报业务主管单位审查并经社团登记管理机关批准同意后，方可任职。

第二十六条 本会会长、副会长、秘书长任期五年。因特殊情况需延长任期的，须经会员代表大会2/3以上会员代表表决通过，报业务主管单位审查并经社团登记管理机关批准同意后方可任职。

第二十七条 本会会长为本会法定代表人。因特殊情况需由副会长担任法定代表人时，应报业务主管单位审查并经社团登记管理机关批准同意后，方可担任。

第二十八条 本会会长行使下列职权：

（一）召集和主持理事会；

（二）检查会员代表大会、理事会决议的落实情况；

（三）组织制订本会的工作方针和工作计划；

（四）全面领导本会工作，代表本会签署有关重要文件。

第二十九条 副会长协助会长工作，并受会长委托行使会长的部分职权。

第三十条 秘书长协助会长组织、处理本会的日常业务，行使下列职权：

（一）主持办事机构开展日常工作，组织实施年度工作计划；

（二）协调各分支机构、代表机构、实体机构开展工作；

（三）提名副秘书长以及各办事机构、分支机构、代表机构和实体机构主要负责人，交理事会或常务理事会决定；

（四）决定办事机构、分支机构、代表机构、实体机构专职工作人员的聘用；

（五）处理会长交办的其他事项。

第五章 资产管理、使用原则

第三十一条 本会经费来源：

（一）会费；

（二）捐赠或赞助；

（三）在核准的业务范围内开展活动或服务的收入；

（四）国家财政资助和拨款；

（五）利息；

（六）其他合法收入。

第三十二条 本会按照国家有关规定收取会员会费。

第三十三条 本会会费必须用于本章程规定的业务范围和事业的发展，不得在会员中分配。

第三十四条 本会建立严格的财务管理制度，保证会计资料合法、真实、准确、完整。

第三十五条 本会配备具有专业资格的会计人员。会计不得兼任出纳。会计人员必须进行会计核算，实行会计监督。会计人员调动工作或离职时，必须与接管人员办清交接手续。

第三十六条 本会的资产管理必须执行国家有关法律、法规的规定，接受会员代表大会和财政部门的监督。资产来源属于国家资助和拨款或者社会捐赠、资助的，必须接受审计机关的监督。

第三十七条 本会换届或更换法定代表人必须接受社团登记管理机关和业务主管单位组织的财务审计。

第三十八条 本会的资产，任何单位、个人不得侵占、私分和挪用。

第三十九条 本会专职工作人员的工资和保险、福利待遇，参照国家对事业单位的有关规定执行。

第六章 章程的修改程序

第四十条 对本会章程的修改，须经理事会表决通过后报会员代表大会审议。

第四十一条 本会修改的章程，须在会员代表大会通过后15日内，经业务主管单位审查同意，并报社团登记管理部门核准后生效。

第七章 终止程序及终止后的财产处理

第四十二条 本会完成宗旨或自行解散或由于分立、合并等原因需要注销的，由理事会或常务理事会提出终止动议。

第四十三条 本会终止动议须经会员代表大会表决通过，并报业务主管单位审查同意。

第四十四条 本会终止前，须在业务主管单位及有关机关指导下成立清算组织，清理债权债务，处理善后事宜。清算期间，不开展清算以外的活动。

第四十五条 本会经社团登记管理机关办理注销登记手续后即为终止。

第四十六条 本会终止后的剩余财产，在业务主管单位和社团登记管理机关的监督下，按照国家有关规定，用于发展与本会宗旨相关的事业。

第八章 附 则

第四十七条 本章程经2005年11月27日会员代表大会表决通过。

第四十八条 本章程由本会理事会解释。

第四十九条 本章程自社团登记管理机关核准之日起生效。

中国广告主协会企业单位会员

中国医药集团公司
中国国电集团公司
中国电信集团公司
中国电子信息产业集团公司
中国储备粮管理总公司
中国中化集团公司
中国石油天然气集团公司
北京有色金属研究院
中国移动通信集团公司
中国远洋运输（集团）总公司
玛氏食品（中国）有限公司
上海家化联合股份有限公司
百威英博投资（中国）有限公司
四川长虹电器股份有限公司
亚洲户外传媒有限公司
青岛港（集团）有限公司
安徽科大讯飞信息科技股份有限公司
海信集团有限公司
浪潮集团
中国储备粮管理总公司
中房集团公司
中国航空集团公司
鞍山钢铁集团
中国联合通信有限公司
中国保利集团
中国工艺美术（集团）公司
中国普天信息产业集团公司
中国中煤能源集团公司
中国航天科技集团公司
北汽福田汽车股份有限公司

中兴通讯股份有限公司
中国船舶重工集团公司
中国农业发展集团总公司
中国轻工业品进出口总公司
中国对外贸易运输（集团）公司
中国海运（集团）总公司
百事（中国）投资有限公司
中国冶金矿业总公司
北京赛波特如烟科技发展有限公司
浙江贝因美科工贸股份有限公司
联合利华（中国）有限公司
耐克体育（中国）有限公司
索尼（中国）有限公司
欧莱雅（中国）有限公司
中国汽车技术研究中心
广州宝洁有限公司
中国华录集团有限公司
厦门金龙汽车股份有限公司
招行银行总行
宁波港集团有限公司
杭州宏华数码科技股份有限公司
天津市凯立房地产公司
中国诚通集团
日辉（中国）有限公司
无锡小天鹅股份有限公司
中国水利电力对外公司
中国恒天集团公司
中国纺织科学研究院
北京兴源地产开发有限公司
中国光大对外贸易总公司
中国邮电器材集团公司
上海黄金搭档生物有限公司
北京百城置业有限公司
紫金国际矿业有限公司
中国卫星通讯集团公司
重庆太极集团
长安汽车（集团）有限责任公司
中国第一重型机械集团公司
东风朝阳柴油机有限公司
五粮液集团公司
厦门海沧投资总公司
厦门市招商中心
厦门出口加工区
红塔烟草（集团）有限责任公司
澳柯玛集团
青岛钢铁控股集团公司
青岛黄海橡胶集团有限公司
中国东方电气集团公司
宁波方太厨具有限公司
浙江东亚工程玻璃有限公司
青海中信国安科技发展有限公司
北京德道体育发展有限公司
江苏天马高科技有限责任公司
山东众智经营管理咨询有限公司
彩虹集团电子股份有限责任公司
深圳迈瑞生物医疗电子股份有限公司
北京南山石韩园林绿化工程有限公司
中国地图出版社
蓝海天扬国际传媒投资（北京）有限公司
青岛海能海洋生物科技有限公司
哈药集团制药六厂
江西万华科技有限公司
广州高露洁棕榄有限公司
青海西部矿业百合铝业有限公司
新疆生产建设兵团国有资产经营公司
北京和谐之美旅游开发有限公司
上海杰事杰新材料（集团）股份有限公司
上海瑞帮生物技术有限公司
广东合力集团
北京北方华宇科技发展有限公司
广告大观杂志社

’2010中国广告年鉴

China Advertising Yearbook

广告专著与学术论文选登

Selected Advertising Monographs & Academic Papers

2008：力量游戏的十年轮回

中国传媒大学广告学院院长、教授（博导）　黄升民
中国传媒大学广告学博士　陈素白

2008年，中国改革开放的第三十个年头，距1979年中国大陆广告市场恢复重建也走过了近30年的光景。从最新公布的2007年行业数据来看，这个曾经飞速发展的中国广告业在即将进入“北京奥运”的前夕，并没有出现人们预期的高速增长，相反，广告经营总额的增长率为10%，出现了三十年来最低的增幅且第一次低于GDP的增长率。这是广告行业成长过程当中的“成熟”的正常表现还是标志着广告行业保守退化而步入一个历史的“拐点”？

就中国广告业目前存在的问题，学界一直不乏关注的声音。在不久前的3月份，《广告大观》还就中国广告业的依托资源问题组织了专题讨论，其中武汉大学的张金海教授在去年发表“中国广告业向何处去”的文章之后，在这次的撰文讨论中指出，“低集中度”和“泛专业化”是中国广告产业的两大“核心问题”。的确，从广告业历年的数据显示，零碎的众多的广告经营单位所表现出来的产业“低集中度”一直伴生着这个产业成长的特征，与其说是问题的“核心”不如说是问题的“表征”。“泛专业化”也是进来业内常常议论的话题，反映出社会潮流变动不安当中广告人的焦虑和彷徨。那么，到底什么原因导致广告人当然不安而又引发“泛专业化”的议论呢？

对于中国广告业而言，学术的关注和业界的聚焦都从不同层面反映出现实情况存在的问题。在看到问题的同时，揭示出其后的原因或许是我们更需要深入探索和关心的。早在1998年，笔者之一曾发表论文《1998：力量游戏与市场整合》[1]，作为对中国大陆恢复广告活动二十周年的一种纪念，企图对当时中国广告市场正经历的悄然巨变的一种梳理，这篇文章针对境外资本的进入和本土广告公司、媒介的应对进行了分析和预测，认为由于中国广告市场的“地壳”已经发生了变动，这种变动的原因是媒介与广告公司两股力量的此消彼长。而两股力量的背后，隐含着代表国家政治利益、行政控制权的政治力量和代表市场利益的资本力量。两股力量共同作用于媒介的产业化过程，通过博弈，将完成对中国广告市场的整合。文章还提出了政治和资本博弈的四种可能性，预测了未来中国广告业的走势[2]。从1998到2008年，又一个十年弹指一挥间，如今，这场力量游戏进行的究竟如何？

在中国，分析广告市场，有两股力量始终是不容忽视的：其一，是媒介的力量。中国广告市场的重建，以及发展成今天的格局，与媒介力量的主导作用密切相关。其二，就是跨国广告公司的力量。具有近百年历史，拥有巨大经营规模和经营资本的跨国广告公司，向来被认为是整合中国广告市场的一股重要力量[3]。事实上，伴随1996年、1997年实力媒体（Zenith Media）和传立媒体（Mindshare）在北京、上海的相继成立，中国广告业的天平开始向国际化合资公司倾斜。一时间，专业的媒介购买公司以强劲势头冲击本土传统广告公司的媒体运作观念，成为最活跃的一股市场力量[4]。专业媒介购买公司的力量，来自于规模优势；而其支撑点，就是国际客户和国际资本。专业媒介购买公司的出现，表明跨国广告公司在争取中国市场主导权方面寻求到了一个突破口。

从1998到2008年的十年间，作为代表国际化趋势的跨国广告公司，数量不断增长，营业额增长率却出现

负增长，曾经来势凶猛的海外军团，如今也同样在嚷嚷着“钱越来越难赚，日子不好过”。代表海外大资本力量的媒介购买公司，十年来始终没有获得合法地位，但是发展迅速，而且出现了内部的整合，对中国广告市场产生了很大影响。但不论是跨国广告公司还是媒介购买公司，由于其对中国消费市场没有深入的研究，也没有追随中国企业的崛起与发展中对品牌塑造的需求和走向国际市场的需求，可以说没有完全融入中国，某种意义上仍旧还是一个外来客。

我们假定一个广告公司要在某个地方做大做强，不断衍生扩张，如果它的资本足够、经验足够、团队足够，那么它所需要的核心资源有两个：

第一是媒介资源，即对媒介资源的控制垄断。借助垄断力量迅速扩大，例如日本电通的模式，始终摆脱不了和媒介的关系。我们曾经预言过大资本的作用，但进入新世纪以后，我们发现资本力量在中国市场的发挥并非如预期的那么顺畅，媒体的广告经营与媒介购买公司的合作在冲突中妥协，导致整个中国媒介市场对媒介购买公司产生警惕，戒心提高。回望这十年，中国媒体的整体体制改革没有太大动作，触及根本的红线依然非常清晰，由于中国媒介体制的特殊属性，在跨国资本面前基本是一个绝缘体，所以产业化在某种程度上成了“半截子”工程。目前媒体产业化渐进性的现实处境就是在技术推力上，缺乏资本的催化；在资本拉力上，政治和资本的长期博弈依然存在（参见图1）。同样，作为媒介的主管层，他们希望看到的由资本催生的化学反应也没有产生。但是资源整合的主题不会改变，资本和技术始终是打开市场阀门的力量，上市的广告公司、传媒公司通过并购，规模迅速壮大。游弋在市场中的资本也必然需要寻求新的出路，新媒体凭借其精准定位、互动营销，以及逐渐清晰的盈利模式，正上演着吸金大法，成为突破口。2007年，建立在数据库基础之上的精准营销成为倍受资本追捧的新宠。互联网、户外、楼宇广告均保持了较高的发展态势。

第二是服务资源，即为客户提供全方位服务的能力。4A广告公司进入中国之后，一直标榜将成为本土

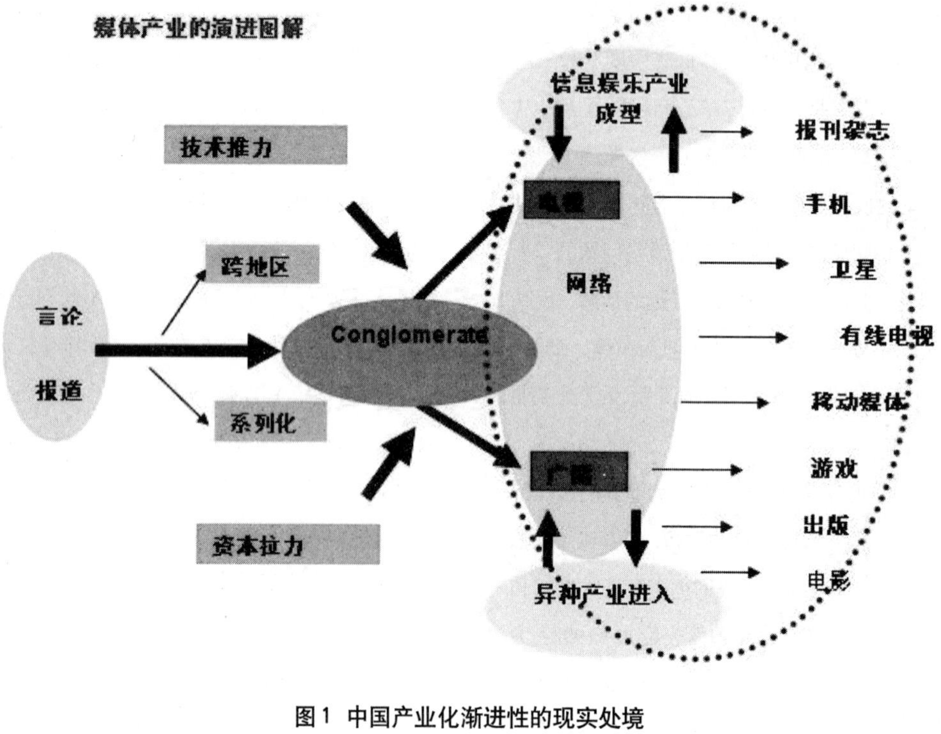

图1　中国产业化渐进性的现实处境

企业的品牌助手、金牌管家。众所周知，国际广告公司的优势在其多年积累的知识模块和运作经验，这些虽然对国内希望国际化的企业有吸引力，却始终难以和本土公司在服务和对市场的把控方面相抗衡。关于这一点，在《分聚之间的危情与转机——略论新世纪以来中国广告产业的内在驱力》一文中，笔者也曾有过具体阐述[5]。最近几年，根据各方资料，都显示出广告主与代理公司越来越倾向于做“露水夫妻”。事实证明经过十年的磨合，跨国广告公司与本土的企业虽然建立了很多的业务关系，但是并没有成为他们期许的伙伴关系。貌合神离，彼此猜疑是很多广告代理公司和企业都面临的尴尬境地。根据中国传媒大学广告主研究所进行的“中国广告市场生态研究”年度调研资料显示，近年来几大跨国广告公司，如北京电通、上海麦肯、广州奥美服务的本土客户比例均呈现了下滑的趋势。针对跨国公司的真实境遇，我们的推测有两个：第一，4A公司无法改变的DNA内核让本土企业带有戒心，4A公司服务的对象往往是本土企业的竞争的手，因此本土企业在与4A公司合作时难免心情复杂，对方既是老师又是竞争对手，要学习更要戒备。第二，从品牌发展来讲，这十年，本土企业迅速的发展，与许多外资企业的碰撞越发激烈，主要是因为竞争的焦点越来越集中在一个层面，即品牌的竞争。中国企业的实力规模在近十年获得巨大发展，对广告运营从盲目冲动，到日趋成熟理性，企业整体也进入到一个提升品牌影响力的阶段。但是海外企业对中国民族企业带有很强的戒备心理，跨国公司对国内企业的国际化道路轻则雪藏，重则扼杀，上海家化、乐百氏，都遭遇过类似命运。所以，在跨国广告公司与本土企业的合作中，貌似热闹，根本的合作伙伴关系并没有建立。对于那些尚未国际化的中国本土企业而言，在策略层面上就更少和跨国公司展开合作[6]。

1998年，十年前，跨国广告公司携国际资本强势进入中国广告市场，对中国的本土广告公司和媒介带来了重要影响；2008年，十年后，曾经在整合市场力量上被寄予厚望的跨国广告公司也没有发挥太过强势的作用。结果是一方面传统媒介并没有彻底衰亡，另一方面资本也重获新生。传统媒体通过成立广告公司等途径，吸纳资本，进行体外繁殖，例如央视的未来广告公司；资本则寻找出路，落户到新媒体，例如分众的海外上市。虽然资本并没有直接入主传统媒介，但是资本和技术不仅衍生出大量新公司，同时也正持续改造着传统媒体和传统广告公司，进而重塑着中国广告市场的格局。

行文至此，力量游戏轮回的真正含义也得以揭示。十年过去，言及中国广告市场，学界、业界讨论的关键词仍然是广告公司、媒介、资本，从这一层面来看，我们貌似回到原点，在老圈圈里头原地踏步；但是我们却再也无法回到原点，十年里，中国广告市场发生了太多深刻的变革，媒介形态由旧到新，消费市场由分化到重聚，社会意识下的广告意识正暗流涌动，大国潮下的巨国经济正冉冉崛起……

中国的广告市场正面临前所未有的挑战和压力，国际化和数字化的压力始终存在，外部压力下的制度创新压力更显突出，双重压力之下，越发显现出资本和技术力量的爆破力。资本的天生属性就是最大限度的带来增殖，经济学的价值规律告诉人们，资本总是流向高利润行业，2008年之后，所有的热情都将继续在中国市场得到方方面面的检验，我们拭目以待。

注释：

[1] 参见黄升民、周艳：《1998：力量游戏与市场整合》，《国际广告》，1999年第1期。

[2] 在《1998：力量游戏与市场整合》中，笔者认为政治力量和资本力量这两股力量的消长可能出现的四种情况分别是：第一，强政治，弱资本。博弈的结果是回归中国20世纪80年代的格局。第二，弱政治，弱资本。博弈的结果是维持20世纪90年代的现状。第三，强政治，强资本。在此格局之下，媒介的资本问题得以解决，产业化经营更加符合市场规律；政府适时适度地对媒介进行宏观调控性的干预，不再有资本供应者的负担。这也是博弈的最佳状态，二者实现双赢。第四，弱政治，强资本。在博弈的过程中，政治力量处于弱势，资本力量处于优势。政治力量在行政性管制放松的过程

中失去了控制，媒介完全进入自由竞争的市场，依靠市场运行机制中的各种手段获取自身发展所需的资本。博弈的结果为“单赢”。

[3] 20世纪80年代（包括90年代初期），跨国广告公司在中国基本处于一个“抢滩登陆”的状态。由于一些法律的限制或者自身的经验不足，跨国广告公司的市场战略基本上是：“寻求合作伙伴，获取市场准入，建立滩头据点”；进入90年代，随着海外投资企业的羽翼丰满、自身实力的不断扩大，跨国广告公司逐渐显露头角。90年代后半期，争取市场主导权成为跨国广告公司的战略指向，其标志就是“专业媒介购买公司”浮出水面。

[4] 1996年10月由盛世长城广告公司与达彼思广告公司合作成立的中国实力媒体（Zenith Media China）在北京宣告成立，成为中国第一家独立的专业媒体代理。1997年11月由智威汤逊（JWT）与奥美合作成立的传立媒体（Mindshare）在上海成立。与此同时还有电扬广告的通扬媒体（TOTAL Media），奥美的Network，精信广告的Mediacom，以及国内广告公司广州旭日广告的东升媒介。这些隶属于母广告公司的媒体购买公司自成立以来发展迅速，凭借他们强大的资金实力和本土化策略，对客户提供优质的媒体策划和优惠的购买服务，对国内各媒体带来了巨大的冲击。其中实力媒体1997年营业额达到18亿元，传立媒体1997年营业额也达9亿元以上。

[5] 参见黄升民、黄河、陈素白：《分聚之间的危情与转机——略论新世纪以来中国广告产业的内在驱力》，《国际广告》，2007年第9期。

[6] 没有国际化的本土企业在策略层面很少和跨国公司合作，原因主要有三个：第一、竞争激烈。市场瞬息万变，企业需要随时调整市场和传播策略，但是跨国公司打造品牌的方法和流程需要太长的时间和太大的投入。第二，本土企业和跨国广告公司合作一段时间后，学会了基本的方法，就不愿意多花冤枉钱，全部自己操作。第三，跨国广告公司的本土化仍然有问题，如在创意方面，对本土文化和很多潜规则不了解；在流程上古板不够灵活变通；在媒介投放上，和本土地方媒体的关系比本土广告公司要弱，所以企业更看重本土广告公司的地缘优势。资料来源：中国传媒大学广告主研究所《2006—2007年中国广告市场生态研究》。

新兴市场、共时性竞争与整合营销传播
——整合营销传播在中国市场的发展状况研究

北京大学新闻与传播学院副院长、教授、博士生导师 陈 刚
北京大学新闻与传播学院2006级硕士研究生 王禹媚

摘要：整合营销传播自上世纪末发展至今，已经给诸多企业提供了营销传播的战略框架。然而，这一理论是在以美国为主的成熟市场的基础上发展起来的，其对以中国为代表的新兴市场具体影响和作用如何将是本文试图探讨的主要问题。文章将具体结合中国市场一线营销传播从业者的观点，选取了在中国市场上拥有本行业强势品牌的二十个品牌作为研究对象，通过问卷调查、深度访谈等方式探讨在中国这一潜力无限的新兴市场上，企业是如何理解和运用整合营销传播理论的，未来怎样更有效地实施营销传播战略。

关键词：整合营销传播 新兴市场 共时性 中国市场

上个世纪80年代，“新兴市场”一词替代“第三世界”跳入人们的视线[1]，近二十年，新兴市场发展速度惊人[2]。虽然发展还不够成熟并掺杂着诸多不确定的因

素，但无可否认，新兴市场所蕴涵的无限潜力已经吸引了具备全球发展眼光的所有企业，其中中国、印度、巴西、墨西哥等大的新兴市场未来将驱动世界消费的增长。现在已经有一些消费品公司，比如联合利华、宝洁、可口可乐、雀巢等，三分之一以上的收入来自新兴市场。能否在新兴市场构建起稳固的市场地位已经成为摆在很多跨国公司面前最大的课题。

整合营销传播（IMC）是在成熟市场上形成和发展起来的理论[3]，给很多国际品牌的发展提供了很好的思维框架，并由全球最先进企业的IMC实践来不断完善[4]。那么这一理论在新兴市场的发展状况如何？适应程度和指导意义有多大？未来应该如何发展？本文将以中国市场作为新兴市场的代表来探讨整合营销传播理论在新兴市场的发展方向。之所以选择中国市场，除了笔者生活在其中，经历了其发展的每一个细节外，更主要的原因是中国市场已经成为新兴市场中最具消费力和发展力的市场之一[5]。

本文将首次具体结合中国市场一线营销传播从业者的观点，通过对中国大陆市场20个领军品牌管理人员的问卷调查结果来探讨在中国这一潜力无限的新兴市场上，企业应该如何实施营销传播战略。为真正了解IMC在中国的发展及实施状况和前景，我们选取了在中国市场上拥有本行业强势品牌的二十个品牌作为合作对象，通过问卷调查、深度访谈等方式，希望得出的结果可以用来代表中国最一流企业对整合营销传播的理解、态度和执行状况，以及他们对IMC的期望。

具体而言，我们的研究分为四步：

第一步：前期工作。通过对国内整合营销传播学者的访谈和相关案例、文献的总结，拟出中国国内学术界和业界对IMC理论的主要观点和实施方式。并以此为基础拟出进一步的调查问卷，并通过对学者和从业人员的深访，修改并最终确定问卷；

第二步：筛选调查对象。首先按照行业分类列表，共选择了15个行业[6]，每个行业选择了4个代表性品牌，然后通过与企业品牌营销传播负责人员的沟通和IMC相关理论理解的初步测试，确立了两个进一步筛选的标准：1、对IMC有一定的了解和兴趣；2、品牌知名度[7]在60%以上。最终选取了二十个品牌[8]作为我们研究的合作对象；

第三步：问卷调查。向选择的二十个品牌的营销传播管理人员或相关负责人发放问卷，问卷的答案只代表品牌管理人员个人的观点，并不代表企业的立场；

第四步：相关企业深访。对问卷回答中比较有代表性的答案进行进一步的深度访谈，以了解更为详尽的观点。我们研究的结果将作为主要部分呈现在下文中。

关于中国市场

现在，中国市场已经成为全球投资者最大的目的地。其庞大的人口、强大的购买力和巨大的消费潜力一直激励着更多的企业和资本进入这一新兴的市场。这里，用一个词来描述中国市场目前的状况，就是“共时性（Synchrony）”[9]。全球化浪潮的冲击下，中国市场在短时间内迅速发展，一些旧的东西刚刚起步，全球最先进的一些东西就已经进来了，后发的市场将时间浓缩，旧的和先进的事务都在其中找到其位置。在这里先进的程度能够让你吃惊，但陈旧的方面也会让人觉得很不可思议。然而，最先进的不一定是最适用的，很多时候那些貌似陈旧的东西或者观点理论在中国市场上往往能够战胜前者。这一切都可以用“共时性”来解释，这是一个处于共时性状态下的市场，共时性竞争是其最大的特征，具体而言共时性包括“共时性竞争”、“共时性发展”和“共时性迷失”三个层面。“共时性”状态的形成是中国这一拥有庞大的人口和复杂的地域差异的新兴市场飞速发展的必然结果。整合营销传播理论在中国之所以受到广泛的关注和影响，就是由于它能够为处于“共时性”竞争、发展和迷失状况下的中国企业，提供一个清晰的营销传播思考框架，关于这一点我们将在下一节中具体介绍。要了解共时性状况下的中国市场，我们还需要从中国市场的发展过程来看。

1、中国市场发展的三个阶段

首先，整个中国市场的发展经历了一个从简单到复杂，线性前进的过程。这个过程可以分为三个阶段：第一个阶段是1997年以前。这一阶段是短缺经济时代，中国市场最主要的还是产品经济，企业的营销重点主要是在产品的生产；第二阶段是1997年—2006年，这一阶段企业营销的重点是终端渠道。1997年是一个转折点，整个中国市场从短期型经济转到过剩型经济，怎么样把产品卖出去对企业来说变成了最重要的。2006年以后中国市场又开始转型；进入到第三阶段，随着产品严重同质化和渠道的成熟，品牌成为企业的核心竞争力。

在不同阶段，营销传播的任务是不一样的。在第一个阶段，对中国企业来说做广告就足够了；在第二个阶段，终端是企业营销的重点，但广告和公关组合的意义开始越来越重要，企业需要对消费者产生更多的影响，让消费者来购买自己的产品，这个阶段可以叫做广告为主、公关为辅的阶段；而第三个阶段，企业对品牌的需求才真正凸显出来，品牌成为企业生存唯一不可替代的资产。

2、"共时性"状态下的市场

一方面中国市场有一个线索在发展，逐步往前推动，是顺着时间的发展，纵向前进的；另一方面在每个阶段都有很多复杂的因素同时作用，将这条时间的线索模糊化。也就是说，一方面有时间性，另一方面这种时间性又被浓缩了。这个特点叫做共时性（见图1）。在最简单的市场起步阶段，一些企业还在进行原始竞争的时候，很多拥有全球最先进营销经验的企业也进来了，和国内的企业共同竞争，我把这种竞争情况叫做"共时性竞争"。

共时性竞争有一个不断加剧的过程。1992年中国市场更加开放以后，大量海外企业和新的营销理念迅速进入中国，于是使用最简单的营销模式进行简单的市场竞争的中国企业，与具有丰富的营销经验的海外企业在同一个市场共同生存和发展，共时性的特征越来越突出。而传播环境的发展也是一个逐渐扩大的过程，换句话说就是一个传播方式不断多样化，信息传播容量不断增大的过程。这是一个渐变的过程（由虚线组成箭头表示这个过程），后一个发展阶段往往都和前一个阶段有一定程度的重合而不是一个单纯的线性过程。

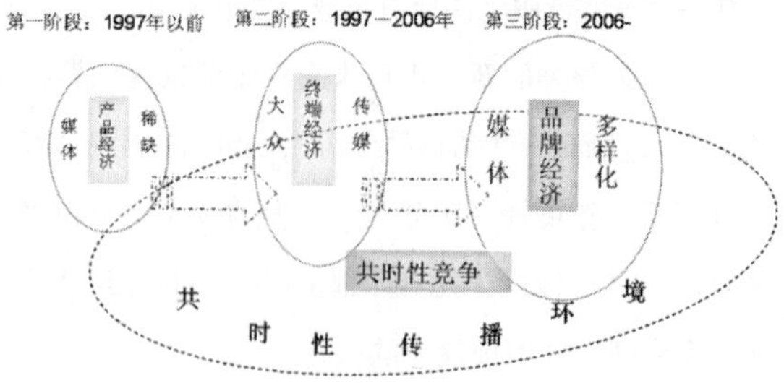

图1 共时性状态下的新兴中国市场

有趣的是，在这种共时性竞争下，两者能够共同发展，不管是拥有最先进营销管理经验的跨国公司，还是白手起家的国内企业，亦或者管理老化的国有企业，都寻找到了适合自己的生存方式，我们称这种处于多种发展阶段的企业能够在同一市场下同时发展叫做"共时性发展"；同时，处于共时性状况下的中国企业容易进入的一个怪圈是"共时性迷失"。在复杂的环境中，企业很难把握自己的定位，诸多营销理论和观念对其的冲击，使得企业容易把很多认为有道理的理论拼贴到自己身上。

3、纷繁复杂的共时性传播环境

中国是世界上媒体类型最多、最复杂的国家之一。上个世纪八十年代，中国的四大传统媒体广播、电视、报纸和杂志才刚刚发展起来，开始出现可以给企业做广告的大众传媒平台，那时的传播环境相当单纯，只需要在CCTV1上亮相，说出自己的品牌名称，就可以成为家喻户晓的品牌。因为全中国的观众几乎只看一个电视频道。但是现在，中国有全球第二的网民数量[10]，八百多家电视台，一千多家广播电台，和令人眼花缭乱的数不清的报纸和杂志。

尤其是新媒体，在中国的发展速度和蔓延范围甚至超过了发达国家的情况，这也许是因为传统媒体在中国这一新兴市场上刚刚开始走出青春期，而在发达国家早已成熟多时，根深蒂固的原因。同时，中国对公共场合媒体形式规定得相对宽松，一些新的传播方式（如楼宇电视）只能在中国发展起来。走在北京的中关村大街上，周围的大楼表面超级大的电子屏正播放着最新的电视广告，公交车、电梯间、公共洗手间都在播放超薄的液晶电视，每个人都时不时会看一下自己的手机，城市生活的每个角落都像一夜之间被挖掘出来了一样，处处都成为了信息传播的载体，中国北京、上海、深圳一类的大都市已经成为典型的SISOMO[11]的世界了。当传统的电视媒体在中国还处于老大地位的同时，新兴的各种媒体已经开始打破简单的传播环境，信息的接受越来越碎片化，消费者的注意力越来越分散了。

但同时，由于经济发展的不均衡，在城市人口接触的媒体越来越碎片化的同时，中国市场仍有一半以上的人群只能接触到中央电视台[12]这样的大型传统媒体。共时性状况的存在，媒体数量和类型越来越多，消费者的类型和媒体习惯差距巨大，这一切都让企业的信息传播环境越发复杂。如何能够有效地整合信息的传播，成为企业的一个重大难题。

中国正处在一个新阶段，这个阶段市场更成熟，竞争更激烈，全球化已经来到了我们身旁，媒体环境正在与全球同步转型，在这个阶段，中国正在创新一个营销模式，整合营销传播的观点、思想将会产生很大的影响，并发展出与中国市场相适应的部分。

IMC在中国市场的发展状况

1、IMC在中国的发展历程

整合营销传播理论于20世纪80年代后期形成，之后其概念和结构已经有了很大的变化。该理论在中国的发展经历了引入、追捧、冷静和发展的不同阶段。

IMC正式传入中国是20世纪90年代。1996年9月至1997年10，卢泰宏教授与合作者先后在《国际广告》杂志发表了“IMC”系列文章共7篇，[13]这是国内最早介绍整合营销传播的系统性文章；1997年，李世丁教授主持“IMC的理论框架与企划模式研究”获国家教委“九五”规划项目资助；1998年简体中文版《整合营销传播》出版，并受到了广泛关注；2000年，国内主要家电企业科龙集团组建“整合营销传播部”[14]，成为国内实践IMC的先行者；2001年，IMC的创始人舒尔茨首度访华，并应邀在各地就IMC做多场专题报告和演讲。进入21世纪后，IMC理论变得广为人知，成为企业界和学者瞩目的焦点，与其相关的书籍和文章陆续增多，出现了多篇以此为研究主题的高校研究生论文[15]，并且被列入普通高等教育的课程[16]。

相关的企业IMC营销培训班也纷至而来，更开始有很多企业按照IMC理论的指导来实施自己的营销战略。特别是2000年左右，几乎所有的品牌管理人都在谈论IMC，企业开始在营销实战中注入IMC的策划和运作。但2001年科龙完全照搬IMC模型的失败，让中国企业对IMC到底是不是一把万能钥匙进行反思，开始进入重新认识和理解IMC的阶段，并在中国市场共时性的复杂状况下，努力寻求适合自身的营销传播方式。现在的整合营销传播理论在中国正被各营销人员消化和重新诠释着，正在发展出与中国这一新兴市场相符合的IMC。

2、中国企业对于IMC的理解

我们原以为新兴市场的品牌管理人员[17]对整合营销传播的理解大多停留在“同一个声音、同一个视线”的战术协调上。但是对中国市场20个标杆品牌管理人员的问卷调查结果却改变了我们的观点。事实上，我们的品牌管理者对IMC的理解比我们想象的要更加全面。

在调查过程中，我们将整合营销传播发展中的四个阶段和整合营销传播理论先行者唐·舒尔茨教授对于IMC最新的定义，分别作为不同选项让企业选择。如下图2所示，A表示IMC的第一个阶段，营销传播的战术协调，同一个声音、同一个视线；B表示IMC的第二个阶段，重新界定营销传播（marcom）的范围，整合企业内外所有信息，汇集客户知识，并以此来指导营销传播战略；C表示第三个阶段信息技术的应用；D表示第四阶段财务和战略整合；E表示将IMC作为战略过程的定义，包含整合营销传播当前及可以预见的将来的发展范围，以建立客户关系为目的，消费者为中心的业务战略过程。

（1）大部分的品牌管理人员认可IMC的四个发展阶段和定义。结果显示，65%的品牌管理者认同所有选项。其中对于第一阶段，同一口径、同一视线的营销传播的战术协调，认可度最高，也是大多数企业对IMC最直观的感觉，这一点和发达市场的企业有共通之处。

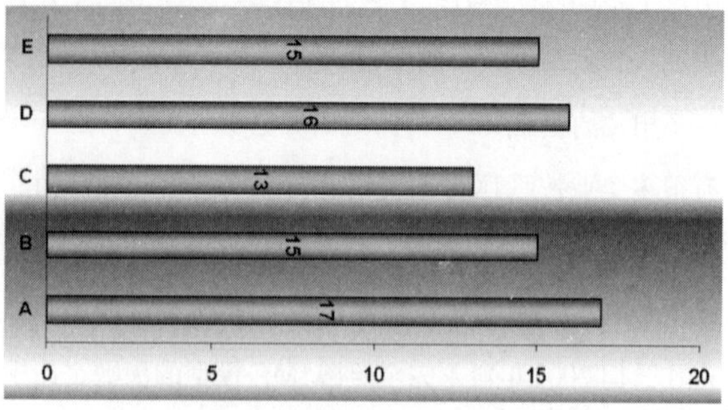

图2 中国市场品牌管理人员对IMC的理解

(2) IMC第三阶段应用信息技术的认可度最低，对数据库的作用的理解差异很大。如图2所示，认为IMC应该包含应用信息技术这一阶段的企业数目最少。虽然在调查中所有企业的品牌管理人员都认为企业需要建立数据库，但是对数据库的作用却有不同的理解。如图3所示，品牌传播管理人员们对于数据库作用的理解差别很大，没有哪一种作用能够获得40%以上的认同。但庆幸的是，认为顾客数据库应该作为企业营销策略决定源泉的比率相对最高，占34%。其次是认为顾客数据库应该和其他诸多因素一起作为企业制定传播战略的参考因素之一。而仍有很大一部分品牌管理人员认为数据只能用来作为已经制定的战略的支持或效果的评估，并不能在事前影响传播战略本身。这也许能够解释为什么IMC第三阶段应用信息技术建立顾客数据库的认可度最低。这是新兴市场发展的一个阶段，由于市场发展的共时性，很多因素并不稳定，所以数据的说服力并不强，企业对数据库的渴求和适用度并不高，但随着新兴市场的发展，未来数据库对企业的意义将越来越大。

(3) 对财务和战略整合的不同理解。仅次于战术协调的是对第四阶段财务和战略整合的高认可度，这有些出乎我们的意料。在后期的访谈中我们了解到，企业对于财务和战略整合的理解与IMC理论本身的含义有所区别。前者单纯认为是将营销传播的费用上升到企业集团的整个战略规划中去，而后者则强调从顾客投资回报率的角度来评价营销传播战略的业绩并制定新的营销传播战略。这里的区别就在于，营销传播的投资回报率如何计算，企业没有理解或者并没有真正认可IMC模式中提出的ROCI（顾客投资回报率）。

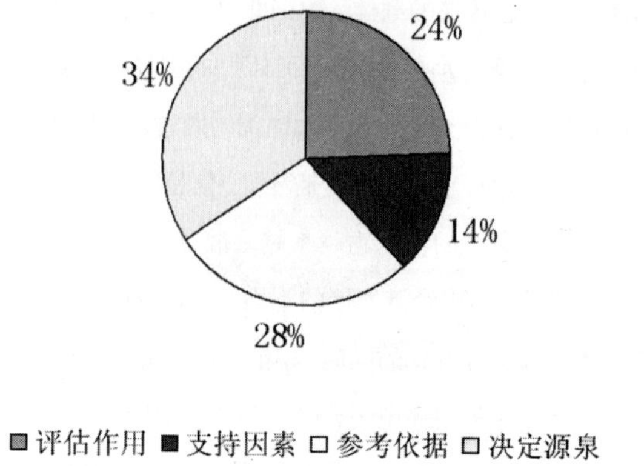

图3 企业认为顾客数据库对marcoms的主要作用

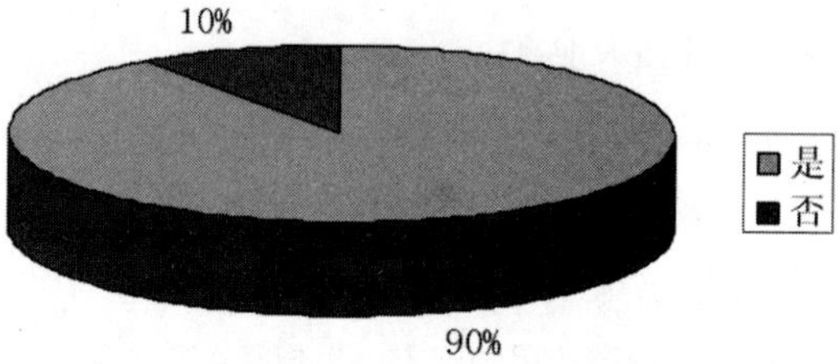

图4 对顾客价值进行评估是否必要

IMC理论提出了通过顾客投资回报率（ROCI）的衡量来确定资源的投资和分配。而我们的调查显示，中国市场的营销传播管理人员并不认同这一方式。计算ROCI首先是要对顾客和潜在顾客的价值进行评估，测量顾客可以带来的收入流。而这一方法在新兴市场的营销传播管理人员看来，几乎是不可行的。虽然在调查中90%的传播管理人员认为对顾客价值进行评估是有必要的（如图4所示），但是却没有一家企业真正实施。在回答顾客价值评估标准应含内容的题目中，对潜在需求和购买力的认可度更高，对顾客给企业带来的收入流和本品牌的购买份额这两个与具体资金数值挂钩的标准，认可度较低（如图5所示）。

其余10%的品牌管理人员认为对顾客和潜在顾客价值进行评估完全不可行，这也表示在中国这一新兴市场上，至少10%的营销传播管理人员否定了整合营销传播理论提出的具体实施方案。认为对顾客和潜在顾客价值进行评估不可行的原因不径相同。不少企业的传播管理人员认为顾客的信息纷繁复杂，很难用量化的信息对其价值进行具体评估，新兴市场存在的不定因素和区域差异太大，消费者数据库的数据真实性很难保证；同时，要与其他资产的评估挂钩，还缺乏同一的评估标准，具体顾客收入流的方法在新兴市场很难实施。

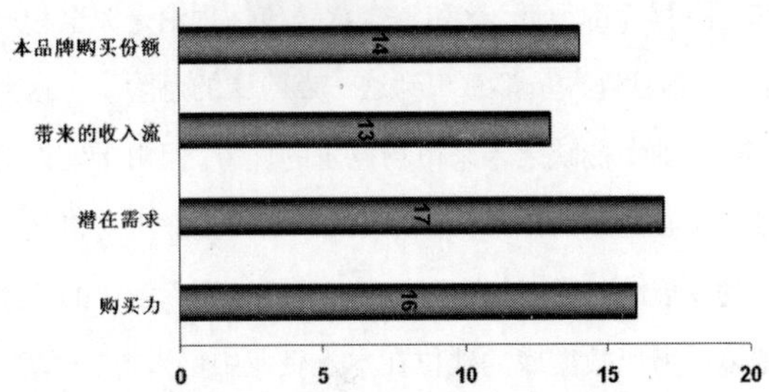

图5 新兴市场企业认为顾客价值评估应含标准

总之，对于IMC的理解，中国市场上最一流的品牌管理者们表面看来大部分是赞同的，但仔细分析会发现，他们只是在观念上接受了这一概念，并朦胧地理解，并没有真正了解IMC的内涵。对于数据库作用的不同理解，直接导致了对整合营销传播闭合循环系统模糊，实际的理解程度还停留在营销传播的战术协调上。

IMC是否适应中国市场

IMC的理念在中国市场上已经深入人心，那么这一舶来品是否和中国市场相适应？我们的调查得出了以下几个结论。

1、IMC的核心思想是适应中国市场的

绝大部分的营销传播管理人员认为，整合营销传播理论的中心思想在中国是适用的。因为IMC提出了一个体系化的视角，将消费者放在了企业营销战略的核心地位，给企业提供了一个全新的发展方式和系统的思考框架。作为在成熟市场被检验过的能够提升企业竞争力的成熟理论，IMC提出的一些传播战术对企业在新兴市场上发展有很大的借鉴意义。

2、IMC的具体操作方法不能应付处于“共时性”状态下的中国媒体环境

整合营销传播理论提出的具体操作方法已经不能适应处在“共时性”状况下的中国市场。中国的媒体环境一方面不停地接受全球最前沿的媒体方式，不断地在碎片化，亟需整合；另一方面，又存在着类似于中央电视台这样的传播垄断巨头，拥有强势的收视率和关注度。在这样的媒体环境里，受众分化程度很高。如在上海、北京这样的大都市里，人们处于碎片化的媒体环境中；而在小一些的城市和广大农村，以央视为代表的传统媒体仍然是人们接触到的最主要媒体。同时，由于年龄和社会分工的不同，人们的媒体接触习惯也存在着很大的共时性差异。

在这样的媒体环境下，企业就面临着一个进退两难的困境。一方面，随着网络、手机以及各种媒体形式的出现，媒体环境越来越碎片化，去整合各种媒体需要耗费大量的资源和精力，而到达的受众只占中国消费者的一部分，并且这部分消费者可能不会等着IMC的执行者们将信息打包综合地通过各种媒体来传给自己；另一方面，像央视这样的仍然非常强势的大众媒体的存在，使得企业大可以直接在央视打广告，也许便可达到同等的效果。由于发展得太快，时间浓缩了，我们的消费者和媒体都处在一个“共时性”的状况下，IMC中周全的模式和战术只能提供一个参考。我们需要的也许是一种更高层次的整合，可以跨越时间和空间的整合。新兴的媒体环境下，传播的方式越来越多，信息越碎片化，整合的难度越大。同样，这也给了在整合营销传播上有所修炼的企业更多的机遇去脱颖而出，获得消费者的青睐。

IMC在中国市场的执行状况

1、大多数拥有强势品牌的企业部分执行了IMC

我们的调查对象选取的是在中国市场上处于行业强势地位的品牌，他们的营销传播战略基本代表了中国市场上企业营销传播的一流水平。在接受我们访问的企业中，没有一家企业完全执行了IMC理论所提出的战略模式，但是有90%的企业部分执行了整合营销传播（如图6所示），或者说IMC理论对中国这一新兴市场上90%左右一流品牌的营销传播产生了一定的影响。这种影响也许不是完全革命性的，但是大多数强势品牌的营销传播战略会考虑到IMC。那么影响的程度到底有多大呢？

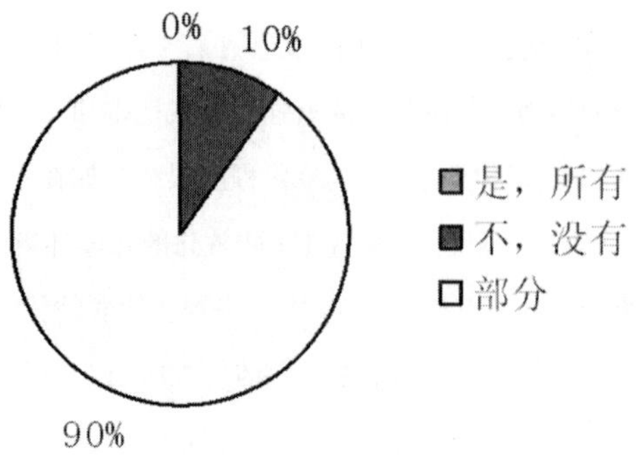

图6 IMC在中国的执行情况

2、IMC的执行状况多停留在观念层面，几乎不涉及制度层面

在调查中，我们将IMC的执行程度分为三个层面：最浅的执行程度是观念层面，即在制定营销传播策略时，会受到整合营销传播思想的影响，考虑到"同一个声音、统一口径"等IMC的营销战术，但不会具体规划到营销战略中；第二个层面是模式层面，即根据IMC理论所提供的一整套闭合循环模式来规划营销战略；第三个层面是制度层面，也是完全执行IMC的层面，即根据整合营销理论提出的模型重新整合企业的制度和组织结构，以获得最大的整合效果。如图7所示，调查结果显示，中国市场上执行IMC的企业大部分是停留在观念层面的，他们接受了IMC的一些观点和战术，在制定传播计划的时候会考虑到，但并不会系统采纳整合营销传播的思维模式。大概有20%的企业在模式层面执行了IMC，他们认同整合营销传播理论所提出的企业运营模式，并按照整个模式来制定营销传播战略，但仅仅局限于营销传播战略，并没有涉及到企业其他资源的分配。至于制度层面的执行，被访的营销管理人员们一致认为目前的中国市场上没有企业在制度层面执行IMC，也就是说并没有企业完全执行整合营销传播。

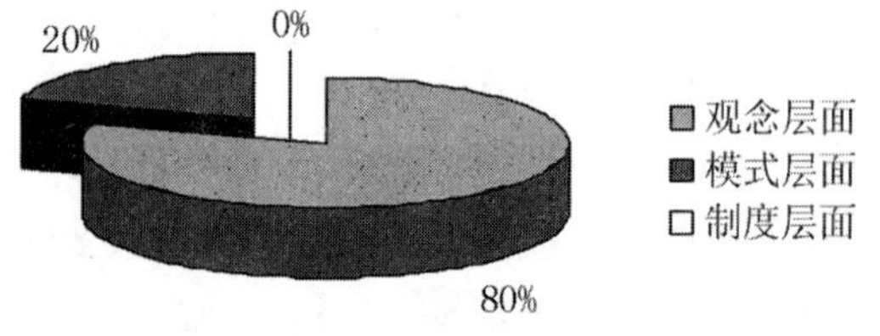

图7 IMC在中国的执行层面

3、本土企业对客户数据库挖掘的忽视可能会影响未来的竞争力

关于IMC执行状况的另一个主要发现就是：中国市场上本土企业对于客户数据库挖掘的忽视。除了大型跨国公司外，几乎所有的本土企业对数据库的重视程度和挖掘程度都很低，这和整合营销传播理论是完全相反的。营销管理人员都意识到这一点隐藏的危险——这会使得企业可能缺乏未来市场竞争的优势。但由于他们自身目前在企业的位置，在新兴的市场中企业本身也处于蓬勃发展的状态下，还没有面临需要数据库解决的营销困境，所以数据库的地位在本土企业中仍未得到重视。

新兴中国市场需要的营销传播战略

1、营销传播在中国企业中的实际位置和理想中的位置截然相反

在我们所调查的公司中，大部分采取的是扁平式的组织结构，而营销传播在企业组织结构中的位置，可以总结为三种情况。

第一种情况是营销传播与销售等一起由市场部负责，市场部与产品部、渠道部门等并列，共同属于营销部门，设立营销总经理或分管营销的副总裁。这一种情况占我们所调查企业的绝大多数，在这样的企业结构下，营销传播所处的位置决定其只能够管理对消费者的单项传播。

第二种情况是设立专门的营销传播部门或品牌管理部门，与市场部、销售部和财务部等其他部门并列。在这种构架中，营销传播部门能够和消费者进行双向的沟通，并和企业内部其他各部门进行沟通，但无法整合企业运行的所有环节和资源。这种组织结构从IMC的角度来评价，比第一种方式更为先进，但在我们调查的20家企业中，只有3家企业采用了类似的组织结构。

第三种情况与IMC理论中提出的组织结构类似，但不完全一样。即企业设立专门的营销传播副总裁成立集团品牌管理部，负责整个集团形象和品牌的传播活动，保证各部门各环节的信息协调。同时分项目小组，项目品牌结合集团品牌规划和原则，由一线公司负责营销传播活动。这种情况在我们调查的公司中只有2家。

很有意思的是，与现实的组织结构相反，在我们的调查中（如图8所示），有57%的营销传播管理人员认为营销传播应该处于第三种情况下的位置，而在现实状况下这种情况是最少的；认为应该是第一种状况的比例是32%，这是现实中最多的一种情况，为数不少的营销传播管理人员认为营销传播只需要对销售起辅助作用；认为应该处于第二种情况的只有11%。中国市场的营销传播人员大多数认同IMC中营销传播应处的位置和功能，认为营销传播应该处于整合全局的位置，这会成为未来中国这一新兴市场走向成熟的必然发展方向。

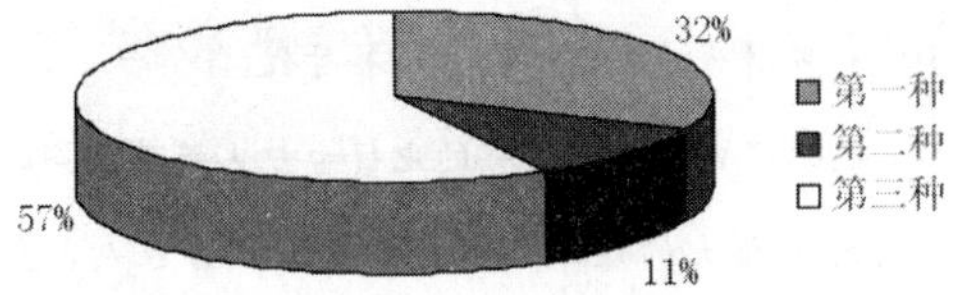

图8 中国市场品牌管理人员认为marcoms应处于企业中的位置

2、Marcoms没有模式的战略：共时性状况下，灵活处理各方关系，打破单纯的框架

“共时性”状况下的中国市场是一个独一无二的新兴市场，由于制度、区域等原因的共同作用，这个市场上存在着太多的不确定因素，很难用一个或几个固定的模式来指导在中国市场上的营销传播。中国传统文化思维中强调整体性和模糊性，需要有整体的战略思想来指导全局，但对于各种因素交错复杂的中国市场，过于精确的模型和战术可执行度很低，所以灵活处理各方关系，打破单纯的框架结构应该更加能够适应中国的国情。所以我们认为，在中国市场上是需要整合营销传播战略思想的，但并没有固定的模式可言，我们可以把中国市场上需要的营销传播战略称为没有模式的战略。虽然没有模式，但根据我们研究的在中国市场进行成功营销传播案例来看，至少需要遵循以下五个原则：

(1) 认识和了解消费者的心理特点，将消费者放在企业各种行动的中心位置；

(2) 企业的核心业务明确，品牌定位清晰，切合实际，运用尽可能多的渠道和方法影响消费者；

(3) 注重市场和产品的分析和研究，建立迅速的刺激反应机制，善于抓住市场对产品或服务独特的机遇；

(4) 拥有现代的公司体制和组织架构，从高层管理团队就意识到营销传播的意义，树立全员品牌意识。这一点对中国市场的本土企业尤为重要，本土的强势品牌不少是拥有稀缺资源的国有企业，很难意识到营销传播对于品牌资产的累积，以及对企业总体价值的意义；

(5) 保证战略的一致性和协同性，得到企业内部所有相关部门和外包人员的认同和协作，保障执行力。

整合营销传播理论作为成熟市场条件下的宝贵经验，代表了现代营销理论的发展方向，是值得中国企业借鉴的，但中国是个特殊的新兴市场，正处于共时性的状态中。复杂的市场状况和新旧交错的媒体环境与IMC诞生的成熟市场土壤完全不同。所以在中国市场的整合营销传播需要灵活变通，扬长补短，没有固定的战术，只有统一的核心战略，扔掉框框和模型，在整体和具体中寻找平衡。

注释：

[1] 新兴市场的概念由美国人安东尼·范·阿格塔米尔于1981年提出，一般包括人们熟知的金砖四国（中国、巴西、印度和俄罗斯）和11个主要的新兴市场经济体（韩国、墨西哥、土耳其、印度尼西亚、巴基斯坦、菲律宾、尼日利亚、埃及、孟加拉国和越南）以及中国台湾和阿根廷等地区。

[2] “在未来的25～30年的发展时间里，这些新兴市场国家的国民生产总值（GNP）将会超过现在成熟发达国家的国内生产总值……”安东尼·范·阿格塔米尔”The Emerging Markets Century”P5。

[3] 整合营销传播（即Integrated Marketing Communication，缩写为IMC），是上个世纪80年代以后随着美国等成熟市场营销实践的发展而产生的。最初由西北大学MEDILL（梅蒂）学院首次尝试定义，美国广告公司协会（American Association of Advertising Agencies,4As）、APQC等组织都提出过具体的定义；科罗拉多大学IMC研究生主任汤姆·邓

肯引入相关利益人概念；唐·E·舒尔茨教授全球第一本整合营销传播专著，至今其概念和结构已经有了很大的变化，但其发展主要是在美国。

[4] 在IMC理论的发展过程中，整合营销传播实践者、营销资源提供者和营销效果评价者以各种方式来定义、辩论和探讨IMC。1997年，“美国生产及质量中心”(APQC)组织对美国实施IMC计划的最佳实践给出了全面、标杆性的研究，并提出了一个关于IMC实践操作的定义：整合营销传播是一个业务战略过程，它用于计划、制定、执行和评估可衡量的、协调一致的、有说服力的品牌传播方案；它以消费者、顾客、潜在顾客以及其他内部和外部的相关目标为受众。

[5] 根据当前的经济规模，在新兴市场国家经济体中，中国的国民生产总值差不多是金砖四国中其他经济体的三倍。

[6] 这十五个行业分别是：通信、电子、制药、汽车、日化、白酒、啤酒、服装、饮料、乳业、食品、快速消费品、金融、航空和网络。

[7] 知名度：在主要城市品牌调查中，提及该品牌消费者知道的程度。

[8] 这些企业是：海尔集团、蒙牛乳业、摩托罗拉(中国)、青岛啤酒、康师傅、中国联通、万科地产、五粮液、中国移动、百度、中国人寿、新浪、佳士博(中国)、LG(中国)、福特汽车(中国)、圣元奶业、中国中央电视台CCTV、联想集团、保利地产、中国银联。

[9] 这里需要区分“共时性”(synchrony)与结构主义提出的“共时性”(synchronicity)(重新确定英文的准确译法)是两个完全不同的概念。共时性这个概念，最早见于索绪尔对于语言学的研究。在结构主义的话语中，共时性是强调只有基于构成整体的各个部分所形成的相互关系，才能确定每一部分的价值和意义。而本文中的共时性，是强调相对于欧美等成熟市场的线性的发展过程而言，在中国等新兴市场中，不同时期的事物或发展程度在同一时期内是共同存在的。这是新兴市场的独特之处。这个概念的应用在中国最早见于陈刚所著的《中国广告业发展的五个问题》一文，刊载于《北大新闻与传播评论》(Journalism and Communicationg Review)，2004年5月出版。

[10] 根据2007年的《中国互联网络发展状况统计报告》截至2007年12月31日，中国网民总人数达到2.1亿人，仅以500万人之差次于美国，居世界第二，预计在2008年初就会成为全球网民规模最大的国家。

[11] SISOMO，可以解释为动屏。由画面(Sight)、声音(Sound)和动作(Motion)的前两个字母组成。是由Saatchi & Saatchi广告公司全球总裁凯文·罗伯茨在其书《SISOMO——未来动屏》一书中提出的一个概念。他认为人类经过了石器时代、工业时代、制造业时代、信息时代之后，现在正处于观点(idea)的时代，以上这五个时代都正被SISOMO所替代，我们进入了动屏时代。

[12] CCTV在中国所有的电视台中占绝对强势的地位，自身已有强大的媒体品牌效应。其广告收入占全国电视广告总收入的近1/3，其黄金时段广告，已经成为中国顶级品牌的孵化器和助跑器。

[13] 卢泰宏，中山大学国际营销学教授、博士生导师，中国营销研究中心(CMC)主任。文章主要介绍了唐·舒尔茨在《整合营销传播》中提出的关于IMC的概念、发展和个案例示。

[14] 科龙实践IMC战略。2000年3月，中国民营家电企业的领头羊科龙集团，聘请了营销界名人屈云波先生出任副总裁，并请奥美、电通等国际咨询公司协助开展工作，目标通过整合营销传播将自己从以生产为导向的企业改造成以营销为导向的现代公司。

[15] 1997年，南开大学陈炳富教授指导的其学生申光龙完成博士学位论文“整合营销传播IMC战略研究”；1998年，中山大学卢泰宏教授指导的硕士论文“整合营销传播实践之初步研究”；2000年，中国人民大学舆论研究所刘国基博士学位论文“整合营销传播系统研究”等。

[16] 2006年，浙江大学传播研究所主任卫军英所著《整合营销传播理论与实务》(The Theory and Practice of Integrated Marketing Communica-tion)作为中国普通高等教育“十一五”国家级规划教材由首都经济贸易大学出版社出版。

[17] 文中所提到的品牌管理人员都指抽样调查中涉及到的中国市场标杆品牌的传播管理人员，代表中国市场营销传播管理的一流水平。

参考文献：

1、[美]唐·E·舒尔茨，菲利普·J·凯奇著，何西军[等]译，《全球整合营销传播》，北京，中国财政经济出版社，2004；

2、[美]唐·E·舒尔茨，斯坦利·田纳本，罗伯特·劳特朋著，吴磊等译《新整合营销》，北京，中国水利水电出版社，2004；

3、[美]唐·E·舒尔茨，斯坦利·I. 坦纳鲍姆，罗伯特·F.劳特伯恩著，孙斌艺、张丽君译，《整合营销沟通》，上海人民出版社，2006；

4、[美]安东尼·范·阿格塔米尔著，蒋永军等译，《世界是新的 新兴市场崛起与争峰的世纪》，北京，东方出版社；

5、陈刚，《新媒体和广告》，中国轻工业出版社，北京，2002年；

6、陈刚，《新媒体时代营销传播的有关问题探析》，《国际新闻界》，2007年第7期；

7、王菲，《媒介融合中广告形态的变化》，《国际新闻界》，2007年第9期；

8、陈刚，《当代广告业发展的三个趋势》，《广告大观》(综合版)，2006年第5期；

9、陈刚，《中国广告业重新定位的四个纬度》，《广告大观》(综合版)，2006年第12期；

10、陈刚，《复合型媒体时代的到来》，《广告大观》(综合版)，2006年第2期；

11、乔夫，《第四次营销浪潮》，南方日报出版社，广州，2006年；

12、卫军英，《关系创造价值：整合营销传播理论向度》，中国传媒大学出版社，2006年；

13、申光龙，《整合营销传播战略管理》，中国物资出版社，北京，2001年；

14、李彤，《 IMC 与移动电话厂商在中国的IMC实践》，北京大学工商管理硕士(MBA) 学位论文，1999年5月；

15、Garten Jeffery E., The big ten The big Emerging Markets and how they will change our lives, Xinhua Publishing Housing, Beijing, 1998, 209p；

16、Don E. Schultz, Strategic advertising campaigns, Zhao Yang-tang Cultural Enterprise Ltd., Taiwan, 1996, 440p;；

17、Shimp, Terence A.; Advertising, promotion, and other aspects of integrated marketing communications, Peking University Press, Beijing, 2006. 629 p；

18、Sirgy, M. Joseph., Integrated marketing communications: a systems approach, Tsinghua University press, Beijing, 1998, 312p；

19、Shay Sayre, Campaign planner for promotion and IMC, Renmin University Press, Beijing, 2005, 151p；

20、Richard J. Semenik, Promotion and integrated marketing communications, Publishing House of Electronics Industry, Beijing, 2005, 431p；

21、Duncan, Thomas R., Principles of advertising and IMC, Chinese Machine Press, 2006, 423p；

22、Duncan, Thomas R., IMC using advertising and promotion to build brands, China Financial and Economic Publishing House , 2004, 723p；

23、Duncan Thomas R., Driving drand value, Huaxia Publishing House, Beijing, 2000, 301p；

24、YAN Da-ying, Determinants of Cross Border M&A into Emerging Markets: A Study from the Perspective of Market Freedom, Journal of International Trade, 2008.2, P94-99.

收视率调查状况与中国收视率发展模式的探讨
——兼谈数据垄断

北京大学新闻与传播学院教授 刘德寰
北京大学新闻与传播学院2008级硕士研究生 左 灿

摘要：近几年来，收视率数据在我国电视行业中扮演起了越来越重要的角色，成为业内外人士共同关注的热点话题。2009年年初，曾在中国收视率市场上运作了十余年的AGB Nielsen退出中国市场，其直接后果是让在中国市场上本已占有了80%以上份额的CSM媒介研究某种意义上垄断了中国的收视率调查市场。垄断市场结构的形成，以及国际广告公司WPP对CSM的控股，引发了人们对数据客观性和公正性的关注。本文通过回溯历史，归纳全球收视率调查的商业模式，认为要推动中国收视率调查行业的健康发展，关键问题不在于关注垄断或者外资参股的问题，而在于对收视率调查业务的规范和监督问题。一个由行业各方共同参与和运作的收视率调查监督机制，正是未来中国收视率调查行业健康发展的必须。

关键词：收视率调查 收视率 垄断 运作模式 监督

随着电视的普及，及其日益得到认可的传播效果，收视率作为电视节目规划以及广告主购买节目时段的重要根据，也得到了越来越多的关注。从而，收视率调查行业成为媒体和广告业发展至关重要的相关行业。有效的收视率调查以及数据的科学使用，是电视行业发展的一种必然需求。本文将视野放置于全球收视率调查的概况，同时对我国收视率调查行业的发展进行一些思考。

收视率调查公司发展过程中的几个阶段

第一阶段：初创时期

这个阶段的基本特征是各个发达国家纷纷建立自己的收视率调查机构，除了国家内部竞争之外，较少有跨国、跨地域的并购，时间大约从1923年AC Nielsen公司的创立到1980年左右。重要事件罗列如下：

1923年，Arthur C. Nielsen博士在美国成立AC Niels-en公司，是世界上最早的市场调查公司。

1932年，AC Nielsen公司推出追踪食物和药品购买的零售指数，迄今为止，该业务依然是该公司的主营业务之一。

1936年，AC Nielsen公司收购Audimeter公司，进入广播收听率调查业务。

1942年，AC Nielsen公司开始在美国提供全国性广播收听率服务。

1953年，AC Nielsen 公司开始采用日记卡法在美国进行电视收视率调查。

1962年，Audits of Great Britain（也就是后来的AGB）在英国成立。

1963年，Pierre Weill在法国成立Sofres公司。

1965年，Elizabeth Nelson、Tony Cowling和投资者Steward Taylor建立Taylor Nelson公司。

1966年，AGB公司经英国广播公司（BBC）委托，开始在英国进行电视观众测量。

1972年，Survey Research Group成立。

1976年，意大利市场研究公司LCM Garman成立。

第二阶段：竞争阶段

这个阶段的基本特征是跨国重组、并购不断增加，大型调查公司上市，新收视率调查技术出现，同时形成大的调查集团，时间是1980—1990年。大事件罗列如下：

1980年，AGB赢得其第一个海外电视收视率调查合同——香港合同。

1984年，美国著名的商业调查公司Dun & Brads-treet Company（邓白氏公司）收购AC Nielsen公司。

20世纪80年代中期，AGB公司试图进入美国电视收视率调查市场，挑战AC Nielsen公司在美国的垄断。

20世纪80年代中后期，AGB发明人员测量仪，当AGB公司在美国进行人员测量仪测试得过程中，AC Nielsen公司复制了AGB公司的人员测量仪技术[1]。

1985年，Taylor Nelson公司上市，被Addison Page收购，建立Addison Consultancy Division。

1985年，AGB赢得意大利收视率全国收视率调查合同（AGB Italia），同一时期收购Survey Research Group（SRG）50%的股份。

1988年，AGB退出美国市场，被Pergamon Profes-sional 和 Financial Services公司收购。

20世纪80年代，Sofres向德国、意大利和西班牙等国扩张，并巩固在法国和西班牙收视率市场调查的地位。

第三阶段：垄断阶段

在20世纪90年代之前，全球的调研市场是非常碎片化的。当时AC Nielsen在美国，Sofres在法国、Addison Consultancy在英国分别从事着市场调查，这些公司都较少有成功的国际性操作；到20世纪90年代之后，市场调查产业开始发生变化，聚合出少数几支全球性的重要势力。大事件罗列如下：

1991年，AGB公司创始人Robert Maxwel l去世，AGB公司被拆分出售；其中AGB在英国的部分被Addison Consultancy购得，Addison Consultancy随后更名为Taylor Nelson AGB，成为当时英国最大的市场研究公司；AGB在亚洲和太平洋地区的业务（如AGB Australia/New Zea-land）归入Survey Re-search Group。

1992年，意大利LCM Garman公司收购AGB Italia，成立AGB Media Service，构建了随后AGB Group的基础，专业从事收视率调查。

1995年，AGB Group与巴西IBOPE合作，进入南美洲收视率调查市场。

1995年，Dun & Bradstreet Company（邓白氏公司）收购Survey Research Group，AGB Austra-lia/New Zea-land，尼尔森的视听率调查业务开始向亚太市场扩张。

1996年，邓白氏公司将AC Nielsen公司拆分为Nielsen Media Research（NMR）和AC Nielsen两部分，其中NMR负责电视收视率调查，AC Nielsen负责消费者调查和票房信息调查。

20世纪90年代中期，Sofres公司与中国国际电视总公司（CVSC）合资，成立CSM。

1997年，Taylor Nelson AGB收购Sofres公司，建立Taylor Nelson Sofres，也就是现在的TNS公司。

1999年，荷兰著名出版公司VNU收购Nielsen Media Research，归入自己的MMI部门。

1999年，AGB Group进入菲律宾市场。

2000—2004年，AGB Group陆续进入澳大利亚、英国、俄罗斯和部分拉美国家。

2001年，荷兰著名出版公司VNU收购AC Nielsen。

2005年，WPP收购AGB Group。

2005年，VNU-MMI旗下Nielsen Media Research在美国和加拿大以外的业务单元和WPP-Kantar旗下的AGB公司合作，分别入股50%，成立AGB Nielsen Media Re-search，在美国和加拿大以外进行电视收视率调查；合资后的AGB Nielsen测量仪器开发技术沿用AGB公司的技术，分析软件在澳大利亚开发。

2006年，6家私人资本公司收购VNU集团，并将该公司更名为The Nielsen Company，新公司包括了Nielsen Media Research，AC Nielsen，BASES，Claritas，HCI和Spec-tra等系列调查公司，以及原VNU集团旗下的出版公司。

2008年，世界著名传播集团WPP收购TNS，归入旗下的Kantar Group，并将原Kantar Group旗下的AGB公司（含合资的AGB Nielsen）剥离，The Nielsen Company获得了AGB Niel sen全部股份；作为交换，WPP获得AGB Nielsen公司在南美的IBOPE公司。

当今全球收视率调查的两个特点

目前全球收视率调查呈现两大特点：一家垄断为各国常态；少数国际公司掌控全球收视率调查。

如下图所示所示，目前一家垄断为各国常态。在全球进行收视率调查的69个国家和地区中，63个市场由一家收视率调查公司垄断。这一局面的出现是与收视率调查的特性相关联的。收视率数据作为电视节目和广告交易的通行货币，除了要保证数据的公正、客观和准确性之外，还需要实现标准的唯一性和统一性。从国际通行的操作来看，竞争并非收视率调查的最佳状态，有监督、有标准的一家垄断是更为普遍的常态（见图1）。如图2所示，少数国际公司掌控着全球收视率调查。

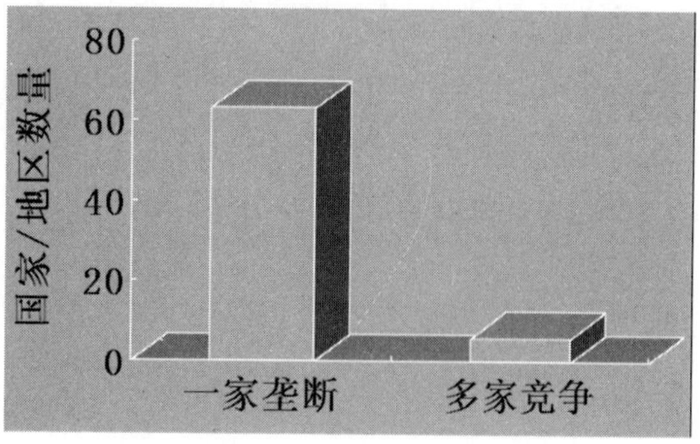

图1

由于收视率调查对技术和成本的要求高，全球大多数市场的收视率调查都掌握在国际公司手中。美国和加拿大被Nielsen Media Research独占；AGB Nielsen，TNS和GFK分享欧洲市场；亚太市场多为AGB Nielsen和TNS所占据。这几家大公司几乎瓜分了全球的收视率调查行业，而本土公司的成功代表是日本的Video Research。

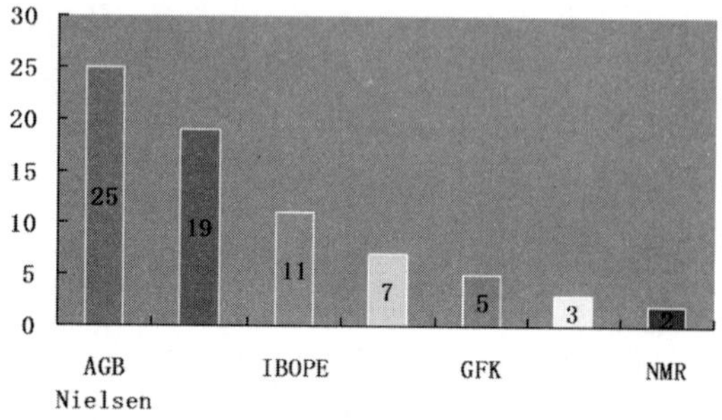

图2

各国收视率调查的三大模式

收视率调查在全球已有半个多世纪的发展历史，在经过半个多世纪的反复尝试之后，如上文分析，大多数国家和地区都形成了一家垄断的格局。但各国走上收视率调查一家垄断的道路不尽相同，概括起来可以分为三种模式：协会模式、自然竞争模式和媒体控制模式。

一、协会模式

协会模式主要按下述方式运作：由使用数据的媒体、广告公司和广告主等共同成立非营利性的行业机构（协会），制定本市场收视率调查的基本准则，确定收视率调查数据供应商，并规范行业行为。

这一模式的主要特点在于：1、由协会负责选择数据供应商，购买数据，协会拥有数据所有权；2、数据供应商只面对一个客户——协会；3、协会的成本由数据使用者之间进行协商，共同分担；4、协会通常只与一家数据供应商签订协议，在协议期间，市场实际处于一家数据供应商垄断的状态；5、部分协会会聘请不同的数据供应商负责收视率调查的不同环节。

采用协会模式的典型案例是英国的BARB。BARB（Broadcaster's Audience Research Board）是提供英国电视观众官方测量数据的组织。它通过委托的方式，选择特定的数据供应商，以BARB的名义生产收视率调查数据。目前这些数据供应商主要包括RSMB、Ipsos MORI、AGB Nielsen和TNS。各家数据供应商分别承担着不同的责任：RSMB负责样本设计和调查网维护，并对调查进行质量控制；Ipsos MORI负责为BARB执行电视收视率调查基础研究，每年会对英国5200个样本进行调查，了解电视收视基础信息及市场变化；最后，BARB会通过竞标的方式从AGB Nielsen和TNS中选出一家，来进行收视率调查的数据设备安装和数据采集，生成收视率数据[2]。

BARB是一个非营利性的公司，其运作主要依赖于英国电视市场主要参与者和竞争者的资金支持。BARB的董事会中有这些主要成员的代表，目前这些成员包括BBC、ITV4、FIVE、SKY、IPA。这些机构中，既包括英国主要的公共和商业电视台，也包括英国主要的广告协会；根据协议，电视媒体承担BARB收视率调查70%的费用，广告公司承担30%的费用。非成员的电视媒体以及与行业相关的研究者、专业人士和出版商可以通过订阅的方式，向BARB部分支付收视率调查的成本，并获得相关数据。

协会模式的另一个案例是香港的FS（Founding Sub-scriber），是由香港亚洲电视（ATV）、香港无线电视（TVB）和香港4A广告协会组成的一个组织，该组织通过招标的方式选定特定的数据供应商，并与之签约，共同建立HKTAM，数据所有权归FS。

在数据使用者的FS之外，香港还成了电视研究委员会（TV Industry Research Council），该委员会的成员既包括收视率数据的订户，也包括非订户，旨在为产业各方提供一个公开论坛，可以就香港的收视率调查服务提出批评和建议，因此也要求调查公司代表参与讨论，并做出相应反馈。

二、自然竞争模式

自然竞争模式是指通过市场竞争的方式，自然形成一家收视率调查公司垄断市场的局面，收视率调查公司拥有数据所有权，行业组织对收视率调查公司的行为进行审核和监督。

该模式的主要特点在于：1．通过市场竞争，优胜劣汰，形成垄断格局；2．收视率调查公司作为数据的拥有者，把握和运作收视率调查的整个流程；3．数据使用者向收视率调查公司支付费用，获得数据使用权；4．行业协会通过制定行业准则和审批等方式，对收视率调查公司的行为进行监督，保障公平性和透明性。

美国Nielsen Media Research正是自然竞争模式的典型案例。美国是世界上最早进行电视收视率调查的国家，在美国收视率调查发展的早期，有许多电视节目收视率调查公司，其中比较大的两家是阿比创（Arbitron，原为美国调查局ARB）和AC Nielsen公司。在发展过程中，Arbitron选择“影响区域”分析方法，强调对地方市场的研究； AC Nielsen则选择建立全国调查网络，提供全国数据；在经历了数十年的竞争之后，两家公司最终形成明确业务分工，即Arbitron公司集中于进行广播收听率调查，Nielsen公司集中于进行电视收视率调查。

AC Nielsen在发展过程中，不但面对本国竞争者的挑战，还面临国外竞争者的挑战。在全球收视率调查大盘中，美国市场占据60%以上的份额（20世纪80年代可能比例更高），吸引了包括英国AGB公司在内的收视率调查先驱者的关注。20世纪80年代，AGB挺进美国市场，并借助该公司发明的测量仪技术（People Meter）挑战AC Nielsen的垄断地位；AC Nielsen成功复制了测量仪技术，并借此进一步巩固自身在美国的地位；AGB进军美国的计划失败告终。1984年，AC Nielsen被美国著名民意调查集团邓白氏公司收购；1996年邓白氏公司将AC Nielsen拆分为AC Nielsen和Nielsen Media Research，其中AC Nielsen负责零售市场研究，而Nielsen Media Research侧重于收视率调查。

在经历了数十年竞争发展和公司交易之后，Niel sen Media Research最终实现了对美国收视率调查市场的垄断；目前，该公司在全球6—7亿美元的收视率调查市场中，独享60%左右的份额。

Nielsen Media Research在美国市场的收视率调查需要接受行业协会的监督，这个行业协会就是MRC（美国广播电视视听率委员会）。

关于MRC的历史，要从20世纪60年代说起。20世纪60年代早期，美国国会某委员会（Harris Committee）举行听证会，了解受众研究的目的和准确性，并考虑就电视和广播行业的受众调查进行规范；经过调查和广泛的讨论，Harris委员会认为行业自律（包括独立的视听率服务外部审计）要比政府直接干预更可取。因此，Harris委员会提议建立一个行业组织，来审查和授权广播电视视听率调查服务，这个委员会就是MRC。

MRC对任何倚赖和使用媒体调查数据的媒介组织开放，每一个成员公司都有资格获得MRC董事会的席位。但诸如尼尔森和阿比特朗（Arbitron）一类的媒体数据提供商无权成为MRC的成员。目前，MRC的董事会有95名左右的成员，代表电视网、广播网、有线电视、印刷媒体、互联网和广告代理组织以及广告和贸易联合会。同时MRC与美国广告联合会（AAAA），广告研究基金会（ARF）以及国家广告主联合会（ANA）等组织保持着正式的联系。

MRC的主要功能在于：建立收视率调查的基本标准，并监督其执行；根据收视率调查数据供应商提供的资料，鉴定收视率调查服务数据供应商的资格；通过独立的注册会计师事务所（CPA），对收视率调查公司的行为进行审计。

该委员会致力于提高收视率调查服务的质量，并促成数据使用者对收视率调查数据的使用方法及数据的局限性有更好的认识和了解。它的主要使命在于保证媒体产业和其它相关的数据使用者，能够获得正确的、可信的和有效的观众测量服务；决定并促进媒体调查服务的透明度和道德水平；提供并管理审计系统，通过该审计系统，让数据使用者知晓特定的收视率调查服务是否按照最基本的标准和程序来执行，符合基本规范。

MRC对收视率调查公司的核心监督环节，是MRC每年组织独立的审计员团队，对收视率调查公司的服务运作进行的外部评审；该外部评审的主要功能包括：决定调查公司是否值得获得或者延续收视率调查授权；向MRC提供检查的具体结果，成为调查公司自觉提高或在MRC监督下强制提高服务质量的基础；对收视率调查造成有利的心理影响，促使调查公司的工作人员自觉提高工作质量[3]。

三、媒体控制模式

媒体控制模式指由主流媒体本身，或者由主流媒体所筹建的公司，通过自建调查公司或者委托调查公司的方式，生产收视率数据。

其主要特点在于：1、主流媒体承担收视率调查的成本，并拥有数据；2、有特定的组织或者协会制定收视率调查规则，主流媒体控制的收视率调查需要遵循调查规则，保障客观和公正性；3、行业相关者或其它数据使用者可以通过观察员等身份，对主流媒体控制的收视率调查进行监督；4、其他数据使用者需要向主流媒体支付订阅费用，分担收视调查成本，获得收视调查数据；5、主流媒体通常在同一段时间内，委托一家公司进行调查，形成垄断。

通过澳大利亚的OzTAM，我们可以清晰地认识这一模式。OzTAM是澳大利亚电视观众测量的官方数据来源，主要提供5个大城市地区和全国的收视率数据。它由澳大利亚三大城市商业电视网络（Seven、Nine和Ten）所共同拥有。包括Network ABC，澳大利亚媒体联盟（MFA），澳大利亚广告联盟（AFA），澳大利亚全国广告主联盟（AANA）和澳大利亚广播电视订阅联盟（ASTRA）在内的一些机构，都在OzTAM的董事会中拥有观察席位。OzTAM委托数据调查公司进行收视率调查，目前为其进行调查的是AGB Nielsen。OzTAM开发出Gold Standard收视分析软件使用标准，以保证各类客户数据分析的统一性。

有关中国收视率调查未来发展模式的探讨

借鉴全球收视调查行业的状况及发展，我们可以反思一下中国收视率调查行业的现状，并对其未来发展进行相关探讨。

国际通行的GGTAM——《全球电视受众测量指南》，它是由欧洲广播联合会（EUB）赞助，并与受众研究方法组织（the Audience Research Methods Group，ARM）联合发布的国际性指南。ARM Group由来自9个国际贸易组织和协会的专业人士代表组成，这些组织包括美国广告研究基金（Advertising Research Foundation，USA），加拿大广告研究基金（Canadian ARF），欧洲广告联合会（EAAA，now EACA），欧洲电视广告协会（EGTA），欧洲媒介研究组织（EMRO），欧洲民意与市场调查协会（ESOMAR），欧洲受众研究组织（GEAR），泛欧洲电视研究组织（PETR）和世界广告联盟（WFA）。

GGTAM最主要的目的是为如何设计电视收视率调查方法（技术）提供操作层面的建议；要实现准则覆盖的广泛性，并推广良好习惯做法的原则，具体包括：就实现最有效可信的电视媒体受众测量的研究方法达成国际共识；确认并发布电视受众测量方案设计和操作流程的最佳习惯方法；确认、并尽可能地阻止不符合标准的操作方法；鼓励电视研究各领域许诺遵守该准则，以便让所有使用电视媒介的人，能够在一个可比较的基础上获得并比较全球性的数据；组织一个连续性的国际性研究论坛，以促进电视受众调查数据收集和数据报告方法的改进。GGTAM有十项原则：

1、电视受众测量需要设计来满足所涉及国家或市场的整体性需求；

2、在任何时候，在数据生产商和用户之间必须有全面磋商；

3、对所有数据定制者，调查方法和流程的所有细节信息必须可以公开获得；

4、研究资源必须被有效地配置和使用；

5、研究方法必须经过试验和测试，必须以科学为基础，以获得系统的有效性和可信度；

6、必须采用最好的研究方法；

7、在整个系统（包括现场、数据收集、数据处理和数据报告）中，必须有严格系统化的质量控制系统；

8、受访者回复的负担需要通过提高回复率来减轻，要减少偏差，以获得最有效和可信的数据；

9、所有被授权用户对数据的获得享有同等的权利；

10、鼓励研究组织创新并仔细地、有控制地对新的研究流程进行实践，并完整地记录其研究方法和结果。

具体到中国，2009年，中国广播电视协会在广泛征求意见和几经修订之后，即将公布《中国电视收视市场调查准则》。该准则借鉴GGTAM，结合中国电视收视调查的实际，广泛征求了电视收视调查业各方的意见和建议，对大陆范围内的收视率调查和使用进行了全面的规范和指导，包括收视率调查的公平良性市场竞争环境；基本职业规范；收视市场调查的各种定义；数据采集及数据处理准则；数据报告和数据使用；行业监督方法和组织形式和未来发展趋势等七方面。

实际上，这个准则还有很多值得完善与发展的必要，关键在于需要对中国收视率调查未来有一个清醒的认识。

应该讲，中国的收视率调查目前处于自然竞争的阶段，CSM目前基本上处于了一家垄断的地位，另外还有一些收视率调查公司或者城调队在区域范围内提供收视率调查服务。

从未来来看，中国收视调查将走上经自然竞争而形成的一家垄断局面，协会模式和媒体控制模式不适合中国国情。一方面，中国电视媒体众多，很难建立一个由数百家媒体共同成立，共同出资运作的行业协会来运作收视率调查。另一方面，中国电视市场复杂，多级电视市场共存，短期内很难有足够的资本和条件建立一家与CSM覆盖相当的收视率调查公司，作为行业在竞标过程中的第二种选择。同时，考虑到成本分摊问题、董事会代表问题等，中国的市场环境显然不适合协会模式和媒体控制模式。

但在自然竞争模式下发展，我们有一些不得不关注的地方。从发达国家的发展经验来看，规模较大、结构较复杂的电视市场更适宜于采用经自然竞争形成的垄断模式。仅就收视率调查而言，垄断并非坏事；收视率调查更强调的是标准的统一性问题，而非竞争的公平性问题。在成熟的电视市场上，收视率调查的股权控制也并非核心问题；事实上在2005年，WPP控股AGB Nielsen的情况下，WPP旗下的4A广告公司依然从数据调查实际质量需求的角度，选择了CSM。

未来中国收视率调查的核心问题，应该是建立一套完善的行业机制，保证收视率调查的客观、公正和透明，保证收视率数据使用的科学、有效和公平。我们所需要规范的对象，既包括收视率调查公司的调查和执行行为，也包括数据购买和使用者的数据应用行为。具体来说，收视率调查规范行业机制应该包括三个层面：实际操作层面——用户委员会机制；执行监督层面——监督委员会机制；行业规范层面——行业协会机制。

用户委员会存在的目的在于由用户选择代表，参与收视率调查在技术和执行层面的重要决策，监督收视率调查公司执行。成员由收视率调查公司的媒体、广告主和广告公司客户构成，主要行使的功能是：监督收视率调查公司的日常运作情况，并提出实际操作中存在的问题，要求改进；就收视率调查过程中涉及的调查方法选择和抽样方法确定等技术问题达成一致意见，并反馈给收视率调查公司执行。

监督委员会则主要是用于决定收视率调查市场发展的整体方向，监督收视率调查的实际操作和执行，并行使外部监督和投诉处理的权利。其成员由广电总局、中宣部官员、电视媒体的高层管理者、广电和市场研究协会的相关专家构成。所行使的主要功能为：负责组织讨论并确立收视率调查的整体方向；委派独立的第三方调查人员对收视率调查公司的行为进行独立审计和监督；接受有关收视率调查的投诉，并协调数据生产者、使用者和监管者进行处理。

行业协会则是为了监督并保证收视率调查的客观、公正、及时和准确，规范收视率数据的采集和使用，创造良好产业环境。其主要功能是：制定收视率调查实际操作的行业标准，例如国际上通行的GGTAM（目前国内收视率调查公司已经开始依据该标准进行收视率调查操作，广电协会也已结合GGTAM编写了中国的行业标准）；规范收视率数据使用行为，倡导科学、正确地理解和使用收视率，减少“唯收视率论”和“收视率万恶论”等极端论调对收视率调查行业健康成长的影响；规范数据调查公司和数据使用者的行为，对干扰破坏收视率调查公正性和独立性的行为予以监督和处罚。

实际上，世界各国与地区都在不同发展模式的基础上出现了所谓“数据垄断”的问题，关键不在于是不是数据垄断，而是如何在所谓形成垄断之后的市场上公平运作。本文通过对各国发展模式的分析，认为竞争模式是未来中国收视率调查发展的必然，而建立相应的配套机制与组织是收视率调查发展与规范的核心。

注释：

[1] 参见1990年6月纽约时报刊登的有关英国收视率调查公司挑战尼尔森的文章（http://www.nytimes.com/1990/06/16/business/british—challenge—to—nielsen—ratings—seen.html）。

[2] Taylor Nelsen AGB（TNS前身）曾在英国做了30余年，2000年AGB Nielsen 获得英国市场；2004年TNS再度赢回合约。

[3] 参见http://www.mediaratingcouncil.org/History.htm。

互联网广告创意传播研究

——从互联网广告创意人和网络使用者双重角度看互联网广告创意传播的现状

北京大学新闻与传播学院博士研究生 沈 虹 万丽慧 郭 嘉

摘要：本研究通过对专业的互联网广告创意人员和网络使用者的深度访谈，运用对比的方法，研究了在大众传播媒体时代品牌塑造中“百变不变”的广告创意理念在互联网营销传播环境下的状态，探讨了互联网广告创意对网络使用者的影响，以及网络使用者容易接受的广告创意形式和表现。文章以初探式研究入手，期望归纳并探究互联网环境下广告创意传播的走向，同时也能为网络使用者的消费态度研究提供开创性思考。

关键词：互联网 广告创意 创意理念 广告形式 品牌塑造

研究目的和意义

在大众传播时代，创意理念为品牌与消费者之间架起沟通的桥梁，是一种创意主题向品牌主张的升华，是品牌价值的内在体现，是创意人员结合产品特点对消费者生活的诠释和品牌的承诺，也是消费者对品牌的寄托和期望。

如今随着时代和技术的进一步发展，新的媒介形式——互联网诞生了，而基于大众传播发展而生的现代广告传播也遭遇了前所未有的挑战。现今社会网络世界与现实世界的重合度增大，人们的网上活动已不再是虚拟世界的虚拟生活，网络传播的内容对人群的影响不断扩大，影响力日益增强。网络传播的内容甚至能够产生足以颠覆企业品牌的巨大影响力。正是在网络技术兴起和其传播内容对人类的影响日益扩大的双重条件下，一个全新的媒体环境已经诞生，而在互联网环境下的广告传播形式也早已突破了传统大众传播的框架，变成一种可以包容各种广告传播形式的传播平台。

中国互联网络信息中心（CNNIC）发布的《第22次中国互联网络发展状况统计报告》显示，截至2008年6月底，我国网络使用者数量达到了2.53亿，130万个论坛，7000万博客作者，191.9万个网站，网络使用者和论坛首次超过美国，跃居世界第一位。巨大的互联网传播资源和越来越主动的消费大众，给广告传播带来了新的困惑和契机。广告传播运作行业在没有任何理论基础的状态下，被迫直面不断变化的传播环境和网络使用者。而原本处于被动地位的消费者也在互联网环境的互动性中，变得更具有主动性和选择性。

在这样急剧变化的传播环境中，广告传播人精心创建的品牌创意理念在崭新的传播环境里是否依然具有往日的光鲜？创意理念传递的百年不变的品牌价值是否在新媒体传播环境下，呈现不同的光彩？此乃本研究希望探究的一个问题。

进而，本研究认为如果可以通过对有丰厚营销传播经验的广告创意从业人员和网络使用者的深入研究，以对比的方式，归纳并探究互联网环境下广告创意传播的走向，将有助于了解网络使用者对广告传播形式的接受，以及互联网广告传播对品牌的影响力，对于广告传播的实践具有理论指导意义，同时也能为从互联网传播角度研究网络使用者的消费态度，提供开创性思考。

文献综述

本文所谈的广告创意理念是指：广告人综合运用各种天赋能力和专业技术，由现有的资源中求得新概念、新作法、新样式的广告传播过程中所总结的带有理性认识的观念，是人们通过创意实践逐步形成的、对创意表现的指向性的认识，它形成之后又会影响未来的广告创意活动，推动其发展。创意理念是品牌经过长期的广告传播运作活动获得的具有自己独创性的概念。这种概念可以相对于人类行为中的价值观，直接体现品牌价值，企业在一定时间范畴内的行为也受到这个概念的指导。但是，创意理念不仅仅是用于指导品牌自身；在广告传播中，它附着在一个需要被传播的产品或服务上，具有被广泛宣传和理解的内容及意义。概念本身也有助于宣传和推广，有助于目标消费者理解它，牢记它[1]。

创意理念是品牌与消费者之间的桥梁，创意理念代表此品牌为什么与众不同。创意理念本身必须具有一种独创性，宣扬品牌的特殊内涵，强调与其他相关品牌的个性不同，使得此品牌与其他品牌相区别。因此独特性与不可模仿性是创意理念的一大特征。创意理念表达特定品牌的个性，它要表现品牌与众不同的地方究竟是什么。独特原本既是品牌传播策略的需求，也是广告创意的必要元素之一。创意理念的独特性正表现在广告传播策略的独特性和创意表达方式的独特性的结合，连接品牌理念和创意执行，具有理性和感性的双重表现。

今天，随着互联网的飞速发展，大众媒介时代界定的影响品牌发展进程的广告创意理念是否受到挑战，是本研究希望解决的首要问题。

我们先来梳理一下互联网广告的发展状况。

根据美国著名的传媒研究者霍金斯下的定义：网络广告即电子广告，指通过电子信息服务传播给消费者的广告。简言之，网络广告指利用数字技术制作和表示的基于互联网的广告。网络广告发轫于1994年的美国，当年10月14日，美国著名的Wired杂志推出了网络版Hotwired（www.hotwired.com），其主页上开始有AT&T等14个客户的广告Banner，这是广告史上里程碑式的一个标志。中国的第一个商业性的网络广告出现在1997年3月，传播网站是Chinabyte，广告表现形式为468 × 60像素的动画旗帜广告，Intel和IBM是国内最早在互联网上投放广告的广告主[2]。

虽然网络广告出现的历史不长，然而其发展的速度却突飞猛进。据艾瑞咨询集团《2007年中国网络广告市场份额报告》数据显示，2007年中国网络广告市场规模达106.1亿元人民币，与2006年相比增长了75%。2008年受奥运影响，仅第三季度中国网络广告市场规模已达51.6亿元（《2008年第三季度中国网络广告市场监测报告》），艾瑞咨询还预测，2011年中国网络广告市场规模将达到370亿元人民币[3]。

经过这十多年的发展，网络广告的形式也不断增加。最初的互联网广告有：Web站点、横幅、按钮、赞助、插播广告和分类广告等[4]大多是以网页为主要载体的；而如今的互联网广告若是按照载体则可分为：博客广告、MSN/QQ广告、论坛广告、植入式游戏广告、E-mail广告、搜索引擎广告等，这为广告主提供了更多更合适的选择。

受众可以说是一切传播的最终目的，而且众所周知，互动性是互联网的根本特性。斯蒂芬·李特约翰对互动性做了更进一步的解读，他归纳出了5个新媒体时代网络使用者们的特征：a.选择性、b.实用性、c.意图性、d.参与性、e.不易被媒介说服[5]。

说到底，广告传播的终极目标是建立获得消费者长期认同的品牌，品牌塑造是一个宏大的百年计划。市场营销策略和广告传播策略最终是通过广告创意触达目标消费者的，这是一个如何让消费者认同“XXX，我的品牌！”的艰难历程。品牌是人性化的，忠于品牌，就是忠于自己；品牌又是情绪化的，爱或者不爱都没有什么理由。广告创意人就是要在这种似乎非理性的选择中杀出一条忠诚的血路来，让消费者屡屡就范，即要让目标消费者不断地觉得“这就是我的品牌”。盛世长城的全球首席执行官凯文·罗伯茨将这种超越了品牌和营销理性定义的境界称为“至爱品牌”（Lovemarks），英文Lovemarks有“爱的痕迹”和“爱的分数”之意，他认为“至爱品牌”必须包括“神秘感”、“感官享受”和“亲密度”等等涉及爱的基本元素[6]。诚然，消费者对品牌从认同到忠诚，是一个信任品牌到超越一般的购买决策规则、价格导向的过程，是一种精神力量的驱动，是一种爱上的感觉。这种既要表现亲密度，又要表现神秘感的矛盾状态，是广告创意传播需要把握的境界。新媒体传播是拥有较传统大众传播更优越的传播环境，为网络使用者建立“至爱品牌”的体验，还是为品牌的广告创意理念传播带来更强大的挑战？这是一个需要在研究中进一步获得结论的问题。互联网创意传播的每一个创意环节，都应该是不断为品牌加分、积累消费者“至爱”的重要过程，而这种过程应该是主动的接纳，而不是强制的灌输。

我们可以看到“传统的媒体投放型广告服务，已经无法满足企业在新媒体平台上进行营销传播的要求。这是因为在互联网环境中，面对互联网上海量的信息和多元化的内容，企业的传播内容不能靠覆盖、强制性到达对消费者产生影响。此时一个核心问题就在于，互联网上没有创意就没有传播。创意重新成为营销传播的核心。没有创意，内容不会在海量的环境中产生任何影响。策略固然重要，但是现在创意远远大于策略。创意传播是怎么样用一种有影响力的方式，创造能够形成话题不断扩散的内容，创造效果，进行整体的构思”[7]。

目前我们在这一方面的研究还很欠缺，围绕着互联网广告这个主题大家谈得最多的是互联网广告的新形式，再有就是泛泛地主观地谈及什么样的广告创意是好的；从网络使用者角度分析互联网广告传播的文章很少，即便有也基本是作者按照主观经验得来的判断；从互联网广告创意人和网络使用者双重角度来研究互联网广告创意的文章，到目前为止还未可见。

研究方法

本研究采用的方法主要为定性研究的深度访谈法，执行步骤如下：

1、抽样方法——判断式抽样方法

(1) 针对广告创意人

本研究采取非概率性抽样中的“判断式抽样法”来确定受访对象。本研究小组的判断方法是藉由小组成员内对广告领域的专业，谨慎选出具有横跨传统广告产业及新媒体广告产业具代表性的广告创意从业人员，选择来自11家不同背景的广告传播行业专业公司的11位资深创意人员作为深访对象，其中覆盖到国际综合广告传播公司、国内综合广告传播公司、国际专业互联网广告传播公司，以及国内专业互联网广告传播公司等不同公司层级；被访人员至少拥有三年以上互联网广告传播经验，其中近九成以上的资深创意人拥有十年或十年以上广告传播经验，四成以上拥有近十年互联网广告创意经验，可以说是与互联网广告共同成长的网络广告人。虽然这些人可能并没有办法代表新媒体时代所有广告创意人的想法，但应该可以满足一般性比较的目的。

(2) 针对网络使用者

同样的对于网络使用者本部分的研究采取的也是非概率性抽样中的“判断式抽样法”来确定受访对象。由本研究小组依据研究目的，谨慎依据受教育程度、职业、收入、性别、年龄、婚姻状况等选择出具有代表性经常上网的网络使用者12名作为深访对象，并在征得对方同意的情况下，利用msn针对每位受访者进行约40－60分钟左右的在线访谈，虽然这些人可能并没有办法代表新媒体时代所有网络广告受众的想法，但应该可以满足对一般网络用户的基本描述。

由于这种方法产生的样本代表性可疑，因此，它通常用于探索性研究。这和我们论文目的是吻合的。同样的，就因为抽样方法的限制，这部分的研究结果显然不能进行过度的推论，但却可以让我们在有限的时间内，对互联网环境下的广告受众心理取得初步的了解，也可以对新媒体时代广告创意人的想法有个基本的把握。

2、定性访谈

根据以上抽样，针对广告创意人员和网络使用者，我们以面访和网络访问两种形式，进行了历时近一个月的深度访谈，获得了丰厚的研究和对比资料。基本上在深访前研究小组的成员皆已针对此次研究的主题做过相关文献的阅读，发现广告营销传播的最终目标是建立品牌忠诚度，达到“至爱品牌”的传统广告理论，以及在互联网环境下可能受到的挑战。而斯蒂芬·李特约翰阐述了5个新媒体时代网络使用者们的特征：a.选择性、b.实用性、c.意图性、d.参与性、e.不易被媒介说服，从更具象的角度，描绘了网络使用者的基本特征。

我们将以这些方向作为访问时的主要观察角度，一方面了解受访的广告创意人员是否因为互联网环境下，网络传播的特点改变了广告营销传播始终关注的品牌创意理念，以及由于网络使用者的特性而自觉或不自觉地选择了更容易接近网络使用者的广告创意形式，从而造成互联网环境下广告创意形式和内容的变迁；另一方面，针对网络使用者，我们试图深入了解他们对互联网广告的关注度和接受度，分析互联网广告传播对于品牌的传播力度。

访谈原则并不预设立场、限制受访者的发言，期待能发现更多的观察角度。以下访谈问题并非采用一问一答或依序询问方式，仅供访员访谈时参考使用，访员则依实际采访状况，调动或扩大问题角度，以充实符合本研究范围内的资料为主要目的。

(1) 针对广告创意人员的深访大纲

a. 在互联网环境下您较常运用哪些创意形式来做广告？你觉得创意理念（idea）有什么改变吗？为什么？

b. 您觉得现在在互联网环境下的广告创意形式和过去有哪些差别？

c. 您认为从传统广告人到新媒体广告人面临最大的挑战是什么？

d. 互联网传播对品牌塑造有怎样的影响力？

e. 您认为网络使用者和大众媒体传播时代的受众

有什么不同吗?

f. 您觉得自己做过的最喜欢的广告是哪几个？为什么特别喜欢这几个广告?

g. 您最欣赏哪个互联网广告，为什么?

(2) 针对网络使用者进行的访谈大纲

a.您在网上留意过广告吗?

b.哪个广告让您留下比较深刻的印象？描述一下?

c.为什么喜欢这个广告?

d.这个广告成功地说服你产生购买行动或观念上的改变了吗?

事实上，在访问过程中，我们访问的23位（11位专业广告创意人，12位网络使用者）人员，每一位对我们大纲所涉的问题都有不同的回答，因此，我们追问的方向也各有不同，在以下的内容分析中将有所体现。

研究发现

1、创意理念没有改变，创意表现百变其身

在传统的广告营销传播领域，向来关注长期消费者认同的品牌形象的建立，而广告创意理念是品牌得以认同的桥梁。眼花缭乱的互联网传播技术和广告创意形式很容易将品牌核心的价值——创意理念丢弃或冷落。然而在本次研究中，我们所访问的11位资深广告创意人员一致认为，品牌的原始创意理念没有改变，也不应该改变。创意理念本身没有改变，可谓“百变不变”。但与此同时，创意手段更加灵活，更加开放和自由。广告传播与消费者“关系正在发生”，传播总是处于进行时，而且是互动关系，以创新的表现形式，粘住网络使用者，广告创意要有生命力，要给网络使用者留点空间，让网络使用者参与、分享、传播。

如此一致的认同，不禁让研究者有点“喜出望外”，在研究课题设定前期的研究假设中，我们认为，或许来自传统广告传播公司的创意人员会认同创意理念的恒久性，对于追求变化的互联网广告创意人，不变可能是个“奢侈品”。然而，“百变不变”正是互联网广告创意人对于广告传播最终目的依然是指向品牌长期形象建立的坚定意念。

表1　广告创意人员对广告创意理念在互联网广告传播中的认同

A	我觉得创意概念本身的差异不大，较大的思考点在于转换成表现。一来由于平台属性不同，更多的差异是互联网更贴近阅听群众，所以互联网的创意着力在互动性以及更多心理层面的理解。
B	理念没变，手段更加灵活了。
C	正如人性几乎从未有过改变，创意理念也不会轻易改变。被改变的，只是形式和技巧。最大的改变就是：品牌活体。还有就是，如果你不喜欢，那你就可能看不见。活体，就是，是个有生命的，并且是和受众互动长大的，以前的品牌是雕像。
D	从根本上我觉得没有本质的变化，应该说是思路上。但是就具体的 idea 上就有些不同，毕竟互联网有他自己的特性，这种特性也是传统不能也无法解决的。
E	最原始的部分可能没什么变，就是 CONCEPT 可能没变。但 IDEA 到表达方式变了，变得要让网民有更多发挥，更感兴趣。
F	最终还是回到服务于品牌。最早是新形式的广告创意（那会做网络广告时髦），之后，有一段追求视觉冲击，当技术更成熟后，现在追求更多的才是品牌、细节、精准等等。说白了就是，开始 ：新鲜，玩酷；目前：成熟。新鲜，玩酷，成熟，基本就是这个大致过程。
G	品牌层面的理念不会改变。
H	对“品牌”规划的概念是相同的，但是表现形式是不同的。而且互联网的广告也是有分众市场的，就像传统广告一样，女性用品我们会挑选时尚女性常上的网站露出广告，体育用品我们会找运动类型网站，这种做法其实和传统广告是一样的。
I	广告创意理念没有改变。但广告已经被重新定义了，这不光是互联网的影响，但互联网在其中起到了关键的作用，给它用一句话来概括的话，就是“关系正在发生”。
J	理念不变，但互联网广告是以互动为核心的创意，现在传统已经注重互动了，现在是大环境变化了，就是大环境是互联网的发展，创意的形式，就是从品牌的角度来看，已经发生了非常大的变化。
K	表现形式的创意——“技术创新”是内容创意的一个硬支持，在不断推陈出新的过程中推动广告创意。只要想得到，就能做得到。 网络广告内容创意的方法基于传统广告，但也超越传统广告。网络创意没有定式，这种开放性激发了创意思维，因此网络广告也就更加“精彩”。

（说明：对于创意理念的研究，只限于专业广告创意人。这是广告传播行业的专业问题，在研究设计初期，研究人员便未将网络使用者纳入此项问题追问之中，故在此未作比较性探讨。）

2、互联网广告形式是一个常变量，日新月异

本次研究的一个重要目的，是了解广告创意人员经常采用的广告传播形式和网络使用者对于网络广告形式的接收程度的比较分析，发现网络使用者喜欢和厌恶的广告形式，在对比中发现异同，为广告创意人员提供网络使用者对于广告形式的真实认知和需求，以改进广告

传播效果。

广告创意人员认定由于互联网的特点，使得网络广告创意没有固定的形式，“太多了，而且一直在刷新变化，变化是根本”，只要能够更直接地帮助客户完成营销传播目标的形式就可以为我所用。互联网具有的无限性和互动性，使广告创意形式常常带有无厘头般的表现，而且必须具备兴奋点。广告创意在网络上也成为一种娱乐化消费，网络使用者直接参与其中，这种“全民参与”的形式，拥有联动性，在网络中自动蔓延。同时，网络上草根明星的兴起，也影响着网络使用者的态度，广告创意要求更贴近他们。在品牌传播之前，就需要你切进去，让消费者和广告变得亲密，口碑、活动、关键词营销、内容营销，这些原本看似侧重内容的传播手段，也会变成活跃的广告传播形式。

从网络使用者上看，大部分的网络使用者都有或曾经留意过互网络广告，但注意度并不高，甚至有的认为“如果形式恶俗是网络广告最大不好”，有时是被“骗”点开后，又立刻关掉，基本上不会花太多时间注意广告。然而网络使用者还是自觉或不自觉地被广告吸引。有利可图的广告传播信息受到大多数网络使用者的欢迎，“有创意的”、“好玩的”、“可爱的”也吸引网络使用者的眼球。有趣的是，目前网络使用者喜闻乐见的和被网络广告创意人青睐并常常使用的广告形式看上去却“不像广告”，不像广告的广告是传播者和接受者都乐此不疲的追求。

虽然专业创意人员与网络使用者描述广告创意形式的语境不尽相同，我们还是得出可以对比的元素，我们从以上八个层面编码，获得6个相同两个相异的比较结果。在“感官”、“互动”、“名人”和“非广告”四个编码上，专业创意人员与网络使用者存在相同的认识，在“标题”和“其它”两个编码上出现相异的认识。还有就是专业创意人员在“有利可图”、“精准”这两点上认识不够。

总体看来，专业的广告创意人基本能够把握网络使用者对于广告形式的需求。但在细节控制上常常会有所偏差，比如网络使用者认为内容还是重于形式。在形式上确实可以透过游戏、标题、面积、动画等技巧吸引到部分网络使用者，但并不是效果愈炫的广告愈有效果，网络使用者A、F不受这类广告影响，反而是对消费者有意义的图片和标题有足够的吸引力，这显示出网络广告分众性存在的事实，网络使用者F更提到“分类的位置”，也就是广告如果“放错”位置，根本不会赢得目标消费者的注意。

表2　网络使用者与广告创意人对互联网广告形式认知的对比

比较类别	广告创意人	网络使用者	比较结果
感官	视觉冲击	图片吸引人 有3D动画 面积比较大 颜色吸引人 可爱 有好创意的	同
互动	好玩 互动 参与 体验式行销 与活动捆绑出现 用户贡献内容强大	好玩的	同 （但有网络用户表示，他们所以参与网络上的互动游戏，经常是为了取得价格上的优惠）
有利可图	中大奖 折扣	有小便宜可捡的（如：折扣、样品、优惠券，有利可图，互惠的）	同 （关于这一点，只有一位广告创意人提出， 但是八成网友都觉得这一点很吸引人）
精准	关键词营销	在搜索资料时会出现的广告，电子邮件广告	同 （广告创意人员都注意到了精准营销的重要性。但是对于五成以上网友都认为有效的电子邮件广告，却没有过多提及）
名人	草根明星	明星 “托儿”名人效应	同
“非广告”	不认为是广告的广告最成功	看起来不像广告的广告	同
标题		标题有趣	异
其它	整合，全方位 新技术引领 感觉真实 媒体投放的概念被淡化 最有效的是最简单的	内容有趣	异

特别值得一提的是，有些广告的内容如果不是消费者需要的，或是没有任何新的信息，消费者即便点开广告，甚至参与游戏后，仍对该广告宣传的产品毫无兴趣。

内容上，消费者最能接受的是具有互惠性质有利可图的广告，此外，娱乐性、好玩、好创意，都是一个互联网广告会受到网络使用者欣赏的主要原因。

并非所有具有视觉冲击的广告形式都受到欢迎。主动跳出或是一被鼠标碰到就会打开的强迫性广告是最令人讨厌的，有声音的则更令人讨厌，主要是这些广告影响到网络使用者浏览网络的行为。这些广告不但不会因消费者被强迫点阅后，让消费者对产品或品牌留下好印象，反而会让消费者产生反感情绪。

在其他方面，广告创意人认为整合性的全方位传播尤为重要，在表现上应该充分利用新技术，力求感觉真实，追求最有效的是最简单的表现手法，并且在传播上应该淡化媒体投放的概念，这些认识可能过于专业未能与网络使用者的认知产生对等的碰撞。而网络使用者对于标题有趣和内容有趣的指向，也能与广告创意人的认知产生共鸣。这两方面有待广告创意人在今后的作业中进一步探讨。

研究还表明，网络使用者对于广告形式自觉超出研究者的想象。大多数网络使用者甚至明白搜索引擎广告和博客内容广告，而且认为“看起来不像广告的广告形式”最好。如网络使用者H所说的模仿QQ留言，或者形式特别的（模仿桌面破掉的等等）。这个层面的认识，似乎已经接近专业广告创意人的认知了。

比如网络广告创意人D认为：“芙蓉姐姐应该说是最早也是效果最好的互联网广告吧。但绝不是以广告形式出现的，960万平方公里谁人不知晓，祖国看起来还是不够大啊。当消费者不认为它是广告就成功了。”

关于“不像广告的广告”，广告创意人F也持有类似的观点：“我最欣赏的广告是让人不觉得是广告的广告，比如：google，到处不都是他们的广告吗？人家还把钱赚到了。所以互联网广告更是立体化的。”

网络使用者对于直白的广告兴趣都不大，因此如果是太像广告的广告，第一时间就已经被删除。但有趣的是，如果该广告的创意是好的，即便网络使用者后来发现自己看的是广告，也不会觉得受骗，反而会因为该公司对广告的用心提升网络使用者对该品牌的形象认知。这似乎更加凸显了广告创意的重要性。

互联网创意常常会偏重P.R.（公关）传播，广告公司根据自己掌控的资源给客户推广一些活动。无论采用何种方式，互联网广告创意都在延伸品牌的深层概念，其间内容变得尤为重要。

另外，互联网广告创意效果的可衡量性，决定了许多品牌更倾向于采用互联网创意推广阶段性产品，将其作为短期有效的促销手段，这其实是一种短视行为。互联网广告创意表现空间无限延伸，使其理应为品牌塑造更加突出的个性形象做出更大的贡献。

3、双重身份的网络使用者，使用者也是传播者

互联网改变了大众传播时代广告受众的角色，多重因素影响着网络使用者的媒体使用习惯，同时消费者的购买行为也发生了变化。网络使用者也是传播者，他们会更主动地寻找信息，参与其中，交流和彼此影响，参与和体验，拥有了联合起来的势力，甚至发展自有的文化。本次研究发现，互联网广告创意人员对于网络使用者的独特洞察。

（1）“关系正在发生”，参与正在进行

这已经不是一代人的改变，随着80后和90后成为主流消费者，网络的力量必将更加凸显。创意人只有充分把握网络使用者的心理，适度地让他们参与其中，才能获得更佳的广告传播效果。广告创意人将网络使用者参与广告传播活动的现象总结为“关系正在发生”。“就是似乎它不断地在互动，是进行时，而且他还有一个非常大的特点，就是它给消费者留一个空间，我把一个广告做出去了，它还要消费者去参与，我所说的留一个空间，就不是特别完美，参与不进去。这样就和讲故事一样，消费者回去参与，而且他还会去传播，分享并且传递，他参与进去，比如你看到一个好东西，你觉得这个东西太好玩了，你就会发给同事、朋友啊，然后你看了之后你又会去转发，这样事情有了进展，它有了一个变化，而且这个变化它又可以下一步地去进展。相比于传统很大的一个区别就是他不断地在发生，来来回回的就这样，就是关系正在发生，而不是说已经发生了就结束了，这个不断发生的，就是创意上要考虑的问题”。

广告创意人A认为：“现在的消费者，购物之前能在互联网上找到成千上万的相关信息，所以光靠说服非常困难。要创造高于产品本身利益的东西出来才能吸引人，例如个性。”

广告创意人H认为参与会带来巨大的潜能，网络使用者“更喜欢参与和互动的感觉。就像播种一样，有很多东西是集合大家的力量让它一起长大的，有时后产生的结果也是大家意想不到的”。

（2）是个体，也是群体

在大众传播时代，广告创意人曾以“获得个体典型消费者洞察”作为群体广告传播策略的重要参照，然而，“互联网把世界变平的同时，也将世界割裂为无数方寸之地。真正的细分人群成为可能，人们将创建无数的同道‘社区’，集结全球的相投人群，并互相影响。”广告创意人C深刻地揭示出互联网使用者潜伏着的深层群体传播动能，“网络使用者更主动去寻找信息，更喜欢交流和彼此影响。新时代和旧时代，并不简单只是个名词，而更多是由科技引发的意识形态的改变。他们变得更主动，更喜欢参与和体验。同时因为更多知识与经验的共享，他们的意志也必将影响世界。简单地说，他们拥有了联合起来的势力，而非之前单个脆弱的个体。”

更加“人以群分”的网络使用者对于广告传播是个好消息，使得某些消费者可以被更精准地捕捉到，而且是真正的一群人。创意人D指出：“国内的网络使用者在行为和意识形态上也形成了一些自有的文化，这在以往是从没有过的，比如现在典型的网络流行关键词什么‘和谐’啊、‘打酱油’啊、‘很黄很暴力’啊等等，这些现象从传播上来讲都是很有意义的。”

(3) 双重身份的挑战

网络使用者既是使用者也是传播者的双重身份使传统的广告传播模式发生了彻底的改变，受众不再只是被动的信息接受者，同时也是传播信息的参与者。然而他们并不是任何信息都乐意传播，对于他们不想接受的信息，永远也不会到达他们，更谈不上会传播。大多数时候广告属于他们并不想主动接收的信息。广告创意人H认为：“他们对广告的反应可能更直接、更喜欢玩、更没有耐心、更难被讨好，喜新厌旧的速度更快，也更聪明。这对创意人员无疑是很大的挑战”。他进一步说明这种近乎偏激的特征是一个大时代的产物：“但与其说这是互联网环境下广告受众的特性，不如说是这个时代人们的特色。”

网络使用者的双重身份体现出他们对待广告传播的矛盾性。他们以自己的方式对广告拒绝地接纳着。网络使得网络使用者不仅改变了媒体消费习惯，也改变着消费行为。网上购物已经不是一种时尚，而是生活的必需。网络使用者A的“化妆品基本上全部在网上买”，它通过论坛去找东西，口碑营销在此已经播下了传播的种子，不像广告的广告也可以在此频频出现，意见领袖可能就是个“托儿”也未可知。论坛也是广告，消费者却愿者上钩。

网络使用者E说出了大多数网络使用者的心声：“网络广告要是好玩，我也看。比如taobao有些广告，友好玩的，不是大白广告。我点的大部分都是觉得好玩，就点进去了。我自己对折扣这种有兴趣或者说是创意好玩的，很Q的有兴趣（对大白广告没兴趣）。sina、sohu的广告我从来不看，除非是折扣信息，除非是打折的那种，我立刻就跑去了。或者拿什么优惠卷，或者领小样（但是要填写太多个人信息的，我就放弃）……省钱的比较直接，还有点吸引力。去taobao上看，因为很直接的推销，折扣啊，或者扮漂亮啊。”

网络使用者一边厌烦着直白无创意的网络广告，一边被创意奇特的广告所吸引；一边不停地关掉弹出窗口，一边主动寻找自认为有价值的促销信息；一边喋喋不休地抱怨充满广告的网络，一边将自己喜欢的广告不断的转发。这就是网络时代的广告受众——网络使用者，又是信息传播者。

4、互联网广告传播对品牌塑造的影响力值得期待

专业的互联网广告创意人对于互联网营销传播的前景非常看好，同样对于互联网广告的品牌塑造力量，也持相当乐观的态度。

(1) 有望成为主流媒体

广告创意人F认为，互联网“最新融合的是电视，电视手机终端应用者，最后又回到互联网传播里”。“总有一天（互联网）会作为主要媒体出来的，更广泛地应用到生活当中。肯定会，那个时候变化就不光是媒体了，客户、受众需求也会变化”。创意人D认为，互联网的“可评估性对客户很有吸引力”。

“就是现在的趋势来看，应该是互联网做360度的整合传播，就不单单是说，以前都是说传统有一个框架以后，然后基于这个做360度传播，互联网是一个小的

部分。然后呢，我觉得现在的趋势是互联网有一个大的idea，传统媒体包括PR，各方面然后都是根据这个去服务于他的，来做整合传播的，是这样的。其实有很多的国外的案例，就是这样来做的。”

（2）主动亲近品牌

消费者认同品牌进而主动亲近品牌是“至爱品牌”的必要元素，互联网环境下的品牌塑造具有天生的互动亲近优越感。

广告创意人A认为：“以前的广告主是花钱买消费者时间，但现今可能性价比非常低，所以要创造出消费者愿意主动亲近品牌，而且自愿的给出时间，互联网有能力作后者的事。自愿给时间，广告人的梦想在互联网上成真了。”

创意人B指出因为（互联网广告创意）互动比较深入，所以品牌形象会更具体些。是一对一的品牌建立，但是也要求品牌形象必须有个性，才能跳出来。网民有自主选择性。趣味性是第一的。

创意人E则站在消费者体验角度，认定品牌传播需要给网络使用者“留有空间”，“这个应该就是：从品牌形象变成品牌体验，不是塑造形象，而是引导交互体验。”“品牌是半成品”，就是企业不要做完品牌的全部工作，品牌的一半是由网络使用者自己发展出来的，每个完整的品牌体验，是企业做一半工作，每个个体网络使用者完成另一半，留有空间给消费者去建设。

（3）品牌塑造的源头

大众传播时代的品牌传播策略来自提供综合型广告代理服务的广告传播公司，互联网广告传播有望超越传统的品牌塑造模式，实现多元化品牌塑造模式。

广告创意人I充满信心：“我大胆地预测，互联网可能是一个颠覆，会有一个大的变化，比如消费者和品牌，传统创意特别注重塑造品牌，互联网创意和它其实是没有本质的区别的，但是因为消费者和品牌之间的关系发生了变化，消费者更注重我参与到品牌中去，我参与到品牌的建设中去，就是消费者不光和品牌发生关系，还有消费者和消费者之间，不像传统创意我就是传输给你了。它一样是要做品牌，但它就是拽你过来，让你参加，这样印象更深，品牌更丰满，更觉得有生命，更觉得离我很近。”

广告创意人F提及互联网广告“对推广者的最大好处是传播迅速，节省成本”，对品牌传播的好处，首先是“品牌符号元素更宽了”，再则“ 副品牌延伸得更广了”，并坚信“互联网传播将给品牌塑造行为形成新的传播结构链”。访谈者觉得这个问题值得追问，F进一步说明：“这个结构链是因为互联网的独特性，我觉得互联网广告公司将来应该成为品牌策略的源头。”

虽然专业互联网广告创意人对互联网广告的品牌传播远景都持有乐观态度，但对现状则有些微词。现实中，大多数客户依然将互联网作为一个支持媒体，依附于传统广告，使得互联网广告创意难以施展真正的网络互动和整合的特长。

相比之下，关于品牌塑造，网络使用者目前的接受度并不尽人意。有两位网络使用者E、H明确提到自己比较喜欢传统广告，E认为互联网上的广告“乱七八糟的一般，看的头晕”，“网络的一般都是几个图切换”，“不好玩”；A也认为“传统广告比较有情节，创意上好像更能展开，网络广告比较直接，没有那么多创意诉求”。网络使用者B则提到“仅仅依靠网络还是不够的”；网络使用者I焦点小组中的女性王XX则认为，传统广告的明星效应强，但网络上大家在意的是有没有创意。另一值得注意的是，部分网络使用者注意到“托儿”这一角色的出现，且虽然知道那可能是“托儿”，但是似乎仍觉得可以参考。网络使用者F就提到自己会主动去寻找使用者经验这样的内容。网络使用者F认为“在主动找广告时，这样的平台比较方便”，而且网络是“全天候的”，H虽然较喜欢电视广告，却也认为“互联网广告形式可以很多样。不止是图像，可以和最新的网络技术接轨”。另外，I、J、K、L都提到网络上的广告是比较有针对性的，在经济危机中广告效益比较好。

网络使用者C认为网络广告比较有创意。

网络使用者认为传统广告对消费者的影响力高于互联网广告。但互联网广告也确实会影响到网络使用者对该产品的观感(虽然不一定立即产生购买行为)。

大多数网络使用者在有明确需求的情况下，其实是会主动上网搜寻广告的。在这种情况下，互联网恰恰出现类似的广告，就会赢得他们的关注。

网络使用者B、E认为电视广告和互联网广告是有互补的作用。B认为，“仅仅依靠网络还是不够的……个人感觉……（要与其它形式配合？）恩……是的。因为上网环境本身就是一个很复杂信息很多的环境，远比逛商场、看电视的信息多，所以很容易当时高兴，后来忘了，（太过拥挤的网络广告环境）”。E则认为，“网络的是吸引我去看，吸引关注度，电视的是看具体的，最后的购买取决于口碑”。

网络使用者虽然不具有分析广告对于品牌影响力的专业性语言描述能力，也不太看好互联网广告传播目前的传播强度，但在认知上他们已经谈及了品牌传播的各层面：通过网络广告传播关注品牌形象、认知品牌元素、认同品牌价值。并且能够明确指出整合营销传播的重要性。网络使用者虽然更喜欢传统的电视广告，但从行为上看，网络使用者在购买前，常常主动搜索目标，甚至在网上直接产生购买行为。这也从另一侧面说明，互联网广告传播对品牌塑造的影响力值得期待。

结论和建议

本研究采用定性研究的深度访谈的方法，从互联网广告创意人和网络使用者双重角度，研究互联网广告创意传播的现状、网络使用者对互联网广告的态度以及互联网传播对于品牌塑造的影响力，获得了以上四项主要发现。这些发现昭示着互联网广告传播的发展趋势和可能的障碍。其中暗含的矛盾是，如果不能及时被业界关注和解决，势必影响互联网广告传播的发展。研究者希望归纳出几点结论，并试图提出解决问题的相关建议。

1、在互联网传播平台上创造媒体

互联网不是一般的媒体，业界称互联网为“消费者媒体”，事实上这个媒体也是属于广告和广告客户的品牌。人人都可以在互联网平台上创造媒体，创造传播方式。因此传统的媒体投放型广告，在互联网上成为让人生厌的“骚扰”而遭遇屏蔽。如果无法创造让网络使用者主动参与的传播形态，互联网上的海量信息和多元化的内容必将企业的传播内容完全遮盖，试图强制性到达网络使用者并对其产生影响的网络广告等于自杀，网络使用者根本不会理会任何强制信息，因为这是他们自己的“媒体”。“此时一个核心问题就在于，互联网上没有创意就没有传播，创意重新成为营销传播的核心。没有创意，内容不会在海量的环境中产生任何影响”。[8]创意传播，是网络广告传播的唯一出路，本研究认为，创意传播的主要通道即在互联网传播平台上创造媒体。

2、品牌塑造的真正沃土

目前，互联网依然是大多数品牌营销传播的支持媒体，即便是在专业的互联网广告传播公司，作业上也大多是支持相关传统广告执行互联网广告的创意制作和发布。然而互联网的特性显示了互联网传播理应成为品牌塑造的本源。一方面互联网的“品牌发现”功能强大，为品牌提供了丰富的传播管理资源作为传播策略的源头；另一方面，主动参与的网络使用者会在品牌需要的时候添加“爱的元素”，即互联网创意传播可能给网络使用者留出足够的自己创造的空间，让“半成品的品牌”完善完美。这个问题，专业广告传播公司均有认知，但无奈客户的观念需要改变，路漫漫其修远兮。

3、网络使用者阵营

“圈群”、“社群”和“社区”这些词都是指向具有共同兴趣爱好的网络使用者。消费者不再孤独，品牌面对的是一群可能的忠实Fans，参与——分享——传播，也不再是个人行为。圈群的认同是个体满足基础，网络的归属感在圈群的虚拟生活圈中体现。诚然，专业

互联网传播公司已经关注到传统媒体受众到网络使用者的改变，网络精准营销、口碑营销和内容营销已经开始针对以群的面貌出现的网络使用者，但这方面的努力还远远不够。对于网络使用者圈群的研究和个体网络使用者的消费心理的探究也不够深入，此间需要更多的学界和业界专业人士的共同奋斗。

4、建立科学的创意传播流程

互联网广告创意传播之所以没有变成主流，与目前专业互联网传播公司的创意传播流程不健全直接关联。

虽然资深的互联网创意从业人员都一致认为公司的传播流程和前期策略能力均处于有待改进的状态，但相信短期之内现状难以改变。互联网至今依然属于新生事物，互联网营销传播也属于初期探索形态，互联网传播从业人员的经验和素质参差不齐，管理层的战略眼光都不同程度地影响着互联网广告传播公司走向科学发展的进程。综合性营销传播公司虽也逐渐意识到互联网传播的重要性，纷纷建立自己的互动部门，但常常只是将其作为配合部门，做些互联网广告制作执行工作。只有建立以互联网创意传播为主体的科学的流程体系，互联网广告传播才能成为真正的主流传播形式。

5、技术不是技术，是创意的扳机

对于技术的重视，是目前专业互联网创意传播人的共同状态，也是互联网创意传播的另一特点。日新月异、眼花缭乱的网络广告形式都是仰仗技术的不断支持。然而，没有谁家有什么独门秘笈的，只有依托一定技术的创意能够带来独一无二的传播运动。技术在互联网传播中担负的是创意扳机的重要作用。创意人员了解技术，便会让创意的枪打得更准确到位。这并不是件容易的事，需要保有一颗不断学习的好奇心态。

至此，本研究即将告一段落。本研究的意义在于将专业互联网广告创意人员和网络使用者放在一个研究平台上，拓宽了互联网广告创意传播的研究范围。本研究在抽样和研究时间有限的条件下，对互联网广告创意传播层面问题进行了一些开创性的探索。虽然研究发现和

结论还远远不够完善，却为今后的相关研究提供了多方面的研究思路，结论部分的建议也有待进一步的探讨。

注释：

[1] 沈虹，《广告文案创意教程》，北京大学出版社，2008年，第123—124页。

[2] 匡文波，《网络广告的监管和发展策略》，《国际商业技术》，2001年第4期。

[3] http://www.iresearch.com.cn。

[4] [美]威廉·阿伦斯，《当代广告学》，丁俊杰 等译，华夏出版社第7版，第515页。

[5] 斯蒂芬·李特约翰，《人类传播理论》，清华大学出版社2004年版，第360页。

[6] 凯文·罗伯茨著，《至爱品牌》，中国人民大学出版社，2005年，第66页。

[7] 陈刚，《创意传播管理》，《广告大观（综合版）》，2008年第5期。

[8] 陈刚，《创意传播管理》，《广告大观（综合版）》，2008年第5期。

参考文献：

1、[美]凯文·罗伯茨著，《至爱品牌》，中国人民大学出版社，2005年版。

2、[美]斯蒂芬·李特约翰，《人类传播理论》，清华大学出版社，2004年版。

3、[美]威廉·阿伦斯，《当代广告学》，丁俊杰等译，华夏出版社第7版。

4、沈虹，《广告文案创意教程》，北京大学出版社。

5、陈刚，《创意传播管理》，《广告大观（综合版）》，2008年第5期。

6、匡文波，《网络广告的监管和发展策略》，《国际商业技术》，2001年第4期。

附录1

广告公司创意人员相关资料一览表

代号	姓名	性别	公司	从业经历	备注
A	沈X	男	某著名国际互联网广告传播公司大中华区的执行创意总监	20年广告经验其中前12年从事传统广告创意工作，后8年进入互联网广告界。	美术出身，来自台湾，现常驻上海。
B	陈X	女	某著名国际广告传播公司创意总监	12年广告经验。这几年为不同客户做过互联网广告创意，但大多为配合整体传播需求。	文案创意出身，以创意理念见长，讲究传播实效。
C	楚X	男	某著名国际广告传播公司创意总监	10年广告经验。	文案出身，非常重视创意理念和创意表现。
D	冯XX	男	某著名国际广告传播公司互动部创意总监	十年广告经验，近两三年由传统广告转至互联网广告。	美术出身，连续2年获得4A互动广告创意金奖。
E	陈XX	男	国内著名广告营销传播专家	15年广告经验业界著名的广告营销和广告创意专家，国内较早涉入互联网广告创意的广告人。曾为百度创作对抗Google的网络病毒视频广告，至今广为流传。	以市场触觉敏感见长，推崇实效传播。他近两年致力于web2.0营销理念，并创建了“张小盒”，在白领中甚为流行。
F	张X	男	资深互联网广告创意人	10年以上互联网广告经验，在国内属于较早从传统转向互联网的广告创意人。	曾在北京和上海不同的综合广告公司和互联网广告公司任创意总监。
G	左X	男	某著名国际互联网广告传播公司创意总监	广告做了6年，互动做了3年。以前在设计公司，广告公司，做过房地产广告，后来跳出来做互动，互联网广告这一块。	美术出身。
H	张XX	男	某著名国际广告传播公司创意总监	13年广告经验，一直在国际国内的综合型广告公司任职，涉及互联网业务。	文案创意出身，擅长于创意理念。
I	邢X	女	国内某专业互联网广告传播公司创意总监	8年广告经验，2年以上互联网广告经验。	文案创意出身，注重创意理念。
J	郑X	男	国内某专业互联网广告传播公司执行创意总监	12年广告经验，5年以上互联网广告经验。	美术出身。
K	谭X	男	国内某广告公司总经理	10年以上广告经验，主要服务于综合性广告公司，涉及互联网业务。	创意背景，美术出身。

附录 2

受访的网络使用者相关数据一览表

代号	姓名	性别	年龄	教育程度	职业	收入	备注
A	朱 XX	女	31		公司采购	2500	有一个一岁的孩子。平时工作不忙，喜欢网上购物，喜欢通过搜索引擎和论坛找自己需要的东西。有孩子后更为关注网上销售的儿童用品。
B	杨 X	女	20	大学本科	大三学生	无	平时喜欢在网上寻找趣味视频观看，关注购物网的流行趋势，也喜欢观看明星逸事。对于广告也是持同样的态度，被娱乐或有“实用价值”的广告吸引，认为如果形式恶俗是网络广告最大不好。使用语言现代，比如，有些广告很“雷人”。
C	罗 X	女	33	中学毕业	学校后勤人员	1500	已婚，在高校做后勤工作，闲暇时间较多，爱上网，喜欢网购买打折商品
D	马 XX	女	27	本科双学位	记者	5000	未婚，思想活跃，常有新鲜想法。(注：后笔者又有看一些社会学书，发现深访时不应纳入记者和市调人员，以后会多注意)
E	闫 X	女	30	大学本科	动画公司老板	不详	婚姻状况：不详 工作 4 年，25 岁创用户调查公司，之后又独资创动画公司，工作在上海。
F	黄 XX	男	29	留英硕士	出版社编辑	5000	婚姻状况：未婚 大学是中文系，当兵时在台北文化局工作，负责文化局公交车诗文征选及艺文补助案方面的业务，出国学习出版相关学科硕士，回台湾后在出版社当企划编辑，负责过网站和小学课辅书的编辑工作。
G	金 X	男	20	大学本科	大二学生	600	南京某重点大学学建筑的学生，喜爱网络游戏，可却偏爱电视广告。
H	李 XX	男	37	大学本科	某大企业的部门经理	15000	访问他不甚顺利，先是怎么也找不到合适的时间，再一是他对广告的态度多有矛盾，一边说从来不受广告影响，一边又说好的创意会影响他的购买（或许大多数消费者都是如此)。对于网络广告，他分不清什么是商家故意的广告还是网络内容。
I	王 XX	女	25	硕士	IT 相关	10000	未婚，工作了 3 年，网龄 6 年，每天平均上网 2 小时，热爱网上一切新生事物。
J	张 XX	男	27	大学本科	银行	5000	已婚，工作了 3 年以上，网龄 8 年，每天平均上网 1 小时。
K	李 X	男	29	大学本科	IT 相关	10000	未婚，工作了 4 年，网龄 9 年，每天上网 4 小时。
L	范 X	男	28	硕士	IT 相关	10000	未婚，工作了 3 年，网龄 8 年，每天上网 6 小时.热爱网上一切新生事物。

附录3

广告创意人理解的网络时代的消费者

A	就创意而言，这好玩多了。受众应该是相同的，只是阅听行为受到科技工具影响，从而改变了他们的购买行为。现在的消费者，购物之前能在互联网上找到成千上万的相关信息，所以光靠说服非常困难。要创造高于产品本身利益的东西出来才能吸引，例如个性。
B	人群分布不同，网络主要集中大城市，愿意参与网络活动的主要在大学及年轻白领中。以往是所有人，没有门槛限制。行为上，网络活动参与者更主动寻找信息，以往的比较被动接收信息。
C	人们不再只是被动接受品牌的声音，而是参与其中。如果说过去的品牌传播是一场演说，一次广播，现在则变化为一场对话，一次游戏。而互联网把世界变平的同时，也将世界割裂为无数方寸之地。真正的细分人群成为可能，人们将创建无数的同道"社区"，集结全球的相投人群，并互相影响。 主动VS被动。互动VS不动。 网络使用者更主动去寻找信息，更喜欢交流和彼此影响。新时代和旧时代，并不简单只是个名词，而更多是由科技引发的意识形态的改变。他们变得更主动，更喜欢参与和体验。同时因为更多知识与经验的共享，他们的意志也必将影响世界。简单地说，他们拥有了联合起来的势力，而非之前单个脆弱的个体。
D	首先网络使得某些消费者可以被更精准的捕捉到,其次相比大众传媒消费者自主性或者说参与性更强,我觉得啊。 再有国内的网络使用者在行为和意识形态上也形成了一些自有的文化，这在以往是从没有过的，比如现在典型的网络流行关键词什么"和谐"啊、"打酱油"啊、"很黄很暴力"啊，这些现象从传播来讲都是很有意义的。
E	主要是传播模式不同吧，人还是一样的人，受众和参与者（或者说是产消者,托夫勒的那个说法）双重身份。
F	说不同也有其相同。现在的一个特质，他们既是使用者也是传播者。网络从对人们的应用已经开始转换为生活一部分而且速度转变惊人。
G	以前分析传统受众的话，我们会分析他们的生活形态，朝九晚五，职业收入，受众基础信息都是一样的，不同的是新媒体它需要分析信息接触习惯。比如传统的只会看到多少人看电视，互动上面就还可以看到到底是谁在看电视。 假如知道对方的接受习惯的话，模拟的受众也行，接受信息的习惯，比如逛论坛会对内容进行回复，回复的行为对于客户要求的有关联的话，则可能对广告上有所改变。
H	群众更喜欢参与和互动的感觉。就像播种一样，有很多东西是集合大家的力量让它一起长大的，有时候产生的结果也是大家意想不到的。我认为对于互联网的依赖，大城市的人比较多，受教育程度应该比较高，也比较相信"品牌"。他们对广告的反应可能更直接、更喜欢玩、更没有耐心、更难被讨好，喜新厌旧的速度更快，也更聪明。这对创意人员无疑是很大的挑战。 但与其说这是互联网环境下广告受众的特性，不如说是这个时代人们的特色。
J	以前做广告就是我告诉你了，我把这个广告打出去了，它也有互动，但是这个比较慢，现在的"关系正在发生"就似乎它不断的在互动，就是进行时，而且他还有一个非常大的特点，就是它给消费者留一个空间，就是我把一个广告做出去了，它还要消费者去参与，我所说的留一个空间呢，就不是特别完美，参与不进去。这样就和讲故事一样，消费者回去参与，而且他还会去传播，分享并且传递，他参与进去，比如你看到一个好东西，你觉得这个东西太好玩了，你就会发给同事、朋友啊，然后你看了之后你又会去转发，这样事情有了进展，它有了一个变化，而且这个变化它有可以下一步地去进展。相比于传统很大的一个区别就是他不断地在发生，来来回回的就这样，就是关系正在发生，而不是说已经发生了就结束了，这个就是不断发生的，这个就是创意上要考虑的问题。 从主流的消费群体来讲，已经是偏年轻了，都谈90后了，整个的这个目标市场都已经产生了变化，最主要的是这一部分人很多已经不看电视了，很可能黄金时段他们在上网，而且这些人在工作的时候可能也是在看媒体的，在上网，媒体消费习惯改变了，这就决定了这些人用什么样的渠道去了解这些东西，了解品牌，了解产品，从而改变了消费习惯，比如很多人在网上买东西，即使不在网上买东西，他也会在网上了解那些东西，然后直接到卖场去拿，消费习惯会改变，比如淘宝的成功，交友、沟通方式的改变，比如sns，朋友找朋友，就是直接的交流会越来越少。比如饭否，就是一句话博客，就是90后的更加活跃。什么火星文都是这样，我也是不得不做，我就是要比他们了解的更多。网络的力量太强大了。

新型网络广告的政策与法律风险控制
——以手机广告为例

北京市金诚同达律师事务所合伙人律师　李德成

关键词：新媒体、手机广告、个人数据、法律风险控制

引言：新媒体广告与传统的广告行业一样都存在着法律与政策风险，关键是如何控制这些风险。对此类法律与政策风险的控制，不能完全依靠法律专家对既有法律规范的理解与适用，因为目前多数的法律专家还没有研究新媒体广告业务模式的习惯，甚至对该行业还缺乏必要了解，在此情况下很难结合行业特征正确地适用法律原则与法律规范。另一个重要的原因，是法律专家习惯于将诉讼个案的规则和结果，作为对新媒体广告行业法律与政策风险控制的主要方法。

论点：对新媒体广告行业法律与政策风险控制的核心，是最大限度地避免不利于业务模式发展的因素在一个时期内集中转化为法律事实。

不利于新媒体广告行业发展的因素有很多，有直接的也有间接的，有表面的也有潜在的。如何确定最直接最根本的因素是当务之急是重中之重。这些不利的根本因素并不必然对新媒体广告业务模式的发展产生消极的法律后果，这是因为这些根本因素并不必然成为法律事实，其原因有二，一是，有很多的不利因素是无法通过证据确定为事实，二是，其中有很多的事实并不引起法律关系的变化，所以完全消除这些不利的因素不仅不可能也没有必要。但是，如果这些不利的根本因素，在一个时期被集中地转化为法律事实，而这些法律事实会引起消极的法律后果时，这时笔者认为，这个新媒体广告业务模式的政策和法律风险不可控。

一、新媒体广告业务的政策与法律风险控制要结合不同的商业模式进行

1、法律专家介入的必要性

判断哪些因素是对新媒体广告业务模式不利的根本因素，以及确定哪些根本因素可能被认定为法律事实，是复杂而困难的。这个问题通过新媒体广告行业自身的发展无法自足，必然需要法律专家有效地介入。法律专家是否能有效地介入并实质性地发挥作用，关键在于法律专家对新媒体广告形式、商业模式、产业链条、发展趋势和客观需要等有深入和全面的了解。新媒体广告业务的政策与法律风险控制要结合不同的商业模式进行。本文将以手机广告的业务为例以阐述这一观点。

2、手机广告形式的基本分类

手机广告形式大致可以分为这样几类：在大的WAP门户上打页面广告，如3G门户网、空中网等可以理解为传统网络广告的新型应用，除此以外，还有基于WAP的广告联盟，比如分众、魅媒科技、WAP天下等，这两种形式的手机广告可以归为一类。还有一类是基于客户端的嵌入式广告，如手机阅读器、即时通信、播放器、手机游戏（in-game）、手机终端中可更新的嵌入广告，通过GPRS网络，当手机用户访问客户端时，触发手机引擎，访问位于服务器上的广告。这些广告通常有独立产品形态，如UI、页面等。我们常见的手机短信广告可以归为另外一类，是在利用媒体通道做广告并不是广告运营范畴。这种基于媒体的广告，以定制、用户许可和积分返还等形式鼓励用户点击推到用户终端界面上的广告内容，同时提供咨询服务和广告。

手机广告法律与政策风险的评估要根据不同的广告

形式进行分析，切不可一概而论。一方面是因为，不同的手机广告形式涉及不同的行为主体，另一方面是因为手机广告形式的不同其相应的商业模式也有着重要的区别。

二、手机广告的商业模式对法律与政策风险控制的实质性影响

1、不同的商业模式其利益主体不同

不同的手机广告商业模式涉及不同主体的利益，因着利益驱动的因素使得不同的主体对同一商业模式的观点和态度形成很大的差异，尤其是在手机用户的问题上显得尤为突出。手机用户是主动还是被动在参与到该手机广告的商业模式中，虽然对于手机广告的商业模式成败并不是决定性的因素，但是在法律与政策的风险控制上却有着实质性地影响。

2、"准主动性"地参与的商业模式

比如2003年飞拓无限信息技术有限公司帮助乐百氏公司销售"脉动"饮料的案例中，参与者包括广告主、广告代理商（广告公司）、移动运营商、手机用户（产品潜在买家）。该手机广告商业模式的直接获益方是广告代理商和运营商，无论产品销量是否增加，只要投放手机广告，广告代理商就会获得佣金，运营商就会获得流量。如果手机用户受手机广告影响而购买产品，则广告主和他的渠道商就会获得销售收入和渠道分成。如果用户有兴趣参与无线互动游戏，直接获益者是运营商。因此手机广告商和运营商在手机广告中是绝对获益者，其他环节要视手机用户的消费行为确定是否能够获益。该商业模式中，手机用户是在被引导后有了兴趣才参与其中的。笔者称这种情况为手机用户"准主动性"地参与。

3、被动接受促销的环节的重要性

之所以称之为"准主动性"参与的商业模式，是因为电信运营商存在牺牲手机用户的选择权与知情权的可能，在用户使用的数据内容里添加产品的互动有奖促销信息，手机广告公司是通过运营商网络建立手机用户与广告主之间的移动互动平台的。手机用户在这个环节中，是被动的接受的。当手机用户被这些促销信息所吸引后，如果购买了广告中的产品，并发送产品上的代码进入移动互动平台，就有可能通过玩互动游戏而获得奖品。这时手机用户才转变成为主动地参与。

所以该商业模式的政策与法律风险控制的重心是手机用户被动接受促销的环节，风险控制的主体是电信运营商。由于电信运营商在该商业模式中的控制能力和强势地位，使得该商业模式的法律与政策风险控制的方法明确而具体。

三、手机用户准主动性参与模式的法律与政策风险控制方法

1、移动电信运营同作用的发挥

在控制此类手机广告商业模式的法律与政策风险时，应当积极促使电信运营商发挥作用，一方面表现为不要滥用其优势和控制地位，另一方面要注意对手机用户接受容忍度的控制。目前手机用户能够接受，并不等于以后也一样可以容忍；在电子产品营销中手机用户也许可以容忍适量的促销信息，但是并不等于说这些手机用户就一定愿意接受日用品的促销信息，即便手机广告运营商一再强调这是同样的商业模式，手机用户可能并不买这个账！所以，在此类的商业模式中，要对手机用户的容忍度做出科学的评估，尤其在目前情况下，是一个多变的时期更是如此。

2、第三方机构服务的迫切性

由于这种商业模式的直接获益方是广告代理商和运营商，在手机用户受手机广告影响而购买产品的情况下，广告主和他的渠道商才会获得销售收入和渠道分成，所以其他环节要视手机用户的消费行为确定是否能够获益。从长远的发展来看广告主受益是重点要解决的问题。解决广告主的受益并不是说要让其从该商业模式中直接获利，而是要让其看到效果，当然这种效果是多方面的。当务之急是要有一个具有说服力的第三方监控数据，可以让广告主对此类手机广告效果进行相对量化的测评。所以行业里一直呼唤第三方机构的服务，因为没有监控机制支撑的手机广告投放，其过程不透明，结果是不可控制的。

对此笔者关注到，2007年1月，指尖传媒（FAd Tracker）问世，声称使手机广告从计划、执行到广告后样本抽测，可以进行监控、评估，其结果又可以作为下次广告投放的依据。希望伴随着互联网领域艾瑞咨询和尼尔森Net Ratings等一系列第三方服务的初步成熟，能够为今年手机广告在线监测指明发展的方向。这也为有效实施主动的法律风险控制提供了技术上的支持。

3、主动积极参与的商业模式

通过有奖激励的方式，促使手机用户主动积极参与的商业模式，已广泛引起业界的关注。比如英国移动网络运营商Blyk推出的免费服务套餐为每月217条短信和43分钟通话时间，而前提则是用户同意每天接收六条文字形式的广告信息以及需要填写一份关于兴趣和习惯的调查问卷，从而使广告商可以根据这些资料将恰当的广告发到合适的用户的手机中。很显然，电信运营商把手机用户的许可作为开展手机广告运营的前提的，再比如美国维珍手机公司也推出了类似的广告套餐。

不仅在手机文字短信方面，笔者注意到英国大型手机运营商沃达丰公司已开始发展各种视频声音格式。其中包括可通过手机浏览互联网的服务，用户可以通过手机进入互联网下载视频和歌曲。其应用的形式已经多种多样，手机用户先浏览一段广告片后，还可以通过手机免费下载一些电视节目。该公司在希腊推出免费电子游戏，并在电子游戏中加入一些广告资料。在捷克，沃达丰对学生开放免费文字短信发送，以此让这些用户接收他们的广告内容。

四、激励方案的合法性是手机用户主动参与模式风险控制重心

1、激励方案和措施的合法性

这种模式的直接受益面扩大到手机用户，使参与者都获益，对手机广告的发展非常有力，笔者认为其法律与政策风险可控，而且其消极后果可以根据需要进行调整，是一种较有发展前途的模式。该模式成功的关键在于激励措施的制定，它需要独立WAP或SP和运营商从手机用户消费心理出发，采取适当措施鼓励消费者主动点击、响应广告。激励措施有很多种，比如手机优惠券、短信抽奖、竞猜及会员积分娱乐互动、品牌无线社区、品牌手机游戏和手机厂商的联合营销等。法律专家要在这个环节发挥主动的审查作用，以保证该激励方案和措施的合法性，尤其是要符合反不正当竞争法的要求。

2、注意避免涉嫌反竞争行为

由于话费减免给消费者的感觉应该最直接实惠的，所以在具体的操作与执行阶段尽可能地不要设置限制或者其他让手机用户有被克扣的感觉。这不仅对激励的效果不利，在法律和政策上还有虚假宣传之嫌。在设置对手机用户的具体激励方法时，要注意不同手机用户的需要和主项电信服务之间的关联性，这既是手机用户体验和方案选择的需要，也是政策与法律方面的要求。因为，我国反垄断法将于今年的8月1日实施。该法规范了搭售行为。在此法律专家要注意提醒客户，如果采取手机广告的方式以激励为名而行搭售之实的话，可能会被投诉而被执法机关以涉嫌“限制竞争行为”为由立案查处。

3、手机用户属性细分时的注意事项

笔者注意到国内的手机广告发展不可谓不迅速，但是由于多种方面的原因使得对手机用户接受促销信息环节的关注不够，其措施并不得力，往往更多地把效果放到广告主客户的满意度方面。

比如，分众无线在介绍与“诺基亚的N系列”推广合作的案例时，突出了通过点告的模式对手机用户进行一系列属性的细分好处：“第一，点告的合作媒体有上千家，一夜之间就可以跟上千家媒体的网民进行接触，保证了广告传递的速度非常快。第二费用不会浪费，我们的广告只会向具有特定属性的人进行展示和提供，这样既广泛的同时又节省费用，客户对我们的认同是大大加快了产品的市场认识周期。”很显然，这需要把对手机用户属性细分时所涉及到的“个人数据利用与控制”政策以及法律风险放在应有的高度，更需要把握手机用户接受促销信息环节作为重中之重。

4、集中转化为法律事实可能性控制

笔者注意到，在诺基亚“行学一族”软件的推广上

利用了点告模式，通过合作的30多家站点同时将这款软件提供给手机网民接触。业内人士普遍认为用手机媒体推广电子产品本身就是非常有适合度的，而用手机媒体推广手机产品又是非常具有切合力，有很高的抗干扰度、高关注度等等特点，但是，这对于营销方案的成功还为时尚远，还要解决潜在需要的问题。

笔者认为，"行学一族"案例是通过其他方式部分实现了对手机用户特征人群进行潜在需求的推广。如果笔者理解正确的话，这种方式在客观上减少了直接通过手机用户被动接受促销信息所带来的消极影响。从法律风险控制的角度而言，法律专家理所当然地希望该商业模式中要有获得手机用户许可的环节，以保护手机用户的合法权益，最大限度地减少因手机用户主张合法权益法律救济而集中转化为法律事实的可能。但是，因为多种方面的原因，在目前情况下商业模式中设置获得手机用户许可环节的必要性问题认识不足，所以最大限度地减少直接通过手机用户被动接受促销信息所带来的消极影响是重中之重。这是法律与政策风险控制方法中"被动替代性措施"的一种。从长远的发展来看，手机广告商业模式的发展还是要加强获得手机用户许可的环节。

五、个人数据利用与控制规则是解决手机用户愿意接受广告的制度前提

1、充分地尊重手机用户的利益

被收购前的凯威点告和独立WAP们，这种商业模式直接受益者是广告代理商和移动运营商。广告代理商获得广告主的佣金，佣金数量大小有时候视被push的手机用户的反馈量而定。移动运营商获得的是广告代理商push信息的流量费和手机用户反馈的流量费或信息费。如果因用户受手机广告影响而发生购买行为，那么广告主也是受益者，获得产品销售收入。这种商业模式对于手机用户的利益没有体现或者体现不够，再加上垃圾短信的问题，成为其广为诟病的真正原因之所在。

2、区分不同利益主体的不同需求

笔者作为法律专家已经充分理解并关注到，如何使手机用户愿意接受广告关及到手机广告产业发展的实质性问题。为了保证法律专家意见和建议的有效性和可操作性，我们必须在充分和全面了解该行业业务模式的同时研究手机广告的产业链。就具体问题而言，在就如何使手机用户愿意接受广告的问题上，主要的受益者广告代理商和运营商面临着不同的问题。"广告代理商希望将广告部署在独立WAP上，采取各种优惠措施鼓励用户点击，但独立WAP被严格管制后，广告部署就产生了较大困难，"而"移动运营商掌握了数据网络，但主要问题是如何选择好的广告代理，如何减少用户对骚扰、不良广告的投诉。"

3、个人数据的利用与控制规则的必要性

作为法律专家笔者认为这其中核心的问题是对内容丰富庞大数据库的利用与控制问题。现阶段的手机广告商，"即便拿到手机终端的UA和号码数据，也仅仅是表层资源和基础内容，并不能做到精准投放，还需要在此基础上进一步跟踪、挖掘用户点击习惯、了解访问内容偏好、访问时段等消费习惯。集合了这些内容的数据挖掘和数据库方可支持广告商有目的地推送广告，例如在什么时候、什么页面上推送什么广告。"

很显然进一步的发展是要对手机用户的个人数据进行分析与挖掘。分析与挖掘的方法与多种，因为目的不同所采取的方式也有很大的区别，其法律与政策风险控制的措施也不一样，但是都将集中在"个人数据的利用与控制"规则上。笔者认为不论是将手机用户作为分析的对象，还是作为具体的个体进行分析，虽然对行为主体的要求不同，但是都需要加以规范。对数据主体的相对人而言，这种规范化的要求不会停留在对手机用户个人数据的利用与挖掘阶段，还将进一步延伸到对手机用户个人信息资料的搜集、存储阶段和一般性分析阶段。这只是一个时间的问题，因为媒体和社会各界对此问题关注度的提升，该时间点的到来将来加快，甚至快到让业界感到巨大压力的状态。

六、手机用户个人信息数据的利用与控制规则应当包括的主要内容

1、没有法律规范并不等于没有法律风险

笔者据此建议手机广告业界应当有着手研究与制定"手机用户个人信息数据的利用与控制规则"。当然，该规则的制定并不要求整齐划一，可以根据具体情况而定，最起码要做到不能滥用手机用户个人信息资料。目前中国尚未出台单行成文法的情况下，这不等于没有政策与法律风险不等于没有法律纠纷。分众无线的事件就是一个鲜活的例子。然而，作为法律专家笔者认为这也并完全是一件坏事，即使因为该事件对其股值产生一些影响，关键是手机广告业界如何看待并以什么样的姿态来处理该事件。三年前，笔者亲历了百度Mp3音乐搜索的案件，其跌宕起伏历历在目。为中国网络搜索行业的健康发展起到了积极的推进作用。笔者对手机广告行业的发展充分信心，现结合本人近十年就网络广告与个人信息保护方面的成果，提出几点原则性的建议供业界参考。

2、建立手机广告许可机制的前提

目前手机广告业较有代表性的观点是"建立手机广告许可机制"，但是同时指出这"不是一朝一夕就可以完成的。"该观点认为：手机广告本身就有很强的技术性，因此许可机制首先要在技术上有所突破；其次，要在对无线互联网和手机这类媒体深刻理解的基础上，采取各种规范的手段建立许可机制，发展各种许可用户，这样才能真正地让手机广告这个行业健康发展，真正给用户带来有价值符合需求的信息。笔者基本同意这一观点，但是还没有抓到问题的实质，因为技术措施和规范手段都是建立在手机用户个人信息数据的利用与控制基础上的。所以"手机用户个人信息数据的利用与控制规则"的建立是关键中的关键。本文的这一观点还可以从治理垃圾短信的问题上得到印证。

3、规则的建立与规则的主要内容

笔者认为对垃圾短信进行分类并针对性的采取措施，是保证治理有效性的前提。这是具有普适性的，因为放之四海而皆准的方法是最没有针对性的。不论是对于端口群发还是对手机间点对点群发都需要进行规范，这其中包括自律和他律。不论是自律还是他律都要遵循一定的规则。笔者建议政府和行业协会在推动规则的制定与规范行成时，希望能包括如下几个方面的内容：一是，要合法；二是，对相关的个人是公平的；三是，处理的目的是明确的；四是，目的必须是在收集数据时就确定的；五是，收集后的处理行为不得与最初明确的目的相矛盾；六是，个人数据的处理，必然获得数据主体的同意才能实施。

“幸福的允诺”是否可能
——试论一种建构性广告文化学研究视角

北京未来广告公司副总经理
中国传媒大学广告学院博士研究生 沈华柱

摘要：电视广告这一文化样本不是消极的，也不是只能悲观看待的。从精英文化的角度看，它似乎充满了利益与谎言。但从市场逻辑的角度来看，我们则乐观地认为，它是新的文化时代传播最为广泛、影响大众最深的一种价值形成资源之一，它在大众日常文化和生活中，发挥着越来越重要的身份建构、价值建构和观念建构的积极作用。

关键词：广告 文化研究 消费 幸福 现代性

对现代性的研究，显现出幸福已经成为现代性中一迫切问题。建立在人的匮乏基础上，欲望－需要－需求的满足在一定维度上允诺了人的幸福；欲望的满足可以在物－人－神这三个深度上实现；由此，社会的理想状态也应当采取文化中心模式，以人为本，在合作与沟通上实现幸福。然而，在现代消费社会，幸福在很大程度上被等同于财富，广告作为消费社会的一种典型文化表征，在诉求中突出允诺消费与幸福的等同关系已成其最具代表性的修辞表达。

当然，这是一种确保资本主义再生产的神话，对商品的消费并不必然带来其广告所允诺的幸福。在今天，广告诉求往往已经难以得到认同，甚至被消费者反讽式地解读，广告的感性诉求、广告对幸福的允诺是否仍然可能，这已经成为传媒与广告文化研究中的一重大命题，也提供了一种新的广告文化学研究视角。

一、广告允诺背后：西方社会思想史对幸福的追问

广告允诺的背后，折射的是整个社会文化思想对幸福的追问史。

弗格森从宗教社会学的视角，将西方基督教世界对幸福的理解分为五种基本模式：一，信心（即对上帝的无目的的爱和内在信念）；二，信条（即具体化、普遍化为民众遵守的信条）；三，道德（即内化为个人道德及伦理要求）；四，激情（即资本主义将之世俗化为自我实现的激情心理）；五，感官性（即发达资本主义终结了终极价值的幸福，将之消解为在永恒的当下瞬间对“物”和“商品”的消费，这也就意味着享乐主义和消费主义的盛行。）[1]

在这里，人的精神性的对幸福的追求最初可被理解为信心，然后基本上是信条，继之成为伦理道德，在消解为感官性之前，是具体化世俗化为激情的现代形式。纵观这一过程，这也可理解为人的主体性发展的多个阶段。信心和信条，都是传统非现代社会建立于宗教信仰之上的精神追求，而道德被建构为幸福的允诺则是处于封建主义向资本主义的过渡时期。很资本主义拥有它自己的必然性和新的合理性：个人自私地遵从他们自己的利益。在社会学大师马克斯·韦伯看来：现代社会因为不再依赖宗教底蕴，丧失了一切非理性的意义。社会开始作为一部理性机器而变得完美，它所能实现的惟独是自身工具性效能的再生。现代世界的我们因之常觉疏离与压抑。在一定程度上，理性走到了幸福的反面。

宗教撤退之后，资本主义发展了一个伟大的世俗文明，并激发对幸福的新的执著追求，以主体的自我实现和激情为幸福之特征。资本主义的内在精神把消费解释

成一个具有真正灵性意义的行动，在消费对象物的过程中，我们得到了自己，拥有了自身。可以说，在现代资本主义社会或者说全球消费社会，当下世界及其真实的瞬间接纳为至高无上的实在，对幸福的探求等同对接触世界之现实性的愿望，"现代主体必须持续地和无思想地消费那有着不可思议的多样性和广阔性的商品"。对现代生活而言，身体作为纯感官性之自然标志并赋予了突出地位，我们不得不借消费来建立和维护充满感性活力的肉体。现代人在接连不断的喜悦和快乐中发现了"幸福的终结"，一切消费成为对自我的寻觅和确认，人在消费的短暂快乐中实现的不是主体的本质性存在，而仅只是物的占有甚至只是虚拟占有的实现。

从以上五种幸福模式来看，我们可以得出的一个基本结论是，幸福有向内／向外、主体性／社会性两个根本维度，在任何单一的维度上都不能真正追问到幸福。在经典社会思想家马克思看来：人的本质是社会关系的总和。真正的幸福为人的本质的自由表现。人对幸福的渴望已在非异化劳动中发现自身的出路。马克思以商品拜物教这一理论表明：商品是非常奇异的东西，充满形而上学的精妙和神学的美妙。宗教的灵光圈已渗透到现代现实的核心，渗透到商品，使所有表象披上迷幻的面纱。

进入到当下全球化后工业消费社会，可以说，消费文化已经全面渗入社会和个人生活。消费对幸福的允诺影响深远，对消费文化与广告研究而言，幸福的允诺也成了研究的重要领域，它提供了文化、社会和心理的综合性全新视角。一方面，我们看到，广告被批判为无耻的商业利益和虚假幸福承诺的帮凶；但同时，广告在消费社会又具有重大的意义建构和社会整合功能。因此，对广告诉求表现与消费社会人的幸福心理的关系的研究颇有意义，并应从积极与消极、批判与建构两个维度进行全面衡量。

对广告与消费的批判理论资源一般有三：一是马克思的商品拜物教与异化理论。其核心观点是，作为商品拜物教的推波助澜者，广告使人们错误地把社会的外观误认为是社会的本质，错误地把市场、商品、消费、量化的生活标准等同于自己真正的物质利益；二是西方马克思主义，特别是法兰克福学派的物化、意识形态和文化霸权理论。他们批评认为，人们对物（商品）的追求窒息了他们对现实和未来的思考。文化工业及其所创造出来的虚假需求，为社会提供了一种补偿性的功能，给异化现实中的人们一种自由和快乐的假象，从而掩盖了现实中的真正缺失；三是符号学理论，分析商品作为符号的生产与消费过程。其代表人物罗兰·巴尔特认为，现代资本主义本质上是一个通过对符号的操纵而形成的神话体系。在各类广告中，广告商往往通过操纵符号的指称作用，来掩盖或混淆意指作用，使消费者不知不觉地为消费主义意识形态所俘获，成为资本获取利润的工具。消费是享乐主义的，是吸收符号和被符号吸收的过程。

可以说，长期以来，精英文化界和学术界对广告几乎是一边倒地持严厉的批判态度。许多批评者认为，广告是商品的生产者站在自身利益的立场，作为一种操纵和控制消费者的工具，从而刺激他们对一些非真实需要的东西产生强烈的购买欲望。广告以谎言制造虚假的需求和空洞的幸福允诺，并掩盖了人与物、人与自我、人与人之间的真实关系。

但是，广告真的天生就是一种原罪吗？对广告的研究只能是取一种批判性的学术姿态吗？在批判的压倒性话语之外，我们是否还需要一种新的立场与视角？广告对幸福的允诺是否仍有可能？

二、建构性：电视广告文化分析的新视角

20世纪八十年代开始兴起的文化研究提供了一个新的批评视野，在这里，以精英文化为主体的诸种文化现象不再作为分析和研究社会体制与意识形态的主要对象。文化研究的注意力转向了大众文化以及与大众文化密切相关的大众日常生活。广告特别是电视广告，开始成为了人们分析和理解大众文化的典型文本。在费斯克看来，"广告便被用来赋予这种产品差异以意义，使得那些生活在广告所瞄准的社会结构中的人，意识到自己正在被告知，甚至在该产品中辨识出自己的社会身份认同与价值观念"。广告在此建构了种种商品差异与意义，同时更重要的是，它建构了主体的社会身份与价值观念体系。中

国文化研究学者陶东风更是将广告的积极价值提升到了人类灵魂工程师的高度："我甚至于觉得，今日的人类灵魂工程师，不是作家，也不是教师，而是广告！"[2]

从经验来看，我们也能理解，广告对人们的现代观念、社会风俗、生活方式都具有巨大的建构作用。马克·波斯特在《鲍德里亚与电视广告——经济的语言》一文中说到，"对于正在上升的新文化来说，电视广告是决定性的符号标志……广告建构起新型的语言与传播现实。"

不仅对于具有新鲜生命力的新文化来说，广告具有决定性的建构作用，这种建构性价值还作用于整个社会生活与体制。这里有必要引用苏特·杰哈特在《广告符码》一书起始的一段强有力论述：

"在现代社会中，广告是最有影响力的一种社会化体制：它构筑了大众媒介的内容；它似乎在性别认同的建构上起着关键作用；从需要的创造与调解这一角度来看，广告影响着孩子和父母的关系；在政治运动中，广告指导着策略的实施；近年来，广告作为一个强有力的代言人，出现在一些有关能源与法规的公正政策的发布舞台上；广告控制着一些很重要的文化体制，例如体育活动与注流行音乐，甚至，最近几年来，连广告本身都已经变成了人们经常挂在嘴边交谈的话题。"[3]

这一理论颇有启发意义。要知道，电视特别是商业广告，在法兰克福学派为代表的西方批判话语中，一直是为文化精英论者提供了一种特别常见的攻击目标。无论是左翼还是右翼，共同形成了为精英论态度辩护的文化悲观论调。他们希望看到自己凌驾于普通人的粗俗性之上。但是当代文化规模巨大、领域多样、传播广泛，维持精英论者的自我形象肯定会失败。而现代作品具备的活力和多样性的美学优点，无疑应归功于众多的艺术生产者和消费者。因此，可以说，对电视广告为代表的大众文化持批判态度的文化悲观论者，其实是一种对无法保持既得利益关系的恐惧，害怕文化的变化和创新朝向其不能把控的方向。

当代理论的共识是，20 世纪 60 年代以来，现代社会经历和正在经历最重要的社会转型：从现代转向后现代，从生产主导转向消费主导，从宏大叙事转向日常生活，从历史价值转向当下价值，从物质社会转向符号社会，从真实现实转向拟象和超现实。消费主义伦理和人的幸福观在这一转型中确立了自己的地位，人及其欲望的正当性、合法性似乎最终得以确立。具有代表性的大众文化研究认为：消费文化是西方社会生活方式、社会价值观、日常生活审美体验的新型建构，也是现代消费社会的一种话语权力系统。消费已经承载并替代传统宗教、政治和生产活动所具有的社会整合与文化内化功能，成为一项高度制度化的社会行动。

对消费与广告的积极建构理论主要集中于日常生活诸理论。一是费斯克的"快乐主义"符号解读。它积极地从日常的消费行动中（通过符号的方式）去寻找大众的颠覆意识和力量，从中可以找到社会变革的机会和动力；二是"快感"理论。主要是巴尔特对身体快感的符号学说明；三是"狂欢化"理论。即巴赫金对民间狂欢形式颠覆价值的说明。这些理论把快感看作是一种对等级秩序和权威控制进行抵抗的重要资源。消费者从来不是被动地接受符号，他们可以在接受和使用过程中颠倒商品的符号功能，使之符合自身的利益。消费者不仅可能通过割断符号能指和所指之间的联系，从而颠覆资本的意图，也可以利用商品符号来创造自己的意义和快感。在消费实践中发掘大众的活力和创造性，寻找一条摆脱被消费奴役的解放之路，重建主体性的幸福追求。此外，德塞都的日常生活实践理论则提出了一个重要的"消费者生产"命题：消费也是一种生产，消费者能够在消费实践中生产不同于制造商和广告商所推销的意义，使之部分符合自身利益。

借鉴以上诸种对大众文化所持客观态度，从中可以看到建构性的积极意义，为我们对广告的研究提供一个全新的文化分析视角。

当前，中国的情况最为复杂。全球化与消费文化对传统文化形成了巨大的冲击，中国社会内部的差异性也非常巨大，阶层之间无论在生存境况还是价值观念上都有着巨大的鸿沟。而且社会主义的主流意识形态也与传统乡村家庭文化，以及新的全球化的文化冲击相并存。

中国语境是多元文化并存、冲突、融合的一个特殊环境，因此，研究中国的大众文化及其美学特征，也当与西方理论有着相当的差异和不同。特别是在中国当代正是进行的巨大社会转型过程中，广告发挥的价值和西方发达资本主义社会也有明显不同。可以说，在中国，广告作为一种市场经济的逻辑和理性力量，总体而言，它是与中国社会的思想启蒙与意识形态开放相促进的。广告成了一种解构旧有意识形态话语的中坚力量，同时它在市场的逻辑下，自发地传播和推动了社会朝向全球化、消费化观念的重大转型。当代社会，商品消费已经成为人们的主要生活方式，大众文化如洪水般蔓延，广告、时装、流行歌曲不仅深入每个人的日常生活，更重要的是，成为了亿万人形成自己新的道德和伦理观念的主要资源。这一切都构成了中国社会转型和文化转型的重要内容。

另外，对电视广告文本的建构性研究，也需要一种多学科、跨学科的方法。这其间涉及到的学科方法，包括有人类学、社会学、文艺美学、符号学、传播学、心理学、经济学等等。正如巴赫金所说，“理论研究的创新，往往发生在多个学科的边缘交叉地带。”对电视广告文本的研究，要做的正是将这种种学科方法结合在一起，形成理论的对话，从中发现符号文本背后所折射的意识形态与历史语境。

费斯克在《理解大众文化》中如此总结自己的方法论：“所有的意义最终都会互文式地交织起来——没有任何一个文本或任何一则广告，能单独承担牛仔裤的全部意义，因为这一文本/广告只能存在于种种文本之间的定义含混的文化空间中，而这些文本又会先于那些依赖该文本/广告、又对之有所贡献的那些文本。换言之，文本/广告只存在于文本与社会间不断的流通当中。”[4]

这是一种互文的方法，电视广告美学所擅长的正是“引用”、“借用”、“收编”、“改编”的艺术，电视广告最大化影响力的逻辑，决定了它总是去利用最有影响力的文化符号与文化资源。因此，在研究电视广告文本时，一定要看到在短短30秒中，它可能或大胆或隐匿地所利用的种种流行文化资源。

最后，仅仅研究文本是不够的。电视广告文本只是最后的成型产品，在生产过程中是各种权力和意识形态的斗争，在播出与接受过程中，又与广大受众形成了富有意义的互动。这种互动，是研究的一个重点。“大众文化的研究者不仅仅需要研究大众文化从中得以形成的那些文化商品，还要研究人们使用这些商品的方式。后者往往要比前者更具创造性与多样性。”在电视广告这里，人们使用广告的有意义的方式，就是接受过程中的这种心理互动与反馈－行动机制。

三、以文化研究为旨趣的多元化研究方法

所谓文化研究，来源于英国的文化研究学派。“英国的文化研究指的是吸收了马克思主义、结构主义和符号联结主义要素的一种综合的、跨学科的研究方法。”[5]美国文化社会学研究学者戴安娜·克兰指出了文化研究的起源英国学派的理论源泉，可以说，文化研究最初便密切关注主导意识形态和霸权，“文化被赋予了一个有影响力的角色，它塑造了特定社会群体的身份，作为不同社会阶层之间冲突的主要场所而发挥作用。”[6]无疑，今天我们研究广告的文化和社会价值，文化研究的方法提供了一个极其开放性的工具。其中的重点是对广告中所蕴藏的意识形态的分析。所谓意识形态，是指一群拥有共同利益的人的观点。所以，“也许所有广告都包括或者意味着某种意识形态。它们试图让观众做或者相信符合广告商利益的一些事情。观众与广告商默契的地方是关于优裕的生活和美好的社会等笼统的观点或形象。”[7]在广告中，最常见的意识形态策略，就是说明某个特别群体的利益真的大体上等同于整个社会的利益或者整个人类的利益，从而将不同阶层的利益冲突掩盖起来。对广告的文化研究在此有了用武之地，它最擅长的便是复活马克思主义的意识形态研究，从广告文本中解读出意识形态霸权和社会主导话语的运行轨迹。

文化研究的另一主要维度，便是结构主义与符号学的文本内部分析。美国著名后现代文化研究学者杰姆逊就认为：“任何广告都可以通过形象迅速准确地传遍欧美大陆。这样，形象的出现和普及，必然影响到人们的

生活。不论是资产阶级学者还是左派的知识分子，都开始对这些充斥我们生活的东西进行新的分析。人们都在探索这种广告形象是如何起作用的，广告符号学于是应运而生。"[8]杰姆逊将广告符号学视为新近出现的一种崭新的很具发展潜力的研究领域，与文化研究密切相关，同时也为社会学家所关注。符号学的分析方法有两个主要内容，一是考察文本组成要素之间的关系的共同分析，二是考察叙事演变的历时分析。结构主义者也主要使用了符号学的方法，来分析文化产品的潜在意义，他们试图通过阐释文化现象背后的编码来理解这些意义，从而提示出潜在的意义或深层结构，即故事的表层内容之下实际所说的东西。在应用于广告分析时，无论是符号学还是结构主义方法，它们的优点在于聚集于广告文本的内容和文本各要素之间的关系，并且提供了文本分析的技巧。但是缺点也一眼可见，它过分强调文本牺牲了社会语境，所指和能指之间关系任意与游移。

无疑，文化研究因为它的跨学科的理论综合性和多元化的文化取向，为我们电视广告的文本分析提供了基本框架。但是对广告的文化研究，决不止限于文化研究的方法，还需要我们借鉴更多的建构性的理论，从而实现从生产者（广告商）—文本（广告片）—媒体— 语境—接受者（受众）再到生产者的一个完整链条的诠释。在这里，还应该尝试的分析方法包括：

1、接受理论。这一理论起源于文学批评领域，它强调受众的能动性，在这里受众是一种重新阐释文本以满足自身需要的积极主体，文本的意义成为开放性的，并允许读者根据他们的经历和情感建构他们自己的意义。在德国文学理论家伊瑟尔看来，文本总是不确定的，读者为了理解文本需要填补空白，因而根据个体的差异，出现了对同一文本的多种多样的阐释。对广告文本的分析而言，接受理论颇具价值，每一广告文本都充分注重与受众之间的互动，强调受众的重要性，并在表现形式与选择材料上充分考虑受众的认同与共鸣。

2、社会学与人口统计学方法。中国广告30年发展伴随着中国社会的深刻转型，这种转型的主要特征是现代性的确立。因此，选取这30年中国电视广告的典型性文本进行社会学视角的研究，是重中之重。社会学家的分析采取的是外部和语境的方法，一般从社会、经济和政治制度变迁的角度来理解文化变迁。社会学方法寻找事件背后的种种因果关系，目的在于产生一套描述人类行为的原因的规律，并且将文本放回产生它的社会世界之中，在语境中找到科学客观的结论。在进行社会学研究的同时，我们还需对广告进行人口统计学意义上的研究，从中发现广告意义的生成与阐释在阶层、性别、年龄、职业、收入等受众人口统计特征上的变化。

3、心理认知理论和精神分析法。在阐释学传统看来，理解和意义纯属个人的事。"根据这个传统，个体自身的思想、价值观和信仰是理解的基础。根据反射的原理，一个人因此就是他自己认识的产物。""这种个体丰富多产的自觉和无意识的表达方式，是理解视觉文化的一种潜在资源。"[9]杰姆逊也指出，解译广告的研究方法之一是与精神分析法相关联的。"广告必须作用于更深一层的欲望，甚至是无意识的需要，有些还和性欲有关。""虽然我们不能许诺任何东西，但这些产品起码含有改变精神状态的成分。在这种无意识的欲望中，最强烈，最古老的愿望仍然是集体性的。"[10]在分析广告的欲望结构时，弗洛伊德的精神分析理论无疑是最佳选择。此外，心理认知理论用于关于形象知觉的大脑活动方式分析的一些关键概念，也对我们分析作为一种视觉文本的电视广告有着借鉴意义，他们包括：记忆，投射，期待，选择，适应，显化，失谐等[11]。

4、视觉叙事学和形象修辞学。进入到文本分析内部，在结构主义的方法之外，我们还应该具有叙事学和修辞学的视角，对构建广告文本的种种广告技巧和构架手段进行类似文学研究中形式主义般的技术分析。戴安娜·克兰将架构模式视为分析文化产品意义的四种研究方法之一，这一方法假定意义是由文本结构的关键方面来传达的。核心思想通过典型的意象、隐喻或口号表达出来。构架是使相关的事件有意义的核心思想。如节目编排、叙事套路都是一种架构手段。在构架模型看来，"文本的意义通过文本中的某些手法传达到受众那里，这些手法包括：它与其他系列或连续叙事的关系、叙事本事（套路）的特点，或传播叙事的特定技巧，例如情节的承接与否，对现实主义强调的程度和期盼受众是否会对这个故事建构自己的阐释。”[12]

5、消费理论与商业逻辑。从经济的角度，对广告文本的分析不能不吸纳消费理论与商业逻辑。在我们这个消费世纪，“商品的逻辑得到了普及，如今不仅支配着劳动进程和物质产品，而且支配着整个文化、性欲、人际关系，以至个体的幻象和冲动。一切都由这一逻辑决定着。”[13]在日常生活中，消费简直就是一种奇迹。广告正是生产商企业用来为他们的产品营造出足够的消费市场的一种武器，它反映着制造商的需要，为消费者制造出一些虚假的需求。要理解具体广告文本背后的广告商的意图，以及广告的市场效果，我们就不得不依赖于消费理论、市场营销和商业逻辑。

6、传播理论与媒介经营。从一定意义上说，广告就是一种媒介，而且是一种杰出的“大众”媒介，其包装和曲解的功能模式也几乎渗入到了其他一切传媒之中。从传播理论分析，我们会发现，“广告的大众传播功能因而并非出自其内容、其传播模式、其明确的目的，也不是出自其容量或其真正的受众，而是出自其自主化媒介的逻辑本身，这就是说它参照的并非某些真实的物品、某个真实的世界或某个参照物，而是让一个符号参照另一个符号，一件物品参照另一件物品中，一个消费者参照另一个消费者。”[14]我们认为，这种对广告的大众传播的功能与特点的分析，是广告文本研究的一个重要维度。同时，对广告的控制与开发，是作为载体的媒体经营的重要部分，广告与作为载具的媒体的关系，也应成为广告文本研究的题中应有之义。

要建立电视广告文本分析的理论框架体系，是一件艰难且复杂的事情。传统来看，符号学分析与批判理论是一种主流，而建构性的诠释较少。真正的文化研究的理论开放性，使它不限于意识形态方法和结构主义符号学方法，社会学的、历史的、精神分析的、传播学的、修辞学的、接受理论等等，都可以找到一席用武之地。

四、建构性电视广告文本分析主要概念

考察中国电视广告在30年来市场经济建设中的建构性价值，以及它作为一种大众日常消费文化的主要文本的审美特征，迫切需要建立一个主要的概念体系与分析框架。现在国内对电视广告文本的研究和分析，常常流于对西方现成理论的引入与借鉴，批判性概念为主，而对其建构性价值的研究，既没有主要的概念体系，也无分析框架。这对中国广告文本的深入文化与审美分析，无疑构成了一个直接的大挑战。

初略分析，我认为，这一建构性理论分析体系至少应该包括如下一些主要概念。

1、自我。可以说，商品经济逻辑及它的集中强化形式——电视广告，对中国人全新自我意识的形成起到了明显的建构作用。在市场经济及其主要神话——电视广告的宣扬下，个性化的自我开始成为消费者的主流形象，自我意识的强化既确保了丰富的消费形态，也推动了中国社会的多元化，主体的力量从某种程度上得到了解放。

2、身体。因为消费的原因，电视广告以一种全新身体为诉求，宣扬身体的活力、青春、性感和时尚，从而中国人开始对自身的身体有了全新的认识，对身体的全新魅力塑造，让中国人开始有了全新的身体护养及消费意识。身体全面进入日常消费与心理领域，这推动了大众文化的发展及普世价值的流行。

3、自由／选择。电视广告以消费者为想象中的上帝，消费者选择的自由和权利得到了最大化的满足。电视广告营造了一个物质异常丰富的理想社会，在这里，消费者可以最大限度地自由选择，以自己的喜好决定事物的取舍，这一选择的自由意识也充分建构到消费者个体在现实生活的种种行为之中。

4、爱情／家庭。中国传统重家庭轻爱情，重责任轻情感。而这些在新的欲望话语中得到了一定程度的颠覆。电视广告中，重在对爱情的想象，强化年轻人情感的坦率表露与热烈追求，这些对中国人新的爱情与家庭观的形成，起到了形象示范的作用。

5、工作／成长。新的一代的工作，注重的是环境与成长，而不是传统宣传的牺牲，也不是大机器上的一

个不知名的螺丝钉。在电视广告中，我们看到更多的是个人在工作中的成长，享受到工作的成就，工作成就了个人英雄。这建构了新一代的职业与事业观。无疑，这一新的观念更适合于现代化的发展需要。

6、休闲／娱乐。中国人过去一直以勤苦耐劳为荣，而以游手好闲为耻。休闲娱乐是纨绔子弟的特征。电视广告完全改变了这一切。电视广告建构了有钱有闲人的娱乐生活，休闲成为人生追求的目标，至此，一种新的娱乐文化得以建立，它为社会提供了持续增长的非理想化的新动力。

7、物／消费。人与物的关系，在电视广告中得到了新的诠释，从过去的物我两忘的平等性对话关系中，转变成了人对物的全面占有，人的意义扩散到物的消费中去，物成了消费主体本质力量的一种载体。

8、本土／传统。怀旧总是在社会高歌猛进同时发生的。市场经济很快发展到了这一天，人们开始依恋和怀念那些过去的传统，电视广告发掘出了这一新的情感性力量，开始在广告中宣扬和表现一些如孝道之类本土传统，从而也有助于人们对本土传统抱以了一种珍视态度。

9、自然。新的自然观也开始形成，人与自然，在建国后三十年内，一直强调的是“人定胜天”的斗争观。进入新时期后，特别是进入21世纪以来，人与自然的关系开始变成了“对话”、“和谐”的关系层面，电视广告最早开发了这一新的人与自然的关系领域，自然作为与人和谐相处的根本，进入了消费者的日常视野。

10、公共性。30年来，公共性发生了巨大的变化，折射了现代性追求的变化个人对待公共领域态度的变迁，以及国家形象的变化，这些都在电视广告特别是公益广告中有着明显的体现。

从以上这些关键概念上，我们可以看到电视广告在文化建构和观念建构上的巨大力量。同时，这些因素，也是我们在制作和传播广告文本时所应重点考虑的因素。当然，这只是一个初略的概念体系，在实际研究中仍有待仔细整理。

此外，关于这种建构性的价值衡量，我们还应建立一个分析的主要框架，也就是在这些关键概念后面的价值维度。可以说，电视广告在这30年发生的中国社会大转型中，折射出了在社会、经济、政治、文化、心理上的巨大变迁。这种价值的变迁又主要体现在以下几个方面。

1、现代性。30年中国社会转型，总体而言，是朝着建构一个现代性的社会而前行的。

2、消费性。从经济角度，是建立了一个全面消费性的全新社会形态。

3、普世化。在文化角度，价值全面普世化，普通百姓的日常生活进入了审美领域。

4、民主化。从政治角度看，民主化成为了价值导向的主流。

5、全球化。这一切，又都是在新的开放的全球化的视野里得以实现的，也从而形成了在全球价值体系下的新的衡量标准。

总而言之，电视广告这一文化样本不是消极的，也不是只能悲观看待的。从精英文化的角度看，它似乎充满了利益与谎言。但从市场逻辑的角度来看，我们则乐观地认为，它是新的文化时代传播最为广泛、影响大众最深的一种价值形成资源之一，它在大众日常文化和生活中，发挥着越来越重要的价值建构和观念建构的积极作用，值得行业内专家进行深入研究，从而建立起广告文本对于社会文化研究的巨大价值。

当然，对广告的文化研究，最重要的实践价值在于，它引出了一种可以暂且名之为“文化广告”的新广告形式。进入成年期的中国市场与中国广告业，再不能充斥着叫卖式等低俗广告，消费者素质和视野的提升，也决定了广告文化层次的提升是广告主的迫切任务。可以说，一种“文化广告”将应运而生，成为潮流，也是广告能否产生经济效益和社会效益的关键所在。

论述至此，让我们再次回到“广告能否允诺幸福”的主题上来。我们的结论是，对广告的研究有必要采取建构性的新立场，从中发掘广告作为一种社会整合机制与个人认同机制所发挥的巨大价值，深化广告文化研究。批判只是一个开端，建构方有面向未来的无限可能。

对于"广告能否允诺幸福"这一具体问题，我们认为，重建人的幸福感来自于内外的和谐，"幸福感指数"（而不仅是财富）应该成为现代社会的一个重要追求，它在一定程度上构成了对GDP等经济增长指数的重要平衡。虽然，我们的主体性迷失在"消费是通往幸福之路"的神话中，但心理和社会仍有望重获统一，消费（和广告）体现的不是简单的人与物的关系，而是人与人之间的社会关系。在此，广告的社会文化学研究为自己开辟了全新的广阔空间。

注释：

[1] 弗格森：《幸福的终结》，P9，中国人民大学出版社，2003年。

[2] 陶东风：《广告的文化解读》，见《文化研究：理论与实践》，P259，河南大学出版社，2004年。

[3] 苏特·杰哈特：《广告符码》，P1－2，中国人民大学出版社，2004年。

[4] 费斯克：《理解大众文化》，P6，中央编译出版社，2006年。

[5] 戴安娜·克兰：《文化生产：媒体与都市艺术》，P89，译林出版社，2001年。

[6] 同上，P93。

[7] 理查德·奥曼：《广告的的双重言说和意识形态：教师手记》，见《文化研究读本》，P405。

[8] 杰姆逊：《后现代主义与文化理论》，P222，北京大学出版社，1997年。

[9] 马尔科姆·巴纳德：《理解视觉文化的方法》，P12—13，商务印书馆，2005年。

[10] 杰姆逊：《后现代主义与文化理论》，P222—223。

[11] 保罗M·莱斯特：《视觉传播：形象载动信息》，P71，北京广播学院出版社，2003年。

[12] 戴安娜·克兰：《文化生产：媒体与都市艺术》，P84—85。

[13] 鲍德里亚：《消费社会》，P197，南京大学出版社，2000年。

[14] 同上，P116。

国际广告传播的十大模式与中国元素传播理念

上海大学影视学院教授、广告学系主任、博士生导师 许正林

一、跨文化传播语境下的中国元素理念

进入新世纪，世界经济一体化进程加快，市场早已从一个国家的内部市场演变为国际市场，真正优秀的企业只有在世界市场上取得成功，才能算得上是真正优秀的企业。

国际营销与国际广告是营销与广告的高级形态。它们淡化了国家的界限，模糊了本国市场和外国市场，强调各主要职能的全球分工与整合，倾向于使用标准化的策略来服务于全球的目标顾客。

国际营销与国际广告，品牌或企业面临的是一个诸多差异之间进行生产经营活动的经营环境，企业经营环境的跨文化差异是企业跨文化管理的现实背景。一般的说，跨国经营企业所面临的经营环境包括经济环境、政治环境、法律环境、社会环境、文化环境等。其中文化因素对企业运行来说，其影响力是全方位的、全系统、全过程的。在跨国经营企业内部，东道国文化和所在国文化相互交叉结合，东道国和所在国之间以及来自不同国家的经理职员之间的文化传统差距越大，所需求解决的问题也就越多。

伴随着中国品牌国际化趋势的出现，国际营销与国

际广告的中国元素意识被敏感的激发出来。在2006年第13届广告节上，高峻在“中国元素国际广告创意大赛”的演讲中说：“中国的广告业虽然经历25年的发展，但如果25年前不懂得向西方学习，那是自已的无知，而25年后，还一味地崇拜西方，那就是自己的无能。” 自此在上海、在中国的广告界刮起了重视“中国元素”的旋风。

“中国元素”概念就其本质而言是一种跨文化传播策略。“跨文化传播所要获得的知识，与其说是构建新的文化，不如说是调适文化差距或文化冲突的策略”。跨文化营销传播、跨文化的广告的成功取决于有效的沟通，但有效的沟通又取决于共识，而共识的水平又明显地受着文化隶属关系的影响。如果A文化的广告主想与B文化的消费者沟通，那么，围绕着广告讯息构成广告背景、并明显地影响广告理解的就应该是B文化。因此，“中国元素”概念绝不是也不应该是狭隘的文化民族主义概念，而应该是一个开放的概念。

二、国际品牌跨文化传播的十种基本模式

在此我们有必要观察与分析国际知名品牌的跨文化传播中文化元素运用的十种基本模式。

1、宝洁模式：为产品取中国名称

宝洁为其每一个产品都结合产品特点取了相对应的中文名称：飘柔（rejoice）潘婷（pantene）海飞丝（head&shoulders）沙宣（Sassoon）舒肤佳（safeguard）玉兰油（olay）激爽（zest）等，产品在中国进行宣传的时候就采用其中文名称，为消费者对产品的记忆提供了方便。逐渐使用明星做广告。宝洁在美国本土的广告中是很少使用名人为其产品进行宣传的。但是现在我们发现明星也逐渐出现在中国的宝洁广告中。如潘婷使用章子怡和萧亚轩分别为不同类型洗发水做代言人，王菲、周迅也出现在海飞丝的广告中。

2、肯德基模式：‘本土化’与‘标准化’平衡

理想的跨文化传播应了解和尊重东道国文化，应该是采取适合东道国文化特点的传播内容和传播方式，同时不能忽略‘标准化’信息传播，卓越的传播模式应保持‘本土化’传播与‘标准化’传播的平衡。‘本土化’以重视并利用文化差异为基础，‘标准化’以全球文化的共通性和文化融合为依据，两者各有优劣，新的发展方向应是文化整合。1）文化适应策略：2003年春节，肯德基的山德士上校开始在中国170个城市的800余家分店统一换上唐装迎接顾客。肯德基爷爷则代表了中国传统的家庭、亲情、友爱和默契。和麦当劳拉开“土”与“洋”的形象差距，不仅使肯德基有效避开了对手营销传播上的干扰，而且吸引了原本对洋快餐具有排斥心理的中老年消费者。2）文化相容策略：采取了三管齐下的方式：第一、对异国风味进行中式改良，如墨西哥鸡肉卷、新奥尔良烤翅和葡式蛋挞等在口味上进行中式改造；第二、推出符合中国消费者饮食习惯的中式快餐，如饭（寒稻香蘑饭），汤（芙蓉蔬菜汤、榨菜肉丝汤），粥（皮蛋瘦肉粥、枸杞南瓜粥等）等；第三、开发具有中国地域特色的新产品，如京味的老北京鸡肉卷，川味的川香辣子鸡，粤味的粤味咕唠肉等。

3、LG模式：用“韩流”席卷市场

LG和LS从进入中国的第一天起，就充分利用了中国本地的经营资源，积极实施生产、营销、研发、人才的中国本地化。一切立足中国市场的需求，按照中国的思维方式和消费习惯来进行，向企业注入中国的文化。跨越文化障碍比语言障碍更重要，LS集团副会长具滋烈说：“语言不是最大障碍，关键问题是我们必须先了解他们的文化，包括对他们的文化、历史方面的理解。”所谓用“韩流”席卷市场，包括利用偶像明星打开亚洲市场，采用新型宣传媒介，推出新流行文化，领导新生代，广告创意融进偶像故事情节，用语言文化来传播，倡导人文关怀等。

4、麦当劳模式：兼顾国际化与本土化

麦当劳采用了一种全球化战略，对所有市场和消费者都使用一种基本的生产线，但它仍需要调整生产线满足不同消费者的口味和偏爱。营销目标的国际化与前卫性、具体策略的本土化与独特性是麦当劳成功的关键。而它的成功也给了我们另一个启示，真正的国际化，不是一个一个本土化的叠加，而是对各国共同文化的提炼、概括与培养。

5、贝纳通模式：文化人类学理念

所谓的跨文化传播其实指的是来自不同文化背景的个体、群体或组织之间进行的交流活动。贝纳通文化人类学主题追求主要表现在：全球化文化融合、"全色彩的贝纳通"、种族文化主题、和平、反战的文化主题、宗教文化主题、文化传播宗旨，展示了大量"焦点"问题：艾滋病、恐怖主义、暴力、地区冲突、难民、自然灾害。贝纳通的跨文化营销策略：在广告中展现出我们所认知的人类现实的一面。

6、星巴克模式：共通文化定位——营造第三滞留空间

星巴克的这种"文化营销"策略在于，"星巴克"文化实际上是围绕人和知识这两个主题下功夫的文化，这种文化的核心，是利用尽量舒适的环境帮助人拓宽知识和能力层面，挖掘人在知识上的最大价值。在上海的星巴克，一项叫做"咖啡教室"的服务把"挂咖啡卖文化"。星巴克致力于抢占人们的第三滞留空间，把赚钱的目光紧紧盯住人们的滞留空间，现场钢琴演奏+欧美经典音乐背景＋流行时尚报刊杂志＋精美欧式饰品等配套设施，力求给消费者带去更多的"洋气"感觉。让喝咖啡变成一种生活体验，让喝咖啡的人自觉很时尚、很文化。

7、百事可乐模式：巨星家族

美国的广告常常是以由著名人物或可靠的信息源提供喜爱某种产品的证明和论据为特征的。百事可乐的巨星家族模式可以说将名人效应发挥到了极致。下列平面广告中包含了兰帕德，卡洛斯，内斯塔，贝克汉姆，罗纳尔迪尼奥，亨利，劳尔，克雷斯波，托雷斯等十位国际足球巨星。

8、通用模式：文化元素概念营销

通用广告主要用中国文化元素：书法、山水画、武术、唐装、京剧、诗词、龙。

9、荷兰银行模式：梵高品牌

荷兰银行进入中国就充分利用梵高的国际声誉度来作为品牌名片。"文化营销的本质目的在于营建企业新型文化价值链。以文化亲和力将各种利益紧密维系在一起，发挥协调效应，以增强企业整体协调效应"，"梵高曾经工作过的银行"，荷兰银行的贵宾理财服务——"梵高理财"梵高名画设计在信用卡上，推出"梵高卡"，南京东路的11张巨幅灯箱广告。

10、万事达卡模式：中国符号

万事达卡的平面广告选用的是两个相连的青花瓷盘，电视广告"四代同堂"中小女孩抱着新买回来的玩具熊，笑面如花；老太爷在试穿他的新西服，慈眉善目；妈妈为奶奶戴上名贵的珍珠项链，尽在不言中；爸爸在准备他的新数码照相机，留住幸福的一刻……，在每一个动人的情节出现时，字幕随着画面出现：玩具熊：￥150；珍珠项链：￥2800；单排扣西服：￥6000；单反相机：￥5500；分享四代同堂的欢乐：无价。将中国文化的家的概念表现的非常温馨而优美，给人向往与期待，有一种文化美的享受。

至此，我们可以归结国际品牌的跨文化营销传播十种基本模式：

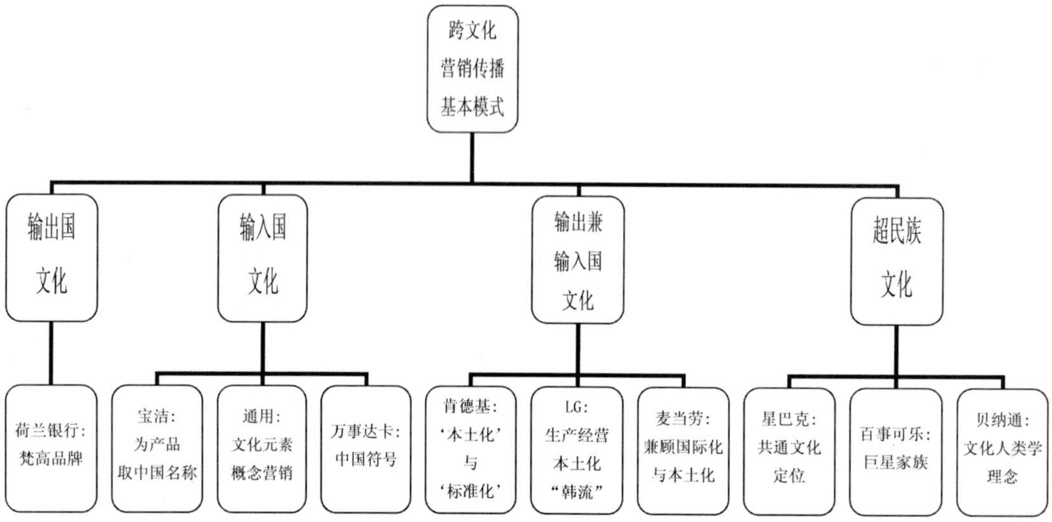

国际品牌的十种跨文化营销传播模式为中国品牌走向国际市场的营销传播提供丰富的经验，也为国际广告创意提供了多样性的思维视野。

三、广告中国元素创意的难度

广告的发展是以经济的发展为支柱的，经济全球化的发展推动了“中国元素”广告的跨文化传播。“中国元素”在各个领域受到的欢迎，背后所反映出的是中国经济、文化、政治实力和世界影响力的增强，这为中国的文化传播和中国企业世界性品牌的塑造提供了一个很好的机会。

1、中国元素创意本来就是一种社会责任担当

广告传播应该具有扩大中国文化影响的社会责任。全球化使各个民族的文化封闭性受到了前所未有的冲击。一方面，弱势文化难免受到强势文化的冲击，另一方面，跨文化广告传播也给我国文化带来了机遇。中华民族有着悠久灿烂的文化，为人类的文明做出了卓越贡献。应始终把民族精神、民族文化作为广告传播的主要内容，将中国传统的优秀文化传播出去，使它成为走向世界的中国品牌。

2、广告创意人应该培育良性的文化价值观

文化价值观是同属于一种文化的成员对共同重视的事物的持久信息，是文化的主要基石，是文化历史及其全部经验的产物(虽然在一个国家内存在着多种不同的文化，但许多人相信，共同的价值观仍然足以形成有意义的“民族文化”。)。

3、中国元素是一种积淀的文化记忆

正如有学者所说，中国元素代表的是中国广告以及中国时代变迁的足迹，是一个国家、一个民族、一种特定的民俗文化的记忆和脉搏。中国文化元素是一种积淀，既丰富又内在，只有挖掘我们自己的文化，才能在创意的舞台上占有中国人的一席之地，也只有挖掘我们自己的文化，才能在创意经济中走得更远。

4、中国元素创意更要克服广告主的阻碍

对广告主来说，采纳国际化思维往往并不是一件容易的事，原因就在于他们的职业经验和生活经验已经在他们身上形成了一个文化“舒适带”，即他们的文化价值观、经验以及知识会成为他们决策和行为的潜意识指导。这些问题对国际广告主的阻碍尤其突出。

5、中国元素创意要在跨文化传播的语境下进行

广告是国际营销中的关键工具。它包含了品牌的重要承诺，它担任了许多公司的单一国际代表，它需要根据跨国公司的愿望准确地定位其产品。一个广告要在国外取得成功需做到以下几点：1）广告信息对于人们的经验必须是有意义的；2）广告信息必须与目标观众的期望和抱负产生共鸣；3）广告信息必须没有冒犯敏感问题。

广告中中国元素的应用一定要在跨文化传播的框架下进行。当进行跨文化广告创意时，必须遵循以下几点：理解当地法规及它们对广告的影响；不要假设在家乡成功的广告也将等效地吸引外国人；创建一个全球性的广告主题，必要时对特定市场要进行当地化；努力进行研究工作，使潜在的翻译和使用问题最小化；当广告目标随市场的不同时，为每个设定的目标市场定制目标，这样做时，要注意文化因素的影响。清晰地设定目标市场中的目标消费者；检查目标市场媒体的可替代性和可能性；复审当地代理机构的可用性和能力；雇用讲当地语言的人翻译广告信息等。

价值与局限：中国元素在广告传播中的运用

南京师范大学新闻与传播学院副教授 朱 强
南京师范大学新闻与传播学院 杜宇轩

摘要：自改革开放以来，中国市场演绎了从“卖给中国”到“中国制造”、再到“中国创造”的飞跃。随着中国经济日趋强盛，国民自信心得到提高，“中国元素”日渐走进国际视野。与此同时，越来越多的国际企业在其塑造品牌的过程中，也悄然借助中国本土思维，融入中国元素，从而与中国消费者建立了良好的交流通道。当然，中国元素不是包治百病的偏方良药，不是所有的行业、所有的品牌都可以借助“中国元素”轻易打动消费者的，只有契合潜在消费者的心理，广告中的“中国元素”才能真正实现促进销售的目的。

关键词：中国元素 广告 消费心理

一、引 言

20世纪60年代是“品牌形象时代”，大卫·奥格威提出“品牌形象”理论，将广告诉求的重点由产品定位转向品牌形象；70年代进入“定位时代”，艾·里斯提出了心理定位理论，为广告沟通顾客感情、占领潜在顾客心智、提高市场占有率提供了有利的武器；80年代，CIS理论占据了一定的市场空间，而随着90年代的到来，“4C时代”悄然来临，4C理论的不断成熟和完善，表明广告诉求的重点已经十分明确地转到了文化心理沟通方面。

21世纪，开启了一个“经济与文化”一体化发展的时代，现代商品中的文化含量、文化附加值越来越高，文化因素在经济发展中的作用也日趋显著[1]。无数的市场记录显示，精神文化直接导致了一个企业和品牌的生存与发展。

作为一种社会文化的载体，广告本身也蕴含了丰富的符号含意和深刻的精神文化。广告受众的心智深处蕴含着一整套的价值判断和分析参照体系，直接影响其对信息的认知、选择和评判。因此，有效的广告就必须适应受众的接受心理，要在价值导向、广告创意和表现方式等方面，尊重受众的文化口味，符合他们的文化习俗，从而实现有效的文化沟通、达成促进市场出清的功效。

近年来，“中国元素”在中国广告传播中的日渐流行和运用，就是强化文化心理沟通、提升广告传播效果的一种积极尝试。

二、中国元素：概念、形式与意涵

2006年10月末，中国广告节上首届“中国元素”国际创意大赛打响了“中国元素”的概念，在提倡广告创意中民族手法运用的同时，这也标志着广告界对中国元素的运用在逐步升温。众多品牌不单单把“中国元素”复制在产品上，更是配合相应的文化传播策略手段，对产品及品牌进行了印有中国元素标签的宣传。

无论是广告创意，还是市场策划，都表明中国元素的运用成为了当前中国市场竞争的一大亮点。

1、中国元素的界定

什么是中国元素？“凡是被大多数中国人（包括海外华人）认同的、凝结着中华民族传统文化精神，并且体现国家尊严和民族利益的形象、符号或风俗习惯，均可被视为‘中国元素’。”[2]

简言之，中国元素，就是那些与世界其他国家和地区形成差异化、凸显中国人民族特色，帮助世界识别中国、认知中国的那些相关要素。它并非只是古代文化的简单继承，而是指中华民族在长期的历史发展过程中逐步积淀而成、具有稳定性和长期延续性，并且在当今具有影响作用的中国文化。因此，无论是中国传统文化与艺术中表现元素和传播因子的提炼，中国当代发展历程和未来前景的展现，还是使用中国各路明星所进行的形象代言，都是当前中国元素的运用。世界关注中国，中国融入世界。因此，今天的中国元素应该是新时代中国的一种语言，一种文化观点，一种参与主导世界的意识形态。

而那些能够被运用并展现在广告推广活动中的中国元素，必定是中国文化中更为凝练的部分。广告表现形式从本质上讲都是一种文化符号元素，它是构成广告文化附加值的一个必不可少的组成部分。

2、中国元素在广告中的表现形式

在现实广告推广中，中国元素大致可以分为以下几大类：

2-1、作为视觉符号的中国元素

随着中国经济的崛起和传统文化的传播，越来越多的知名企业在广告设计中使用中国龙、万里长城、京剧脸谱、青花瓷、蓝花布甚至汉字书法等这样的中国文化元素。这些视觉符号顺从“主流文化”并与之相呼应，从中提炼出“中国元素”并巧妙加以运用。因此，这些符号在传达主题、表达感情方面直观、强烈，比较容易为多数人所理解和接受。

一个典型的事例，就是香港设计师靳埭强的作品——中国银行的VI设计。这枚标志，是以在中国传统文化中代表金融业的象征物——铜钱币作为切入点，将古钱币与汉字“中”结合，进行了更加简化的造型设计，表现了中国资本、银行服务、现代国际化的主题。

2-2、作为哲学思想的中国元素

中国文化源远流长，博大精深，越来越多的企业把中国文化的精髓融入自己的品牌，并日渐形成了独具特色的经营理念。相对于视觉符号的直观，这些彰显中国智慧的广告活动承载和凝聚了更多平面或文字以外的思想内容。

我们所熟知的李宁的“中国智慧”就是把“中国元素”的理念复制到其产品与广告的宣传中的成功案例。从2005年起，李宁配合相应的文化传播策略手段，对产品及品牌进行了印有中国元素标签的宣传。首先在产品设计中加入一些中国元素，如汲取赵州桥的设计灵感，打造了一款秉承中国智慧的“李宁弓”减震运动鞋。此外，在向消费者传递的信息方面，李宁也在如电视广告和卖点布置等宣传形式上采用了中国的特色元素。李宁品牌以中国文化对于体育激情的全新演绎所拍摄的影视广告“墨球篇”同样具有强烈的东方韵味。

2-3、作为公众人物的中国元素

在中国元素的范畴里，有一类元素的使用常常被我们忽略，这就是那些活跃于大众视线里的各路中国明星，他们同样在身体力行地传达着中国元素的涵义。

随着中国经济的崛起和传统文化的传播，“中国元素”日益成为全球市场上的一种时尚和潮流，越来越多的中国明星成为了众多知名品牌争相邀约的代言主角。成龙代言的VISA信用卡、巩俐代言的欧莱雅化妆品、章子怡代言的可口可乐、姚明代言的苹果手提电脑、郎朗代言的奥迪轿车……这些明星在某些领域代表了中国的迅速崛起和发展，并在消费者的心目中有着一定的号召力，因此，他们受到了各大厂商尤其是国外品牌的青睐。这些品牌希望凭借明星的力量在中国市场分得一杯羹。

3、中国元素的哲学意涵

中国元素的表达，与传统的意识形态和哲学观念密切相关。在单纯视觉符号和传统表现方法的背后，中国元素更为重要的应该是根本的哲学观念和处世作风。中国元素主要突出了以下几个理念：

3-1、人为本

中国元素在思想观念上一个突出的特征，是强调人与自然的和谐统一，即“天人合一”。从某种程度上说，“天人合一”既是中国文化追求的最高境界，也是中国文化所设定的最高人生理想。凭借“人”的思想而取胜于中国市场的例子也不胜枚举。

图1

雪铁龙汽车在登陆中国后，为了使中国受众迅速接受并记住其品牌的标志（图1），雪铁龙在标志的汉语语符的选择上充分顾及了特定的文化因素和中国人的文化接受心理。它以大写的“人人”来阐释，并以“从过去到未来，以人为本，始终不变”的诉求来深入主题。从西方一个简简单单的汽车标志，到东方源远流长的“人本”思想，这几乎是一种形神兼备的过渡。

3-2、信为先

手机生产商爱立信，最早的译名是“爱瑞克森”，在请教了中国的营销专家之后，把名字改成了“爱立信”。这是由于在中国传统文化中，很重视诚信。“仁、义、礼、智、信”，“信”乃五常之一。

守信，源自中国古代的传说“尾生抱柱”，李白在《长干曲》诗中有云：“宁存抱柱信，不上望夫台”。说的是一个叫尾生的书生，一贯以守信出名，他和朋友相约，定在某年某天在蓝桥底下见面，那时候通讯和交通都没有现在发达，而所谓君子是可以做三年之期的，即可以定三年后的约会。到了时间，尾生准时赴约，而他的朋友却没有到。这个时候，突然山洪暴发了，尾生想，如果我跑了，朋友来了不就看不到我了吗？于是他坚守在桥底，抱着柱子等朋友来，结果洪水太大把他淹死了，这就是“尾生抱柱死”的故事。

洋人听了这个故事以后非常感动，将之演绎成了爱立信的品牌故事。“以信立爱”，在蕴含中国传统文化道义的同时，又与产品自身有着十分贴切的关联度，可谓一箭双雕。

3-3、礼之用

“礼”同样是中国传统文化内涵的重要部分。在中国社会实际生活中，人们很重视具有突出意义的人际交往关系。在礼的精神、观念和行为准则的制约下，社会各阶层人士在人际交往中无不以礼相待，保持和睦友善。而这种尚礼的精神也成为许多广告的卖点，于是“送礼就送青春宝”、“今年过节不收礼，收礼只收脑白金”……充斥于各大媒体。

3-4、和为贵

“家和万事兴”也是中国民族文化心理的一个显著特征。中国人对于家庭、家乡、国家的观念特别强烈、浓重，甚至提升到了本体地位。恋家、思乡、爱国之情，积淀在中国广大民众的心灵深处。2001年可口可乐的回家过年篇电视系列广告之所以深入人心，也是因为其营造的祥和喜庆的氛围触动了每一个中国人的思乡情结。再如中国联通的标志设计，中国结的形象，寓意情系中国，联通四海，充满了亲和力和归属感。

三、价值：中国元素的“能”

长虹在20世纪90年代中期成功打出“以产业报国，民族昌盛为己任”等广告后，国内相继有娃哈哈使用“非常可乐，中国人自己的可乐”、奇强推出“中国人，奇强”的广告，然而，后来的这些广告却都没有取得预想的效果。虽然一方面的原因是这些产品在整体或某些属性上还不足以与跨国品牌抗衡；但另一方面，这类爱国营销的思路在科学性和有效性上也存在误区，从而难以对消费者的购买倾向形成导向。

2004年丰田“霸道”的挑衅广告，导致一时间抵制呼声风生水起，毫无疑问，这是一则“中国元素”运用失败的案例，可是时至今日，丰田车却依然在中国的汽车市场继续着“车到山前必有路，有路必有丰田车”的神话。2008年第一季度，丰田的全球销量夺冠全球，而单单在中国销量增长近五成。1月至3月，丰田汽车在中国销量达14.9万辆，同比上升49%，相当于汽车市场整体水平的一倍[3]。

由此可见，重视中国元素运用的同时，也要充分考虑消费者的心理及行动。

我们不能回避这样的尴尬事实：为什么娃哈哈的非常可乐摇旗呐喊“中国人自己的可乐”已数年，却始终徘徊于二三级城市的可乐市场，而百事可乐只在2008年推出的广告策略“敢为中国红”以及“爱中国”的广告口号却赢得了消费者的青睐？

我们以为，娃哈哈在区区一瓶饮料上大打爱国牌，难免小题大做。于是在喊了8年“中国人自己的可乐”之后，娃哈哈终于在2007年，调整了营销策略，转而针对非常咖啡可乐、营养快线等功能混合型饮料，开展了大规模的广告投放。这种思路的调整，意味着娃哈哈曾经铿锵有力的爱国情结告一段落。同样，我们也不难理解丰田车在中国汽车市场占有一席之地的原因。丰田车所面对的目标受众，只要是30到45岁的成功人士，这一部分消费者相对理性和成熟，在选择购车时会更重视价值。而如果丰田车能够在其广告中融入积极正面的中国元素，一定去达到事半功倍的效果。

这两则案例无疑说明了在中国元素的营销过程中，我们不能忽视消费者不断变化的消费心理。消费者，尤其是中国的消费者有着许多独特的消费心理，比如，面子心理、从众心理、攀比心理以及爱国情结、崇洋心态等。因此，渗透中国元素的广告推广活动中，探寻中国消费者独特心理，变得尤为重要。

因此，广告活动中的中国元素只有拿捏的恰到好处，才能让消费者心动。

四、局限：中国元素的“不能”

洞察消费者，尤其是中国消费者的心理及行动，在运用中国元素的过程中，才能够游刃有余。然而，中国元素始终是手段，并非包治百病的灵丹妙药。一直以来，中国元素虽追求“尽善尽美”，但它毕竟不是“十全十美”的，在运用的过程中，仍会出现一些问题：

1、文化的差异不容易被理解

中国元素具有强烈的地域性，这难免会给中国企业国际市场的开拓带来很大的不便。不同的文化背景，可能很难理解中国元素的意义。因此，本土企业在自身中国市场的同时，也要对国际发展战略进行长远规划。

比如，“蝙蝠电扇”是畅销中国的品牌，“蝙蝠”是极具中国文化内涵的视觉元素，但是，在西方的文化认知中，“蝙蝠”是吸血鬼、是邪恶的象征，“蝙蝠电扇”所具有的中国元素则成为在西方市场拓展的障碍；与此相似的，“白象电池”也在中国享有盛誉，但是，这个在中国人心目中的祥瑞标志，在西方的文化认知中，却是“沉重的负担”的意思，于是乎，“白象电池”在西方市场的走势也就不足为奇了。

2、现代气息不够

当前许多中国元素的运用案例中，只是对传统文化的照搬、模仿、转化。而只有通过加入新的养料，才能达到“润物细无声”的境界。新的养料来自于今天的生活，只有寻找与现代生活真实相通的感觉，探索当代社会人们的潜在心理，才能创造出精彩绝妙的交流语言。

3、生搬硬套，元素使用与产品脱节

中国元素并非万能，其运用的各类技巧均建立在企业自身产品及形象的基础之上。只有与产品形象相贴切的，才能赢得市场。否则盲目的套用、滥用中国元素，非但不会引起消费者的购买欲望，还会招致反感和抵制。李宁的影视广告“墨球篇”，具有强烈的东方韵味，但是，自此之后，水墨表现手法比比皆是，汽车、运动鞋、旅游目的地、酒……到处都是水墨的演绎，令人生厌。

总之，一个好的广告创意概念，应包括有好的延伸性。中国元素只是某个创意中的一个部分而已，能不能表现好，不是取决于这个元素本身，而是取决于创意自身。

五、结 论

为了达到理想的传播效果，广告传播中的中国元素的运用，应关注以下几个问题：

1、在市场层面上，中国广告业必须注重中国广告市场的特殊性，主张用中国的市场模式来解决中国广告问题。

置身于中国市场，企业所开展的广告推广活动，首先要有一个既能清晰传达品牌信息，又能迎合并满足中国消费者民族文化心理的定位。中国元素的使用核心在于有没有对中国特色市场进行深刻的洞察，有没有对中国消费者进行准确的把握，这才是根本。一次成功的广告活动不能陷入唯中国元素是从的误区，毕竟，符合中国市场需求和消费心理的元素才是中国元素运用的真谛。

因此，广告中的“中国元素”的诉求点，应针对不同的目标细分市场，结合消费者民族爱国情结、社会心理因素、生活方式因素等进行展开，只有对中国文化心理的体贴与抚慰达到细致入微的境界，方能赢得消费者的垂青。

2、在理念层面上，广告传播中融入中国自身的文化个性，这里的文化个性包括被大多数中国人（包括海外华人）认同的、凝结着中华民族传统文化精神，并体现国家尊严和民族利益的形象、符号或风俗习惯等。

这主要是强调对中国元素中“意境”的把握和延续。一切中国元素都有其象征意义，它决不是物化的、对象化的图示，在每一个中国元素的使用背后，都有一个无穷的宇宙世界。因此，在进行广告创作时，应将“意境”与现代广告相结合，努力探寻和挖掘广告背后的“意”，将已经在中国民众心中形成共识的传统中国元素的“意”，沿用到企业及品牌的理念中，从而延展出更新的、更深层次的涵义，使其更具有文化性和社会性。

3、在伦理层面上，广告传播的中国元素必须符合中国的道德伦理规范，反对文化歧视。

关乎国家、民族利益的问题上，中国人普遍有着浓重的情节，因此如果广告在这些方面触犯了消费者的心理底线，势必会招来非议。因此，广告只有在与消费者达成情感共识的基础上，投其所好，才能为商家赢得美誉度和忠诚度。

注释：

[1] 贾春峰：《“文化力”论》，载《中华人文精神新论》，上海古籍出版社，1998年版。

[2] 中国元素 百度百科 http://baike.baidu.com/view/524057.htm。

[3] 中国新闻网 《丰田一季度全球销量冠全球 中国销量增长近五成》http://www.chinanews.com.cn/auto/cqdt/news/2008/04-29/1235300.shtml。

参考文献：

1、[美]迈克尔·R·所罗门：《消费者行为》，经济科学出版社，2003。

2、[美]道恩·亚科布奇：《凯洛格论整合营销》，海南出版社，2007。

3、肖志营：《品牌突围》，天津人民出版社，2003。

4、J·保罗·皮德：《消费者行为与营销战略》东北财经大学出版社，2000。

5、柴毅龙：《尊道与贵德（中国人的价值观）》，云南人民出版社，1999。

6、[南非]普莱希斯：《广告新思维》，中国人民大学出版社，2007。

7、李砚祖：《视觉传达设计的历史与美学》，中国人民大学出版社，2000。

8、曾朝晖：《品牌金字塔》，厦门大学出版社，2002。

9、田平等：《企业形象识别与广告经营》，中国广播电视出版社，1995。

10、相关期刊：《中国广告》、《国际广告》、《成功营销》。

11、相关网站：梅高广告咨询公司 www.meikao.com

中国元素网 www.jvvvv.com

亚太广告网 www.ytad.cn

中国符号，中国精神与中国语境
——论公益广告中的中国元素

中国公益广告网总编、金长城国际广告总裁 李 谋

一、文化大国之奋起，中国元素之复兴

中华文明，是世界上最古老的文明之一，五千多年一脉相承至今，是世界古代文明中唯一没有中断的、最具持续性的古老文明。古代中国，曾在经济、政治、科技和文化等各方面深深地影响着世界。从汉语文字到儒家思想，从丝绸茶叶到四大发明，中国元素的魅力曾令世界为之折服。鸦片战争之后，西方文明随着列强的坚船利炮敲开闭关锁国的中国大门。西洋日新月异的科技令国人大开眼界。与新兴的西方文化相比，中国的固步自封、贫穷落后，令中国新知识分子自惭形秽。“五四”时期一些文化精英，几乎将中华民族文化等同于蛊毒落后的封建文化，曰之为中国落后之根源，因而主张否认传统，全盘西化，从此中国文化渐趋式微。

改革开放以来，随着中国经济的高速发展，在经济的持续稳健提升的同时，代表着内核实力的中国文化并未获得同步增长，与中国对外贸易“出超”相比，中国的对外文化交流和传播则是严重“入超”，呈现着相对的“负增长”态势和“文化赤字”现象。“文化负增长”的形成与我们文化的软实力传播的能力不够强大有关，也与我们自己的文化态度不无联系。特别在“全球化”概念下的现代化进程中，中国对外来文化的趋迎呈现出前所未有的热情，对中华民族文化则视作“落后”的象征。一种文化形成广为认知的强势后，就意味着这种文化的国家和民族将很容易拥有信息霸权和文化霸权，并会影响政治话语权。文化是活的生命，只有发展，才有持久的生命力；只有传播，才有影响力。中华民族文化是我们民族智慧的结晶，也是民族精神的体现。正是中华民族文化、民族精神塑造了我们的面貌，使我们成为中华民族。没有了中华民族文化，中国人也就不成其为中国人，中华民族也就不再是中华民族，即使国家经济高速发展，其发展也只等于“一个被征服国或次殖民地之发展”。在当今过于崇尚与美化西方文化的愿景下，如果我们不改变对待自己文化的态度，不强化我们文化的软实力的传播能力，如果不需要“重新发现”中国文化魅力的话，中国文化在全球化中就有可能变得疏离而漠视，改变文化“负增长”和消除“文化赤字”也只能说是痴人说梦而已。

随着中国在国际事务中影响力的日益提升，中华民族逐渐走向复兴之路，中国之崛起已成为一股不可逆转的历史潮流。伴随大国政治、经济崛起的中国，作为文化软实力体现的中国元素也开始被唤起。中国元素的文化价值和经济价值开始得到重新审视。在民族情结和市场经济的合力推动下，中国元素的概念被提起，中国元素的应用日趋广泛。中国电影中中国元素的应用引人瞩目，中国风的歌曲和民族音乐脍炙人口。在建筑设计、环境设计、服装设计、包装设计、广告设计中，中国元素引起重视并被逐渐引用，呈现着中国元素之复兴。国内有识之士也开始致力于中华民族文化研究和中国元素在传播领域的应用，2006年，国内广告人发起“中国元素国际创意大赛”，至今已经连续成功举办三届；2007年，国内多家网络媒体共同发起“寻找中国100元素”大型网络调查活动，推动了公众对中国元素的认识；2008年8月8日举行的奥运会开幕式，水墨画卷、四大发明、丝绸之路、民乐戏曲、太极拳、敦煌飞天、夸父追日等，向全世界传播中华民族文化，将中国元素推向了一个新的认知高度。如今，对外交流与传播中披挂着“中国结”装饰，洋溢着热情的“中国红”氛围，看中国歌舞、赏花灯流转、听爆竹声声、观龙狮舞动、品香

茗栾棋、尝中华美食……，用多元的中国文化感知元素营造中国的文化，这已经成为外国人了解中国的一个重要渠道。

二、从广告角度看中国元素

伴随中国元素兴起的是对中国元素理论研讨的深入。对中国元素进行研究，无法回避的第一个问题就是"什么是中国元素？"对于中国元素的定义，可以说众说纷纭，但至今尚未有一个权威的公认的定义。

"中国元素"是一个偏正短语，"元素"是中心词，"中国"是限定词。《中国百科大辞典》对"元素"这一词条的解释是："一般指化学元素。具有相同核电荷数的同一类原子的总称。"[1] "中国元素"一词中的"元素"，显然是借用化学意义上的"元素"，在社会文化领域的意义衍生和扩展，以比喻一件事物中所包含的具有某种属性的因素或成分。而中国元素的属性就是"中国"，亦即中华民族文化，即是中国特有的区别于其他国家和民族的物质实体、价值观念、意义体系、社会规范和行为方式。某件事物中具有"中国元素"，就是包含了某种具有中国特有的文化属性的因素或成分。

在不同的领域中，"中国元素"可能具有不同的具体涵义。从不同的学科视角来认识"中国元素"是导致"中国元素"的定义众说纷纭的原因之一。从广告的角度来看"中国元素"，"什么是中国元素？"的问题就可以演化为"什么是广告中的'中国元素'？"。这个问题首先涉及到我们对"广告"的认识。

通常我们会将广告看成是一个作品、一个用文字、图形或图像、声音等符号组成的形态。我们可以将一个广告作品分为形式和内容两方面，或者从符号学角度分为能指和所指两方面。形式和内容，或能指和所指，这是有机构成手段表象与内容中心的两个层面。我们直接接触的是表象的形式或能指这一面，而通过形式（能指）读懂作品的内容（所指）中心之目的。

很多人都注意到了这两方面，因而强调广告中的中国元素应该包括形式中的中国元素，也包括内容中的中国元素。如厦门大学倪彩虹认为："中国元素包含了两层含义：第一个层面是中国元素符号，即在广告作品中随处可见 可辨识的象征符，如戏曲脸谱、阴阳八卦、龙凤形象等。第二个层面是中国元素精神，即虽然没有借助明显的直接的中国元素符号，但是文化传统、习俗习惯、 价值观念等得到准确生动地传达与体现。"[2] 新疆普拉纳广告的谷文通提出："仅在广告创意中生硬地加入中国元素，而广告诉求却与中国的道德、文化、伦理、民俗都背道而驰，你能说他有一个高境界吗？"[3]

但是，广告不只是一个静止的符号形态，更是一个传播运动和传通过程。广告作品只是这个过程中的一个环节。将广告看成是信息传播的动态过程，就不能只从广告作品中来认识中国元素。广告传播的过程策划中，也应该体现中国元素，把握中国文化属性的因素和成分。广告传播行为过程中有效地呈现的中国元素，是我们应该同样注意到的一个层次。

三、公益广告中的中国元素

公益广告是旨在影响社会公众对某一社会性、公共性问题的认知、态度和行为，以符合社会公共利益的非营利性广告。它与商业广告具有相同之处，又有不同之处。公益广告与商业广告一样，也可以将广告中的中国元素分为三个层次：形式表现所采用的中国符号，内容主旨所体现的中国精神，传播策略须符合的中国语境。但在各个层次上，公益广告对中国元素的运用目的、意义和策略与商业广告略有异同。

1、形式表现采用中国符号

中国元素符号根植于中华民族文化，为中国的公众所熟悉。一些传统的中国元素符号，在历史的长河中披沙拣金，去芜存菁，具有很高的审美价值。广告中运用中国符号，可以拉近与受众的认知心理距离，并为创意增光添彩。

在商业广告中，一些本土企业利用中国符号的运用来树立民族品牌的形象，而一些外国企业则利用中国符号来拉近与中国消费者的心理距离。"中国元素给消费者的符号刺激与在消费者头脑中原有的文化背景和符号形象相吻合，消费者便对其产生熟悉感和亲切感，这样唤起消费者潜意识里与产品形象上的共性，传递这样具有潜在共性的刺激信号，消费者从第一感觉上就接受了它。”[4] 与商业广告不同，公益广告的目的在于传递公益观念，但公益广告中运用中国元素同样可以创造视觉上的冲击力，激发受众已有的文化知识，拉近受众的心理距离。如中国红十字会在汶川地震后发布的一则广告(见图1)。这则广告将汉字“汶川”二字以中国书法的形式，极具创意地合并为一个“济”字，将红十字会号召全国救济汶川、援助灾区的信息直观有力地呈现出来。其中，汉字“济”的含义已为公众所熟知，体现的是中国人“兼济天下”的济世情怀。

图1

图2

图2则是利用中国的太极图案来展现。太极是中国人熟知的一个传统符号，象征的是一种阴阳平衡的思想。而这里将两点分别置换成动物的蹄印和人的手印，将人与自然和谐相处，保持生态平衡的观念进行了很好的诠释。这二则公益广告的诉求效果的实现，都建立在受众已有的中国民族文化知识的基础上，这种文化知识是中国受众特有的，又是集体共享的，成为公益广告引发共鸣的心理基础。

2、内容主旨体现中国精神

五千年传承的中国文化，给我们留下的不只是璀璨夺目的物质符号，更给我们留下了丰厚的精神遗产，包括文化传统、风俗习惯和价值观念等等。这些宝贵的精神遗产，可以成为公益广告诉求的内容主旨，起到教育公众的功能。

中国符号的运用可以在形式上体现中国特征，但是广告向受众传达的内容主旨才是关键。一些广告作品虽然表面上使用了中国符号，所传递的内容主旨却与中国精神大相径庭。如耐克的广告《勒布朗·詹姆斯恐怖斗室篇》，虽然用到了中国功夫、敦煌飞天、中国龙等中国符号，但广告内容主旨表现的却是无所畏惧、勇往直前的美国精神。中国符号包装着美国精神，这也是这则广告虽然用了中国元素却反而激怒中国观众的原因。

有些商业广告，虽然没有使用物质性的中国符号，但在内容上体现了中国精神，因而能够打动消费者的心。如雕牌洗衣粉的《中秋篇》，讲述了女儿在外奋斗，中秋不能回家，父母牵挂，就到女儿住所跟她团圆的故事。这则广告故事以中国人“家”的观念和“中秋团圆”的观念为诉求内容，引发消费者的心理共鸣。同样的故事对美国受众讲述，则不可能引起同样的心理效应。公益广告也是如此，内容主旨也是中国元素在公益广告中的一个存在层面。不同的是，商业广告中对“中国精神”的使用只是作为叩开消费者心灵之门的敲门砖，真正要往消费者心智中灌输的是商品信息和品牌信息，所以上述雕牌广告中才会出现“中秋节还是忍不住想家，想妈妈一直用雕牌洗衣服的样子……”这样牵强的句子。而在公益广告中，“中国精神”本身成为诉求主旨。随着市场经济的高速发展、外来文化的渗透冲击，中国人的价值观愈趋多元化。在这样的背景下，中国传统文化中许多经过历史考验的优良的文化美德和价值观念，如“家”观念，“孝”观念，“尊师重道”的思想，“天人合一”的世界观，“安定团结”、“和谐”、“以和为贵”的处世之道，“诚实守信”的为人之本，“济弱扶贫”的济世情怀，还有春节中秋等优良的传统民风习俗，都可以成为公益广告的传播主题，起到教育、警示、感化公众的社会功能。中央电视台的《常回家看看篇》讲述了这样一个故事：老人做好了一桌饭菜，儿女却一个个打电话来说有事不回家，虽然儿女们一个个给家里买微波炉、家庭影院等东西，但不回家却让老人感到非常孤独。这则广告非常好的契合了中国的现状：经济高速发展，老年化社会来临，儿女在外奔忙奋斗，无暇顾及家中老人，传统中国大家庭中团圆美满、其乐融融的场景已渐渐远去，传统的“孝”的情感被异化为简单的物质给予。在这种情况下，公益广告提倡“家”与“孝”的观念：常回家看看，别让你的父母感到孤独，点化了情感交流、共享人生经验重于物质给予。这样的公益广告具有很好的社会教育功能。它虽然没有用到形式层次的中国符号，在内容主旨上却深刻地体现了“中国精神”。

3、传播策略符合中国语境

如果将广告看成是一个传播过程，那么广告作品就只是这个过程的一个环节。公益广告中应用中国元素，就不只是在作品的形式和内容上的应用，而应该在整个传播过程的策划中树立起“中国观念”，从“中国语境”出发去实施公益广告的传播。这是从一个大的视角来看“广告”，也是从一个广义的角度来看“中国元素”。

上述形式上的创意策略，和内容上的诉求策略，都是传播中传通策略的一部分，但不是全部。公益广告立足“中国语境”，其核心就是在公益广告的策划过程中，明确树立一种观念：中国的公益广告，解决的是“中国问题”，面向的是“中国人”，地理座标决定了其编码与解码的语境特征，并以此与外国的公益广告相区别。

在所要解决的问题上，应考虑中国国情与外国的异同。在全球变暖、动物保护、人道救助等世界性问题上，中国与其他国家有共同之处。但在其他一些问题上，则具有差异性。比如民族问题，在美国，公益广告宣传的是“种族平等”，而在中国，宣传的应该是“民族团结”。如宣传避孕套的使用，在美国主要是出于防范艾滋病的目的，而在中国，除了防范艾滋病之外，避孕套也是计生用品。因而在中国，避孕套的使用宣传也是计划生育宣传工作的一部分。像公众场合不要喧哗、不要随地吐痰、不要乱丢垃圾、遵守红绿灯等“讲文明，树新风”的社会公德，在欧美国家已经不是突出的问题，没有必要进行大规模的公益广告宣传，而在中国仍然很有必要。

公益广告面向的是“中国人”，因而应该考虑中国受众的认知方式、认知心理和文化审美观念等因素。在一些商业广告中，虽然使用了中国元素，却没有考虑中国人的文化认知心理，导致了适得其反的效果。比如丰田霸道汽车广告中使用的中国石狮子向霸道车敬礼，立邦漆中使用中国龙从用过立邦漆的柱子上滑落等。公益广告在创意的时候，同样应该考虑中国受众民族文化取向的差异性。比如中国人在性格上含蓄内敛，爱好和平，在性观念上相对保守。例如：同样是PETA（国际善待动物者组织）反皮草的公益广告，在国外发布的一系列公益广告是一众男星女星全身赤裸、暴露尺度很大的画面，文案是“Fur? I' d rather go naked”（“穿皮草？我宁愿裸体”）。而在中国上海发布的户外公益广告则是著名女星Pamela Anderson半身裸背画面，文案是“双肩的冻，及不上它们的痛”。同样是关于家庭暴力的电视公益广告，国外某公益机构的广告表现的是一对中年夫妻与一个成年男子围着餐桌吃饭，吃着吃着，夫妻突然对男子大打出手。1分钟的广告片有1/3的时间表现丈夫用皮带狠抽男子的场景。最后出来的文案是“这是戏剧场景。在现实中，受害者才6岁”。香港无线播出的一则电视公益广告则是用破碎的花瓶、人物相互推搡的脚部的情景（而不是直接表现殴打的动作）、断臂的蜘蛛侠玩偶、倒在地上的台灯、无力地转着的吊扇、壁上玻璃破碎的时钟，满地狼藉的屋子，破碎的全家福相框等场景来渲染家庭暴力带来的破败凄凉的气氛。同样关于“家庭暴力”的社会问题，前一则国外的公益广告不可谓不震撼，但其直接展现暴力的方式对中国受众来说可能难以接受；后一则香港的公益广告以间接表现，氛围渲染的方式，则更符合中国人含蓄内敛的接受心理。这就是对“中国语境”的符合。

最后应该指出的是，全球化不是本质上同质化的过程，而是逐渐差异化的过程。我们将广告中的中国元素，看作是广告中的中国属性的因素或成分，在形式层次和内容层次存在的中国元素，都是公益广告创作的一种选择，而在传播策略层次上的中国元素——对“中国语境”的符合，则应该是所有中国公益广告创作和传播中应该考虑的问题。

注释：

[1] 中国百科大辞典编委会编、袁世全、冯涛主编：《中国百科大辞典》第869页，华厦出版社，1990年。

[2] 倪彩虹：《从获奖作品分析广告创意中的中国元素运用》，《东南传播》，2009年第6期。

[3] 谷文通：《用中国元素折射中华文明》，《广告人》2006年第9期。

[4] 陈雅勤：《中国元素在中国广告创意中的表现》，四川大学硕士学位论文，2007年。

中国元素·广告文化·传媒教育

北京印刷学院教授　高　萍

摘要：中国元素——广告文化——传媒教育，是当今广告和媒介创意的一种范式。“中国元素”不仅是5000年以来悠久的中华文化精神与象征，更是国家主义和民族主义的集中体现。广告的专业卖点是文化创意传播，中国元素与广告文化使国家主义与市场经济的量得以联姻。文化理念的建构是广告人的专业素质；传媒教育的灵魂是人文情怀，传媒与广告专业人才必须注重国家、民族、社会、人性、民生等人文科学理念和社会文化符号的沟通与表达。

关键词：中国元素　广告文化　传媒教育　人文情怀

将中国元素、广告文化、传媒教育三个范畴并行列示，意味着一种链儿，或者说一种思维逻辑，这个链条不仅广泛渗透在广告营销业界，而且已经成为媒介策划领域里的文化范式，深度嵌入人们生活与工作的各个环节，甚至成为一些社会重大传媒活动策划的核心。反思几年来我国高等教育领域关于广告营销、传媒策划、创意设计等专业体系构成，不难发现如上几个范畴的教育逻辑。

一、关于中国元素

而今，中国元素从概念意涵到符号表现已为人们耳濡目染，尤其是在经历了2008年北京奥运会之后，这一概念更加深入人心，成为人们每逢民族节日、社会商业和国家重大活动以及世界文化交流中的主要表征。

“中国元素”是中国传统文化象征符号的统称，是中华民俗文化、民间艺术、民族精神的符号载体。凡是能够被中国人（包括海外华人）认同的、凝结着中华民族传统文化精神，并体现国家尊严和民族利益的形象、符号或风俗习惯，均可被视为“中国元素”。

“中国元素”可以有各种区分类别。如果以型态为标准，可将之分为：符号表现、民俗风情、文化精神三大类；如以时间为视角，可将之分为古典元素和现代元素两大类：第一类为5000年来悠远流长的中华民族传统元素，如具有浓厚民俗风情的福禄寿喜、云龙图腾，真丝面料，京剧脸谱以及各地的民俗民谣等；第二类为崛起的新中国60年，尤其是改革开放以后中国现代化进程中更加流芳异彩的现代元素：如北京奥运、中国航天、贺岁电影、自主品牌的表征符号和文化精神等。现代是年轻的古典；古典是永远的现代，只有民族的才可能是世界的，这就是中国元素的绝对意义。

在精神文化消费决定物质取向的今天，中国元素既是民族主义符号，更是充满现代意义的国际时尚元素。以“中国元素”作为创意语言，可以丰厚自主品牌文化、加注传媒符号的表意。在国际一体化进程中，世界经济越来越离不开持续增长的中国经济这种大气候、大环境的大时代下，世界文明和全球性的文化消费更离不开中国文化。孕育着中国文化精神的“中国元素”承担着中国企业自主品牌走向世界、融入世界、影响世界的时代使命。

回顾1997年香港回归时的媒介报道，再看2008年北京奥运的巨大秀场，包括新闻报道、开幕庆典、影视节目等在内各种传媒活动都是通过中国元素的创意组合叙事，充分展现了中华民族强大的国家主义特征；建构了一个本质化的富足的中华民族；描绘了一个蕴含丰厚文化底蕴的文明古国，这些都力证了中国元素的外延力量能够表征民族的实力形象，突出国家的政治权威。中国元素具有能够代表中华民族的文化、实力和国威的象征意义。当代我国主流媒体运作中经常通过国家——市场——社会来体现我国的政治——经济——文化之间的彼此牵连又错综复杂的关系，这种“中国元素”——“民族主义”——“国家主义”一体化的传媒叙事策略使中国元素具有一定意义的“国家主义”的特征，这恰恰是一种于政治领域之外的强力符号。

二、关于广告文化

广告的本质是传递信息；广告目的是沟通——通过对商业产品的文化包装，为有形的产品或无形的服务提供附加值——消费者的体验价值和享受价值；广告的专业卖点是文化创意传播。所以，广告本身就是一种文化传播。商业广告创意和传播的是商业文化信息；公益广告创意和传播的是公益文明信息 。在市场竞争白炽化和产品同质化时代，每一则广告都是彻头彻尾的文化创意产品；每一则都带有通透的文化价值取向。所以，广告的文化构成与文化导向是当今广告营销传播的核心价值。

广告文化是与广告同生共体的，今天的广告越来越不敢直接地商业叫卖，也很少唯美式的美轮美奂，而是为迎合大众心理式的说服、劝服或感动、感化，成功的广告都是在人性的沟通上出大手笔做大创意。绝对的经济学和绝对的美学都不是广告创意的生长点，而文化创意，尤其是富含中国元素的符号创意才是国人自主品牌的广告开路符。

中国元素本质化了的民族主义、国家主义特征，突出表现在其用于国家政治传播与社会商业传播中的同体化和通用性，使其具有双重意义下的传媒话语权和社会影响力。这种民族主义的话语在我国当代起着传播合法与商业融通的巨大作用。不可否认，意识形态的权威化往往需要单向的自上而下的灌输，而在建构商业广告传播的文化叙事中，广告文化建构确是源自经济社会的企业广告主，来自广告及传媒专业人士和文化生产者的广泛参与。他们的参与一方面是受市场利益的驱使，一方面也源自真诚的民族情感，这种民族主义——爱国主义几乎是所有公民原生态的，是与时俱进的，于是，“中国元素——广告文化”使国家主义与市场经济的力量得以联姻，无论是自上而下还是自下而上，都可以被唤起或唤醒，人们会以积极的心态领略并接受这种饱含爱国情怀的传播符号，以中国元素于为主体构成的广告文化可以削弱商业信息的功利性；可以丰厚广告品牌的社会人文与民族主义内涵；可以降低传媒受众对商业广告的排斥心理；可以搭建广告品牌在消费者心目中的文化形象；可以使自主品牌走向国际市场。以中国元素为实体的广告文化传播不仅具有深远的民族主义意义，还是颇具经济价值和理论意义的社会人文景观。

曾经，广告文化符号的模糊不清导致一些跨国品牌广告败在了传媒沟通环节：如当年的丰田“霸道”广告、立邦漆的“盘龙脱落”广告和耐克的“恐惧斗室”的广告等。尽管我们不主张广告的“泛政治化”，但如此扭曲中国元素的符号表现立刻引发了民众的同仇敌忾，从民族与爱国主义情怀的爆发与愤青中不难看出：中国元素与民族主义情绪两者之间的微妙关系，其背后隐含着潜在的但是巨大的政治意义。

中国元素也为来自于主流传媒的官方叙事与来自于市场经济的广告文化导向之间搭设了直通车。在一些重大的国家及社会活动中，如果比较官方传媒和“民间”广告，官方的叙事要为涉及民族与国家的事件提供一个基本框架，更靠近市场的公益或商业广告则大有机会为这一框架提供丰富的感性内容和具体故事，也同时使自己的广告品牌信息大行于世。正基于此，近些年来，每届国家奥林匹克运动会都出现了主办国的全民皆秀以及大量赞助商的前赴后继。公关营销、事件营销和社会营销取代硬广告投放已大势所趋。只有文化能够拯救广告，只有官方和民间同时认同的文化导向才能使广告生效。在我国，中国元素正在成为广告创意元素的首选，成功的案例实在太多，这里不再一一赘述。中国元素蕴含的民族风情与国家精神，是当今时代广告文化的主流，赋有永恒的社会流行与国际时尚属性。

今天我国的市场也进入了大广告时代，关于商业讯息的有效传播，无论是通过硬广告，还是事件营销，或各种各样的整合方式，都取决于广告文化的沟通与消费者心理接受的契合性，都要依赖于商业市场规律和受众的心理文化规律。从广告的本源属性看：广告是对受众进行心理劝诱的专业艺术。广告创意越来越比照文化尺度而凸显传播的专业价值；广告传播的社会影响力越来越依附于品牌的文化能量。

现代广告已经成为一种不折不扣的商业文化传播行为，广告与文化同生共体的属性这决定了广告是一种有责任的社会信息传播。目前我国广告业界的虚假广告、恶俗广告和明星广告三大问题，正是一些广告人或传媒人忽视广告的文化底蕴和人文社会内涵，极度缺乏文化创意的表现，是广告专业内核缺失和匮乏的职业病症。

广告的原则即文化创意原则。对广告信息符号（文字或视频）进行文化创意，是广告专业的关键技艺。广告的专业功力是对传媒符号的创意突破。现代广告的传播力爆发于品牌文化的创意表现与社会人文的普世价值。中国元素以其最广泛的社会迎合力具有不可替代的社会经济意义和广告文化价值。如果从本质层面诠释广告文化的专业价值，广告文化是一个通过打造和张扬品牌个性以建立、发展与强大的品牌形象塑成策略。文化理念的建构是广告人的专业素质；传媒符号的思维与创新能力是广告人的关键能力。

三、关于传媒教育

高等教育如何解决广告人和传媒人的专业素质和专业能力问题，言者可有无数论调派别，而行者却不得不脚踏实地，走出院校大门看社会悟市场，然后再回到象牙塔里凝练精华。梁启超在《学与术》一文中曾界定："学者术之体，术者学之用"；严复也提到："学主知，术主行"；陶行知先生对自己的先行后知感悟等似乎都在面对理论与实践、知识与技术、文化反思与现实景观孰轻孰重的问题，这关系到高校的传播学、广告学和营销学，以及电视、电影等大批传媒类和艺术类专业的培养方案、教学计划和课程设置问题，实际上是关乎当代传媒和广告人群体的专业素质和职业表现问题。

值得注意的是，目前我国社会实践领域的种种市场行为已经凸现了一种"职业人"的异化现象，我们一次又一次耳濡目染了传播媒介领域的假新闻和商业市场里的虚假广告，这些极大危害着整个社会的健康发展和人们群众的日常生活。一些传媒和广告人在这个时代虽然敬业但越来越不够专业，创制了不少使新闻不是新闻，广告不是广告等种种带有"病症"的传媒内容，混淆了视听，蛊惑了民心。同时，有些专业设置过于重视新媒介技术类课程而忽略文化素质课程。孰不知，缺少文化内容的传媒只能是一种乱花迷眼的荧屏展术。这些问题如果追本溯源，必然推寻到教育环节，这些年青的职业人们是否在专业素质、专业知识、专业原则和专业精神等方面受到了科学的和优化了的专业教育。社会大市场以其不可抗拒的客观本性质疑着当代传媒和广告人——这一本为文化精英族的群像素质，也唤醒了人们关注高等教育与人才质量这一教育逻辑。

美国和一些西欧国家在新闻与大众传播科系或传播学院中都开设了"大众传播"专业，这个专业的学生专门学习如何利用大众媒体传播文字、听觉和视觉信息的方法与技术，同时也包括了广告， 公共关系，影视制作的方法与技术。当然，也不乏芝加哥学派这类以人文课程为景观与情怀，以人文价值为取向，社会科学属性极强的传媒教育体系。

伴随我国社会经济与文化体制改革的不断深入，传播与传媒教育逐渐引起社会各界的关注。1996 年以来，传播学成为教育部认可的一个学科。1997 年，全国第五次传播学研讨会发出："寻找传播学研究突破口，关注传播学自身建设"的呼吁；2001 年的首届中国传媒论坛，有专家提出：需将传播学原理与运用作为一种基本素质进行教育，以此作为传播教育的新思路，在为社会贡献学科能量与价值的同时，促进中国特色传播学学科建设；在 2008 年中国传播学论坛国际研讨会上，与会学者围绕跨文化传播、传媒教育的多元取向与相互借鉴、传播技术与社会变迁、经济发展与商业传播、传媒产业与媒介经济等专题进行了研讨，使传播学和传媒教育在我国逐渐走向专业化。由于大众传媒技术的日新月异，有线电视、卫星电视、有限或无限网络等新媒体的迅猛发展，这类专业的涵盖也随之扩展，越来越多的融进了其它学科。

由于我国传媒产业政策的开放和市场的应用性，近十年来，有关传媒类的专业院系和研究院所、学生人数和师资队伍都在迅速扩张，既有专业教学、学术研究，也有职业培训，体现了传媒教育的开放性与多元化。古今中外，教育历来就是社会控制的手段，我们不能淡化教育应有的人文价值取向。美国的芝加哥学派遵循的正是这个学术传统，“它致力于对一个城市，地方居民中的种族、民族和社会关系的深度了解。它所建立的不仅是一个城市的实体生态学，而且是一个地方和居民区的人文生态学”。当代我国的传媒和广告类的专业教育也出现了过于商业化的人文危机。大学毕业的高级专业人才在自己的职业岗位上似乎有了一些语言天分和操作技能，却没有多少专业素质，甚至看不出受过多少文化熏陶。故此，我国目前的传媒和广告类专业教育，需要在专业规划中充实如下内容：

第一，传媒教育首先当属社会科学，不仅需要科学的取向，更应当与政治理论、民族文化、国学、艺术、哲学、历史和文学等并进。传媒教育的学术家园应当是人文学科和人文取向的社会科学。目前传媒类专业以广告、公关、媒介经营与管理等大量技能和业务课程挤压了传媒的社会科学课程，这是现代世俗主义对人本精神的胜利，却要在社会文化和传播文明方面付出代价。

第二，从事传媒工作的职业人才应该有一种思考深邃，人文情怀宽厚的专业素质。无论是广告营销传播还是社会公益传播，传媒活动的本质都是求得共识与沟通，传媒教育的灵魂是人文情怀，这里需要了解国家主义、民族主义、现代人文主义和国际主义等各类文化或政治的思潮，传媒教育应注重传播的人文价值取向即文化性。无论是为了寻求传媒社会效果的学术性质化研究；还是为了服务客户经济效益的商业性量化研究，都具有某种共同约定共同认同的东西，这就是人与人、人与社区或组织、人与社会之关系的建构，一切传播的目的是共享文化，尤其是最易达到官方和民众共识得民族和国家主义文化的再生与提高。因此，传媒教育应淡化传播的功利性，强化人文价值和社会公益文化导向。

第三，传媒教育的核心是传播原理与传媒文化问题。“社会学和人类学，基本上属于传播学这一总范畴”，因此，传媒类专业的课程模块除了传播类、营销类、艺术类、媒介类课程之外，应该加大社会文化类，尤其是民族文化和国学类课程的注入，传播学是在与新闻学、与信息科学或与言语学等学科的结合中问世的，重构人与人、人与社会的关系是传媒教育的社会基础和生存前提。人的生存离不开社会，在当代更离不开大众传媒或新媒体的引领、诱导和规范，因此传媒专业对人才的培养便多了一层社会责任。

第四，传媒教育目标是培养传媒人的专业素质和专业原则。传媒人才的专业素质是具有丰厚的文化底蕴并了解本国的民族民俗和国家精神；传媒人才的专业原则是坚持人文价值标准。目前，国际传播教育既重视专业技能教育，更重视传媒素质教育，以最大可能的拓宽学生的知识面和文化厚度，完善学生的思维结构，以适应多方面多领域多价值观的导向需求。传媒教育不仅要重视方法论方面“术”的训练，而更要面对现代社会的纷繁复杂和变化诡异，注重国家、民族、社会、人性、民生等人文科学理念和社会文化符号的沟通与表达。

注释：

[1] [美] 詹姆士．W．凯里．国际新闻界．[J]．2002年第3期。

[2] [美] 诺伯特．维纳．人有人的用途．[M]．北京：商务印书馆，1078年版．第18页。

中国元素的视觉特征

青岛科技大学艺术学院副教授 梁克珊

摘要：中国元素是近些年来使用频率最高的词汇之一。对它的解释与表述众多纷纭。大部分都是从文化符号的表面形式上言说中国元素是什么。本文将从构成中国元素的内在基因，传统文化观念和传统视觉特征方面，揭示中国元素是什么。通过对文化观念形成因素的分析以及文化对视觉思维的影响，来探寻找中国元素。最终，本人认为“和谐”就是中国元素。

关键词：中国元素 文化观念 太极图 视觉思维 视觉特征

“中国元素”是什么？这很难用一句话讲明白，也很难用简明扼要的文字语言说清楚。但是用视觉语言、图形、符号，用传统的物质形态来说明，就可一目了然的表达清楚。比如2006年首届《中国元素国际创意大赛》中的那些获奖作品，就都是把无形的“中国元素”通过有形的设计形态、有形的物质形态表现出来。使我们一看就能理解孕育中国文化精神的“中国元素”是什么。那是一种视觉的味道，是一种潜意识的流露，是一种心理需求的表达，是一种精神的呈现，说到底是文化传统的认同。因此我们从传统文化观念入手，解读中国传统文化符号；从文化传统的遗传基因，分析中国元素的视觉特征。目的在于：一方面探讨传统文化观念对视觉的影响作用和中国元素的视觉形式；另一方面要从“中国元素”的视觉形式深入其内在结构，从文化语境上和传统符号创造者们的思想背景上寻找中国元素的生成基因。使视觉传达从“中国元素”的表面形式追求，走上中国设计的本土化方向。使视觉传达领域，从单纯模仿西方，追求生理上的视觉冲击力；到回归本土文化，关注人的精神层面，摆脱盲目追求形式、符号拼贴；让富于生命力的“中国元素” 得到真正的生发。从而实现中国设计、中国广告进入国际舞台的美好理想。

当今世界经济处于全球一体化。而文化却朝着越是民族的，越是世界的方向发展。世界文化不是由一种文化观念为主导的。悠悠五千年的华夏文明，不仅在过去的历史上辉煌，在今天的国际社会中，更有资格在世界文化这个舞台上重放光芒。有学者早已预言：21世纪的中华文化必将成为世界文化的主流。因为中华文化是宇宙自然孕育生发的，是持续不断、最有生命力的文化。

在文化领域中跨学科交错发展的视觉传达是随着社会的进步而发展起来的，是与人类文明紧密联系在一起的。因此，在今天这个多元化的文化语境下，视觉传达如何把握住中国传统文化的核心理念——和谐，这一根本元素，就成为我们探讨中国元素的重要意义。

一、中国传统文化的元素

“中国元素”这四个字是近些年来，在各种媒体和商业广告宣传方面使用频率最高的词汇之一；也是艺术设计领域，视觉传达中最为流行的表现主题之一。它是随着我国经济繁荣，而越来越广泛流传的一个词汇。一个时期以来，“中国元素”也成为人们日常生活中的时尚元素。如：盛行的唐装；流行的中国红、同心结、双喜临门等等。尤其是2008北京奥运，对“中国元素”的视觉表现和以“中国元素”为主题的创造活动，如开、闭幕式等，都达到了极致完美的程度。可是，如果仔细想想，究竟什么是“中国元素”？这个问题就不是那么简单的问题了。因为“中国元素”这个词汇的丰富性和无限性，使它成了一个人人都明白却又不能准确表述的词汇。

有一种说法是：只要被大多数中国人所认同的、凝聚着中华民族传统文化特色的、能反映认知中国的东西，并体现国家尊严和民族利益的形象、符号，或风俗习惯均被视为“中国元素”[1]。这种定义就像把“人”定义为不长羽毛的二足动物。听上去未免令人失望。因为人类思考的本性是努力抓住问题中最重要、最关键、最具代表的性质。其实这个解释就像是说，中国人就是中国元素或传统文化符号就是中国元素一样，都没有回答“中国元素”最重要的性质。就像是说生命就是生命元素一样笼统含糊不清。我们说任何一个生物主体都包含了构成生命的细胞，但不能说细胞就是生命本体。所谓“元素”是指事物的要素，也就是构成事物的主要因素。而不是事物的所有成分。

“中国元素是什么？”这个问题，之所以没有清晰地概念，是因为这个问题的模糊。我们认为：“中国元素”这一词汇的完整句意应该是“中国传统的文化元素”。简称“中国元素”。明确了词义，接下来的思考才有了前提和方向。所以，对于“中国元素是什么？”的思考，就成为对“中国传统文化的元素是什么？”的思考。在这里我们把传统当作是一个活的生命体，文化符号就是这个生命体的细胞，要探讨中国元素是什么，就应该深入到控制细胞的细胞核内寻找答案。也就是说，应该从构成所有中国传统文化符号（如：龙、凤、麒麟、饕餮、云纹、如意纹……）或文化事物（如：中医中药、书画陶瓷、古建寺庙、……）的共同的、最本质的核心要素是什么？从而给出“中国元素”是什么的答案。简单说，中国元素就是“和谐”。就像法国的元素是“浪漫”一样。我们说“和谐”的观念，就是中国传统文化的元素。

二、文化观念生成的要素

“文化就是人化，人的对象化或对象的人化，起源于劳动。”这是恩格斯1876年在《劳动从猿到人转变过程中的作用》中所说的一句话。因此，要探讨“中国元素”问题就离不开对人类的起源、人类的生存方和劳动方式的思考。

1、生存方式的因素：我们知道人类的生存方式基本上分为采集和狩猎两种。这两种不同的生存方式导致了原始人类不同的生存状态与心性。

以狩猎为主的原始先民，在原始的狩猎过程中，对饥饿的体验、对追逐厮杀造成的体能消耗，对捕获、吞噬猎物的兴奋满足，还有眼前的生命突然死去的强烈情感刺激……使他们意识到自身强壮和武器工具的杀伤力、锐利的重要。因此，他们的意识发展多与生命存亡联系在一起，多与生命强壮和自我保护联系在一起，多于武器和工具锐利的重要联系在一起。而对宇宙大自然的变化相对冷漠和忽视。形成他们的认识与联想多于实际生命有关。这对后来西方文化形态的发展有着一定的影响。

而中华民族的原始先民生存的地理位置是在黄河与长江流域之间，四季分明、地产丰富的古文明区域。天时地利的环境，使我们的祖先过着定居采集的生活……“他们与自然的关系密切而融洽，以平和的心态来等待植物漫长的生长周期，以敏锐的细微感觉去觉察成熟的果实……也很少长期挨饿与失望，因为他们懂得贮存，也明白等待的规律。他们从对自然的依赖中产生了对自然的联想，因而更多地崇拜自然，以及与某些内在实质发生联系的表象，而且，这种依赖往往反映成特定的观念，将崇拜表现为精神联想并与情感联系起来……他们颇具一种宽容的忍耐性格及心理状态，对自然的变化比较敏感，自身的情绪也较为缓和，常常处于较少变化的微小波动状态中，他们的原始认识所形成的信仰更偏重于以自然崇拜、气象崇拜、环境崇拜”，……“并易于将崇拜的方式与自然变化规律统一成一种思维模式，形成了众多与节气、时令、气候、水土有关的习俗活动……”[2] 这些形成了后来中华文明的基本特征。

两种不同的生存和劳动方式导致了不同的文化现象。正如格罗塞在《艺术的起源》中说：“生产方式是最基本的文化现象，和它比较起来，一切其它文化现象都是派生的，次要的。”…而它（生产方式）本身，除了地理、气候两条件支配外，却很少受到其它文化因子的影响。”[3]

2、文化现象的因素：这一点从大量的彩陶器型到纹饰内容都已证明中华原始先民对土地的依赖和对泥土的亲和，使他们创造了至今都耀眼的彩陶文化现象。可以说中华民族的文化心理是从土地中生长出来的，这也成为中华文化得以生发的基因，也是“中国元素”生成的重要因素。是由宇宙自然大地孕育生成了先民的文化心灵，先民的感觉模式是与天地自然为一体的，他们对宇宙自然的依赖和敬畏而产生顺应自然的意识，与天地自然合二为一的愿望，逐渐促成和谐的文化观念。

人是文化动物。文化观念是可以遗传的。观念不同衍生的文化形态各异。人类在漫长而艰辛的生存劳作过程中，不断地改进生产方式和生存环境，不断地创造着文化，同时又被文化塑造着、进化着……因此，我们从人类不同的生存方式着眼，分析思考不同的文化现象所导致的不同的文化观念，从人类不同的宇宙观、认识观方面，探寻人类不同的思维方式，是解读中华文化、“中国元素”的重要方法。

另外，对“中国元素”的探讨，除了从“观念”着眼外，还要思考分析它的视觉元素，即中国元素的视觉特征。因为一切文化事物或文化符号，都有他自身的逻辑形式。说到底，中国元素应该体现中国人的视觉元素和视觉特征。因此，了解传统文化观念的形成，认识传统文化符号的形态特征，解读传统文化的视觉思维方式，是揭示中国元素的根本路径。

三、圆通完整的视觉特征

所谓视觉就是“物体的影像刺激视网膜所产生的感觉。”总体讲，人类的生理构造是一样的，视觉器官也是一样的。但是在同样的影像刺激下，中国人与外国人、东方人与西方人的感觉不完全相同。这就是文化的作用。是文化不同导致了人们对事物的感受不同。“文化作为意识形态，借助于意识和语言而存在，文化是人类特有的现象和符号系统。”[4]

在文化观念形成过程中，人类是离不开视觉观察，进而带来大脑的思维。有话道：眼睛是心灵的窗口，也是这个道理。简单说，人类心灵有两种能力，即理性思维能力和感性思维能力。所谓理性思维是指运用文字、数字、逻辑、概念等抽象思考；而感性思维是指运用带有感性、形象、直观的概念、符号表达对象世界的抽象意义，通过类比、象征方式把握对象世界联系的思维方法，又称为“意象”思维方法。在视觉传达领域，称之为视觉思维……视觉思维是中国传统文化中很独特也很发达的一种思维方式，也叫做“取象比类”。

但是由于长期受西方理性教育影响，中国传统丰富敏锐的感性思维受到抑制。甚至，忽视这潜隐在我们中华民族文化生命中的DNA。而我们先民的心灵是与天地自然融合一体而圆通的，是两种思维能力合二为一而完整的。概括起来讲，中华先民的视觉特征有以下几点：

1、是运动变化的。先民在原始的采集活动中，对周围植物的观察、比较，选择过程，视线是运动的，视点是不拘的，双眼是上下反复打量变化的，形成了由表及里的判断方式……并愿意将物当成自身来体察的能力与愿望”。而以狩猎为主要生存方式的先民，他们的视觉模式是相对静止不变的。因为在狩猎过程中，对远处动物的发现、追踪、瞄准是主要的视觉过程，为了能够准确射杀猎物，他们习惯单眼、水平追踪的视觉方式，养成了瞬时对方位、距离、外形的捕捉力。甚至期望将活物当成死靶来把握的视觉心理。“视觉对象的运动，使视觉主体选择自身不动的姿态，形成固定的、整个移动不变的视角……其结果多偏重于瞬间表面形态的接受，以利于作出准确的瞬时空间位置之把握而射杀猎物”。[5] 相对而言，他们的视觉特征是静止而少变化的。

两种不同的视觉模式和观察方法，导致了不同的思维方法，以致形成了后来不同的文化判断。比如绘画领域中，中国画的散点透视和西方绘画的焦点透视的差异。西方人更注意直接捕捉图像的本体，力求从描述的物体中解读对象。而东方人往往更重视整个图像的背景与图像的相互关系，力图寻找到图像诸多可能的各种联系，再确定图像所要表达的意图而解读对象。

2、是自然生发的。中国传统文化的核心理念是“和谐”。这“和谐”是人与天地自然的和谐。要追寻“和谐”理念的形成，除了从原始先民生存的环境和生存方式中寻求，还应从传统文化的源头，七千多年前，伏羲创造的易经八卦那里开始。

《易经》作为中国文化起源，它的宇宙自然观、阴阳学说及其哲学意义，早已为中国人所熟知。但是它对宇宙万象的观察方法和视觉思维方式对于我们现代人来说就未必熟悉。台湾大学曾仕强教授讲：伏羲当初创造八卦图时，仰观天象日出日落；俯视自我感悟内在运动，广角环视周围变化，而后思索发现了宇宙的奥秘，即“－－”阴、“—”阳这两个构成宇宙万事万物最基本的元素。八卦图最初是天气预报的图像，但是，伏羲通过“－ －”、“—”两个元素的变化组合，并以卦象的方式，开发了世界上最古老的视觉智慧，为中华原始先民奠定了“意象”思维的基础。他的仰视、俯视、环视（广角）的视觉过程就是人与自然和谐而生发的视觉过程。

3、是阴阳和一的。我们用《易学》的“阴阳合一”的观点看太极图的视觉过程：

图1

这个视点是“有”（阳）、“无”（阴）合一的。因为中国人的观看方式是运动变化的。所以，当视线停住的时候，（不管它停在太极图的哪一位置），这个点就存在，就是“有”；是起点和终点的“有”。当视线运动变化起来，这个点就消失了，就是“无”。这个“有”、“无”合一的点，也就是阴阳合一的点，它的运行轨迹是取弯避直的，是有起（阳）有落（阴）、二而合一的、有前（阳）有后（阴）、有左（阳）有右（阴）、也是阴阳合一生成的曲线。

再看太极图阴阳合一的视觉效果。所谓“道生一，一生二，二生三，三生万物”就是无极生太极，太极生两仪，阴阳化合生万物。太极图中那个大圆也就是一，就是太极，就是道。道的运行S曲线分割了大圆，生成二，生成两仪阴阳。阴阳代表天和地。二生三，三就是天地之间的“S”，这个“S”代表人。三生万物，就是天、地、人生成了宇宙万事万物……

太极图也称阴阳图。它是“阴阳合一”这一理念的最完美的视觉表现。那个大圆代表着无极而生的太极。太极由S分割为阴阳两气，形成运动的态势，并互为首尾运转不停……

图2

4、是圆通完整的。从阴阳合一的观点来看太极图的“和谐”性质。用现代西方视觉传达语言来说太极图的视觉结构是“S”结构。如果把“S”换成直线“1”结构（图示2－右），虽然也能表达“和谐”的意思，但其“和谐”的性质就大相径庭了。我们从“S”构成的太极图中所看到的和谐，是自然生发的曲线“和谐”，是相反相成运动变化的“和谐”，是首尾相拥阴阳合一的“和谐”，是你中有我，我中有你圆通完整的“和谐”。尤其是，那代表天和地的黑白两部上的小圆形，不仅表示阴中有阳、阳中有阴，更表现出完整大圆的通透性。预示着代表一划开天地的大圆圈，是运动的暂时封合完整，它还要不断运动着、孕育通透着新开始。

图3

如果改用直线“1”分割那个大圆来表现，虽然也能表达“和谐”的意思，但是看起来就像是静止的“和平”、是对等死板的“相加”、是一分为二的“均等”。如此比较，就很清楚看出二者不同的“和谐”性质。从中也能管窥出东西方文化的差异。这就是，中国传统文化的视觉追求圆通完整，而西方追求的是视觉冲击力。

图 4

通过以上对中华先民视觉特征的分析，了解先民的视觉思维方法，是为了更好的说明中国传统文化元素，即“中国元素”的“和谐”观念，是如何与视觉“和谐”元素，二而合一的。从而回答，什么是中国元素问题，并认为太极图就是中国元素的视觉符号。就是说，中国传统文化或文化事物中普遍蕴含着“和谐”的观念，这“和谐”是观念，是无形的，它是系着太极图这个文化基因、视觉符号而彰显的。正如曾仕强教授所说：“太极图是宇宙万事万物的共同基因”。当然也是中国文化的基因。“和谐”与“太极图”就是“无”与“有”合一的中国元素。

用现代视觉传达语言来说，太极图可算是中华民族的“族徽”，可作为中国传统文化元素的标志。它是中国传统文化符号的典范。也是目前世界上最好的、最完美、最和谐、最能表达中国式的图形设计。它不仅体现了中国传统文化观念，也表现了中国人的古老智慧和特有的视觉思维模式。因此，当我们无法从众多的传统文化事物的表面形式深入判断和确认“中国元素”的时候，不妨另辟蹊径，从其内在基因进行剖析，以示中国元素的视觉特征。从而使“中国元素”在视觉传达领域，能够充分吸取本土化养分，不断生发出具有中国传统特色的、又融合了现代视觉元素的“和谐”形态，使中国传统文化得以继续发展，逐步成长为 21 世纪国际文化社会中，最灿烂的奇葩。

注释：

[1] 百度百科 http://baike.baidu.com/view/524057.htm

[2]《文心万象》p23 陈绫祥

[3]《艺术的起源》p234 [德]格罗塞

[4]《劳动从猿到人转变过程中的作用》 恩格斯

[5] 同[2] p36

中国元素的优化应用研究
——以本土膏药品牌的电视广告为例

浙江大学传媒与国际文化学院教授 胡晓云
浙江大学传媒与国际文化学院 朱宜量

摘要：本文以近 6 年来在我国发布的 4 个本土膏药品牌的 12 则电视广告为研究对象，以符号学为理论工具、实验法为研究方法，对中国本土膏药广告利用中国元素的状况进行了研究。通过对样本使用的中国元素进行符号分类、现状分析、传播效果检验，本文得出中国元素在广告应用中应当“简而精”的优化应用结论，并提出“多应用传统中国元素”、“规避元素雷同现象”、“应用（道德类）单一元素”、“系列广告应保留简单的符号能指”等具体建议。

关键词：中国元素 膏药品牌 电视广告 符号学 优化应用

一个不争的事实是：近年来，我国各界正在大力弘扬、倡导中国元素及其应用。在广告界也如是。特别是一些富有中国特色的品牌或产品，在其广告中大量应用中国元素，成为中国广告一道新的景观。

膏药作为我国药物制剂中的一种传统剂型，早在晋代就有记载。伴随着近几年来中国文化价值越来越受重视的现实，中医中药得到了重新发掘和认可；至今，国内膏药行业已快速形成了25亿－30亿元的庞大市场。[1]广告是品牌与消费者形成关系的重要沟通渠道，因此，本土膏药品牌的电视广告投放量也随之增加。据商业统计数据显示，2003年5月至2009年5月间，共有7个本土膏药品牌（白云山、羚锐、奇正、神农虎、天和、一正、云南白药）的35则电视广告（包括同一广告的不同版本及系列广告）在省级（及以上）频道中投放（在不同频道投放的相同广告不予重复累计）。其中，有22则广告不同程度地应用了中国元素（占总量的62.9%）；可见，在膏药电视广告的创意与表现中，中国元素备受青睐。

但是，这些中国元素的介入与表达，在受众的认知中到底会产生怎样的评价？其传播效果究竟如何？本文借助符号学原理和实验法，对近6年来在我国本土发布的7个本土膏药品牌的电视广告进行了相关研究，试图提供优化应用中国元素的相关研究成果。

一、符号学视野下的中国元素

索绪尔（Saussure）认为，符号由“能指”（Significant）与“所指”（Signified）构成，且“它必须有某种物质形式、它必须指自身之外的某种东西、它必须被人们作为某种符号使用与承认”。[2]

《现代汉语词典》将“元素”解释为事物最基本的组成单位，是作为整体的部分或构成体。而“凡是被大多数中国人(包括海外华人)认同的、凝结着中华民族传统文化精神，并体现国家尊严和民族利益的形象、符号或风俗习惯，均可被视为‘中国元素’”。[3]因此，“中国元素”可理解为具有中国特有气质、反映中国文化精神的事物及其要素。而通过符号学的解读可以看到，这些事物及其要素是能指，中国特有气质及中国文化精神整体与部分则是其所指。

罗兰·巴尔特（Roland Barthes）在“意象的修辞学”一文中指出：广告的意符，由文案和映像这两个要素所构成，广告传达如图1所示的三种信息（message）。第一，称之为语言的信息。这主要是以文稿传达商品说明性意义的部分。第二，称之为被符码化的图像（icon）的信息。这是由映像所表现，传达商品说明性意义的部分。第三，称之为未被符码化的图像的信息。这是传达映像隐含意义的部分。

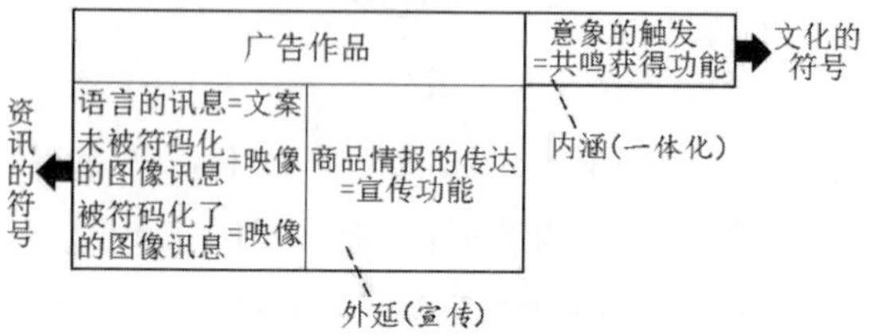

图1　广告的体系[4]

我们用类似方法解构电视广告作品。可见，作为符号的能指，电视广告的表达元素来源于全部或部分的文案和映像。由于电视广告包含图像和音效，符号能指多为被符码化的视听觉信息，而所指则是未被符码化的信息。在符号化运作的广告中，中国元素被赋予某种价值（即所指的内容）；一旦这种预期价值介入受众的内心世界，与受众潜意识中的感性意象发生共鸣而被理解，该元素便成功地从“资讯的符号”升华为“文化的符号”（如图2所示）。

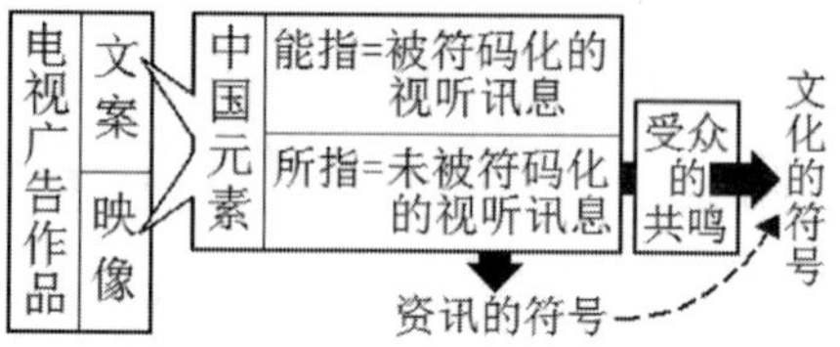

图2　中国元素的符号结构及生效机制示意

二、膏药电视广告的中国元素应用

以“中国元素的重要性”及“广告内容的代表性”为标准，本研究对7个膏药品牌的22个电视广告做了筛选，并最终确定以4个膏药品牌的12则电视广告形成本研究的全体文本。为便于表述，下文以编号代替每个具体的篇目名称（如表1所示）。其中“L02和L03”、“T02、T03及T04”均为在内容上一脉相承的系列广告作品（在表1中以钩号注明），在进行不同品牌广告的横向比较时，样本总量以“9个”计算（系列作品不重复统计）。

表1　研究样本概览

品牌	篇目	编号	片长	播出频道	播出时间
羚锐	形象篇	L01	10秒	CCTV-6电影频道	2005年9月
	√皮影篇	L02	30秒	CCTV-4中文国际频道	2006年4月
	√问药篇	L03	15秒	湖北卫视	2007年4月
天和	快板篇	T01	15秒	CCTV-6电影频道	2004年9月
	√合唱篇	T02	15秒	广州卫视新闻频道	2005年4月
	√重唱篇	T03	15秒	安徽卫视	2007年8月
	√独唱篇	T04	15秒	安徽卫视	2009年1月
云南白药	祖孙篇	Y01	15秒	CCTV-8电视剧频道	2007年1月
	对弈篇	Y02	30秒	CCTV-1综合频道	2008年7月
	综合篇	Y03	15秒	CCTV-1综合频道	2008年3月
	亲情篇	Y04	15秒	CCTV-1综合频道	2009年4月
奇正	功夫篇	Q01	15秒	南方电视台影视频道	2004年11月

表2显示了每个膏药电视广告所应用的中国元素。可见，其主要为映像符码。因纯文案不具有横向比较的统一性，故在本文中暂不涉及。

表 2　样本广告的中国元素应用

编号	产品	诉求点	文案符码	映像符码
L01	羚锐系列膏药	产品技术、品质与疗效	隶书“羚锐系列膏药”	古筝配乐、穿唐装的老者、书法、纸扇
L02	羚锐牌通络祛痛膏	专止骨质增生痛		皮影戏（舞台上的真人模仿）、唢呐配乐
L03		专治骨质增生		皮影戏（真人模仿+皮影人物）、笛子配乐
T01	天和牌骨通贴膏	治疗关节、腰腿、肩背痛	快板念白“打快板，说骨通……”+京剧唱腔“早贴早轻松”	快板（打快板的手及念白）、京剧（“唱”）
T02		治疗关节、骨刺等疼痛	京剧唱腔“关节痛，贴骨通……”	京剧（“唱”、“念”与“做”）
T03		治疗肩背、腰腿等疼痛	京剧唱腔“肩背痛，贴骨通……”	京剧（“唱”、“念”与“做”）
T04		治疗关节、骨刺等疼痛	京剧唱腔“关节痛，贴骨通……”	京剧（“唱”、“念”、“做”与“打”）
Y01	云南白药膏	治疗老年伤痛		孝敬老人的传统美德
Y02		百年秘方，缓解风湿劳损疼痛		笛子配乐、高山亭台背景、中国象棋、穿唐装的老者、穿中山装的青年
Y03		治疗风湿疼痛、腰酸背痛、跌打肿痛		古琴配乐、穿唐装的老者、书法、高山亭台背景；京剧（花旦+舞台+配乐）；少林武术（少林弟子+寺庙+鼓点）
Y04		孝敬父母，爱护子女，体贴家人，家中常备	“孝敬父母”“爱护子女”“体贴家人”	敬老、爱幼、爱家的传统美德
Q01	奇正牌消痛贴膏	凝聚高原药力，强力消痛		藏乐、雪域高原背景、内功（藏族男子运功疗伤）、藏族少女

经梳理，样本广告主要应用的中国元素有21个（如表3所示，用灰底白字标明）。对部分由多个物态元素组合而成的非物态元素，本研究不予拆分，仍以“1”来计算。将以上元素细分，又可归为6小类（如表4所示）。

表3　样本广告中的中国元素

编号	应用的中国元素
L01-L03	古筝配乐、穿唐装的老者、书法、纸扇、皮影戏、唢呐配乐、笛子配乐
T01-T04	快板、京剧
Y01-Y04	孝敬老人的传统美德、笛子配乐、高山亭台背景、中国象棋、穿唐装的老者、穿中山装的青年、古琴配乐、书法、高山亭台背景、京剧、少林武术、爱幼的传统美德、爱家的传统美德
Q01	藏乐、雪域高原背景、内功、藏族少女

表5显示了不同类别中国元素在广告样本中的数量分布情况。可见，基本为传统中国元素。

表4　样本中的中国元素分类

分类	人物类－穿唐装的老者、穿中山装的青年、藏族少女
	器物类－纸扇
	环境类－高山亭台背景、雪域高原背景
	文艺类－古筝配乐、书法、皮影戏、唢呐配乐、笛子配乐、快板、京剧、古琴配乐、藏乐
	竞技类－中国象棋、少林武术、内功
	道德类－敬老的传统美德、爱幼的传统美德、爱家的传统美德

表5　样本中的中国元素数量分布

编号＼类别	人物类	器物类	环境类	文艺类	竞技类	道德类
L01	1	1		2		
L02-L03				2		
T01				2		
T02-T04				1		
Y01						1
Y02	2		1	1	1	
Y03	1		1	3	1	
Y04						3
Q01	1		1	1	1	
合计	5	1	3	12	3	4

在不同膏药品牌的广告样本中，存在着重复应用中国元素的现象。“穿唐装的老者”和“京剧”均被重复应用3次，“书法”、“笛子配乐”、“敬老的传统美德”和“高山亭台背景”等均被重复应用2次。

从符号学角度看，同一品牌系列广告作品的中国元素应用差异主要体现在能指的复杂程度上。根据系列作品投放的先后顺序，其中国元素的符号能指或“由简到繁”，或“由繁到简”（如表6所示）。

表 6　系列广告的中国元素应用差异

编号	应用元素	表现差异	符号能指差异
L02	皮影戏	一群老太太模仿皮影戏人物，表现使用了产品后骨质增生疼痛被治愈。	真人
L03		模仿皮影戏人物的老太太作为引子，引出真正的皮影人物，说明产品治疗的部位。	真人及皮影人物
T02	京剧	著名京剧表演艺术家童祥苓作为领唱，和一群中老年人一起用京剧曲调演绎广告文案，伴有轻微动作。	多人“唱”、“念”与“做”
T03		童祥苓和一个老太太一应一和，共同用京剧曲调演绎广告文案，伴有少量动作。	两人“唱”、“念”与“做”
T04		童祥苓一人用京剧曲调演绎广告文案，动作幅度较大。	单人“唱”、“念”、“做”与“打”

综上，膏药电视广告样本的中国元素主要应用现状为：总体倾向于应用传统中国元素；应用频率最高的中国元素为“穿唐装的老者”和“京剧”；中国元素应用模式主要有“组合符码”（“人物类＋环境类＋文艺类＋竞技类”、“人物类＋器物类＋文艺类”）和“单一符码”（“文艺类”、“道德类”）两大类；同一品牌的系列电视广告均沿袭同一中国元素，仅改动符号能指的繁简程度。

三、中国元素应用的广告效果检测

结合上述现状，本文推导出以下研究假设：

对本土膏药电视广告的中国元素应用类型而言，不同类型中国元素的传播效果呈现差异；对本土膏药电视广告的中国元素应用率而言，应用频次越高，其传播效果越好；对本土膏药电视广告的中国元素应用模式而言，组合符码的传播效果优于单一符码；对沿袭同一中国元素的系列膏药电视广告而言，复杂能指的传播效果优于简单能指。

在样本广告中，中国元素构成了文案及映像的核心内容，其在传播过程中生效的程度基本决定了整个广告的传播效果。因此，本文采用受众介入的实验法，对样本中的中国元素介入效果进行评估。具体评估指标为“受众对中国元素的回忆率”及“受众因广告而激发的产品购买行为影响率”。

为排除广告专业知识的干扰，笔者选择了50名与广告行业无关的人员作为实验对象，保证性别比例、年龄结构及知识水平的基本均衡。不考虑“平时是否经常看电视”“较多关注哪些频道”等因素，假设实验对象都有购买膏药产品的需求，单纯考察其对样本广告应用中国元素的态度反馈。

实验前，笔者预先向实验对象简要介绍实验背景、中国元素概念、实验目的等信息，以使对象充分理解与配合实验。实验在独立实验室内以5人一组为单位，分10次进行。被试者通过计算机投影屏幕观看样本电视广告，每看完1则视频即独立完成1张实验问卷，直至12则广告均播放完毕（为减少播放次序对实验结果的影响，每次实验的播放次序均做调整）。

实验完成后，笔者根据回收的问卷形成实验初始数据（如表7所示），计算出21个中国元素的回忆率（对重复出现的取回忆率的平均值）及其对产品购买行为的影响率（如表8和表9所示）。“穿唐装的老者”、“古筝配乐”等较为详细或带有一定专业性的中国元素不要求精确作答，类似“白衣老人”、“国乐”、“背景音乐”等也被视作有效答案。

表7 初始实验数据

编号	中国元素被回忆次数（按印象从深到弱排序）	产生购买欲的人数
L01	书法:50次、纸扇:50次、穿唐装的老者:42次、古筝配乐:14次	6
L02	皮影戏:50次、唢呐配乐:24次	45
L03	皮影戏:50次、笛子配乐:21次	31
T01	快板:50次、京剧:48次	27
T02	京剧:49次	36
T03	京剧:50次	42
T04	京剧:50次	46
Y01	敬老的传统美德:50次	48
Y02	中国象棋:50次、穿唐装的老者:44次、笛子配乐:25次、高山亭台背景:18次、穿中山装的青年:7次	36
Y03	书法:50次、京剧:50次、少林武术:50次、穿唐装的老者:41次、古琴配乐:21次、高山亭台背景:12次	26
Y04	敬老的传统美德:50次、爱幼的传统美德:50次、爱家的传统美德:43次	47
Q01	藏族少女:46次、内功:41次、藏乐:26次、雪域高原背景:10次	29

表8 中国元素回忆率排序

中国元素	回忆率
书法	100%
纸扇	
皮影戏	
快板	
敬老的传统美德	
中国象棋	
少林武术	
爱幼的传统美德	
京剧	98.5%
藏族少女	92%
爱家的传统美德	86%
穿唐装的老者	84.7%
内功	82%
藏乐	52%
唢呐配乐	48%
笛子配乐	46%
古琴配乐	42%
高山亭台背景	30%
古筝配乐	28%
雪域高原背景	20%
穿中山装的青年	14%

表9 购买行为影响率排序

购买行为影响率	编号
96%	Y01
94%	Y04
92%	T04
90%	L02
84%	T03
72%	T02/Y02
62%	L03
58%	Q01
54%	T01
52%	Y03
12%	L01

综上实验结果可见，研究结论体现为：

（一）在回忆率高达100%的8个中国元素中，均为传统中国艺术与竞技元素及其传统美德。对本土膏药电视广告的中国元素应用类型而言，不同元素的记忆率不同，达到高记忆率的是尊老爱幼的传统美德，书法、纸扇、皮影戏、快板、中国象棋、少林武术等传统民间艺术与竞技类中国元素。以传统中国元素为膏药这一传统产品的广告元素，可获得高记忆率。

（二）在购买行为影响率排名前6位的7个作品中，有6个作品都单一型应用了传统美德、代表性艺术门类等中国元素。对本土膏药电视广告的中国元素应用模式而言，单一元素的传播效果总体优于组合元素。

（三）以“穿唐装的老者”为首的高频次应用，在中国元素的回忆率方面并无绝对优势，而应用了这些元素的广告作品，其购买行为影响率也未必高（包含“穿唐装的老者＋书法”元素组合的L01及包含“穿唐装的老者＋书法＋京剧”元素组合的Y03，其购买行为影响率甚至分列倒数第一及第二位）。高频度应用的中国元素的传播效果未必好。

（四）将购买行为影响率平均排名从高到低排序，依次为“道德类”单一符码、“文艺类”单一符码、“人物类＋环境类＋文艺类＋竞技类”组合符码及“人物类＋器物类＋文艺类”组合符码（平均排名依次为1.5、6.2、7.3及11）；应用了“道德类”单一符码的作品，既获得了极高的回忆率，亦获得了极高的购买行为影响率，传播效果最为稳定。

（五）就系列电视广告作品而言，L03和L02、T02、T03和T04在激发受众的产品购买欲方面效果依次递增。对沿袭了同一中国元素符号的系列膏药电视广告而言，简单能指的传播效果优于复杂能指。

四、中国元素优化应用建议

（一）总体应遵循“简而精”的中国元素应用原则。受众对单一符码和简洁能指的效果反馈决定了本土膏药电视广告在应用中国元素时总体应遵循“简而精”的方针。广告符号从“资讯的符号”向“文化的符号”转变需要经过引发共鸣这一关键步骤，而受众产生共鸣的过程，实则由“接触符号能指→理解符号所指→引发内心触动”这三个步骤构成，需要一定的时间。显然，简洁的映像能够减少受众理解难度，缩短产生共鸣的时间；因而在有限的片长中，单一元素表现比组合或复杂能指更具有传播优势。

（二）宜应用好感度高、形象感强的传统中国元素。首先，传统美德等好感度高的传统中国元素的所指具有“双重性”，可隐蔽地进行宣传。当受众首先感知到那些好感度高的元素时，便理解了该元素的“自身的所指”。但作为“广告的符号”，这些中国元素关键的作用是引出某产品的相关信息。而受众在理解“自身的所指”时，实则已不知不觉接受了“广告的所指”，进入了第二层意义的理解。如在Y01中，受众先接触的是“饱受腰痛折磨的爷爷”、“笑容甜美的小孙女”这两个元素，接着接触到“小孙女贴心地为爷爷贴上药膏，帮其捶背”等温馨感人的情境而被小孙女的孝心所感动，进而联想到“家中的老人是否也为伤痛折磨、是否需要晚辈购买产品表达心意”等，至此，Y01借力于“敬老的传统美德”这一符号系统的隐喻表达打动了受众。受众捕捉到了该符号“自身的所指”，亦接受了“广告的所指”。其次，传统美德等中国元素具有非物态特征，其特点为“抽象”，这为其能指的表现形式提供了多元化的叙事创意空间。Y01和Y04都用到了“敬老的传统美德”这一中国元素，但符号能指的表现截然不同（如图3所示）。从这个角度看，传统美德等具有非物态抽象特征的中国元素比具象的物态中国元素更利于塑造鲜明的广告（品牌）个性。与音乐这一抽象的艺术种类不同，形象感强的传统艺术类别与民间竞技类中国元素因其能够形象表达中国文化的真实性存在和独特价值，也能够引起更多的注意度，并获得好的记忆效果。

图3　“敬老的传统美德”的不同能指表达

（三）应规避中国元素使用的雷同现象。从元素本身来看，诸如“穿唐装的老者”被应用于中国膏药广告无可厚非：身着一袭白色唐装的老者给人以睿智、沉稳、大气之感，该能指可诠释“产品历史悠久”、“产品功效值得信服”等多重所指。但实验表明这些被高频应用的元素，其传播效果未必如广告创意者所预想的那么好。“穿唐装的老者”和“书法”都是膏药电视广告的“高频元素”，而应用了“穿唐装的老者+书法”元素组合的L01，其购买行为影响率是样本广告中最低的（与全体广告样本的平均购买行为影响率相比，整整低了57.8个百分点）。可见并不存在“高频应用中国元素催生高效传播”的神话。

同时，这种现象也应引起广告人的警惕。如果长此以往任其发展，将引发中国元素的“泛用”、“滥用”。应用中国元素的初衷之一是为了塑造品牌与广告的个性，切忌适得其反。L01、Y02与Y03都用到了“穿唐装的老者”，却在能指表现上如出一辙（如图4所示），极易使受众因能指混淆而混淆其原本不同的所指功能，反而减弱广告效果、使同类品牌缺乏差异化和个性色彩。

图4 雷同的“穿唐装的老者”

（四）宜应用单一元素，尤其是“道德类”单一元素。符号的生效机制表明，由多个符码构成的复杂广告未必有好的传播效果。而“道德类”元素作为非物态中国元素的典型代表，涵盖了“忠、孝、情、义、礼、节”等传统文化理念，其本身即为精神层面的符号表征，更容易直达受众的内心世界，取得好的传播效果。

（五）系列广告作品宜保留单一的符号能指，无需刻意将其复杂化。L03与L02相比，沿袭“皮影戏”元素，但增加了映像的个体数量且扩充了情节内容；T02、T03与T04则在沿袭“京剧”符号的同时，逐步简化能指内容（如图5所示）。

遵循符号的生效机制，简单的能指便于受众能在短时间里理解其所指形成共鸣。而且，简单能指的个体表现可以更出彩、更具感染力。模仿皮影人物的老太太在L02中的出场时间为28秒（占广告片长的93.3%），惟妙惟肖的大段表演将“皮影戏”这一元素作了新颖而淋漓尽致的诠释；而在L03中，她们的镜头长度只占了广告片长的20%左右，变成了皮影人物的陪衬。京剧表演艺术家童祥苓在T04中充分运用了京剧元素中的“唱”、“做”与“打”，表演一气呵成；在T02和T03中只有不多的特写镜头，更没有机会展示灵活的拳脚。

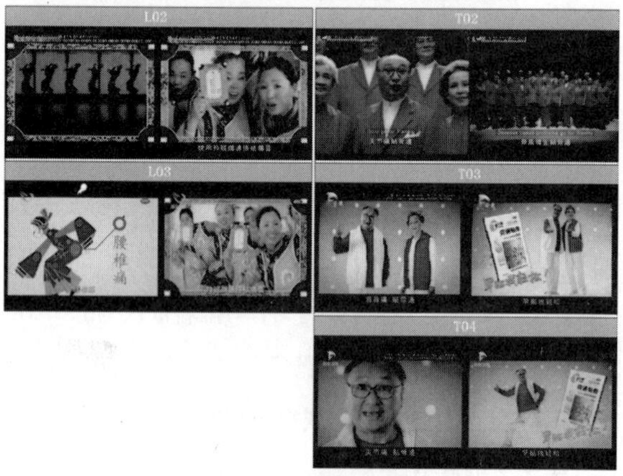

图5 能指的繁简对比

笔者对本土膏药品牌电视广告的中国元素应用研究旨在抛砖引玉。当前本土的中国元素广告存在着一定的创意误区，但潜在着极大的提升空间。这要求我们本土广告人在对中华文化“传承、创新”的同时树立起“审视、反思”的习惯，不断以科学理论为指导工具，共同发掘中国元素在初级发展阶段存在的问题并及时修正——唯有如此，中国元素广告才能保持常青的生命力。需要说明的是，本研究以中国文化印记甚深的膏药为研究对象，有一定的特殊性，研究结论不一定适合其他产品或品牌。

注释：

[1] 广告人杂志社 编著：《实战广告案例教程》，机械工业出版社，2009年1月，第57页。

[2] [美]约翰.费斯克等 编撰，李彬 译注，《关键概念——传播与文化研究词典》，新华出版社，2004年，第258页。

[3] 胡立彪，中国元素不容亵渎，新京报，2004年12月09日，finance.sina.com.cn转载。

[4] [日]星野克美等 著，黄恒正 译，《符号社会的消费》，台北市远流出版事业股份有限公司，1988年9月1日，第39页。

中国元素广告创意营销的文化学解读

河南大学新闻与传播学院教授 杨海军

摘要：中国元素与广告营销的结合既是一种文化自觉，更是读图时代中国式营销的崭新亮相。中国元素成为广告营销的主要表达符号和信息载体，极大地提高了广告表现的精神文化内涵和广告营销的独特张力。

关键词：中国元素 中国式营销 精神符号 创意张力

中国元素概念的提出和中国元素广告创意实践的实施，同中国近些年不断变化的广告环境，及中国广告人面对广告环境的变化而采取的新创意观和新营销观密切相关。中国元素该概念的使用有不同的语境。

中国元素的商业运用是一种文化自觉

中国元素概念的提出是时代发展的产物，其概念自身也随着时代的发展不断变化，如果我们认为是广告创意产业是中国文化产业的核心构成部分的话，那么，在广告创意和营销领域被广泛提及和倡导的中国元素运动也是风起云涌的中国元素体主运动中最具活力和张力的一道亮丽风景线。回顾中国广告元素运动的发展历程可以看出，中国元素概念的提出，中国学者经历里了从文化自卑到文化认同的心理过程，而中国元素与广告营销的结合则是一种文化自觉。

“五四”运动以来，中国的文化精英大都把中国的封建思想体系中的封建迷信、腐旧糟粕的东西和中国传统文化等同起来，加以批判和扬弃。在打开国门向西方学习的文化思潮和追寻新民主主义运动的文化浪潮的双重影响下，以中国传统文化为载体的中国元素问题并没有成为一个显性问题为人们所关注。新中国建立后相当长的历史时期，中国传统文化在意识形态领域被割裂曲解，被任意诠释，在片面解读中国传统文化的过程中，存附其中的中国元素问题仍然被戴着有色眼镜的国人所忽略，或者说，在当时的政治、经济环境中，对外部世界的无知和对自身认识的盲目自负，使国人的思想意识里，中国并没有可参照的坐标，中国元素自然也就无从谈起。而正是这样的思想认识，为以后不断发展的中国元素运动埋下了伏笔。

中国元素为国人所知晓，并成为一个显性问题，和中国影视文化人的有意识或无意识的个性张扬密切相关，改革开放初期，在国人精神文化生活相对贫瘠，对各种意识形态交汇所造成的思想冲击无所适从、困惑不解的时候，中国第五代导演张艺谋、陈凯歌等人却以独特的影视语言向西方诠释了他们心目中古老的中国元素符号，西方影视界和观众竟然以这样的方式来认识逐渐揭开神秘面纱的中国，他们对电影作品的肯定，如其说是对其艺术价值的认可，不如说对这些作品中所呈现的中国元素的好奇甚至是欣赏，尽管这些元素的呈现有时空的交错，尽管这些作品主观上反映了中国人坚韧的民族个性和不屈的抗争精神，但客观上却展示了中国当时社会生活的贫穷与落后。从而契合了西方社会对中国社会生活的偏见。这些被西方影视界认可并获奖的东西，也成为国人津津乐道的话题，他们发现，古老的中国元素，竟有如此魅力，我了获得和西方社会一样的话语权，在中国影视界逐渐出现发掘，展示中国古老元素的热潮，在社会生活领域，中国元素也逐渐成为一个显性话题为人们所关注。从这个意义上来说，中国元素运动的起点，应该发源于中国影视人文学创作和文化表达。对此，我国学者有精辟论述，他们认为：“无论是灯笼、小脚女人，还是皮影、旗袍和酒缸都是一种客观的历史存在，丑陋的美学实则求索和歌颂一种美好的想望。对《红高粱》《大红灯笼高高挂》《老井》《菊豆》之“出卖丑陋"的指责实在是有失公允。从中国元素运动的脉络发展角度来讲，无论美丽也好，丑陋也罢，张艺谋总归开启了中国元素运动的山林，一场百年文化压抑的突围也找到了自己的出发点和立足点了。"[1]

随着改革开放的深入进行，文化自觉意识的复苏，文化多元方式的表达逐步回归为对传统文化的重新诠释和认同。中国元素的概念在文化传播与商业运作的结盟中得以强化。我国学者认为，一些富含中国元素的精神文化产品取得市场成功，放大了中国元素的功能：如中国影片《卧虎藏龙》、《英雄》、《十面埋伏》、《满城尽带黄金甲》在全球上映，让世人领略了以中国功夫为符号特征的中国元素的独特魅力。如在《英雄》这部作品里，在音乐中加入了古琴、编钟等古典音乐元素，而武打戏则强调空灵和水墨意境，特别是在武打戏中还破天荒地配上空旷嘹亮、清脆粗犷的秦腔，渲染了动作的力量感和激烈程度。[2] 而周杰伦和方文山组合的《青花瓷》、《发如雪》、《菊花台》等，在词曲中大量运用中国元素符号，娴熟、流畅的旋律，优美、深刻、文化内涵丰富，历史感强烈的词句，受到广泛欢迎。这些脍炙人口，具有浓厚历史文化色彩的中国元素，拓宽了世人对中国社会认识的视野，在娱乐大众的同时，也陶冶了人们的情操，更为重要的是，中国元素的传播与商业运作的结盟，为中国元素的多元传播开辟了新路径，也为中国元素运用于广告创意领域做了良好的铺垫。

进入21世纪，中国元素的运用场景迅速扩展，一方面，在商业利益驱动下，中国影视消费市场的巨大潜力进一步为影视界所关注。中外影视集团在影视作品中大量使用中国元素，以提高中国观众包括海外华人观众的认同感，如好莱坞大片《花木兰》、《功夫熊猫》、《木乃伊3》中，中国元素的使用已达到炉火纯青的地步，中国元素在影视作品中继续被追捧，被放大；另一方面，中国元素的开始更为广泛的运用于与文化产业有关的各个领域。政治宣传、商业营销、服装表演、建筑设计、旅游、会展、游戏、艺术以及广告创意活动。如在商业营销中，肯德基快餐厅使用中国传统剪纸招贴画，国际品牌爱玛仕"天堂之马"限量版丝巾标识设计从中国汉代的拓片图案中取材，瑞士达沃斯琪集团每年推出以中国生肖形象为标贴的特别款手表来迎合中国消费者的心理需求，而麦当劳的网站上的猪宝宝形象，可口可乐公司的熊猫宝宝形象，必胜客的中国结、中国龙、中国红和鞭炮都拉近了国外品牌和中国消费者的距离，中国元素在其中起到很好的视觉传播作用。在政治领域，与中国元素有关的一系列活动也全面展开。中外国家领导人在APEC会议上穿着的唐装集体亮相，将中国元素独特魅力向世人做了一次完美展示，2006年，由中国广告协会、北京大学和清华大学发起了"中国元素国际创意大赛"，先后在昆明、青岛和苏州举办了三届。2007年，由文化部和人文中国系列活动组委会创办的"人文中国"大型系列活动隆重举行，并对中国元素的概念做了一个明确界定。[3] 2007年中国元素网络文化节的组织者提倡把每年的8月8日命名为"中国元素日"。2007年，由中国网、人民网、凤凰网等网络媒体联合主办，近百家媒体共同发起推出的"寻找中国100元素"大型网络调查活动在全国范围内展开，声势浩大，影响深远，长城、春节、龙以无可争议的优势分列前三，成为网友最具推崇的中国三甲元素，中国汉字、黄河、长江、儒家思想、天安门、唐诗、故宫依次进入前10名。 2008年的29届北京奥运会是中国元素运动发展的一个高潮，完成了中国元素运动发展过程中最完美的一次集中展示。如奥运史上已出现过46个会徽，"中国印"是奥运会徽史上第一次汉字字形的引入。将中国书法、印章、舞蹈、绘画艺术和西方现代艺术观念成功融合在一起。奥运祥云火炬的设计，独出心裁，火炬的主题元素，包括代表中国四大发明的纸，它们通过"天地自然，人本内在，宽容豁达"的东方精神，借祥云之势，传播了祥和文化，传递东方文明。五个憨态可掬的福娃带着五环的缤纷，带着浓浓的中国味横空出世。水墨画出的轮廓，五个极具中国特色的造型，让世界记住了这个北京，中国。奥运开幕式中画卷是以中国古代的社会哲学观"天地人"三才之道的形象徐徐舒展，画卷出现甲骨文、金文和今文三种字体的"和"画龙点睛，向世界传达中国合理、合度的求索。中国的元素，历史的符号和东方的色彩得到恰如其分的抒发。

通观中国元素运动的发展历程，不难看出，中国元素运动的兴起，既有宏观的政治背景，也有经济利益的现实需求，而中国元素与广告营销的结合，则是一种文化自觉，是中国文化精英对传统文化反思的结果，也是在市场经济环境中国人对中国传统文化高度认同的一种必然结果。

中国元素的创意倡导是一种文化自主

在文化影视界运用中国元素展示中国文化，向西方争夺话语权，并利用中国元素获取商业利益的时候，中国广告创意人也一直在寻找适合自身发展特点的中国道路。

多年来，中国广告人的创意思想，一直来源于西方广告大师和西方广告公司的思想宝库，六大创意理论流派的创意和营销经典论述为广告人奉为圭臬。模仿、学习、借鉴是中国广告人首先要做好的一门功课。中国广告人也曾做过富有成效的尝试，白马的唯美创意和毛泽东式的营销令人耳目一新，但受到风格论和方法论的限制，并不具有普适意义。国际化和本土化的争论有助于广告人树立主体意识，但其边界的模糊也更令人困惑。在纪念中国广告25年的系列活动中，中国广告人不断反思中国广告创意的出路。梅高（中国）公司董事长高峻在一次演讲中曾说到，中国的广告业虽然经历25年的发展，但如果25年前不懂得向西方学习，那是自己的无知，而25年后，还一味地崇拜西方，那就是自己的无能。多年来，像许多广告人一样，高峻也在思索究竟什么是中国广告文化的内在推动力。2004年，高峻在一次广告业内的聚会当中首次提出“中国元素”概念，曾为高校美术教师的高峻在阐释中国元素的概念时却说：中国的创意人必须看到，所谓的中国元素，不是一种图案，是由中国文化派生出来，用于沟通使用的素材，是体现中国文化精神的一种载体。这是中国学者和广告人把中国元素作为自主性广告文化创意思想体系研究的开端。在2005年第12届广告节上，由中国广告协会、广告创意人和相关单位的共同倡导，“中国元素”被确认为2006年第13届广告节上的主题内容，同时，决定2006年10月27日至29日在广告节举办“中国元素”创意大赛。2006年8月，中国元素国际创意大赛主题沙龙活动在成都成功举办，10月底，在第13届昆明广告节上，高峻与其他八个志同道合的广告同仁自筹资金，每人分别筹集20万元，对“中国元素国际创意大赛”的获奖者颁发奖金。这一举措，激发了许多广告人运用中国元素进行广告创意的热情，吸引了来自全球40多个国家和地区的5000多份作品。反响之热烈，多少有些超乎高峻的意料之外，这次活动迅速引发了广告专业领域的“中国元素”广告创意风潮。2006年的纽约广告节评选活动中，29件具有很强中国元素色彩的作品大放异彩，获得奖项，中国元素不但被评委们接受，也在很大程度上影响着世界广告创意的发展方向，中国元素开始在国际平台上显现出文化自主的价值。这次参赛和获奖经历进一步坚定了中国广告创意人使用中国元素为广告营销服务的信心。

从以上广告人自觉把中国元素作为广告创意和营销的新元年的历程来看，其个人文化自觉背后却是具有更深刻意义的社会文化自主思想的全面复苏。

其一，中国元素的创意设想，契合了时代发展和社会转型时期广告产业升级换代的需要。2006年在中国广告人把中国元素广告创意运动逐步推向高潮的时候，也正是我国第十一个五年规划实施的第一年，这一年，也是国家文化创意产业全面启动的新元年。在珠江三角洲、长江三角洲和环渤海三大城市群，各省市及部分中等城市“十一五”期间创意产业的发展的规划纷纷出台。广州、上海和北京等城市相继制定出符合本城市发展的创意政策，也开始建立具有开创意义的创意产业基地。中国广告人抓住这一有利时机，敏锐的把中国元素同文化创意产业作了对接，在一批广告创意人的大力推动下，一群致力于要提高中国创意设计水平的有志之士刮起了中国创意界的旋风，吹起了中国创意界的号角。譬如他们提出，组织中国元素创意大赛，并不只是简单地喊着复兴中华文化的口号，“而是希望让溶化在广告人血液中的文化迸发出来，让它焕发出应有的勃勃生机”。这种理想既是顺应时代而动，也是顺应潮流而动。这种理想，既崇高，又伟大。

其二，把中国元素自主的运用到广告创意活动中去，也契合了广告产业是文化创意产业核心组成部分的命题。早在2002年11月中共十六大报告“文化建设和文化体制改革”中，就明确提出要积极发展文化产业。后来在国家部委出台的有关文化产业政策的文件中，广告产业也被纳入文化创意产业的快车道。值得提到的是，2009年9月，国务院总理温家宝主持召开国务院常务会议，讨论并原则通过《文化产业振兴规划》，其中明确提出的规划目标包括：文化产业结构进一步优化。重点行业和项目对文化的拉动作用明显增强，文化创意、影视制作、出版发行、印刷复制、广告、演艺娱乐、文化会展、数字内容和动漫等产业得到较快发展，以资本为纽带推进文化企业兼并重组取得重要进展，力争形成一批跨地区跨行业经营、有较强市场竞争力、产值超百亿的骨干文化企业和企业集团；在规划的重点任务部分也提到 发展重点文化产业。以文化创意、影视制作、出版发行、印刷复制、广告、演艺娱乐、文化会展、数字内容和动漫等产业为重点，加大扶持力度，完善产业政策体系，实现跨越式发展。[4] 从这样一个时代背景看，中国广告人无论是对中国元素概念的阐述，还是通过创意大赛对中国元素运动的推动，其目的就是继承、发扬中国本土文化元素的生命力与创造力，推动中国广告业及广告创意形成中国自己独特的广告创意文化，并在世界发起与倡导中国元素的推广应用，表彰全球广告创意人所取得的成绩。这是在把握创意产业、经济运行与本国文化之间的内在规律之后把中国元素作为广告文化产业发展的重要推动力的顺势之举，意义非凡。如果说影视文化人热衷于对中国元素的运用是对中国传统文化的认同，是一种文化自觉的话，以高峻为代表的广告创意人对中国元素的倡导和运用则是一种社会文化主体意识全面复苏背景下中国广告人广告文化创意、广告文化营销自主创新思想的全面觉醒。

中国元素创意营销是一种文化潮流

伴随着市场经济的深入发展和社会转型时期的到来，中国社会逐步进入消费社会，在这样一种社会环境下，代表着新生产力发展方向的商业文化肩负着弘扬时代精神，奏响时代旋律的重任。在人们传统观念中的次文化实际上起着引领时代潮流的作用；同样，从模仿、借鉴到自觉、自主创新，中国广告业在商业文化的统领下，也逐步完成了从依附性产业到自主创新性文化产业的过度，中国元素在这样一个转变过程中起到一个文化产业发展引擎的推动作用。中国元素运动从某种程度上来说代表着广告创意营销活动的新文化潮流。从这个意义上，我们可以预示一下广告创意营销新文化运动的特征及方向。

首先，中国元素运动的兴起，应关注到历史文化传统和时代精神的契合。我国学者指出：“中国元素是具有中国特质的载体……这种特质涵盖了文化意味、思维方式、精神气质以及历史所积累的各方面，也涵盖了难以言表的审美情感。当然，这其中包含了反映睿智思想、璀璨文化、民族风情和尊严利益的精华，也包括了一些封建迷信、腐旧糟粕的部分，也有带有明显时代烙印的历史遗留。”[5] 这就特别需要我们在实际运用中，一定要把中国元素新内涵同历史传统中过于泛化和过于模糊的符号表达，及中国改革开放初期反映特定时代背景、特定区域文化特征，具有封建、愚昧、落后符号表象的描述做一个明显的区分，自觉抛弃中国历史传统中的文化糟粕，提炼、总结和运用能够反映中华民族睿智思想、璀璨文化、民俗风情和人格尊严的中国元素符号，为市场经济和现代化建设服务。

新时期，中国元素代表着中国人的精神风貌和反映中国人的价值取向。是积极健康向上，充满时代精神标志性符号，站在中国精神的高度来看待中国元素，会把中国元素视为中国精神符号，我国学者认为：反映中国人文精神和一切具有中国特质的文化成果，包括物质文化元素和精神文化元素，都是中国元素，所谓中国元素就是中国精神；这一判断很有价值。从中国传统文化发展的历史脉络中梳理中国元素的内涵，则对中国元素有一个全面的认识。2007年，由文化部和人文中国系列活动组委会于创办的“人文中国”大型系列活动隆重举行，在这次活动中，组委会明确提出：凡是被大多数中国人(包括海外华人)认同的、凝结着中华民族传统文化精神，并体现国家尊严和民族利益的形象、符号或风俗习惯，均可被视为“中国元素”。[6] 按照这种观点，我国学者将“中国元素”分为三部分，第一部分是中国固有元素：比如中国的领土（包括300万平方公里的领海），中国的人种，中国的气候等等；第二是中国传统文化元素，蔚为大观；第三是中国的现代文化元素：比如北京的奥运精神，中国的航天精神，中国的电影文化，中国著名企业的文化等等。这些表述，决定着广告创意人使用中国元素的视野，范畴和价值方向。

其次，中国元素概念的运用，应重视广告创意功能和市场营销功能的文化学解读。中国元素的运用范围很宽泛，广告学者对中国元素的关注应该着重限定在社会文化、商业文化领域和文化创意产业领域，对中国元素的广告创意功能和市场营销功能的文化学解读，是广告界研究中国元素的落脚点。对此，我国许多学者做了较为精辟的阐述。有的学者认为："'中国元素'即是中国符号，它是中华民族文化悠悠五千年传统文化的结晶，是中国传统思想和价值观的符码，是整个中华民族历史文化遗产在最高的抽象层次上的能指集合。中国元素一直存在于我们的深层记忆中，就像那泥土般的质朴能感染我们整个民族。"[7] 还有学者认为："中国元素是中国文化的精髓，并延续到我们现代生活中来，更起到传承民族文化的作用，是中华民族的独有的内在和外在的特质，既有形而下的具体物质，也有形而上的意识形态。"[8] 而在广告创意表现中，则需要我们自觉、自主的精炼广告作品的画面元素、语言元素、表现技法元素、表意元素、价值倾向元素等要素，把真正能够表征中国特有文化意味、精神气质、历史沉淀及审美情趣的，体现中国广告传播表现特征的典型形象、典型事物、风俗习惯及与之相关的要素应用到广告营销活动中去。把中国元素的创新内涵、商业价值、美学取向和国际视野的和谐统一作为广告创意营销活动的新文化发展方向来引领。

其三，中国元素的运用，应该沿着国际路线和自主创新两个路径来展开。梅高（中国）公司董事长高峻认为中国元素是一个大概念，他说"我们的中国元素不是翻箱倒柜找以前的古董，这样的想法是错误的。中国元素首先应该全球化，人类的文明是由不同民族的不同人的文明所构成的，而中国占有世界上五分之一的人口，并且经过了五千年的文明沉淀，它没有理由不成为人类文明的一部分。在全球化的进程中，中国是比较后起的，因为以前中国穷、地位低下，因此既没有能力去推广中国元素，也没有平台可以推广。但现在中国已经具备了这样的能力，所以我们应该用世界的眼光，用全球的视野，将中国优秀的文化和元素变成全世界的财富。"[9] 这段话实际上表达了中国元素运用应该沿着国际路线和自主创新路径展开的基本思想。应该认识到，中国元素概念的提出，反映了中国广告人的文化自觉。中国元素概念和相关知识内容运用到广告创意和营销的实践中去，既丰富了世界广告创意理论知识宝库的内容，为世界广告创意理论体系注入了新鲜血液，凸显中国式营销的声音，更为重要的是，中国元素创意观念和营销观念的弘扬，契合了广告创意文化产业快速发展的强劲声音，为广告创意产业是新时期文化产业核心力量的定位做了强有力的注脚，同时，也为中国广告业沿着自主创新的文化产业道路发展指明了方向。

注释：

[1] 吉汉、刘蒙之《三十年来的中国元素运动》，载《新闻知识》2009年第5期。

[2] 黄文杰《陷落的电影江湖》，人民文学出版社2009 年8月版第14、15页。

[3] 贺华玲、贺华琴《中国元素在广告创意中的应用策略探析》，载《作家·下半月》2009 年第1期。

[4] 参见国务院下发《文化产业振兴规划》，2009年9月9日。

[5] 张琦《中国元素与广告创意表现关系研究》浙江大学硕士学位论文2007年5月。

[6] 胡立彪《中国元素不容亵渎》新京报，2004年12月9日。

[7] 吉汉、刘蒙之《三十年来的中国元素运动》，载《新闻知识》2009年5月。

[8] 张革《报纸版面的中国元素介入》载《新闻实践》2006年6期。

[9] 李淑敏《高峻：广告中国元素》载《华人世界》2008年第9期。

初探"中国元素"在中国广告中的自省性建构
——对"什么是中国元素"回顾与反思

中国人民大学新闻学院教授 倪 宁

摘要：新世纪以来，中国广告逐步完成了"中国元素"实践和研究从自发到自觉的重要转变，但"中国元素"的学理研究和广告实践仍有较大空间。本文试从批判性的视角，以"批判+建构"整体思路切入研究主题，以期逐步实现"中国元素"广告实践和研究从自觉到自省的二次转变，真正发挥"中国元素"对中国乃至世界政治、经济文化和谐发展的促进作用。

关键词："中国元素" 批判性研究 消解 建构

改革开放以来，特别是进入新世纪的中国，展示给世界一幕幕难忘的场景，随着时间的沉淀，这些生动在眼前的场景凝结成一幅幅浓墨重彩的画卷，也引发了对"中国"这一主题新的思考与研究。

从广告领域来看，"中国元素"不仅成为一个热门的概念，也成为国际国内广告创作和广告营销炙手可热的宠儿。2006年，中国广告行业怀着复兴民族文化、提升民族品牌的激情举办了首次中国元素国际创意大赛，希望点燃"中国元素"在广告中的燎原之火。此后，对"中国元素"的探索与讨论，表明中国广告业界、学界对民族文化、民族品牌和民族创造力的认识与实践从自发向自觉转变。

本文试从批判性的视角，从"中国元素是什么？"着手，总结前人的实践和研究；在"批判"的基础上，展开对"中国元素"自省性的讨论；旨在消解"被建构"的"中国元素"及其消极影响，"建构"真正的"中国元素"，也只有真正的"中国元素"合理运用，才有利于中国以及世界政治、经济、文化的和谐发展。

一、"中国元素"现有认知、实践、理论研究的梳理

1、"中国元素"的认知渊源

早在中世纪，"中国元素"就引起了西方人极大的好奇，依靠传教士的介绍，西方社会狂热的"中国风"从追捧"中国制造"的商品、工艺品逐渐过渡到对中国文化多层次多角度的关注和研究，但当时西方人对遥远的东方大国并没有全面的认识，"中国元素"主要是满足西方人好奇心和标榜上流社会生活品质的"时尚元素"。进入二十一世纪以来，中国在全球地位的提升，掀起了新一轮"中国元素"热潮，在此基础上，由于研究视野拓展以及研究取向的多样化，"中国元素"逐渐成为理性讨论的对象。

2、"中国元素"广告实践的现状分析

作为"中国元素"广告实践的主要执行者，广告公司的作用举足轻重。跨国4A广告公司和中国本土广告公司在"中国元素"广告实践中的不同表现引人深思。

1980年电通最早在北京和上海设立事务所，至1998年，全球前10名4A广告公司WPP、奥姆尼康、奥美、智威汤逊等全部进入中国，主要在于帮助国外品牌打入中国市场。为了更好地把握中国消费者的心理、博得中国消费者的喜爱，国际4A公司表现出对"中国元素"极大的热情以及细致深入的挖掘，并在国外品牌针对中国市场的广告创意、品牌营销中广泛采用。

很快地，国际4A公司敏锐地意识到中国广告市场的巨大潜力，纷纷争取中国本土客户。与中国品牌的合作，对深化国际4A公司"中国元素"的认知和实践是多有裨益的。与此同时，国际广告公司也帮助中国本土

品牌走出国门，其产品本身、企业及员工形象、广告创意、品牌营销等就是极具生命力的“中国元素”，成为“中国元素”良性发展的重要实践。

相比之下，更能恰如其分地理解、把握“中国元素”的中国广告公司，由于整体实力较弱，不仅无法代理中国市场的国际品牌广告，甚至走向世界的中国企业，也较少选择缺乏国际市场经验的中国广告公司，中国广告公司几乎失去了在“中国元素”广告实践中的“话语权”。主观上，中国本土广告公司甚至忽略了“中国元素”，一家规模较大的本土广告公司负责人坦率地说，“我们没有关于中国元素的专门论述，但在有些创意、设计中会采用”，这种对“中国元素”司空见惯、不足为奇的态度极具代表性。因此，2006年7月30日，中国广告协会、多家本土广告公司以及广告人杂志社等联合发起“中国元素”国际创意大赛的确值得被中国广告发展历史所记录，然而，2006年全场大奖得主为北京李奥贝纳看似出人意料，实际上也是在意料之中，直至今日仍是对中国本土广告公司的警示。

从“中国元素”在产品、品牌广告的实践来看，无论是消费者耳熟能详的广告语“车到山前必有路，有路就有丰田车”，还是认知度极高的可口可乐的中国红和福娃，或是周杰伦、巩俐等中国明星在广告中的频频亮相，均是国际品牌借用“中国元素”目标明确地针对中国市场和中国消费者创作和投放的，并非面向世界市场；同时，商业广告的功利性取向将“中国元素”从历史、民族、社会的语境中生硬剥离出来，将其肢解成广告实践的“工具”、“手段”、“点缀”，不仅让“中国元素”在广告实践中陷于破碎化的尴尬境地，也成为耐克“恐惧斗室”这类广告频频引发民族情绪的重要原因。

所幸，2007年郎朗成为奥迪公司首次在针对德国本土市场的广告中启用的亚洲广告代言人，阿隆索驾驶着印有中文“爱国者”标志的迈凯伦最新战车MP4－22出现在F1赛场上，也让我们看到了“中国元素”在广告实践中的新希望。

3、“中国元素”的研究现状

《社会科学报》2004年一期《中国元素在哪里？》的专题，组织了社会科学院、北京大学中文系、北京师范大学文学院、中国民俗学会等专家对“中国元素”展开讨论，是中国学者对这一主题较为集中的思想碰撞，尽管并未明确界定概念，但提出了几个关键词[1]：物质的和非物质的文化，包括有形的物品、无形的精神及观念，重点强调的是“非物质”文化[2]；传统的，包括被赋予了现代性价值的传统；[3] 保护与塑造，保护历史是为了对历史展开理性的塑造和创造性转化，为“发展与建设当代的先进文化”、“设计未来的文化”[4] 提供能量。

中国广告惯有实践先行、研究滞后的传统，在“中国元素”现有的研究文献中，也大多数是从业者结合广告实践的经验总结和分析讨论，学界的论述相对零散和薄弱，且主要讨论了“什么是中国元素”这一基本问题，从三个层面展开：

一是符号层面，定义了“中国元素”的外在表征系统。有研究从符号学视角展开，将龙、凤、文房四宝、唐装、春节、中国红等中国元素符号划分为精神尊严类、人物类、景观类、建筑类、书画类、学术类、节日类等15个类别[5]。笔者认为，借用符号学研究中国元素符号是必要的，但从现有研究来看，中国元素符号类别的划分和归类还有待商榷，中国元素符号体系还未建立。根据以索绪尔为代表的语言学家的符号理论，建立和完善中国符号体系，应从符号认知存在的主客观差异及二者的辩证关系出发、结合文化语境来研究中国元素符号，实现中国元素符号的意符（Signifier）和意指（Signified）的准确认知。

二是观念层面，它定义了“中国元素”的内核。有研究者将“中国元素”概括为“中国几千年发展、积淀下来的无形的思想精髓，溶化在中华民族血液中的文化命脉”，是能够焕发生机的“无形财富”[6]；也有研究者认为中国元素“是根本的哲学观念”，“正是这种根本的哲学观念才决定着我们如何看待自然，如何看待社会，如何看待我们自己，哲学观念其实就是我们的生活观念”[7]。从观念层面界定“中国元素”对深化我们的认知十分有益，但遗憾的是，研究者没能更深入地讨论中国元素应该是什么样的思想精髓、文化命脉和生活观念，因此还存在继续探讨的较大空间。

三是文化层面，一方面构造了“中国元素”与社会语境的相互依存关系，一方面它也将“中国元素”缔结成为一个具有丰富层次和维度、且不断发展完善的动态体系。然而，现有的研究在文化层面对中国元素的定义却相对狭窄，大多数研究将“传统文化”及传统文化中的某些符号作为中国元素的代名词，失于偏颇。

二、“中国元素”自省性建构的基本思路

本文选择从最根本的“什么是中国元素”入手，以“批判”与“建构”展开理论研究，更重要的是，理论研究成果会真实地影响和指导着社会实践。

广告是与经济、社会、文化、政治密切相关的行业，研究应充分地根植于历史、文化和社会经济现实的语境中。因此，在研究“中国元素是什么”这一普遍意涵的同时，将中国元素研究放置于全球化背景中，将中国元素与中国品牌、中国商业联系起来；将中国元素的缺失与中国广告在世界范围话语权的缺失相关联；讨论中国元素在国际范围内使用的无序状态及其对民族情感等方面的消极影响等研究，都是新世纪以来，我国广告界对“中国元素”展开的极具意义的讨论。

此外，要消除实用性、工具性和功利性取向的影响。目前，将“中国元素”当作广告的点缀、为了标榜“中国风”而堆砌“中国元素”等问题普遍存在，中国元素广告实践面临形式单一、精神内容空洞、资源枯竭的危机。本雅明曾对引用“所有经典作品、特别是中国文学作品”来“重新组装”文学作品的创作取向进行了毫不留情地批判，他认为“由此建立的是一种剽窃理论，在这一理论中，说俏皮话的家伙将会很快黔驴技穷。”[8] 同样的，若一味“剽窃”传统的中国经典元素，终有一天，贴着“中国元素”标签的广告会失去吸引力和生命力。另外，实用性、工具性和功利性取向还会将广告的“中国元素”研究置于整个学科体系的最底层、最末端，实际上，我国广告研究已经倍受这类取向的伤害，而研究取向一旦形成，不仅成为学术研究的致命伤，又将对实践活动产生不可估量的消极反作用，中国广告业的发育不良、动力不足已经深刻说明了这一点。

三、“中国元素”的再认识

1、“中国元素”≠“中国传统”

诚然，中国元素不是也不可能是“无历史的”，中国元素需要传统，是完全合理的，时间提供给传统延续的可能性，而传统实现着社会生活的连续性。但“中国元素”与传统之间被人们有意无意地划上了等号，是有失于偏颇的，中国元素不应该盲目地等同于静态的传统。

尽管麦当劳的大M标志和KFC老爷爷微笑的号召力让我们感到忧心忡忡，却又必须承认这只是传统的现实危机一个个小小的外在表征，不断印证着不可逆转的趋势，即传统正在不断地向现代社会生活方式妥协。时间提供传统延续的可能性的同时，也赋予传统在延续过程中质变的条件，即“传统是被发明的和不断被重新改造的”。[9] 从这个观点出发，在中国元素的实践和研究并不意味着高喊“恢复传统”、“复兴中华文化”口号，不意味着对传统的再体验，而是将传统置于历史演进的过程中，让传统在当下发挥作用。

实际上，“传统可能完全以一种非传统的方式而得到保护，而且这种非传统的方式可能就是它的未来”，[10] 广告作品创作和广告研究也应赋予传统和现代同等的地位，结合当下的语境解读传统，并将传统与我们现今的生活联系起来，赋予传统一个现代性的机体，才能让传统真正鲜活在我们的时代，而不只是一个堆积着泛黄书册的素材库。“忘却是历史不老泉的发源地。没有任何事物像忘却一样常新。”[11] 在需要不断创新的广告领域，更应从对传统片面认识的固步自封中跳出来，学会忘却。也只有这样，才能避免自我达成本雅明提出的因“剽窃”行为而必然导致“黔驴技穷”的窘境。

2、“中国元素” ＝“中国经济元素”＋“中国文化元素”＋“中国社会元素”＋……

解决了时间序列中“中国元素是什么”的问题之后，在此将要讨论的是“中国元素”的体系构成问题。

我们一直在回味古代中国，我们的文化曾经深刻地

影响着西方的文化，是因为我们的经济、政治、文化、社会生活等方方面面都曾是那个时代领跑者。事实上，“中国元素”曾经的强势盛行，是先进文化、先进的生活方式、先进的社会形态被选择、被接受的一种必然。反思近现代的中国，当我们带着责问看待被“西化”的中国，认为我们的文化慢慢地萎缩和消逝时，我们是否应该反思经济、政治、文化、包括我们的生活方式在世界处于何种位置？在历史发展的进程中又处于何种位置？而近年来重新兴盛的中国风也再次验证了这一必然选择。

以上述思路应用到广告领域，广告中的中国元素不仅应该运用中国文化元素、传播中国文化，也应该将中国经济、中国生活方式、中国思维方式、中国式表达等多重元素作为纳入中国元素的范畴之内。海尔、李宁等成功的案例不是生搬硬造中国元素的结果，而是在产品符合时代发展要求和需要的基础上实现的，它们的成功也丰富和壮大了新时代中国元素的队伍。

3、“中国元素”≠“迎合他人喜好的中国元素”

我们曾百般思量该如何在国际广告中讨巧地采用外国人喜欢的“中国元素”也曾为国际品牌广告采用“中国元素”感到兴奋，却忽略了隐含着的深层次问题。

亨廷顿在《文明的冲突与世界秩序的重建》指出，当今世界，综合了经济冲突、政治冲突、意识形态冲突、民族冲突各领域矛盾的“文明的冲突”日趋尖锐。而广告与各领域有着或直接或间接的关系，明确或微妙地影响着社会文明，因此，“被建构”了的中国元素在广告中的运用，涉及到权力、利益及其支配下的知识形态被建构等诸多问题，成为“文明的冲突”重要组成和外在表征之一。

知识形态是如何建构的以及被建构的情况如何等问题还在讨论的其次，首要的是，被“建构”若已经成为一种司空见惯，甚至作为“预言”被验证，才是最为危险的。争取中国元素的话语权，对我们自己是什么和将成为什么而获取的认知，这样的努力才能真正达成我们所期望的中国元素、中国广告乃至中国的崛起。

当然，我们也不能因此走向另一个极端——完全的民族主义。不得不承认的是，“中国”概念的边界已经在全球化的涤荡下变得越来越模糊，人类生活相互依赖的密切程度不断强化，相互依存的关系也更为复杂，中国与世界其他国家和地区在认同彼此的基础上，进一步容纳、融合彼此。

四、结语

诚然，中国元素批判和建构的研究还刚刚开始，亨廷顿渴望提出一个“对学者有意义的”和“对于决策者有用的”框架和范式[12]以解决“文明的冲突”，而不是解决某一具体问题的简单范式。同样的，采用历史地、理性演进地、反思性的思维构造真正意义上的“中国元素”，也正是我们的责任，而这必然需要中国广告人长期且连续的不懈努力。

注释：

[1] 关键，《复兴中国元素请记住—— 2006 年7 月30 日》，《广告人》，2006年9月。

[2] 郇公弟，《德国企业打广告，“中国元素”成了宝》，《新华每日电讯》，2007年8月15日第006版。

[3] 盛文杰，《国际赛事开始重视“中国元素”国内品牌借体育营销走出国门》，《第一财经日报》2007年3月14日第C06版。

[4] 《中国元素在哪里？》，社会科学报，2004年9月9日，第008版。

[5] 沈榈竹，《从符号学视角解读国际广告中的中国元素》，广告大观理论版第59页，2008年第2期。

[6] 贾丽军，《以创意之名复兴民族文化》，《广告大观》综合版，2007年第2期。

[7] 谷文通，《中国元素与品牌未来》，中国元素创意大赛官网http://www.chineseelement.com/huigu-p22.htm。

[8] [德]瓦尔特·本雅明著、李伟 郭东译，《机械复制时代的艺术》第254页，重庆出版社，2006年。

[9] [英]安东尼·吉登斯著、周红云译，《失控的世界》第38页，江西人民出版社，2001年。

[10] [英]安东尼·吉登斯著、周红云译，《失控的世

界》第 42 页，江西人民出版社，2001 年。

[11] [德]瓦尔特·本雅明著、李伟　郭东译，《机械复制时代的艺术》第 264 页，重庆出版社，2006 年。

[12] [美]塞缪尔·亨廷顿著，周琪、刘绯、张立平、王圆译，《文明的冲突与世界秩序的重建》第 2 页，新华出版社，2002 年。

'2010中国广告年鉴

China Advertising Yearbook

业界论坛

Advertising Tribune

独辟蹊径 倚峰攀顶

——"承德颈复康药业"品牌传播之路

中国气象局华风气象影视信息集团广告部

对于医药企业来说，在信息爆炸的时代，如何才能够将自己的信息直击观众心灵而又避免被过滤封杀？如何通过传播树立高品质的医药品牌形象？

面对这样的难题，承德颈复康药业于2003年在业内率先探索——牵手CCTV新闻联播《天气预报》景观广告，并通过"持续性常年投放"和"多版块联合"的投放策略，踏出了一条医药企业品牌高端传播之路。由此，颈复康药业将品牌深植消费者内心，销售业绩连年攀升，创造了连续20年市场占有率领先的神话。

塑造医药行业高端品牌

药品安全问题一直是医药行业健康发展所面临的主要问题。大量同质化、攫取式的短线产品涌现，不仅造成了消费者对医药行业的信任危机，也危害了整个医药行业的健康发展。

数据显示，从1998年到2003年，医药行业的销售收入、实现利润连续5年达到历史最高水平。然而，进入2004年到2007年，这3年是医药行业倍感压力的3年，利润增幅的急剧下降成为当年许多医药企业年度报告中的关键词，2003年更成为了许多医药企业发展的分水岭。

市场秩序的混乱，让消费者的信任危机如紧箍咒般一直萦绕在许多医药企业的上头，挥之不去，成为行业发展、企业壮大的痼疾。如何从消费者的信任危机中突围，让消费者放心消费，已经成为医药行业亟需解决的问题。

面对这样的行业困局，颈复康药业认为，在OTC市场中消费者具有非常显著的品牌消费特征，认的是企业品牌和产品品牌。消费者对药品这一类高风险消费品的购买和使用通常都会异常谨慎，一般都认"牌"购买。这样，打造总的企业和产品品牌形象呼之欲出。找到症结所在，颈复康药行了反面的、类似于解数学方程式似的应验求证。

从气象媒体的角度来考量，颈复康药业发现气象预报节目特别是新闻联播《天气预报》恰恰是最典型的全民性电视节目，收视群体十分广泛。不仅能够在地理区域上全面覆盖颈复康药业的购买决策群体以及使用者，在社会的各个阶层上，也实现了无缝无盲区的覆盖。这样，颈复康要求的"面"就不成问题。同时，新闻联播《天气预报》非常能够吸引一批具有相当决策权的精英群体，也有了"点"的重点突出。

如此，颈复康药业对传播渠道的选择有了柳暗花明的方向。

牵手新闻联播《天气预报》景观广告

2003年，颈复康药业正式牵手由中国气象局华风影视信息集团独家制作并经营的新闻联播《天气预报》景观广告，迈出了媒体传播制胜攻略的重要一步。这一抉择不仅是颈复康药业品牌建设的需要，也是这一强大媒体独特魅力吸引的结果。新闻联播《天气预报》景观广告"有高有低、有利有节、有链有权"的独有优势更让颈复康人坚定了自己的判断。

有高有低

"高"是指新闻联播《天气预报》集纳的国家级电视台、国家级气象部门的权威性和公信力，能够为企业的品牌注入高端、权威、可信的形象，增强消费者的信心。这一“高”无疑对陷于消费者信任危机的医药行业具有极大的提升作用。借助央视和中国气象局1+1>2的权威性和公信力，颈复康药业倚峰攀顶，有效重塑消费者的信心。

“低”是指收视率的低流失、低换台率。新闻联播《天气预报》景观广告有机地嵌入在天气预报栏目中，实现了广告与节目的无缝播出，也就能够绝对避免流失。这一“低”又是其他常规武器难以逾越的优势“高峰”，有力保障了广告效果。

有利有节

“利”是指新闻联播《天气预报》景观广告采用嵌入式的承载方式，节目的实用性非常有利于广告信息植入观众心灵。广告形式上的优势以及观众的主动收看，在不知不觉之中渗透进广大观众心中。这种“无声入目、悄然入心”的潜移默化效果，无疑让颈复康药业振奋不已。

“节”是指节目与广告的浑然一体使得节目收视率等于广告收视率，保证广告信息的全效传播，能节约广告费用。

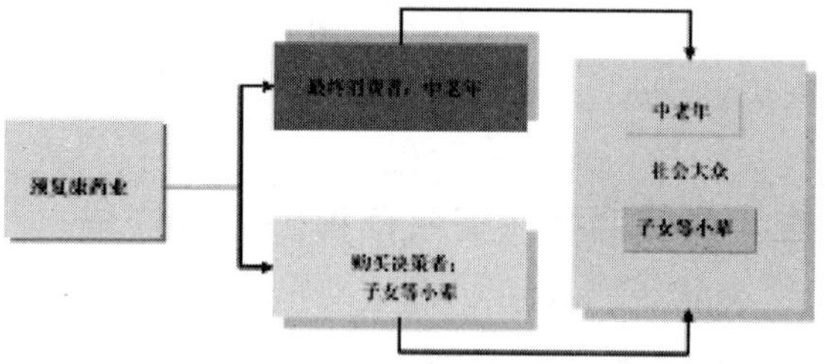

传播目标群体分析图表

有链有权

“链”是指在央视一套黄金时间新闻联播《天气预报》栏目投放广告，展现的是企业的实力，是对经销商的大力支持，可一网打尽营销全链条。广告的目的并不仅仅限于传递企业和商品信息，更在于提高员工士气、增强股东信心、推动渠道建设、构建良好公共关系。特别是对于颈复康药业这样处于上升期的企业来说，后者的意义往往要大于前者。2006年，正值颈复康药业将营销重点转向中低端市场，开展二级分销工程，抓大不放小。而投放新闻联播《天气预报》景观广告则有效拉动二级经销商，有力配合了颈复康药业营销策略的调整。

“权”是指新闻联播《天气预报》景观广告有且仅有35个顶级品牌展示窗口，代表着企业在行业的话语权，能够为企业贴上行业标杆的象征意义。颈复康药业意识到，这种传播附加值是其他很多常规武器所没有的，也是其打开全国市场的一个翘板。

新闻联播《天气预报》景观广告的优势不一而足。审视行业内外，颈复康药业注意到，并未被竞争对手作为战略武器列入传播策略中的新闻联播《天气预报》景观广告，确是一片被大家视而不见的传播蓝海。更为重要的是，这片蓝海有着华风集团严格审核、准入机制的保障。通过一一把控、仔细审核，华风集团有效避免了不良广告对整个广告环境的污染，维护了这片蓝海的干净与纯洁。

潜在价值节节升的效果回报

从2003年到2010年，颈复康药业与华风集团共担风雨，走过了8年。八年间，颈复康药业与新闻联播《天气预报》景观广告一起创造了以小搏大、倚峰攀顶的传播致胜典范，真正起到了“少花钱、多办事”的四两拨千斤功效。颈复康人不囿于固有的传播渠道和理念、敢于推陈出新的创新思路也让颈复康药业收获了较大的市场回报。

2006年，颈复康颗粒的销售突破3亿元，腰痛宁胶囊实现销售3.5亿元。而在2009年金融危机的背景下，公司主导产品颈复康颗粒仍然出现了供不应求的现象。颈复康药业预计，在新闻联播《天气预报》景观广告的强力支持下，颈复康颗粒和腰痛宁销售到2010年下半年可达9亿元。

颈复康药业市场总监许怀民的一句话佐证了这些销售数据的节节攀升主要源自于新闻联播《天气预报》景观广告的传播功效，而不是其他。“在我们选择新闻联播《天气预报》景观广告投放的第一年，销售额增加了40%。而且在患者的电话咨询和购买调查记录中，有

70% 以上的患者回答是在新闻联播《天气预报》看到了产品广告才来购买或咨询的。"显而易见，新闻联播《天气预报》景观广告的高收视率和高到达率，对颈复康产品销售和品牌价值的提升起了很大的作用。

CCTV 新闻联播《天气预报》颈复康颗粒广告画面（2010 年 4 月）

鉴于医药购买者决策周期不稳定的特点，颈复康药业还通过"持续性常年投放"保证广告信息的长时间渗透，通过"多板块联合"提高对观众视觉空间上的冲击力，显著提高了整体传播效果。2008 年，颈复康药业推出相邻两板块连续播出"颈复康颗粒"和"承德腰痛宁"，用长达 8 秒的视觉冲击吸引更多眼球的关注，加强了观众对产品和品牌的累积度，强化了品牌印象。

小结

与新闻联播《天气预报》景观广告的联姻，不仅成功助力颈复康药业的腾飞和壮大，也彰显了新闻联播《天气预报》景观广告巨大的营销价值。新闻联播《天气预报》景观广告也日益成为颈复康药业品牌传播战略的有机组成部分。更为重要的是，颈复康药业的成功向我们展示了具有样板意义的传播新模式。这种模式不仅对于医药产品，甚至对所有品牌来说，都是非常值得借鉴的。相信，新闻联播《天气预报》景观广告也会成为越来越多企业所青睐。

严抓管理 锐意求新促经营

广西电视台

广西电视台深刻认识到电视广告的播放及管理直接关系着广大人民群众的利益，直接影响着电视的社会公信力和电视台自身的发展。因此，一直以来都将社会效益放在首位，严抓广告经营管理，力求促进电视台经济效益和社会效益的和谐统一。目前，广西电视台共有 7 个频道，所有广告资源均统一归口广告中心管理，这为依法进行广告播出监管，以及创新广告经营提供了有利保障。2009 年，全台共实现广告创收 6 亿元，较 2008 年的 5.62 亿元增长了 6.8%。广告经营的成功，不仅为 2010 年的广告经营创新奠定了良好基础，也对我们的工作提出了更高的要求。

多方落实，严抓广告管理

为强化广告播出管理效果，广西电视台广告中心采取了一系列措施，从制度到策略，全方位确保广告播出质量。

首先，广告中心着力加强广告从业人员培训，以此提高全员业务素质，强化全员职业道德素养。为做好这项工作，中心主要采取了三方面措施：第一，定期组织全体人员反复认真学习《广播电视广告播放管理办法》(第 61 号令)、《广告法》、《广西电视台广告业务管理规定》等法律法规和台广告管理的相关规定，使中心全体员工从思想上对广告经营管理工作重要性的认识得到深化。同时，中心还定期派出人员参加国家工商总局、药监局、国家广电总局举办各种学习班，充分了解各项政策法规，提升自身的政策水平。第二，每月定期对广告播出进行自查自纠。中心针对每个环节，建立了一套杜绝虚假违法广告播出的长效机制，保证了管理工作的顺利开展。第三，中心定期组织召开广告主和广告代理公司客户通气会，向客户传达中央有关法规的精神，形成共识。从思想上提升广告主和广告代理公司政策水平，使他们在行动上能够与国家政策相一致。通过以上三项措施的实行，由内到外，充分渗透，为广西电视台确保广告播出质量提供了思想保障。

其次，广告中心着力完善广告管理制度，明确责任，严格依法执行各项规程。为严把广告控管程序，中心围绕广告洽谈、签约、播出、收款等业务环节，制定了《广西电视台广告业务管理规定》，依法开展业务，自觉接受上级财务、审计等部门的监督。中心还建立了专职的广告监播、监控平台，完善了相关的广告管理制度，如广告播放监听监看制度、广告审查员制度、情况通报制度和责任追究制度。通过制定这些规程，广西电视台进一步加强了对广告播出的规范和有效管理。

第三，广告中心建立了有效的社会监督与投诉处理机制，加强了外部社会监督和上级行政监督。中心特设广告播出监督热线，自觉接受社会监督，对于观众的投诉和建议，中心均认真处理，并及时回复，以求最大程度净化屏幕环境。同时，中心还定期邀请工商管理部门广告处的相关同志，到电视台检查专项整治的整改情况，保证监控管理的质量。

最后，广告中心创新广告经营方式，对购物类专题广告、医疗行业广告和SP广告实行归口管理。针对这些投放量大、风险较大的广告类型，中心创新经营思路，在引导和鼓励业务人员开发经营其他类型广告的同时，将购物类专题广告归口广告中心VIP科统一管理，对购物专题经营进行统筹和协调。另外，中心分别将医疗广告和SP广告通过对外招商形式，独家外包给广告代理公司经营，这样不仅有利于规范此类广告的管理，同时也利于广西台调整自身的广告结构，使经营重心转向新业务开发、活动营销、广告形式创新等方向上去。

创新制度，促进广告经营

2010年，广西电视台在严抓广告管理的同时，果断提出要以七个创新作为突围手段，在结构、传播、营销、机制、科技和管理等七个方面进行改革。作为电视台经营的重要部分，节目创新和营销创新被提到显著的地位。

在节目创新方面，广西电视台将2010年定为节目创新年。在这一年，广西台在全台范围征集节目方案，以期发挥全台员工的创新积极性，为节目开发提供智力支持。与此同时，借着节目创新的东风，广西卫视适时地提出新的战略定位——“美丽天下”；以此为基础，力图打造一批具有口碑、又有效益的精品节目，为其在激烈的省台竞争中提供助力。

在营销创新方面；广西电视台将电视剧营销和广告营销放在了最重要的地位。台领导提出：电视剧的购买要形成长效机制，要能够尽量降低风险，同时又要有一定的受众市场，以配合广告经营的完成；另外，在广告经营上，如何进行广告时段的设立、如何定价、如何使观众在不反感电视广告的基础上最大化效益等等，都应成为广西电视台广告经营的重点研究课题。可以预见，2010年将是广西电视台创新制度，打造经营新高峰的一年。

结语

面对日益严格的电视广告管理环境和日趋激烈的电视广告市场，广西电视台一方面从自身做起，结合外部力量，严抓广告经营和管理，力求做到社会效益和经济效益双得益；另一方面，将创新作为竞争突破的有效手段，锐意创新促经营，为今后开拓蓝海奠定坚实基础。

龙行天下，助力营销
——黑龙江卫视携手梅花味精营销案例经典回顾

黑龙江电视台广告信息部

中国龙，凭实力行天下！黑龙江卫视提出“中国龙行天下”口号后，积极地调整节目类别，以专业眼光看全国市场，凭借“东北风”系列节目在全国的影响力，深度挖掘东北娱乐文化，借此在全国收视市场中刮起了一轮强势的“东北风”，并使黑龙江卫视成为2010年度最大的收视黑马。

机遇的把握是成功的关键

近年来，二人转因 “娱乐大众，雅俗共赏”而兴起，并逐渐跻身主流文化。黑龙江卫视看准东北文化在全国影响力的逐渐升温，将“东北风”作为定位，强力打造具有大东北独特魅力的卫视频道。黑龙江省处于中国最北部，历史与文化深厚而丰富，东北文化几千年来根深蒂固，在群众中具有极高的地位。从这一特点看，黑龙江卫视与本山传媒联手打造的《本山快乐营》一炮而红并取得了优异成绩，是可预见的。可以说，在机遇面前，把握了时机，抓对了题材，找对了合作伙伴，收视不断提升，造就了《本山快乐营》与黑龙江卫视的双赢！

依托《本山快乐营》的优势资源，2010年上半年黑龙江卫视积极调整节目编排，推出八宝周系列主题播出季——“春节八宝周”、“乡村爱情八宝周”、“幸福八宝周”、“快乐放送月”。黑龙江卫视收视一跃居上，2009年，黑龙江卫视在全国35中心城市省级卫视中排名第15，2010年排名迅速提升，2月份全天排名第8，3月16日更是刷新纪录，25城市单天问鼎称雄，在观众中取得了非常好的反响。在这些数据刷新出的红色讯息中，我们惊喜地发现，黑龙江卫视定位的成功转型，已经得到了观众们的认可，现在的黑龙江卫视是企业占领东北，进军西北和华北二三线城市的首选卫视！

快乐放送月 吹响快乐集结号

2010年5月《本山快乐营》栏目将迎来开播一周年，本山传媒计划与黑龙江卫视联手举办周年庆典晚会。结合此前播出季的成功经验，黑龙江卫视计划推出集《本山快乐营》经典剧情、大型直播互动节目、独家访谈本山传媒明星、本山传媒演员专题节目、地面推广（含互动活动及路演）等多种形式为一体的系列大型活动，以“快乐“为定位来提升频道影响力，叫响“快乐放送月”口号，再攀收视高峰。

黑龙江卫视精心打造“快乐放送月”

在计划推出“快乐放送月”时，梅花99味精对此活动表示出了浓厚的兴趣和真诚的合作意向。在“快乐放送月”的创作过程中，工作人员本着与企业换位思考的态度，构想“快乐放送月”的编排和广告呈现形式及线下活动，怎么做才能让企业得到最大的利益和最多的收益，此次合作成为建立黑龙江卫视与梅花味精集团长期合作纽带和经典范例的关键。

节目特殊编排完美呈现

黑龙江卫视“快乐放送月”最终以全天《本山快乐营》经典全剧情回顾、经典剧情再现和新剧情播出组合，全天不间断播出。并在每晚22:10这一收视高峰时段推出3小时直播节目，邀请本山传媒的明星、赵本山弟子做客演播室，现场访谈、表演精彩节目的同时与观众以短信形式互动。在4月17日举行快乐放送月的启动晚会，在5月18日举行隆重的《本山快乐营》开播一周年庆典晚会。

整个“快乐放送月”期间，梅花味精集团充分享有所有冠名权益。线上以冠名片头、特约标版、角标、硬广、主持人口播、现场布景和片尾挂标等整体节目包装形式完美呈现，充分回报企业给予的支持。

荧屏及户外形象宣传

为了大力宣传“快乐放送月”，黑龙江卫视全天不间断播出宣传片和游走字幕，并在户外路桥做整体宣传，在播出前作了充分预热，确保活动的准备工作达到预期效果。

送好礼，走进社区

黑龙江卫视与梅花99味精携手走进社区，每天送出印有梅花99味精字样的宣传品太阳伞、纸巾、手提袋等，大力宣传“快乐放送月”，注重社区的高传播速度。

大型路演，快乐大PK

在整个“快乐放送月”活动中，大型路演活动——快乐大PK将整个“快乐放送月”推向了一个高潮。5月1日、2日、3日在哈尔滨中央大街；5月8日在哈尔滨红博会展购物广场举办的四场路演，现场主持人和本山传媒的明星强强联手，使现场笑声不断，欢乐连连。据统计，平均每场活动观看人数超过一万人，活动现场充分为梅花99味精造势宣传，将梅花99味精巧妙设计进游戏环节，配合线上节目资源，真正形成了360度的传播效应，在短期内提升梅花99味精销售业绩。不得不说，这是一场真正的快乐PK ，一场企业与媒体的经典合作。花费少，取得效果好，这就是黑龙江卫视广告团队为企业创造的无限价值和终端效应，龙视广告助你行销天下。

“观众剧乐部 电视嘉年华”
——打造社区终端推广平台

兰州智诚同辉文化传播有限公司

报送单位：甘肃省广播电影电视总台

实施时间：2010年5月—10月

本次“观众剧乐部 电视嘉年华”社区系列主题推广活动将甘肃省广播电影电视总台观众“剧”乐部的品牌影响力与甘肃广电总台六频道及主导栏目的优势资源进行有机结合，在5个月时间里集中深入兰州市四大城区的40余个社区，高频次同步开展6大特色主题宣传活动，以最具亲和力与贴近性的活动形式最大限度地缩短媒体与电视消费者的距离，让电视消费者暨企业目标消费群体亲身介入电视媒体内容选择。

活动中，六大频道将根据自身特色，以各自的主导栏目为宣传窗口，开展针对不同年龄层次，涵盖社会生活不同方面的系列主题活动，分别是：

甘肃卫视频道：法在身边

随着我国社会主义法制建设的不断完善，人民群众的法律意识和权益意识也在不断增强。针对大多数人法律知识匮乏且咨询无门的现状，以甘肃卫视频道的主导栏目——《法治视线》为推介平台，举办“法在身边”主题宣传活动，会同法律专家深入社区，现场为社区居民进行普法宣传与法律咨询，在提升频道关注度与影响力的同时，树立媒体公信形象。

甘肃文化影视频道：娱乐引领潮流·文化点亮生活

将甘肃文化影视频道的创新栏目《每日文化报道》作为宣传窗口，深入社区开展“娱乐引领潮流·文化点亮生活”主题宣传活动。通过设置现场互动游戏，社区居民才艺展示等趣味性参与环节，迅速缩短媒体与电视观众的距离；在传达时鲜娱乐资讯的同时，有机融入频道主打电视剧宣传信息，一方面扩大频道以及剧场在观众心目中的影响力，提升活动的品牌价值，另一方面在主打剧目播出期间进一步刺激关注，进而提升收视。

甘肃经济频道：快乐生活一点通

甘肃经济频道以《快乐生活一点通》栏目为推介主导，开展“快乐生活一点通”主题宣传活动。重点针对家庭主妇这一主要电视收视人群，陆续开展家庭厨艺大赛、园艺技能大比拼等趣味性竞赛，以激发社区观众的互动参与积极性。主持人还将现场为观众解决在生活中“衣食住行”等方面存在的困惑，以贴近、亲和的活动形式赢得家庭主妇们的信任与好感，进而提升频道及栏目的关注度，扩大影响力。

甘肃公共频道：健康爱心社区行

以《走进生活》栏目为主导，开展“2010年劳动榜样评比”活动，向社区居民普及养生和健康保健知识；与此同时走访社区内的孤寡、空巢老人，为其送去相应的生活必需品。通过彰显媒体的社会责任和道德导向作用，在扩大频道影响力的同时，塑造公信形象，提升美誉度。

甘肃都市频道：好新闻·凭良心

凭借本土强势民生新闻类栏目《都市快报》，集中开展“好新闻·凭良心”主题社区活动。在活动现场设置“都市快报投诉受理台”，通过当场接受社区居民相关投诉并及时予以处理，让社区居民切身感受到电视媒体作为公众喉舌的社会责任价值，以实用、亲民的活动形式拉近媒体与电视观众的距离，迅速有效地提升频道及栏目的影响力，树立媒体公信形象。

甘肃少儿频道：亲亲宝贝社区行

根据频道自身特点，依托特色品牌栏目《快乐岛》、《风铃》举办“亲亲宝贝社区行”主题宣传活动。针对青少年人群的收视习惯与特点，设置轻松活泼的互动游戏与现场参与环节，青少年观众在观看活动的同时，还有机会走上舞台展示自身风采，此举大大提升了活动的趣味性与受众的参与积极性，从而达到有效提升频道及栏目影响力的目的。

执行效果及评价

“观众剧乐部 电视嘉年华”活动通过将甘肃广电总台六大频道的优势栏目及主持人资源进行有机结合，在观众“剧”乐部这一成型活动营销品牌的基础上进一步打造整装化社区终端营销推广平台，集中开展宣传信息明确，规模化、持续化的社区推广活动。在规避由于频道架构体系相对复杂而造成的观众注意力分散问题的同时，也极大地提升了活动的执行力度与活动品质，确保了受众对宣传信息的持续接触与有效记忆。

本次“观众剧乐部 电视嘉年华”系列活动的顺利开展也在很大程度上弥补了兰州本土社区亲民类活动的空白，因此在活动启动伊始就获得了多个省、市级示范性社区和街道的大力支持，仅仅在启动之初的一个月时间里就成功举办了5场社区主题宣传活动，各频道相关新闻栏目及本地各大报媒也相继对本次系列活动进行了报道。活动报道播出后，多个社区街道单位还主动与观众“剧”乐部取得联系，表达了希望参与活动的强烈意愿。“观众剧乐部 电视嘉年华”活动所到之处，均受到社区工作人员的热烈欢迎，社区居民反应同样热烈，参与热情高涨。“观众剧乐部 电视嘉年华”活动的顺利举办，不仅有效提升了观众“剧”乐部与总台各频道的影响力与关注度，并且通过与兰州市各城区的主要社区进行沟通合作，成功打造了整装化社区终端推广平台，构建了以社区为单位系统覆盖城区主要消费人群的营销网络，为企业搭建了一条让产品走进社区，直接面对消费者的全新终端营销渠道。相信随着本次系列主题活动的深入开展和社区观众、推广平台和企业之间联盟关系的逐步建立，必将达到更为理想的营销效果，开创多赢的新局面。

品牌全国化 营销区域化
——河北卫视“点”、“面”结合塑造品牌

河北卫视广告部主任 张 超

2007年河北卫视华丽转身，呈现给观众“快乐家+家”的频道理念，2009年，这个家庭频道再次升级，推出中国第一个“快乐家庭频道”，誓把“快乐家庭”的频道形象深入人心。频道同时推出“品牌全国化，营销区域化”的运营理念，旨在打造中国第一个快乐家庭频道、实现品牌全国化的同时，致力于帮助企业解决在华北地区以及大华北地区的销售问题。

品牌全国化

河北卫视以打造中国第一个快乐家庭频道为频道理念，以“河北卫视，快乐家+家”为频道宣传语。近几年来，河北卫视已经将“快乐家庭”的频道理念在全国推广开来，赢得了观众及企业的一致认可和好评。

覆盖方面，河北卫视近两年来增长迅速，目前已经覆盖所有直辖市及省会城市，此外还覆盖5个计划单列市及全国100多个地级市，总收视人口超6亿。河北卫视通过在全国范围的全网覆盖将“中国第一个快乐家庭频道”的理念传遍全国，使“快乐家+家”响彻全国电视荧屏。

河北卫视围绕“快乐家庭频道”的定位，在2009年全新出击，推出多档全新日播节目，其中包括中午播出的《家庭故事会》，每天中午为观众献上一道故事大餐；傍晚推出的《家政女皇》，教你快捷料理，解你生活难题，验证生活偏方，介绍创意小物；深夜的《品味光影》带领观众以专业的视角来解读和欣赏电影。

此外，河北卫视原有的三档周播栏目也有所调整，使内容更加吻合“快乐家庭”的频道理念。每周五晚黄金时间的《综艺传奇》，自开播以来收视表现良好，多次进入全国同时段收视排名前10位。该栏目是一档以“童年”为主题、以“感情”为主轴、以“回忆”为主线的全新综艺节目。经由明星艺人一步步寻找并确认那些令他怀念却久未谋面的同窗好友的过程，让观众一起感受明星艺人对寻回童年时期那份纯真友情真挚而热烈的渴望，藉此凸显并完善《综艺传奇》全新的情感综艺路线，为河北卫视打造出了一档充满人文关怀、引领综艺新风尚的情感综艺节目。

每周六晚《真情旋律》是全国首档将公益元素与娱乐精神相结合的节目，节目将才艺展示和公益爱心行动巧妙结合，开创了公益娱乐类节目的先河。著名笑星潘长江携爱女潘阳，与河北“当红主持小生”阿浩搭档，组成《真情旋律》的全新主持阵容。

每周六、日晚播出的《读书》是目前全国唯一的一档读书类栏目，全国的知名作家及学者均把《读书》栏目做为将其作品介绍给观众的首选平台。

电视剧是频道节目的重要组成部分，河北卫视结合频道定位，在剧目选择上以适合家庭收看的剧目为主，2010年推出多部首播、独播家庭大剧，通过每天上午的《快乐剧场》、下午的《开心剧场》、傍晚的《童乐剧场》及晚间《合家欢剧场》奉献给全国观众。

自办节目及电视剧支撑起频道的整体框架，填充了符合“快乐家庭频道”的节目内容。河北卫视还将通过“十大好家庭”系列评选活动来提升频道在全国的影响力，内容包括：十大好儿媳、十大好丈夫、十大好公婆评选、家庭卡拉OK大赛、家庭趣味运动会等。

营销区域化

在“品牌全国化”的基础上，河北卫视根据频道特点，结合自身覆盖优势地区及观众喜爱度将华北及大华北地

区作为重点区域，推出了“营销区域化”的运营理念。

华北地区包括河北省、山西省、内蒙古自治区、北京市、天津市，整个地区总人口1.57亿，占全国总人口的12%；全区经济总量达47732亿元，占全国总量的15%；全区社会消费品零售总额16190亿元，占全国总量的14%。大华北在华北五省的基础上增加了河南、山东两省，整个大华北地区总人口达到了3.5亿，占全国总人口的26%；全区经济总量97211亿元，占全国总量的30%；全区社会消费品零售总额：32233亿元，占全国总量的29%。

河北卫视在华北、大华北地区具有明显的优势，覆盖及收视均名列前茅。覆盖方面河北卫视在华北地区覆盖人口达1.4亿，在大华北地区覆盖人口近3亿，在全国卫视中均位居前列；收视方面，2010年一季度数据显示，全国所有省级卫视在华北地区的收视排名中，河北卫视名列第2位，在大华北区名列前茅。

河北卫视结合上述优势，在品牌全国推广的基础上，将华北和大华北区作为自身的优势区域，频道营销重点围绕这两个地区展开，把在华北、大华北地区做大做强作为河北卫视最重要的营销目标，推出了“营销区域化”的运营理念。2010年频道的覆盖、节目、推广等一系列工作均围绕这个理念展开。

覆盖方面，在实现华北地区覆盖第一的基础上，集中资金加大对山东、河南两省的覆盖力度，通过加强这两个人口大省的覆盖，将河北卫视的优势覆盖区域由华北扩展到大华北地区。

节目推广和营销方面，也将华北和大华北地区作为重点的推广区域。目前河北卫视已在河北省11地市开展“快乐家+家”社区推广活动，活动联合当地居委会共同组织，在社区广场搭建舞台，并邀请河北知名主持人大刚亲情加盟。活动采用文艺表演、趣味游戏等方式进行。在提升河北卫视节目影响力的同时，带领企业和产品走进社区、走进百姓生活，让观众与其面对面零距离接触。本活动将进一步在北京、河南、山东等省市全面展开。

综上所述，河北卫视“快乐家庭频道”的定位准确，并已经在全国范围内具有一定的影响力。“品牌全国化、营销区域化”运营理念的提出，也为河北卫视未来几年的发展指出了明确的方向和目标，在品牌全国推广的基础上，全力加强在华北、大华北地区的营销，使河北卫视成为华北、大华北地区观众的首选，成为企业开拓华北、大华北市场的首选。

广电广告：活动“赢”销之术

厦门广播电视广告有限公司　邱万满

近年来，厦门广播电视广告有限公司经营的活动营销已经逐步开始了从产品到品牌的嬗变。“海峡西岸汽车博览会”、“电视博饼王大赛”、“107汽车超市”、“TV团购”等一大批社会影响力大、经济效益好的活动营销方式正越来越被客户和市民认同，并成为厦门广播电视广告有限公司独占性的影响力资源。

营销，经营之术；“赢”销，经营制胜之术。营销更是验证广电广告经营成败与否的试金石。近年来，针对当前媒体竞争日趋白热化的现状，厦门广播电视广告有限公司潜心磨砺，充分发展差异化竞争战略，广开广告新创收渠道。2009年，公司厚积薄发，更加着力于提升服务品质，确立了“以增加客户价值为导向，大力开展活动营销”的经营思路，深度挖掘自有媒体资源整合营销的潜力，充分发挥广播、电视媒体的传播特性，为客户提供增值回报。先后成功举办了多场涉及多个领域的主题营销活动，以良好的社会效益和经济效益获得越来越多客户和市民的高度认可。

一、城市频道硬广告面临困局，推动活动营销崛起

目前全球传统电视广告市场正面临着由繁荣转向低迷的威胁，纵观国内传统电视媒体，其收入依然主要靠广告支撑，离开了广告，连媒体本身的生存都难以为继。越来越大的创收压力和发展瓶颈，都要求媒体广告经营势必要走向多元化的道路。

就厦门来说，数字电视、付费电视等媒介资源日趋丰富，受众的注意力被高度分流，城市地面频道成为受冲击最大的媒体。不同于卫视频道随着覆盖区域的扩大和收视率的上升还有一定的广告上升空间，也不同于广播广告随着汽车的普及而复兴，地面电视频道的收视率和市场占有率一直节节下降，电视媒体的磁场效应不断减弱，多年前曾被高端客户视为广告沃土的城市频道辉煌不再。这是厦门地面频道广告经营面对的第一个困局。

第二，新的广告载体不断冲击传统的电视广告。近年来，新兴广告势力迅速崛起，楼宇电视、移动电视、网络及手机短信广告在国内外取得了巨大的商业成就。对大多数商家来说，现阶段电视广告已是“高投入、低产出”的同义词，越来越多的商家在质疑平播广告的效果。同时，目前年轻人的信息来源大多以网络为主，很少看电视，户外广告、手机广告和移动电视也越来越多的影响着受众的信息接收来源，很多的广告费用开始从所谓的主流媒体进行分流，并逐渐成为一种大趋势。

第三，电视广告面对的消费者越来越难以被说服。广告的本质决定了它不得不高度关注市场和消费者群体，但随着消费者时代的来临，消费者群体的进化日新月异，原有的强化式、灌输式及被动式的信息消费模式不再适合现代消费者群体，普通电视广告越来越难以达到预期的效果。

放眼国内的电视媒体，目前影响各个台广告创收的因素有很多，但更多的是节目本身的内容和特色，湖南台的活动营销板块如《超级女声》、《快乐女生》、《挑战麦克风》等节目一直引领全国娱乐节目的潮流并为广告创收带来巨大贡献，浙江台的《我爱记歌词》、《盖世群英会》等赛事类板块也将在一代人的成长过程中打下烙印。显而易见，这些活动营销显示出电视媒介广告创收的一个方向和趋势，那就是媒体的平播广告要和活动紧密结合，制造话题、创造话题，提高收视率，从而拉动广告创收，活动营销既是形势所迫，也是大势所趋。

二、百花齐放，广电广告活动营销异彩纷呈

居安思危，未雨绸缪历来是厦门广播电视广告有限公司的经营特色之一。早在公司成立之初的2006年，公司即开厦门媒体之先河，联合厦门各餐饮巨头，举办了第一届“厦门名菜排行榜”，以活动冠名和嵌入式广告等形式取得良好的社会效益和经济效益。此后的几年时间里，公司又相继举办了第二届“厦门名菜排行榜”、“厦门旅游形象大使选拔赛”、“海峡西岸汽车博览会票务营销”、“厦门电视博饼王大赛”、“第102届中国进出口商品交易会（广交会）开幕招待会”、“第六届海峡西岸闽南婚庆旅游文化节”等多项大型营销活动，在活动策划、执行等方面崭露头角，逐步夯实了活动营销的根基。

2009年，广电广告在充分借鉴国内一线媒体活动营销成功经验、认真总结归纳往届活动营销经验教训的基础上，确立了“活动营销带动广告营销”的思路，精心组织活动营销团队，周密部署安排，陆续成功策划组织了多个活动营销项目，初步打造了一批营销活动品牌。

“107汽车超市”便是“活动营销带动广告营销”的一个成功案例。该活动整合了广播电视媒体资源和集团品牌号召力，为汽车行业客户进行了线上和线下的全方位宣传推广，社会反响热烈，成为业界一个常态品牌车展。

“行行出状元 · 电视博饼王大赛”是充分整合厦门

广电集团旗下的优势媒体资源打造的全民博饼文化盛宴，自2005年第一届电视博饼王大赛以来，已成功举办五届。鲜明的大赛特色、丰富的环节设置、无限的商机，使每年一度的电视博饼大赛成为本地的一个文化活动品牌。

2009年8月22日晚7时，由广电集团参与协办、广告公司负责营销招商的第三届厦门观音山沙滩文化节火爆开幕，吸引了逾十万市民参与。本届沙滩文化节创新招商模式，把商业营销活动嫁接到政府高度重视并参与主办的城市推广活动，在很大程度上提升了活动的规格和层次。通过密集的前期活动预告片宣传，为冠名商带来令人满意的人气，影响范围波及社会各界。

"TV团购"也已经成为广电广告常态性品牌活动之一。"TV团购"是在厦门首家推出的全新电视营销模式，更是媒体、消费者、客商三方共赢的购物狂欢。活动以TV团购的方式，将无形的电视影响力转化为有形的市场购买力，突破传统广告营销格局；客商借媒体影响力取得直接经营收益；消费者以集中参与获得购物优惠，在三方共赢的基础上影响终端销售格局，推动媒体与企业共同谋求市场发展。

2009年广告公司还尝试了演出市场和高端奢侈品活动市场的初步介入。7月承办了建发汽车游艇启航仪式——"归来的亚兰蒂斯（ATLANTIS）"活动；8月首次涉足厦门演出市场，引入了由上海话剧艺术中心、百老汇亚洲娱乐公司联合排演的"百老汇史上最浪漫、最幽默的音乐剧作品"——《I Love You》；12月承办海悦山庄酒店圣诞PARTY。尽管这三次试水性质的活动，经营规模和收益均较低，但公司也借此收获了宝贵的经验。

不论是"107汽车超市"、"TV团购"，还是"沙滩音乐季"、"电视博饼王大赛"以及首届厦门家装建材家居展览会，可以说2009年公司举办的诸多活动都普遍受到社会各界的高度关注和参与，活动的品牌效益已见雏形，为今后的可持续性举办打下扎实的基础，以"活动营销带动广告营销"正逐渐成为公司一种新的盈利模式。

三、活动营销方兴未艾，广电广告任重道远

对于厦门市场来说，一场成功的活动营销的需要具备以下三个要素：有一定的营业额、有一定的影响力和社会关注度、有一定的客户满意度，活动具有长效机制。

首先，在活动营销中，如何提高活动的影响力和吸引力，从而吸引客户参与其中，这不但对今后的活动招商方案及活动策划水平提出了更高的要求，而且在今后相当长一段时间内，活动营销本身的策划、设计也都将是广电广告活动营销相关工作的重中之重。

如电视博饼王大赛项目，与往年相比，第五届"行行出状元·电视博饼王大赛"活动内容更贴近于市场需求，招商项目设置得更为合理，投放市场后马上受到了热烈追捧，招商过程中还出现了不止一个客户想做冠名商的可喜情况，诸多客户都主动和公司洽谈冠名事宜。

其次，如何进一步提升活动营销的影响力和社会关注度，也对今后活动的组织与实施提出了更高的要求。如第三届厦门观音山沙滩文化节的推广过程中，广告公司紧紧抓住了"厦门版海角七号"这一热门卖点大作宣传，通过短时间、高密度、大范围的宣传组合，取得了不错的宣传效果，使该活动真正达到了尽人皆知、万人空巷的参与程度。

第三，目前媒体举办的各类活动营销林林总总，但只有坚持不懈地提升参与客户的满意度，才可能使活动营销成为可以持续举办的品牌。提升客户满意度，关键在于真正贯彻服务意识，项目组织者能够站在客户角度上身体力行、出谋划策，确保活动前期策划、全程宣传、后期实施及后续服务等各个环节真正做到责任到人、落实到位、服务到心。如第三届厦门观音山沙滩文化节活动结束后，广告公司做了一个关于客户满意度的问卷调查，参与的客户普遍对该活动给与了较高的评价，同时对参加来年的博饼活动表达了合作的意向，这与广告公司用心做了大量客户合同回报外的增值服务是分不开的。

澜沧江白酒品牌整合策划案

昆明白宇现代广告有限公司总经理 倪文贵

广告主：云南澜沧江啤酒集团

实施时间：2010年

实施范围：全国

一、策划背景

经过25年的发展，澜沧江集团已经成为云南省最大的啤酒和白酒生产企业，具有强大的生产能力和良好的发展平台。澜沧江啤酒已发展成行业王者，在云南家喻户晓、深入人心；与啤酒的风光相比，白酒显得黯然失色，没有开拓出应有的大市场：品牌缺乏科学规划、产品结构混乱、品目繁多，导致消费者认知混乱，最终淹没了澜沧江白酒品牌；数十种产品不断涌现，没有一支真正具有市场竞争力。

二、策划目的

整合澜沧江白酒产品，打造新的白酒品牌，重塑品牌形象，突破市场困境，让澜沧江白酒二次腾飞！

三、市场分析

1、国内市场分析

近年来，中国白酒消费总量趋向平稳，知名品牌销售额稳步上升，大部分中小企业的市场空间被挤占，市场竞争愈演愈烈，大品牌纵横天下，区域品牌诸侯割据。浓香型白酒在市场中占统治地位，占总产销量的70%以上；清香型白酒占15%左右，兼香、酱香以及其他香型的白酒占15%左右。为增加盈利，白酒企业加快推出中高档产品步伐，整合结构、创新香型成为新的发展趋势。

2、云南市场分析

云南酒风盛行，白酒市场容量巨大，酒类消费位居全国前列。云南旅游型城市较多，外地客流量大，消费层面高，随着旅游产业的发展，其消费能力将逐渐提高，未来市场的增长不可限量。云南酒企数量虽多，但成规模的凤毛麟角。

3、云南白酒消费特征分析

白酒市场消费者呈自然分流、理性消费的特点，特别看重口感、地域、文化品牌等因素；低档酒受宠，家门酒吃香，本土小曲清香酒是主要消费酒种，约占85%的市场份额，低端光瓶酒数量及市场份额非常大。

4、市场竞争分析

云南白酒市场竞争激烈：国内知名品牌称霸高端；省内、省外品牌逐鹿中端；本土品牌统治低端；中低端市场均未出现绝对强势品牌。

地道云南、玉林泉、鹤庆乾酒和茅粮等本土白酒品牌发展迅猛，市场表现优异，纷纷涉足高端白酒市场，尤其是地道云南，在一些白酒终端，能与省外巨头分庭抗礼。

四、澜沧江白酒品牌诊断

目前，澜沧江共拥有8个白酒生产基地，能同时生产酱香、浓香、酱清香和小曲清香4种香型，是目前国内生产香型最多的白酒企业，拥有雄厚的企业实力和强大的生产平台，却没有像啤酒一样开拓出应有的大市场。

1、没有发挥自身优势，香型发展混乱

澜沧江投入巨资，建立起4种香型的生产平台，窖池数量大，技术含量高；浓香和酱香是目前中高端市场的主力香型，市场前景广阔；小曲清香是云南白酒独具

特色的香型，本土消费需求巨大；此外，澜沧江还开创了国内独一无二的香型——酱清香，口味清头酱尾，兼具清香和浓香特点，极具市场潜力。

4种香型，每种都有庞大的市场需求，澜沧江却没有充分利用自身优势，做好香型发展规划，针对不同消费群体推出主力产品。而是一个时期集中力量做一种香型，忽视其他香型，一种香型起来了，另一种香型倒下去，交替偏废，没有一个香型真正强大。

2、杂乱的产品线淹没了澜沧江白酒品牌

白酒产品线已经困扰了澜沧江25年：没有以市场和消费需求为中心，产品缺乏科学规划，随意性比较强，想到了一个好名称，就马上推出一款产品，用一个新名称和一种新包装维持一款产品，产品表现不佳，最后死掉，又换新名称和新包装，用新产品杀死老产品！先后推出近百种白酒，但品牌后续维护乏力，产品短命，结构严重混乱。

近百种产品，消耗了大量人力、财力和物力，非但没有提升品牌形象、开拓出大市场，反而压倒、淹没了澜沧江品牌，最终失去市场，没有一支白酒真正具有竞争力，省内其他品牌后来居上，逐步蚕食终端市场。

澜沧江几乎被杂乱的产品线所拖垮，澜沧江饱尝白酒产品之痛！

3、销售机制不健全，重啤酒，轻白酒

长期以来，澜沧江一直没有理顺白酒和啤酒的关系，把主要精力放在啤酒上，白酒由啤酒团队附带销售，啤酒的品牌形象和市场销量都比白酒更好，在利益驱动下，销售人员只愿意销售啤酒，白酒俨然成了澜沧江的私生子，依附在啤酒之下，名不正言不顺，终端孱弱，产品积压，难有出头之日！

4、严重后果

云南老窖没有影响力，小白和农家乐市场萎缩，荞老爷滞销……消费者不买账！经销商不买账！市场不买账！

澜沧江拥有一流的白酒生产平台，一流的产品品质，却只有三、四流的市场！澜沧江内忧外患，四面楚歌！

5、核心问题总结

杂乱的产品线严重伤害了澜沧江的机体，成为白酒发展的拦路虎，澜沧江经脉不通、内伤严重，身体健康每况愈下！

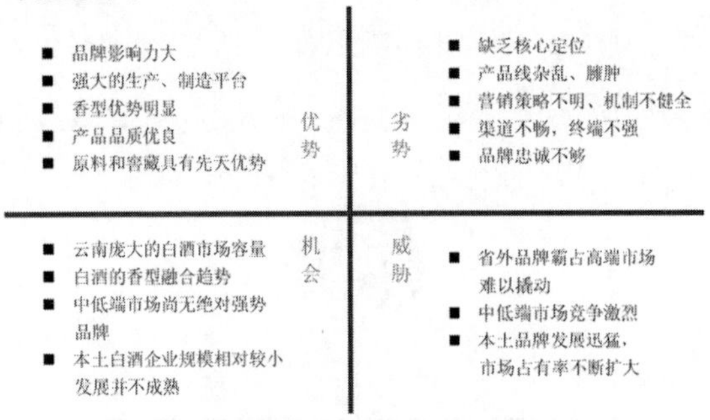

澜沧江白酒SWOT分析

五、解决方案

白宇认为：品牌整合，迫在眉睫！

痛则不通，通则不痛！

要想获得新生，必须马上动大手术！从产品结构入手，对白酒品牌进行全面整合，砍去负担、打通经脉，为澜沧江注入发展动力，重振雄风。

（一）产品结构整合

整合目的：通过优化产品结构、最大化输出“澜沧江”概念、利用澜沧江的影响力，实现澜沧江品牌完整占位，让白酒二次腾飞！

整合方法：精兵简政，有舍有得，合力打造一个品牌，集中火力，攻打市场！

1、以澜沧江作为白酒主品牌

亲手拆毁白酒25年的产品堆砌，停止所有不具备竞争优势的产品，用澜沧江作为白酒主品牌，统帅系列产品，把阿秀、小二哥、荞老爷等变成一个澜沧江，统一的名称，统一的LOGO，清晰发展主线，形成强大的品牌合力，打造极具竞争力的白酒产品。

为什么要用“澜沧江”作为白酒名称？

一条世界闻名的大江，25年的啤酒品牌积淀，强大的文化联想力，独一无二的、民族的、世界的！澜沧江是我们取之不尽的资源，是真正的杀手锏！用“澜沧江”作为白酒名称，可以借助啤酒品牌的传播力和告知

力，迅速带动白酒品牌。

2、以工艺（香型）确定系列产品

香型是澜沧江独一无二的优势，怀抱金砖，就应该发挥最大效用，用“澜沧江”品牌整合4种香型，推出4个系列产品，针对不同消费群体，把生产优势转化为市场优势。

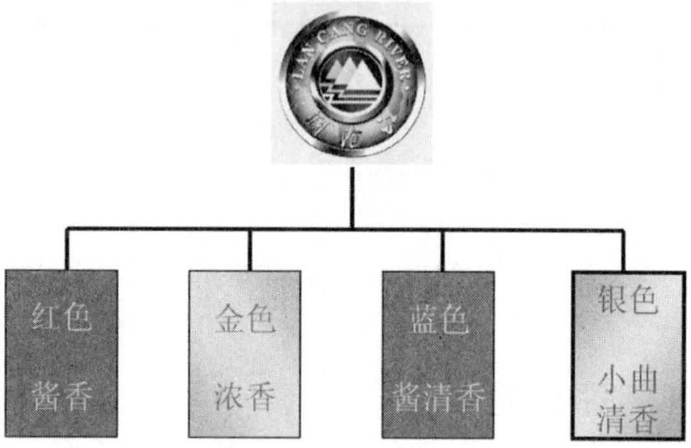

用不同色系区分4种香型

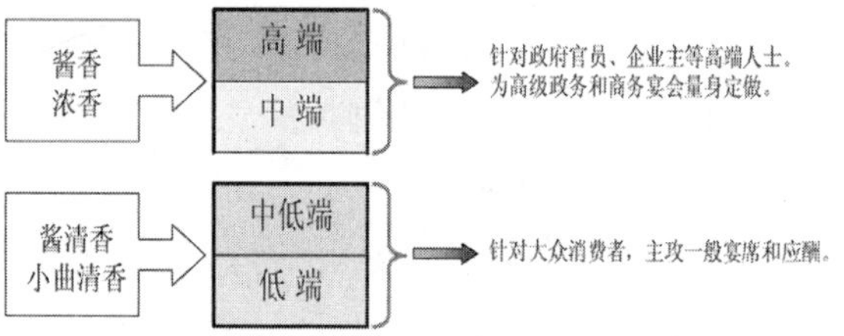

4种香型统一使用澜沧江名称和LOGO，

每种香型独具特色，各有偏重，攻打不同市场。

3、采用不同包装形式细分系列产品

根据各档次产品消费需求特点，确定风格和调性：

中高端：采用山作为表现元素，沉稳、豪迈、霸气；

中低端：采用江水作为表现元素，柔美、轻盈、飘逸。

包装设计：

酱香型——红色为主、黑色为辅，采用高档陶瓷材料，瓶型方正，突出传统文化内涵；

浓香型——金色为主、红色为辅，采用高档水晶材料，瓶型圆润，突出产品现代感和国际性；

酱清香型——蓝色为主、白色为辅，采用白料，创新的异形瓶型，时尚、与众不同；

小曲清香型——银色系，采用玻璃材料，瓶型纤巧，突出产品亲和力。

每种香型使用统一瓶型和统一的设计风格，不同档次产品，使用不同等级材料和工艺加以区分，整体统一又各具特色。

价格策略：

定价略高于同档次白酒，留足弹性，不同区域市场实行统一位价，开瓶费计入定价成本中。

4、整合不能一刀切，已经具有市场知名度、建立了根据地的产品，应当保留番号，继续扶植

“云南老窖”是澜沧江之前推出的高端产品，被誉为滇酒至尊，成功入选云南省公务接待用酒。应当更改包装设计，提升形象，全力做好接待用酒，巩固高端形象，待澜沧江白酒品牌真正建立起来，再将云南老窖推出市场，势必一骑绝尘。

“小白”面世多年，已经深入人心，继续强化“亲爱的小白”概念，推出新包装，继续攻打市场，把小白打造成为本土大众消费的首选酒。

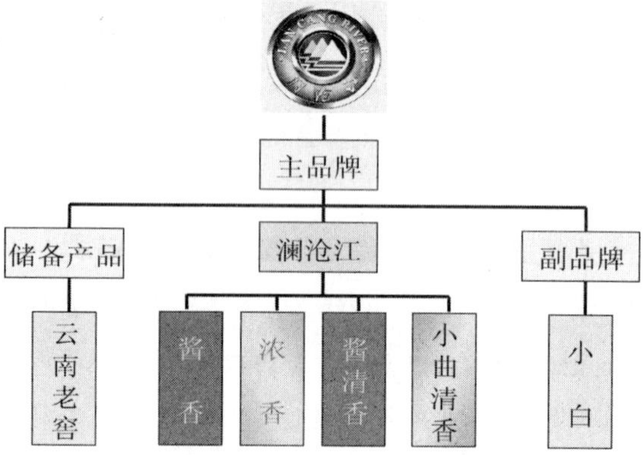

澜沧江白酒产品完整架构

（二）推进企业结构整合，为白酒发展保驾护航

白酒要想跨越发展，必须摆脱啤酒附庸的地位！

成立专门的白酒公司，白酒从研发、生产到销售均由专业团队负责，独立的生产团队，独立的营销队伍，独立的渠道，把白酒与啤酒彻底剥离。

建立白酒营销激励机制，按香型成立4个事业部、实行目标和奖励制度，调动销售队伍积极性，打破白酒

营销困局，让白酒与啤酒齐头并进，形成品牌互动力，开拓出应有的大市场！

六、前景展望

打通经脉，标本兼治，澜沧江白酒摆脱病痛，重获健康；全新的白酒团队，无可替代的“澜沧江”品牌，完整、合理的产品结构，一定会为白酒插上腾飞的翅膀，让澜沧江白酒实现跨越发展，成为云南白酒市场的真正王者！

变局时代的都市报经营突围

大河报广告中心副主任　徐云峰

在网络、户外、楼宇电视等新技术媒体高速增长的背景下，没有谁再会怀疑消费需求与受众碎片化时代、乃至都市报发展“拐点”的提前到来，尽管我们都还没有从高速增长的喜悦里会过神来。面对未来，我们似乎感受到更多的是竞争的硝烟与增长的困惑。都市报遭遇“透明的天花板”的增长压力，也表明高增长时代彻底结束。

一、多元变局时代，都市报“有限”风光到险峰

上世纪九十年代中期以来，都市报引领报业走向市场，辉煌十余载，创造了一个又一个经营历史记录，如今在媒体变局时代，则面临了愈来愈多的困境！

1、体制困境，都市报说不出的痛

都市报当年的崛起神话，今天回头看，主要来源于战略层面宽松的体制机制环境和战术层面灵活的经营理念与手段。各都市报创刊时，大多实行全员聘任制，公开选贤任能，给予充分的人、财、物权力，中层以下干部自己说了算，广告发行自主经营，完全市场化运作，自己的经营决策权得到充分尊重，很多报纸，包括《华西都市报》、《大河报》都是这样。相对原来铁板一块的党报管理机制，第一代都市报当时的环境无疑是历史性飞跃。

然而时隔10余年之后，第一代都市报飞速发展所产生的经济成就，在大多数地区并没有为之带来更为开放的环境。相反，而是在集团化的管理模式下束缚的“婆婆”更多，话语权与决策权被压缩，财权人事权进一步收紧，为报纸的经营发展做出过卓越贡献的优秀采编经营人才包括高层管理人员，很少能被集团决策管理层面重用，人才成长与交流的窗口被堵塞，进而造成报社内部权力分配交错复杂，部门利益条块分割，外部激励与内部创新不足，广告经营模式单一，收入结构风险加大，报社整体利益与未来发展战略被无奈地忽略，类似的现象在北京、南京、杭州、上海、济南、成都、郑州等一、二线城市，都能找到影子。

分析到这里，我们就能够对当前都市报所面临的困境与发展的拐点，有了一个全新的、更为清晰的认识。中国都市类报纸进入新一轮发展周期，同时也折射出大多数10余年发展之后的都市类报纸所共同面临的问题：新的经济增长点需要挖掘与培育，原有的赢利模式有待进一步调整，更为重要的是运行机制需要进一步创新。

2、传媒多元化困境，都市报地位受到挑战

2005年以来，新媒体新技术风云四起，门户网站及相关专业网站的运营机构，快速实现全国及行业布局；液晶电视、户外广告，异军突起快速崛起；各地手机报强势扩张，历史性地创造了一个又一个百万媒体！手机

短信、DM 杂志，也在分流传统媒体广告市场份额。

以互联网的发展为例，中国互联网协会的《Netguide2010 中国互联网调查报告》显示，2009 年中国网民已达到3.8亿，预计2010年内中国网民将达至突破 4 亿，超越美国跃升为全球最大的互联网人口国家。

根据 iResearch 艾瑞咨询最新出版的《2008 年中国手机网民手机上网行为研究报告》数据显示，2007年中国手机网民规模达到9200万人，比2006年增加4500万人，同比增长95.7%。艾瑞咨询预计，至2011年中国手机网民规模将达到3.6亿。而与此相对应的是，2005年以来报业广告发展速度放缓，年度增长速度分别为5%、6.55% 、9.86%和8.6%，连续4年低于全国GDP增速，各地都市报增势减缓增量困难。在媒体影响力方面，网络快速增长，广播强势崛起，电视继续上扬，分众传媒为代表的新媒体机构上市更是把新媒体的资源优势挖掘达到及至。

2005年-2011年中国网民规模及增长率

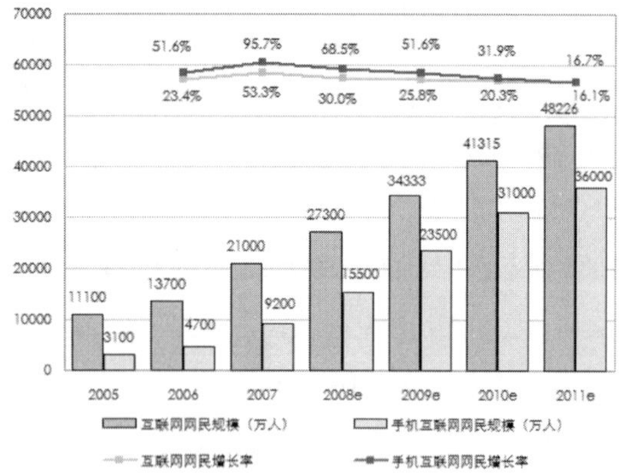

注：互联网网民包括传统互联网网民及手机互联网网民

3 、广告行业结构性矛盾因素

2008 年以来，金融危机风波冲击，加剧了全国报业广告的行业结构性变化步伐。房地产广告在2007年达到顶点后，开始出现较大幅度下滑，行业比重连年下降。

这也是中国报业广告市场第三轮行业结构性变化的开始，上世纪 90 年代中后期以来，家电、健康、地产三大主要行业门类，接连在5年左右的时间里，作为主导行业占有 30% 左右的比重。

目前，房地产广告比重下滑，已是大势所趋，与以往不同的是，除去房地产之外，很难再有一个行业占有 30% 左右广告市场份额，报纸广告行业“碎片化特征”日益凸显，包括大河报等主要区域性强势都市类媒体也不例外。

4 、宏观经济环境因素

2008 年以来，世界经济增长中的不稳定因素增多，金融市场持续动荡，金融危机波及效应凸显，全球通胀压力增大，欧美经济恢复乏力，中国经济增长遭遇的外部环境日益恶劣，耐用消费品市场低迷，固定资产与基建投资过热，内需拉动不足，作为经济发展晴雨表的报业广告经营，难以独善其身。

可以说，都市报遭遇了诞生以来最大的外部环境竞争压力，正可谓“都市报有限风光到险峰”。

二、创新中颠覆，都市报战略突围

商机稍纵即逝，体制机制创新，则是高端决策层谋之。但是作为一线经营管理者，挖潜上量、创新经营是永恒的主题。我们别无选择，即便不能增长，我们也力求保持不至于大幅下降。

1 、强化品牌战略，提升媒体竞争力

面对激烈的市场竞争和挑战，大河报作为本地区市场领导者和 2 / 3 以上市场拥有者，并没有盲目跟风进行价格战，而是通过经营创新，实施品牌战略，提升自身的影响力应对挑战。2005 年以来郑州报业竞争的发展状况表明，价格战并不是提升市场竞争力的有效手段，而品牌和影响力才是市场竞争的根本。

2002年以来，大河报开始了品牌化发展之路，先后组建大河传媒资讯策划公司、大河大图文出版公司，创办大河文摘报、大河健康报等系列报刊，进而组建健康、地产、教育、旅游、家电、财富、汽车、商业卖场等行业专刊工作室与编辑部，策划组织了中原住交会、郑州国际车展、中部企业领袖年会、金融博览会等一系列大型行业经营性活动，仅中部企业领袖年会、中原住交会两项活动，年度创收就超过两千万元！

大河文摘报创刊5周年，发行突破30万份，突破都市报发行亏本模式，不仅发行挣钱，而且限量发布广告收益也不错，在业内已经产生很大影响力，是大河报错位经营、细分报纸市场的巨大成功尝试。大河传媒策划公司作为大河报参与市场竞争、服务与活动策划经营的市场主体，5年来为大河报累计创收近2000万元，大河健康报2008年独立推向市场发展势头良好，大河大图文出版公司利用报纸版面资源，出版的系列图书取得了良好的社会效益与经济效益。

大河报上述所有品牌化运营与多元化发展的措施，不仅在战略上有效避开了媒体同业竞争价格战，而且创造了巨大的经济效益，而大河报近年来持续的经营增长，在很大程度上得意于大河报品牌战略的成功实施。

2、狠抓活动营销，以点带面促进经营

在报业市场竞争日趋激烈的背景下，消费者（读者和广告主）成了报纸关注的焦点，报刊4P营销组合正在发生着变化，逐步被以消费者为中心的4C营销组合理论所替代。作为报刊业必须适应这种转变，改变原来的"要读者看生产出的报刊"为"生产读者需要的报刊"。围绕消费者（读者和广告主）做文章，就需要站在报纸整体经营的战略高度，抓着主流行业，以行业性活动带动经营，同时服务消费者（读者和广告主）。这样对于传统都市报而言，可谓是占尽天时地利人和。

都市报进行活动营销有其非常好的便利条件，首先是影响力优势，其次是资源积累优势，一方面企业有众多的营销活动，它们有和报刊合作的巨大愿望，另一方面报刊可以利用自身的宣传优势，有效整合企业的营销宣传活动，既为企业宣传构建平台，也提升了报刊的影响力和品牌价值。

2002年以来，《大河报》推出了众多行业性活动，其中在中原地区具有较大影响力的年度行业性活动有：中原住交会、大河车展、年度高招咨询会、中部企业领袖年会、金融理财博览会等等，这些活动不仅有效提升了大河报的影响力和品牌价值，而且实现了很好的经济效益。比如，2007年6月的"第七届中原住交会"，参展企业达300多家，有效参观人数18万人次，意向成交商品房4000余套，意向成交金额超过10亿元，为报社实现直接和间接经营收入约1500万元，可谓经济效益、社会效益双丰收。在全国报业增量艰难的背景下，大河报成功的活动运营，努力促进了主流广告行业的稳步增长。

3、精耕细作，挖潜上量促增长

消费需求以及受众市场的碎片化，必将带来广告行业市场的碎片化。10余年来，家电、医疗健康、房地产分别作为主导广告行业，各领风骚三五年，但我相信，房地产之后，很难再有一个行业占1／3总收入比重的情况。这一点，作为从业10余年的报业广告人，我有充分的思想准备。

大河报的信息类广告经营（包括分类广告和格式化专栏），就是从一行一行的分类信息做起，由中逢到版面、由半版到四、五个版；由一两个专栏到20余个专栏，有填充版面到服务读者辅助经营，由周末发布到全天分类别发布，由一个经营门面到7、8个营业部，由年收入几十万元到六、七千万元，已成为大河报广告经营不可分割的重要经营板块。

2005年以来，在商业竞争与业态发展日益趋向专业化卖场连锁经营的背景下，大河报着眼于培育市场、服务读者，创办以卖场促销信息为主的《大河卖场》广告资讯专刊，以低于正常实收价格50%的低价位切入市场，迅速实现集纳式信息专刊，超过81%的广告占版率，扩版最多时广告高达60多个版！创刊3年多来，年收入近2000万元，已经形成了专业化卖场连锁客户的固定投放习惯，也培育了一个新兴广告行业的快速崛起！另外，也把竞争对手的低价以及政策灵活优势彻底打压下去，市场份额迅速达到60%以上，以广告信息专刊牵制了竞争媒体的正报政策，基本达到我们的预期战略目的。

因此，领先一步挖掘潜力市场，"不以量小而不为"，精耕细作，培育新的经济增长点，就显得尤为重要。

4、数字时代有所作为，蓝海突围冲破困局

横向来看，在全国各地主要中心城市，一两家强势

报纸，占据了广告市场的2/3以上的份额，几乎在所有的主要广告行业，都占据主导地位，面对“透明的天花板”，可以增长的空间十分有限，即便是创新经营模式，也仅仅是锦上添花，或者是弥补与遏制下滑，尤其是当前宏观形势下更为明显。

2005年以来，一个全新的名词出现在中国公众的视野中——“蓝海战略”。这是钱金和莫勃涅两位美国学者，针对当代企业经营提出的具有突破意义的战略构想。“蓝海战略”之所以能在全球企业界引起如此大的反响，是因为在这套构想中包含了两点极为诱人的许诺：其一是，企业可以通过对“蓝海”的发现，彻底摆脱在“红海”里令人痛苦的“竞争”；其二是，企业可以通过从“红海”进入“蓝海”，低成本地确保优势。

对于报业经营而言，突破当前经营困局的蓝海战略是什么呢？

纵向而言，就是向报纸广告主导行业以外的传媒客户队伍里找市场与机会，比如电视广告里，快速消费品，包括牛奶、饮用水、方便面、洋快餐等、以及洗涤用品、奢侈品等，在电视动辄几千万甚至上亿，却很少在报纸上刊登广告，出了负面事件，却把报纸与电视一视同仁地去攻关。我们如何去挖掘这些“大户”？我们如何去创造需求？如何去寻找报纸与他们广告营销策略的结合点？对于当前的报纸而言，是一个系统工程：不仅仅需要新闻内容与新闻资源的配合，还需要深入的市场研究、客观的数据分析、对路的广告营销策略，以及对应的客户服务开发团队等。

横向而言，数字时代来临毋庸置疑，奥运广告冲击，让很多也内人士大跌眼睛，预期的广告增量不仅没有，不但奥运新闻报道报纸进一步被边缘化，而且大幅拉低了报纸广告。面对来势汹汹的新媒体，报纸怎么办？

目前还没有成熟的经营模式供参阅，但报纸不能坐以待毙。国内很多都市报，都在进行数字化经营的探索，比如，建立同步配套的一对一网站，建立电子周刊、推出网上阅读电子报，经营性活动报网互动，但有一点是共同点：立足网络服务主报，短期内借助网络提升报纸竞争力与服务水平，在报网互动中培育网络核心竞争力，逐步寻找切实可行的赢利模式，培育数字化时代的“新的经营增长点”，这也是报纸经营当前突破困局进军蓝海的必要路径。

临渊慕鱼，不如退而结网。突破困局，进军蓝海，是当前都市报的必然选择。

亮剑高速：让品牌从区域一隅迈步国际
——志光办公家具品牌传播纪实

广西综路传媒有限公司

广告主：广西志光办公家具有限公司

广告代理：广西综路传媒有限公司

一、需要一个突破式的解决方案

历经十年历炼，广西志光办公家具有限公司（以下简称志光办公家具）发展成为占地28000多平方米，员工近800人，专业生产会议桌、大班桌、大班椅、职员桌、办公屏风、办公椅、办公沙发及礼堂椅等系列办公家具的综合型企业。

作为广西柳州的知名家具企业，通过在专业设计、产品质量、渠道建设及服务水平等的重视，志光办公家具以领跑者的发展姿态，经多年的市场深耕拓展，其市场份额已稳居广西办公家具行业的主导地位。在稳扎广西的基础上，志光办公家具还在象州石龙投资1.5亿元打造一个15万平方米的生产基地，为辐射全国市场提供了产品保障。

回顾2004年，首届中国—东盟博览会在南宁举行，巨大利好，使国内外众多强势办公家具品牌涌入广西市场，竞争形势突变。而志光办公家具的迅速壮大，也使其具备了走出柳州、进军南宁这一“广西及东盟办公家具战略级市场”的资本与实力。然而，问题也就在这时出现了，攻城不久就遇到了市场的“水土不服”，整个营销局面很难打开。

同样的产品、同样的服务、更高效的渠道、更贵的租金，更大的市场，志光办公家具为何到了南宁怎么就困境重重呢？这是一个典型的从区域一隅品牌向全区品牌突围的难题。解决好了，可以驰骋八桂，扬名中国；解决不好，将只能偏安一隅，结局要么是被大品牌收购，要么是被市场淘汰。战略课题，如何化解？我们需要一个突破式的营销传播解决方案！

二、扫描办公家具市场

如何突围？这的确是一个棘手的难题。看着手上不多的志光办公家具资料，我们尽可能的寻找到更多有关家具及办公家具的资料，加以恶补。

《中国建材网》的一组数据，让我们对家具行业现状有了较深的认识：

1、2004年，我国家具企业有五万多家和500多万从业人员，居世家之首。

2、2004年全行业产值达到2730亿元，行业每年产值增长速度超过15%，远高于国民生产总值7%的增长率。

3、2004年我国家具出口额已经突破了100亿美元，达到103.53亿美元，同比增长39.3%，出口量跃居世界首位。

4、2004年，办公家具占整体家具30%左右，2004年办公家具产值约为819亿元。

5、办公家具行业将持续以每年15%以上的速度增长。

6、环保意识加强，ISO14001在国内企业逐步普及。

这让我们意识到：

一是我国家具以及办公家具行业正处于一个快速成长阶段，市场需求量非常大，但品牌集中度较低，还没有实质意义上的“领导者”，尤其是像广西这样的区域市场，这一现象尤为突出，广西的办公家具市场存在着巨大机遇。二是办公家具行业的品牌建设及环保意识增强，未来办公家具行业必将是以品牌价值和绿色环保为主导的发展脉络。三是出口成为国内办公家具企业提升品牌竞争力、突破区域限制，走上国际市场的重要之路。而在中国—东盟博览会将在南宁长久举办的巨大利好形势下，这为广西的办公家具企业立足本土、出口国际创造了极为有利的条件。

广西办公家具市场存在的巨大机遇，这给志光办公家具从柳州一隅品牌向全区品牌的突破，创造了极大的可能及市场基础。机不可失，时不我待。加紧战略布局，正当其时。

三、找到品牌全区突围的“核攻”平台

在营销实质上等于传播的今天，要使区域一隅的品牌实现向全区品牌的突围，选择适宜的传播策略与优质的媒体平台，极为关键。这就好比利箭配强弓，才能发挥最强的攻击力。

我们重新审视了志光办公家具以往的广告策略，其较为突出的特点是：

1、小：广告投入的量较小，如有宣传单页、墙贴广告等，较小的投入及较低水平的媒介资源，广告极容易淹没在其他竞争品牌强势的声音中。

2、散：广告投放比较分散，集中度不够。如报纸、电视、宣传单页等都有投放，但持续性不久，多为配合某一个战术需要而投放。分散型的广告策略，极大削弱了志光办公家具广告的出击力度，使其品牌形象因缺乏整合推广及持久性传播，没有在桂中的外围市场很好的树立起来。

3、乱：正如前项所述，志光办公家具的广告多为

配合某一战术而投放，品牌传播没有从整体布局落棋，其广告表现给人印象缺乏较为清晰的脉络与章法。

那么，如何改变这一现状，找准契合志光办公家具品牌全区突围的“核武级”媒介平台呢?

在对比分析了广西区主流报媒、电视等媒介资源的优劣后，我们重点向志光办公家具推荐广西高速公路户外广告网络平台。我们认为在“树立品牌形象、推助品牌全区突围”方面，这一媒介平台更具优势：

优势1：形象大气、效果突出。高速公路的户外高杆，以其高架式、大牌面的特质，给人以形象大气的视觉效果，是企业树立品牌形象和良好信誉的极佳载体。

优势2：精准出击，网络辐射。当年广西高速公路已纵横八桂大地1500多公里，连通广西12个地级市和90%的县域城市，是我国西南及东盟极其重要的交通枢纽。同时，高速公路是通往各城市的入口通道，各路段的户外广告资源具有精准的定向传播优势。精准出击、网络辐射的特点，十分契合志光办公家具品牌从区域一隅向全区突破的需要。

优势3：高效对话目标客群。高速公路作为最便捷的城际交通，是政府高级官员、企业CEO、高层企管、营销精英及旅游人士等人群进行城际出行的首选通道，年总客流量超过4200万人次。据调研显示：这部分人群，每月出行高速公路多达4–6次，这一平台汇聚了正是对办公家具的采购具有决定权或影响采购决策的群体。志光办公家具品牌面向这一类人群传播，广告具有“找对人说对话”的优势，是实现精准传播的极好体现。

优势4：长效曝光，持久影响。高速公路户外广告资源，具有24小时长效传播的特点，品牌曝光率高，持久性强，可以高效将品牌优势深度渗透到目标客群心智中，形成良好的品牌记忆和消费偏好。

优势5：快速提升品牌价值。物以类聚，品牌如斯。与强者站在同一平台，其形象也会高大。高速公路户外广告平台，长期以来上的都是中国500强、广西50强的企业与品牌的形象广告。志光办公家具将品牌广告在这一平台投放，其与高端品牌站在同一平台展示力量，对树立其强势的品牌形象，提高品牌价值与影响力，具有事半功倍的效力。

综上所述，我们建议志光办公家具展开品牌全区突围广告运动战，应以广西高速公路户外广告网络为主攻平台。这一媒介平台的集大成优势，将是志光办公家具突破品牌区域局限，实现一战而胜的“核攻”平台。

四、亮剑高速：品牌破局　势如长虹

找到品牌突围的“核攻”平台后，为使志光办公家具品牌广告达到“小投入、大效果”的目的，我们按“垂直打击、增点布局、全线突破”的思路，展开了有针对、有节奏的品牌传播运动，与志光办公家具同心同策，长期合作，共同谱写了品牌全区突围的胜势凯歌。

（一）2004年：占领重点　垂直打击

针对志光办公家具初试广西高速公路户外广告平台，依据其广告费用预算，我们建议采取“占领重点、垂直打击”的战法，分别以战略基地“柳州”和战略新市场“南宁”为进攻阵地。同时，选择具有“城市之窗”的柳南高速南宁三岸立交、柳州静兰立交两处重点枢纽的高杆投放品牌形象广告。

同时，打出“办公家具专家”的品牌定位以及“绿色环保办公家具”的品牌主张，广告诉求清晰、简洁大方、形象大气。这一广告表现，后来坚持沿用，持久统一的传播，很好地强化了志光作为“办公家具专家”这一品牌定位，并得到市场的高度认同。

通过采取“占领重点、垂直打击”的攻略，并经一年时间的长效传播，志光办公家具在两大战略级市场南宁与柳州，其品牌认知度及认可度急速提升，营销局面形势大好。战略市场的品牌突围行动，初见破局之势。

（二）2005—2009年：逐年增点攻略　全区强势突围

经过对南宁、柳州两大重点市场长效的垂直攻势，志光办公家具品牌名扬桂中及桂南地区，品牌价值与影响力与日俱增。

2005年，环北部湾经济圈形成合作共识。北海、钦州、防城港等沿海城市的经济发展风生水起。巨大商机，吸引了众多大型知名企业竞相进驻与抢登北部湾板块。一大批企业的聚集效应，给办公家具企业带来了巨大市场利好。作为广西本土品牌——志光办公家具当然不能错过这样的市场机遇，挥师北部湾成为其重要的发展战略。

品牌传播运动与时俱进。经过双方的深入沟通，志光办公家具及时抢占了南北高速核心交通枢纽——钦州卜家立交前方的黄屋屯服务区高杆，增点投放品牌形象广告。该点是首府南宁通往钦州、防城港、北海等城市的必经之处，具有"一杆辐射三地"的传播效果，广告具有十分重要的传播价值。

与此同时，作为国际旅游城市、接壤湖南的桂林，其办公家具市场发展形势喜人，前景看好。志光办公家具在这一市场拓展，营销战绩也佳报频传。在桂林市场尽快树立志光办公家具的"绿色环保"品牌名片，对抢占整个桂北地区办公家具市场的主导地位，具有重大意义。

于是，在双方通力合作下，志光办公家具很快实现在通往桂北的门户形象通道——桂林僚田立交处再增一杆投放品牌形象广告。一年连增两杆，且均是直击广西重要的新兴战略市场，加上先前在南宁、柳州的布点，"志光"在广西办公家具市场的知名度和影响力，实现了一个新高度的飞跃。

志光办公家具的品牌也正是从这一年，开始在全区实现全线突围。由于借势得好，广告投放切中时利，发挥出了巨大的核能裂变效应——其品牌不仅在广西名声大震，更成功打入东盟及美国等国外市场，"志光"品牌开始名扬海外……

2007年，中国—东盟博览会成功举办四届，环北部湾经济圈升级为泛北部湾经济圈，这使得南宁的区域性国际城市地位日益突出。

随着越来越多的国内及东盟客商前来南宁考察与投资，作为广西首府的国际形象窗口——南宁吴圩国际机场的客流量快速提升。2007年旅客吞吐量超过700万人次，加上陪同人群，总客流量超过1000万人次。且这部分人群绝大多数享有社会的"话语权"优势，正是办公家具品牌最需强化营销的目标人群。

在媒介方案的推动下，志光办公家具再次抢步一先，占据机场高速公路枢纽吴圩立交的高杆资源，进一步强化品牌形象广告的投放……

2008—2009年，广西节庆盛会精彩纷呈，如第五届、第六届中国—东盟博览会、中国—东盟商务投资峰会、广西壮族自治区成立50周年、第十届、第十一届南宁国际民歌艺术节、泛北部湾经济合作论坛等相继举行，精英汇集，风云际会，广西成为国内及东盟大型企业决策层人群考察与投资的热点区域。

作为城际交通枢纽网络，广西高速公路时年的客流量突破8000万人次，庞大的客流量，汇聚了巨大的视觉财富力量。志光办公家具历时五年，通过"逐年增点、稳打稳扎、步步为营"的品牌传播战略布局，此时赢得了最佳的品牌聚焦效应，品牌认知度、品牌美誉度及品牌价值飞速提升，市场销售进入"大跃进"时期，品牌实现了全区的强势突围，且突围之势，气贯长虹，令人振奋。

五、2010，再下一城

2009年12月11日，百色隆重举行纪念邓小平百色起义80周年盛大庆典，国家高官及广西各级领导受邀出席。

2009年12月28日，坛洛至百色高速公路建成通车，架起南宁与百色的财富大通道。

2010年1月1日，中国—东盟自由贸易区建成，一个覆盖19亿人口，经济规模达6万亿美元的巨大经济体，将成为世界第三大自由贸易区……

巨大利好，让百色这座处于桂、云、贵三省边界的老区城市，以其亚洲铝业第二大基地、西南出海大通道、广西旅游资源重点区域等优势，散发出极大的商业魅力。商机就是财富，领先成就未来。双方又一次携手合作，再下一城。

为使广告首战即有出彩表现，我们为志光办公家具量身打造了极具特色的媒介资源——坛百高速百色收费站亭顶灯箱广告。这一媒体资源以"扼守关卡、一字排开、阵容强大、晚间灯光绚丽"等优点，广告具有极高的关注度与到达率，传播效果十分显著。

事实证明，志光办公家具品牌广告投放一段时间后，其品牌形象和知名度在百色与桂西地区以及西南省区的市场上迅速提升，对增强其在当地高端办公家具品牌身份的认同，拉动销售，起到了很好地推动作用。

六、突破：从区域一偶迈步国际

经过2009年的金融危机，办公家具行业销售出现严重下滑，大部分厂家的产品库存积压大，经营面临严重困境。志光办公家具在2009年的表现却是不降反升，较2008年产销均增长20%。作为一个从区域一隅起步到发展至销售过亿的办公家具企业，"志光"的发展水平实现了完美的华丽升级。

而其中，坚持在优质户外媒体平台长达六年多的品牌传播，功勋卓越。2004—2010年，分公司遍及南宁、柳州、桂林、玉林、钦州、河池等地，构筑了覆盖全区大中城市的营销网络，销售额从2000多万元跃升至上亿元。产品除畅销广西各大中城市外，更远销美国等海外市场。品牌荣获"广西著名商标"等行业标杆荣誉。志光打造的"办公家具专家"、"绿色环保办公家具"的形象定位，得到市场的高度认同。"志光"成功实现从区域一隅向全区的战略突围，且更迈步国际市场。

我们倾力打造的志光办公家具品牌户外传播工程，不仅得到客户的认同，在办公家具行业内也树立了一条品牌破局的榜样之路，广西及国内一大批家具及办公家具企业成为我们的合作伙伴。

传奇，还在继续……

中国移动12580体验式广告传播案例

巴士在线

实施时间：2009年1月——2009年11月

实施范围：CCTV移动传媒全国公交移动电视传播网络

策略核心：

1、突破常规广告难于实现"受众对12580产品的深度认知并激发其使用"的传播局限。

2、通过体验式的软性传播手段，依托CCTV移动传媒平台实现12580广告信息从浅表传播进入深度传播。

3、通过软硬结合与广告信息的系统推进，不断强化传播效果，使12580的产品功能与利益深入人心。

背景：

（一）12580的传播困局

中国移动12580经过多年广告传播，其知名度已经很高。但鉴于常规15-30秒电视广告以及普通平面广告存在承载信息量小、关注度低、信赖度低的局限，使广大消费者对12580品牌与产品的认知一直停留于"知道"的阶段，还未能激发消费者对12580业务形成广泛的使用并形成固定的消费习惯。12580广告传播亟待找到全新的传播形式与媒介载体实现传播从"浅层次"向"深层次"的过度。

（二）CCTV移动传媒

CCTV移动传媒是国家广电总局批准由中央电视台与巴士在线合作通过宽带技术，唯一在全国范围开展移动媒体业务的媒体机构。CCTV移动传媒独有的媒体特征与优势使其成为最适合进行深度传播的媒体，其符合12580广告传播的媒体特征如下：

1、秉承中央电视台权威公信的品牌价值——增强信赖度

2、覆盖中国城市庞大的公交人群——符合 12580 目标受众

3、长时间、密闭空间及强制收视的媒体接触——实现大量信息深度沟通

4、超越常规、灵活丰富的媒体合作方式——为 12580 量身定制广告内容

解决方案：

策略方向

1、软性 VS 硬广

将 12580 的传播定位从硬广告转变为带有客观、真实、可信调性的软性传播。

12580 软性传播的方向有两个：一个是选择适合 12580 传播的媒体节目进行软性植入，另一个是进行 12580 软性专题内容的定制。

2、体验式 VS 说教式

将广告的视角从广告主本位转向消费者本位，利用消费者亲身体验与现身说法增强广告信息的真实性与可信性，从而去影响和感召广大受众接受广告信息并引发尝试。

3、长时间专题 VS 短时间广告

利用公交受众乘车时间长以及密闭空间强制收视的公交移动媒体特征，采用时长 2 分钟的专题形式将 12580 产品的功能与消费者利益充分展示。同时利用 CCTV 移动传媒轮播模式，将专题内容对消费者心智进行反复轰炸，实现与受众深度沟通并强化传播效果。

4、软硬结合 VS 纯硬广

在 12580 软性植入栏中加入 12580 贴片广告。在 12580 定制广告专题中巧妙融入 12580 硬广告。从而实现软硬广告的相互配合相辅相成。

5、传播的系统化与不断深入

配合 12580 营销方向与策略的变化，一方面将 12580 软性专题以"12580 移动直通车"的名称以栏目的形式稳定下来，巩固受众收视习惯与消费习惯。同时与时俱进不断更新丰富 12580 专题的内容与表现形式，强有力、有延续性地配合 12580 营销活动，不断以新的内容与表现形式刺激消费者关注并尝试 12580 产品。

方案执行

（一）执行方式

1、选择 CCTV 移动传媒《祝福直通车》栏目进行 12580 软性植入与广告贴片。

2、CCTV 移动传媒为 12580 拍摄制作定制化广告专题片。

（二）执行阶段

第一阶段：2009 年 1 月—2009 年 3 月春节前后

《祝福直通车》+12580 整体业务使用推广软性专题投放

第二阶段：2009 年 6 月—2009 年 8 月

12580 主要业务推广软性专题投放

第三阶段：2009 年 9 月—2009 年 11 月

12580 新产品推广软性专题投放

案例展示

（三）效果评估

1、实现了 12580 与广大目标受众的深度沟通，拉

近了与受众之间的距离。

2、加深了受众对12580产品的认知与使用体验。

3、通过对12580产品功能与利益全面深入展示与反复提示，激发更多受众尝试使用12580产品。

4、弥补了12580常规广告传播的不足，是12580常规广告传播的重要补充。

“创新与诚信”品牌营销成功案例
——外星人ALIENWARE正式登陆中国

网游传媒

媒体单位：网游传媒

报送单位：网游传媒

关于in-Game Media网游传媒

In-Game Media网游传媒是一家独立经营运作的媒体公司，主要致力于中国网络游戏内置广告服务、游戏关联广告服务及其他多种互联网形式媒体业务的媒体公司，管理层主要由来自于互联网和4A广告公司的精英、和网游运营技术专才等构成。

In-Game Media网游传媒拥有先进的广告发布及管理系统，能提供实时广告投放及管理服务(包括2D、3D、动态广告、视频广告和各类富媒体广告)，而不需要对网络游戏本身进行修改，从而为客户提供更有效率的游戏内置广告服务。系统还提供精确的效果跟踪，能够进行独立广告受众曝光率的统计。

In-Game Media网游传媒目前已和国内多家游戏运营商合作、代理旗下游戏的广告经营权。作为中国最大的网吧管理软件的独家广告代理公司，In-Game Media网游传媒拥有全国7万家网吧内的广告资源，覆盖超过600万台的网吧终端设备。同时，In-Game Media网游传媒还独家代理中国最大的网络电台艺声网游电台，覆盖市面上不同游戏厂商的14个主流热门网游群体，累计收听人次日均160万次。此外，In-Game Media网游传媒也和浩方联机对战平台合作，浩方对战平台是全球最大的个人电脑单机游戏联机对战平台，最高同时在线人数超过75万。In-Game Media网游传媒覆盖超过50%的网游用户受众群体。

In-Game Media网游传媒是中国广告协会理事、游戏工委会理事、中国广告协会互动网络委员会会员。2008年中国游戏产业年会上被评为2007年度中国游戏产业优秀服务商。2008年，其为国际知名品牌PUMA执行的IGA案例，分别荣获“2008新媒体营销年会”的“新媒体最佳精准营销奖”、“Adworld2009互动营销年度盛典”的“2008年度互动创意大赏互动营销案例TOP10大奖”，2009年又再度荣获“金投赏－数字营销奖颁奖典礼”的“媒体应用类游戏终端金奖”、“2009广告人·实战案例奖”金奖。

案例介绍

Alienware是谁?

真的是外星人吗?

他来中国干什么?

他是来摧毁地球的还是来寻求和平?

又或者，他带着某个超级武器来寻找能驾驭这个超级武器的主人?

关于Alienware

Alienware一直保持“设计你梦想中的PC”的理念设计产品，而且赢得了业界和很多游戏发烧友的认可。Alienware的标志也确定为一个外星人的头像，但你可不要小看这个头像，这个酷酷的头像在发烧友心目中可是有着极高的地位的。不仅如此，Alienware几乎所以的机器的设计都延用了ET外星人的流线型与概念，再配上偏暗色的苹果绿，这才是真正的梦幻机型，其它所有品牌的高档机与它相比都可算是小巫见大巫了。

投放背景

Alienware 是一个针对广大游戏热忠消费者的专业游戏玩家电脑品牌，为用户打造极致的设备性能和体验。公司由狂热的游戏玩家和踌躇满志的企业家共同建立，在相应需求下，Dell Alienware 延展至中国市场，借助Alienware M15x新产品上市，打造一流游戏发烧友玩家游戏笔记本品牌形象及超凡性能、独有个性、顶级性能的Alienware M15x游戏玩家笔记本。

投放目标

让中国市场的广大游戏玩家，充分了解Dell Alienware是一个超酷致炫的顶级品牌，并认识到宇宙至强Alienware M15x新产品上市的信息。

目标受众

重度发烧友玩家，每天玩网游4小时以上。休闲高端玩家，每天玩游戏3次以上。

消费者洞察

游戏发烧友玩家一直在追寻硬件过硬，能够超常发挥自己战斗力的电脑设备，以此显示自己身为发烧友的超酷身份。

投放策略

针对游戏发烧友玩家，将活动投放于高密度玩家聚集地——网络游戏平台、电子竞技对战平台。进行精准营销，将网游玩家、重度发烧友玩家一律覆盖到，根据他们的需求及活动密集网络平台，进行投放。

核心创意

Alienware ——主宰一切

策略一、主宰者，就是你

玩家在三款大型MMORPG游戏中，完成相应游戏任务，显示玩家“主宰者”身份，将Alienware主宰一切的核心概念贯穿渗透。

投放于盛大网络的经典《热血传奇》、英雄主义的《新英雄年代》、门派传奇的《蜀山新传》。在游戏中玩家向任务领取者处领取只有“主宰者”才能完成的任务，当玩家披荆斩棘，历尽艰险，完成任务时，也就是玩家成就自己为“主宰一切”势不可挡的英雄身份。整个任务过程，让玩家真正互动体验“主宰一切”所带来的强大力量，从此带出Alienware品牌概念信息：主宰一切。只有势不可挡的超级玩家，才能真正体验到超酷至强的Alienware的力量。

策略二、远征主宰之路

投放于贯穿盛大网络19款大型以及休闲游戏的游

戏工具栏，游戏玩家需勇闯三道“主宰”之门，每一挑战使玩家必须回答相应互动勇者之题，过关者拥有相应Alienware奖励。在玩家参与互动的过程中，渗透了解Alienware的品牌信息以及新上市穿品。最终，只有真正的“主宰者”才能勇破三关，完成寻找Alienware的任务，同时获取大奖新上市Alienware M15x游戏笔记本电脑一台。

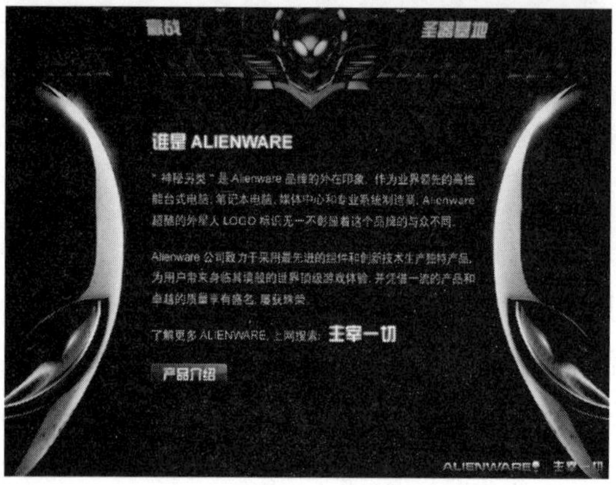

策略三、主宰者，你的超级武器准备好了吗？

竞技游戏对战平台的玩家通常相对针对于电脑硬件设备要求相当高，希望自己的电脑装备好，才能超常发挥自己的竞技水平。在浩方平台上用大力度宣传Alienware品牌，让寻求超酷装备的发烧友玩家找到匹配自己超强竞技斗争技巧的极强品牌。

案例总结

1、精准营销：根据Alienware品牌的直接目标消费者，准确投放、直达目标。根据被分析的用户习惯和聚集场所，极大程度得引起用户注意，直接而深度得触达用户，极其创新得做到最大化与用户的互动程度。

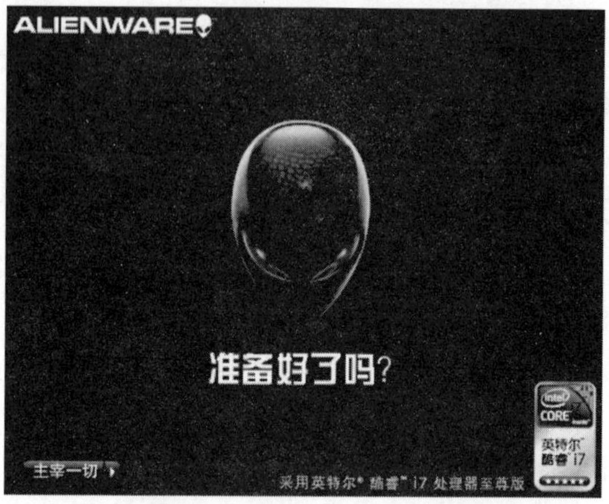

2、创意创新：全新的、创意的、激励用户的创新活动。

3、诚信服务：帮助Alienware登录中国市场。

邀请AC尼尔森以及COMRATINGS等第三方调研以及数据分析公司针对本次合作进行案例分析。

浅谈高速公路媒介广告的设计美学应用

江西高速广告装饰有限公司 朱广元

随着高速公路的建设不断发展，作为户外媒体的高速公路路牌广告越来越引起人们的兴趣，由于价格低廉和可操作性的广告时效长，许多商家和广告中介公司积极抢占这一媒介资源，以期夺得商机。虽然高速公路媒介广告比起影视广告、网络媒体报刊杂志来风格略显单一，但在众多媒介中其任然不失强势媒体的地位，在市场存在较高的保有量。因此即使格调单一，高速公路媒介广告无论从形式到内容也是变化丰富、五味杂陈。通过长期从事这一工作的实践，笔者以为高速公路媒介广告发展相比高速公路的建设发展相对滞后，特别在设计美学的遵循和运用上大有文章可做，在广度和深度上有空间可挖。以下有几点心得与大家共同探讨：

一、深化设计应用逐步促进高速公路媒介广告发展

设计是一门独立的艺术学科，也是一门综合性极强的应用科学，它的研究内容和服务对象有别于传统的艺术门类，更是区别于传统的绘画和装饰工艺表现手法。因此，设计门类中的广告应用设计可以说涉及到社会、文化、经济、市场、科技等各个方面，其审美标准也随着这些因素的变化而改变。

1988 年上海至嘉定高速公路建成通车，结束了中国大陆没有高速公路的历史。经过二十多年的发展，高速公路的基本概念已经深入寻常百姓的生活，高速公路也由于其通车迅捷方便的诸多特点逐步成为各省加快经济发展的新地标。高速公路媒体广告在这一背景下逐步走进我们的生活。其实哪里经济发展快哪里的广告产业也发展的快，近年来高速公路媒介广告已经遍地开花，增势迅猛。然而我们应该看到高速公路媒介广告存在许多问题：公路两旁高炮广告密集影响路容路貌，甚至很多地方杂乱无章广告牌泛滥无序占有公路用地；一些广告画面为求吸引眼球创意低俗严重影响文明创建活动；由于高速公路里程较远广告媒介或多或少存在锈蚀和质量问题给行车安全带来隐患等等。

笔者以为高速公路媒介广告服务的对象来自各个层面，广告的内容从形式到制作以及发布的画面，质量要求等等都要讲究市场法则、符合大众的审美情趣，便于推广传播，不能完全照搬生吞传统的美学理论。同时也要区别对象进行设计，强化质量管理和服务配套水平，加大从业人员的业务技能和综合素质，特别是在媒介广告的推出之前，要根据公路的不同地理环境和特点，强化设计创新，在形式上取得突破，丰富广告产品；在内容上表现时代进步，推动健康文明的广告行业风气，不能讲时间图效益盲目跟风，有样学样。

创新是设计的灵魂，艺术设计的本质是创造，创造来自于设计师的创新性思维，设计师必须以良好的综合素质为基础条件，在科学理性的方法论指导下，并辅以恰当的创作环境才能使自已的设计创意潜能充分开发和展现。高速公路媒体广告服务的形式比较单一，服务的对象多样，这就要求设计人员把服务对象区别开来，着重创造的过程，充分掌握创新思维的形式、特征、表现与训练方法，使创新性思维更具科学化和理性化，并贯穿于具体的设计实践中，走出一味模仿和了无创意的泥潭，设计出最实际和最符合高速公路特色的广告，既符合广告业主的要求，又不至于破坏高速公路亮丽的风景和生态环保。也只有这样才能推动高速公路媒介健康稳步发展。

二、遵循美学三定义才能在发展中不偏离正确轨道

设计之美的第一要义是“新”， 也可称为“创意”。广告设计属于“瞬间艺术”。好的广告要做到既要让人“一目了然”还要做到让人“一见倾心”，为它所吸引，顾盼之余，留下较深的印象。这就要求广告设计具有精湛的构思，让人在有限的时空条件下，过目难忘，回味无穷，使人们在有限时间中在有限的画面中能联想到更广阔的生活，感受到新的意义，这才是成功的设计。在传媒日益无孔不入的今天，在创意无所不用其极的今天，只有新颖的设计才会在大浪淘沙中闪烁出与众不同的光芒。高速公路媒体广告画面虽然由于广告的内容不同，在设计构成上有不同的形式感和色彩感，但整体概况大抵相似，以至于各色广告不能体现独特性，谁也不能超越谁，从整体而言互为影响，没有达到广告的“广而告之”的传播效果，留有遗憾。笔者以为要从影视广告报刊杂志网络媒体中学习好的创意，解决高速公路媒体广告的局限性，克服单一的广告载体让我们麻木的视觉神经，使高速公路媒介广告成为高速公路漂亮的风景，而不是制造垃圾。

设计之美的第二要义是“合理”。一个广告之所以印象化，是因为它解决了问题，并在解决问题的同时给予了事物的理性表达。广告设计不可能独立于社会和市场而存在，同样广告设计如果不能为广告企业创造更多的价值，相信世界上便不会有广告设计这个行业了。高速公路媒体广告由于受众面广，传导迅捷，广告传播推广的效果毋庸置疑，但由于高速公路的行车特点，许多优美的广告素材和内容在车辆奔流的瞬间被忽视了，作为广告受众的广大车主用户和旅客又能记得多少呢。这就对广告设计师提出了行业要求，怎样才能设计出符合高速公路特点和运营模式的广告；在一些高速公路客流中心及一些服务区，不合理的因素也时常存在，不是字错了，就是画面采用了一些错误用法甚至部分广告创意低俗，还有个别高速公路媒介广告有侵权行为的发生。这些都对高速公路媒介从业者提出了更高的要求，提升综合素质一刻也不能放松。笔者以为有创意并合理的高速公路媒介广告才能被接纳，合理使高速公路媒介能在高速公路的广告传播特色中起到稳定的基础，不论其如何发展终究不会沦为被淘汰的命运。

设计之美的第三要义是“人性”。归根揭底，设计是为人而设计的，服务于人们的生活需要是设计的最终目的。自然，设计之美也要遵循人类基本的审美意趣。对称、韵律、均衡、节奏、形体、色彩、材质、工艺……凡是我们能够想到的审美法则，似乎都能够在设计中找到相应的应用。高速公路媒体广告要符合大众的审美标准，避免一些夸张和怪异的表现手法。现在许多高速公路广告由于行车原因受众的视线不能被长时间定格在广告画面上，因此许多商家从影视广告上汲取了大量经验，把不切合实际的广告效果运用到高速公路媒介上来，甚至为吸引眼球创作大量流俗作品，这些都是不可取的。笔者以为独特的高速公路媒介广告设计最好不能让车主把视线长时间停留在画面上，虽然这一做法不符合广告的要求和常理，但可最大限度的降低车毁人亡惨剧的发生；其次要尊重大多数人的习惯，把健康文明和积极向上的广告意境融入到所要表达的创意中来，形成正面的舆论引导。

也许美学三定义不能以偏概全的代表高速公路媒介广告的主旨表现和设计手法，但只要我们在实际工作中自觉地遵循和运用这些规律，就能是少走弯路不偏离正确轨道。

三、始终贯穿简约美学法则和市场规律的基本运用

设计特有的审美规则不是空穴来风，是经过历代磨练出的经验总结，它背后有着客观的依据和需求。设计之美的依托是市场规律，正是残酷的市场竞争和适者生存的法则造就了这一审美标准。笔者以为高速公路媒介广告设计要把始终贯穿简约美学法则和市场规律两件看似毫无联系的因素有机统一，通过熟练运用才能使高速公路媒介广告创作出好而精的作品来，并紧跟时代步伐，做到与时俱进。

（一）简约而张扬符合高速公路媒介广告的

特质

工业革命以后，传统的手工艺美学一夜之间在机器的隆隆声中被涤荡一空。工业时代要求大批量、程序化、符合成本利润法则的新型产品，它简洁、科学的设计原则风靡整个文明大陆，造就了前工业时代的历史奇迹。这一原则衍生出自己的一套审美体系——简约主义、极少主义……产生了许多功能形式完美统一的优良设计，……随着时代的发展，简约则张扬，它把内心的狂热和激情撕扯的淋漓尽致，市场也宽容地默许它的夸张表现，这一时代变得五光十色、光怪陆离。

高速公路的建设随着时代的进步不断发展，高速公路的环经济圈不断形成，快节奏生活下的人们对事物的关注度越来越具体和具象化，可以说极度简约是完全符合高速公路广告特色的，疾风而行的快速通道又能让广告受众能记得多少想要传播的内容呢。事实上广告越简单越能体现广告的传播价值，在短时间里让广告受众接受，从而印象深刻。

（二）市场规律使高速公路媒介广告设计创意无限

历史经验告诉我们，市场的主宰——消费者终究是具有情感的，他们需要情感的宣泄，需要理想的寄托，需要有情调的生活氛围。现代主义单纯追求功能的产品使生活充满了冷漠，如果不是因为它好用、流行和廉价，人们是不会把机器似的产品搬回家的。商业设计以新奇和花样刺激着消费者的购买冲动，消费者的购买冲动又决定了何种市场规律，正是市场规律造就了起落跌荡的各种设计风格。市场法则时而维护严格的科学设计原理，时而纵容设计师单纯的个人表现，时代的进步以及某些历史的偶然因素造就了设计风格的不可预见性和意趣盎然，充满挑战和迷乱，风格瞬息万变，唯一亘古不变的是市场及其规律。

高速公路广告媒介依附高速公路的发展而进步，媒介广告的设计也必将规范化，严谨化。笔者以为许多不符合高速公路特色，破坏环境和生态的广告载体必被取缔，许多不入流的广告作品在严控中必将被市场淘汰，而媒介广告的设计要依据消费者的购买冲动走市场之路，高速公路媒介广告需要什么我们就设计什么，要紧跟时代步伐，与时俱进，在实际操作中要把握市场要求，设计出符合时代特色的作品；其次要把握时代变革，走市场之路也不能以牺牲广告品质为代价，更不要以设计人员的主观意志为转移，把不符合法律、法规的和严令禁止的东西搬上画面，比如烟、酒和色情元素，不管是从公众利益和个人利益，都要把握设计重点和技巧，才能使我们的设计之路走的越来越平坦，思路越走越宽。

四、高速公路行业赋予媒介设计人员的新时代要求

1990年，被誉为“神州第一路”的沈大高速公路全线建成通车，标志着我国高速公路发展进入了一个新的时代。高速公路的建设是方兴未艾的事业，高速公路建设还将随着时间和空间向前不断推进，高速公路媒介广告的发展必将开创一片新的天地，虽然高速公路媒介广告相比其它媒介存在片面性和局限性，在某些方面还影响路容路貌及行车安全，但有需要就有市场，市场规律的选择使它不能短时间退出广告大军的舞台。从历史的经验中反省，我们遗憾地发现自己仍然是设计长河浪花中点滴微尘。设计师不是天才，不能一拍脑袋行事。高速公路媒介广告的设计从业人员也多半无力创造划时代的设计革命，然而作为高速公路媒介广告设计师要脚踏实地，做好高速公路广告是我们生存的头等大事。笔者以为设计出好的高速公路媒介广告，把握市场脉搏，紧跟时代潮流是对一个普通高速公路媒介广告设计师最起码的要求。我们的目标应该暂且定为设计合格的视觉广告，这需要设计师有敏锐的洞察力和抽象能力，而这些能力靠理论很难培养得出来，只有在真正的市场中多做、多干、多失败才能磨练得出来。

总之，市场的反复正如股市的跌宕，设计在市场的怀抱里，感受到的只有动荡和喜新厌旧，设计的时效性是我们唯一值得欣慰的地方，而我们设计师要所做的，就是对此心存感激且亦步亦趋。要掌握新信息，总结新经验，特别是要加强各地高速公路媒介广告的交流平台，互相借鉴，益利共赢，才能开创高速公路媒介广告的新局面。

浅析车身广告的视觉效果

湖南新广联巴士广告有限公司 刘 越

广告的表现形式是广告从理论上的抽象思维到物化实际信息的具象表现，是视觉审美规律的择优体现。城市公交车身广告是近代新兴发展的广告传播媒体，它的良性发展源于它与城市居民日常生活、城市道路建设密不可分。法国学者德卢西奥。迈耶说："一件艺术作品不是独白，而是对话"。我们每天会接触到太多的广告信息，而平面广告能否打动消费者关键在于其是否具有强烈的视觉冲击力及触动情感的感染力，并在很大程度上驱使受众去接触、接受、了解广告所表现的内容。车身广告视觉传达效果有赖于图形、色彩、文字等表现要素的适当利用及这几个要素的整合效果。

一、车身广告视觉效果特点

2006年中国市场与媒体研究（2005年7月–2006年6月）在对地铁广告、书报亭／电话亭广告、人行道／车行道广告、大型单立柱广告、IED（液晶）显示屏广告、公交车车厢内广告、公交候车亭／公交车站牌广告、公交车车箱广告等户外广告关于关注度的调查中显示：公交车身是日常消费者最关注的媒体形式。

1、在车身广告在视觉上大体可分为两大类：动感型和静态型。动感型在表现手法上又可分为：幻彩型、激荡型、互动型等等。静态型可分为：简洁型、温馨型、高雅型等等。

2、在空间展示方面，车身广告三面立体展示，无视觉盲区，全方位可视。

3、三个广告展示面，270度以上的可视区域，通常受众可同时接触到两个广告位。

4、车尾展示区，配合两侧展示面构成展示整体，并大大延伸了广告的有效可视距离与角度，同时特别针对驾车者的广告接触。

二、车身广告视觉效果表现方法

当车身广告的发布上了议程时，广告公司和广告主面对的一个共同问题就是怎样让广告发挥最佳效果。除了在广告方案中线路有针对性的选择，数量有适合的搭配外，最重要的当属广告画面的体现了。车身广告画面基于平面设计而成，平面设计本身不会动，但车身能动，平面设计带引导性动感的画面能"动"。因此车身广告的视觉效果就大有文章可做了。

1、找准点：平面设计中都强调有个视觉中心，就是我们说的点。点最重要的功能就是表明画面中心位置和进行聚集。一个点在平面上，与其它元素相比，是最容易吸引人的视线的。车身广告是移动的户外媒体，擦肩而过时，受众第一眼看到的是画面的"点"。这个点可以是广告主的全称、品牌名称、logo；也可以是广告主主打产品或服务。过于琐碎的元素重叠编排，会造成视觉上的干扰。确定了视觉中心后，就可以在画面处理上以此为中心，用渲染、衬托、对比等设计手法来凸显要素。从而给准受众要传递的信息，从陌生到有印象，从印象中到熟悉，实现"识而知"的过程。

2、牵好线：这里说的"线"是指图形设计中起连接元素、分割块面、空间互补、引导视线、加强动感、活跃画面等作用的线条。线是具有位置、方向与和长度的一种几何体，可以把它理解为点运动后形成的。与点强调位置与聚集不同，线更强调方向与外形。在表现丰富，较为复杂的设计中，线条是以点带面的纽带。动感型画面的"动"是基本上都交给了"线"来表现。

在实际运用中，直线一般表现稳定、力度、现代、标准等特点的画面；曲线一般表现柔美、灵动、伸展、回旋等特点的画面。以长沙为例，在发布过的各行业广告中，动感型画面表现得多的，一般把青少年作为主体受众，以快速消费品为主。如：王老吉、娃哈哈、康师傅、可乐、雪碧等品牌。静态型画面以把企业形象作为重点宣传的广告为主。如：中国电信、方正证券、搜狐、红星美凯龙等等。“线”运用得当，牵好了就是“红娘”，皆大欢喜。没牵好就破坏了整体效果，会使画面显得生硬、呆板、元素零乱冲突，没有连贯性、整体性和延续性。就光有细腰，没有舞姿了。

3、铺好面：与点相比，它是一个平面中相对较大的元素，点强调位置关系，面强调形状和面积。点和面之间没有绝对的区分，在需要位置关系更多的时候，可以把它称为点，在需要强调形状面积的时候，可以把它看为面。面的主要作用有：烘托气氛、转化虚实、陪衬主题、协调画面等。

面的处理可以让受众发挥想像，是给人整体印象好坏重要的一环。如同一个人的着装款式，得体的着装能起到提升品味、体现气质、展示风采的作用。而设计中的面同样也起到了这些作用。

车身广告的幅面是有限的，空间上受到车身尺寸及一些政策的限制。设计师们必须在方寸之间铺好面，打好底，以求在画面移动时同样能让人轻易的捕捉到。以“搜狐”的车身广告投放为例：整体画面就由前部的中黄色块面和后部的网页块面构成，黄底上压以“上搜狐知天下”黑色字体，使整体画面显得雄浑大气、方正而持重，给人感觉可靠、踏实，并实现与受众的互动。

相反，处理不当的块面将使画面出现杂乱无章，视觉效果上会显得苍白无力。

4、着好色：如同前面讲的着装，有了好的款式、面料还得有适合的颜色。同款式的服装，颜色不同，带来的视觉效果完全不同。或大雅，或大俗，或完全浪费了“七分打扮”。实力传播（ZenithOptimedia）2003年一项调查显示：消费者留意车身广告的主要原因是颜色。

现在很多企业都导入了VI，都根据自身特点和需求定好了基础色。设计师动手前必先收集、整理好素材，最重要的就是用好企业基础色。如“可口可乐”、“方正证券”、“红牛”的红，“中国电信”、“王老吉”的蓝，“农业银行”的绿等等。这些由专业团队打造的企业VI在传达视觉信息中已经有了一个很好的基础，已给人以稳定的形象，盲目的“创新”和“打破”会混淆受众视觉，同时严重损失企业本身视觉形象系统这一无形资产。因此对这些量身定做了形象设计的广告主，只能根据车身广告媒体的“身高、体形”等在空间变化上作适合的调整。保持企业基础色，加深受众印象。

而对于正在成长中，消费者心里概念还模糊的广告主来讲，他们其实更需要找到形象设计方面的切入点。在进行车身广告投放时，他们首先希望的是尽可能的全方位展示出其自身所有的特性。这个时候最有说服力的就是设计师手里的稿件。用色方面首先把握好四个基本方向：a.韵味悠长的单色；b.色的节奏与韵律；c.色的主从与色调；d.色的对比与调和。其次要根据广告主产

品或服务的特点来相对应的制定色彩系统。比如以蓝色来表达广博、雄浑、伟岸、宽广、延伸等概念，红色、橙色等暖色调来表达热烈、奔放、喜悦、跃动、炽热、温情、甜蜜、愉快、希望等概念，绿色表达生命力、健康、和谐、环保、成长、发展等概念，紫色表达柔美、高雅、庄重、奢华等概念。在车身广告的设计中当以色调明快、鲜明、耀眼为主，在色彩搭配上当以瞬间抓住视线为佳。温和型色调及过于过于强调花哨的风格对于车身广告来讲，基本上不能加强视觉效果。有时候反而会给人以厌恶感，或是因画面色彩与环境的不和谐而失去“回头率”，与受众擦肩而过。

当然在实际操作中，还有文字、文案等诸多元素的配合，材料的正确选用，还有车身上栅格散热孔，后引擎盖、车灯、油门盖等等需要避开或巧妙利用的细节等等，均在前期设计中就要全部考虑进去，保证完美的视觉效果。

三、车身广告视觉效果的实际意义

（一）车身广告视觉效果和广告效果

狭义的广告效果是指广告所获得的经济效益。广义的广告效果则是指广告活动目的的实现程度，包括广告的经济效益，心理效益和社会效益等。

公交是城市的窗口，公交广告就是窗口门扇。良好的视觉效果与广告效果是相互依存的，在车身上，唯美的、赏心悦目的、充满创意的广告画面是吸引受众并获得认同和亲近的最重要一环。相反枯燥、乏味的广告画面不可能给人很好的印象，甚至产生强烈反感，完全达不到广告效果。

（二）车身广告视觉效果对环境的影响

我们知道环境会因人类的社会活动而发生改变，从而环境又反过来影响人类。对环境影响最直接的就是我们常说的污染。社会在进步，人们已完全认识到污染对环境的严重影响，污染的类别也不断扩大，这其中就有视觉污染。恶俗、低劣、粗制滥造的广告画面必定在一定程度上影响人们的情绪和心情，不仅扼杀了城市窗口和广告主形象，还给整体环境添上了败笔，得不偿失。

只有充满美感，赏心悦目的广告画面才能真正的融合到整体环境中，成为整体环境中有着积极面，保持、保护环境健康的环保主义者。从笔者收集的上海、广州、天津、重庆、武汉、长沙等大中型城市的车身广告图片来看，全国的车身广告在整体效果上虽各有千秋，但有个共同点就是车身广告视觉效果都有了质的飞跃，都在很大程度上为城市增添了美丽的色彩。这得益于广告人不懈的努力，钻研和观念不断的更新，真正做到了与时俱进。

总之，在广告业飞速发展的今天。各种新型广告媒体层出不穷，深深的改变着，影响着我们的生活。车身广告也已日趋成熟，到今天来讲，车身广告已算是被大家了解、认可和青睐的广告媒体。从事这项工作的广告人只有先打造好自己的团队，不断提高服务意思和社会责任感，才能使车身广告这朵城市奇葩永放光彩，成为城市里一道靓丽的风景线，为提升城市整体品味，也为广告业的发展作出更大的贡献。

用优秀广告文化提升党报广告竞争力
——《三峡日报》探索广告经营可持续发展的实践

《三峡日报》广告部主任　罗文全

作为文化意识形态的报纸广告，自然是文化的载体。优秀的报纸广告，必定有深厚的文化内涵。湖北《三峡日报》坚持把优秀的“广告文化”融入到广告经营实践，成功探索党报广告经营可持续发展规律，取得了经济效益与社会效益的同步提升，保证了新闻事业与报业经营的和谐发展。2008 年，报社经营收入在全省地市报首次突破亿元后，连年再上新台阶。2009 年，获得首届湖北出版政府奖报纸奖，也是全省获此殊荣的唯一地市报。连续两年荣膺国家新闻出版总署评定的“全国地方报社管理先进单位”，连续三届被中国广告协会评为“全国广告行业文明单位”。多年来，报纸广告经营额居湖北省地市报首位，进入全国地市报五十强，是全省唯一实现广告连续 20 多年保持增长的党报，被省新闻出版局称为“湖北地市第一报”。

一、针对地方党报特点，树立鲜明“广告价值”理念

《三峡日报》是湖北省最早成立的地市报，创刊于 1949 年，与新中国一同成长壮大。《三峡日报》的广告经营走过了改革开放的三十年，积累了很多宝贵经验。其中一条重要经验是，结合地方党报自身特点，根据不同时期的不同发展要求，提出鲜明的“广告价值观”。他们认为，广告经营的“守旧”就意味着落后，“维持”就不会“可持续”发展。近年来，他们不断突破广告经营的传统观念，真正从理念、意识、思路上实现转变，把广告人的智慧和力量换成广告财富。因此，《三峡日报》提出广告经营必须具备新的广告价值观。

这种“广告价值观”，包括广告人价值观、广告客户价值观和广告产品价值观。具体来说，就是广告人要真正从单纯“拉广告”的低层次争夺，转变到“做广告”的高层次服务，在服务中体现经营者的个人价值；广告活动要真正承担起提高引导力和影响力的社会责任，用物超所值的更高回报体现广告的客户价值；广告产品要真正达到主流、高端、独特的品质，用优秀产品创造党报的品牌价值。

《三峡日报》广告经营者认为，在这三个价值观中，客户价值是广告的核心价值。客户价值就是在广告经营活动中，想到的不仅仅是报社能收取多少广告费，而是客户的广告到底能不能通过报纸广告产生相应的市场效果。这样才能用开放的视野做广告，才能运用价值的规律做广告。报纸广告不是简单的“卖版面”，也不是庸俗的“拉关系”，而是通过广告人提出的新概念、新思想、新项目，创造有效的市场需求，从而把卖点销售给广告客户。

因此，他们着力培育广告人的新闻素养，锻炼广告人的社交能力，提升广告人的服务水平，增强广告人的活动意识。正是有了鲜明的广告价值观，《三峡日报》的广告经营已经真正摆脱了单纯报纸广告的限制，跳出了版面做品牌，跳出了广告做策划，跳出策划做经营，让广告更多地走向参与社会、影响社会、活跃经济、融入文化的广阔空间。

近年来，《三峡日报》联合当地经济和信息化委员会、妇联、共青团委、工商联、商务局、工商局等部门，先后开展了“宜昌经济年度人物暨贡献奖”、“宜昌首届杰出女企业家”、“宜昌市十大杰出青年”等系列重大主题活动，既产生了积极而深远的社会影响，也创造了可

观的经济效益。

二、探索党报经营规律，构建优秀“广告文化”体系

与市场类报纸相比，地市级党报的优势和劣势都比较明显。主要优势表现在：一是党委机关报的地位优势；二是拥有党政信息主渠道的资源优势；三是正确引导舆论导向的权威优势；四是在受众中公信力强的信誉优势；五是自身众多优秀从业人员的人才优势。

但是地市党报的“短处”也同样突出，如发行面比较窄，“机关味”比较浓，新闻可读性和娱乐性不太强，报纸离市民生活比较远等等。因此《三峡日报》要求广告人必须学会扬长避短，“放大”优势，克服劣势，这样才能在与其他市场类报纸竞争中处于有利地位。他们提出，绝不用低价格、低质量、低俗化的“三低”广告争夺市场，因为这样会使党报广告处于被动地位，而要用高品质、高品位、高水平的“广告文化”来赢得客户尊重和青睐。

2010年，《三峡日报》在全省地市报首次提出了广告活动和广告产品的三条标准：一是不以单纯创收赚钱为唯一目的，而要着眼于可持续发展，把大客户做强、把强项目做大；二是不以损害党报品牌形象为代价，而要坚持广告的正确导向和高端取向，提升报纸广告品位；三是不以个人某种私利为借口，而要以客户满意和为客户创造价值为准则，实现合作多赢。

《三峡日报》把提升全体广告人的文化素养和经营境界，作为适应报业发展需要和未来广告竞争需要的“抓手”，有效促进了党报广告经营社会效益和经济效益的同步增长。

做广告也是做文化。《三峡日报》的广告经营坚持用一种全员认可的文化提升信心、充实激情和凝聚力量。他们提出“做职业的广告人、做敬业的传媒人”的职业理想，把“忠诚、智慧、激情、奋进”作为广告人的信念支撑，用“有效沟通、尊重客户、务实创新”作为经营理念，推行“忠于职守，诚信做人；永远进取，充满激情；创造价值，合作共赢”的团队精神，倡导“快乐工作法”，让每个人都有快乐的工作状态，并让这种快乐化作事业成功的源泉。他们努力创造轻松、高效、严谨、务实的氛围，使每个人都能在快乐中出色的完成工作，并在快乐的心态中使工作得以创新。

他们号召广告人能够把对方当朋友、当家人、当伙伴，把集体当家庭，当依靠，当归宿，从而让更多的广告客户感染到《三峡日报》广告人的快乐，建立和谐亲密的沟通平台，延续报人、广告人和客户之间长久的合作与友谊。

三、坚持媒体主流导向，保持广告“洁身自好”品质

媒体的舆论导向同样体现在报纸广告中，而且这种导向更重要也更难把握。广告是一种付费的宣传方式，但它同新闻一样承载着社会责任，因为广告对受众特别是消费者具重要的引导效应。《三峡日报》长期以来坚持加强行业自律，把好各种关口，坚决抵制那些品位低下、粗制滥造、消极庸俗、内容虚假的不良广告，以高品质的广告产品，彰显主流媒体的品牌价值和社会责任感。

为了保持报纸广告“洁身自好”，《三峡日报》从机制上构筑有效“防线”。他们制订了严密的广告刊登审批制度，对任何一笔广告哪怕是分类信息广告都需要“过五关”，即广告审查员、广告出版编辑、广告部值班主任、编辑部值班编委和值班总编辑的“五级审批关”。每一环节都做到程序清楚，责任明确，审查到位。对政治导向有问题、违反法律法规、手续不全、表现形式怪异、内容不实、情趣低俗、可能引发侵权纠纷等各类“带病”广告，坚决拒之门外。

一是把握广告内容鲜明的政治导向。《三峡日报》提出，广告导向的正确性是刊发根本原则，要像管理新闻一样管理广告，增强政治敏锐性和政治鉴别力，确保广告导向不出差错。对涉及到敏感事件、国家主权和领土完整、宗教和民族事务、非法集资和传销等内容的广告，他们做到“严防死守”，绝不会“忽悠”过关。

二是把握广告内容健康的消费导向。各种违法医疗

广告一度成为报纸的“重灾区”，但是《三峡日报》坚持做到不为利所惑，将低俗虚假的各类医疗、药品、保健品、美容广告全部“拿下”。2009年，湖北省工商行政管理局和药品食品监督局的跟踪监测报告表明，《三峡日报》是当地所有媒体中唯一保持“零纪录”违法医疗药品广告的报纸。

三是把握广告内容高尚的道德导向。德不高则行不远。任何形式的商业广告，都不同程度地传达着一定的价值观、生活观、道德观等内在倾向，《三峡日报》十分注重防止各种带有宣扬物欲、宣染奢侈、贬低人格等不良广告内容。他们每年坚持拿出一定的公益版面，无偿刊发禁毒、献血、防艾、慈善捐款、希望工程、环境保护等社会公益广告。

四是把握广告内容积极的文明导向。他们认为，不良的报纸广告，带给人们的是一种精神污染和伤害。因此他们提出，要充分发挥党报广告的精神文明导向作用，用积极向上的表现形式的、具有真善美内涵的广告内容，引导健康消费，倡导积极生活，崇尚科学发展，弘扬民族精神和传统文化。近年来，他们先后策划了“文明宜昌人”、“道德风尚奖”等系列广告专题，在社会上引起了强烈反响。

增强把关守“土”意识，永远把媒体广告的社会效益放在第一位，是《三峡日报》广告经营坚守的一条基本原则。良好的广告环境提升客户的品牌价值，他们“封杀”了那些违规、低俗、不良广告，表面上减少了一些广告收入，但品牌客户的广告更加得到消费者的接受和市场的认同，传播效果和广告效益更为明显。2010年上半年，《三峡日报》广告经营同比增长45%，成为全省广告增幅最大的报纸。

努力打造“离你最近的报纸”

沈阳晚报

《沈阳晚报》创刊于1985年7月1日，是东北地区创办最早的都市报。日均期发数50万份，在沈阳报业市场中，平均每期阅读率到达率位居前茅，已成为拥有庞大忠实读者群，辽沈人民最喜爱的报纸之一。

在办报上，《沈阳晚报》的定位语是“离你最近的报纸”。秉承这一宗旨，沈阳晚报实现了“新闻市井化”，以来自生活最基层、最鲜活的各类新闻凸显本地特色；实现了“专刊特色化”，目前，沈阳晚报的健康、金融、商业专刊办刊质量位居同城媒体前列，由房产、汽车、旅游三大专刊联合形成的“房车游”联合周刊更成为辽沈地区的第一品牌。

在发行上，《沈阳晚报》目前在沈阳市内日均期发数50万份，在鞍山、抚顺、本溪、辽阳、铁岭、阜新、营口七个城市发行8万份。平均阅读率达到3.74%。年广告总收入达1.5亿元，位居同城媒体前列。而沈阳晚报广告部，本着“做客户最放心的朋友”的原则，上下一心，群策群力，通过自己的努力得到了客户的认可和满意。

一、想客户所想，及客户所需

沈阳晚报广告部一直本着将客户的需求放在第一位的原则，站在客户的角度去思考，是沈阳晚报广告部所有从业者的共同理念。沈阳香江家居是一家以家居流通、商贸市场建设、住宅地产、资源能源为主业，涉足金融投资的跨地区、多元化经营，拥有2万多名员工的大型企业集团，该集团在广告投放方面一直很谨慎。

2010年，沈阳晚报广告部业务员组成攻关小组，针对香江家居的实际情况，全心全意为其量身打造特别策划；沈阳晚报饰家俱乐部为其提供专门的专业对接，联合辽宁省家协举办了第一届家居博览会，以香江家居为主，设置专业行业记者负责跟踪宣传。该策划自成系列，时间跨度一个半月，共刊发20个半版联版广告1期，整版广告15个版，相关报道8个版。扩大了香江家居的社会影响力，使香江家居在短期内实现巨额增值利润，由于沈阳晚报广告部时刻站在客户的立场上思考，为以后长期紧密合作奠定了基础。

二、落地活动丰富风采，客户社会影响力与日俱增

任何一家企业想要长期发展，除了要有经济效益外，更需不断加强社会影响力。沈阳晚报广告部除了为客户提供增加经济效益的纸媒宣传外，还重点打造丰富多彩的落地活动，为企业提供提高社会影响力的平台。时值沈阳晚报25周年之际，由沈阳晚报和保利集团联合打造的“保利地产，爱河泛舟”活动，就是一个很好的例子。通过沈阳晚报精心挑选的125对新人，携手泛舟于浑河，见证他们的爱情。参加活动的新人，纷纷表示，爱河泛舟是一次让他们终身难忘的活动，是他们爱的旅途中非常有纪念意义的一刻，感谢沈阳晚报也感谢保利地产，给他们的爱情增添了如此浪漫的一幕。此外，联合商场、楼盘做车展，在4S店做车模比赛等等，跨行业客户联合行动，使客户增加沟通的同时，也取得了更高的社会影响力。

三、读者互动活动频繁，客户潜在受众随处可见

沈阳晚报广告部一直认为，离百姓最近，才能为客户做的更多。所以不惜投入大量的人力物力财力，不断组织各种形式的读者互动活动。最美新娘评选，宝宝笑脸秀评选，倾城之恋大型交友活动的启动等等，都和百姓生活密切相关，所以受到了读者的强烈关注，引爆沈城。以强大的宣传力度给客户提供了无限的商机，为参与的客户提供了无限潜在的受众群体。

四、扩大发行量，打造为客户所认可的特色周刊

“房·车·游”是沈阳晚报广告部2010年的一个新举措，以“打造沈阳最具影响力的行业周刊”为口号，围绕房产、汽车、旅游三大行业，单独成叠，每期24版（含）以上，由《沈阳晚报》资深及新锐采编人员组成的联合报道团倾力打造，是一个行业思想汇萃交流的平台。

沈阳晚报
房车游
车展敢“裸”队
秋交会前行
《沈阳晚报》“房车游”周刊
八城传阅 主导消费

“房·车·游”周刊中三大行业联合联动，形成合力。可谓同城媒体罕见，历史罕见；除正常的随报50万份发行外，另增印8万份于沈阳周边7个城市的加油站、省内三大主要高速公路收费口发行，幅射力大大增强；与商家、读者及广大市民进行经常性互动，设有多个互动栏目，有越来越多的市民参与到了联合周刊的建设发展；给商家、读者及广大市民创造更为灵活的操作空间，创造更多适应发展的多形式操作手法；以行业为类别，由策划、采编、市场推广人员共同组成的客户服务小组，可为单一客户量身定做宣传方案。集以上几大优势为一体“房·车·游”周刊已经为越来越多的客户所认可，成为其自身宣传的首要选择，也成为沈阳晚报广告部的一个招牌周刊。

五、增值服务贴心，尽最大所能为客户服务

沈阳晚报广告部，本着尽最大所能为客户服务的原则，长期开设读者看房车，为客户和读者之间提供一个互动的平台，看房车的开通使房产客户访问量成交量激增，使客户产生了较好的社会效益和经济效益。在此基础上，沈阳晚报广告部还计划结合浑河“沈阳晚报号”开设看房船，在千年修得同船度的美好寓意中，吸引更多的读者参与，为客户提供更高的关注度。此外，沈阳网和读客网的网络支持，也是沈阳晚报提供给客户的另一项增值服务，以提高了客户的知名度和认可度。

正是由于沈阳晚报广告部一直秉承着以上几项以客户为中心的原则，才使其得到了客户的普遍认可，广告收益位居同城媒体前茅。在以后的日子中，沈阳晚报广告部会继续坚持想客户所想，及客户所需，全心全意为客户服务的理念，给客户提供最高端的媒体宣传平台，帮助客户打造其良好的社会影响力，提高其经济效益。请相信，沈阳晚报，永远是离百姓最近的报纸；沈阳晚报广告部，永远是让客户最放心的朋友。

核心竞争力·媒体生存发展之基
——浅谈重庆晚报的成功之道

重庆晚报

重庆晚报，西南地区唯一的世界中文报业协会执委、中国晚报协会副会长。

重庆晚报自1985年诞生至今25年，一直秉承自己的追求和向往，坚守自己的个性与尊严，从最初的“愿做一只报春燕，飞入寻常百姓家”到今天的“责任传媒，民生立报”，几代晚报人薪火相传，突出特色，努力创新，以一条条震撼人心的报道、一次次人气旺盛的营销活动、一个个来自市场权威发布的重量级奖项，树立起强大的公信力、品牌力，影响着重庆这座城市以及数以百万的重庆市民。

一、公信力

重庆晚报以什么争取读者？凭什么争取市场？品牌价值的核心在哪里？浓缩成一句话，就是：“责任传媒”造就了公信力，公信力塑造了晚报品牌。

公信力的塑造得益于晚报优秀的采编队伍和有社会影响力的稿件。

1、重庆最强的采编队伍

“责任传媒”、“巷子记者”两度受中宣部刘云山部长表扬，人民日报、新华社、央视等所有中央媒体集中向全国公开推广。

总编辑石刚荣获中国晚报杰出贡献奖、影响中国十大传媒创新人物称号。

执行总编辑姜春勇先后荣获中国新闻界的最高荣誉——“第九届长江韬奋奖”、中华慈善突出贡献（个人）奖、中国晚报杰出贡献奖；

首席记者周立当选2009年度重庆十大感动人物、并荣获全国优秀新闻工作者、全市最受欢迎的新闻工作者。

2、重庆获奖最多的新闻产品（稿件）

晚报的稿件荣获新闻奖历年名列重庆都市报之首；还是重庆唯一6次荣获全国新闻界最高奖项——中国新闻奖的媒体；《新闻故事》栏目名列全市最佳新闻栏目评选榜首。

无论是整体风格还是单篇新闻报道，都有情有义，坚守对社会的道义，对读者的道义。公信力使得重庆市民一直都有“大事看晚报”的习惯。

以2009年为例，解放60周年解放系列报道，派出记者30多人次，历时8个月，深入十多个区县，采访到大量首次披露的史料，依托《重庆珍档》这一特色栏目发表20多万字的稿件，推出的三个特刊受到广大读者的广泛好评，轰动全城，反响强烈，市图书馆对本报三期特刊给以收藏。

“5·12”汶川大地震周年、缅甸果敢动乱、震惊全国的孙伟铭醉酒驾车撞人案件，本报均派出记者赴现场采访，发回大量独家报道。欧足联及法网官方独家邀请本报记者张斯瑜赴欧采访欧冠决赛及法国网球公开赛，重庆媒体尚属首次……

二、大重庆 全覆盖率

大重庆、全覆盖。晚报除在主城9区覆盖外，还拥有其他31个区县发行的绝对优势。和其他都市报只有9个城区的发行覆盖相比，重庆晚报的读者、发行圈是9+31·随着重庆外环时代来临，城市群扩大，晚报的影响将会进一步向区县、卫星城要购买力。重庆晚报地产在区县做的多次活动受到热捧就是最好的效果。相信今年地产商们在区县的布局，搭上晚报的快车会如虎添翼。

三、重庆最具品牌影响力的报纸

（一）最具消费力的品牌数据

全球最大的个案研究集团之一益普索调查公司发布数据：重庆晚报三项指标领先重庆纸媒市场：(1) 品牌资产指数最高；(2) 和读者之间情感最紧密；(3) 读者在重庆晚报上看到的广告记忆最清晰，消费时指向最明确，最具购买力。

品牌是一种无形资产，是媒体（或产品）给予消费者价值的集中体现。重庆晚报最强品牌表明该媒体有最强影响力、公信力和最忠诚的读者群体。

（二）品牌褒奖

1、“中国文化状元媒第一名”；

2、“2007年度中国最具品牌传播力强势媒体30强”；

3、“2007–2008年度中国传媒百强广告价值贡献奖”；

4、“2007–2008年中国品牌媒体100强“晚报十强”；

5、2008年度广告主、广告商亲睐的中国报刊，重庆惟一获奖媒体；

6、2008 – 2009年度品牌贡献奖系列——影响中国十大晚报；

7、2008–2009年度中国报刊广告投放价值百强——全国晚报15强；

8、“影响中国60年．中国地标大报”；

9、全国慈善突出贡献奖单位；

10、“2009中国十大晚报”；

11、2009年度中国最具企业投放价值晚报。

（三）品牌活动

晚报的活动基本都有着两个特点：一是渗透力、权威性、公信力都有其独特的市场吸引力；二是市民参与广泛，市场号召力巨大，人气很旺，社会效益和经济效益双赢。

1、首倡“重庆市争光奖”：1997年由本报发起倡议的“重庆争光贡献奖”活动，现在已经成为由市委市府主办的一个全市性的奖项。

2、首倡“重庆市十大感动人物”评选：2005年发起的“重庆十大感动市民”评选，由读者来评选最普通的令人感动的市民。现在市委宣传部已经把它推广拓展为全市媒体的一项活动。

3、2007 年8月，首倡西部第一个媒体慈善基金“重晚慈善爱心基金”，迄今募集善款物资7000多万元。

4、发起的“解放碑广场音乐会”已连续三年多每周末在重庆最繁华的步行街、全国五大商业广场之一的解放碑上演，已上演250多场，观众上千万人次。

5、2008年推出的“名人堂”文化讲座，先后邀请了马瑞芳、冯小宁、易中天、刘震云、王海鸰、王蒙等名家来渝讲座，将宣传先进文化与大众口味相结合，社会影响很大。

6、举办“巴渝新12景”评选，覆盖全市所有40个区县、近200个景点报名参加、数百万市民参与，仅短信投票就有400多万人／次。创下重庆市单次活动短信投票之冠。

7、重庆晚报是中国极具影响力的地产盛会“CIH–AF中国住交会”的战略合作伙伴，是央视“十佳雇主”满意度调查的合作媒体。

8、2009年，承办了世界中文报业协会第42届年会——我市直辖以来举办的第一个具有全球影响的媒体盛会。不仅盛况空前，而且出席嘉宾层次高、规模大，中共中央政治局委员、市委书记薄熙来亲切接见了部分代表并做了重要讲话。

9、策划承办了重庆市首届慈善活动周，规格高（民政部、市政府指导，全国政协副主席出席开幕式），影响大。

10、重庆相亲会是由本报组织并策划的大型公益性活动，已成功举办相亲会50多场，数万人／次踊跃参与。

11、与市慈善总会连续八年推出“爱心接力”助学活动，累计资助贫困大学新生上万人。

四、强大的资源平台

重庆晚报——是每天百万读者的营养早餐。

自有：一张报纸、一个网站、一张数字报、一张桌面报、一张手机报。

战略合作伙伴：

重庆晚报是世界中文报业协会成员。联合四大洲、五大洋，打造覆盖全球的媒体联盟。

重庆晚报是中国晚报协会副会长单位。联合全国300多家晚报、都市报。

重庆晚报是新浪、搜狐、新华、雅虎、腾讯、央视、百度等知名媒体首选合作报纸。

重庆晚报和华龙网、手机报、移动电视及轻轨、楼宇分众传媒、品质楼盘、五星酒店、专业市场结成合作联盟。

五、先进的经营理念

重庆晚报以“合作、共赢、发展 ”为经营理念；以全面提升团队战斗力，提升客户服务质量为手段。携手代理公司，实现市场份额和广告总量的双提升，确保各年度目标任务的完成。

1、发展目标

在2009年基础上，广告经营额要实现年均增长15%，5年翻一番。

2、经营模式

重庆晚报的广告经营按行业实行代理公司风险买断经营方式。即广告代理公司对当年行业广告额实行总额和版面额风险买断，公开竞标，按月度分解目标任务缴款，超额分成的模式。

3、目前的主要行业

房地产、装饰建材、汽车、财经、医疗、家电、百货、通讯IT、文教、旅游、餐饮、时尚、食品、分类、招聘等。

4、主要做法

我们的竞争策略：“做强优势行业，培育壮大强势行业，开拓新兴行业，优化行业结构”。

（1）调整产业结构，培育新兴行业

做强地产、汽车等优势行业，加大对客户的分级管理，增强服务性，提高大客户的投放份额和总量；继续培育壮大家电、家装、财经等强势行业，要培育更多上千万级的强势行业；大力开拓教育、旅游、时尚、百货等新兴行业要，寻找新的经济增长点。

（2）注重整合营销，加大策划和行业联动

整合营销既是大势所趋，也是报纸经营工作的难点。广告客户需要报纸整合各种资源要素，加大策划，提供全方位的服务。2009年，我们组织的大型策划活动达20余个。其中，2009年9月，策划了“华文媒体聚焦重庆”大型联合采访暨“功勋60年·重庆力量”及颁奖庆典，采访邀请经济日报报业集团、广州日报报业集团不同地区的30余名记者，实地采访龙湖等10多家知名企业，感受重庆，并评选出10大地产事件、10大公共建筑、8个银行奖等大奖，为重庆的知名企业搭建起前所未有的全球宣传平台。此次活动完成了地产、金融、食品等多行业的联合营销，为行业资源整合开创了典范，并直接拉动了广告金额近千万元。

同时，整合报纸现有资源，比如十佳雇主评选、晚报读者会、相亲会、名人堂等重要活动，新闻、经营和品牌都进行了较好整合，取得了一定效果。同时，与全国各大主流媒体联袂举行的地产风云榜、汽车总评榜、3C总评榜等活动，在业界都有一定影响。地产、3C、金融等行业，还不断与华龙网、网易、新浪等新兴媒体进行合作。

（3）积极创新经营模式

从2009年起，我们在经营模式创新上做了积极的尝试并取得了很好的经验，为今后的多元化经营打下了坚实的基础。我们主要从几个方面进行了创新：

一是实行自营。自我经营锻炼了队伍，增加了记者团队的经营意识，提升了记者的综合素质，使专刊新闻和客户服务结合得更为紧密，提高了工作效率，提高了对客户的服务质量。

二是工作室与代理公司紧密合作模式。汽车、时尚等少数行业，工作室与代理公司尝试进行了紧密合作，把记者与业务员打造成一个团队，由工作室统一管理和考核，降低了合作中的沟通成本，提高了合作效率。

真诚互动　用心沟通

——与SOHO·中国的成功合作

山西日报报业集团

核心策略：媒体与企业、媒体与读者、企业与消费者共同构成了传媒经济的循环系统，实实在在为读者、消费者提供优质的产品和资讯服务，是企业长远发展的必然选择，也是媒体长远发展的必然选择。与SOHO·中国的合作之所以成功，是因为山西日报报业集团与SOHO·中国达成了“让山西消费者购买到真正物超所值的高品质楼盘，让山西消费者感受到消费者应有的尊重”的共识。不仅所有的活动都坚持与消费者“真诚互动 用心沟通”的原则，山西日报报业集团与SOHO·中国也始终在“真诚互动 用心沟通”。

“城市商业房地产发展论坛”现场

一、背景

（一）山西市场，成了北京、上海等地房地产商的瞩目焦点

山西，作为一个未能享受到任何特殊政策的内陆省份，尽管与全国一些发达地方相比尚有不少差距，但在全省进一步扩大开放的大战略下，山西正在迅速的崛起。近年来，煤炭资源的紧缺使山西人迅速成为财富的拥有者。山西的煤炭价格一路走高，电力的短缺、运输的紧张、矿产资源的不均衡现象都使得山西煤矿主的财富在短期内急剧膨胀，与煤炭相关的一些产业也得到了发展，比如煤炭运输业、机械、机电等产业都被带动起来，造就了一大批富翁。持续走高的能源经济，引发新晋商一轮又一轮的投资热潮。山西人盖楼，河南人买绸，一方水土，有一方美食；一方美食，育一方精英。历史是无法割裂的，因此山西人对房地产投资有很强的偏好，将购买房子作为财富的另一种投资形式。全国闻名的晋商大院既是一种传统，一种文化，也是一种例证。由于山西与北京距离很近，加之作为首都的北京的种种有利环境对山西人的长久诱惑和吸引，山西人在京置业的高潮风起云涌。山西人，已经成为在北京置业的最主要和最具实力的外来力量之一。山西市场，成了北京、上海、海南等地房地产商的瞩目焦点。

（二）山西日报报业集团成为外埠地产商与山西财富阶层和潜在客户进行畅通、高效的信息沟通的重要渠道

山西日报报业集团作为山西省首家报业集团，旗下拥有11报3刊1网站，是山西省名副其实的媒体“航母”，其中《山西日报》、《山西晚报》已经实现对山西全境的无缝隙覆盖。日发行量突破50多万份，在山西省影响力无出其右。

山西日报报业集团作为中国住交会“名盘、名企、名人”山西地区惟一指定的推介单位，将把山西一批优秀的地产企业推出山西，走向全国，同时把外省一批优秀的地产企业推介给山西，通过住交会这个平台与全国

的优秀地产企业同台竞技，取长补短，共同促进地产的健康发展。

山西日报报业集团独特的优势为外埠地产商进入山西，扩大其在山西的知名度与影响力创造了极为有利的条件。2005年7月23日，由山西日报报业集团广告总公司与《中国房地产报》共同举办的“2005新晋商投资趋势论坛”暨最具外埠影响力北京楼盘推介会在山西太原成功举办。山西日报报业集团广告总公司与外埠地产商的长期合作拉开了序幕。

二、用心沟通 一拍即合

“城市商业房地产发展论坛”现场

2005年11月，潘石屹带领SOHO·中国的营销队伍来到山西，山西日报报业集团广告总公司总经理李伟与潘石屹进行了初步沟通，山西日报报业集团广告总公司真诚的合作态度与优秀的服务能力使双方的合作迅速进入了实质性阶段。SOHO·中国有限公司作为一家为注重生活品味的人群提供创新生活空间以及引领时尚生活方式的房地产开发公司，在中国享有盛名。但做为相对比较闭塞的内陆省份山西来讲，很多人并不了解SOHO·中国，如何让山西人及时、全面地了解SOHO·中国有限公司的发展历史、优秀文化、优质服务、楼盘特色及销售情况成了双方共同关注的焦点。潘石屹，中国地产风云人物，娱乐化的地产商人，在山西，潘石屹的名气远比SOHO·中国要大的多，对了，就是潘石屹！经过讨论，双方抛弃了赤裸裸的楼盘推介的传统形式，确定了以潘石屹的博客做为宣传的切入点，以真诚的方式与山西消费者进行心与心的沟通与交流，以客户答谢会的形式与山西目标消费者进行真诚互动。“让山西消费者购买到真正物超所值的高品质楼盘，让山西消费者感受到消费者应有的尊重”成了双方合作的基点。

三、真诚互动 答谢会场场爆满

“城市商业房地产发展论坛”现场

2006年3月4日，山西日报报业集团广告总公司为潘石屹成功举办了“SOHO尚都·阿司匹林客户答谢酒会”。答谢酒会选择尚未在山西上映的潘石屹担当男主角的电影——《阿司匹林》做为答谢山西新老客户的礼物，独特的形式和真诚的态度，迅速拉近了山西消费者与SOHO·中国的距离。在《山西日报》、《山西晚报》的强力推介下，答谢酒会取得了空前成功，可容纳300多人的答谢大厅座无虚席，场面感人，许多潜在目标消费者当场与SOHO·中国签订了购房合同，预交了定金。

2006年7月18日，广告总公司与潘石屹联办了“城市商业房地产发展论坛”，论坛旨在推动中国房地产跨区域交流、合作，引导投资者规避风险，发掘新的投资领域，解决在地产投资过程中遭遇的问题和困惑，为山西房地产投资者、房地产开发商与地产界权威专家搭建一个交流沟通、互相学习的平台！参会嘉宾可与北京规划委员会专家顾问李忠直接对话，与房地产界焦点风云人物潘石屹面对面PK。山西日报报业集团广告总公司为论坛进行了全程策划和宣传推广。为了更好地进行活动预热，除常规广告宣传外，山西日报报业集团广告总公司向其掌握的3000多名“新晋商投资置业俱乐部”会员点对点发出了邀请函，7月12日，《山西日报·经济时讯》头版头条刊登了《房地产新政下商铺投资走向成看点》一文，论坛当天，《山西日报·置业周刊》整版刊发了《老潘的智慧》专版。由于前期的成功预热，整个论坛全场爆满，几次加席，会下争先传阅论坛内容，现场光碟成为抢手的“紧俏货”，在业界、社会上产生了很大反响，取得了巨大成功。在论坛中，潘石屹对SOHO·中国的楼盘情况只字未提，但他对整个地产行业的深刻洞察无形中坚定了众多潜在客户对SOHO·中国的信心。论坛第二天，7月19日，《山西日报·经济时讯》再次以一个整版的篇幅全面报道了“一个城市好的商业氛围的秘密”论坛内容，《山西晚报》同时以《解密商业地产》为题进行了整版报道。论坛以一种较为巧妙的方式宣传了潘石屹的SOHO·中国，促进了销售。潘石屹对山西日报报业集团广告总公司的活动策划、组织赞不绝口，潘石屹称：“你们的活动搞的比专业会展公司还好”。

2006年11月23日，潘石屹与山西日报报业集团广告总公司再次合作，成功举办SOHO·中国山西客户岁末答谢酒会。独具特色的歌舞表演和音乐演奏，让山西消费者享受了一场难得的视听盛宴。现场销售大获丰收。

2007年2月中旬，山西日报报业集团与SOHO·中国在龙城太原的商业核心区——五一广场竖起了一个高12米的巨型灯笼，以这种独特的方式向山西父老拜年，再次吸引了山西人的眼光，一个SOHO·中国的业主动情地讲：“在SOHO·中国，我们得到了一个顾客应有的尊重”我们有理由相信，这已经成了众多山西消费者的一个共识。

四、持久宣传　博客成了品牌栏目

从2006年年初到2009年底，《潘石屹的博客》在《山西日报》、《山西晚报》共刊发了100多期，内容涉及政治、经济、文化、娱乐等多个领域 。潘石屹简洁、质朴的语言风格和深刻、透辟的思想见解吸引了众多山西人的眼球，加上山西日报报业集团精心的版面设计、安排，《潘石屹的博客》成了品牌栏目。众多山西人成了潘石屹博客的忠实读者，并由此引发了对SOHO·中国的浓厚兴趣，对SOHO·中国产生了一种异想不到的宣传效果。

五、媒企双赢　堪称典范

从2006年年初双方签订正式合作协议开始，SOHO·中国到山西组织的每一次活动中，山西日报报业集团都会安排专人，全力以赴，除活动的组织外，几乎每次都在重要版面上进行事前、事中、事后的预热与与跟踪。通过一年的密切合作，2006年，山西客户占到了SOHO·中国客户总量的40%以上，至2009年，山西客户占到了SOHO·中国客户总量的50%以上，山西日报报业集团广告总公司也获得了丰厚的广告回报。同时，在一年的愉快合作和真诚沟通中，SOHO·中国与山西日报报业集团广告总公司也结下了深厚友谊，并建立了长期战略合作伙伴关系。潘石屹称：“山西日报报业集团与SOHO·中国的合作是其与国内媒体合作的典范”。

在这种良好的合作基础上，从2005年至今，山西日报报业集团与SOHO·中国已经保持了连续5年的友好合作。

浅谈民间艺术对广告设计的影响

南昌画院 易彤云

民间美术具有鲜明的民族性和多样性，其中蕴涵民族的心理素质和精神素质，反映着质朴的审美观念。民间艺术是个丰富的宝库，其种类繁，数不胜数，如泥塑、石刻雕像、民间玩具、剪纸、木版年画、皮影、刺绣、等等，它是中国人民群众创作的，以美化环境、丰富民间风俗活动为目的，在日常生活中应用、流行的艺术形式。造型图案成熟完美，内容丰富、寓意深刻，而且具有相当强大的文化接受背景，它主要通过物态形式直接反映生活，并满足人们的审美需要，体现服务于生活、美化生活的实用目的，与人们的衣食住行密切相关。这就必然要涉及到人们的心理、情感、思维方式、民族性格等各个方面，形成一种具有普遍意义的民间审美文化。

民间艺术自身也在漫长的历史岁月中不断地吸收其他各种文化艺术的资源。之所以能历经千年流传并发展下来，也是在不断的凝聚历代劳动人民的聪明才智，和不断为新的生活方式注入民族灵魂是分不开的。它从基础性文化特征、丰富寓意、设计思想，纯真风格等诸多方面，丰富了广告设计的艺术语言和思想内涵。

广告是商业营销中一个重要的环节，而创意设计是广告的灵魂，好的创意设计会带给人们巨大的审美震撼，因此，广告中的创意显得弥足珍贵，中国传统文化历史悠久，包罗万象，而在当今广告中越来越得到更为广泛的运用。

广告设计是一项以人为目标的传播手段的设计类型，要求设计作品为人所接受、认同并激发更深层的心理需要服务的。未来设计的导向将会是更多以亲和力和融入感为主，其设计原则要求是：真实、创新、形象和情感原则，这对已经深入人心的民艺来说是以生具来的特性。其中广告设计中形象和情感的两个原则特征使得广告设计与民间艺术能紧密地联系在一起。设计注重的是创意，借用民艺的手法和灵魂，结合灵活的实际要求创作出新生代的民艺产品。

民间美术中的寓意对广告设计的影响

民间美术在几千年的历史背景中延生出极为丰富的问化寓意和内含。民间艺人“托物言志、借物抒情”如用松柏、桃、龟、鹤等表示“长寿”，用蝙蝠、佛手表示“福气”，用鲜花、喜雀表示“喜庆”而用表示富贵的牡丹插再花瓶里，利用“瓶”与“平”的谐音，表示富贵平安的祝愿。还有中国结寓意团结，友好往来，这些丰富的民间艺术以其朴素的文化寓意和内涵不断的给广告设计提供设记思路和灵感，同是也使广告的内容更家深入人心，通俗易懂。广告设计如能立足于民间艺术与现代生活，把民间艺术精华通过设计创新为新的表现形式和传达信息的元素。的形式多样，其一是在传统民艺的基础上进行改良和再造，使之更趋完善，更适合于现代中国老百姓的生活，更适合于市场经济的竞争，使传统文明升华为现代文明；其二是转换功能，使某些传统民艺在现代社会具有新的功能。如中国结在广告设计中的应用。

中国民间文化突出的特点就是追求吉祥，这一恒定的艺术主题造就了稳定的艺术形式，如福字、寿字、双喜字、十二生肖、如意等等吉祥符号便以不同材质不断重复地出现在生活不同的环境之中，构成了传统生活方式的重要因素。我们完全可以把中国这些具有特殊意味的传统艺术符号经过创新之后装点我们现代的生活空间，并继承这种优秀的文化传统。

一个优秀的广告并不是以美观（当然这些是必不可少的）来衡量的，而是看它是否适合你的广告对象。说白了就是它是否能够刺激销售。

民间艺术中的造形对广告设计的影响

民间美术造型在广告中的运用已经非常普遍了，如京剧脸谱的运用，剪纸艺术、风筝扎染等图案造形在广告得到广泛运用。

艺术创作源于生活，服务于生活。中国的剪纸艺术是最有民族代表性的造型艺术，剪纸艺术是古代艺人为了给其他工艺品染色，所做的遮罩，而这种遮罩的方法经过历史的演变，现在已独立的成为一种民间艺术了。如今全国涌现出了许多的剪纸高手，她们用剪纸记录了生活中的点点滴滴，其形象丰富多彩，虽没有过多的色彩，但线面的组合设计都体现了民间艺人高度的概括能力，提练能力，而这一种表现方式融入广告设计里，对提高广告的视觉冲击有很大影响，对突出主题，亲和民风都有事半功倍的效果。

京剧脸谱的夸张变形都可以在广告设计中成为一种表现形式和手段，同时也能丰富广告设计的元素，现代广告设计中吉祥物和标识的设计，是将习惯理解通过设计转变为识别符号。吉祥物的设计可以借鉴民艺中强烈的吉祥观念和吉祥造型，其造型讲究浑圆饱满，简洁流畅又带有野趣。设计吉祥物时对民艺中的某些原型不可追求得太具体，而应该有一个减化，提练的抽象过程，以保持其最本质的精神气质。我们应该清楚地认识到这种借鉴不是对民间的模仿和复制，而是以新技术、新的方式对民艺的设计创新，创造出具有民族风格、时尚风格的广告产品。

民间艺术中的色彩对广告设计的影响

色彩是广告表现的一个重要因素，广告色彩的功能是向消费者传递某一种商品信息。因此广告的色彩与消费者的生理和心理反应密切相关。色彩对广告环境、对人们感情活动都具有深刻影响。广告色彩对商品具有象征意义，通过不同商品独具特色的色彩语言，使消费者更易识别和产生亲近感，商品的色彩效果对人们有一定的诱导作用。

在民间美术里面。每一种色相都有一定象征性的，而民间艺人是根据大众化的心理对色相产生的联想来组织颜色的，在对色彩的运用上也是强化自然界的固有色，同是通过联想变化，启发，及情感的渗入而产生出丰富的装饰色，由此也形成了特定的，观念性的设色习惯：青、赤、黄、百、黑，并体会到这些色彩对情绪的影响，对这五个颜色也进行了分析：青，生也。象物生时之色也；赤，赫也。太洋之色也；黄，晃也。晃晃日光之色也；白，启也。如冰启时之色也；黑，晦也。如晦冥之色也。”可见这五色都有特定的联想情景。而民间大众也常根据自身的喜好感觉去理解色彩，而些色彩感觉也是达成一致的，比如在吉凶祸福的理解中，产生了色彩上的冷暖情绪，凡积极、欢快、吉祥的都是充满活力的，色彩也艳丽，浓烈，鲜明，如红色，是中国人喜欢的颜色，是太阳的颜色，人们对它充满了崇敬，很多的喜庆开业之事都会用红色来增添吉祥之气。

在应用上如民间戏剧脸谱，不光是为了好看的目的而在脸上随便涂抹颜料，而是把人面部中反映其身份地位、人品德行、性格脾气的抽象概念转换为具象的图形符号和色彩符号，是塑造“人品性格”的民间艺术，体现出“透过现象看本质”的朴素真理。脸谱的色彩寓意为：红为忠，白为奸，黑为正，绿为草莽，蓝为妖邪，金银为神仙佛道等等。

现代许多成功的广告设计作品，特别是被国际认可的设计佳作，都是与立足本土，吸收中国传统艺术的营养分不开的。许多热爱本土文化，发扬民族风格的设计家，在寻求新的设计元素时，放眼民间文化，他们成功地借鉴、运用民间文化的精髓形式来丰富自己的设计，不仅取得了良好的效果，同时，也向世界人民显示了我们民族风格。

广告设计归根到底还是要从自己的产品出发，按照产地条件和销售区域，创造适合的传播手段、模式。在目前，广告设计所体现的不止是外在的形式，其内容还是体现一个国家的整体文化形象和创造性的行为。而民间艺术中的符号正好能体现体现一个国家和民族的整体文化形象。更加证明越是民族的，就越是世界的。

从名称到品牌
——记PGA的十年发展之路

苏州工业园区嘉都广告有限公司

广告是一项寂寞的事业。只有身处其中的人才会深有体会。

我们把自己磨练成一面锋利的刀，在商业战场上为企业开创品牌之道；我们把自己打造成一支神勇的先遣队，鞍前马后为客户保驾护航。然而，当华幕拉上之时，我们永远是后台疲惫微笑的幕后英雄。

这就是广告企业的命运，但也是我们广告人的骄傲所在。

经过十多年的努力探索，苏州工业园区嘉都广告（PGA）在蓬勃发展之中，闯出了一条具有自身特色的发展之路，成为经济效益与社会效益日益增长的现代广告企业。作为苏州第一代广告公司，PGA在十多年的发展中，见证了苏州广告业从起步、发展到全面竞争的时代。这里面有时代的缩影，也有一个广告公司迈向梦想的执着探索之路。

第一阶段：立足园区发展　全情服务客户

去过苏州的人大多知道，苏州东部有个“洋苏州”，这是中新两国政府间重要的合作项目——苏州工业园区。今天这里已成为中外经济技术合作的成功典范。现化、大气的城市精神与园林化的城市风貌相得益彰，传统文明与现代文明交相辉映。但人们不知道的是，仅在16年前，这里还是一片人迹罕止、茭白遍野的泥塘荒地……

1994年，苏州工业园区以高标准、国际化起步，立足于建设现化代、国际化、园林化都市，吸引了近200家世界500强企业在此落户，形成了电子信息、精密机械、生物医药和新材料等高科技产业群。

伴随着这些企业入驻园区的不仅是尖端的科技生产线、先进的管理技术和一流的人才，更是带来了具有国际化视野的发展理念以及国际标准的操作规范和品质要求，对于当时大多数还停留在作坊式制作水平的苏州当地广告公司来说，这无疑是一个挑战。正是在这样的背景下，一批致力于服务园区高水准发展的广告人走到了一起，1997年，园区嘉都广告（PGA）正式注册成立。

那时候，这座东部新城还在建设起步阶段，前景是辉煌的，脚下的每一步却是真实而艰难的。国外公司带来成熟的方案，但近乎苛刻的品质规范和在当时条件下几乎无法完成的制作要求，令许多广告公司望而却步。PGA没有退却，把困难当作机遇迎头而上：没有先进的设计软件，凭着扎实的专业功底和中国人特有的智慧，用手绘方案也能让项目招标的评委赞叹不已；办公条件艰苦简陋，却不吝重金投入人员培训和设备引进；没有交通工具，踏着泥泞的工地道路顶风冒雨来往于现场，全天24小时随时响应客户的服务需求……很快，在这些国内、国际知名品牌企业的口碑中，PGA由“做得到”逐步成为了“做得好”！PGA凭着专业的韧性和执着的梦想，随着苏州东部这座新城的成型而发展起来了。

第二阶段：服务城市建设 兼容并蓄发展

苏州工业园区开发建设16周年，城市管理借鉴国外先进理念，主动融入苏州中心城市发展，高标准推进各功能板块建设，是全球发展速度最快、最具国际竞争力的开发区之一。

伴随着园区城市功能的不断完善，越来越多的外商投资项目相继入驻，从制造业、地产业、服务业到休闲产业、创意产业，一个全球性的资源平台逐渐成型，与此同时，苏州的广告业迅猛发展，平面媒体、电视媒体、报纸、户外广告、会展业等如雨后春笋般发展起来。竞争进一步加剧。

工欲善其事，必先利其器。PGA人深知，凭借“一只拳头”打天下的时代已经过去。新形势下，客户要求的是从创意、策划、设计、到执行、媒体宣传的一条龙服务，谁具有强大的资源整合能力，谁能更广泛的参与城市建设，谁将在新一轮竞争中取胜。

为此，PGA开始了团队整合，引进新人才，投入新设备，建成一支专业、规范的服务团队。在此基础上，PGA又进行了深入的优劣势分析，将主要服务方向确定在公司专长的展览展示方面，同时进一步细化分工，形成了企划部、设计部、项目部、会展部、媒体部以及，喷绘制作工场的一系列综合性较强、较全面的PGA。

公司业务扩展了，人员增加了，管理的重要性就进一步突现出来。为了强化工作效率，减少内耗，公司对现有的广告承接流程进行了梳理，加强广告承接的监控和审核，使公司的广告报价、承接、设计、制作、发布更加规范化，有效提升了员工的工作效率。

PGA以澎湃高昂的创作热情，接受市场的高标准检验。在随后的五年时间里，进入了全面发展阶段。

第三阶段：配合转型升级 实现创新跨越

进入21世纪的第一个十年，由于地球环境的不断变化、自然资源的日益匮乏，第三次城市浪潮兴起。“转型升级”成为城市发展的关键词。在此情况下，苏州工业园区也在悄悄发生着变化。昔日的“国际制造”正在向“国际研发”迈进。园区园林化的城市环境、开放型的城市性格、国际化的资源整合平台，吸引了一批世界500强企业的研发中心相继进驻。

与城市一同发生变革的，还有一大批以服务业为中心的第三产业。PGA是其中之一。

配合园区发展建设的转型升级，PGA着手建立创意文化研发中心，加强具有自主知识产权的创意研发，建设具有内生能力的创意文化产业链。

为了保护好企业品牌成果，PGA又积极展开商标维权，相继申请注册商标2件，跨类申请注册商标45件，防御商标注册45件。

在各界人士的支持下以及全体员工的努力下，PGA正努力提升公司创意研发专业水平、积极构建创意研发中心，推进广告公司自身的“转型升级”。与此同时，公司的业务也从苏州逐渐走向全国。

PGA是随苏州工业园区一同成长起来的，是园区城市建设的见证者和参与者。从一片农田沃野到全球最具竞争力的开发区之一，PGA也完成了从一家小广告公司到全国一级广告企业的发展之路，先后赢得了江苏省重合同守信用单位、百佳民营企业、江苏省著名商标、全国广告行业精神文明先进单位等荣誉称号。

没有永远守成的天下。尤其对于广告这个走在时代风头浪尖的行业来说，瞬息万变的信息时代，对我们永远有着超越继往的要求。2012年，PGA即将迎来十五周岁生日。站在新的起程点，遥望未来，我们深知，路漫漫其修远兮，我们需要为明天准备的，还有太多太多。

’2010中国广告年鉴

China Advertising Yearbook

广告优秀作品评选

Excellent Advertisements

第十六届中国国际广告节长城奖获奖名单

全场大奖

作品类别：影视类
作品名称：英特尔俄罗斯方块篇
参赛单位：麦肯光明广告有限公司（北京）

金奖

作品类别：影视类
作品名称：《我爱我车》广告片《加长篇》
参赛单位：北京圣途广告有限公司

作品类别：影视类
作品名称：联想 IdeaPad Y530——“我喜欢你”篇
参赛单位：北京电通广告有限公司

作品类别：影视类
作品名称：Nokia——李小龙乒乓篇
参赛单位：智威汤逊－中乔广告有限公司

作品类别：平面类
作品名称：更长持久的外墙乳胶漆
参赛单位：盛世长城国际广告有限公司上海分公司

作品类别：平面类
作品名称：《神钢小型挖掘机心灵手巧系列——切菜篇，穿针篇，手柄篇，魔方篇》
参赛单位：成都市伍拾广告

作品类别：平面类
作品名称：甲虫篇之一，甲虫篇之二，甲虫篇之三
参赛单位：广东省广告股份有限公司

作品类别：平面类
作品名称：MG——减速篇
参赛单位：南京银都广告商务有限责任公司

作品类别：平面类
作品名称：WWF——英雄老人篇
参赛单位：南京银都广告商务有限责任公司

作品类别：平面类
作品名称：南方周末报 1，2，3
参赛单位：济南新三友广告有限公司

作品类别：平面类
作品名称：全家福篇
参赛单位：李树林

作品类别：平面类
作品名称：十大酷刑之鞭刑篇、老虎凳篇、廷杖篇
参赛单位：广州市智在广告有限公司

作品类别：平面类
作品名称：生命阳光——刺猬篇
参赛单位：广州市旭日因赛广告有限公司

作品类别：平面类
作品名称：洋河蓝色经典人物系列
参赛单位：北京邦格广告有限公司

作品类别：平面类

作品名称：喜贝儿婴儿无蚊香膏隔离篇
参赛单位：温州思珀文化传播有限公司

作品类别：平面类
作品名称：沟通系列报广
参赛单位：深圳市采纳品牌营销顾问有限公司

作品类别：平面类
作品名称：特警队
参赛单位：上海斐思态广告有限公司

作品类别：平面类
作品名称：猪说羊篇
参赛单位：长沙盛美广告有限公司

作品类别：广播类
作品名称：果味咖啡口误篇
参赛单位：广东省广告股份有限公司

作品类别：广播类
作品名称：《精彩8秒——长了未必好》
参赛单位：陕西人民广播电台

作品类别：户外类
作品名称：风景，这里独好
参赛单位：四川诚成广告有限责任公司

作品类别：户外类
作品名称：熊猫篇
参赛单位：百比赫广告（上海）有限公司

作品类别：户外类
作品名称：扭脖系列：左右篇，上下篇，散开篇，转圈篇
参赛单位：长沙盛美广告有限公司

作品类别：户外类
作品名称：电梯篇
参赛单位：金鹏国际广告有限公司

银奖

作品类别：影视类
作品名称：奥迪A4线条篇TVC
参赛单位：上海灵狮广告有限公司（北京办事处）

作品类别：影视类
作品名称：《我爱我车》广告片《人小车大》篇
参赛单位：北京圣途广告有限公司

作品类别：影视类
作品名称：鸿星尔克《选秀篇》
参赛单位：厦门组合影视广告有限公司

作品类别：影视类
作品名称：“请讲普通话”长沙话篇
参赛单位：长沙盛美广告有限公司

作品类别：影视类
作品名称：书柜
参赛单位：上海斐思态广告有限公司

作品类别：影视类
作品名称：曼妥思脆皮软心糖——游戏机篇
参赛单位：百比赫广告（上海）有限公司

作品类别：影视类
作品名称：烟火篇
参赛单位：天联广告

作品类别：影视类
作品名称：大球篇
参赛单位：天联广告

作品类别：影视类
作品名称：强生婴儿品牌广告系列——触摸让爱绽放
按摩篇
参赛单位：睿狮广告传播

作品类别：影视类
作品名称：建设银行——问路篇
参赛单位：南京银都商务广告有限责任公司

作品类别：影视类
作品名称：夜宴篇
参赛单位：天联广告

作品类别：平面类
作品名称：【鼎科 · 阿布阿布】每只菜鸟都有鹰的梦想
参赛单位：重庆高戈广告有限责任公司

作品类别：平面类
作品名称：麦田回忆系列
参赛单位：杭州及时沟通广告有限公司

作品类别：平面类
作品名称：天津万科——大城光阴系列稿
参赛单位：黑弧奥美广告传媒深圳公司

作品类别：平面类
作品名称：光耀城系列稿5篇
参赛单位：黑弧奥美广告传媒深圳公司

作品类别：平面类
作品名称：万科棠樾报纸广告——游子归系列
游子篇，新衣篇，思念篇，归来篇
参赛单位：深圳市风火广告有限公司

作品类别：平面类
作品名称：保护动物迷途系列
（熊猫篇、海豚篇、天鹅篇）
参赛单位：广东思域广告有限公司

作品类别：平面类
作品名称：现代汽车——拓界篇
参赛单位：北京伊诺盛广告有限公司
广东省广告股份有限公司

作品类别：平面类
作品名称：JEEP　4X4篇
参赛单位：动向社

作品类别：平面类
作品名称：超强抓地力
参赛单位：aeiou广告

作品类别：平面类
作品名称：扭头篇
参赛单位：北京电通广告有限公司上海分公司

作品类别：平面类
作品名称：运动精神系列——更高篇，更快篇，更强篇
参赛单位：麦肯光明广告有限公司——SGM　Works

作品类别：平面类
作品名称：bose——旅途篇
参赛单位：百比赫广告（上海）有限公司

作品类别：平面类
作品名称：INECO——工具箱篇
参赛单位：南京银都广告商务有限责任公司

作品类别：平面类
作品名称：水井坊节日文化系列《春节印象篇》
《端午印象篇》《中秋印象篇》
参赛单位：广东省广告股份有限公司

作品类别：平面类
作品名称：旅行箱系列
参赛单位：李树林

作品类别：平面类
作品名称：FunRun 系列　夜跑篇，海边篇，郊野篇
参赛单位：上海李奥贝纳广告有限公司

作品类别：平面类
作品名称：大自然坦诚系列
参赛单位：上海灵狮广告有限公司

作品类别：平面类
作品名称：灭人器——中国消防自愿者
参赛单位：武汉市利器广告传播有限责任公司

作品类别：平面类
作品名称：食品安全之《西红柿篇》
参赛单位：南京大贺威汉广告传播有限公司

作品类别：平面类
作品名称：《越小越容易粘土》
参赛单位：济宁邮政商函广告局

作品类别：平面类
作品名称：工艺品系列（大象篇、犀牛篇、海象篇）
参赛单位：广东思域广告有限公司

作品类别：平面类
作品名称：熊猫篇
参赛单位：百比赫广告（上海）有限公司

作品类别：平面类
作品名称：用华文打天下
参赛单位：麦肯光明广告有限公司

作品类别：平面类
作品名称：拒绝伪劣电池《头篇》《心脏篇》《下体篇》
参赛单位：哈尔滨海润国际广告传播集团

作品类别：平面类
作品名称：梳子篇、毛刷篇、尺子篇
参赛单位：TBC 铭鼎行销传播机构
（广州铭鼎广告有限公司）

作品类别：平面类
作品名称：美的管道超滤净水机《毒蘑菇篇》
参赛单位：广州市致诚广告有限公司

作品类别：平面类
作品名称：东芝洗衣机《摔角篇 1》
参赛单位：广东太平网联广告有限公司

作品类别：平面类
作品名称：健康篇
参赛单位：天进品牌管理机构

作品类别：平面类
作品名称：夺“屏”而出篇
参赛单位：上海圣峰广告有限公司

作品类别：平面类
作品名称：《灯头人系列篇》
参赛单位：上海博格广告有限公司

作品类别：平面类
作品名称：曲美瘦身胶囊 荷叶篇 沙滩篇 雪地篇
参赛单位：上海智奇策划咨询机构

作品类别：平面类
作品名称：V 多脆薯片番茄篇、疯牛篇、烧烤篇
参赛单位：广东太平网联广告有限公司

作品类别：平面类
作品名称：橙子篇／草莓篇／水蜜桃篇
参赛单位：TBC铭鼎行销传播机构
（广州铭鼎广告有限公司）

作品类别：平面类
作品名称：水井坊节日系列之《春节篇》、《端午篇》、《中秋篇》
参赛单位：广东省广告股份有限公司

作品类别：平面类
作品名称：水井坊系列之《邀月同饮篇》、《与月同醉篇》、《捞月同欢篇》
参赛单位：广东省广告股份有限公司

作品类别：平面类
作品名称：维达手部卫生湿巾手影系列、虎篇、蛇篇、蝎篇
参赛单位：广东广旭广告有限公司

作品类别：平面类
作品名称：丰添防脱发剂——铁锚篇
参赛单位：上海威恒广告公司

作品类别：平面类
作品名称：沙宣强力定型造型解码系列——发花系列
参赛单位：苏州工业园区展望广告策划有限公司

作品类别：平面类
作品名称：美国宝利捷洗洁剂 盘子篇 勺子篇 叉子篇
参赛单位：上海智奇策划咨询机构

作品类别：平面类
作品名称：鼻尖篇 1征婚，2股票，3按摩
参赛单位：盛世长城国际广告有限公司上海分公司

作品类别：平面类
作品名称：地铁篇
参赛单位：DDB China Group

作品类别：平面类
作品名称：齐心指纹机 拉登篇
参赛单位：北京电通广告有限公司广州分公司

作品类别：平面类
作品名称：变色龙篇
参赛单位：上海艺智广告有限公司

作品类别：平面类
作品名称：139邮箱之大象篇
参赛单位：广东省广告股份有限公司

作品类别：平面类
作品名称：中国移动手机阅读《车站》、《机场》、《海滩》
参赛单位：浙江南天广告

作品类别：平面类
作品名称：中国电信114系列《床》、《话筒》、《咖啡杯》
参赛单位：浙江南天广告

作品类别：平面类
作品名称：MG3屁股篇
参赛单位：南京银都广告商务有限责任公司

作品类别：平面类
作品名称：电信星空杀毒——马桶篇、红灯篇、路牌篇
参赛单位：南京银都广告商务有限责任公司

作品类别：平面类
作品名称：淘宝随时随地购物系列 生产篇 葬礼篇 战争篇
参赛单位：广州市智在广告有限公司

作品类别：平面类
作品名称：三下乡系列
参赛单位：广东九易广告有限公司

作品类别：平面类
作品名称：移动经销存系列
参赛单位：广东九易广告有限公司

作品类别：平面类
作品名称：口吃矫正器
参赛单位：广西南宁良策广告设计有限公司

作品类别：平面类
作品名称：扭脖系列：左右篇、上下篇、散开篇、转圈篇
参赛单位：长沙盛美广告有限公司

作品类别：平面类
作品名称：橘红痰咳液之蛤蟆篇，刺猬篇，蚂蚁篇
参赛单位：广东省广告股份有限公司

作品类别：平面类
作品名称：心寒篇 发烧篇 压力篇
参赛单位：麦肯光明广告有限公司—— SGM Works

作品类别：平面类
作品名称：宜康便利店 牙膏篇
参赛单位：广东省广告股份有限公司

作品类别：平面类
作品名称：江苏银行——我的卡
参赛单位：江苏雅智广告有限公司

作品类别：平面类
作品名称：嘴巴篇、耳朵篇、眼睛篇
参赛单位：天津自由学习和平专修学校

作品类别：平面类
作品名称：柴堆篇系列
参赛单位：获得创意管理（广西）公司

作品类别：广播类
作品名称：福尚装饰（“装”篇）
参赛单位：陕西人民广播电台

作品类别：广播类
作品名称：“请讲普通话”方言篇
参赛单位：长沙盛美广告有限公司

作品类别：广播类
作品名称：王老吉——灭火篇
参赛单位：南京雷迪欧广告有限公司

作品类别：户外类
作品名称：依维柯《爬树篇》
参赛单位：南京大贺威汉广告传播有限公司

作品类别：户外类
作品名称：3D 电影大白鲨篇
参赛单位：南京梅迪派勒公交广告有限公司

作品类别：户外类
作品名称：大灌篮
参赛单位：潍坊市公共交通总公司广告分公司

作品类别：户外类
作品名称：悠格瑜珈公交车身广告
参赛单位：宁波联合动力广告有限公司

作品类别：户外类
作品名称：打折 凸角篇
参赛单位：长沙盛美广告有限公司

铜奖

作品类别：影视类
作品名称：西安雅居乐花园——歪人篇
参赛单位：海南泽洪广告有限公司成都分公司

作品类别：影视类
作品名称：海力网——海浪篇
参赛单位：大连江汉传奇广告有限公司

作品类别：影视类
作品名称：腿
参赛单位：上海斐思态广告有限公司

作品类别：影视类
作品名称：工厂
参赛单位：智威汤逊—中乔广告有限公司上海分公司

作品类别：影视类
作品名称：Inner Shine
参赛单位：上海李奥贝纳广告有限公司

作品类别：影视类
作品名称：南山奶粉——父亲篇
参赛单位：百比赫广告（上海）有限公司

作品类别：影视类
作品名称：苏果超市——习惯篇
参赛单位：江苏省大唐灵狮广告有限公司

作品类别：影视类
作品名称：《美的集团——绽放篇》
参赛单位：广东省广告股份有限公司

作品类别：影视类
作品名称：资生堂公司形象篇
参赛单位：上海旭通广告有限公司

作品类别：影视类
作品名称：五星体育奥运频道30秒TVC《形象篇》
参赛单位：上海邱是广告制作有限公司

作品类别：影视类
作品名称：珍贵如你
参赛单位：aeiou广告

作品类别：影视类
作品名称：三菱电机空调——天地人篇
参赛单位：博采广告有限公司

作品类别：影视类
作品名称：2009年佳能伊克萨斯IXUS小型数码相机“你好，色彩”
参赛单位：北京电通广告有限公司

作品类别：影视类
作品名称：“Potepo享吃团”篇
参赛单位：北京电通广告公司 上海分公司／上海金顶广告

作品类别：影视类
作品名称：德克士——佐罗篇
参赛单位：阳狮广告有限公司上海分公司

作品类别：影视类
作品名称：怡宝纯净水——铁道员篇
参赛单位：广州市盛邦德广告有限公司

作品类别：影视类
作品名称：梦幻球场篇
参赛单位：DDB China Group

作品类别：影视类
作品名称：兹博果咖提神草莓人篇
参赛单位：广东省广告股份有限公司

作品类别：影视类
作品名称：味全优酪乳——常加班篇
参赛单位：阳狮广告有限公司上海分公司

作品类别：影视类
作品名称：伊利——牧场篇
参赛单位：智威汤逊—中乔广告有限公司

作品类别：影视类
作品名称：清扬祛屑洗发露公益广告
参赛单位：百比赫广告（上海）有限公司

作品类别：影视类
作品名称：浦发银行信用卡“你能飨更多”漓江篇
参赛单位：Can Create

作品类别：影视类
作品名称：广州血液中心无偿献血——心电图篇
参赛单位：广东省广告股份有限公司

作品类别：影视类
作品名称：肯德基宅急送“巴士篇”
参赛单位：Genesis China 上海源滕广告设计制作有限公司

作品类别：影视类
作品名称：婚礼篇
参赛单位：天联广告

作品类别：平面类
作品名称：80步海寓 背包客篇，故乡篇，水手篇
参赛单位：深圳市风火广告有限公司

作品类别：平面类
作品名称：漏电保护
参赛单位：合肥新方舟广告有限责任公司

作品类别：平面类
作品名称：中信山语湖“成家”系列 山脉篇，森林篇，湖篇，高尔夫球篇
参赛单位：深圳市风火广告有限公司

作品类别：平面类
作品名称：第五园 园静篇，园境篇，园锦篇
参赛单位：深圳市风火广告有限公司

作品类别：平面类
作品名称：方太吸油烟机之浓烟篇，白云篇，晨雾篇
参赛单位：潍坊广播电视报社

作品类别：平面类
作品名称：山居系列——《山篇》、《瀑布篇》、《树篇》
参赛单位：深圳市烽火广告有限公司

作品类别：平面类
作品名称：福州怀安里“70岁篇”“回头路篇”“信念篇”
参赛单位：黑弧奥美广告传媒深圳公司

作品类别：平面类
作品名称：sofa融科城
参赛单位：天津深度广告传播有限责任公司

作品类别：平面类
作品名称：立邦漆之“我的灵感，我的立邦”
参赛单位：长春吉广传媒有限公司

作品类别：平面类
作品名称：湖语山《建筑篇》《书篇》《植物篇》
参赛单位：南京大贺威汉广告传播有限公司

作品类别：平面类
作品名称：食品安全系列原子弹／手榴弹／地雷弹
参赛单位：重庆市艺术广告公司

作品类别：平面类
作品名称：全能篇
参赛单位：北京印迹广告有限公司

作品类别：平面类
作品名称：了如指掌篇
参赛单位：北京印迹广告有限公司

作品类别：平面类
作品名称：陶瓷SUV篇A
参赛单位：上海灵狮广告有限公司

作品类别：平面类
作品名称：锦湖轮胎　树根篇，船锚篇，钻头篇
参赛单位：上海广告有限公司

作品类别：平面类
作品名称：保护动物迷途系列（鳄鱼皮鞋篇、犀牛皮鞋篇、雪狐围巾篇）
参赛单位：广东思域广告有限公司

作品类别：平面类
作品名称：bose——地图篇
参赛单位：百比赫广告（上海）有限公司

作品类别：平面类
作品名称：出炉篇
参赛单位：北京市东方仁德广告有限公司

作品类别：平面类
作品名称：西游记（唐僧、孙悟空、猪八戒、沙和尚）
参赛单位：浙江高速广告有限公司

作品类别：平面类
作品名称：点击系列之《犀牛篇》《狮子篇》《海豹篇》
参赛单位：广东英扬传奇广告有限公司上海分公司

作品类别：平面类
作品名称：天籁瞬间加速campaign《椰树篇》
参赛单位：电通集团上海东派（广州）广告有限公司

作品类别：平面类
作品名称：日产天籁bose音响系列bose音响a篇
参赛单位：电通集团上海东派（广州）广告有限公司

作品类别：平面类
作品名称：代步篇
参赛单位：麦肯光明广告有限公司——SGM Works

作品类别：平面类
作品名称："在乐克，你怎么都型！"系列
参赛单位：贵阳天马广告公司

作品类别：平面类
作品名称：草原篇，梯田篇，海洋篇
参赛单位：上海李奥贝纳广告有限公司

作品类别：平面类
作品名称：Puma F玩 平面
参赛单位：Can Create

作品类别：平面类
作品名称：消人栓——中国消防自愿者
参赛单位：武汉市利器广告传播有限责任公司

作品类别：平面类
作品名称：暗器之奶粉篇、暗器之猪肉篇、暗器之鸡蛋篇
参赛单位：宜昌美晨广告营销有限公司

作品类别：平面类
作品名称：咪蜜儿儿童玩具——锯子篇
参赛单位：思美传媒股份有限公司

作品类别：平面类
作品名称：绿叶行动（儿童食品安全）危机四伏篇
参赛单位：北京每日传媒投资有限公司

作品类别：平面类
作品名称：李宁风格斗士篮球挑战赛
参赛单位：创意生活（北京）投资顾问有限公司

作品类别：平面类
作品名称：澳柯玛冰箱产品广告主视觉《鲜鱼篇》、《鲜虾篇》、《鲜蟹篇》
参赛单位：北京灵思奥德广告有限公司

作品类别：平面类
作品名称：东芝洗衣机《摔角篇 2》
参赛单位：广东太平网联广告有限公司

作品类别：平面类
作品名称：美的果蔬净化机《利刃篇》《钢刷篇》《削刀篇》
参赛单位：广东省广告股份有限公司

作品类别：平面类
作品名称：双喜电器系列《猪腿篇》《鸡腿篇》《鸭腿篇》
参赛单位：广东省广告股份有限公司

作品类别：平面类
作品名称：西门子强力吸油烟机——鸡蛋篇、面包篇、花生篇
参赛单位：上海宏翔广告有限公司

作品类别：平面类
作品名称：老干妈《贵州人老张》《四川人老申》《湖南人老刘》篇
参赛单位：上海佳捷广告有限公司

作品类别：平面类
作品名称：台湾水果集散中心直航系列——香蕉篇／木瓜篇／蜜柚篇／甜瓜篇
参赛单位：厦门市唐码博美广告有限公司

作品类别：平面类
作品名称：维嘉猫粮广告——猫和老鼠篇
参赛单位：江苏雅智广告有限公司

作品类别：平面类
作品名称：果维康儿童钙片之跳格子篇
参赛单位：新安传媒有限公司

作品类别：平面类
作品名称：胡杨河番茄制品——晒美味系列
参赛单位：北京金马广告有限公司

作品类别：平面类
作品名称：今麦郎弹面杂志广告
参赛单位：贵州天马广告公司

作品类别：平面类
作品名称：人工呼吸
参赛单位：佛山市雅典广告传媒有限公司

作品类别：平面类
作品名称：得力劲酒系列稿（手臂篇、威虎篇、骏马篇）
参赛单位：上海博报堂广告有限公司

作品类别：平面类
作品名称：阿尔山2℃矿泉水——诞生篇、等候篇、馈赠篇
参赛单位：叶茂中行销策划机构

作品类别：平面类
作品名称：统一果肉饮料系列 鲜橙篇 奇异果篇 苹果篇
参赛单位：广东省广告股份有限公司

作品类别：平面类
作品名称：健力宝水系列之《电池篇》、《插头篇》、《插座篇》
参赛单位：广东省广告股份有限公司

作品类别：平面类
作品名称：和尚挑水篇
参赛单位：广东广旭广告有限公司

作品类别：平面类
作品名称：boss男士香水——猪与蝴蝶篇 狐狸与蜜蜂篇 臭鼬与蜂鸟篇
参赛单位：江苏雅智广告有限公司

作品类别：平面类
作品名称：电梯篇
参赛单位：DDB China Group

作品类别：平面类
作品名称：艳遇中国——高尔夫球篇
参赛单位：泉州蓝道广告有限公司

作品类别：平面类
作品名称：轨迹篇
参赛单位：天进品牌管理结构

作品类别：平面类
作品名称：小狗篇
参赛单位：北京蓝色广告有限公司

作品类别：平面类
作品名称：墙面裂纹篇
参赛单位：岳雷

作品类别：平面类
作品名称：动感地带面对面系列 约会篇，斗酷篇，迟到篇
参赛单位：广东省广告股份有限公司

作品类别：平面类
作品名称：中国电信导航家 捷径篇
参赛单位：江苏雅智广告有限公司

作品类别：平面类
作品名称：中国移动手机炒股《熊》篇
参赛单位：浙江南天广告

作品类别：平面类
作品名称：移动老年手机——大针眼篇
参赛单位：南京银都广告商务有限责任公司

作品类别：平面类
作品名称：绝对能放倒（安眠药）
参赛单位：广西南宁良策广告设计有限公司

作品类别：平面类
作品名称：《手绢》数字篇
参赛单位：中国广告联合总公司

作品类别：平面类
作品名称：爱之篇
参赛单位：盛世长城国际广告有限公司上海分公司

作品类别：平面类
作品名称：《杀伤力篇》《拯救篇》《读书篇》
参赛单位：广州市智造堂文化传播公司

作品类别：平面类
作品名称：Jusco新鲜蔬菜篇
参赛单位：黄建辉

作品类别：平面类
作品名称：来福士购物广场——来福士说系列之一二三
参赛单位：国安DDB（北京）广告传媒有限公司

作品类别：平面类
作品名称：UPS些列之三 轮船篇
参赛单位：潍坊市公共交通总公司广告分公司

作品类别：平面类
作品名称：中邮快递 · 曹操篇
参赛单位：安徽省亳州市邮政局商函广告公司

作品类别：平面类
作品名称：形象篇
参赛单位：北京东方仁德广告有限公司

作品类别：平面类
作品名称：嘉宝英语——咒语系列
参赛单位：成都市御泽文化传播有限公司

作品类别：广播类
作品名称：三金西瓜霜去火篇
参赛单位：广东省广告股份有限公司

作品类别：广播类
作品名称：三金西瓜霜喉片吵架篇
参赛单位：广东省广告股份有限公司

作品类别：广播类
作品名称："别克汽车"
参赛单位：成都人民广播电台广告部

作品类别：广播类
作品名称：宏宝莱蜜香豆坊
参赛单位：安徽人民广播电台

作品类别：广播类
作品名称：佳能炫飞照片打印机
参赛单位：湖北省广播电视总台楚天交通广播

作品类别：广播类
作品名称：绕口令
参赛单位：智威汤逊－中乔广告有限公司上海分公司

作品类别：广播类
作品名称：《一生相伴——河北电台建台60周年宣传广告》
参赛单位：河北人民广播电台广告信息中心

作品类别：广播类
作品名称：《面子——中国移动3G广告》
参赛单位：河北人民广播电台 广告信息中心

作品类别：广播类
作品名称：百度
参赛单位：吉林市人民广播电台

作品类别：广播类
作品名称：打我啊
参赛单位：长沙盛美广告有限公司

作品类别：广播类
作品名称：百嘉丽《流氓篇》
参赛单位：沈阳推动广告有限公司

作品类别：户外类
作品名称：降低篇

参赛单位：长沙盛美广告有限公司

作品类别：户外类
作品名称：窈窕阁钢管舞培训中心——道旗
参赛单位：盐城明日企业形象策划传播有限公司

作品类别：户外类
作品名称：TCL轻薄液晶电视——揭幕篇，回形针篇，插卡篇，铁夹篇
参赛单位：上海宏翔广告有限公司

作品类别：户外类
作品名称：特警队
参赛单位：上海斐思态广告有限公司

作品类别：户外类
作品名称：《e100眼花篇》
参赛单位：新疆双马元素营销策划有限公司

作品类别：户外类
作品名称：减肥
参赛单位：潍坊市公共交通总公司广告分公司

作品类别：户外类
作品名称：隆力奇美白防晒霜铜像系列
参赛单位：南京银都商务广告有限责任公司

作品类别：户外类
作品名称：小磨篇
参赛单位：广州市智在广告有限公司

作品类别：户外类
作品名称：报刊亭篇
参赛单位：广州市智在广告有限公司

作品类别：户外类
作品名称：快递盒篇
参赛单位：广州市智在广告有限公司

作品类别：户外类
作品名称：钢拉索篇
参赛单位：DDB China Group

作品类别：户外类
作品名称：三斤西瓜霜润喉片系列——水栓篇，钢管篇，灯柱篇
参赛单位：广东省广告股份有限公司

作品类别：户外类
作品名称：美的电扇——风力强劲篇
参赛单位：江苏雅智广告有限公司

作品类别：户外类
作品名称：大马士革刀系列电梯广告 核桃篇，椰子篇，鸡蛋篇
参赛单位：贵州天马广告公司

入围奖（共516件，名单略）

2009年中国诚信广告主长城奖获奖名单

中国广告主长城奖2009年度最具传播力品牌

1、重庆银行
2、搜狐
3、环球影视集团
4、重庆商社汽贸
5、天友乳液
6、厦门国贸地产
7、重庆龙湖地产
8、深圳佳兆地产
9、索尼中国
10、老庙黄金
11、盘龙云海

中国广告主长城奖2009年度公众信赖的十大品牌

1、厦门双丹马实业
2、天津平安人寿
3、天津自来水公司
4、济南鲍德房产
5、山东广宇置业
6、厦门泰成集团
7、天津友谊商厦
8、长安汽车
9、益海嘉里视频

中国广告主长城奖2009年度热心公益活动十大品牌

1、惠氏制药
2、厦门禹州集团
3、厦门大洋集团
4、川渝中烟
5、恒源祥
6、山东天地缘集团
7、北京九华山庄
8、中华恐龙园

2009年度中国广告主长城奖·功勋奖获奖人

巨人投资有限公司常务副总裁、黄金搭档常务副总经理 程晨
云南白药集团健康产品事业部常务副总经理 黄卫东
三六一度品牌首席运营官 夏友群
丸美（中国）控股有限公司总裁 孙怀庆
娃哈哈集团董事长 宗庆后
贝因美集团董事局主席 谢宏
欧莱雅（中国）有限公司副总裁 兰珍珍
搜狐 王昕
蒙牛集团营销副总裁 赵远花
青岛啤酒股份有限公司全球营销总裁 严旭

2009年度中国广告主长城奖·成就奖获奖人

滇虹药业总裁助理 刘泽辉
诺基亚大中国区市场总监 杨伟东
特步（中国）有限公司副总裁 叶齐
江苏太阳雨太阳能有限公司副总经理 陈荣华
三星手机市场总监 杨柘
北京雷霆万钧网络科技有限公司执行副总裁 冯珏
斯美特食品有限公司总经理 王冠群
宛西制药股份有限公司市场总监 杨玉奇
AOBO董事局主席特别助理、副总裁 张默闻

珍视明药业总经理　徐伟

吉林万通药业集团总裁　潘巍

浙江纳爱斯执行董事　董丽瑛

青岛啤酒营销中心媒介总监　崔虹

宝洁（中国）大中华区高级媒介经理　赖良锐

匹克体育用品有限公司CEO　许志华

广州立白总裁助理、零距离广告公司总经理　陈展生

碧生源董事长　赵一弘

鲁花集团品牌总监　初志恒

恒源祥集团副总经理　陈忠伟

中粮食品营销有限公司总经理　陈刚

伊利集团品牌总经理　程峻怡

2009年度中国广告主长城奖·贡献奖获奖人

天和药业市场总监　陈志雄

百事可乐数字营销总监　蒋军

联想集团市场总监　王东

红云红河集团副主任　魏红文

福森药业董事长兼总经理　曹长城

法国娇伊兰国际化妆品有限公司总经理　吴志刚

荣昌制药常务副总裁兼营销中心总经理　王荔强

爱玛电动车营销总经理　余林

柒牌集团品牌总监　林士祝

李宁品牌营销总监　何东健

国人西服品牌总监　刘凯

上海优幼母婴婴童用品有限公司总经理　李茂银

太极集团广告公司总经理　董辉　、

拉芳集团副总经理　吴景璇

美心集团策划总监　卢小庆

蒙娜丽莎陶瓷有限公司企划总监　万杏波

珍视明药业市场总监　詹炜

盛宝粮油总裁　林林

深圳朵唯志远整合营销传播总监　刘定坚

上海家化联合股份有限公司事业一部市场总监　秦奋华

飞鹤乳业执行总裁　聂播

河北承德露露股份有限公司副总经理　左辉

外交官集团CEO　黄彦达

加多宝食品饮料有限公司品牌总监　王月贵

仁和集团品牌一部部长　刘鸿伟

纳爱斯集团广告中心主任　赵国瑞

葵花药业媒介总监　董英俊

天方茶业董事长　郑孝和

麦当劳全国媒介总监　连耀安

九阳集团广告部经理　马海霞

爱慕营销总监　张礼强

桂龙药业总经理　王俊新

碧生源媒介总监　韩广涛

金裕皖酒业董事长　段兆法

猫人品牌推广部经理　曹云扬

郎酒集团副总裁　李明政

雨润食品市场部总经理　俞宝明

金丝猴集团广告总监　张波

洁丽雅市场总监　黄海南

光明乳业总部市场部总监　李柯

好丽友食品膨化食品品牌高级经理　张宇

绿A生物工程有限公司总经理　杨志红

红云红河集团宣传策划部 副部长　江波

恒安集团市场总经理　杨潋

重庆登康口腔护理有限公司（冷酸灵）总经理　邓嵘

哈药集团中药有限公司董事长　吴志军

康师傅绿茶产品经理　陶过男

颈复康药业董事长　李沈明

东风雪铁龙商务部副总经理　魏文清

2009 年中国艾菲奖获奖名单

全场大奖

品牌：GE
广告运动名称：绿色创想系列运动
广告主企业：GE 通用电气（中国）有限公司
广告公司：天联广告有限公司

评委推荐奖

品牌：回力
广告运动名称：“再生：再来”计划之回忆回力
广告主企业：上海回力鞋业有限公司
广告公司：北京奥迈思互动传媒咨询有限公司

最佳创意奖

品牌：GE
广告运动名称：绿色创想系列运动
广告主企业：GE 通用电气（中国）有限公司
广告公司：天联广告有限公司

最佳传播奖

品牌：曼妥思
广告运动名称：曼妥思脆皮软心糖——错觉篇
广告主企业：不凡帝范梅勒糖果（中国）有限公司
广告公司：百比赫广告（上海）有限公司

最佳效果奖

品牌：“国际野生生物保护学会（WCS）· 中国”
广告运动名称：“中 100 万难，但见到濒危野生动物更难！——保护国内濒危野生动物”“彩票”街头大派兑
广告主企业：国际野生生物保护学会（WCS）中国项目
广告公司：广州市旭日因赛广告有限公司

2009 年中国艾菲奖特别贡献奖

腾讯公司

日用品类

金奖

品牌：美之源
广告运动名称：美汁源果粒橙——享受仪式篇
广告主企业：可口可乐饮料（上海）有限公司

品牌：曼妥思
广告运动名称：曼妥思脆皮软心糖——错觉篇
广告主企业：不凡帝范梅勒糖果（中国）有限公司

银奖

品牌：清扬
广告运动名称：09“不断突破”主题广告宣传活动
广告主企业：联合利华（中国）有限公司
广告公司：睿狮广告传播（LOWE CHINA）

品牌：尊尼获加
广告运动名称：尊尼获加黑牌——“兄弟之约”
广告主企业：酩悦轩尼诗帝亚吉欧洋酒(上海)有限公司
广告公司：百比赫广告（上海）有限公司

品牌：七度空间
广告运动名称：七度少女，Q 爱宝藏
广告主企业：福建恒安集团有限公司

广告公司：腾讯科技深圳有限公司

品牌：蒙牛
广告运动名称：美到想不到
广告主企业：内蒙古蒙牛乳业（集团）股份有限公司
广告公司：上海灵狮广告有限公司北京办事处

品牌：伊利
广告运动名称：儿童专属牛奶，专助儿童成长
广告主企业：内蒙古伊利实业集团股份有限公司
广告公司：国安DDB（北京）广告传媒有限公司

铜奖

品牌：可伶可俐
广告运动名称：一天油击马拉松
广告主企业：强生（中国）有限公司
广告公司：DDB China Group

品牌：美特斯邦威
广告运动名称：美特斯邦威“变形看我”
广告主企业：上海美特斯邦威服饰股份有限公司
广告公司：上海氩氪广告有限公司

品牌：兰蔻
广告运动名称：兰蔻璀璨香水上市广告运动
广告主企业：欧莱雅（中国）有限公司
广告公司：阳狮广告有限公司上海分公司

品牌：康师傅
广告运动名称：康师傅冰红茶网络音乐剧活动
广告主企业：天津顶津食品有限公司
广告公司：上海奥美广告有限公司北京分公司、
北京奥美互动咨询有限公司

品牌：康师傅
广告运动名称：花清香 茶新味
广告主企业：天津顶津食品有限公司
广告公司：北京电通广告有限公司

品牌：果珍
广告运动名称：让孩子爱上喝水
广告主企业：卡夫食品销售有限公司
广告公司：上海奥美广告有限公司

品牌：一品留香
广告运动名称：一品留香“贩卖人生的大自在”
品牌全案推广
广告主企业：四川泸州一品留香酒业有限公司
广告公司：巴蜀新形象广告传媒股份有限公司

品牌：蒙牛
广告运动名称：品类分化 品牌进化
——蒙牛果蔬酸酸乳上市推广运动
广告主企业：内蒙古蒙牛乳业（集团）股份有限公司
广告公司：北京李奥贝纳维传凯普广告有限公司

品牌：佳得乐
广告运动名称：佳得乐“运动不止2008”
广告主企业：百事（中国）有限公司上海分公司
广告公司：DDB China Group

品牌：伊利
广告运动名称：伊利营养舒化奶
——奥运后整合营销传播
广告主企业：内蒙古伊利实业集团股份有限公司
广告公司：智威汤逊中乔广告有限公司

品牌：帮宝适
广告运动名称：帮宝适夏季营销
广告主企业：广州宝洁有限公司
广告公司：盛世广告（香港）服务有限公司、
星传媒体——广州

耐用品类

金奖

品牌：摩托罗拉

广告运动名称：AURA，艺炼传世奢华

广告主企业：摩托罗拉（中国）电子有限公司

广告公司：上海奥美广告有限公司北京分公司

银奖

品牌：惠普

广告运动名称：我的电脑，我的舞台——嘻哈音乐

广告主企业：惠普（中国）有限公司

广告公司：盛世长城国际广告有限公司

品牌：佳能伊克萨斯

广告运动名称：2009 年佳能伊克萨斯 IXUS 小型数码相机“你好，色彩”整合营销方案

广告主企业：佳能（中国）有限公司

广告公司：北京电通广告有限公司

铜奖

品牌：雪佛兰

广告运动名称：“点滴能量，驱动渴望——雪佛兰新乐骋 2008 年上市及全年推广”

广告主企业：上海通用汽车有限公司

广告公司：麦肯光明广告公司上海分公司

品牌：摩托罗拉

广告运动名称：明 A1600，让你领先一步

广告主企业：摩托罗拉（中国）电子有限公司

广告公司：上海奥美广告有限公司北京分公司

品牌：美的

广告运动名称：美的，我们敢想

广告主企业：广东美的制冷设备有限公司

广告公司：上海奥美广告有限公司

品牌：福特嘉年华

广告运动名称：新福特嘉年华上海战役

广告主企业：长安福特马自达汽车有限公司

广告公司：智威汤逊中乔广告有限公司上海分公司

服务类

金奖

品牌：麦当劳

广告运动名称：麦当劳“见面吧”暑期活动

广告主企业：麦当劳（中国）有限公司

广告公司：上海腾迈广告有限公司

银奖

品牌：搜狐

广告运动名称：上搜狐，知天下

广告主企业：北京搜狐新媒体信息技术有限公司

广告公司：“三人行广告有限公司、德高广告（北京）有限公司”

品牌：VISA

广告运动名称：VISA2008 北京奥运会

广告主企业：维萨信息系统（上海）有限公司

广告公司：天联广告有限公司上海分公司

铜奖

品牌：联合国儿童基金会

广告运动名称：联合国儿童基金会蓝图行动

广告主企业：联合国儿童基金会（北京）

广告公司：上海腾迈广告有限公司

品牌：宜佳购物

广告运动名称：“宜佳 · 到家”广告运动

广告主企业：辽宁宜佳电视购物有限公司

广告公司：沈阳蔚蓝火红广告有限公司

品牌：麦当劳
广告运动名称：麦当劳超值淘宝拍卖活动2009
广告主企业：麦当劳（中国）有限公司
广告公司：DDB China Group

品牌：IBM
广告运动名称：IBM"IT基础，重获自主"广告邮票册
广告主企业：国际商业机器（中国）有限公司
广告公司：北京奥美互动咨询有限公司

形象类

金奖

品牌：成都
广告运动名称：2008成都震后城市形象提升整合推广案
广告主企业：成都市人民政府新闻办公室
广告公司：成都阿佩克思达彼思整合营销传播有限公司

银奖

品牌：博世
广告运动名称：博世工程师——科技成就生活之美
广告主企业：博世（中国）投资有限公司
广告公司：智威汤逊中乔广告有限公司上海分公司

铜奖

品牌：国际劳工组织
广告运动名称："老乡帮老乡，预防艾滋病"健康活动
广告主企业：国际劳工组织北京局
广告公司：麦肯健康传播

小预算类

金奖

品牌："国际野生生物保护学会（WCS）·中国"
广告运动名称："中100万难，但见到濒危野生动物更难！——保护国内濒危野生动物"
"彩票"街头大派兑
广告主企业：国际野生生物保护学会（WCS）中国项目
广告公司：广州市旭日因赛广告有限公司

银奖

品牌：回力
广告运动名称："再生：再来"计划之回忆回力
广告主企业：上海回力鞋业有限公司
广告公司：北京奥迈思互动传媒咨询有限公司

品牌：招商银行
广告运动名称：招行银行云南扶贫十周年营销传播实例
广告主企业：招商银行股份有限公司
广告公司：广州天进广告有限公司

铜奖

品牌：江中
广告运动名称：江中草珊瑚新款上市推广案例
广告主企业：江中药业股份有限公司
广告公司：上海网迈广告有限公司

品牌：IBM
广告运动名称：IT企业级存储产品 XIV产品推广活动
广告主企业：国际商业机器（中国）有限公司
广告公司：北京奥美互动咨询有限公司

入围奖：（共29件，名单略）

2009年中国媒介创新营销奖获奖名单

金奖

作品名称：天天向上
作品类别：媒介营销、创新类——广播电视类
参赛单位：湖南卫视

作品名称：广州日报·U——News
作品类别：媒介营销、创新类——平面类
参赛单位：广州日报报业集团

作品名称：华为3G星球悬念营销
作品类别：跨媒介整合策划与营销类——互动媒介整合营销
参赛单位：北京华扬联众广告有限公司

作品名称：互联网首部职场轻喜剧《司马TA呀》
作品类别：广告主品牌营销类——互动类（IT产品、网服）
参赛单位：搜狐公司

作品名称："上搜狐知天下"跨媒体品牌营销
作品类别：媒介营销、创新类——互动类
参赛单位：搜狐公司

作品名称：蒙牛安全生产24小时直播：企业与社会沟通的新模式
作品类别：广告主品牌营销类——互动类（快消）
参赛单位：新浪

作品名称：第二届三星舞动音画——新星梦工厂选秀活动推广
作品类别：广告主品牌营销类——互动类（其他）
参赛单位：腾讯公司

作品名称：寻找Cruze先锋
作品类别：广告主品牌营销类——互动类（交通）
参赛单位：优酷

作品名称：改变世界！《永恒之塔》上市整合营销传播全案
作品类别：跨媒介整合策划与营销类——跨媒介整合营销
参赛单位：盛大游戏有限公司市场营销中心

作品名称：保护濒危野生动物"彩票"
作品类别：公益活动类
参赛单位：广州市旭日因赛广告有限公司

银奖

作品名称：中央电视台2009年黄金资源广告招标转型
作品类别：媒介营销、创新类——广播电视类
参赛单位：中央电视台广告部

作品名称：丑女无敌
作品类别：媒介营销、创新类——广播电视类
参赛单位：湖南卫视

作品名称：索尼爱立信F305c病毒视频——地铁甩手男
作品类别：广告主品牌营销类

——互动类（通讯服务）
参赛单位：尚扬媒介

作品名称：诺基亚中国N系手机自造影响力活动
作品类别：广告主品牌营销类——互动类（通讯服务）
参赛单位：竞立媒体

作品名称：宜家大连开业
作品类别：跨媒介整合策划与营销类——跨媒介整合营销
参赛单位：盛世长城国际广告有限公司北京分公司

作品名称：“百年欧莱雅 网络百万爱心”——百年欧莱雅数字营销活动
作品类别：公益活动类
参赛单位：奥美互动上海

作品名称：2008动感地带街舞大赛
作品类别：跨媒介整合策划与营销类——互动媒介整合营销
参赛单位：北京华扬联众广告有限公司

作品名称：世界与中国——改革开放30年时尚盛典
作品类别：媒介营销、创新类——平面类
参赛单位：深圳特区报

作品名称：同心共济 信心共赢——2008“南开·潇湘晨报指数”发布案例
作品类别：媒介营销、创新类——平面类
参赛单位：潇湘晨报社

作品名称：环保赛鹅会
作品类别：公益活动类
参赛单位：成都商报社

作品名称：新浪“科比中文官网”的营销创新
作品类别：媒介营销、创新类——互动类
参赛单位：新浪

作品名称：Tiida梁静茹新浪歌会，量身定做的口碑营销
作品类别：广告主品牌营销类——互动类（交通）
参赛单位：新浪

作品名称：长虹“欧宝丽”等离子新品上市，发起“爱眼护眼中国行”公益营销
作品类别：广告主品牌营销类——互动类（其他）
参赛单位：新浪

作品名称：中国移动“疯狂白领”，量身定做游戏植入式博客营销
作品类别：广告主品牌营销类——互动类（通讯服务）
参赛单位：新浪

作品名称：“IBM 史上最贵广告邮票”网络互动营销
作品类别：广告主品牌营销类——互动类（IT产品、网服）
参赛单位：搜狐公司

作品名称：微软IE8“IE炫玩法_QQ酷体验”腾讯推广活动
作品类别：广告主品牌营销类——互动类（IT产品、网服）
参赛单位：腾讯公司

作品名称：一起2008，没有不可能——阿迪达斯百度空间奥运模板设计大赛
作品类别：广告主品牌营销类——互动类（其他）
参赛单位：百度在线网络技术（北京）有限公司

作品名称：青岛啤酒NBA啦啦队选拔赛

作品类别：广告主品牌营销类——互动类（快消）
参赛单位：好耶网络传媒控股有限公司

作品名称：第二届舞动音画——三星全明星选拔赛
作品类别：跨媒介整合策划与营销类——互动媒介整合营销
参赛单位：北京鹏泰互动广告有限公司

作品名称：联想ideapad S10新品推广 ——I'm Always Online 爱·在线
作品类别：跨媒介整合策划与营销类——跨媒介整合营销
参赛单位：电众数码(北京)广告有限公司

作品名称：力士洗发水柔亮系列升级上市推广，大创意、大制作实现深度品牌沟通
作品类别：广告主品牌营销类——互动类（快消）
参赛单位：易传媒

作品名称：李宁“创意混搭进行时”淘宝试衣间活动
作品类别：媒介营销、创新类——互动类
参赛单位：淘宝（中国）软件有限公司

作品名称：土豆网“通用别克新君威——S弯挑战赛”
作品类别：广告主品牌营销类——互动类（交通）
参赛单位：土豆网

铜奖

作品名称：成人礼
作品类别：媒介营销、创新类——广播电视类
参赛单位：湖南卫视

作品名称：宜家创新户外“家”，惊艳户外人流
作品类别：广告主品牌营销类——其他类
参赛单位：凯帝珂广告（上海）有限公司；尚扬媒介

作品名称：梦龙 专享你的非常礼遇
作品类别：广告主品牌营销类）——互动类（快消）
参赛单位：传立媒体——上海

作品名称：诺基亚5000校内网“晒舞功”活动
作品类别：广告主品牌营销类——互动类（通讯服务）
参赛单位：竞立媒体

作品名称：麦当劳夏日宣传活动
作品类别：跨媒介整合策划与营销类——跨媒介整合营销
参赛单位：上海腾迈广告有限公司

作品名称：伊利金典奶、舒化奶开心牧场活动
作品类别：跨媒介整合策划与营销类——互动媒介整合营销
参赛单位：北京华扬联众广告有限公司

作品名称：联想奥运整合传播
作品类别：跨媒介整合策划与营销类——跨媒介整合营销
参赛单位：北京电通广告有限公司

作品名称：一支浑然天成的交响曲——《母爱中华》三赢一体电视剧整合编排推广营销金案
作品类别：媒介营销、创新类——广播电视类
参赛单位：安徽电视台广告中心节目推广部

作品名称：山东卫视《终极篮徒》开创品牌内容营销新局面
作品类别：媒介营销、创新类——广播电视类
参赛单位：山东卫视

作品名称：“朝阳行动2009震区家庭计划”
作品类别：公益活动类
参赛单位：陕西电视台

作品名称：2009 陕北汽车巡展
作品类别：媒介营销、创新类——平面类
参赛单位：华商报社

作品名称：突破——传媒资源银行运营模式的探索与实践
作品类别：媒介营销、创新类——平面类
参赛单位：青岛晚报

作品名称：联想奥运整合推广方案
作品类别：跨媒介整合策划与营销类——互动媒介整合营销
参赛单位：电众数码（北京）广告有限公司

作品名称：朗逸“生活故事秀”
作品类别：广告主品牌营销类——互动类（交通）
参赛单位：新浪

作品名称：Kappa——信中国范
作品类别：广告主品牌营销类——互动类（其他）
参赛单位：新浪

作品名称：成都512一周年活动“一起创造　共同分享”
作品类别：公益活动类
参赛单位：新浪

作品名称：奥迪百年之奥迪印象
作品类别：广告主品牌营销类——互动类（交通）
参赛单位：新浪

作品名称：我们都是网络银儿—中行网银动漫 DIY 征集活动
作品类别：广告主品牌营销类——互动类（其他）
参赛单位：新浪

作品名称：“美的新思，跃动新姿”——美的 09 大型才艺互动选秀
作品类别：广告主品牌营销类——互动类（其他）
参赛单位：搜狐公司

作品名称：寻找优质音“享”达人
作品类别：广告主品牌营销类——互动类（通讯服务）
参赛单位：搜狐公司

作品名称：联想 IdeaCentre A600 教你“简单生活新想乐”
作品类别：广告主品牌营销类——互动类（IT 产品、网服）
参赛单位：搜狐公司

作品名称：中信银行信用卡——QQ 秀 DIY 信用卡
作品类别：媒介营销、创新类——互动类
参赛单位：腾讯公司

作品名称：《联想 idea 新想乐主义，寻找 fun 教主》
作品类别：广告主品牌营销类——互动类（IT产品、网服）
参赛单位：腾讯公司

作品名称：百年欧莱雅 网罗百万爱心
作品类别：广告主品牌营销类——互动类（快消）
参赛单位：百度在线网络技术（北京）有限公司

作品名称：新福特嘉年华——天生谁惊艳
作品类别：广告主品牌营销类——互动类（交通）
参赛单位：优酷

作品名称：三星“色女郎”网剧营销
作品类别：媒介营销、创新类——互动类
参赛单位：优酷

作品名称：美的优酷《私家厨房》植入营销
作品类别：媒介营销、创新类——互动类

参赛单位：优酷

作品名称：“美的心灵暖青川”美的淘宝慈善义卖活动
作品类别：公益活动类
参赛单位：淘宝（中国）软件有限公司

作品名称：联想 IdeaPad S10 官方网络视频传播
作品类别：广告主品牌营销类
——互动类（IT 产品、网服）
参赛单位：千橡互动集团（人人网 猫扑网）

作品名称：乐事开心农场 人人网 APP 植入
作品类别：广告主品牌营销类——互动类（快消）
参赛单位：千橡互动集团（人人网 猫扑网）

作品名称：MOTO 音乐雷达手机——情人节私密贺卡
作品类别：广告主品牌营销类——互动类（通讯服务）
参赛单位：千橡互动集团（人人网 猫扑网）

作品名称：美特斯邦威 “变型看我”
作品类别：跨媒介整合策划与营销类
——互动媒介整合营销
参赛单位：上海氩氪广告有限公司

作品名称：提制与借势，传统报媒的创新营销
作品类别：媒介营销、创新类——平面类
参赛单位：北京壹捌零广告有限公司

作品名称：鼎科 · 阿布阿布
作品类别：跨媒介整合策划与营销类
——跨媒介整合营销
参赛单位：重庆高戈广告有限责任公司

单项奖：（按拼音排序）

最佳广告主：宝洁、李宁、联想、诺基亚、
青岛啤酒、中国移动

优秀奖：（共 75 件，名单略）

2009 年中国互动网络广告创意奖获奖名单

金奖

作品名称：华为 3G 就在你身边
作品类别：微型网站类——通讯服务
参赛单位：北京华扬联众广告有限公司

作品名称：美的 30 年
作品类别：微型网站类——其他
参赛单位：北京华扬联众广告有限公司广州分公司

作品名称：中国移动无线音乐咪咕汇
作品类别：在线广告类——通讯服务
参赛单位：北京华扬联众广告有限公司

作品名称：NISSAN ROGUE「火线救援任务」活动
作品类别：微型网站类——交通
参赛单位：知世网络股份有限公司

作品名称：CRUZE 疯狂驾驶
作品类别：视频广告类
参赛单位：麦肯光明广告有限公司—— SGM Works

作品名称：草莓的一百天
作品类别：在线广告类——其他

参赛单位：北京鹏泰互动广告有限公司

作品名称："新浪十年"《扔鞋篇》
作品类别：在线广告类——网络服务
参赛单位：新浪

作品名称：牧马人，翻天覆地
作品类别：在线广告类——交通
参赛单位：搜狐公司

作品名称：废旧电池污染
作品类别：在线广告类——公益
参赛单位：搜狐公司

作品名称：爱普生光影魔方旗舰照片一体机推广独占富媒体
作品类别：在线广告类——IT 产品
参赛单位：易传媒

作品名称：惠普 A4 一体机—— A4 足矣！
作品类别：微型网站类——IT 产品／网服
参赛单位：北京奥迈思互动传媒咨询有限公司

作品名称：马爹利名士"时尚心途"网络互动电影
作品类别：微型网站类——快消
参赛单位：上海游龙商务咨询有限公司

作品名称：东风日产《阳光关爱 · 教育援川》
作品类别：微型网站类——公益
参赛单位：广州蓝门广告有限公司

银奖

作品名称：Nokia N96 李小龙篇
作品类别：视频广告类
参赛单位：智威汤逊——中乔广告有限公司北京分公司

作品名称：麦当劳"见面吧"暑期活动
作品类别：微型网站类——快消
参赛单位：上海腾迈广告有限公司

作品名称：中国移动 2008 街舞大赛广告系列
作品类别：在线广告类——通讯服务
参赛单位：北京华扬联众广告有限公司

作品名称：喜跃美的中国年
作品类别：微型网站类——其他
参赛单位：北京华扬联众广告有限公司广州分公司

作品名称：吹气游戏——睫毛篇
作品类别：在线广告类——快消
参赛单位：盛世安瑞整合互动营销有限公司

作品名称：拖车篇
作品类别：视频广告类
参赛单位：麦肯光明广告有限公司—— SGM Works

作品名称：新年的第一瓶「可口可乐」你想与谁分享活动
作品类别：微型网站类——快消
参赛单位：知世营销咨询有限公司

作品名称：adidas Originals 60 周年系列
作品类别：在线广告类——其他
参赛单位：知世营销咨询有限公司

作品名称：新浪品牌卡通形象小浪的"异想世界"
作品类别：其他
参赛单位：新浪

作品名称：新浪十年 《你来影响世界》观点征集
作品类别：微型网站类——IT 产品／网服
参赛单位：新浪

作品名称：Google定制自己喜欢的个性化主页——饺子芦篇
作品类别：在线广告类——网络服务
参赛单位：好耶网络传媒控股有限公司

作品名称：361°亚运会高级合作伙伴 传球篇
作品类别：在线广告类——其他
参赛单位：奥美世纪（北京）广告有限公司

作品名称：越吃越美丽的薯片
作品类别：在线广告类——快消
参赛单位：北京鹏泰互动广告有限公司

作品名称：Anycall Music Phone M2710C
作品类别：微型网站类——通讯服务
参赛单位：北京鹏泰互动广告有限公司

作品名称：TVC创作高手
作品类别：Web2.0形态广告类
参赛单位：搜狐公司

作品名称：3G生活，键盘才够IN
作品类别：在线广告类——通讯服务
参赛单位：搜狐公司

作品名称：见证越野传奇
作品类别：在线广告类——交通
参赛单位：搜狐公司

作品名称：搜狐公益广告之保护动物时钟篇
作品类别：在线广告类——公益
参赛单位：搜狐公司

作品名称：搜狐公益广告之打印机篇
作品类别：在线广告类——公益
参赛单位：搜狐公司

作品名称：361°爱的故事
作品类别：微型网站类——其他
参赛单位：搜狐公司

作品名称：联想idea春天的新想乐互动广告
作品类别：在线广告类——T产品
参赛单位：电众数码（北京）广告有限公司

作品名称：联想扬天台式机新品发布活动互动广告
作品类别：在线广告类——T产品
参赛单位：电众数码（北京）广告有限公司

作品名称：联想Idea品牌网站
作品类别：微型网站类——IT产品／网服
参赛单位：电众数码(北京)广告有限公司

作品名称：微软MSN中国——首页全流量Lucky Day Chanel No.5 2009全新广告大片全球网络独家首发
作品类别：在线广告类——快消
参赛单位：微软MSN(中国)

作品名称：支付宝——硬币支付篇
作品类别：在线广告类——网络服务
参赛单位：北京龙拓互动广告有限公司

作品名称：东风日产——绿色加速梦想
作品类别：微型网站类——公益
参赛单位：广州蓝门广告有限公司

作品名称：Smart——飞越纪元篇
作品类别：在线广告类——交通
参赛单位：互动通天图信息技术(上海)有限公司

作品名称：雪佛兰红粉笔计划活动网站
作品类别：微型网站类——公益

参赛单位：上海网帆信息传输有限公司

作品名称：雪佛兰科帕奇粉笔画活动网站
作品类别：微型网站类——交通
参赛单位：上海网帆信息传输有限公司

作品名称：雪佛兰Cruze科鲁兹——WTCC体验网站
作品类别：微型网站类——交通
参赛单位：上海网帆信息传输有限公司

作品名称：三星 Anycall Jet S8000 微型网站
作品类别：微型网站类——通讯服务
参赛单位：狄杰斯企业管理咨询（上海）有限公司

铜奖

作品名称：美赞臣“宝贝在望”活动网站
作品类别：微型网站类——快消
参赛单位：上海盛世安瑞广告有限公司

作品名称：42纬之下“因为我们可以____”
作品类别：Web2.0形态广告类
参赛单位：上海腾迈广告有限公司

作品名称：联合国儿童基金会蓝图行动
作品类别：微型网站类——其他
参赛单位：上海腾迈广告有限公司

作品名称：中国移动G3笔记本 跑酷
作品类别：视频广告类
参赛单位：北京华扬联众广告有限公司

作品名称：伊利优酸乳
作品类别：微型网站类——快消
参赛单位：北京华扬联众广告有限公司

作品名称：中国移动139邮箱
作品类别：在线广告类——通讯服务
参赛单位：北京华扬联众广告有限公司

作品名称：摩登「换」想
作品类别：微型网站类——通讯服务
参赛单位：RMG Connect

作品名称：中粮悦活开心网活动
作品类别：Web2.0形态广告类
参赛单位：智威汤逊——中乔广告有限公司北京分公司

作品名称：3M思高拖把——窗户篇
作品类别：视频广告类
参赛单位：阳狮广告有限公司上海分公司

作品名称：庆祝7——Eleven上海开幕「Open 将上海奇幻现身」活动
作品类别：其他
参赛单位：知世网络股份有限公司

作品名称：利乐台湾「为爱发电」活动
作品类别：微型网站类——公益
参赛单位：知世网络股份有限公司

作品名称：现代汽车i10「颠覆你的惊叹号」活动
作品类别：微型网站类——交通
参赛单位：知世网络股份有限公司

作品名称：现代汽车．颠覆惊叹 反转篇
作品类别：在线广告类——交通
参赛单位：知世网络股份有限公司

作品名称：新年的第一瓶「可口可乐」你想与谁分享活动
作品类别：客户端平台广告类
参赛单位：知世营销咨询有限公司

作品名称：淘宝搜索栏品推广告——大头篇
作品类别：在线广告类——网络服务
参赛单位：好耶网络传媒控股有限公司

作品名称：佰草集「新七白」新品上市 线上广告
作品类别：在线广告类——快消
参赛单位：好耶网络传媒控股有限公司

作品名称：悦翔上市传播 minisite
作品类别：微型网站类——交通
参赛单位：好耶网络传媒控股有限公司

作品名称：天翼 3G 网络应用之校内网偷菜篇
作品类别：在线广告类——通讯服务
参赛单位：奥美世纪（北京）广告有限公司

作品名称：联想 IdeaPad S10 “Always Online”篇
作品类别：视频广告类
参赛单位：北京电通广告有限公司

作品名称：Samsung DC ST550 online AD_“美女篇”
作品类别：在线广告类——其他
参赛单位：北京鹏泰互动广告有限公司

作品名称：Glassman —— 2233RZ 显示器
作品类别：微型网站类——IT 产品／网服
参赛单位：北京鹏泰互动广告有限公司

作品名称：Anycall F278 摇摇音乐吧
作品类别：微型网站类——通讯服务
参赛单位：北京鹏泰互动广告有限公司

作品名称：三星支持 EVDO 系列手机微型网站——世界可以是平的
作品类别：微型网站类——通讯服务
参赛单位：北京鹏泰互动广告有限公司

作品名称：搜狗拼音输入法皮肤——联想
作品类别：客户端平台广告类
参赛单位：搜狐公司

作品名称：“立体涂鸦”所见即所得
作品类别：Web2.0 形态广告类
参赛单位：搜狐公司

作品名称：每只球队都需要激情的火花
作品类别：在线广告类——其他
参赛单位：搜狐公司

作品名称：地球命运在你手中
作品类别：在线广告类——公益
参赛单位：搜狐公司

作品名称：保护，不限于此！
作品类别：在线广告类——公益
参赛单位：搜狐公司

作品名称：搜狐公益广告之俄罗斯方块篇
作品类别：在线广告类——公益
参赛单位：搜狐公司

作品名称：“上搜狐 知天下”之转盘篇
作品类别：在线广告类——网络服务
参赛单位：搜狐公司

作品名称：李宁 Funrun 超级玛丽篇
作品类别：在线广告类——其他
参赛单位：搜狐公司

作品名称：联想—新想乐主义
作品类别：微型网站类——IT 产品／网服
参赛单位：腾讯公司

作品名称：汇源果汁天平篇
作品类别：在线广告类——快消
参赛单位：新浪

作品名称：方正笔记本锐不可当篇
作品类别：在线广告类——IT产品
参赛单位：新浪

作品名称：微软MSN中国—— Messenger主窗口擎天柱富媒体 立顿立雅茶上市推广
作品类别：在线广告类——快消
参赛单位：微软MSN(中国)

作品名称："生活新篇，从此展开"—— 梅赛德斯——奔驰B级豪华运动旅行车上市网络传播方案
作品类别：微型网站类——交通
参赛单位：北京安瑞索思广告有限公司

作品名称：东风风神——上市亮剑篇
作品类别：在线广告类——交通
参赛单位：北京龙拓互动广告有限公司

作品名称：Blackmores —— Get your Power + Bottle
作品类别：微型网站类——其他
参赛单位：狄杰斯企业管理咨询（上海）有限公司

作品名称：google 百宝箱——猪流篇
作品类别：在线广告类——网络服务
参赛单位：点墨思维互动传媒广告（北京）有限公司

作品名称：空城计
作品类别：其他
参赛单位：点墨思维互动传媒广告（北京）有限公司

作品名称：联想万全T168服务器促销推广互动广告
作品类别：在线广告类——IT产品
参赛单位：电众数码(北京)广告有限公司

作品名称：联想——春天的新享乐 春季促活动minisite
作品类别：微型网站类——IT产品／网服
参赛单位：电众数码(北京)广告有限公司

作品名称：曼秀雷敦——乐肤洁校园大富翁
作品类别：微型网站类——快消
参赛单位：广东意博广告有限公司

作品名称：东风雪铁龙——型动如我篇
作品类别：在线广告类——交通
参赛单位：互动通天图信息技术(上海)有限公司

作品名称：时尚起义——30天变装真人秀
作品类别：微型网站类——其他
参赛单位：爱情公寓

作品名称：联想——春季促销享乐操
作品类别：在线广告类——IT产品
参赛单位：千橡互动集团（人人网 猫扑网）

作品名称：保护野生动物卡巴斯基系列广告之黑猩猩篇
作品类别：客户端平台广告类
参赛单位：上海网迈广告有限公司

作品名称：Touch系列之Diamond 上市云开见日篇
作品类别：在线广告类——通讯服务
参赛单位：上海网迈广告有限公司

单项奖

年度最佳广告公司：北京华扬联众广告公司
年度创新广告公司：知世营销咨询有限公司、北京鹏泰互动广告有限公司

优秀奖：（共67件，名单略）

2009年中国元素国际创意大赛获奖名单

全场大奖

奖　　项：全场大奖
类　　别：影视类
作品名称：李小龙篇
参赛单位：智威汤逊——北京

金奖

奖　　项：金奖
类　　别：图形类
作品名称：山水系列
参赛单位：智威汤逊

奖　　项：金奖
类　　别：文字类
作品名称：茶前书 茶后书
参赛单位：正大中艺设计顾问机构

奖　　项：金奖
类　　别：环境类
作品名称：beyond the great wall
参赛单位：东京电通

奖　　项：金奖
类　　别：影视类
作品名称：山水篇
参赛单位：智威汤逊

银奖

奖　　项：银奖
类　　别：图形类
作品名称：水井坊节日文化
参赛单位：广东省广告股份有限公司

奖　　项：银奖
类　　别：图形类
作品名称：《烟圈篇》《毒蘑菇篇》
参赛单位：广州市致诚广告有限公司美的管道超滤净水机

奖　　项：银奖
类　　别：图形类
作品名称：十大酷刑
参赛单位：广州智在广告有限公司

奖　　项：银奖
类　　别：图形类
作品名称：《和谐中国系列》
参赛单位：贵州尚品企划传播有限公司

奖　　项：银奖
类　　别：影像类
作品名称：中医系列
参赛单位：麦肯光明广告公司（上海）

奖　　项：银奖
类　　别：影像类
作品名称：3G 电信带你游杭州
参赛单位：浙江迪佛网络科技有限公司广告分公司

奖　　项：银奖

类　　别：影像类
作品名称：PUMA北京见
参赛单位：can create

奖　　项：银奖
类　　别：影像类
作品名称：血袋篇
参赛单位：北京迪思互动广告

奖　　项：银奖
类　　别：文字类
作品名称：世界因中国改变
参赛单位：桂林梅高广告策划公司

奖　　项：银奖
类　　别：物体类
作品名称：回忆回力
参赛单位：北京奥迈思互动传媒咨询有限公司

奖　　项：银奖
类　　别：影视类
作品名称：针灸篇
参赛单位：贵州天马广告

铜奖

奖　　项：铜奖
类　　别：图形类
作品名称：用华文打天下
参赛单位：郭洪　魏齐鸿

奖　　项：铜奖
类　　别：图形类
作品名称：窗格系列
参赛单位：上海梅高创意咨询有限公司

奖　　项：铜奖
类　　别：图形类
作品名称：骨气
参赛单位：上海梅高创意咨询有限公司

奖　　项：铜奖
类　　别：图形类
作品名称：二维码
参赛单位：浙江高速广告

奖　　项：铜奖
类　　别：图形类
作品名称：污染系列
参赛单位：深圳博文轩广告

奖　　项：铜奖
类　　别：图形类
作品名称：《“老”顽童篇》
参赛单位：北京蓝色广告有限公司

奖　　项：铜奖
类　　别：影像类
作品名称：春节,不变的情怀
参赛单位：上海电力广告

奖　　项：铜奖
类　　别：影像类
作品名称：西游记系列
参赛单位：浙江高速广告

奖　　项：铜奖
类　　别：影像类
作品名称：艳遇中国
参赛单位：蓝道广告

奖　　项：铜奖

类　　别：文字类
作品名称：口吃矫正器
参赛单位：广西南宁良策广告设计有限公司

奖　　项：铜奖
类　　别：环境类
作品名称：一书一画
参赛单位：正大中艺设计顾问机构

奖　　项：铜奖
类　　别：影视类
作品名称：请讲普通话
参赛单位：长沙盛美广告有限公司

奖　　项：铜奖
类　　别：影视类
作品名称：（神仙邦一邦）Nokia——李小龙乒乓篇
参赛单位：智威汤逊—中乔广告有限公司

奖　　项：铜奖
类　　别：广播类
作品名称：请讲普通话
参赛单位：长沙盛美广告有限公司

2009年“国酒茅台杯”中国公益广告黄河奖获奖名单

金奖

奖　　项：年度奖
类　　别：影视类
作品名称：山水
公司名称：智威汤逊——中乔广告有限公司上海分公司

奖　　项：年度奖
类　　别：平面类
作品名称：中医系列——针灸篇、药罐篇、诊脉篇
公司名称：麦肯光明广告有限公司——SGM Works

奖　　项：年度奖
类　　别：广播类
作品名称：廉政公益广播—《父子篇》
公司名称：新疆普拉纳品牌策划有限公司

奖　　项：年度奖
类　　别：户外类
作品名称：地震孤儿领养公益活动T恤创意
公司名称：上海广告有限公司

奖　　项：创作奖
类　　别：平面类
作品名称：春节感恩系列之战士篇、交警篇、环卫工人篇
公司名称：广州市智在广告有限公司

奖　　项：创作奖
类　　别：广播类
作品名称：我们的节日·春节（风俗篇）
公司名称：陕西人民广播电台

银奖

奖　　项：年度奖
类　　别：影视类
作品名称：扬正气 促和谐——尊重他人 尊重自己篇
公司名称：上海神兵影视广告有限公司

奖　　项：年度奖
类　　别：影视类
作品名称：公益广告暑假生活篇《暑假的烦恼》
公司名称：河北电视台广告经营管理中心

奖　　项：年度奖
类　　别：平面类
作品名称：丢脸之饭盒篇／丢脸之烟蒂篇／丢脸之塑料袋篇
公司名称：北京电通广告有限公司上海分公司

奖　　项：年度奖
类　　别：平面类
作品名称：电子毒垃圾《惊叹篇》、《蜈蚣篇》、《蜘蛛篇》
公司名称：哈尔滨海润国际广告传播集团

奖　　项：年度奖
类　　别：广播类
作品名称：廉政公益《童问篇》
公司名称：哈尔滨海润国际广告传播集团

奖　　项：年度奖
类　　别：广播类
作品名称：坚强生活——金融危机篇
公司名称：西安人民广播电台广告中心

奖　　项：年度奖
类　　别：户外类
作品名称：温室效应《温度计篇》
公司名称：哈尔滨海润国际广告传播集团

奖　　项：年度奖
类　　别：户外类
作品名称：山水——山非山，水非水／山穷水尽／还我山水
公司名称：智威汤逊——中乔广告有限公司上海分公司

奖　　项：创作奖
类　　别：影视类
作品名称：《还有这样一种春节》
公司名称：南宁金岛广告有限公司

奖　　项：创作奖
类　　别：影视类
作品名称：我们的节日——春节《在路上篇》改革开放30年
公司名称：广而告之合众国际广告有限公司

奖　　项：创作奖
类　　别：影视类
作品名称：新春“手”礼
公司名称：湖北省襄樊电视台

奖　　项：创作奖
类　　别：平面类
作品名称：福字篇
公司名称：山东省国际广告有限公司

奖　　项：创作奖
类　　别：广播类
作品名称：我们的节日·春节（有你们才是团圆篇）
公司名称：陕西人民广播电台

奖　　项：创作奖
类　　别：广播类

作品名称：我们的节日·春节——最先得到压岁钱篇

公司名称：中央人民广播电台

铜奖

奖　　项：年度奖

类　　别：影视类

作品名称：渴望光明——盲文篇

公司名称：陕西电视台广告中心

奖　　项：年度奖

类　　别：影视类

作品名称：感恩父母 小人篇

公司名称：贵州天马广告公司

奖　　项：年度奖

类　　别：影视类

作品名称：《公益广告·钟表篇》

公司名称：吉林省中麒影视制作有限公司

奖　　项：年度奖

类　　别：平面类

作品名称：污水系列 1–1 污染的蟹、
污水系列 1–2 污染的鱼、
污水系列 1–3 污染的蛙、
污水系列 1–4 污染的水

公司名称：深圳市博文轩广告有限公司

奖　　项：年度奖

类　　别：平面类

作品名称：请勿占用盲道（易拉罐篇、自行车篇、长裤篇）

公司名称：上海广告有限公司

奖　　项：年度奖

类　　别：平面类

作品名称：山水——山穷水尽

公司名称：智威汤逊——中乔广告有限公司上海分公司

奖　　项：年度奖

类　　别：平面类

作品名称："比比"系列

公司名称：湖南芙蓉王文化传播有限公司

奖　　项：年度奖

类　　别：广播类

作品名称：《丢手绢》

公司名称：唐山人民广播电台广告经营中心

奖　　项：年度奖

类　　别：广播类

作品名称：爱国主义教育彩票篇

公司名称：成都天成声音传媒

奖　　项：年度奖

类　　别：广播类

作品名称：廉政公益广播——《真实的谎言女声篇》

公司名称：新疆普拉纳品牌策划有限公司

奖　　项：年度奖

类　　别：广播类

作品名称：情绪传染

公司名称：山东长城梅地亚文化传播有限公司

奖　　项：年度奖

类　　别：户外类

作品名称：爱护地球——纪念第 40 个地球日

公司名称：重庆真意文化传媒有限公司

奖　　项：年度奖

类　　别：户外类

作品名称：关注全球气候变暖系列

公司名称：重庆真意文化传媒有限公司

奖　　项：年度奖
类　　别：户外类
作品名称：电梯烟囱篇
公司名称：吉林省青年力量文化创意传媒有限公司

奖　　项：创作奖
类　　别：影视类
作品名称：划玻璃篇
公司名称：长沙盛美广告有限公司

奖　　项：创作奖
类　　别：影视类
作品名称：我们的节日——春节《中国风篇》
公司名称：广而告之合众国际广告有限公司

奖　　项：创作奖
类　　别：平面类
作品名称：一点都不能少之除夕／端午／中秋
公司名称：北京电通广告有限公司上海分公司

奖　　项：创作奖
类　　别：平面类
作品名称：我们的春节——别让我们的春节变味
公司名称：重庆媒体伯乐公交广告有限公司

奖　　项：创作奖
类　　别：平面类
作品名称：春“结”
公司名称：东北师范大学美术学院

奖　　项：创作奖
类　　别：广播类
作品名称：我们的节日·春节——电话这边的问候
公司名称：中央人民广播电台

奖　　项：创作奖
类　　别：广播类
作品名称：我们的节日（春节）——理性消费篇
公司名称：陕西人民广播电台

奖　　项：创作奖
类　　别：广播类
作品名称：改革开放三十周年　春晚篇
公司名称：安徽交通广播

入围奖：（共462件，名单略）

2009年中国汽车广告总评榜获奖名单

金奖

类　　别：天壤创意奖影视类
作品编号：A013
作品名称：吉利熊猫30国 测试
公司名称：上海中宣国际传播集团

类　　别：天壤创意奖平面类
作品编号：B006（7）
作品名称：S-Class 明信片（杂志夹带）系列七篇
公司名称：天联广告有限公司

类　　别：天壤创意奖平面类
作品编号：B016
作品名称：日产天籁bose音响系列bose 音响a篇
公司名称：电通集团上海东派（广州）广告有限公司

类　　别：天壤创意奖网站类
作品编号：E007
作品名称：生活新篇，从此展开
公司名称：北京安瑞索思广告有限公司

类　　别：天道社会责任奖平面类
作品编号：F023
作品名称：地震孤儿领养T恤
公司名称：上海广告有限公司

银奖

类　　别：天壤创意奖影视类
作品编号：A012
作品名称：求爱篇
公司名称：威汉营销传播集团

类　　别：天壤创意奖影视类
作品编号：A016
作品名称：奥迪A4线条篇TVC
公司名称：上海灵狮广告有限公司

类　　别：天壤创意奖平面类
作品编号：B005(3)
作品名称：甲壳虫－棒棒糖篇系列三篇
公司名称：青岛金桥广告有限公司

类　　别：天壤创意奖平面类
作品编号：B009（4）
作品名称：福田汽车产品形象系列科技力量篇、节油篇、排放篇、品质篇
公司名称：北京行上行广告有限责任公司

类　　别：天壤创意奖平面类
作品编号：B038（4）
作品名称：省油插画——爱因斯坦篇、穆罕默德篇、阿拉丁篇、院子篇
公司名称：广东广旭广告有限公司

类　　别：天壤创意奖网站类
作品编号：E004
作品名称：一汽马自达MX-5产品网站
公司名称：北京新意互动（CIG）广告有限公司

类　　别：天道社会责任奖平面类
作品编号：F022
作品名称：十字砖篇
公司名称：上海广告有限公司

类　　别：天道社会责任奖平面类
作品编号：F025
作品名称：《储钱罐》篇
公司名称：中国广告联合总公司

类　　别：最佳营销案例奖
作品编号：G007
作品名称："相信生活" Fabia晶锐上市互动整合营销战役
公司名称：上海安瑞索思恺润网络技术有限公司

类　　别：最佳营销案例奖
作品编号：G012
作品名称：梅赛德斯—奔驰B级豪华运动旅行车营销案例
公司名称：威汉营销传播集团

铜奖

类　　别：天壤创意奖影视类
作品编号：A005
作品名称：卡罗拉画作篇 30'
公司名称：北京电通广告有限公司

类　　别：天壤创意奖影视类
作品编号：A007
作品名称：Smart Viral park
公司名称：天联广告有限公司

类　　别：天壤创意奖影视类
作品编号：A029
作品名称：新宝来信赖篇
公司名称：奥美汽车整合传播

类　　别：天然创意奖平面类
作品编号：B004
作品名称：Hello sunshine，hello blue sky
公司名称：青岛金桥广告有限公司

类　　别：天然创意奖平面类
作品编号：B008（4）
作品名称：SUV 系列四篇
公司名称：天联广告有限公司

类　　别：天然创意奖平面类
作品编号：B010（3）
作品名称：福田汽车品牌形象人文关怀片——友谊篇、种族篇 、宗教篇
公司名称：北京行上行广告有限责任公司

类　　别：天然创意奖平面类
作品编号：B012（3）
作品名称：欧马可 c 国家篇系列埃及篇、俄罗斯篇、墨西哥篇
公司名称：北京行上行广告有限责任公司

类　　别：天然创意奖平面类
作品编号：B018
作品名称：天籁《甩雨篇》
公司名称：电通集团上海东派（广州）广告有限公司

类　　别：天然创意奖平面类
作品编号：B024（3）
作品名称：《雨刷篇》、《气囊篇》、《雾灯篇》
公司名称：上海广告有限公司

类　　别：天然创意奖平面类
作品编号：B035
作品名称：MG7L 加长版杂志稿－摩天轮篇
公司名称：威汉营销传播集团

类　　别：天然创意奖平面类
作品编号：B039（4）
作品名称：奥迪A6系列——quattro篇、动力篇、悬架篇、水幕篇
公司名称：上海灵狮广告有限公司

类　　别：天然创意奖平面类
作品编号：B041（3）
作品名称：2009上海大众售后服务NO.1技能大赛（系列）三篇
公司名称：上海蓝梦广告责任有限公司

类　　别：天然创意奖平面类
作品编号：B046（5）
作品名称：上海通用汽车 指纹（系列）系列5篇
公司名称：达彼思广告有限公司上海分公司

类　　别：天然创意奖平面类
作品编号：B051
作品名称：瑞鹰丛林篇
公司名称：江淮汽车股份有限公司

类　　别：天壤创意奖互动营销类
作品编号：D008
作品名称：吃面篇——两个男人间的心跳
公司名称：达彼思广告有限公司上海分公司

类　　别：天道社会责任奖平面类
作品编号：F009
作品名称：酒后驾车红灯篇
公司名称：青岛金桥广告有限公司

类　　别：天道社会责任奖平面类
作品编号：F026
作品名称：《纸箱》篇
公司名称：中国广告联合总公司

类　　别：天道社会责任奖平面类
作品编号：F024
作品名称：《油表》篇
公司名称：中国广告联合总公司

类　　别：最佳营销案例奖
作品编号：G005
作品名称：smart Launch
公司名称：天联广告有限公司

类　　别：中国汽车广告语奖
作品编号：H003
作品名称：广本奥德赛
公司名称：成都未名公关广告有限公司

类　　别：天道社会责任奖广播类
作品编号：I001
作品名称：酒后驾车
公司名称：北京星耀天际广告有限公司

入围奖：（共53件，名单略）

'2010中国广告年鉴
China Advertising Yearbook

公益广告

Public Welfare Advertising

关于做好“我们的节日·春节”主题公益广告集中展播工作的通知

各省、自治区、直辖市广播影视局，新疆生产建设兵团广播电视局，中央人民广播电台、中国国际广播电台、中央电视台、电影频道、中国教育电视台：

为充分发挥广播电视公益广告在宣传中华民族传统节日、弘扬优秀传统文化中的重要作用，引导人民群众进一步了解、认同并过好传统节日，中宣部、中央文明办、国家工商总局、国家广电总局、新闻出版总署组织开展了“我们的节日·春节”主题公益广告制作刊播活动，并选定10件广播作品和3件影视作品进行集中展播。现将相关事宜通知如下：

一、展播要求：

各级广播电台、电视台自即日起至2月9日期间，分别对相关公益广告进行集中展播，并确保展播作品的公益性及完整性，不得以“特约播映”、“赞助刊播”等任何名义、方式，在作品播放前后提示企业或产品的名称及标识。

广播电台第一天播出此次展播作品时，需播出10秒以内的启事，介绍“我们的节日·春节”主题公益广告活动的目的和主办单位名称；电视台在播放每件展播作品前，需播出“我们的节日·春节”及“主办：中央宣传部、中央文明办、国家工商总局、国家广电总局、新闻出版总署、中央电视台”字样。

请各省（区、市）广播影视局于2月20日前，将各地展播情况书面上报总局。

二、展播作品取得方式：

各级广播电台、电视台可向“全国思想道德公益广告作品库”申请此次展播作品。联系方式如下：

（一）广播作品库：设在中国广告协会广播委员会

办公场所：中央人民广播电台广告部

地址：北京市复外大街2号

邮编：100866

电子邮箱：zhaokai@cnr.cn

负责人：吴江、赵凯

联系电话：010—86090244

（二）影视作品库：设在中国广告协会电视委员会

办公场所：东直门外大街48号东方银座A-16B

地址：东直门外大街48号东方银座A-16B

邮编：100027

电子邮箱：tvcca@sina.com

负责人：苏格格

联系电话：010-88367355、88367356

传真：010-88367357

请将本通知立即转发有关机构，并认真贯彻落实。

国家广播电影电视总局办公厅

二〇〇九年一月二十四日

关于开展第八届（2007—2008年度）全国优秀公益广告评选活动的通知

工商广字[2009]40号

各省、自治区、直辖市及计划单列市工商行政管理局、文明办，中央有关新闻单位：

按照国家工商行政管理总局和中央精神文明建设指导委员会办公室工作安排，将于今年上半年组织开展第八届（2007—2008年度）全国优秀公益广告评选活动。现就有关事项通知如下。

一、奖项设立

第八届全国优秀公益广告评选活动设以下奖项：

（一）优秀公益广告作品奖，分金奖、银奖、铜奖、入围奖四个等级，同时，设立作品最佳创意奖、最佳设计奖、最佳摄影奖、最佳音效奖，奖励获奖作品的创作单位、出资单位和主创人员。

（二）公益广告宣传工作组织奖，表彰在公益广告宣传活动中组织协调工作突出的省级工商局和文明办。

（三）公益广告宣传工作先进单位和先进个人奖，表彰在公益广告制作、刊播活动中成绩突出的广告主、广告经营者及广告发布单位和个人。

二、参评范围

（一）2007—2008年度首次在各类媒体(包括户外广告)上发布的各类公益广告（含主办单位组织的各类主题公益广告征集比赛获奖作品）均可参加评选。参加评选的公益广告作品，应当符合“优秀公益广告作品评选标准”(见附件1)和“参评作品要求”(见附件2)。

（二）在2007—2008年度公益广告宣传活动中表现突出的单位和个人，均可被推荐或自荐参加先进单位和先进个人评选。各地和中央有关新闻单位报送的先进单位和先进个人事迹材料，应当符合“报送先进单位和先进个人事迹材料的具体要求”(见附件3)。谐为主题，通过创作和刊播主题鲜明、思想深刻、创意新颖、制作精美的优秀廉政公益广告，在全社会营造以廉为荣、以贪为耻的良好氛围。

三、参评办法

（一）参评公益广告作品，由各省（自治区、直辖市）工商局、文明办组织评选后统一上报国家工商总局广告监督管理司，并按要求填写“送评作品登记表”(见附件4)。各省(自治区、直辖市)送评作品数量为平面作品4 件，影视、广播作品各3件。中央有关新闻单位可直接向国家工商总局广告监督管理司报送作品。

（二）各地和中央有关新闻单位要严格审查参评作品。凡涉及抄袭、模仿等问题，一律不得送评。

（三）公益广告宣传工作先进单位和先进个人，由各省（自治区、直辖市）工商局和文明办共同推荐，提名单位和个人均不超过3个。中央有关新闻单位直接向国家工商总局广告监督管理司报送推荐名单。

四、时间要求

送评公益广告作品、送评作品登记表、推荐先进单位和个人事迹材料，请务必在4月15日前报送国家工商总局广告监督管理司。

各地工商局、文明办要将开展本次公益广告评选活动的情况写出书面总结，于4月30日前分别报送国家工商总局广告监督管理司和中央文明办协调组。

附件：

1.优秀公益广告作品评选标准

2.参评作品要求

3.报送先进单位和先进个人事迹材料的具体要求

4.送评作品登记表

国家工商行政管理总局

中 央 文 明 办

二〇〇九年二月二十日

附件1：

优秀公益广告作品评选标准

一、导向：观点正确，思想性强，有时代特征，符合国家法律、法规、政策要求；

二、创意：创意独特，主题鲜明，寓意深刻；

三、表达：引人注意，信息传递清晰准确，易认易记，说服力强；

四、制作：表现完美，制作严谨，视听语言运用好；

五、效果：把握媒体特征，综合效果好。

附件2：

参评作品要求

一、参评作品范围：2007—2008年度发布的公益广告。未发布的公益广告不得参评。

二、参评登记表：每件参评作品均应详细认真填写参评作品登记表，并随参评作品同时报送（参评作品登记表附后）。

三、电视广告以数字带（DVW）报送，并应有1分钟的颜色条和30秒倒数显示，每条广告留出10秒间隔。数字带用盒子装好，并标明作品目录。

四、广播广告应录制在数码带（DAT）上，每条广告留出10秒间隔。每条广告附广告词文字稿2份（A4纸打印稿）。数码带（DAT）用盒子装好，并标明作品目录。

五、报纸、期刊、招贴等平面广告应交送150克轻黑硬卡纸裱起的作品1份，广告作品规格为A3，后面贴上参评作品登记表。

六、路牌、车身、霓虹灯、灯箱、橱窗等广告均采用照片形式报送。照片用150克轻黑硬卡纸裱起，广告作品规格为A3，后面贴上参评作品登记表。

七、主办单位有权展示或出版所有参评作品。

参评作品登记表

广告题目			
广告类别		发布日期	
首次发布媒体			
出资单位			
创作单位			
创意人			
设计人			
摄影			
广播音效			
送评单位意见	（章戳） 年 月 日		
联系人		联系电话	

说明：1.广告类别写明平面、影视、广播等；

2.送评单位为工商行政管理局；

3.联系人与联系电话填写送评单位的联系人姓名和电话号码。

附件3：

报送先进单位和个人事迹材料的具体要求

一、先进单位事迹材料报送要求

（一）2007—2008年度出资制作、创作、发布公益广告情况，应有具体数字说明；

（二）常年关心、支持、参与公益广告事业情况，应有具体数字说明；

（三）出资制作、创作、发布公益广告具有一定的质量水平，无错误导向和违反国家法律、法规、政策等问题；

（四）《广告法》施行以来，出资制作、创作、发布的商业广告无重大违法事件发生。

二、先进个人事迹材料报送要求

个人事迹材料应写明推荐表扬人2007—2008年度积极参与公益广告活动情况，以及在组织、宣传、创作、发布、制作等某项工作方面的突出表现。

三、各省（自治区、直辖市）工商局、文明办应对推荐表扬的单位或个人事迹材料签署意见，并加盖公章。事迹材料统一用A4纸打印。

附件4：

送评作品登记表

（送评单位章戳）　　省（区、市）工商局　（或：中央新闻单位）

序号	广告类别	广告题目	创作单位	出资单位	首次发布单位

联系人：

联系电话：

二〇〇九年二月二十日

关于“扬正气，促和谐”全国廉政公益广告创作展播评选活动获奖情况的通报

中纪办发［2009］10号

各省、自治区、直辖市和新疆生产建设兵团纪委、监察厅（局）、党委宣传部、工商行政管理局、广播影视局、新闻出版局，中央和国家机关各部委纪检组（纪委）、监察局、宣传部门，中央纪委各派驻纪检组，监察部各派驻监察局、监察专员办公室，中央直属机关纪工委、工委宣传部，中央国家机关纪工委、工委宣传部：

为深入贯彻落实党的十七大精神，大力加强廉政文化建设，为推动科学发展、促进社会和谐营造良好社会氛围，自2008年4月起，中央纪委宣传教育室、中央宣传部宣传教育局、工商总局广告监管司、广电总局传媒机构管理司联合组织开展了“扬正气，促和谐”全国廉政公益广告创作评选展播活。各省（区、市）和中央国家机关各部委高度重视，精心组织，31个省（区、市）和新疆生产建设兵团、19个中央国家机关部委共计51个单位上报了1289件参评作品。经过专家评审委员会的评审，产生了一批主题鲜明、创意新颖、制作精美、具有较强教育性和艺术性的优秀作品。根据专家评审委员会的评审结果，《姚明篇》等84件影视类作品、《远离腐败是正道》等39件广播类作品、《“英雄印象”篇》等84件平面类作品、《你爸在家不许玩警车》等35件漫画类作品分获特等奖、一至三等奖，上海市、国务院国资委等16个单位获优秀组织奖。现对获奖作品、获奖单位予以通报表彰。

希望各地区各部门充分运用电视、广播、报纸、杂志、网络等新闻媒体广泛开展优秀廉政公益广告展播工作。要把展播工作与廉政文化进机关、进社区、进学校、进企业、进农村、进家庭等廉政文化创建活动结合起来，努力使廉洁理念深入人心，为弘扬新风正气、促进社会和谐、推动科学发展营造良好的社会环境。

中共中央纪委办公厅
中共中央宣传部办公厅
国家工商总局办公厅
国家广电总局办公厅
二〇〇九年三月六日

关于表彰全国“迎奥运讲文明树新风”公益广告宣传活动优秀作品、先进单位的通报

文明办秘［2009］1号

各省、自治区、直辖市和新疆生产建设兵团党委宣传部、文明办、工商行政管理局、广播影视局、新闻出版局、人民日报社、新华社、光明日报社、经济日报社、中央人民广播电台、中央电视台：

为大力倡导社会主义荣辱观，充分发挥公益广告在传播奥运精神、弘扬文明新风中的重要作用，根据中央

领导指示，2007年以来，中央宣传部、中央文明办、国家工商总局、国家广电总局、新闻出版总署、北京奥组委组织开展了全国"迎奥运讲文明树新风"公益广告宣传活动。各地和新闻媒体高度重视，热情响应，各广告制作单位积极参加，共报送影视、广播、平面三类作品1174件。主办单位组织专家评审，选出入围作品。2008年3月至9月，主办单位将入围作品在中央主要媒体、重点新闻网站、地方媒体、行业媒体和飞机、列车、公交车等运载工具上进行了集中刊播和网上展评，在国内外产生广泛影响。社会各界普遍认为，这些作品主题鲜明、导向正确、创意新颖、制作精良，体现了政治性、思想性、艺术性、观赏性的统一。主办单位综合专家评审和公众投票评选情况，《相信篇》等23件影视类作品、《人人都是志愿者》等45件广播类作品、《友谊第一篇》等20件平面类作品获优秀作品奖；江苏省等16个省（区、市）的相关单位获组织奖；中央电视台等5个单位获媒体宣传特别贡献奖。现对获奖作品、获奖单位予以通报表彰。

希望受表彰单位发扬成绩，再接再厉，开拓创新，创作、刊播更多的优秀公益广告作品，为贯彻落实科学发展观，倡导和树立社会主义荣辱观，促进社会主义精神文明建设作出新贡献。

中共中央宣传部办公厅
中央精神文明建设指导委员会办公室秘书组
国家工商行政管理总局办公厅
国家广播电影电视总局办公厅
中华人民共和国新闻出版总署办公厅
二〇〇九年四月二十日

附件：

全国"迎奥运讲文明树新风"公益广告宣传活动优秀作品、先进单位名单

一、优秀作品名单（88件）

（一）影视类作品（23件）

1、一等奖（5件）

作品名称：相信篇
报送单位：中央电视台
制作单位：中央电视台广告部

作品名称：婴儿篇
报送单位：中央电视台
制作单位：中央电视台广告部

作品名称：冯巩篇
报送单位：中央电视台
制作单位：中央电视台广告部

作品名称：守着是一份诚信
报送单位：江苏
制作单位：南通市电视台

作品名称：生活因梦想而快乐
报送单位：浙江
制作单位：浙江电视台

2、二等奖（8件）

作品名称：鼓掌篇
报送单位：中央电视台
制作单位：中央电视台广告部

作品名称：珍惜生命，共享健康
报送单位：卫生部
制作单位：中国健康教育协会

作品名称：有安全，更精彩
报送单位：公安部
制作单位：公安部政治部宣传局

作品名称：京剧名家——采访篇
报送单位：中央电视台
制作单位：中央电视台广告部

作品名称：树新风不负世界期待，
讲文明你我共同努力
报送单位：江苏
制作单位：徐州市广播电视台

作品名称：迎奥运公益广告（系列）
报送单位：浙江
制作单位：浙江广电集团

作品名称：平安中国和谐为本
报送单位：北京
制作单位：北京未来广告公司

作品名称：团结互助篇
报送单位：山西
制作单位：太原市电视台

3、三等奖（10件）

作品名称：福娃篇
报送单位：中央电视台
制作单位：中央电视台广告部

作品名称：心中有线，成就梦想无限传媒有限公司
报送单位：江苏
制作单位：常州可汉动漫艺术

作品名称：奥运就在我们身边——环保老人篇
报送单位：辽宁
制作单位：丹东市电视台

作品名称：诚信，让心中充满阳光
报送单位：江苏
制作单位：南京市文明办

作品名称：诚实，人生的第一张车票
报送单位：山东
制作单位：山东电视台

作品名称：以热爱祖国为荣——升旗篇
报送单位：江苏
制作单位：江苏广播电视总台

作品名称：尊重篇
报送单位：上海
制作单位：上海文明网

作品名称：得蛙蛙旅游记（系列）
报送单位：天地升华文化传播公司
制作单位：天地升华 文化传播公司

作品名称：以小见大篇
报送单位：中央电视台
制作单位：中央电视台广告部

作品名称：主角是你篇
报送单位：中央电视台
制作单位：中央电视台广告部

（二）广播类作品（45件）

1、一等奖（10件）

作品名称：人人都是志愿者
报送单位：江苏
制作单位：南通市人民广播电台

作品名称：奥运有我
报送单位：中央人民广播电台
制作单位：中央人民广播电台广告部

作品名称：人生态度 奥运高度（感性篇、理性篇）
报送单位：江苏
制作单位：南通市人民广播电台经济频率

作品名称：爱的接力
报送单位：辽宁
制作单位：鞍山市人民广播电台

作品名称：奥运一句话
报送单位：天津
制作单位：天津人民广播电台

作品名称：奥运在中国文明传天下
报送单位：江苏
制作单位：江苏铜山县广播电视台

作品名称：乔臻篇
报送单位：上海
制作单位：上海文广新闻传媒集团

作品名称：聆听奥运
报送单位：河北
制作单位：河北人民广播电台文艺频道

作品名称：一个故事两种结局
报送单位：浙江
制作单位：嘉兴市广播电视台

作品名称：四海之内皆朋友
报送单位：山东
制作单位：东营市人民广播电台

2、二等奖（15件）

作品名称：文明观赛礼仪闪光灯与喇叭对话篇
报送单位：中央人民广播电台
制作单位：中央人民广播电台广告部

作品名称：市民篇
报送单位：江苏
制作单位：连云港市人民广播电台

作品名称：科技与文明篇
报送单位：四川
制作单位：成都市人民广播电台

作品名称：迎奥运营造良好人文环境
报送单位：天津
制作单位：天津人民广播电台

作品名称：微笑中国
报送单位：中央人民广播电台
制作单位：中央人民广播电台广告部

作品名称：奥运公益广告（系列）

报送单位：贵州
制作单位：安顺市广播电视台

作品名称：生命的冠军
报送单位：湖南
制作单位：湖南人民广播电台

作品名称：我们也是运动员
报送单位：江苏
制作单位：南京市人民广播电台

作品名称：节约资源——牙刷篇
报送单位：四川
制作单位：四川人民广播电台

作品名称：迎奥运讲文明树新风
报送单位：黑龙江
制作单位：佳木斯市人民广播电台

作品名称：文明竞赛
报送单位：天津
制作单位：天津人民广播电台

作品名称：数据篇
报送单位：上海
制作单位：上海文广新闻传媒集团

作品名称：支持奥运从我做起
报送单位：广东
制作单位：汕头市人民广播电台

作品名称：北京欢迎您
报送单位：河北
制作单位：河北人民广播电台信息中心

作品名称：奥运公益广告——文明篇
报送单位：浙江
制作单位：杭州市广播电视台西湖之声广播

3、三等奖（20件）

作品名称：海边路上
报送单位：广东
制作单位：珠海市广播电视台

作品名称：礼仪之邦
报送单位：中央人民广播电台
制作单位：中央人民广播电台广告部

作品名称：文明奥运——请不要乱穿马路
报送单位：湖南
制作单位：湖南人民广播电台文艺节目

作品名称：迎奥运，我要去北京
报送单位：广东
制作单位：珠海市广播电视台

作品名称：少一声提醒 多一点文明
报送单位：辽宁
制作单位：锦州市人民广播电台

作品名称：做文明的中国人
报送单位：辽宁
制作单位：鞍山市人民广播电台

作品名称：我们的奥运交通音乐广播
报送单位：宁夏
制作单位：银川市人民广播电台

作品名称：文明，就在身边
报送单位：山东
制作单位：济南市人民广播电台

作品名称：奥运从我做起
报送单位：辽宁
制作单位：葫芦岛市人民广播电台

作品名称：遵守交通秩序
报送单位：湖南
制作单位：湖南人民广播电台交通广播

作品名称：迎奥运讲文明树新风之奥运精神篇
报送单位：广东
制作单位：深圳广电集团广告中心

作品名称：北京共享你我的奥运
报送单位：云南
制作单位：昆明市人民广播电台

作品名称：百姓迎奥运
报送单位：辽宁
制作单位：丹东市人民广播电台

作品名称：我的健康生活
报送单位：中央人民广播电台
制作单位：中央人民广播电台广告部

作品名称：未来的希望
报送单位：湖南
制作单位：湘潭市人民广播电台

作品名称：下一站奥运 三轮篇
报送单位：中央人民广播电台
制作单位：中央人民广播电台广告部

作品名称：画奥运
报送单位：山东
制作单位：枣庄市人民广播电台

作品名称：公车篇
报送单位：上海
制作单位：上海文广新闻传媒集团

作品名称：和谐的世界和谐的人
报送单位：云南
制作单位：云南人民广播电台

作品名称：你喜欢这样的感觉吗
报送单位：江苏
制作单位：常州市人民广播电台

（三）平面类作品（20件）

1、一等奖（5件）

作品名称：友谊第一篇
报送单位：江苏
制作单位：南京林业大学

作品名称：同一个世界，同一个梦想（系列）
报送单位：光明日报社
制作单位：光明日报社广告部

作品名称：最重的金牌是文明
报送单位：人民日报社
制作单位：人民日报社广告部

作品名称：我参与 我奉献 我快乐
报送单位：经济日报社
制作单位：经济日报社广告部

作品名称：同迎奥运，共创文明
报送单位：天津
制作单位：今晚传媒广告公司

2、二等奖（6 件）

作品名称：奥运主题海报
报送单位：江苏
制作单位：扬州金笛广告公司

作品名称：迎奥运微笑篇
报送单位：江苏
制作单位：镇江日报社

作品名称：健康奥运，绿色奥运
报送单位：福建
制作单位：福建新恒基广告公司

作品名称：奥运风车传播文明
报送单位：河南
制作单位：安阳恒翊广告公司

作品名称：我们已做好一切准备
报送单位：新华社
制作单位：中央广告联合总公司

作品名称：微笑迎奥运（学生篇）
报送单位：天津
制作单位：天津日报社

3、三等奖（9 件）

作品名称：小红帽（领奖台、跑道）
报送单位：福建
制作单位：厦门市唐码博美广告公司

作品名称：奥运精神世代相传
报送单位：河北
制作单位：河北旅游职业学院

作品名称：2008 我们是奥运的主人
报送单位：人民日报社
制作单位：人民日报社广告部

作品名称：这一刻领先决不是冠军
报送单位：云南
制作单位：春城晚报社

作品名称：我们每个人都是中国的封面
报送单位：光明日报社
制作单位：光明日报社广告部

作品名称：夺一枚文明金牌
报送单位：人民日报社
制作单位：人民日报社广告部

作品名称：弘扬“更快更高更强” 的奥林匹克精神
报送单位：经济日报社
制作单位：经济日报社广告部

作品名称：奥运会没有这项比赛
报送单位：光明日报社
制作单位：光明日报社广告部

作品名称：礼仪之邦 文明中国
报送单位：光明日报社
制作单位：光明日报社广告部

二、先进单位名单（21 个）

（一）组织奖（16 个）

1、江苏省
2、辽宁省
3、浙江省
4、黑龙江省

5、湖南省

6、广东省

7、河北省

8、天津市

9、山东省

10、贵州省

11、上海市

12、云南省

13、福建省

14、四川省

15、北京市

16、宁夏回族自治区

（二）媒体宣传特别贡献奖（5个）

1、中央电视台

2、光明日报社

3、中央人民广播电台

4、人民日报社

5、经济日报社

注：以上名单中除明确具体单位的，优秀作品的“报送单位”和组织奖获奖单位均指该省（自治区、直辖市）的党委宣传部、文明办、工商局、广电局、新闻出版局。

关于开展“扬正气，促和谐”全国优秀廉政公益广告展播活动的通知

中纪办发[2009]16号

各省、自治区、直辖市和新疆生产建设兵团纪委、检察厅（局）、党委宣传部、工商行政管理局、广播影视局、新闻出版局，中央和国家机关各部委纪检组（纪委）、监察局、宣传部门，中央纪委各派驻纪检组，监察部各派驻监察局、监察专员办公室，中央直属机关纪工委、工委宣传部，中央国家机关纪工委、工委宣传部：

为深入贯彻落实党的十七大精神，大力加强廉政文化建设，2008年，中央纪委、中央宣传部、工商总局、广电总局的有关部门联合组织开展了“扬正气、促和谐”全国廉政公益广告创作展播评选活动，产生了一批主题鲜明、创意新颖、制作精美、具有较强艺术感染力的优秀廉政公益广告。为充分发挥优秀廉政公益广告在传播廉政文化、推进反腐倡廉建设、促进社会和谐等方面的重要作用，经中央纪委、中央宣传部、工商总局、广电总局、新版出版总署领导同意，中央纪委宣传教育室、中央宣传部宣传教育局、工商总局广告监管司、广电总局传媒机构管理司、新闻出版总署新闻报刊司联合组织开展“扬正气、促和谐”全国优秀廉政公益广告展播活动。现将有关事宜通知如下。

一、展播时间及展播作品

（一）展播时间：2009年4月29日至2009年12月31日。

（二）展播作品：廉政公益广告作品共45件。其中，影视类16件，广播类17件，平面（含漫画）类12件。作品名单及作品取得方式附后。

二、展播安排

（一）在新闻媒体集中展播

1.广播、电视展播

第一阶段：中央人民广播电台、中央电视台展播（自4月29日至8月31日）

中央人民广播电台、中央电视台分别对广播类、影视类作品进行展播。其中中央人民广播电台第一套节目（中国之声）、中央电视台第一套节目（综合频道）较好时段每两天至少播出1件作品。

第二阶段：各省（区、市）广播电台、电视台展播（自4月29日至12月31日）

各省（区、市）广播电台、电视台分别对广播类、影视类作品进行展播，每天各播出4件作品。其中省（区、市）广播电台第一套节目、省（区、市）电视台卫星频道要确保在每晚黄金时段播出1件作品。广播、电视展播工作由广电部门负责。

2.报刊展示

2009年4月29日，《人民日报》、《光明日报》、《经济日报》、《新华每日电讯》、《中国纪检监察报》，全国各省级党报及党报所办晚报、都市报分别在新闻版面刊登《“扬正气，促和谐”全国优秀廉政公益广告展播启事》（请登录“中国记者网”首页右侧“工作信箱”进行下载）。从4月29日开始，各报每两天安排1个1/4个版面（彩版）刊登1件平面（含漫画）类作品。《中国监察》杂志分期连续刊登平面类作品。报刊展示工作由新闻出版部门负责。

版式安排如下：标题是《“扬正气，促和谐”全国优秀廉政公益广告作品展示》，标题下面是作品，作品下方注明作品名称、作品编号和“主办单位：中央纪委

宣传教育室、中央宣传部宣传教育局、国家工商总局广告监管司、国家广电总局传媒机构管理司、新闻出版总署新闻报刊司。”若是横幅作品，标题及主办单位可放在作品两边。

3.互联网展播

自2009年4月29日至2009年12月31日，人民网、新华网、央视网、光明网、中国经济网及监察部网站、国家预防腐败局网站在首页设“扬正气，促和谐”全国优秀廉政公益广告展播活动专栏，进行集中展播。中央纪委纪检监察信息网（内网）首页开设专栏进行展播。

（二）在党政机关、企业事业单位、学校、社区等展播

结合廉政文化创建活动，充分利用党政机关、企业事业单位、学校、社区等的灯箱、宣传栏、橱窗、网络等进行长期展播。中央直属机关和中央国家机关纪工委、工委宣传部负责中央和国家机关的展播工作；国务院国资委纪委、党委宣传部负责在企业的展播工作；教育部纪检组、宣传部门负责在学校的展播工作；民政部门配合地方党委、政府搞好在社区的展播工作。各负责单位要下发通知，对展播活动提出具体要求。

（三）在其他户外媒介展播

充分利用公共汽车、地铁、火车、飞机等公共交通运输设施、车载移动电视以及车站、地铁站、机场、商业街区、旅游景区等公共场所的橱窗、广告牌、户外电视屏、各类城市电视、移动电视等进行展播。此项展播工作由交通运输部、铁道部、国务院国资委、国家旅游局纪检组（纪委）、党委宣传部门等负责并下发通知，提出具体要求。影视类作品奖通过CCTV移动传媒在全国公交车载电视上展播。

三、展播要求

（一）要高度重视，加强领导。各地区各部门要高度重视，加强领导，精心组织，把展播活动纳入宣传思想工作和社会主义精神文明建设的总体部署，作为加强作风建设和反腐倡廉建设的一项重要工作，切实抓好落实。“扬正气，促和谐”全国廉政公益广告创作展播评选活动组委会将建立信息交流制度，及时对展播的情况进行通报。各级纪检监察机关要加强组织领导，牵头成立展播活动领导小组，搞好组织协调和监督检查。宣传部门要把展播活动列入宣传规划，提出明确要求。工商、广电、新闻出版等相关部门要加强指导，充分发挥电台、电视台、报刊、互联网等新闻媒体的作用。广电、新闻出版部门要将电台、电视和报刊刊播廉政公益广告的情况纳入年终考核的内容，切实加强监督检查，确保展播任务的落实。

（二）要拓宽渠道，扩大影响。各级党政机关、企业事业单位特别是宣传、文化、教育、工业和信息化、民政、交通运输、旅游等部门要加大宣传力度，有效整合和拓展宣传渠道和阵地，形成全方位、多层次的宣传强势，不断扩大廉政公益广告的覆盖面和影响力。要充分发挥城市电视、楼宇电视、移动电视以及各类大型电子显示屏等新兴广告阵地的优势。要把开展优秀廉政公益广告展播活动与廉政文化进机关、进社区、进学校、进企业、进农村、进家庭有机结合起来，通过制作、发放廉政公益广告光盘、画册、挂图等措施，在全社会营造崇尚廉洁的良好氛围。

（三）要结合实际，务求实效。各地区各部门要把开展优秀廉政公益广告展播活动与开展深入学习实践科学发展观活动、贯彻落实第十七届中央纪委第三次全会精神等活动结合起来，大力宣传、广泛运用廉政广义公告，充分发挥其潜移默化的教育、引导作用。要逐步建立制作、刊播廉政公益广告的长效机制，推动廉政公益广告制作、刊播经常化、制度化、规范化，为增强全党全社会的反腐倡廉意识，推动反腐倡廉建设深入开展营造良好的社会氛围。

中共中央纪委办公厅
中共中央宣传部办公厅
国家工商行政管理总局办公厅
国家广电总局办公厅
二〇〇九年四月二十四日

“扬正气，促和谐”全国优秀廉政公益广告展播活动启事

为深入贯彻落实党的十七大精神，大力加强廉政文化建设，自2008年4月起，中央纪委、中央宣传部、国家工商总局、国家广电总局的有关部门联合组织开展了“扬正气，促和谐”全国廉政公益广告创作展播评选活动。活动历时一年，共收到影视、广播、平面、漫画4类作品1289件。经过专家评审委员会严格评审，产生了一批主题鲜明、创意新颖、制作精美、具有较强艺术感染力的优秀廉政公益广告。为充分发挥优秀廉政公益广告在传播廉政文化、推进反腐倡廉建设、促进社会和谐等方面的重要作用，经中央纪委、中央宣传部、工商总局、广电总局、新闻出版总署领导同意，中央纪委宣传教育室、中央宣传部宣传教育局、工商总局广告监管司、广电总局传媒机构管理司、新闻出版总署新闻报刊司联合组织开展“扬正气，促和谐”全国优秀廉政公益广告展播活动。集中展播展示从获奖作品中遴选的45件作品，其中影视类16件、广播类17件、平面类（含漫画）12件。自2009年4月28日起，这些作品在人民日报、光明日报、经济日报、中央人民广播电台、中央电视台、新华每日电讯、中国纪检监察报等中央新闻媒体，全国各省级党报及党报所办晚报、都市报，各省级电台、电视台集中进行展播展示，同时在人民网、新华网及监察部网站、国家预防腐败局网站进行展播展示。

各级党政机关、企事业单位、学校、社区等将充分利用宣传橱窗、网络等进行长期展播展示。公共汽车、地铁、火车、飞机等公共交通运输设施、车载移动电视以及车站、地铁站、机场、商业街区、旅游景区等公共场所的橱窗、广告牌、户外电视屏、各类城市电视、移动电视等也将展播展示优秀廉政公益广告。展播活动将持续到今年年底。

中央纪委宣传教育室
中央宣传部宣传教育局
国家工商总局广告监管司
国家广电总局传媒机构管理司
新闻出版总署新闻报刊司
二〇〇九年四月二十八日

附件：

展播作品名单

（一）影视类(16件)

1.《姚明篇》

2.《体操篇》

3.《廉洁是一种力量》

4.《廉吏篇》

5.《尊重自己尊重他人》

6.《毛毛熊》

7.《天地有正气》

8.《黄恒荣篇》

9.《天下正气篇》

10.《清风正气 》

11.《诸葛村篇》

12.《12388》

13.《育廉篇》

14.《精彩人生》

15.《广而兼是为廉》

16.《廉洁救灾阳光重建》

（二）广播类（17件）

1.《留下廉洁之名》

2.《金钱的思想者》

3.《林则徐赴粤途中留清名》

4.《一点篇》

5.《母亲的话》

6.《孔繁森篇》

7.《传承正气》

8.《姚明篇》

9.《体操篇》

10.《廉洁是一种力量》

11.《毛毛熊》

12.《清风正气》

13.《诸葛村篇》

14.《正气篇》

15.《12388》

16.《育廉篇》

17.《精彩人生》

（三）平面（含漫画）类（12件）

1.《母亲的心愿——走好每一步》

2.《清廉天下，户户悬鱼》

3.《水杯篇》

4.《清风吹来系列》

5.《向人民交一本明白账》

6.《不要让自己的一切毁于一旦》

7.《“四大发明”新解》

8.《有灯篇》

9.《一笔定清廉》

10.《不是什么饭都能吃》

11.《你的行为决定他们的认知》

12.《连心桥》

关于开展“迎国庆、讲文明、树新风”公益广告宣传活动的通知

文明办[2009]9号

各省、自治区、直辖市和新疆生产建设兵团党委宣传部、文明办、工商行政管理局、广播影视局、新闻出版局：

为庆祝新中国成立60周年，充分发挥公益广告在激发爱国热情、弘扬社会新风中的重要作用，推动“迎国庆讲文明树新风”活动深入开展，中央宣传部、中央文明办、工商总局、广电总局、新闻出版总署决定组织开展“迎国庆讲文明树新风”公益广告宣传活动。现就有关事项通知如下。

一、活动主题

公益广告宣传活动要紧紧围绕“迎国庆讲文明树新风”主题，大力弘扬社会主义核心价值体系，以展现人民群众通过积极参与道德建设、文明创建、志愿服务等活动，激发爱国热情、形成良好风尚为主要内容，形象生动地反映各族人民奋发向上、文明进步的精神风貌，

为庆祝新中国成立60周年营造文明祥和、喜庆热烈的浓厚氛围。

二、主办单位

中央宣传部、中央文明办、工商总局、广电总局、新闻出版总署。

三、活动时间

2009年5月至10月。

四、活动内容

各省（区、市）和新疆生产建设并段要组织当地报纸、电台、电视台和广告企业设计制作“迎国庆讲文明树新风”公益广告，向主办单位选送优秀作品，并按要求联动刊播全国优秀作品。

1、作品制作。“迎国庆、讲文明、树新风”公益广告作品分为平面、广播、影视三类。要求主题鲜明，观点正确，内涵深刻，符合国家政策法规，表达严谨完善、清晰准确，易认易记，说服力强，综合效果突出。各类作品均不得在画面、语音或标版中显示报送人、制作人、投资人等信息。平面类作品版面设计最大为A1，最小为A4，广播类作品时长最长90秒，最短30秒，影视类作品时长最长55秒，最短25秒。

2、作品选送。6月20日前，各省（区、市）和新疆生产建设兵团文明办分别选送5件优秀作品，其中平面类作品2件、广播类作品2件、影视类作品1件。主办单位委托光明日报社广告部接收平面类作品、中央人民广播电台广告部接收广播类作品、中央电视台广告部接收影视类作品（作品报送要求见附件1）。各制作单位自留底稿，以备修改。

3、作品刊播。主办单位对各地选送的优秀作品筛选审定后，组织中央主要媒体、地方媒体、行业媒体和重点新闻网站于7月10日进行刊播。

五、工作要求

1、各地组织单位应事先告知投资人、制片人、创作人、演员等有关方面，凡涉及侵权等问题的作品一律不得选送，主办单位对各类作品可进行修改、改编等非商业性再创作。

2、在确保相关权利人法定权益的基础上，主办单位将把各类优秀作品无偿提供给全国各级各类媒体进行刊播。

3、各地各部门要高度重视“迎国庆讲文明树新风”公益广告宣传工作，加强领导、整合资源，努力推出优秀作品。要组织和动员社会各界热心公益、形象健康、作风正派、群众认可的知名人士参演公益广告。要增强法律意识，按照本通知及相关规章制度规范操作，促进公益广告事业健康发展。

中 共 中 央 宣 传 部
中央精神文明建设指导委员会
国家工商总局行政管理总局
国家广播电影电视总局
新 闻 出 版 总 署
二〇〇九年五月二十五日

附件：1、报送作品要求
2、作品登记表

附件1：

报送作品要求

报送的作品由各省（区、市）和新疆生产建设兵团文明办汇总后，填报作品登记表，分别邮寄给主办单位委托接收的相关单位。

一、每件平面类作品用150克轻黑硬卡纸裱起，规格为A3，后面贴上作品登记表（附件2），寄北京市崇文区珠市口东大街5号光明日报社广告部，邮编：100062，信封封面右上角标注“迎讲树公益广告”。同时，将作品电子版（“文件名.TIF”或“文件名.jpg”格式）发至邮箱yjsgygg@yahoo.cn。

二、广播类作品制作成音频光盘（CD格式），光盘封面用标签注明作品名称，附广告词文字稿1份（A4纸打印稿）每件作品填写一份作品登记表（附件2），寄北京市复兴门外大街2号中央人民广播电台广告部，邮编：100866，信封封面右上角标注“迎讲树公益广告”。同时，将作品电子版发至邮箱chenyixi@cnr.cn。

三、影视类作品制作成DVW数字贝塔格式，音频振幅—20dB，时长最长55秒，片长为5秒的倍数，以25秒、40秒、55秒为最佳，有1分钟彩条、3秒片名标题版及3秒倒数显示，每件作品留出10秒间隔，盒子封面用标签注明作品名称、时长及入点时码，每件作品填写一份作品登记表（附件2），寄北京市复兴路乙11号梅地亚中心公寓三层中央电视台广告部，邮编：100038，信封封面右上角标注“迎讲树公益广告”。

附件 2：

作品登记表

广告题目	
广告类别	
出资单位	
创作单位	
创 意 人	
设 计 人	
选送单位 意　　见	（盖 章） 年 月 日
联 系 人	
联系电话	

说明：1、广告类别填写平面、广播、影视。

2、选送单位为各省（区、市）、新疆生产建设兵团文明办。

3、联系人与联系电话填写选送单位的联系人姓名和办公室电话、手机号码。

关于组织各地党报、晚报和都市类报纸刊登“迎国庆讲文明树新风”公益广告的通知

新出厅字〔2009〕364号

各省、自治区、直辖市新闻出版局，新疆生产建设兵团新闻出版局，解放军总政治部宣传部新闻出版局：

为认真贯彻落实中央领导同志指示精神，根据中央文明委2009年工作安排，中央文明办、国家工商总局、国家广电总局和新闻出版总署共同组织开展了“迎国庆讲文明树新风”公益广告宣传活动。这次活动以喜迎新中国成立60周年为契机，以“迎国庆讲文明树新风”为主题，以展现人民群众参与道德建设、文明创建、志愿服务等活动，迸发爱国主义热情为重要内容，通过开展公益广告宣传，振奋民族精神，凝聚人民力量，展示各族人民团结和谐、奋发向上的精神风貌，为庆祝新中国成立60周年营造文明祥和、普天同庆的氛围。根据中央文明办“关于开展‘迎国庆讲文明树新风’公益广告宣传活动实施方案”部署，人民日报、光明日报、经济日报统一组织设计制作了部分平面公益广告作品，我署负责组织各地党报、晚报和都市类报纸刊载。现将有关事项通知如下：

一、请各地新闻出版局抓紧通知当地党报、晚报和都市类报纸，今年9月1日至10月8日集中刊登公益广告，每周刊登不少于两次，每次不少于四分之一彩版。9月20日至10月8日期间，每次不少于二分之一彩版。

二、我署近日将在新闻出版总署网站发布经主办单位审核后的平面公益广告作品，供各有关报社下载刊登。报社自行设计的公益广告，须送省（区、市）文明办审核，在刊登时须注明中央文明办、国家工商总局、国家广电总局、新闻出版总署4家主办单位名称，同时注明设计制作报社名称。

三、各级新闻出版行政机关和有关报社要高度重视公益广告宣传活动，按照本通知要求，认真组织，周密部署，精心排版，抓好落实，按照中央要求，形成宣传高潮，为迎接国庆60周年做出应有的贡献。

新闻出版总署办公厅

二〇〇九年九月二日

关于第八届（2007—2008年度）全国优秀公益广告评选获奖情况的通报

工商广字[2009]249号

各省、自治区、直辖市及计划单列市工商行政管理局、市场监督管理局，文明办：

近年来，国家工商总局、中央文明办认真贯彻中央文明委部署，采取有力措施加强公益广告宣传，运用主题作品征集、评选表彰、大规模刊播展示等方式推出优秀公益广告，大力弘扬社会主义核心价值体系。为充分

展示公益广告宣传工作成果，推动公益广告事业深入发展，国家工商总局、中央文明办组织开展了第八届（2007—2008年度）全国优秀公益广告评选活动。各地各有关部门和广告制作单位热情响应，积极参加，共报送影视、广播、平面三类作品628件。经专家投票评选，结合作品刊播效果，主办单位评定《相信篇》等198件广告获优秀作品奖；首都文明办、北京市工商局等20个单位获组织奖；中央电视台等82个单位被评为先进单位；郑有义等87人被评为先进个人。

希望受表彰单位和个人发扬成绩，再接再厉，进一步提高公益广告宣传工作水平，创作、刊播更多更好的公益广告作品，传播先进文化，引领文明风尚，为促进社会主义精神文明建设作出新贡献。

附件：

1、第八届全国优秀公益广告评选活动获奖作品名单
2、第八届全国优秀公益广告评选活动先进单位名单
3、第八届全国优秀公益广告评选活动先进个人名单
4、第八届全国优秀公益广告评选活动组织奖名单

国家工商行政管理总局
中央精神文明建设指导委员会
二〇〇九年十二月十七日

附件1：

第八届全国优秀公益广告评选活动获奖作品名单

影视类 59件

金奖7件

作品名称：相信篇
报送单位：中央电视台

作品名称：舞动人生　精彩依然
报送单位：四川广电集团广告经营中心

作品名称：尊重他人，尊重自己
报送单位：上海神兵影视广告有限公司

作品名称：冯巩篇
报送单位：中央电视台

作品名称：守着是一份诚信
报送单位：江苏南通市电视台

作品名称：生活因梦想而快乐
报送单位：浙江电视台

作品名称：鸟巢篇
报送单位：中央电视台

银奖11件

作品名称：灯篇
报送单位：北京未来广告公司

作品名称：学生减负暑假生活篇
报送单位：河北电视台

作品名称：“回报”篇
报送单位：哈尔滨海润国际广告传播集团

作品名称：京剧篇之舞台篇

报送单位：中央电视台

作品名称：鼓掌篇
报送单位：中央电视台

作品名称：珍惜生命，共享健康
报送单位：中国健康教育协会

作品名称：有安全，更精彩
报送单位：公安部政治部宣传局

作品名称：京剧篇之采访篇
报送单位：中央电视台

作品名称：树新风不负世界期待，讲文明你我共同努力
报送单位：江苏徐州市广播电视台

作品名称：迎奥运公益广告（系列）
报送单位：浙江广电集团

作品名称：团结互助篇
报送单位：山西太原市电视台

铜奖16件

作品名称：新时尚，环保又健康
报送单位：中央电视台

作品名称：心在一起
报送单位：北京未来广告公司

作品名称：钟表篇
报送单位：吉林省中麒影视制作有限公司

作品名称：购买篇

报送单位：哈尔滨海润国际广告传播集团

作品名称：反腐倡廉　知荣明耻
报送单位：昆明电视台

作品名称：助人有乐
报送单位：武汉广播电视总台广告部

作品名称：福娃篇
报送单位：中央电视台

作品名称：心中有线，成就梦想无限
报送单位：江苏常州可汉动漫艺术传媒有限公司

作品名称：奥运就在我们身边——环保老人篇
报送单位：辽宁丹东市电视台

作品名称：诚信，让心中充满阳光
报送单位：江苏广播电视总台

作品名称：诚实，人生的第一张车票
报送单位：山东电视台

作品名称：以热爱祖国为荣——升旗篇
报送单位：江苏广播电视总局

作品名称：尊重篇
报送单位：上海文明网

作品名称：得蛙蛙旅游记（系列）
报送单位：北京天地升华文化传播公司

作品名称：以小见大篇
报送单位：中央电视台

作品名称：主角是你篇

报送单位：中央电视台

入围奖 25 件

作品名称：对话框篇
报送单位：中央电视台

作品名称：人人参与消防　共筑平安奥运
报送单位：国家广播电影电视总局电影卫星频道节目制作中心、北京中影联广告有限公司

作品名称：适度上网拒绝沉迷
报送单位：国家广播电影电视总局电影卫星频道节目制作中心、北京世纪真金广告有限公司

作品名称：重建家园 从心开始
报送单位：国家广播电影电视总局 电影卫星频道节目制作中心

作品名称：水轮
报送单位：天津市塘沽区广播电视台

作品名称：你的父母与谁聊天？
报送单位：重庆电视台

作品名称：最美的笑容
报送单位：重庆大学美视电影学院

作品名称：爱的升华
报送单位：重庆万州广播电视台

作品名称：和谐系列之包容篇
报送单位：石家庄电视台

作品名称：廉洁是一种力量
报送单位：太原电视台

作品名称：幸福留守篇
报送单位：吉林教育电视台

作品名称：建筑希望篇
报送单位：哈尔滨海润国际广告传播集团

作品名称：小广、小新之节约电能篇
报送单位：无锡电视台

作品名称：有关爱　没距离
报送单位：浙江电视台经济生活频道

作品名称：正字篇
报送单位：安徽银鹃影视制作公司

作品名称：时光倒流
报送单位：广东省金长城国际广告公司

作品名称：正气篇（A 版）
报送单位：中共深圳市纪委宣教室、深圳市广播电视集团

作品名称：关爱别人 快乐自己
报送单位：四川广电集团广告经营中心

作品名称：关爱空巢老人之足球篇
报送单位：贵州天马广告

作品名称：关怀的手
报送单位：兰州智诚同辉文化传播有限公司

作品名称：迎奥运　弯腰篇
报送单位：兰州智诚同辉文化传播有限公司

作品名称：燃放烟花爆竹　安全首当其冲
报送单位：天水电视台

作品名称：反腐倡廉——母亲篇
报送单位：青岛电视台

作品名称：心正家安
报送单位：深圳市盐田区纪委、盐田区人民检察院

作品名称：天空篇
报送单位：中央电视台

广播类71件

金奖11件

作品名称：民工子弟篇
报送单位：哈尔滨海润国际广告传播集团

作品名称：人人都是志愿者
报送单位：江苏南通市人民广播电台

作品名称：奥运有我
报送单位：中央人民广播电台

作品名称：人生态度　奥运高度（感性篇）
报送单位：江苏南通市人民广播电台经济频率

作品名称：爱的接力
报送单位：辽宁鞍山市人民广播电台经济频率

作品名称：奥运一句话
报送单位：天津人民广播电台

作品名称：奥运在中国　文明传天下
报送单位：江苏省铜山县广播电视台

作品名称：乔臻篇
报送单位：上海文广新闻传媒集团

作品名称：聆听奥运
报送单位：河北人民广播电台

作品名称：一个故事两种结局
报送单位：浙江嘉兴广播电视台

作品名称：四海之内皆朋友
报送单位：山东东营市人民广播电视台

银奖17件

作品名称：变脸
报送单位：鞍山市人民广播电台

作品名称：其实我是想说…
报送单位：楚天卫星广播

作品名称：文明观察 礼仪 闪光灯与喇叭 对话篇
报送单位：中央人民广播电台

作品名称：市民篇
报送单位：江苏连云港市人民广播电台

作品名称：科技与文明篇
报送单位：四川成都市人民广播电台

作品名称：迎奥运营造良好人文环境
报送单位：天津人民广播电台

作品名称：微笑中国
报送单位：中央人民广播电台

作品名称：奥运公益广告（系列）
报送单位：贵州安顺市广播电视台

作品名称：生命的冠军

报送单位：湖南人民广播电台

作品名称：我们也是运动员
报送单位：江苏南京市人民广播电台

作品名称：节约资源——牙刷篇
报送单位：四川人民广播电台

作品名称：迎奥运讲文明树新风公益广告（系列）
报送单位：黑龙江佳木斯市人民广播电台

作品名称：文明竞赛
报送单位：天津人民广播电台

作品名称：数据篇
报送单位：上海文广新闻传媒集团

作品名称：支持奥运从我做起
报送单位：广东汕头市人民广播电台

作品名称：北京欢迎您
报送单位：河北人民广播电台信息中心

作品名称：奥运公益广告——文明篇
报送单位：浙江杭州广播电视台西湖之声广播

铜奖25件

作品名称：推广普通话
报送单位：江苏广传中心广告中心

作品名称：禁鸣喇叭
报送单位：湖南电台交通频道

作品名称：1000块的用途
报送单位：宁夏广播电视总台经济频率

作品名称：迟到的捐款
报送单位：湖北省广播电视总台新闻综合广播

作品名称：海边路上
报送单位：广东珠海广播电视台

作品名称：礼仪之邦
报送单位：中央人民广播电台

作品名称：文明奥运——请不要乱穿马路
报送单位：湖南人民广播电台文艺节目

作品名称：迎奥运，我要去北京
报送单位：广东珠海市广播电视台

作品名称：少一点提醒　多一点文明
报送单位：辽宁锦州市人民广播电台

作品名称：做文明的中国人
报送单位：辽宁鞍山市人民广播电台

作品名称：我们的奥运
报送单位：宁夏银川市人民广播电台交通音乐广播

作品名称：文明，就在身边
报送单位：山东济南市人民广播电台

作品名称：奥运　从我做起
报送单位：辽宁葫芦岛市人民广播电台

作品名称：遵守交通秩序
报送单位：湖南人民广播电台交通广播

作品名称：迎奥运讲文明树新风之奥运精神篇
报送单位：广东深圳广电集团广告中心

作品名称：北京共享你我的奥运
报送单位：云南昆明市人民广播电台

作品名称：百姓迎奥运
报送单位：辽宁丹东市人民广播电台

作品名称：我的健康生活
报送单位：中央人民广播电台

作品名称：未来的希望
报送单位：湖南湘潭市人民广播电台

作品名称：下一站　奥运　三轮篇
报送单位：中央人民广播电台

作品名称：画奥运
报送单位：山东枣庄市人民广播电台

作品名称：公车篇
报送单位：上海文广新闻传媒集团

作品名称：和谐的世界和谐的人
报送单位：云南人民广播电台

作品名称：你喜欢这样的感觉吗
报送单位：江苏常州市人民广播电台

作品名称：爱的色彩
报送单位：中央人民广播电台

入围奖18件

作品名称：彼此温暖　战胜灾难
报送单位：北京人民广播电台

作品名称：思念篇
报送单位：北京人民广播电台

作品名称：莫让千山鸟飞绝
报送单位：天津市塘沽区广播电视台

作品名称：公私分明
报送单位：内蒙古人民广播电台

作品名称：诚信
报送单位：朝阳市人民广播电台

作品名称：上完厕所要冲水
报送单位：朝阳市人民广播电台

作品名称：别让演奏家变成孤独的舞者
报送单位：安徽音乐台

作品名称：关掉远光灯拉近心的距离
报送单位：江西人民广播电台都市广播

作品名称：与爱同行
报送单位：南昌人民广播电台917新闻频率

作品名称：广东也是您的家
报送单位：广东人民广播电台

作品名称：感恩的心
报送单位：成都人民广播电台

作品名称：保护知识产权
报送单位：云南人民广播电台

作品名称：关爱自然音乐家
报送单位：普洱人民广播电台

作品名称：幡然醒悟，为时不晚

报送单位：宁波电台

作品名称：节能减排——米饭SPA篇
报送单位：上海文广新闻传媒集团广告经营中心

作品名称：错过了健康就错过了所有的精彩
报送单位：福建省广播影视集团综合广播

作品名称：清醒
报送单位：湖北省广播电视总台新闻综合广播

作品名称：你我一小步　文明一大步
报送单位：贺州人民广播电台

平面类

金奖6件

作品名称：四川加油
报送单位：法制晚报

作品名称：友谊第一篇
报送单位：江苏南京林业大学

作品名称：同一个世界　同一个梦想（系列）
报送单位：光明日报社

作品名称：最重的金牌是文明
报送单位：人民日报社

作品名称：我参与　我奉献　我快乐
报送单位：经济日报社

作品名称：同迎奥运，共创文明
报送单位：天津今晚传媒广告公司

银奖11件

作品名称：精神赡养老人
报送单位：上海美术设计公司

作品名称：抗震救灾系列
报送单位：哈尔滨海润国际广告传播集团有限公司、海润国际广告传播集团

作品名称：我想进城找爸爸
报送单位：南京市广告有限公司

作品名称：保护非物质文化遗产
报送单位：贵州省精神文明建设指导委员会、贵州省工商行政管理局、贵州高速广告

作品名称：电子毒垃圾系列
报送单位：黑龙江省广告协会、哈尔滨海润国际广告传播集团

作品名称：奥运主题海报
报送单位：江苏扬州金笛广告公司

作品名称：迎奥运微笑篇
报送单位：江苏镇江日报社

作品名称：健康奥运，绿色奥运
报送单位：福建新恒基广告公司

作品名称：奥运风车传播文明
报送单位：河南安阳恒翊广告公司

作品名称：我们已做好一切准备
报送单位：新华社

作品名称：微笑迎奥运（学生稿）
报送单位：天津日报社

铜奖 13 件

作品名称：危难时刻　我必须到一线去
报送单位：光明日报社

作品名称：车轮
报送单位：新华社、中国广告联合总公司

作品名称：让父母也能感受到你的关注
报送单位：北京电通广告有限公司上海分公司

作品名称：温室效应——心电图系列— 3
报送单位：黑龙江省广告协会、哈尔滨海润国际广告传播集团

作品名称：小红帽（领奖台、跑道）
报送单位：福建新恒基广告公司

作品名称：奥运精神世代相传
报送单位：河北旅游职业学院

作品名称：2008 我们是奥运的主人
报送单位：人民日报社

作品名称：这一刻领先决不是冠军
报送单位：云南春城晚报社

作品名称：我们每个人都是中国的封面
报送单位：光明日报社

作品名称：夺一枚文明金牌
报送单位：人民日报社

作品名称：弘扬“更快更高更强”的奥林匹克精神
报送单位：经济日报社

作品名称：奥运会没有这项比赛
报送单位：光明日报社

作品名称：礼仪之邦　文明中国
报送单位：光明日报社

入围奖 34 件

作品名称：社会和谐　成就千秋伟业
报送单位：人民日报社

作品名称：道德楷模　文明风尚
报送单位：光明日报社

作品名称：携手并肩　重建家园
报送单位：人民日报社

作品名称：点燃激情　奉献关爱
报送单位：光明日报社

作品名称：能稳吗
报送单位：北京首都机场广告有限公司

作品名称：手绢
报送单位：新华社、中国广告联合总公司

作品名称：节能灯
报送单位：中国广告联合总公司

作品名称：人生处处是考场
报送单位：南京市广告有限公司

作品名称：她穿的是你的衣服
报送单位：安徽中远文化传媒有限公司

作品名称：关注汶川，奉献爱心系列
报送单位：山东新之航文化传播有限公司

作品名称：饮水其实可以这样……
报送单位：聊城市启点文化艺术传播有限公司

作品名称：清风吹来系列
报送单位：青岛日报报业节团

作品名称：点与点，人与人
报送单位：河南省工商行政管理局、鹤壁市天马广告部

作品名称：清正廉洁
报送单位：湖北日报传媒集团、楚天广告总公司

作品名称：抗震救灾　众志成城
报送单位：湖北日报传媒集团、楚天广告总公司

作品名称：将来的年画
报送单位：湖南省工商行政管理局、湖南省精神文明建设指导委员会、湖南日报社

作品名称：真爱无疆　情系灾区
报送单位：珠海市工商行政管理局、珠海市广大广告公司

作品名称：公民行为文明提升——仪、德、礼字
报送单位：中山市工商行政管理局、中山市奥理广告有限公司

作品名称：佛山路牌
报送单位：佛山市达美迪奥广告有限公司

作品名称：止一步　正一生
报送单位：广东省南方广告有限公司

作品名称：文明好功夫　系列作品
报送单位：广东艺精广告装饰工程有限公司

作品名称：敬老　爱老　助老
报送单位：云南省工商行政管理局、昆明唐码风驰传媒有限公司

作品名称：镜头篇
报送单位：甘肃省工商行政管理局、庆阳市协力广告有限公司

作品名称：节约资源——卫生纸篇
报送单位：宁夏回族自治区工商行政管理局、银川三唐企划设计广告有限公司

作品名称：爱心捐助系列——指挥家篇
报送单位：新疆维吾尔自治区工商行政管理局、新疆石河子巴士广告有限公司

作品名称：反腐倡廉——警告标志篇
报送单位：库尔勒晚报

作品名称：泛黄的应该是照片，而不是我们的环境
报送单位：慈溪日报社

作品名称：保护黑土地系列—2
报送单位：黑龙江省广告协会、哈尔滨海润国际广告传播集团

作品名称：城市环保系列—3
报送单位：黑龙江省广告协会、哈尔滨海润国际广告传播集团

作品名称：保护动物系列—3

报送单位：黑龙江省广告协会、哈尔滨海润国际广告传播集团

作品名称：风雨同舟，众志成城

报送单位：经济日报社

作品名称：中国挺住

报送单位：工人日报社

作品名称：你是我们的亲人

报送单位：中国青年报社

作品名称：风雨中的玫瑰最美丽

报送单位：中国妇女报社

单项奖4件

最佳创意奖

作品名称：助人有乐

报送单位：武汉广播电视总台

最佳设计奖

作品名称：空缺

最佳摄影奖

作品名称：相信篇

报送单位：中央电视台

最佳音效奖

作品名称：关爱自然音乐家

报送单位：普洱人民广播电台

最佳印象奖

作品名称：我有爱

报送单位：中央电视台

附件2：

第八届全国优秀公益广告评选活动先进单位名单

人民日报社

中央电视台

光明日报社

经济日报社

中央人民广播电台

国家广播电影电视总局电影卫星频道节目制作中心广告部

北京人民广播电台广告部

上海文广新闻传媒集团广告经营中心

上海申通德高地铁广告有限公司

分众传媒（中国）控股有限公司

上海郁金香广告传媒有限公司

上海美术设计公司

重庆广播电视集团（总台）电视广告经营中心

重庆正宗广告有限公司

重庆中瀚广告有限公司

邯郸人民广播电台

石家庄电视台广告部

保定日报报业广告公司
长治市天递广告策划有限公司
内蒙古电视台
内蒙古广播电台
呼和浩特电视台
吉林电视台
吉林省天成龙行广告有限公司
吉林龙飞广告公司
黑龙江省人民广播电台
哈尔滨海润国际广告传媒集团
齐齐哈尔市广告协会
苏州市明日企业形象策划传播有限公司
南京梅迪派勒地铁广告有限公司
南京银都广告商务有限责任公司
浙江广播电视集团
钱江晚报
浙江高速广告有限责任公司
宁波广播电视广告中心
安徽日报社广告中心
安徽人民广播电台
淮南广播电视广告中心
信息日报
《老友》杂志社
景德镇大象广告有限公司
山东省广告协会
山东省国际广告有限公司
临沂电视台广告中心
淄博电视台
河南电视台电视剧频道
新乡电视台
鹤壁职业技术学院
武汉市工商行政管理局
武汉广播电视局（总台）广告部
楚天卫星广播
湖南人民广播电台交通频道
岳阳电视台
湖南日报社广告处
广东电台
深圳市广播电影电视集团
惠州超前文化传播有限公司
广州地铁广告有限公司
广州市电视台
海南白马广告媒体投资有限公司
四川广播电视集团广告经营中心
贵阳创天公交广告公司
贵州高速广告公司
贵州天马广告公司
云南人民广播电台
云南日报报业集团
昆明公交集团有限责任公司广告分公司
陕西锐翔广告装饰有限责任公司
西安沙龙广告装饰有限公司
陕西电视台广告中心
兰州智诚同辉文化传播有限公司
天水电视台广告中心
兰州公交集团万众广告彩印有限公司
青海油田广告公司
青海电视台广告经营中心
海东电视台
宁夏广播电视总台广告中心
克拉玛依市金桥广告传媒有限公司
新疆人民广播电台
新疆普拉纳品牌策划有限公司
新疆日报广告处
沙湾县飞天广告

附件3：

第八届全国优秀公益广告评选活动先进个人名单

郑有义　人民日报社广告部主任
贺志革　人民日报社广告部设计中心主任
张　伟　人民日报社广告部制作员
郭红松　光明日报社记者
任建洪　光明日报社广告部副主任
曾　芳　中央人民广播电台广告部
夏洪波　中央电视台广告部主任
荆　虎　中央电视台广告部创意总监
潘奕霖（潘军）　国家广播电影电视总局电影卫星频道节目制作中心栏目制片人
张　宏　中共天津市委支部生活社技术编辑
金仲波　上海文广新闻传媒集团广告经营中心主任
袁　东　上海神兵影视广告有限公司总经理
沈培君　上海影视广告有限公司总经理
金定海　上海师范大学人文与传播学院副院长
王富顺　中国电信股份有限公司上海分公司公共关系处处长
郭列亚　重庆广播电视集团（总台）电视广告经营中心主任
祁　婧　西南大学新闻传媒学院学生
杨贵金　承德日报社广告信息中心
李艳梅　石家庄电视台广告部宣传策划组组长
肖　钧　河北电视台广告信息中心广告信息中心主任
段琼琼　山西都市名片广告有限公司DM编辑兼设计总监
李吉林　内蒙古电视台广告管理中心广告制作人
包银峰　内蒙古电视台《动漫驿站》栏目制片人
通　嘎　内蒙古广播电台广告中心广告制作人
李雅静　辽宁省盘锦日报、辽河晚报广告中心主任
刘宏宇　辽宁省阜新人民广播电台广告部主任
邵志强　辽宁省朝阳市工商局商标广告监督管理科副科长
姜　超　长春市工商行政管理局广告分局局长
杨育新　吉林人民广播电台监管部主任
郭　凯　吉林市公交实业有限公司董事长
潘　阳　哈尔滨海润国际广告传媒集团董事长
刘玉华　黑龙江省广告协会副秘书长
杜玉泉　黑龙江省人民广播电台广告部主任
蒋　明　南京市广告有限公司总经理
周志强　江苏永达广告有限公司
周学仁　苏州市广告协会副会长兼秘书长
吴　德　浙江雅图传媒环艺有限公司总经理
孙黎明　金华市天地广告有限公司董事长
李　炼　杭州博采广告有限公司创意总监兼导演
刘　滨　淮南市工商行政管理局广告科科员
田　健　合肥市工商局广告处
彭　博　新安传媒有限公司广告中心设计师
张晓建　江西电视台广告中心主任
刘润发　《赣南日报》报业集团广告中心主任
余忠造　江西天义广告艺术有限公司总经理
王　辉　山东省潍坊市公交总公司广告分公司经理
周洪亮　山东省威海市环翠区广播电视台台长
季胜利　山东省工商局广告处调研员
赵建忠　河南省安阳日报信息广告部
徐　磊　河南省周口人民广播电台广告部主任
王　焱　河南省商丘市AAA广告信息营销有限公司总经理
贾　琳　湖北省工商局商广处副处级调研员
徐海兰　武汉市工商局汉江分局商标广告科科员

周　果　湖北日报社广告部主任
李亚军　湖南木林森文化发展有限公司董事长
张敏志　长沙达美文化传播有限公司总经理
喻应龙　湖南新金果传媒有限公司董事长
张一基　广东省广告协会理事
赵子谦　广州市珍宝广告有限公司总经理
黄月友　新会电视台广告部主任
赵　刚　广州市恒智三利广告有限公司董事长
吕东清　广州都会广告有限公司审批部经理
张建勇　四川广播电视集团广告经营中心主任
刘　静　四川省精神文明建设办公室综合处助理调研员
吴晓晓　贵州创天公交车体网络联合广告有限公司
杨昌兴　贵州高速公告有限公司
丁　怡　贵州天马广告公司创意执行总监
尹　伟　昆明唐码风驰传媒有限公司创意总监
张晓宇　临沧市人民广播电台台长
刘志文　丽江日报传媒有限责任公司总经理
魏建文　西安电台
张　炜　西安电视台广告中心总经理
杨　俐　陕西人民广播电台广告中心主任
魏文楷　甘肃省广播电影电视总台总编室副主任
王尚荣　天水广播电视台台长助理
苏虎宁　庆阳市协力广告有限公司总经理
古　城　青海人民广播电台经营中心主任
赵维民　青海电视台广告经营中心制作科科长
王青芳　青海油田广告公司编辑
仝　华　宁夏广播电视总台广告中心主任
白国英　宁夏工商行政管理局商标广告监管处处长
杨大鸣　乌鲁木齐晚报社社长
赵　力　新疆电视台广告部主任
王建国　库尔勒晚报广告传媒中心
胡　可　新疆都市消费晨报社执行社长、广告中心总经理
孙　雨　新疆雷丁斯普文化传媒有限公司总经理

附件4：

第八届全国优秀公益广告评选活动组织奖名单

首都精神文明建设委员会办公室
上海市精神文明建设指导委员会办公室
黑龙江省精神文明建设指导委员会办公室
江苏省精神文明建设指导委员会办公室
安徽省精神文明建设指导委员会办公室
广东省精神文明建设指导委员会办公室
四川省精神文明建设指导委员会办公室
新疆维吾尔自治区精神文明建设指导委员会办公室
辽宁省精神文明建设指导委员会办公室
浙江省精神文明建设指导委员会办公室
北京市工商行政管理局
上海市工商行政管理局
黑龙江省工商行政管理局
江苏省工商行政管理局
安徽省工商行政管理局
广东省工商行政管理局
四川省工商行政管理局
新疆维吾尔自治区工商行政管理局
辽宁省工商行政管理局
浙江省工商行政管理局

’2010中国广告年鉴
China Advertising Yearbook

广告出版物

Advertising Publications

2009 年广告类新书书目

广告主研究——企业广告人才研究

书　　号：978-7-1112-5796-7

作　　者：罗子明、高丽华

定　　价：￥36.00

出版时间：2009 年 1 月

出 版 社：机械工业出版社

广告销售老鸟成长记

书　　号：978-7-1210-9627-3

作　　者：余夕仁

定　　价：￥28.00

出版时间：2009 年 1 月

出 版 社：电子工业出版社

见证中国广告 30 年

书　　号：978-7-8112-7279-6

编　　者：北京广告协会、中国传媒大学、北京市广告管理服务中心

定　　价：￥380.00

出版时间：2009 年 1 月

出 版 社：中国传媒大学出版社

广告战争

书　　号：978-7-5086-1460-1

作　　者：马宇彤

定　　价：￥25.00

出版时间：2009 年 2 月

出 版 社：中信出版社

中国广告三十年大事典

书　　号：978-7-8021-5317-2

编　　者：中国广告协会

定　　价：￥480.00

出版时间：2009 年 3 月

出 版 社：中国工商出版社

广告创意：从抽象到具象的形象思维

书　　号：978-7-8112-7352-6

作　　者：程宇宁

定　　价：￥48.00

出版时间：2009 年 4 月

出 版 社：中国传媒大学出版社

网络广告实务

书　　号：978-7-5084-6364-3

编　　者：冯晖

定　　价：￥24.00

出版时间：2009 年 4 月

出 版 社：水利水电出版社

玩转广告——创意的游戏精神

书　　号：978-7-8111-9620-7

作　　者：李剑飞

定　　价：￥38.00

出版时间：2009 年 4 月

出 版 社：首都师范大学出版社

电视广告创意

书　　号：978-7-5092-0318-7

作　　者：聂艳梅、林永强

定　　价：￥39.00

出版时间：2009 年 5 月

出 版 社：中国市场出版社

广告的没落 公关的崛起（修订版）

书　　号：978-7-2030-6475-6

作　　者：[美]里斯

译　　者：寿雯

定　　价：￥32.00

出版时间：2009 年 5 月

出 版 社：山西人民出版社发行部

凯洛格谈广告营销与媒体

书　　号：978-7-5006-8721-4

编　　者：[美]卡德

译　　者：付瑜

定　　价：￥28.00

出版时间：2009 年 5 月

出 版 社：中国青年出版社

关于广告学的 100 个故事

书　　号：978-7-3050-6174-5

编　　者：陈胜光

定　　价：￥35.00

出版时间：2009 年 6 月

出 版 社：南京大学出版社

广告客户管理

书　　号：978-7-5615-3293-5

编　　者：陈艳彩

定　　价：￥25.00

出版时间：2009 年 6 月

出 版 社：厦门大学出版社

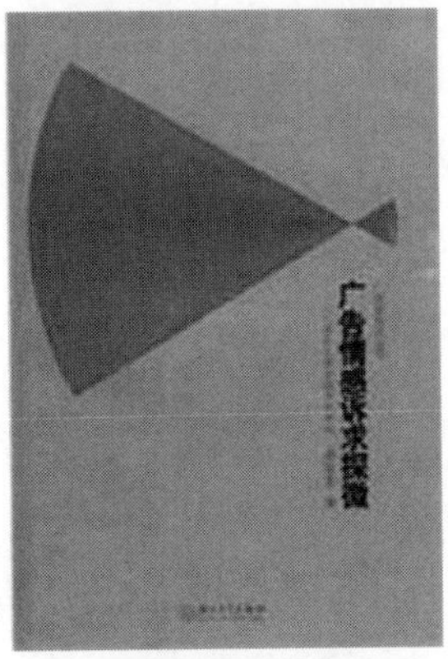

广告情感诉求探微

书　　号：978-7-5615-3292-8

作　　者：周象贤

定　　价：￥26.00

出版时间：2009 年 6 月

出 版 社：厦门大学出版社

广告设计原理与方法

书　　号：978-7-5615-3298-0

作　　者：罗萍

定　　价：¥25.00

出版时间：2009 年 6 月

出 版 社：厦门大学出版社

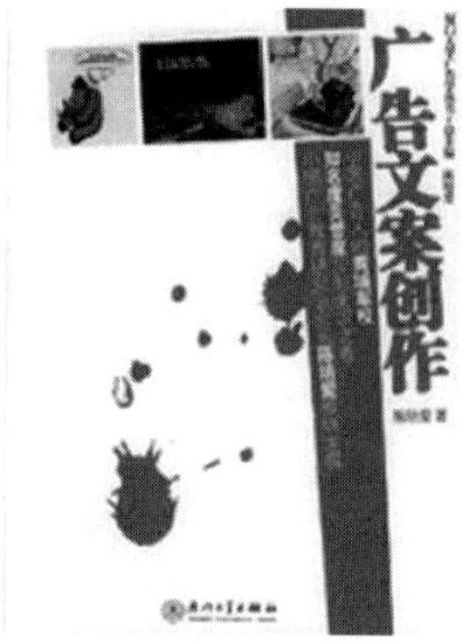

广告文案：中国广告设计行业高端教材

书　　号：978-7-5322-6248-9

作　　者：乐剑峰

定　　价：¥48.00

出版时间：2009 年 6 月

出 版 社：上海人民美术出版社

国际 4A 广告公司基本操作流程（新版）

书　　号：978-7-5092-0445-0

定　　价：¥26.80

作　　者：朱海松

出版时间：2009 年 6 月

出 版 社：中国市场出版社

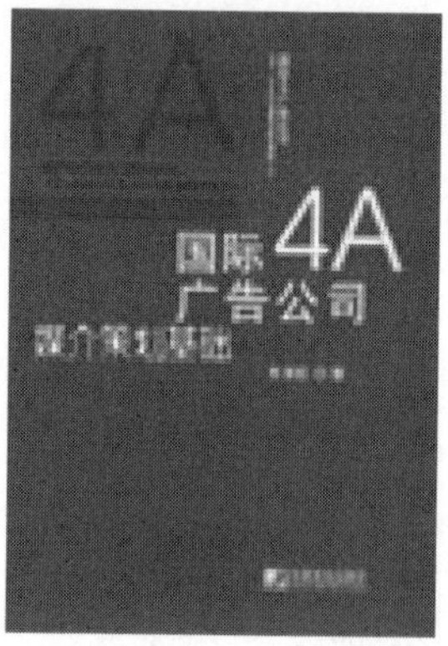

国际 4A 广告公司媒介策划基础（新版）

书　　号：978-7-5092-0444-3

定　　价：¥34.80

作　　者：朱海松

出版时间：2009 年 6 月

出 版 社：中国市场出版社

国际 4A 广告公司品牌策划方法（新版）

书　　号：978-7-5092-0446-7

定　　价：¥32.80

作　　者：朱海松

出版时间：2009 年 6 月

出 版 社：中国市场出版社

中外广告史新编

书　　号：978-7-3090-6700-2

编　　者：杨海军

定　　价：￥36.00

出版时间：2009 年 7 月

出 版 社：复旦大学出版社

奥美观点精选－文化卷

书　　号：978-7-5092-0113-8

作　　者：奥美公司

定　　价：￥25.80

出版时间：2009 年 7 月

出 版 社：中国市场出版社

奥美观点精选－公关卷

书　　号：978-7-5092-0117-6

作　　者：奥美公司

定　　价：￥25.80

出版时间：2009 年 7 月

出 版 社：中国市场出版社

奥美观点精选－广告卷

书　　号：978-7-5092-0114-5

作　　者：奥美公司

定　　价：￥28.80

出版时间：2009 年 7 月

出 版 社：中国市场出版社

奥美观点精选－行销卷

书　　号：978-7-5092-0115-2

作　　者：奥美公司

定　　价：￥29.80

出版时间：2009 年 7 月

出 版 社：中国市场出版社

奥美观点精选－品牌卷

书　　号：978-7-5092-0116-9
作　　者：奥美公司
定　　价：￥26.80
出版时间：2009 年 7 月
出 版 社：中国市场出版社

丑小鸭：奥美的创意观点

书　　号：978-7-5086-1579-0
作　　者：[新加坡]谭启明等
译　　者：何辉
定　　价：￥39.00
出版时间：2009 年 7 月
出 版 社：中信出版社

广告文案

书　　号：978-7-3011-5509-7
作　　者：何辉
定　　价：￥50.00
出版时间：2009 年 7 月
出 版 社：北京大学出版社

隐藏的说客－潜意识广告研究

书　　号：978-7-5615-3161-7
作　　者：林升梁
定　　价：￥21.00
出版时间：2009 年 8 月
出 版 社：厦门大学出版社

够了！创意

书　　号：978-7-3001-1020-2
作　　者：[美]戈尔德
译　　者：王卓
定　　价：￥25.00
出版时间：2009 年 8 月
出 版 社：中国人民大学出版社

广告心理学（新版）

书　　号：978-7-8109-3927-0

编　　者：张国斌等

定　　价：￥42.00

出版时间：2009 年 9 月

出 版 社：合肥工业大学出版社

奥美创意解密

书　　号：978-7-5086-1673-5

作　　者：余宜芳

定　　价：￥35.00

出版时间：2009 年 9 月

出 版 社：中信出版社

创意心理学

书　　号：978-7-3001-1249-7

作　　者：[美]斯腾伯格、[美]陆伯特

译　　者：曾盼盼

定　　价：￥39.80

出版时间：2009 年 9 月

出 版 社：中国人民大学出版社

广告创意思维教程

书　　号：978-7-3090-6824-5

作　　者：舒咏平

定　　价：￥34.00

出版时间：2009 年 9 月

出 版 社：复旦大学出版社

实战广告案例（第四辑）创意及互动营销

书　　号：978-7-8025-5233-3

编　　者：殷国华、穆虹

定　　价：￥70.00

出版时间：2009 年 10 月

出 版 社：企业管理出版社

实战广告案例（第四辑）活动

书　　号：978-7-8025-5234-0

编　　者：殷国华、穆虹

定　　价：￥108.00

出版时间：2009 年 10 月

出 版 社：企业管理出版社

实战广告案例（第四辑）品牌

书　　号：978-7-8025-5231-9

编　　者：殷国华、穆虹

定　　价：￥112.00

出版时间：2009 年 10 月

出 版 社：企业管理出版社

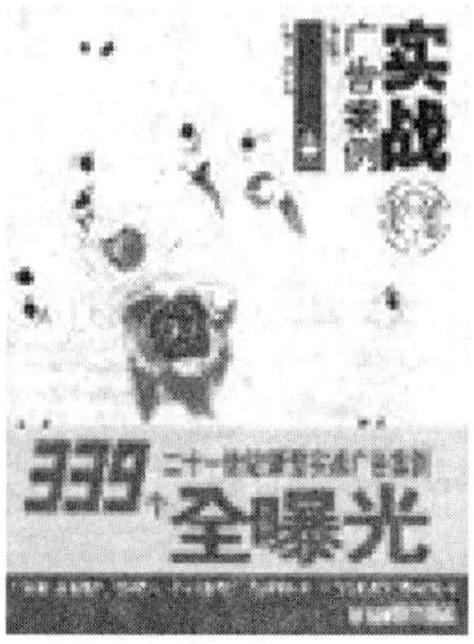

实战广告案例（第四辑）全案

书　　号：978-7-8025-5232-6

编　　者：殷国华、穆虹

定　　价：￥110.00

出版时间：2009 年 10 月

出 版 社：企业管理出版社

中国广告 30 年全数据

书　　号：978-7-5092-0427-6

作　　者：范鲁彬

定　　价：￥290.00

出版时间：2009 年 10 月

出 版 社：中国市场出版社

'2009 中国广告年鉴

书　　号：978-7-5011-9008-9

编　　者：中国广告年鉴编辑部

定　　价：￥380.00

出版时间：2009 年 12 月

出 版 社：新华出版社

创意意见

书　　号：978-7-5410-4052-8

作　　者：艺术与设计

定　　价：￥48.50

出版时间：2009 年 12 月

出 版 社：四川美术出版社

广告伦理研究

书　　号：978-7-8112-7812-5

作　　者：李淑芳

定　　价：￥48.00

出版时间：2009 年 12 月

出 版 社：中国传媒大学出版社

广告运作策略（第二版）

书　　号：：978-7-3090-6899-3

作　　者：刘绍庭

定　　价：￥29.00

出版时间：2009 年 12 月

出 版 社：复旦大学出版社

广告张爱玲：一个作家成长的市场经验

作　　者：孙文清

书　　号：978-7-8112-7449-3

定　　价：￥48.80

出版时间：2009 年 12 月

出 版 社：中国传媒大学出版社

中国广告大词典

书　　号：978-7-5043-3504-3

作　　者：王多明

定　　价：￥188.00

出版时间：2009 年 12 月

出 版 社：中国广播电视出版社

全国主要广告类刊物名录

北 京 市

现代广告 /Modern Advertising

主管单位：国家工商行政管理总局
主办单位：中国广告协会
编辑出版：《现代广告》杂志社
地　　址：北京市宣武区广安门外大街 248 号机械大厦 909-910 室
邮　　编：100055
电　　话：(010)63317498
传　　真：(010)63317499
电子邮件：ad6898@vip.sina.com
网　　址：www.maad.com.cn
国内刊号：CN11-3168/F
国际刊号：ISSN 1007-2888
邮发代号：82-685
开　　本：16 开
出版周期：双周刊
定　　价：¥12.00/ 期　¥192.00/ 年
国内发行：北京市报刊发行局
订　　阅：全国各地邮局
广告经营许可证号：京宣工商广字第 0079 号

国际广告 /International Advertising

主管单位：中华人民共和国商务部
主办单位：中国商务广告协会
编辑出版：国际广告杂志社
地　　址：北京市建国门外大街 12 号 4 层
邮　　编：100022
电　　话：(010)65684490
传　　真：(010)65681942
电子邮件：hhh@v.com.cn
创刊年代：1985 年
国内刊号：CN11-2487/F
国际刊号：ISSN 1000-4122
邮发代号：82-705
开　　本：大 16 开
出版周期：月刊
定　　价：¥15.00/ 期　¥180.00/ 年
国内发行：北京市报刊发行局
订　　阅：全国各地邮局
广告经营许可证号：京朝工商广字第 0088 号

艺术与设计 /Art and Design

主管单位：中华人民共和国新闻出版总署
编辑出版：艺术与设计杂志社
地　　址：北京市西城区阜外大街 34 号干休所 3 号楼 5 层
邮　　编：100832
电　　话：(010)68583578
传　　真：(010)68570937
电子邮件：joanna_chen@vip.163.com
网　　址：www.artdesign.org.cn
国内刊号：CN11-3909/J
国际刊号：ISSN 1008-2832
邮发代号：82-273
开　　本：大 16 开
出版周期：月刊
定　　价：¥25.00/ 期　¥300.00/ 年
订　　阅：全国各地邮局

广告直通车 /AD Express

主管单位：中华全国供销合作总社
主办单位：中华全国供销合作总社信息中心
协办单位：北京北奥广告有限公司
出　　版：中国供销商情杂志社

地　　址：北京市复兴门内大街45号
邮　　编：100801
电　　话：(010)62006999-606/607
传　　真：(010)62009595
电子邮件：ztc@bestall.com.cn
国内刊号：CN11-3966/F
国际刊号：ISSN 1008-7443
邮发代号：80-380
开　　本：大16开
出版周期：月刊
定　　价：¥15.00/期
国内发行：北京市报刊发行局
订　　阅：全国各地邮局
广告经营许可证号：京西工商广字0016号

广告主·市场观察／Advertiser Market Observer

主管单位：国务院国有资产监督管理委员会
主办单位：中国企业家协会
编辑出版：市场观察编辑部
地　　址：北京市海淀区紫竹院南路17号
邮　　编：100044
电　　话：(010)68484583
电子邮件：guanggaozhu@vip.sohu.com
网　　址：www.advertiser.cn
国内刊号：CN11-3281/F
国际刊号：ISSN 1006-9089
邮发代号：2-790
开　　本：大16开
出版周期：月刊
定　　价：¥15.00/期
订　　阅：全国各地邮局
广告经营许可证号：京海工商广字0151号

21世纪广告／21ST Century Advertising

主办单位：中国广告协会广告公司分会／中国广告协会公交分会
协办单位：北京国安广告总公司／北京公交广告有限责任公司
编辑出版：21世纪新闻传媒出版集团有限公司
地　　址：北京市朝阳区农光南里1号龙辉大厦7层
电　　话：(010)87579571
传　　真：(010)67321146
电子邮件：ad51168@vip.163.com
网　　址：www.21ad.org.cn
国际刊号：ISSN 1999-5547
开　　本：8开
出版周期：周刊
定　　价：¥10.00/期

上 海 市

中国广告／China Advertising

主管单位：中国出版集团
主办单位：东方出版中心／上海百联集团有限公司／上海市广告协会
编辑出版：中国广告杂志社
地　　址：上海市宁海东路200号申鑫大厦1805室
邮　　编：200021
电　　话：(021)63552298
传　　真：(021)63551811
网　　址：www.ad-cn.net
电子邮件：china-ad@online.sh.cn
创刊年代：1981年
国内刊号：CN31-1174/F
国际刊号：ISSN 1005-9156
邮发代号：4-408
开　　本：大16开
出版周期：月刊
定　　价：¥15.00/期
国内发行：上海市报刊发行局
订　　阅：全国各地邮局
网络发行：当当网
广告经营许可证号：3101014000003

设计新潮／Architecture & Design

主办单位：上海社会科学院

编辑出版：设计新潮杂志社

地　　址：上海市中山西路1800号兆丰环球大厦28楼

邮　　编：200233

电　　话：(021)64400372/0374/0379

传　　真：(021)64400850

电子邮件：public@a-d-cn.com

网　　址：www.a-d-cn.com

国内刊号：CN31-1538/J

开　　本：16开

定　　价：¥40.00/期

广告经营许可证号：3101064000026

江 苏 省

广告大观／AD pandrama

主办单位：江苏省广播电视集团

编辑出版：广告大观杂志社

地　　址：南京市长江路99号长江贸易大厦23楼D座

邮　　编：210005

电　　话：(025)84798501

传　　真：(025)84798505

电子邮件：adp@vip.163.com

网　　址：www.cnadp.com

国内刊号：CN32-1730/F

国际刊号：ISSN 1672-9005

邮发代号：28-292

开　　本：大16开

出版周期：月刊

定　　价：¥20.00/期　¥240.00/年

广告经营许可证号：3200004040733

广告研究／Journal Of Advertising Study

主办单位：广告大观杂志社／北京大学新闻与传播学院广告系

编辑出版：《广告研究》编辑部

地　　址：南京市长江路99号长江贸易大厦23楼D座

邮　　编：210005

电　　话：(025)84798502

传　　真：(025)84798505

国内刊号：CN32-1730/F

国际刊号：ISSN 1672-9005

邮发代号：28-359

开　　本：大16开

出版周期：双月

定　　价：¥20.00/期

广告经营许可证号：3200004040733

中国标识／China Sign

主管单位：江苏省广播电视集团

主办单位：《广告大观》杂志社

编辑出版：《中国标识》编辑部

地　　址：南京市成贤街39号成贤公寓02栋1-202室

邮　　编：210018

电　　话：(025)83693950/83693951

传　　真：(025)83693950-1010

电子邮件：chinasign@vip.163.com

网　　址：www.gotoread.com

国内刊号：CN32-1730/F

开　　本：大16开

出版周期：月刊

定　　价：¥15.00/期

江 西 省

广告人／ADMEN

主办单位：江西省人民广播电台／江西电视台／江西省广播电视学会

出版单位：声屏世界杂志社

编辑单位：广告人编辑部

地　　址：天津市河西区永安道泰达园1号楼2门101室

邮　　编：300204

电　　话：(022)23241100/1101

传　　真：(022)23241087
电子邮件：mggg@public.tpt.tj.cn
国内刊号：CN36-1149/G2
国际刊号：ISSN 1006-3366
定　　价：¥15.00/期
广告经营许可证号：(赣)002-209号

广 东 省

包装&设计/Package & Design

主办单位：中国包装进出口广东公司
编辑出版：广告包装&设计杂志社
地　　址：广州市侨光路2号5楼
邮　　编：510116
电　　话：(020)83341674
传　　真：(020)83341694
电子邮件：pnd@package-design.net
网　　址：www.package-design.net
国内刊号：CN44-1262/TB
国际刊号：ISSN 1007-4759
开　　本：特大16开
出版周期：双月刊
定　　价：¥25.00/期　¥150.00/年
国内发行：自办及邮局发行
广告经营许可证号：4400004000473

贵 州 省

广告导报/Advertising Pointer

主办单位：贵州人民出版社
编辑出版：大市场杂志社
地　　址：贵阳市中华北路289号
邮　　编：550004
电　　话：(0851)6828370
电子邮件：ad@vip.sina.com
网　　址：www.newad.net
国内刊号：CN52-1129/F
国际刊号：ISSN 1671-7902
邮发代号：66-61
开　　本：大16开
出版周期：月刊
定　　价：¥15.00/期　¥180.00/年
订　　阅：全国各地邮局
广告经营许可证号：黔工商广字0015号

香港特别行政区

龙吟榜/LONGYIN REVIEW

出 版 商：龙吟榜有限公司
地　　址：香港湾仔轩尼诗道24-34号大生商业大厦23楼
电　　话：(852)28249999
传　　真：(852)28249998
电子邮件：info@longyinreview.com
网　　址：www.longyinreview.com
开　　本：16开

亚洲户外/ASIA OUTDOOR

出版机构：亚洲户外传媒有限公司
地　　址：香港中环皇后大道中148号鹿角大厦305室
电　　话：(852)25120198
传　　真：(852)25108908
国际刊号：ISSN 1814-4918
开　　本：16开
定　　价：HK$30/期

Design360° 观念与设计

主办单位：三度文化传媒(香港·广州·上海)
协办单位：三度·国际设计师联盟
编辑出版：《Design360°》编辑部
地　　址：Room 803, Tsuen Fet Commercial Building, 362 Sha Tsui Road, Tsuen Wan, HongKong
电　　话：(020)84348377

电子邮件：sd_design360@yahoo.com.cn

台 湾 省

创意情报／CREATIVE INFORMATION

出版机构：百页出版有限公司

地　　址：台北市民权东路二段92巷7弄13号1楼104

台北邮局第55-35号信箱

电　　话：(8862)25212233

传　　真：(8862)25318833

国际刊号：ISSN 1808-1908

开　　本：16开

定　　价：NT$380/期

广告／Adm

出 版 商：滚石文化股份有限公司

地　　址：台北市光复南路290巷1号6楼之一

电　　话：(8862)27216121

传　　真：(8862)27751132

开　　本：16开

出版周期：月刊

定　　价：NT$200/期　NT$2000/年

意／CAMPAIGN BRIEF

出版机构：百页出版有限公司

地　　址：台北市民权东路二段92巷7弄13号1楼104

台北邮局第55-35号信箱

电　　话：(8862)25212233

传　　真：(8862)25318833

网　　址：www.100p.com

国际刊号：ISSN 1812-917X

开　　本：16开

Lurzer 广告档案(中文版)

出 版 人：Walter Lurzer,David Choi

地　　址：台北市民权东路二段92巷7弄13号1F

电　　话：(8862)25212233

电子邮件：dc@100p.com

国际刊号：ISSN 0893-0260

开　　本：16开

出版周期：双月刊

XFUNS 放肆创意设计杂志

出版机构：长松文化兴业股份有限公司

地　　址：104台北市中山北路二段112号8楼之三

电　　话：(8862)25117257

传　　真：(8862)25417406

电子邮件：service@holdland.com.tw

动脑杂志

地　　址：10457台北市中山区南京东路2段100号12楼

电　　话：(8862)27132644

传　　真：(8862)25621578

电子邮件：askme@brain.com.tw

定　　价：NT$150/期　NT$1500/年

开　　本：16开

出版周期：月刊

全国主要广告专业书店名录

北京市

北京龙之媒广告文化书店

地　　址：北京市东城区东直门南大街9号华普花园A座205室
邮　　编：100007
电　　话：(010)84094096

全中广告人书店

地　　址：北京五芳园邮局73信箱
邮　　编：100040
电　　话：(010)51593163

北京俊杰视点广告文化书店

地　　址：北京市西城区南礼士路3号龙蕃写字楼B座207室
邮　　编：100037
电　　话：(010)68038931

北京麦迪逊广告人书店

地　　址：北京市东城区和平里北街6号楼
邮　　编：100013
电　　话：(010)64226982

北京广告人书店

地　　址：北京市宣武区宣武门外大街73号
邮　　编：100052
电　　话：(010)66111740

北京创意之道图书有限公司

地　　址：北京市朝阳区东三环南路北人泽洋大厦0101
电　　话：400-080-6588
邮　　编：100083

上海市

上海龙之媒书店

地　　址：上海市淮海中路381号中环广场
邮　　编：200020
电　　话：(021)63916848
传　　真：(021)63916910

上海麦迪逊广告人书店

地　　址：上海市黄浦区湖北路20号底楼
邮　　编：200001
电　　话：(021)33040306

上海广告人书店

地　　址：上海市普陀区白玉路669号
邮　　编：200063
电　　话：(021)52363238

天津市

天津新思路工具书店

地　　址：天津市长江道37号玉泉北里1号楼2门202室
邮　　编：300074
电　　话：(022)27461559

重庆市

重庆广告人书店

地　　址：重庆市渝中区校场口85号大元广场12-2号
邮　　编：400010
电　　话：(023)63725730

辽宁省

大连广告人书店

地　　址：大连市沙河口区民政街419号科技广场大厦A座1206室
邮　　编：116021
电　　话：(0411)84519927

江苏省

中国网尚广告人书店

地　　址：南京市中央路6－8号
邮　　编：210008
电　　话：(025)66848756

南京龙之媒书店

地　　址：南京市新街口汉中路108号金轮大厦（副楼）汇贤楼216室
邮　　编：210029
电　　话：(025)84728505

浙江省

杭州广告人书店

地址：杭州市文三路100号305室（西溪数码港旁）
电话：(0571)88226411/56776030
传真：(0571)88226411

浙江艺博设计书店

地　　址：杭州市文三路100号305室
邮　　编：310012
电　　话：(0571)88226411

温州广告人书店

地址：温州市鹿城区蒲鞋市学院西路52号
邮编：325000
电话：(0577)8351956

宁波龙图艺术书店

地　　址：宁波百丈路44号
邮　　编：315040
电　　话：(0574)87844777

山东省

山东广告人书店济南店

地　　址：济南市历山路72号
邮　　编：250013
电　　话：(0531)86991358

河南省

郑州广告人书店

地　　址：郑州市经五路12号附1号
电　　话：(0371)65969289
传　　真：(0371)65923659

湖南省

长沙龙之媒书店

地　　址：长沙市五一大道635号锦绣中环大厦1602室
邮　　编：410005
电　　话：(0731)82324695

广东省

中国麦迪逊广告人书店(总店)

地　　址：广州市天河路16号南油大厦首层1105B
邮　　编：510075
电　　话：(020)38361012

四川省

成都龙之媒书店

地　　址：成都市绵江区东大街蓝光大厦1610室
邮　　编：610016
电　　话：(028)66815866

云南省

昆明麦迪逊广告人书店

地　　址：昆明市翠湖北路52号
邮　　编：650011
电　　话：(0871)3120529

陕西省

西安龙之媒书店

地　　址：西安市长安中路100号西北文化艺术大厦B座109
邮　　编：710061
电　　话：(029)85360278

新疆维吾尔自治区

乌鲁木齐广告人书店

地　　址：乌鲁木齐市中山路116号国际合信大厦14楼1405室
邮　　编：830002
电　　话：(0991)2826296

’2010中国广告年鉴

China Advertising Yearbook

广告网站

Advertising Websites

全国主要广告网站名录

北京市

中国广告监管网

主办单位：国家工商行政管理总局
网　　址：http://ggs.saic.gov.cn

中国广告协会网

主办单位：中国广告协会
网　　址：http://www.cnadtop.com
地　　址：北京市宣武区广安门外大街248号机械大厦2114
邮　　编：100055
电　　话：(010)63317484
传　　真：(010)63317485
电子邮件：cnadtop@yahoo.com.cn

中国广告主协会网

主办单位：中国广告主协会
网　　址：http://www.cananet.org.cn
地　　址：北京市海淀区西三环中路10号
邮　　编：100142
电　　话：(010)88028796 88028818
传　　真：(010)88028895
电子邮件：cana@cananet.org.cn

中国广告年鉴网

主办单位：中国广告年鉴编辑部
网　　址：http://www.nianjian100.com
地　　址：北京五芳园邮局100信箱
邮　　编：100040
电　　话：(010)68628860
传　　真：(010)68627480
电子邮件：ad@nianjian100.com

中华广告网

网　　址：http://www.a.com.cn
电　　话：(010)62140066-263

中国广告资源在线网

网　　址：http://www.chinaaad.com
地　　址：北京市朝阳区垡头化工路甲807号
电　　话：(010)67365167 67382855
电子邮件：aad@chinaaad.cn

北京市广告监测中心网

主办单位：北京市工商行政管理局
网　　址：http://ggjg.baic.gov.cn
地　　址：北京市海淀区苏州街36号
邮　　编：100080
电　　话：(010)82690905

广告资讯网

主办单位：全中广告文化发展集团（机构）
网　　址：http://www.adnews.com.cn
地　　址：北京五芳园邮局73信箱
邮　　编：100040

电　　话：(010)51651520

电子邮件：ad@adnews.com.cn

广告导报

网　　址：http://www.newad.net

电　　话：(010)65058808

传　　真：(010)65059679

电子邮件：ad@vip.sina.com

广告行业—hc360 慧聪网

网　　址：http://www.ad.hc360.com

电　　话：(010)82211822

传　　真：(010)82211922

广告门

网　　址：http://www.adquan.com

地　　址：北京市东城区新中街19号办公楼309室

邮　　编：100027

电子邮件：adquan@gmail.com

北京广告网

网　　址：http://www.bjads.com

电子邮件：bjads@126.com

广告买卖网

网　　址：http://www.admaimai.com

地　　址：北京市宋庄路顺三条21号嘉业大厦II期2号楼9层

电　　话：(010)51295558

上海市

中国户外广告网

主办单位：上海显辉信息技术有限公司

网　　址：http://www.adscn.net

地　　址：上海市黄浦区新桥路68号新桥大厦1922–1925 室

邮　　编：200003

电　　话：(021)63593624–19

传　　真：(021)63593624–18

电子邮件：outdoorad@outdoorad.cn

上海广告监督管理网

主办单位：上海市工商行政管理局

网　　址：http://www.shad.gov.cn/alc/

地　　址：上海市肇嘉浜路301号1709室

上海市广告协会网

网　　址：http://www.shaa.org.cn

地　　址：上海市长安路1001号1号楼4楼

邮　　编：200070

电　　话：(021)63171262 63175971

传　　真：(021)63177525

天津市

中国广告媒体网

主办单位：中国广告媒体网

网　　址：http://www.ad163.com

电　　话：(022)89195552

电子邮件：webmaster@ad163.com

重庆市

重庆市工商行政管理局网

主办单位：重庆市工商行政管理局

网　　址：http://www.cqgs12315.cn/AD/AD.asp?type=01

地　　址：重庆新华路左营街 1 号

邮　　编：630010

重庆市广告协会网（重庆广告资讯网）

网　　址：http://www.cqad.com/

地　　址：重庆市沧白路 73 号

邮　　编：400011

电　　话：(023)63800118

河北省

河北省广告协会网

网　　址：http://hebei.0127.cn/

地　　址：河北省石家庄市体育南大街 316 号

邮　　编：050021

电　　话：(0311)88636581

辽宁省

中国译商广告网

网　　址：http://www.chinayishang.com

电　　话：(024)23504968

电子邮件：100@chinayishang.com

辽宁省广告协会网

网　　址：http://szxfw550332.china56ec.com

地　　址：辽宁省沈阳市崇山中路 55 号

邮　　编：110031

电　　话：(024)86841118

吉林省

吉林省广告协会网

网　　址：http://jl.cnadtop.com

地　　址：吉林省长春市南湖大路 599 号

邮　　编：130022

电　　话：(0431)85805730

黑龙江省

大庆广告网

网　　址：http://www.daqing.zg168.net

电　　话：13936912007

电子邮件：ad@0459ad.com

黑龙江广告网

网　　址：http://www.hrbad.com

电　　话：(0451)82837102　82837103

传　　真：(0451)82569757

电子邮件：info@hrbad.com

江苏省

中国广告黄页网

主办单位：无锡极点科技有限公司

网　　址：http://www.ad114.com.cn

电　　话：(0510)82720062

电子邮件：jony1978@126.com

江苏广告网

网　　址：http://www.jsads.com

电子邮件：master@jsads.com

苏州广告网

网　　址：http://www.sz128.cn/ad/

电子邮件：sz@jsads.com

常州广告网

网　　址：http://cz.jsads.com

电　　话：(0519)5126208

浙江省

中国广告人才网

网　　址：http://www.adrcw.com

地　　址：浙江省杭州市教工路197号颐高创业大楼306

电　　话：(0571)88477840

浙江省广告监测中心网

主办单位：浙江省工商行政管理局

网　　址：http://www.zjggjc.com/

地　　址：杭州市孩儿巷思敬1号凤起大厦南楼8楼

邮　　编：310006

电　　话：(0571)87028633

电子邮件：zjggjc@163.com

浙江广告网

网　　址：http://www.zjadw.com

电子邮件：aakkme520@yahoo.com.cn

杭州广告网

网　　址：http://www.a571.com

地　　址：杭州市文三路199号创业大厦1008室

电　　话：(0571)56803900

电子邮件：hza571@126.com

温州广告网

网　　址：http://www.wzad.net

电　　话：(0577)81106048

电子邮件：webmaster@wzad.net

安徽省

安庆广告网

网　　址：http://www.aqad.net

电　　话：(0556)5565252

电子邮件：0556@aqad.net

福建省

中国广告门户网

网　　址：http://www.yxad.com

地　　址：福建省福州市北环中路

电子邮件：yxad@tom.com

福建省工商广告监管网

主办单位：福建省工商行政管理局

网　　址：http://www.fjaic.gov.cn/ggjc.asp

地　　址：福州市五四路358号

邮　　编：350003

电　　话：(0591)7826246

福建省厦门市广告协会网（厦门广告信息网）

网　　址：http://www.ad189.com

地　　址：厦门市镇邦路24号三楼

邮　　编：361001

电　　话：(0592)2052923

江西省

江西省工商局广告管理网

主办单位：江西省工商行政管理局

网　　址：http://www.jxaic.gov.cn/bszn/

showClass.asp?ClassID=29

地　　址：南昌市省政府大院内东三路

邮　　编：330046

江西广告网

网　　址：http://www.xhoo2.com

地　　址：南昌市阳明路166号

电子邮件：jxad@jxad.com

山东省

主角广告网

网　　址：http://www.zhujiao.com

河南省

河南省广告监管网

主办单位：河南省工商行政管理局

网　　址：http://hnaa.hnad.com.cn/

地　　址：郑州市红专路4号

邮　　编：450002

电　　话：(0371)5725771

河南省广告协会网（河南广告网）

网　　址：http://www.hnad.com.cn/hnaa_index.asp

地　　址：郑州市郑花路10号

邮　　编：450008

电　　话：(0371)65615774

电子邮件：hnad2008@163.com

河南广告传媒网

网　　址：http://www.hnadm.com.cn

电　　话：(0371)66729289

电子邮件：hnadm@hnadm.com.cn

河南广告网

网　　址：http://www.hnad.com.cn

电　　话：(0371)65615774

电子邮件：hnad2008@163.com

湖北省

中国媒体广告刊例网

网　　址：http://www.mtklw.com.cn

地　　址：武汉市洪山区徐东路7号徐东花园三期A区3-4-403

邮　　编：430062

电　　话：(027)86701389

传　　真：(027)86701381

电子邮件：86701381@163.com

湖北省广告协会网

网　　址：http://www.hbad.org.cn

地　　址：武汉市武昌区东湖路145号

邮　　编：430071

电　　话：(027)87826176

传　　真：(027)87301002

电子邮件：hbggxh@yahoo.com.cn

草世工作室

网　　址：http://www.ntad.com.cn

电　　话：(027)85447531-8003/8001

电子邮件：whax@whax.cn

湖北广告信息网

地　　址：武汉汉光谷SBI创业街东创国际大厦C2404号

电子邮件：hbad@fom.cn

湖南省

湖南广告网

网　　址：http://www.hnad.cn

地　　址：湖南省长沙市五一大道五一新干线A座1008室

电　　话：(0731)2258755

新潮流影视广告网

主办单位：新潮流文化传播有限公司

网　　址：http://www.xincl.com

地　　址：长沙市中山路三角花园

电　　话：(0731)2680881

电子邮件：xincl.com@126.com

广告在线网

网　　址：http://www.adok.cn

电　　话：(0731)2350066

电子邮件：webmaster@adok.cn

广东省

中国广告网

网　　址：http://www.cnad.com

地　　址：广州市林和中路188号恒源大厦副楼401

电　　话：(020)38181293

传　　真：(020)38773538

中国营销广告人才网

网　　址：http://www.cnad.cn

地　　址：广州市林和中路188号恒源大厦副楼401

邮　　编：510610

电　　话：(020)38773558

传　　真：(020)38773538

电子邮件：cnad2004@126.com

中国广告礼品网

主办单位：深圳市文联文化发展有限公司

网　　址：http://www.adgift.cn

地　　址：罗湖区宝安南路2052号宝丽大厦A座22G

电　　话：(0755)25561737

广东省广告协会网（广东广告网）

主办单位：广东省广告协会

网　　址：http://www.gdad.com.cn

地　　址：广州市天河体育西路57号省工商大厦23楼

邮　　编：510620

电　　话：(020)85587152

广东省佛山市广告协会网

网　　址：http://www.fsad1993.cn

地　　址：佛山市禅城区汾江中路217号佛山工商大厦601

邮　　编：528000

电　　话：(0757)83805448

深圳市广告协会网

网　　址：http://www.szadtop.com

地　　址：深圳市福田区深南大道6008号（特区大厦三楼西）

邮　　编：518009

电　　话：(0755)83518852

优客广告网

网　　址：http://www.ad126.com

邮　　编：518034

电　　话：(0755)82963894

传　　真：(0755)82963873

电子邮件：comkin@ad126.com

华人广告网

网　　址：http://www.12233.cn

地　　址：广东省汕头市潮南区司马下店路鼎盛大厦4楼

邮　　编：515149

电　　话：(0754)7737982

传　　真：(0754)7713578

中国照明广告照明网

网　　址：http://www.zmads.com

电　　话：(0755)81148468

电子邮件：zmads@zmads.com

广西壮族自治区

广西壮族自治区广告协会网（广西广告网）

网　　址：http://www.guangxi.zg168.net

地　　址：广西南宁市怡宾路1号（区工商大厦）

邮　　编：530028

电　　话：(0771)5531203　5531205

广西广告资讯网

网　　址：http://www.ad580.com

地　　址：广西南宁市东葛路18-1号嘉合自由空间A座0720

邮　　编：530028

电　　话：(0771)3031293

四川省

中国广告人网

网　　址：http://www.chinaadren.com

电　　话：(028)89843511

电子邮件：neology@chinaAdren.com

四川省广告监管网

主办单位：四川省工商行政管理局

网　　址：http://www.scaic.gov.cn

地　　址：四川省成都市玉沙路118号

邮　　编：610017

电　　话：(028)86611632

传　　真：(028)86617670

四川省成都市广告协会网

网　　址：http://www.cdadu.net

地　　址：成都市致民东路6号工商大厦附楼10楼

邮　　编：610061

电　　话：(028)85394051

传　　真：(028)85394051

行业网

网　　址：http://www.sc158.com

地　　址：成都市武侯区机投邮政局888号信箱

邮　　编：610045

电　　话：(028)66272333

贵州省

贵州省广告协会网

网　　址：http://www.jm163.cn/Html/ggxh

地　　址：贵阳市八鸽岩路11号

邮　　编：550004

电　　话：(0851)6827324

贵州广告信息网

网　　址：http://jm163.cn

电　　话：(0851)5811722

电子邮件：webmaster@jm163.cn

陕西省

中国广告网站联盟

网　　址：http://www.adwww.cn

电　　话：(029)88570586

电子邮件：sxadw@sxadw.com

陕西省广告监测咨询中心网

主办单位：陕西省工商行政管理局

网　　址：http://www.sxggjc.com

地　　址：陕西省西安市永乐路66号陕西省广告监测中心

邮　　编：710032

电　　话：(029)82499119

陕西广告网

网　　址：http://www.sxad.org

电　　话：(029)81790256

传　　真：(029)84037575

电子邮件：sxadw@sxadw.com

西安广告网

网　　址：http://www.xaad.com

地　　址：西安市建设西路169号西藏办事处院内

电　　话：(029)81061238

电子邮件：adv@xaad.com

宝鸡广告传媒网

网　　址：http://baojiad.com

电子邮件：bjadcm@yahoo.com.cn

甘肃省

中国LED广告照明网

网　　址：http://www.ledcac.com

电　　话：(0931)3695728

传　　真：(0931)3695728

电子邮件：ledcac@163.com

甘肃省工商广告监督网

主办单位：甘肃省工商行政管理局

网　　址：http://lxgs.gsaic.gov.cn:8080/gg/login.do

地　　址：兰州市皋兰路120号统办三号楼

新疆维吾尔自治区

新疆维吾尔自治区工商局广告监管网

主办单位：新疆维吾尔自治区工商行政管理局

网　　址：http://www.xjaic.gov.cn/Article/ShowClass.asp?ClassID=14

地　　址：乌鲁木齐人民路56号

电　　话：(0991)2819716

’2010中国广告年鉴

China Advertising Yearbook

广告监测与研究机构

Advertising Research and Supervision Institutes

全国主要广告监测与研究机构名录

北京市

国新出版物发行数据调查中心

成立时间：2005 年
地　　址：北京市海淀区复兴路 22 号金盾出版社大厦 5 层
邮　　编：100036
电　　话：(010) 68010749
传　　真：(010) 68010749
研究与服务范围：

国内惟一从事出版物发行量调查统计和认证的机构，主要职能是向出版社、报刊社、互联网等出版单位、广告客户、广告商及有关调查研究机构提供图书、报刊、互联网等出版物印刷量、发行量及相关数据的认证和信息发布服务等。

中国广告教育研究会

研究与服务范围：

全国广告教育研究会学术年会是国内广告教育最高级别的学术盛会，由厦门大学、武汉大学、中国传媒大学、复旦大学、深圳大学等发起成立。之前每两年召开一次，2006 年之后每年一次。

传　　真：(010) 65779096

央视－索福瑞（CSM）媒介研究

成立时间：1999 年
地　　址：北京市朝阳区东三环中路甲 10 号赢嘉中心 B 座 27−28 层
邮　　编：100022
电　　话：(010) 85086666
传　　真：(010) 85086888
电子邮件：csminfo@csm.com.cn
网　　址：http://www.csm.com.cn
研究与服务范围：

致力于专业的电视收视和广播收听的市场研究，为中国内地地区和香港传媒行业提供可靠的、不间断的收视率调查服务，并提供独立的收视率及收听率调查数据。

(CTR) 央视市场研究

成立时间：1995 年
地　　址：北京市西城区德外大街 5 号
邮　　编：100088
传　　真：(010) 62362388
电　　话：(010) 82015388
电子邮件：angelnest@ctrchina.cn
网　　址：http://www.ctrchina.cn
研究与服务范围：

主要致力于提供专业的市场调查和在市场调查基础上的分析与咨询建议服务。开展的主要研究业务包括：消费者固定样组、媒体与产品研究、媒体策略研究、广告监测和个案研究。

全中广告文化发展机构

地　　址：北京市五芳园邮局 73 邮箱
邮　　编：100040
电　　话：(010) 68611900
传　　真：(010) 68635808
研究与服务范围：

以广告资讯的搜集整理及研究为基础，多年来参与编辑出版大型广告行业指导性资料工具书《中国广告年鉴》、《2009～2010环球广告资讯》、《中国广告经营单位名录》和《中国广告行业发展报告》等。

DCCI 互联网数据中心

地　　址：北京市朝阳区东三环中路 39 号建外 SOHO 16 号楼 1905 室

邮　编：100020

电　话：(010) 51281009

传　真：(010) 51281009-801

邮　箱：dcci@dcci.com.cn

网　址：http://www.dcci.com.cn

研究与服务范围：

是中国互联网独立的第三方市场监测、受众测量平台，专业数据采集与研究平台。通过线下、线上等不同渠道，采用专业研究人员与技术相结合的手段，面向产业市场、用户受众两个方向，进行动态、精确的监测、测量、统计、分析、研究、预测。

数据服务产品线主要包括：Netmeasure受众测量、Netmonitor市场监测和Netguide年度调查报告/数据等。

中国传媒大学广告主研究所

研究与服务范围：

主要从事企业营销战略、品牌传播战略以及广告活动业务的基础理论与实务研究。负责编辑《市场观察－广告主》杂志。出版每年度的《中国广告主营销广告活动趋势发展报告》。

中国传媒大学媒体经济研究所

地　址：北京市朝阳区定福庄东街1号

邮　编：100024

电　话：(010) 65779096

中国传媒大学IAI国际广告研究所

成立时间：1995年6月

研究与服务范围：

进行广告业务与理论研究、专项的委托研究以及广告学术交流。每年编辑出版《IAI中国广告作品年鉴》。

北京大学现代广告研究所

成立时间：1999年

地　址：北京大学畅春园

邮　编：100871

电　话：(010) 62761189

传　真：(010) 62761189

研究与服务范围：

广告学术研究是立所之本，研究所通过不断扩大海内外广告界的学术交流，定期举办各种学术活动，陆续编辑整理和出版广告资讯方面的图书，并译介海外广告研究的最新成果和最新著作。

联大应用文理学院现代广告传播研究所

成立时间：2003年

地　址：北京市海淀区北土城西路197号

电　话：(010) 62011883

研究与服务范围：

研究所采用专业教育、行业指导和专业公司相结合的新型知识经济实体管理模式，实行系所合一的体制，建立广告教育与广告市场相激励的营运机制。主要从事广告传播方面的学术交流、课题研究、出版广告教材和专业项目操作的活动。同时，接受企业、政府和社会团体的委托，提供关于以上专业方向的咨询、诊断、管理策划和培训服务。

尼尔森（中国）公司

地　址：北京市王府井大街138号新东安市场写字楼（尼尔森楼）第1座11层

邮　编：100006

电　话：(010) 65125511

传　真：(010) 65125522

网　址：http://cn.acnielsen.com

研究与服务范围：

在以顾客为核心的市场营销和媒介研究领域的创新中，为客户了解其经营业绩以及市场营销活动对收入和利润的影响，提供了可靠而公正的信息；提供市场动态，消费者行为，传统及新兴媒体监测及分析等。其为当今电视观众调查及其他媒介研究服务的全球巨人，也是当今市场资讯、媒介调查及媒介资讯以及商业媒介行业无可争议的全球领导者。

北京慧聪国际资讯有限公司

成立时间：1992年
地　　址：北京市西直门北大街42号节能大厦B座5层
电　　话：(010) 82297421
传　　真：(010) 82297075
网　　址：http://www.huicong.com
研究与服务范围：

涵盖慧聪研究、慧聪B2B电子商务、慧聪黄页商情广告；顺应市场对于信息的不同需求，在全国形成了跨多行业、拥有多种媒体、提供全面信息服务的体系，为中国内地首席商务信息资讯服务商。公司拥有三大核心业务：以买卖通（MMT）为核心产品的B2B电子商务平台，“慧聪商情”和“行业资讯大全”黄页广告和慧聪研究(HC Research)。

易观国际

成立时间：2000年
地　　址：北京市朝阳区北三环东路8号静安中心
　　　　　二十层2021、2051室
邮　　编：100028
电　　话：(010) 64666565
传　　真：(010) 64667102
研究与服务范围：

提供中国信息化、互联网和新媒体以及电信运营行业规模最大的中国科技市场领先的研究和分析报告，包括连续性的技术市场追踪、技术及行业应用热点分析报告的多用户服务，以及顾问式专项咨询服务的全方位解决方案。

北京缔元信互联网数据技术有限公司

地　　址：北京市海淀区知春路甲48号盈都大厦A座
　　　　　10A
邮　　编：100098
电　　话：(010) 58732205
传　　真：(010) 58732275
网　　址：http://www.dratio.com
电子邮件：service@dratio.com
研究与服务范围：

采用全球领先的互联网数据采集、统计和数据挖掘技术，专业从事互联网数据监测、统计分析的技术研究、产品开发和应用服务。

上海市

上海艾瑞咨询（iResearch）

成立时间：2002年
地　　址：上海市徐汇区南丹东路300弄（亚都商务
　　　　　楼）9号1008室
邮　　编：200030
电　　话：(021) 51082699
传　　真：(021) 51082699-28
网　　址：http://www.iresearch.com.cn
研究与服务范围：

主要专注于网络媒体、电子商务、网络游戏、无线增值等新经济领域，深入研究和了解消费者行为，并为网络行业及传统行业客户提供市场调查研究和战略咨询服务，提供网络广告行业发展相关资讯。

艾瑞市场咨询（iResearch）目前的主要服务产品有iAdTracker（网络广告监测分析系统）、iUserSurvey（网络用户调研分析服务）、iDataCenter（网络行业研究数据中心）等。

好耶广告网络公司

成立时间：1998年
地　　址：上海市长宁路1018号龙之梦购物中心大厦
　　　　　21楼
邮　　编：200042
电　　话：(021) 33728888
传　　真：(021) 33729098
电子邮件：webmaster@allyes.com
网　　址：http://www.allyes.net
研究与服务范围：

一家集网络广告技术服务、线上营销服务和效果营销服务为一体的专业网络互动营销服务公司。

山东省

山东瑞丰广告制品研究所

地　　址：山东省淄博市张店区金乔小区 31 号

邮　　编：255000

电　　话：(0533) 8078200

电子邮件：litad@tom.com

网　　址：http://www.litad.com

研究与服务范围：

超薄灯箱，灯箱，广告制品，广告材料，灯具。

聊城大学广告装饰艺术研究所

地　　址：山东聊城市文化路 34 号

邮　　编：252000

电　　话：(0635) 6931007

研究与服务范围：

主要从事景观、雕塑、园林艺术的研究设计和施工，以及室内装潢，平面广告设计等。

主要产品/服务一览：雕塑、园林、广告、文具、电机、控制器、太阳能空调、玩具、陶艺、电动黑板、电动黑板擦。

广东省

广东省广告摄影研究会

成立时间：1991 年

地　　址：广州市新河浦二横路 6 号 3 楼

研究与服务范围：

主营产品及服务：研究总结，技术咨询，展览组织，摄影设计制作。

四川省

四川大学文学与新闻学院广告研究所

成立时间：1998 年

研究与服务范围：

旨在加强广告学创新体系研究，提高师生广告理论的创造力和实践能力，形成广告学专业的产、学、研一体化良性发展。

陕西省

西安传媒与广告研究所

成立时间：2006 年

电　　话：(029) 85520922

研究与服务范围：

研究新型传媒对社会的影响及传媒广告创新趋势和运用，为传媒及广告业发展提供智力支持。

’2010中国广告年鉴

China Advertising Yearbook

广告行业展会

Advertising Exhibitions

全国主要广告行业展会名单

中国国际广告节

展会地点：不固定

展会周期：一年一届

创办时间：1982 年

主办单位：中国广告协会

展会简介：

中国国际广告节经国家工商总局批准，由中国广告协会主办，始办于 1982 年，原为“全国优秀广告作品展”活动，首届举办城市为北京，此后，先后在中国其它 11 个城市举办。自第七届（2000 年）开始更名为“中国广告节”，随着广告节自身内容和参会群体的不断国际化，从第十五届（2008 年）起，改为“中国国际广告节”。

中国国际广告节是中国最具权威、最专业、规模最大、影响最广的广告界盛会，它集专业比赛评比、媒体展会、设备展会、商务交流、高峰论坛等为一体，成功地推动了中国广告业发展，促进了国内国际广告业交流与合作。

随着嘎纳国际广告节、纽约广告节、伦敦广告节、亚太广告节、日本电通赏、ONE SHOW 等国际顶极广告赛事的优秀作品展进驻中国国际广告节，国际知名企业领袖、传媒风云人物、广告大师的身影也频繁出现在广告节的嘉宾和演讲嘉宾中，跨国广告集团也越来越重视以参赛、参展、参会等形式参与中国国际广告节。中国国际广告节的专业化、综合性与代表性，使其成为国际广告业考察中国市场最便捷的通道，成为众多国际广告节及广告赛事最佳推广、展示平台。

中国国际广告节在运作上，采用由国家工商行政管理总局和举办地省政府批准，中国广告协会、国际广告协会中国分会、举办地省级工商局、市级人民政府共同主办，具体项目由中广协广告信息文化传播有限责任公司及地方省、市级协会、市级工商局等承办，每年 9 至 10 月间举办。

中国国际广告节参与单位包括：中外知名广告公司、中国强势媒体、中国大型广告主企业、全国广告行业发展管理部门及行业组织系统、高等院校广告、设计、营销等相关专业师生和众多广告爱好者，每年约有 3000 至 5000 广告界主流群体注册参会，3 － 4 万相关人士到会。

北京市

中国北京国际广告新媒体、新技术、新设备、新材料展示交易会（北京四新展）

展会地点：北京

展会周期：一年一届

创办时间：1994 年 11 月

展会简介：

交易会是展现北京广告标识行业市场现状和发展趋势的重要窗口。它是中国北方地区规模最大的广告展，也是中国广告标识行业历史最悠久的展览会，代表了中国北方地区 13 个省、自治区、直辖市的广告行业市场，面对约5亿人口的消费市场。交易会主要内容有广告与数码影像制作设备、广告制作材料、 标识系统、展览展示系统、户内外广告媒体、大众传播媒体技术及设备和广告制作与广告礼品等，力图根据地域特点，打造一个国际化东北亚广告行业交易平台。

北京国际广告展

展会地点：北京

展会周期：一年一届

创办时间：2003年

展会简介：

展会借助于北京区域优势，主动与国外同行及媒体、相关的国际企业协会、政府组织合作，每年吸引来自美国、法国、韩国、日本、俄罗斯、东南亚、中东、中亚五国等十几个国家的客商前来展会参观采购，协商合作，取得了很好的效果。展会主要内容有广告制作技术设备、广告材料及物料、户内外广告媒体、标识系统、展览展示器材、新媒体技术设备、创意创新设计产业、大屏幕及户外媒体、店铺商用技术设备及产品、广告礼品、书籍、图库软件、气模和广告摄影技术及设备等，致力于为广大的参展商和观众打造一个更全面、更规范、更先进、更直接、更集中、更高效的交流平台和机会。

上海市

上海广告新技术、新设备、新材料、新媒体展览会

展会地点：上海

展会周期：一年一届

创办时间：1999年

主办单位：中国商务广告协会

展会简介：

展会由中国商务广告协会等行业权威部门支持与主办，以上海为中心的长江三角洲是中国经济发展的重镇，历来是海外商家和买家重点关注的地方，展会凭借其规模大、专业水准高、参展厂商多、展出产品新而在业界影响深远、声誉卓著。展会内容涉及广告制作设备、广告材料、物料、展览展示系统及广告标识、霓虹灯及LED相关产品和大屏幕显示应用设备等几大部分，旨在借助上海区域优势，为企业创造一个交流、贸易、展示的良好平台。

上海国际广告技术设备展览会

展会地点：上海

展会周期：一年一届

创办时间：1993年

展会简介：

展会保持了其一贯的“国际化、品牌化、专业化”的特点，秉承了“引领中国广告技术设备市场与全球知名企业强强对话，成就您的广告事业”的宗旨，通过十几年品牌发展壮大，已在广告设备行业中，获得极高赞誉和极大支持，成为同行业展览会中的“新航标”。展会内容有数字印刷喷绘技术设备、打印机及耗材、标识、标牌设备及标识标牌、展览展示、POP及商用设施、新媒体技术设备和照明设备等，不遗余力的将众多品牌汇聚于此，让买卖双方省时、省力、节约成本，实现展会打造全球采购贸易平台的目标。

重庆市

中国西部广告与传媒博览会

展会地点：重庆

展会周期：一年一届

创办时间：2003年

展会简介：

博览会是中国西部地区最具影响的行业盛会，被誉为中国西部广告博览的航母。展会汇聚海内外精品，内容涉及户外广告制作技术设备及材料、大众传播媒体技术及设备、多媒体技术及设备、大屏幕显示及应用设备、广告摄影、摄像技术及设备、广告礼品及工艺品、照明器材、广告霓虹灯设备及技术材料和霓虹灯产品等，通过现场展示、高级研讨会，为企业的新产品、新技术、新设备在重庆地区寻求合作伙伴，为已进入重庆的知名品牌扩展市场，缔造贸易良机。

辽宁省

大连国际广告技术和设备展览会

展会地点：大连

展会周期：一年一届

创办时间：2002年8月

展会简介：

博览会以环渤海经济带为主，辐射到全国各地，内容涉及广告与数码影像制作设备、雕刻切割与压克力设备、广告制作材料、标识系统、展览展示系统、店铺商用技术、户内外广告媒体和广告制作领域等，受到了行业内企业的高度重视和认可，是行业品牌展示先进技术、设备争夺大连乃至东北市场的新平台。

吉林省

长春广告博览会

展会地点：长春

展会周期：一年一届

创办时间：1998年

展会简介：

博会面对广告业快速成长的吉林地区，制定全面营销计划，以“专业专注、创新服务”为核心理念，凭借科学、全面的策划推广和快速、创新的宣传攻势在业界树立了专业地位，为参展商和参观商提供双向服务。展会内容涉及刻喷绘设备、霓虹灯及制作技术、广告印刷材料及物料、户内外媒体推广范围、展览展示媒体和广告礼品等，致力为海内外同行创造充分了解和合作的良机。

江苏省

南京广告四新及LED展览会

展会地点：南京

展会周期：一年两届

展会简介：

LED是户外广告，是21世纪最具有发展前景的高新技术产业，正在引发全球性的照明光源和显示革命。展会将LED用于广告制作系统、 商业标识设计系统、商业标识制作系统、商业标识影像制作处理系统、商业标识传播系统和广告礼品等各种新形式得以体现，并选择南京这一江苏省的政治、经济、文化中心，以期凭借科技力量，进一步挖掘LED市场的潜力。

福建省

福建国际广告四新展览会

展会地点：福州

展会周期：一年一届

创办时间：1999年

展会简介：

展会由地区贸促会、行业协会、商会以及驻华大使馆等紧密合作筹办，集中展示最新的技术、设备，以及顺应业界发展及市场的需求。展会内容涉及广告与数码影像制作设备、标识、展览展示系统、广告媒体、耗材、广告制作材料、广告礼品、杂志、书刊、报刊、网络等，把专业观众及国际采购商的组织作为工作重点，力争打造亚洲重要的交流贸易平台。

山东省

山东国际广告四新展

展会地点：济南

展会周期：一年一届

创办时间：2007年

主办单位：山东省国际经济贸易联合会和山东省轻工业协会

展会简介：

展会由山东省国际经济贸易联合会和山东省轻工业协会等权威部门支持与主办，以山东为中心，云集众多知名品牌，满足广告企业展示新技术、新材料、新媒体、新设备发展的需要，给供需双方提供一个产品展示、交流合作、贸易洽谈的平台。展会内容有广告设备及技术、展览展示系统、数字影像领域、广告设计、广告媒体及耗材、广告物料及耗材和广告礼品等，力图打造相关广告企业开拓北方市场、树立良好形象的最佳平台。

济南国际广告标牌、网印技术暨摄影器材展览会

展会地点：济南

展会周期：一年一届

创办时间：2000年

主办单位：中国贸促会济南分会和山东省包装印刷工业协会

展会简介：

展会由中国贸促会济南分会和山东省包装印刷工业协会联合主办，内容包括印前制版设备、印刷设备、印刷油墨、胶片、各类膜、刀片、印后加工设备、制版印刷新技术、包装加工设备、纸制、玻璃、金属、塑料包装材料及制品、各种制浆造纸机纸制品、造纸机械设备及化学品、环保及综合利用新技术设备等，在山东广告业界具有较大影响力和专业地位。

河南省

河南国际广告展览会

展会地点：郑州

展会周期：一年一届

创办时间：2006年

展会简介：

展会以广告新技术、新设备、新材料、新媒体为核心，辅之以数码影像、婚纱影楼、标志标牌、霓虹灯和LED设备和技术进行现场展示洽谈。展会范围包括广告耗材及物料、媒体产品、印前处理系统、亮化与照明设备与技术材料、展览展示用品、广告资料和广告礼品等，力图为国内外客户提供高质量的现场服务。

中原国际广告展

展会地点：郑州

展会周期：一年一届

创办时间：1999

展会简介：

“中原国际广告四新展览会“从1999年创办以来，它的规模、影响都在其诞生的九年中持续递增着，其影响力已覆盖到全国，成为全国继上海、广州、北京之后行业最可信赖的广告品牌展会之一。

在中原地区，参加展会录求商机是众多广告参展商的共识。其中的大多数，都把参加中原国际广告展作为首先；在全国。越来越多的广告供货商和采购商把目光投向中原，聚焦优质产品和企业。每届中原国际广告展吸引着众多的国内广告供货商和来自全国各地的数万名专业广告人士参观。中原国际广告展卓有成效的供采体系孕育巨大的商机。

湖北省

湖北广告与传媒展览会

武汉春季印刷包装技术设备展览会

展会地点：武汉

展会周期：一年一届

创办时间：1998年

展会简介：

展会主题是“服务中小企业、促进技术升级”，旨在通过专业化的展览会平台，协助印刷包装企业适应市场形势的新变化，推介符合技术升级和产品结构调整方向的新设备、新工艺和技术进步服务方案，为湖北及武汉印刷包装行业科学发展贡献绵力。展会内容涉及广告制作系统、广告印制材料及物料广告设计、公共广告媒体电视媒体、电波媒体、印刷媒体、网络媒体（ICP、ISP）、户外广告媒体、电子显示设备、网络多媒体服务、影像处理系统、商业摄影、数字摄影、电子出版及印刷系统和电子出版物等，为中部的广告业注入新的活力。

湖南省

湖南广告四新及传媒展览会

展会地点：长沙

展会周期：一年一届

创办时间：2001

展会简介：

广告是现代城市发展必需的品牌推广方式。面对竞争日益激烈的广告市场，我们将全力为您打造中部广告商务采购平台，为各广告设备及材料供应商拓展中南市场做好用户邀请和接待服务工作。长沙作为国务院批准的长、株、潭城市群，全国资源节约型和环境友好型社会建设综合配套改革试验区，28%的年增长率吸引了大批中外知名企业涌进湖南，使湖南经济空前活跃。湖南广告行业将搭乘国家“中部可持续发展战略”的快车，全力打造长株潭新型城市化道路，树立企业广告品牌意识，使湖南成为中部经济强省。每年一届的湖南广告展已成为中部地区广告行业的大聚会。

广东省

中国网印暨广告牌业展览会

展会地点：广州

展会周期：一年一届

创办时间：1985年

展会简介：

展会是中国网印业的品牌展会，吸引了国内外的大量业者，为商家和客户提供良好的交流机会，在业内具有较大影响力。

华南国际数码影像暨广告设备展览会

展会地点：广州

展会周期：一年一届

创办时间：2001 年

主办单位：中国对外贸易中心（集团）

展会简介：

展会由中国对外贸易中心（集团）主办，内容以数码影像系统及相关设备和广告设备为主，一般分为印前专区、数码印刷专区、大幅面喷绘机专区、柔印专区、标签专区、印刷包装专区、印刷专区和广告设备专区几部分，是行业品牌展示先进技术、设备争夺华南市场的重要平台。

广州国际广告展览会

展会地点：广州

展会周期：一年一届

创办时间：1997 年

展会简介：

展会以交流、合作、共赢为主旨，为与会者带来了巨大商机，为买卖双方提供了全新的交流渠道，也为中国本土企业拓展海外市场、与世界零距离接触提供了展示平台。展会内容涉及广告制作技术设备及材料、打印机及耗材、展览展示及商用促销器材、户外发光体及城市景观照明和广告传播媒体等几大部分，是华南地区广告设备商和采购商与国内外同行交流合作的专业化贸易平台。

四川省

德纳（成都）国际广告四新展览会

展会地点：成都

展会周期：一年一届

创办时间：2003

展会简介：

“德纳（成都）国际广告展”（CDAE）经过多年的品牌积累，目前已经成为中国西部地区最具影响力的行业风向标，并被“亚洲标识”、“广告制品与制作”等知名媒体及众多的参展商、参观商一致评为“西部广告第一展”。

备注：展会地点安排将根据主办方的总体规划作相应调整。

'2010中国广告年鉴

China Advertising Yearbook

广告教育

Advertising Education

全国高等院校广告专业名录

北京市

中国人民大学
院系全称：新闻学院
专业全称：广告学
学　　制：本科 4 年　专科 3 年
地　　址：北京市海淀区中关村大街59号
邮　　编：100872
电　　话：(010)62511009

北京大学
院系全称：新闻与传播学院广告学系专业全称：广告学
专业设置年份：1993 年
学　　制：硕士 3 年　本科 4 年　专科 3 年
地　　址：北京市海淀区北京大学新闻与传播学院
邮　　编：100871
电　　话：(010)62761189

清华大学
院系全称：美术学院装潢艺术设计系
专业全称：广告设计
地　　址：北京市海淀区清华园 1 号
邮　　编：100084
电　　话：(010)62799005

北京师范大学
专业全称：艺术设计
地　　址：北京市新街口外大街 1 9 号
邮　　编：100875
电　　话：(010)58809248

中央民族大学
院系全称：文学与新闻传播学院
专业全称：广告学
专业设置年份：2001 年
学　　制：本科 4 年
地　　址：北京市海淀区中关村南大街27号
邮　　编：100081
电　　话：(010)68932911

中国传媒大学
院系全称：广告学院
专业全称：广告学　艺术设计
专业设置年份：1988 年　2000 年
学　　制：博士 2 年　硕士 3 年
　　　　　本科 4 年　函授 3 年
地　　址：北京市朝阳区定福庄东街 1 号中国传媒大学新闻传播学院
邮　　编：100024
电　　话：(010)65779272

北方工业大学
院系全称：艺术学院
专业全称：广告学
专业设置年份：2001 年
学　　制：本科 4 年
地　　址：北京市石景山区晋元庄路 5 号
邮　　编：100041
电　　话：(010)88803366

北京电影学院
院系全称：美术系
专业全称：广告学
地　　址：北京市海淀区西土城路 4 号
邮　　编：100088
电　　话：(010)82045883

北京林业大学
院系全称：材料科学与技术学院
专业全称：艺术设计系
地　　址：北京市海淀区清华东路 35 号
邮　　编：100083
电　　话：(010)62338150

中央美术学院
院系全称：设计学院
专业全称：平面设计
地　　址：北京市朝阳区花家地南街 8 号
邮　　编：100102
电　　话：(010)64771000

北京工业大学
院系全称：人文社科学院广告系
专业全称：广告学
专业设置年份：2001 年
学　　制：本科 4 年
地　　址：北京市朝阳区平乐园 1 0 0 号
邮　　编：100022
电　　话：(010)81990770

北京工商大学
院系全称：传播与艺术学院广告学系
专业全称：广告学
专业设置年份：1993 年
学　　制：硕士 3 年　本科 4 年
地　　址：北京市海淀区阜成路 3 3 号
邮　　编：100037
电　　话：(010)68984723

北京联合大学
院系全称：广告学院
专业全称：广告学
地　　址：北京市海淀区温泉镇东埠头路 1 号
邮　　编：100095
电　　话：(010)62489663

北京印刷学院
院系全称：出版传播与管理学院出版系
专业全称：广告学
专业设置年份：2000 年
学　　制：本科 4 年
地　　址：北京市大兴区兴华北路 25 号
邮　　编：102600
电　　话：(010)60227128

首都经贸大学
院系全称：公共管理系
专业全称：广告学
地　　址：北京市丰台区花乡张家路 121 号(西校区)
邮　　编：100070
电　　话：(010)83952258

北京航空航天大学
院系全称：艺术设计系
专业全称：艺术设计

地　　址：北京市海淀区学院路37号
邮　　编：100083
电　　话：(010)82315088

北京服装学院

专业全称：广告学
地　　址：北京市朝阳区和平街北口
邮　　编：100029
电　　话：(010)64288410

北京理工大学

专业全称：艺术设计
地　　址：北京市海淀区白石桥路7号
邮　　编：100081
电　　话：(010)68912682

中央财经大学

专业全称：广告学
专业设置年份：2004年
学　　制：本科4年
地　　址：北京市西直门外学院南路39号
邮　　编：100081
电　　话：(010)62288251

中国政法大学

专业全称：广告学
学　　制：本科4年
地　　址：北京市昌平区府学路27号
邮　　编：102249
电　　话：(010)59915574

北京吉利大学

院系全称：新闻与信息传播学院
专业全称：广告学
学　　制：本科4年
地　　址：北京市昌平区马池口
邮　　编：102202
电　　话：(010)60751710

华北电力大学(北京)

院系全称：人文与社会科学学院
专业全称：广告学
学　　制：本科4年
地　　址：北京市昌平区回龙观
邮　　编：102206
电　　话：(010)80796341

北京工商大学嘉华学院

院系全称：语言与传播系
专业全称：广告学
学　　制：本科4年
地　　址：北京通州区宋庄南路甲1号
邮　　编：101118
电　　话：(010)69597736

北京工业大学耿丹学院

院系全称：经济与管理系
专业全称：广告学
学　　制：本科4年
地　　址：北京市顺义区牛栏山镇牛富路牛山段3号
邮　　编：101301
电　　话：(010)60413297

首都师范大学科德学院

院系全称：艺术设计学院
专业全称：会展艺术与技术
学　　制：本科4年
地　　址：北京市大兴区榆垡镇榆祥路10号
邮　　编：102602
电　　话：(010)89229201

北京化工大学北方学院

院系全称：艺术院
专业全称：广告学
学　　制：本科4年
地　　址：北京东燕郊开发区迎宾北路45号
邮　　编：065201
电　　话：(0316)3380153

北京信息职业技术学院

院系全称：数字媒体与艺术系
专业全称：广告设计与制作
学　　制：专科3年
地　　址：北京市朝阳区芳园西路5号
邮　　编：100016
电　　话：(010)64353978

上海市

同济大学

院系全称：传播与艺术学院
专业全称：广告学
专业设置年份：1995年
学　　制：硕士3年　本科4年
地　　址：上海市四平路1239号
邮　　编：200092
电　　话：(021)65628565

复旦大学

院系全称：新闻学院广告学系
专业全称：广告学
专业设置年份：1994年
学　　制：博士3年　硕士3年　本科4年　专科2年　函授3年
地　　址：上海市国定路400号
邮　　编：200433
电　　话：(021)65643694

华东师范大学

院系全称：人文学院传播学系
专业全称：广告学　艺术设计
学　　制：本科4年
地　　址：上海市中山北路3663号
邮　　编：200062
电　　话：(021)62233333

上海外国语大学

院系全称：新闻传播学院
专业全称：广告学
专业设置年份：1998年
学　　制：硕士3年　本科4年
地　　址：上海市大连西路550号
邮　　编：200083
电　　话：(021)65311900-2941

上海工程技术大学

院系全称：艺术设计学院广告系
专业全称：广告学
专业设置年份：1997年
学　　制：本科4年
地　　址：上海市仙霞路350号
邮　　编：200336
电　　话：(021)62752832

上海师范大学

院系全称：人文学院广告与网络传播系
专业全称：广告学
学　　制：硕士3年　本科4年
地　　址：上海市桂林路100号
邮　　编：200234

电　　话：(021)64321849

上海大学
院系全称：广告系
专业全称：广告学
地　　址：上海市宝山区上大路99号
邮　　编：200444
电　　话：(021)66132815

上海建桥学院
院系全称：广告艺术设计系
专业全称：艺术设计
地　　址：上海市唐桥路1500号
邮　　编：201319
电　　话：(021)68130021

华东理工大学
院系全称：艺术系
专业全称：艺术设计
地　　址：上海市梅陇路130号
邮　　编：200237
电　　话：(021)64253226

上海应用技术学院
专业全称：艺术设计
地　　址：上海市漕宝路120号
邮　　编：200235
电　　话：(021)64941077

上海戏剧学院
院系全称：广告系
专业全称：艺术设计
地　　址：上海市华山路630号
邮　　编：200040
电　　话：(021)62482920

上海理工大学
院系全称：印刷出版学院
专业全称：广告学
学　　制：本科4年
地　　址：上海市杨浦区军工路516号
邮　　编：200093
电　　话：(021)55530157

上海海事大学
院系全称：文理学院
专业全称：艺术设计
学　　制：本科4年
地　　址：上海市浦东大道1550号
邮　　编：200135
电　　话：(021)38282200

上海外国语大学贤达经济人文学院
院系全称：新闻传播系
专业全称：广告学
学　　制：本科4年
地　　址：上海市虹口区东体育馆路402号
邮　　编：200083
电　　话：(021)51278010

天津市

天津师范大学
院系全称：新闻传播学院
专业全称：广告学
专业设置年份：1992年
学　　制：硕士3年　本科4年　专科2年
地　　址：天津市滨水西道延长线
邮　　编：300384
电　　话：13001380628

天津工业大学
院系全称：艺术设计学院
专业全称：广告学
专业设置年份：2000年
学　　制：本科4年
地　　址：天津市河东区程林庄路63号
邮　　编：300160
电　　话：(022)24528157

天津理工大学
院系全称：经济管理学院广告学系
专业全称：广告学
设置年份：2001年　1994年
学　　制：本科4年
地　　址：天津市南开区红旗南路221号
邮　　编：300191
电　　话：(022)23679753

天津财经学院
院系全称：贸易经济系
专业全称：艺术设计
专业设置年份：2003年
学　　制：本科4年
地　　址：天津市河西区珠江道25号
邮　　编：300222
电　　话：(022)28114323

天津科技大学
专业全称：艺术设计
地　　址：天津市河西区大沽南路1038号
邮　　编：300222
电　　话：(022)28340538

天津职业技术师范学院
专业全称：艺术设计
地　　址：天津市河西区柳林东
邮　　编：300222
电　　话：(022)88181513

天津城市建设学院
院系全称：艺术系
专业全称：艺术设计
地　　址：天津市西青区津静公路
邮　　编：300384
电　　话：(022)23783161

河北工业大学
院系全称：建筑与艺术设计学院
专业全称：艺术设计
地　　址：天津市红桥区丁字沽光荣道29号
邮　　编：300132
电　　话：(022)26582623

天津国土资源和房屋职业学院
院系全称：艺术设计系
专业全称：广告设计与制作
学　　制：专科3年
地　　址：天津市大港区学府二路600号
邮　　编：300270
电　　话：(022)63303817

重庆市

四川外语学院
院系全称：新闻传播学院
专业全称：广告学
专业设置年份：2003 年
学　　制：本科4 年
地　　址：重庆市沙坪坝烈士墓壮志路33 号
邮　　编：400031
电　　话：(023)65385337

重庆工商大学
院系全称：文学与新闻学院
专业全称：广告学
地　　址：重庆市南岸区学府大道19 号
邮　　编：400067
电　　话：(023)62769390

重庆交通大学
院系全称：人文学院
专业全称：广告学
学制：本科4 年
地址：重庆市南岸区学府大道66 号
邮编：400074
电话：(023)62652497

河北省

河北师范大学
院系全称：传播学院广告传播系
专业全称：广告学　广告设计
专业设置年份：1994 年　1999 年
学　　制：本科4 年
地　　址：石家庄市桥西红旗大街469 号河北师大西校区
邮　　编：050091
电　　话：(0311)86263227

河北经贸大学
院系全称：人文学院
专业全称：广告学
专业设置年份：2001 年
学　　制：本科4 年
地　　址：石家庄市学府路47 号
邮　　编：050061
电　　话：(0311)87655553

石家庄经济学院
院系全称：人文与社科学院
专业全称：广告学
专业设置年份：2000 年
学　　制：硕士3 年　本科4 年
地　　址：石家庄市槐安东路136 号
邮　　编：050031
电　　话：(0311)87207228

河北科技师范学院
专业全称：艺术设计
专业设置年份：2004 年
学　　制：本科4 年
地　　址：昌黎县城关四街
邮　　编：066600
电　　话：(0316)6062198

河北大学
院系全称：新闻传播学院广告学系
专业全称：广告学
专业设置年份：1993 年
学　　制：硕士3 年　本科4 年
地　　址：保定市合作路88 号
邮　　编：071002
电　　话：(0312)4120195

华北电力大学
专业全称：广告学
地　　址：保定市永华北大街619 号
邮　　编：071003
电　　话：(0312)7522320

石家庄学院
院系全称：文学与传媒学院
专业全称：广告学
学　　制：本科4 年
地　　址：石家庄高新技术产业开发区长江大道6 号
邮　　编：050035
电　　话：(0311)66617200

防灾科技学院
院系全称：人文社科系
专业全称：广告学
学　　制：本科4 年
地　　址：三河市燕郊学院大街
邮　　编：065201
电　　话：(010)61596035

河北师范大学汇华学院
院系全称：文学学部
专业全称：广告学
学　　制：本科4 年
地　　址：石家庄市红旗大街601 号
邮　　编：050091
电　　话：(0311)83825041

石家庄经济学院华信学院
院系全称：人文社会科学学院
专业全称：广告学
学　　制：本科4 年
地　　址：石家庄市汇丰路18 号
邮　　编：050091
电　　话：(0311)87207400

保定科技职业学院
院系全称：人文艺术系
专业全称：广告艺术设计
学　　制：专科3 年
地　　址：保定市南二环路1956 号
邮　　编：071000
电　　话：(0312)6796022

山西省

山西大学
院系全称：文学院
专业全称：广告学
专业设置年份：1999 年
学　　制：本科4 年
地　　址：太原市坞城路580 号
邮　　编：030006
传　　真：(0351)7010255

山西财经大学
院系全称：文化传播系
专业全称：广告学
专业设置年份：2000 年
学　　制：本科4 年
地　　址：太原市坞城路696 号
邮　　编：030006
电　　话：(0351)7666258

太原理工大学
专业全称：艺术设计
地　　址：晋中市榆次区迎宾街113 号
邮　　编：030600
电　　话：(0354)3362192

太原重型机械学院
院系全称：艺术系
专业全称：艺术设计
地　　址：太原市柏林区瓦流路138 号
邮　　编：030024
电　　话：(0351)6222123

运城学院
专业全称：艺术设计
专业设置年份：2004 年
学　　制：本科4 年
地　　址：运城市河东东街333 号
邮　　编：044000
电　　话：(0359)2090418

晋中学院
院系全称：美术学院
专业全称：艺术设计
学　　制：本科4年
地　　址：晋中市榆次区文苑街1 号
邮　　编：030600
电　　话：(0354)3035777

内蒙古自治区

内蒙古大学
专业全称：艺术设计
地　　址：呼和浩特市新城区大学路1号
邮　　编：010010
电　　话：(0471)4973162

内蒙古民族大学
院系全称：艺术学院
专业全称：广告学
地　　址：通辽市霍林河大街22号
邮　　编：028043
电　　话：(0475)8314164

内蒙古师范大学
专业全称：广告学
地　　址：呼和浩特市新城昭乌达路内蒙古师范大学
邮　　编：010022
电　　话：(0471)4393022

内蒙古科技大学
院系全称：文学院广告学系
专业全称：广告学
专业设置年份：2001 年
学　　制：本科4年　专科2年
地　　址：包头市阿尔丁大街7 号
邮　　编：014010
电　　话：13171209153

辽宁省

辽宁大学
院系全称：文化传播学院
专业全称：广告学
专业设置年份：1994 年
学　　制：硕士3 年　本科4 年
地　　址：沈阳市皇姑区崇山中路66号
邮　　编：110036
电　　话：(024)86864547

沈阳工业大学
院系全称：文法学院艺术设计系
专业全称：广告学
地　　址：沈阳市铁西区兴华南街58号
邮　　编：110023
电　　话：(024)25496111

沈阳航空工业学院
专业全称：艺术设计
地　　址：沈阳市皇姑区黄河北大街52号
邮　　编：110034
电　　话：(024)86141586

沈阳建筑大学
专业全称：广告学
地　　址：沈阳市浑南新区浑南东路9号
邮　　编：110168
电　　话：(024)24693969

渤海大学
院系全称：文理学院新闻系
专业全称：广告学

专业设置年份：2000 年
学　　制：本科 4 年　专科 3 年
地　　址：锦州市渤海大学东校区
邮　　编：121000
电　　话：(0416)3400179

辽宁师范大学
院系全称：文学院中文系
专业全称：广告学
地　　址：大连市黄河路 850 号
邮　　编：116029
电　　话：(0411)82158305

大连外国语学院
院系全称：国际艺术学院
专业全称：艺术设计
地　　址：大连市中山区延安路 94 号
邮　　编：116002
电　　话：(0411)82803168

大连民族学院
院系全称：工业艺术设计系
专业全称：艺术设计
地　　址：大连市开发区辽河西路 18 号
邮　　编：116600
电　　话：(0411)87656193

大连大学
院系全称：美术学院
专业全称：艺术设计
地　　址：大连市大连经济技术开发区学府大街 10 号
邮　　编：116622
电　　话：(0411)87402590

东北财经大学
院系全称：新闻传播学院
专业全称：广告学
学　　制：本科 4 年
地　　址：大连市沙河口区尖山街 217 号
电　　话：(0411)84710505
邮　　编：116025

辽宁工学院
院系全称：文化传播系
专业全称：广告学
学　　制：本科 4 年
地　　址：锦州市古塔区士英街 169 号
邮　　编：121001

辽宁科技学院
院系全称：艺术系
专业全称：广告学
学　　制：本科 4 年
地　　址：本溪市经济开发区香槐路 176 号
邮　　编：117004

吉林省

东北师范大学
院系全称：媒体科学学院广告学系
专业全称：广告学
专业设置年份：2000 年
学　　制：硕士 3 年　本科 4 年
地　　址：长春市东北师范大学净月校区
邮　　编：130117
电　　话：(0431)4531188

吉林大学
院系全称：文学院广告学系
专业全称：广告学
专业设置年份：1994 年
学　　制：本科 4 年　专科 3 年
地　　址：长春市朝阳区前卫路 10 号
邮　　编：130012
电　　话：(0431)5166160

吉林艺术学院
院系全称：设计学院
专业全称：视觉传达系
专业设置年份：1993 年
地　　址：长春市红旗街 2077 号
邮　　编：130012
传　　真：(0431)5882579

长春理工大学
院系全称：文法学院广告学系
专业全称：广告学
专业设置年份：2000 年
学　　制：本科 4 年
地　　址：长春市卫星路 7989 号
邮　　编：130022
电　　话：(0431)5583072

长春工业大学
院系全称：艺术学院
专业全称：广告学
地　　址：长春市延安大街 17 号
邮　　编：130012
电　　话：(0431)5914753

吉林工程技术师范学院
院系全称：艺术学院
专业全称：艺术设计
地　　址：长春市宽城区凯旋路 52 号
邮　　编：130052
电　　话：(0431)6908120

东北电力学院
院系全称：艺术学院
专业全称：环艺与装潢系
地　　址：吉林市长春路 169 号
邮　　编：132012
电　　话：(0432)4806384

吉林农业大学
院系全称：视觉艺术学院
专业全称：广告学
学　　制：本科 4 年
地　　址：长春市新城大街 2888 号
邮　　编：130118
电　　话：(0431)4532983

长春师范学院
院系全称：传媒科学学院
专业全称：广告学
学　　制：本科 4 年
地　　址：长春市长吉北路 677 号
邮　　编：130012
电　　话：(0431)6168222

吉林动画学院
院系全称：广告学院
专业全称：广告学
学　　制：本科 4 年
地　　址：长春市高新开发区博识路 168 号
邮　　编：130012
电　　话：(0431)87021942

长春理工大学光电信息学院
院系全称：人文分院
专业全称：广告学
学　　制：本科 4 年
地　　址：长春市高新技术产业开发区博才路 399 号
邮　　编：130012
电　　话：(0431)86903888

黑龙江省

哈尔滨工业大学
院系全称：人文学院
专业全称：广告学
专业设置年份：2002 年
学　　制：硕士 2 年　本科 4 年
地　　址：哈尔滨市西大直街 92 号哈尔滨工业大学人文学院 244 信箱
邮　　编：150001
电　　话：(0451)86413869

哈尔滨师范大学
院系全称：计算机系
专业全称：计算机广告
学　　制：本科 4 年
地　　址：哈尔滨市南岗区和兴路 50 号
邮　　编：150080
电　　话：(0451)88060328

黑龙江大学
专业全称：广告学
地　　址：哈尔滨市南岗区学府路 74 号黑龙江大学文学与新闻传播学院
邮　　编：150080
电　　话：(0451)86608643

东北林业大学
专业全称：广告学
地　　址：哈尔滨市和兴路 26 号东北林业大学
邮　　编：150040
电　　话：(0451)82113443

哈尔滨理工大学
专业全称：艺术设计
地　　址：哈尔滨市动力欧林园路 4 号南区 315 信箱
邮　　编：150080
电　　话：(0451)86392804

佳木斯大学
专业全称：艺术设计
专业设置年份：2004 年
学　　制：本科 4 年
地　　址：佳木斯市学府街 148 号佳木斯大学美术学院艺术设计系
邮　　编：154007
电　　话：(0454)8603975

齐齐哈尔大学
院系全称：艺术学院
专业全称：艺术设计
地　　址：齐齐哈尔市中华西路 35 号
邮　　编：161006
电　　话：(0452)2738301

江苏省

南京林业大学
院系全称：人文社会科学学院广告学系
专业全称：广告学
专业设置年份：1996 年
学　　制：本科 4 年　专科 2 年
地　　址：南京市龙蟠路 159 号
邮　　编：210037
电　　话：(025)85427485

南京大学
院系全称：新闻传播学院
专业全称：广告学
专业设置年份：1993 年
学　　制：硕士 3 年　本科 4 年
地　　址：南京市汉口路 22 号
邮　　编：210093
电　　话：(025)83593551

南京师范大学
院系全称：新闻与传播学院广告学系
专业全称：广告学
专业设置年份：1999 年
学　　制：硕士 2 年　本科 4 年
地　　址：南京市宁海路 122 号
邮　　编：210097
电　　话：(025)83598524

南京财经大学
院系全称：营销与广告学院
专业全称：广告学
专业设置年份：1993 年
学　　制：本科 4 年
地　　址：南京市南京财经大学仙林校区 13 号信箱
邮　　编：210046
电　　话：(025)84028455

南京工业大学
院系全称：艺术设计学院
专业全称：艺术设计
地　　址：南京市中山北路 200 号 87 号信箱
邮　　编：210009
电　　话：(025)83239617

南京艺术学院
院系全称：设计学院
专业全称：艺术设计
地　　址：南京市虎踞北路 15 号
邮　　编：210013
电　　话：(025)83498099

三江学院
院系全称：策划系
专业全称：广告学　艺术设计
学　　制：本科 4 年
地　　址：南京市雨花台区铁心桥龙西路 10 号
邮　　编：210012
电　　话：(025)52897066

江苏大学
院系全称：艺术学院艺术设计系
专业全称：艺术设计
专业设置年份：1991 年
学　　制：本科 4 年　专科 3 年　函授 3 年
地　　址：镇江市学府路 301 号
邮　　编：212013
电　　话：(0511)8791498

江苏技术师范学院
院系全称：艺术设计系
专业全称：艺术设计
专业设置年份：1985年
学　　制：本科4年　专科3年　函授3年
地　　址：常州市育英路2号
邮　　编：213001
电　　话：(0519)6999778

江南大学
院系全称：设计学院
专业全称：广告学
专业设置年份：1998年
学　　制：硕士3年　本科4年
地　　址：无锡市钱荣路68号
邮　　编：214064
电　　话：(0510)5501491

苏州大学
院系全称：文学院广告系
专业全称：广告学
专业设置年份：1993年
学　　制：硕士3年　本科4年　专科2年
地　　址：苏州市苏州大学东区535信箱
邮　　编：215021
电　　话：(0512)67156443

苏州科技学院
院系全称：美术系
专业全称：艺术设计
专业设置年份：1994年
学　　制：本科4年　专科3年
地　　址：苏州市苏州科技学院石湖校区
邮　　编：215009
电　　话：(0512)68418422

徐州师范大学
院系全称：商学院广告学系
专业全称：广告学　艺术设计
专业设置年份：1993年　2004年
学　　制：本科4年　函授3年
地　　址：徐州市和平路57号
邮　　编：221009
电　　话：(0516)3867587

淮阴工学院
院系全称：社科系
专业全称：艺术设计
地　　址：淮阴市北京北路89号
邮　　编：223001
电　　话：(0517)3591010

淮阴师范学院
专业全称：广告学
专业设置年份：2004年
学　　制：本科4年
地　　址：淮阴市师专路24号
邮　　编：223001
电　　话：(0517)3511021

南京邮电大学
院系全称：传媒学院
专业全称：广告学
学　　制：本科4年
地　　址：南京市新模范马路66号
邮　　编：210003
电　　话：(025)83492251

宿迁学院
院系全称：社会服务系
专业全称：广告学
学　　制：本科4年
地　　址：宿迁市黄河南路399号
邮　　编：223800
电　　话：(0527)96889666

南京财经大学红山学院
专业全称：广告学
学　　制：本科4年
地　　址：南京市鼓楼区铁路北街128号
邮　　编：430074
电　　话：(025)83495939

南京师范大学泰州学院
院系全称：人文传媒学院
专业全称：广告学
学　　制：本科4年
地　　址：泰州市东风南路518号
邮　　编：225300
电　　话：(0523)86152006

扬州环境资源职业技术学院
院系全称：人文科学系
专业全称：广告设计与制作
学　　制：专科3年
地　　址：扬州市润扬南路33号
邮　　编：225127
电　　话：(0514)87436888

浙江省

浙江大学
院系全称：人文学院新闻传播系
专业全称：广告学
专业设置年份：1993年
专业师资：副教授4人　讲师5人
学　　制：硕士3年　本科4年　函授3年
地　　址：杭州市天目山路148号浙江大学
邮　　编：310028
电　　话：(0571)88973989

浙江工业大学
院系全称：人文学院新闻传播系
专业全称：广告学
专业设置年份：1999年
学　　制：本科4年
地　　址：杭州市朝晖六区浙江工业大学人文学院
邮　　编：310014
电　　话：(0571)85290295、88320114

浙江工程学院
院系全称：艺术与设计学院
专业全称：广告学
专业设置年份：2001年
学　　制：本科4年
地　　址：杭州市下沙高教园区西区
邮　　编：310018
电　　话：(0571)86843114

浙江财经学院
院系全称：人文艺术学院
专业全称：广告学
地　　址：杭州市文华路269号
邮　　编：310012

电　话：(0571)88922827

浙江传媒学院

院系全称：广告系
专业全称：影视广告
专业设置年份：1992 年
学　制：本科 4 年　专科 3 年
地　址：杭州市下沙高教园区学源区998 号
邮　编：310018
电　话：(0571)86832172

杭州商学院

院系全称：人文与公共管理学院
专业全称：广告学
专业设置年份：1999 年
学　制：本科 4 年
地　址：杭州市教工路 149 号
邮　编：310035
电　话：(0571)88071024

中国美术学院

院系全称：职业技术学院
专业全称：艺术设计
专业设置年份：2004 年
学　制：本科 4 年
地　址：杭州市西湖区转塘镇
邮　编：310024
电　话：(0571)87091375

浙江科技学院

院系全称：艺术设计系
专业全称：艺术设计
地　址：杭州市学院路 85 号
邮　编：310012
电　话：(0571)85070555

杭州师范学院

院系全称：艺术设计系
专业全称：艺术设计
地　址：杭州市西湖万塘路 258 号
邮　编：310012
电　话：(0571)28865736

浙江林学院

院系全称：人文学院
专业全称：广告学
专业设置年份：2000 年
学　制：本科 4 年　函授 3 年
地　址：临安市环城北路 88 号
邮　编：311300
电　话：(0571)63730922

宁波大学

院系全称：传播与艺术学院传播系
专业全称：广告学
专业设置年份：1995 年
地　址：宁波市宁波大学传播与艺术学院 43 号信箱
邮　编：315211
电　话：(0574)87600448

浙江万里学院

院系全称：艺术学院
专业全称：广告学
地　址：宁波市高教园区钱湖南路 8 号
邮　编：315100
电　话：(0574)88222005

湖州师范学院

院系全称：人文学院
专业全称：广告学
地　址：湖州市学士路 1 号
邮　编：313000
电　话：(0572)2321111

温州大学

院系全称：管理学院
专业全称：广告与广告管理
专业设置年份：1998 年
学　制：硕士 3 年　本科 4 年
地　址：温州市茶山
邮　编：325035
电　话：(0577)86689070

温州师范学院

院系全称：美术系
专业全称：平面设计
专业设置年份：1998 年
学　制：本科 4 年
地　址：温州市温州师范学院美术系
邮　编：325000
电　话：(0577)86680929

浙江师范大学

院系全称：教育学院广告系
专业全称：广告学
地　址：金华市北山路
邮　编：321004
电　话：(0579)2282523

浙江理工大学

院系全称：艺术与设计学院
专业全称：广告学
学　制：本科 4 年
地　址：杭州市下沙高教园区 2 号大街
邮　编：310018
电　话：(0571)86843290

中国计量学院

院系全称：人文社会科学院
专业全称：广告学
学　制：本科 4 年
地　址：杭州市下沙高教园区
邮　编：310018
电　话：(0571)86914516

浙江工商大学

院系全称：人文学院
专业全称：广告学
学　制：本科 4 年
地　址：杭州市下沙高教园区学正街 18 号
邮　编：310018
电　话：(0571)28877228

宁波工程学院

院系全称：人文学院
专业全称：广告学
学　制：本科 4 年
地　址：宁波市风华路 201 号
邮　编：315211
电　话：(0574)87616666

安徽省

安徽大学

院系全称：艺术系
专业全称：广告学
专业设置年份：2004年
地 址：本科4年
地 址：合肥市龙河路3号
邮 编：230039
电 话：(0551)3861230

安徽农业大学

院系全称：艺术学院设计与艺术系
专业全称：艺术设计
地 址：合肥市蜀山路16号
邮 编：230036
电 话：(0551)2823795-3455

合肥工业大学

专业全称：广告学
地 址：合肥市合肥工业大学人文经济学院
邮 编：230009
电 话：(0551)2901481

安徽财贸学院

院系全称：市场营销系
专业全称：广告学
专业设置年份：2002年
学 制：本科4年
地 址：蚌埠市安徽财贸学院市场营销系
邮 编：233041
电 话：(0552)3112132

淮南师范学院

院系全称：中文与传媒系
专业全称：广告学
地 址：淮南市学院路
邮 编：232001
电 话：(0554)6672610

安徽师范大学

专业全称：广告学
地 址：芜湖市人民路1号
邮 编：241000
电 话：(0553)3869348

安徽工程科技学院

专业全称：广告学
专业设置年份：2004年
学 制：本科4年
地 址：芜湖市赭山东路8号
邮 编：241000
电 话：(0553)2871265

阜阳师范学院

院系全称：美术系
专业全称：艺术设计
地 址：阜阳市清河路741号
邮 编：236030
电 话：(0558)2596084

淮北煤炭师范学院

院系全称：美术系
专业全称：艺术设计
地 址：淮北市淮北煤炭师范学院
邮 编：235000
电 话：(0561)3802248

安徽财经大学

院系全称：文学与艺术传媒学院
专业全称：广告学
学 制：本科4年
地 址：蚌埠市学府路1号
邮 编：233041
电 话：(0552)3173101

巢湖学院

院系全称：中文系
专业全称：广告学
学 制：本科4年
地 址：巢湖市半汤温泉度假区
邮 编：238000
电 话：(0565)2361098

福建省

福建师范大学

院系全称：文学院
专业全称：广告学 艺术设计
专业设置年份：2002年
学 制：本科4年
地 址：福州市福建师范大学文学院
邮 编：350007
电 话：(0591)3465202

福建工程学院

专业全称：广告学 艺术设计
学 制：本科4年
地 址：福州市仓山区长安路32号
邮 编：350007
电 话：(0591)3441313

厦门大学

院系全称：人文学院新闻传播系
专业全称：广告学
专业设置年份：1983年
学 制：硕士3年 本科4年 专科3年 函授3年
地 址：厦门市厦门大学人文学院新闻传播系
邮 编：361005
电 话：(0592)2186382

仰恩大学

专业全称：广告学
地 址：泉州市仰恩大学
邮 编：362014
电 话：(0595)22085621、22082001

华侨大学

院系全称：文学院
专业全称：广告学
学 制：本科4年

地　　址：泉州市城华北路269号
邮　　编：362021
电　　话：(0595)22695678

福建农林大学

院系全称：人文社科学院广告系
专业全称：广告学
学　　制：本科4年
地　　址：福州市金山学区
邮　　编：350002
电　　话：(0591)83789324

泉州师范学院

院系全称：人文学院
专业全称：广告学
学　　制：本科4年
地　　址：泉州市丰泽区东海滨城
邮　　编：362000
电　　话：(0595)22919911

漳州师范学院

院系全称：新闻传播系
专业全称：广告学
学　　制：本科4年
地　　址：漳州市芗城区县前直街36号
邮　　编：363000
电　　话：(0596)2597633

莆田学院

院系全称：中文系
专业全称：广告学
学　　制：本科4年
地　　址：莆田市城厢区学园中街1133号
邮　　编：351100
电　　话：(0594)2696774

闽江学院

院系全称：艺术系
专业全称：广告学
学　　制：本科4年
地　　址：福州市大学城文贤路1号
邮　　编：350108
电　　话：(0591)83761856

江西省

江西财经大学

院系全称：艺术与传播学院
专业全称：广告学
专业设置年份：1999年
学　　制：本科4年
地　　址：南昌市双港路
邮　　编：330013
电　　话：(0791)3843069、3816475

南昌大学

院系全称：新闻与传播系
专业全称：广告学　艺术设计
专业设置年份：1993年　2004年
学　　制：本科4年　专科3年
地　　址：南昌市南京东路235号南昌大学新闻与传播系
邮　　编：330047
电　　话：(0791)3969360、3969359

江西师范大学

院系全称：传播学院
专业全称：广告学
专业设置年份：1992年
学　　制：硕士3年　本科4年　专科3年　函授3年
地　　址：南昌市北京西路437号
邮　　编：330027
电　　话：(0791)8120454

江西科技师范学院

院系全称：中文系
专业全称：广告学
地　　址：南昌市江西科技师范学院(红角洲)
邮　　编：330013
电　　话：(0791)3815370

南昌航空工业学院

院系全称：艺术系
专业全称：艺术设计
地　　址：南昌市丰和南大道696号
邮　　编：330063
电　　话：(0791)8224757

东华理工大学

专业全称：广告学
地　　址：抚州市学府路56号
邮　　编：344000
电　　话：(0794)8258828、8258318

宜春学院

专业全称：广告学
地　　址：宜春市学府路16号
邮　　编：336000
电　　话：(0795)3201115

江西理工大学

院系全称：文法学院
专业全称：艺术设计
专业设置年份：2003年
学　　制：本科4年
地　　址：赣州市江西理工大学文法学院
邮　　编：341000
电　　话：(0797)8312291

赣南师范学院

院系全称：美术学院
专业全称：广告学
专业设置年份：1993年
学　　制：本科4年
地　　址：赣州市赣南师范学院黄金校区
邮　　编：341000
电　　话：(0797)8393658

华南理工大学

专业全称：广告学
学　　制：本科4年
地　　址：抚州市学府路14号
邮　　编：344000
电　　话：(0794)8258326

九江学院

院系全称：文化传播学院
专业全称：广告学
学　　制：本科4年
地　　址：九江前进东路551号
邮　　编：332005
电　　话：(0792)8314458

南昌理工学院

院系全称：传媒系
专业全称：广告学

学　　制：本科4年
地　　址：南昌市英雄经济开发区288号
邮　　编：330044
电　　话：(0791)2137299

江西城市职业学院
院系全称：人文学院
专业全称：广告学
学　　制：本科4年
地　　址：南昌市湾里风景区
邮　　编：330004
电　　话：(0791)7129001

江西大宇职业技术学院
院系全称：艺术学院
专业全称：广告设计与制作
学　　制：专科3年
地　　址：南昌市湾里区翠岩路200号
邮　　编：330004
电　　话：(0791)3762347

江西工业贸易职业技术学院
院系全称：工程技术与艺术设计系
专业全称：广告设计与制作
学　　制：专科3年
地　　址：新建县长麦路80号
邮　　编：330100
电　　话：(0791)3702303

江西工程职业学院
院系全称：新闻广告系
专业全称：广告设计与制作
学　　制：专科3年
地　　址：南昌市安石路69号
邮　　编：330025
电　　话：(0791)6587211

江西科技职业学院
院系全称：艺术分院
专业全称：广告设计与制作
学　　制：专科3年
地　　址：南昌市银三角昌南高校园(316国道金山1号)
邮　　编：330200
电　　话：(0791)5160008

江西城市职业学院
院系全称：人文学院
专业全称：广告设计与制作
学　　制：专科3年
地　　址：南昌市湾里风景区
邮　　编：330004
电　　话：(0791)7129001

江西旅游商贸职业学院
院系全称：艺术设计系
专业全称：广告设计与制作
学　　制：专科3年
地　　址：南昌市洪都北大道379号
邮　　编：330039
电　　话：(0791)3771588

江西经济管理职业学院
院系全称：工商管理系
专业全称：广告设计与制作
学　　制：专科3年
地　　址：南昌市莲塘北大道1006号
邮　　编：330200
电　　话：(0791)5727410

山东省

山东大学
院系全称：文学与新闻传播学院
专业全称：广告学
地　　址：济南市山东大学南路27号
邮　　编：250100
电　　话：(0531)88364608

山东工艺美术学院
院系全称：人文艺术学院
专业全称：广告学
专业设置年份：1998年
学　　制：本科4年　专科2年
地　　址：济南市长清区
邮　　编：250014
电　　话：(0531)89626388

山东建筑工程学院
院系全称：艺术学院
专业全称：广告学
专业设置年份：1999年
学　　制：本科4年
地　　址：济南市临港开发区凤鸣路1000号
邮　　编：250101
电　　话：(0531)86361827

济南大学
院系全称：艺术学院
专业全称：艺术设计
地　　址：济南市顺根路13号
邮　　编：250002
电　　话：(0531)82769251

山东轻工业学院
院系全称：艺术设计系
专业全称：广告学
地　　址：济南市二环东路999号
邮　　编：250100
电　　话：(0531)88619861

山东艺术学院
专业全称：广告学　　艺术设计
专业设置年份：2004年
学　　制：本科4年
地　　址：济南市文化东路91号
邮　　编：250014
电　　话：(0531)86423552

山东理工大学
院系全称：文学与新闻传播学院广告学系
专业全称：广告学
专业设置年份：2000年
学　　制：本科4年
地　　址：淄博市张周路12号
邮　　编：255091
电　　话：(0533)2782260

山东科技大学
院系全称：文法学院广告学系
专业全称：广告学　　广告设计
学　　制：本科4年
地　　址：青岛市经济技术开发区前湾港路579号
邮　　编：266510
电　　话：(0532)86057531

青岛大学
院系全称：文学院广告学系
专业全称：广告学　广告艺术设计
专业设置年份：1992年
学　　制：博士3年　硕士3年　本科4年
地　　址：青岛市宁夏路308号
邮　　编：266071
电　　话：(0532)85951066

青岛科技大学
院系全称：文学与艺术学院
专业全称：广告学
专业设置年份：1997 年
学　　制：本科 4 年
地　　址：青岛市高科园青岛科技大学501 信箱
邮　　编：266061
电　　话：(0532)88958981

青岛理工大学
院系全称：人文社会科学学院
专业全称：广告学
地　　址：青岛市抚顺路 11 号
邮　　编：266033
电　　话：(0532)85071118

莱阳农学院
院系全称：传播学院
专业全称：艺术设计
地　　址：青岛市城阳区莱阳农学院
邮　　编：266109
电　　话：(0535)86080747

德州学院
院系全称：美术系
专业全称：艺术设计
地　　址：德州市北园路东首 2 号
邮　　编：253023
电　　话：(0534)8985880

潍坊学院
院系全称：美术系
专业全称：艺术设计
地　　址：潍坊市潍城区东风东街149 号
邮　　编：261061
电　　话：(0536)8785130

烟台师范学院
专业全称：艺术设计
专业设置年份：2004 年
学　　制：本科 4 年
地　　址：烟台市红旗中路
邮　　编：264025
电　　话：(0535)6246451

曲阜师范大学
院系全称：电化教育系
专业全称：广告学
专业设置年份：2000 年
学　　制：本科 4 年
地　　址：日照市曲阜师范大学信息技术传播学院
邮　　编：276825
电　　话：(0633)3980316

临沂师范学院
专业全称：广告学
专业设置年份：2004 年
学　　制：本科 4 年
地　　址：临沂市通达路 18 号
邮　　编：276005
电　　话：(0539)2060555

山东建筑大学
院系全称：艺术学院
专业全称：广告学
学　　制：本科 4 年
地　　址：济南市临港开发区凤鸣路
邮　　编：250101
电　　话：(0531)86367222

山东经济学院
院系全称：文学院
专业全称：广告学
学　　制：本科 4 年
地　　址：济南市历下区二环东路7366 号
邮　　编：250014
电　　话：(0531)88525423

山东农业大学
专业全称：广告学
学　　制：本科 4 年
地　　址：泰安市岱宗大街 61 号
邮　　编：271018
电　　话：(0538)8242206

青岛农业大学
院系全称：艺术与传媒学院
专业全称：广告学
学　　制：本科 4 年
地　　址：青岛市城阳区长城路700 号
邮　　编：266109
电　　话：(0532)6080517

青岛滨海学院
院系全称：基础部
专业全称：广告学
学　　制：本科 4 年
地　　址：青岛经济技术开发区嘉陵江西路425 号
邮　　编：266555
电　　话：(0532)86728687

青岛酒店管理职业技术学院
院系全称：艺术学院
专业全称：广告设计与制作
学　　制：专科 3 年
地　　址：青岛市李沧区九水东路599 号
邮　　编：266100
电　　话：(0532)86051666

日照职业技术学院
院系全称：艺术学院
专业全称：广告设计与制作
学　　制：专科 3 年
地　　址：日照市烟台北路 16 号
邮　　编：276826
电　　话：(0633)8172111

山东省工会管理干部学院
院系全称：艺术学院
专业全称：广告设计与制作
学　　制：专科 3 年
地　　址：济南市桑园路 60 号
邮　　编：250100
电　　话：(0531)88960001

河南省

河南财经学院

院系全称：文化传播系
专业全称：广告学
专业设置年份：1997 年
学　　制：本科 4 年
地　　址：郑州市文化路 80 号
邮　　编：450002
电　　话：(0371)63519165

郑州大学

院系全称：文化与传播学院广告系
专业全称：广告学
专业设置年份：1994 年
学　　制：本科 4 年
地　　址：郑州市高新技术开发区 100 号郑州大学文化与传播学院
邮　　编：450001
电　　话：(0371)67761556

河南工业大学

院系全称：新闻与传播学院
专业全称：广告学
地　　址：郑州市嵩山南路 140 号
邮　　编：450052
电　　话：(0371)67756380

郑州航空工业管理学院

专业全称：艺术设计
专业设置年份：2004 年
学　　制：本科 4 年
地　　址：郑州市金海大道 2 号
邮　　编：450015
电　　话：(0371)66002054、68889638

洛阳师范学院

院系全称：美术学院
专业全称：广告学
地　　址：洛阳市龙门路 71 号美术学院
邮　　编：471022
电　　话：(0379)65515020

河南大学

院系全称：新闻与传播学院
专业全称：广告学
专业设置年份：1996 年
学　　制：本科 4 年　专科 3 年　函授 3 年
地　　址：开封市明伦街 85 号河南大学
邮　　编：475001
电　　话：(0378)2859388

河南理工大学

院系全称：文学与传播系
专业全称：广告学
学　　制：本科 4 年
地　　址：焦作高新区世纪大道 2001 号
邮　　编：454000
电　　话：(0391)3987226

河南机电高等专科学校

院系全称：艺术设计系
专业全称：广告设计与制作
学　　制：专科 3 年
地　　址：新乡市宏力大道东 11 号
邮　　编：453002
电　　话：(0373)3770839

河南大学民生学院

专业全称：广告学
学　　制：本科 4 年
地　　址：开封市明伦街
邮　　编：475001
电　　话：(0378)3880262

河南职业技术学院

院系全称：环境艺术工程系
专业全称：广告设计与制作
学　　制：专科 3 年
地　　址：郑州市郑东新区龙子湖高校园区祭城路
邮　　编：450046
电　　话：(0371)65687733

河南商业高等专科学校

专业全称：广告设计与制作
学　　制：专科 3 年
地　　址：郑州市惠济区英才街 2 号
邮　　编：450045
电　　话：(0371)63515953

湖北省

湖北大学
院系全称：文学院新闻传播系
专业全称：视觉传达设计
专业设置年份：1994年
学　　制：本科4年
地　　址：武汉市武昌区湖北大学
邮　　编：430062
电　　话：(027)88661842

湖北美术学院
院系全称：设计系
专业全称：广告学
专业设置年份：1985年
学　　制：本科4年
地　　址：武汉市武昌区小东门中山路374号
邮　　编：430060
电　　话：(027)68895070

中南民族大学
院系全称：文学院广告学系
专业全称：广告学
专业设置年份：1996年
学　　制：本科4年
地　　址：武汉市洪山区民院路708号
邮　　编：430074
电　　话：(027)67842696

武汉大学
院系全称：新闻与传播学院广告学系
专业全称：广告学
专业设置年份：1994年
学　　制：博士3年　硕士3年　本科4年　专科2年
地　　址：武汉市武昌珞珈山武汉大学新闻与传播学院
邮　　编：430072
电　　话：(027)68756969

华中农业大学
院系全称：文法学院广告与传播学系
专业全称：广告学
专业设置年份：1999年
学　　制：硕士3年　本科4年　函授3年
地　　址：武汉市洪山区狮子山街特1号
邮　　编：430070
电　　话：(027)87282069

华中科技大学
院系全称：新闻与信息传播学院
专业全称：广告学
专业设置年份：2000年
学　　制：本科4年
地　　址：武汉市洪山区珞喻路1037号
邮　　编：430074
电　　话：(027)87543520

江汉大学
院系全称：人文学院新闻传播系
专业全称：广告学
地　　址：武汉市沌口经济开发区
邮　　编：430056
电　　话：(027)84226819

武汉科技学院
院系全称：社会科学系
专业全称：广告学
专业设置年份：1999年
学　　制：本科4年
地　　址：武汉市鲁巷纺织路1号
邮　　编：430073
电　　话：(027)87611623-371

武汉理工大学
院系全称：人文学院
专业全称：广告学
专业设置年份：1995年
学　　制：本科4年
地　　址：武汉市洪山区珞狮路122号
邮　　编：430070
电　　话：(027)87651131

湖北工业大学
院系全称：艺术设计学院
专业全称：广告学
地　　址：武汉市武昌石牌岭湖北工业大学马房山校区
邮　　编：430064
电　　话：(027)88034039

武汉工业学院
专业全称：广告学
地　　址：武汉市汉口常青花园
邮　　编：430023
电　　话：(027)83955620

湖北经济学院
专业全称：艺术设计
地　　址：武汉市江夏区藏龙岛科技园洋湖大道1号
邮　　编：430070
电　　话：(027)81973935、81973870

咸宁学院
专业全称：艺术设计
专业设置年份：2004年
学　　制：本科4年
地　　址：咸宁市咸安区永安大道2号
邮　　编：437005
电　　话：(0715)8338004

襄樊学院
院系全称：艺术学院
专业全称：广告学
地　　址：襄樊市隆中路7号
邮　　编：441053
电　　话：(0710)3593223

长江大学
院系全称：文学院
专业全称：广告学
学　　制：本科4年
地　　址：荆州市南环路1号
邮　　编：434023
电　　话：(0716)8060550

武汉工程大学
院系全称：艺术设计学院
专业全称：广告学
学　　制：本科4年
地　　址：武汉市洪山区雄楚大街693号
邮　　编：430074
电　　话：(027)87194663

湖北师范学院
院系全称：文学院
专业全称：广告学
学　　制：本科4年
地　　址：黄石市磁湖路82号
邮　　编：435002
电　　话：(0714)6515015

孝感学院
院系全称：人文学院广告系
专业全称：广告学
学　　制：本科4年
地　　址：孝感市交通大道272号
邮　　编：432000
电　　话：(0712)2345678

湖北第二师范学院
院系全称：文学院
专业全称：广告学
学　　制：本科4年
地　　址：武汉市东湖新技术开发区南环路1号
邮　　编：430205
电　　话：(027)87803403

武汉理工大学华夏学院
院系全称：人文系
专业全称：广告学
学　　制：本科4年
地　　址：武汉东湖新技术开发区关山大道489号
邮　　编：430223
电　　话：(027)81695501

华中科技大学文华学院
院系全称：人文社会学学部
专业全称：广告学
学　　制：本科4年
地　　址：武汉市洪山区关山三路58号
邮　　编：430074
电　　话：(027)87599065

武汉科技学院外经贸学院
专业全称：广告学
学　　制：本科4年
地　　址：武汉市江夏区庙山开发区阳光大道1号
邮　　编：430020
电　　话：(0931)8698906

武汉大学东湖分校
院系全称：新闻学院
专业全称：广告设计与制作　广告学
学　　制：专科3年，本科4年
地　　址：武汉市江夏区纸坊街正汤北路1号
邮　　编：430212
电　　话：(027)81931188

湖北城市建设职业技术学院
专业全称：广告设计与制作
学　　制：专科3年
地　　址：武汉市东湖高新技术开发区藏龙岛科技园区藏龙大道28号
邮　　编：430074
电　　话：(027)81326809

长江职业学院
院系全称：艺术学院
专业全称：广告设计与制作
学　　制：专科3年
地　　址：武汉市武昌雄楚大街918号
邮　　编：430074
电　　话：(027)87170202

湖北交通职业技术学院
院系全称：设计艺术系
专业全称：广告设计与制作
学　　制：专科3年
地　　址：武汉市洪山区雄楚大街455号
邮　　编：430079
电　　话：(027)87424984

武汉科技大学中南分校
院系全称：艺术学院
专业全称：广告设计与制作
学　　制：专科3年
地　　址：武汉市武昌江夏大道18号
邮　　编：430223
电　　话：(027)81652037

湖南省

湖南大学
院系全称：新闻与传播学院
专业全称：广告学
专业设置年份：2003年
学　　制：硕士3年　本科4年
地　　址：长沙市湖南大学新闻与传播学院
邮　　编：410082
电　　话：(0731)8821931

湖南商学院
院系全称：艺术设计系
专业全称：艺术设计
地　　址：长沙市岳麓区望城坡97号信箱
邮　　编：410205
电　　话：(0731)8686604

中南大学
院系全称：艺术学院
专业全称：广告学
地　　址：长沙市岳麓山
邮　　编：410083
电　　话：(0731)8836761

湖南师范大学
院系全称：新闻与传播学院
专业全称：艺术设计
专业设置年份：2003年
学　　制：博士1年　硕士3年　本科4年　函授3年
地　　址：长沙市麓山南路36号
邮　　编：410081
电　　话：(0731)8872389

湖南工程学院
院系全称：纺织工程系
专业全称：艺术设计
专业设置年份：1996年(专科)　200年(本科)
学　　制：本科4年　专科3年
地　　址：湘潭市东湖路18号
邮　　编：411104
电　　话：(0732)8680041

湖南农业大学
专业全称：艺术设计
专业设置年份：2004年
学　　制：本科4年
地　　址：长沙市东郊西湖
邮　　编：410128
电　　话：(0731)4617888、4618001

湘潭大学
院系全称：文学与新闻学院广告系
专业全称：广告学　艺术设计
专业设置年份：1997年　2004年
学　　制：本科4年
地　　址：湘潭市湘潭大学文学与新闻学院广告系
邮　　编：411105

湘潭工学院
院系全称：广告学
专业设置年份：2000年
学　　制：本科4年
地　　址：湘潭市北郊
邮　　编：411207
电　　话：(0732)8290011

株洲工学院
院系全称：传播系
专业全称：广告学　艺术设计
专业设置年份：1999年　2004年
学　　制：本科4年
地　　址：株洲市株洲工学院
邮　　编：412008
电　　话：(0733)2622202

湖南理工学院
院系全称：新闻传播学系
专业全称：艺术设计
专业设置年份：2001年
学　　制：本科4年　专科3年
地　　址：岳阳市湖南理工学院新闻传播学系
邮　　编：414006
电　　话：(0730)8640952

中南林学院
院系全称：环境艺术设计学院
专业全称：艺术设计
专业设置年份：1986年
学　　制：博士3年　硕士3年　本科4年　专科3年
地　　址：株洲市田龙路
邮　　编：412006
电　　话：(0731)5623023

湖南文理学院
院系全称：美术系
专业全称：艺术设计
地　　址：常德市洞庭大道170号
邮　　编：415000
电　　话：(0736)7186137

怀化学院
院系全称：美术系
专业全称：广告学
地　　址：怀化市怀化学院
邮　　编：418008
电　　话：(0745)2851006

吉首大学
院系全称：文学与新闻传播学院
专业全称：广告学
地　　址：吉首市吉首大学文学与新闻传播学院
邮　　编：416000
电　　话：(0743)8564106

湖南科技大学
院系全称：人文学院
专业全称：广告学
学　　制：本科4年
地　　址：湘潭市雨湖区石码头2号
邮　　编：411201
电　　话：(0732)8273804

湖南工业大学
院系全称：文学与新闻传播学院
专业全称：广告学
学　　制：本科4年
地　　址：株洲市文化路
邮　　编：412008
电　　话：(0733)2622109

中南林业科技大学
院系全称：环境艺术设计学院
专业全称：广告学
学　　制：本科4年
地　　址：长沙市韶山南路498号
邮　　编：410004
电　　话：(0731)5623099

衡阳师范学院
院系全称：新闻与传播系
专业全称：广告学
学　　制：本科4年
地　　址：衡阳市黄白路165号
邮　　编：421008
电　　话：(0734)8486615

湖南科技学院
院系全称：新闻传播系
专业全称：广告学
学　　制：本科4年
地　　址：永州市零陵区杨梓塘路130号
邮　　编：425100
电　　话：(0746)6382188

广东省

暨南大学
院系全称：新闻与传播学院
专业全称：商业美术设计
专业设置年份：1994年
学　　制：硕士3年　本科4年
地　　址：广州市暨南大学新闻与传播学院广告系
邮　　编：510632
电　　话：(020)85222397

广州大学
院系全称：艺术与设计学院
专业全称：艺术设计
地　　址：广州市解放北路桂花岗东1号
邮　　编：510091
电　　话：(020)86237571

广州美术学院
院系全称：装潢艺术设计系
专业全称：广告学
地　　址：广州市海珠区昌岗东路257号
邮　　编：510260
电　　话：(020)84017740

广东商学院
院系全称：人文传播学院
专业全称：广告学
专业设置年份：2001年
学　　制：本科4年
地　　址：广州市海珠区赤沙路21号
邮　　编：510320

电　　话：(020)84096903

广东外语外贸大学

专业全称：艺术设计
专业设置年份：2004年
学　　制：本科4年
地　　址：广州市白云大道北2号
邮　　编：510420
电　　话：(020)86627595

广东技术师范学院

院系全称：艺术设计系
专业全称：艺术设计
地　　址：广州市天河区中山大道293号
邮　　编：510665
电　　话：(020)38256712

华南农业大学

院系全称：艺术学院
专业全称：艺术设计
地　　址：广州市天河区五山路
邮　　编：510642
电　　话：(020)85280048

华南师范大学

院系全称：美术学院
专业全称：艺术设计
地　　址：广州市石牌华南师范大学美术学院
邮　　编：510631
电　　话：(020)85211338

韶关学院

院系全称：美术学院
专业全称：艺术设计
地　　址：韶关市韶关学院
邮　　编：512005
电　　话：(0751)8120134

韩山师范学院

院系全称：美术系
专业全称：艺术设计
地　　址：潮州市韩山师范学院
邮　　编：521041
电　　话：(0768)2526493

汕头大学

院系全称：长江艺术与设计学院
专业全称：广告学
专业设置年份：1988年
学　　制：本科4年
地　　址：汕头市汕头大学长江艺术与设计学院
邮　　编：515063

深圳大学

院系全称：文学院传播系
专业全称：艺术设计
专业设置年份：1989年
学　　制：本科4年　专科3年　函授3年
地　　址：深圳市深圳大学文学院
邮　　编：518060
电　　话：(0755)26535207

肇庆学院

院系全称：美术系
地　　址：肇庆市东岗区肇庆学院
邮　　编：526061
电　　话：(0758)2716352

吉林大学珠海学院

院系全称：中国语言文学系
专业全称：广告学
学　　制：本科4年
地　　址：珠海市金湾区草堂湾
邮　　编：519041
电　　话：(0756)7626296

北京师范大学—香港浸会大学联合国际学院

院系全称：人文与社会科学学部
专业全称：广告学
学　　制：本科4年
地　　址：珠海市唐家湾金凤路28号
邮　　编：519085
电　　话：(0756)3620615

广东农工商职业技术学院

院系全称：广东农工商职业技术学院计算机科学系
专业全称：广告设计与制作
学　　制：专科3年
地　　址：广州市天河区粤垦路198号
邮编：510507
电话：(020)85230071

广州城市职业学院

院系全称：广州城市职业学院艺术设计学院
专业全称：广告设计与制作
学　　制：专科3年
地　　址：广州市广园中路248号
邮　　编：510405
电　　话：(020)86375471

广东女子职业技术学院

院系全称：艺术设计与信息技术系
专业全称：广告设计与制作
学　　制：专科3年
地　　址：广州市番禺区市莲路南浦段2号
邮　　编：511450
电　　话：(020)34557001

广西壮族自治区

广西大学

院系全称：文化与传播学院
专业全称：广告学
专业设置年份：1993年
学　　制：本科4年　专科3年
地　　址：南宁市大学路100号
邮　　编：530004
电　　话：(0711)3232310

广西艺术学院

院系全称：设计学院
专业全称：广告学
专业设置年份：1993年
学　　制：硕士2年　本科4年
地　　址：南宁市教育路7号
邮　　编：530022
电　　话：(0771)5358915

玉林师范学院

专业全称：艺术设计
专业设置年份：2004年

学　　制：本科4年
地　　址：玉林市教育中路229号
邮　　编：537000
电　　话：(0775)2803156

桂林工学院
专业全称：广告学
专业设置年份：2004年
学　　制：本科4年
地　　址：桂林市建干路12号
邮　　编：541004
电　　话：(0773)5896079

桂林理工大学
院系全称：人文社会科学学院
专业全称：广告学
学　　制：本科4年
地　　址：桂林市建干路12号
邮　　编：541004
电　　话：(0773)5896575

广西师范学院
院系全称：新闻传播系
专业全称：广告学
学　　制：本科4年
地　　址：南宁市明秀东路175号
邮　　编：530001
电　　话：(0771)3903928

广西财经学院
院系全称：国际经济与贸易系
专业全称：广告学
学　　制：本科4年
地　　址：南宁市明秀西路100号
邮　　编：530003
电　　话：(0771)3859737

海南省

海南大学
专业全称：广告学
地　　址：海口市海甸岛人民路18号
邮　　编：570228
电　　话：(0898)66259926

海南大学三亚学院
院系全称：人文与传播学院
专业全称：广告学
学　　制：本科4年
地　　址：三亚市迎宾大道学院路
邮　　编：572022
电　　话：(0898)88386666

海南科技职业学院
院系全称：人文学院
专业全称：广告设计与制作
学　　制：专科3年
地　　址：海口市琼山大道18号
邮　　编：571126
电　　话：(0898)65969889

四川省

四川大学
院系全称：文学与新闻学院广告系
专业全称：广告学
专业设置年份：1993年
学　　制：博士3年　硕士3年　本科4年　专科2年
地　　址：成都市望江路29号
邮　　编：610064
电　　话：(028)85412710

四川农业大学
院系全称：人文社科学院
专业全称：广告学
专业设置年份：2002年
学　　制：本科4年
地　　址：雅安市四川农业大学人文社科学院
邮　　编：625014
电　　话：(0835)2882153

成都理工大学
院系全称：传播科学与艺术学院
专业全称：广告学
专业设置年份：2001年
学　　制：本科4年
地　　址：成都市二仙桥东三路1号
邮　　编：610059
电　　话：(028)84076718、84079968

四川师范大学
专业全称：广告学
地　　址：成都市镇江区静安路5号
邮　　编：610066
电　　话：(028)84442612

西南民族学院
院系全称：艺术学院
专业全称：艺术设计
地　　址：成都市一环路南四段西南民族学院
邮　　编：610041
电　　话：(0812)85524112

西南交通大学
院系全称：艺术与传播学院
专业全称：艺术设计
地　　址：成都市二环路北二段111号
邮　　编：610031
电　　话：(028)87600508

西南财经大学
院系全称：工商管理学院
专业全称：广告学
地　　址：成都市光华村街55号
邮　　编：610074
电　　话：(028)87352246

绵阳师范学院
专业全称：艺术设计
专业设置年份：2004年
学　　制：本科4年
地　　址：绵阳市仙人路一段30号
邮　　编：621000
电　　话：(0816)2200018

西南石油学院
专业全称：广告学
专业设置年份：2004年
地　　址：南充市油院路30号
邮　　编：637001
电　　话：(0817)2642302

内江师范学院
院系全称：美术系
专业全称：艺术设计
地　　址：内江市桐梓坝
邮　　编：641112
电　　话：(0832)2341742

宜宾学院
院系全称：美术系
专业全称：艺术设计
地　　址：宜宾市育才路9号
邮　　编：644007
电　　话：(0831)3545086

西南科技大学
院系全称：文学与艺术学院
专业全称：广告学
学　　制：本科4年
地　　址：绵阳市涪城区青龙大道中段59号
邮　　编：621010
电　　话：(0816)6089071

四川师范大学成都学院
院系全称：人文社科系
专业全称：广告学
学　　制：本科4年
地　　址：成都市郫县团结镇学院街65号
邮　　编：611745
电　　话：(028)87953080

贵州省

贵州民族学院
院系全称：传媒学院
专业全称：广告学
专业设置年份：1995年
学　　制：本科4年
地　　址：贵阳市花溪区贵州民族学院文学与传播学院
邮　　编：550025
电　　话：(0851)3610255、3613465

贵州财经学院
院系全称：文化财经学院
专业全称：广告学
学　　制：本科4年
地　　址：贵阳市鹿冲关路127号
邮　　编：550004
电　　话：(0851)6902969

云南省

云南大学
院系全称：艺术与设计学院
专业全称：广告学
专业设置年份：1994年
学　　制：本科4年
地　　址：昆明市一二一大街云南大学
邮　　编：650091
电　　话：(0871)5036627

云南师范大学
院系全称：艺术学院
专业全称：广告学
专业设置年份：1993年
学　　制：本科4年　专科3年　函授3年
地　　址：昆明市一二一大街298号
邮　　编：650092
电　　话：(0871)5516203

云南财经大学
院系全称：新闻传播系
专业全称：广告学(整合营销传播方向)
专业设置年份：2001年
学　　制：本科4年
地　　址：昆明市龙泉路237号
邮　　编：650221
电　　话：(0871)5113220

云南民族大学
专业全称：广告学
专业设置年份：2004年
学　　制：本科4年
地　　址：昆明市环城北路420号
邮　　编：650031
电　　话：(0871)5157619

昆明理工大学
专业全称：广告学
地　　址：昆明市一二一大街文昌路68号
邮　　编：650093
电　　话：(0871)5152291

红河学院
院系全称：人文学院
专业全称：广告学
学　　制：本科4年
地　　址：红河州蒙自县
邮　　编：661100
电　　话：(0873)3694008

陕西省

西北大学
院系全称：新闻传播学院广告系
专业全称：广告学
专业设置年份：1993年
学　　制：本科4年
地　　址：西安市高新四路西北大学南校区新闻传播学院
邮　　编：710075
电　　话：(029)88302525

曲靖师范学院
专业全称：艺术设计
专业设置年份：2004年
学　　制：本科4年
地　　址：曲靖市西山开发区
邮　　编：655000

西安美术学院
院系全称：设计系
专业全称：展示设计
地　　址：西安市含光南路100号
邮　　编：710065
电　　话：(029)88222342

西安工业学院
院系全称：人文学院
专业全称：广告学
专业设置年份：2002年
学　　制：本科4年
地　　址：西安市西安工业学院人文学院
邮　　编：710032
电　　话：(029)83208308

西安石油大学
院系全称：人文学院
专业全称：广告学
专业设置年份：2001年
学　　制：本科4年
地　　址：西安市电子二路18号
邮　　编：710065
电　　话：(029)88382753

长安大学
院系全称：人文社会科学学院广告学系
专业全称：广告学
专业设置年份：2001年
学　　制：本科4年
地　　址：西安市南二环路中段长安大学
邮　　编：710064
电　　话：(029)62630089

渭南师范学院
专业全称：艺术设计
专业设置年份：2004年
学　　制：本科4年
地　　址：渭南市朝阳路西段
邮　　编：714000
电　　话：(0913)2133041

宝鸡文理学院
院系全称：中文系
专业全称：广告学
专业设置年份：2001年
学　　制：本科4年
地　　址：宝鸡市高新开发区东区
邮　　编：721013
电　　话：(0917)3364307

西安工程大学
院系全称：服装与艺术设计专业
专业全称：广告学
学　　制：本科4年
地　　址：西安市金花南路19号
邮　　编：710048
电　　话：(029)82330087

咸阳师范学院
院系全称：文学与传播学院
专业全称：广告学
学　　制：本科4年
地　　址：咸阳市文林路
邮　　编：712000
电　　话：(0910)3722373

西安外国语大学
院系全称：文化传播学院
专业全称：广告学
学　　制：本科4年
地　　址：西安市长安南路437号
邮　　编：710061
电　　话：(029)85309401

西安财经学院
院系全称：文法学院新闻传播系
专业全称：广告学
学　　制：本科4年
地　　址：西安市小寨东路64号
邮　　编：710061
电　　话：(029)82348599

西藏民族学院
院系全称：新闻传播学院
专业全称：广告学
学　　制：本科4年
地　　址：咸阳市文汇东路6号
邮　　编：712082
电　　话：(029)33755799

西安翻译学院
院系全称：艺术设计系
专业全称：广告学
学　　制：本科4年
地　　址：西安市长安区太乙宫
邮　　编：710105
电　　话：(029)85896666

西安财经学院行知学院
院系全称：人文社科系
专业全称：广告学
学　　制：本科4年
地　　址：西安市灞桥区狄寨路57号
邮　　编：710038
电　　话：(029)82617590

西安思源学院
院系全称：人文学院
专业全称：广告设计与制作
学　　制：专科3年
地　　址：西安市东郊水安路28号
邮　　编：710038
电　　话：(029)82601888

陕西青年职业学院
院系全称：人文社会科学系
专业全称：广告设计与制作
学　　制：专科3年
地　　址：西安市含光北路155号
邮　　编：710068
电　　话：(029)88413889

甘肃省

兰州大学
院系全称：新闻与传播系
专业全称：广告学
地　　址：兰州市嘉峪关西路9 号
邮　　编：730000

兰州交通大学
院系全称：艺术设计学院
专业全称：广告设计系
专业设置年份：2001 年
学　　制：本科4 年
地　　址：兰州市安宁区西路88 号
邮　　编：730070

兰州商学院
院系全称：商务传媒学院
专业全称：广告学
地　　址：兰州市段家滩418 号
邮　　编：730020
电　　话：(0931)5252090

西北民族大学
院系全称：新闻传播学
专业全称：广告学
学　　制：本科4 年
地　　址：兰州市西北新村1 号
邮　　编：730030
电　　话：(0931)2938003

兰州商学院长青学院
院系全称：艺术系
专业全称：广告学
学　　制：本科4 年
地　　址：兰州市城关区店子街45
邮　　编：730020
电　　话：(0931)8698906

青海省

青海民族大学
院系全称：文学与新闻传播学院
专业全称：广告学
学制：本科4 年
地址：西宁市八一中路3 号
邮编：810007
电话：(0971)8808501

宁夏回族自治区

宁夏大学
院系全称：人文学院新闻系
专业全称：广告创意与传播
专业设置年份：2000 年
学　　制：专科3 年
地　　址：银川市西夏区宁夏大学人文学院新闻系
邮　　编：750021
电　　话：(0951)2061705

北方民族大学
院系全称：文史学院
专业全称：广告学
学　　制：本科4 年
地　　址：银川市西夏区文昌北街204号
邮　　编：750021
电　　话：(0951)2066992

新疆维吾尔自治区

新疆大学
院系全称：人文学院新闻系
专业全称：广告学
地　　址：乌鲁木齐市胜利路14 号
邮　　编：830046
电　　话：(0991)8582815

新疆艺术学院
院系全称：影视戏剧系
专业全称：广告学
学　　制：本科4 年
地　　址：乌鲁木齐市团结路78 号
邮　　编：830001
电　　话：(0991)2568202

’2010中国广告年鉴

China Advertising Yearbook

全国广告经营单位选介

Introduction of Selected Advertising Units in China

北京市

公司类

北京地下铁道通成广告有限公司
地　址：北京市东城区东长安街1号东方广场W3座1201室
邮　编：100738
电　话：(010)85010888

北京搜狐新媒体信息技术有限公司
地　址：北京市海淀区中关村东路1号院搜狐网络大厦
邮　编：100086
电　话：(010)62726666-6339

北京未来广告有限公司
地　址：北京市朝阳区建国路甲92号世茂大厦B座19层
邮　编：100022
电　话：(010)59573188、59573288

中铁世纪传媒广告有限公司
地　址：北京市海淀区羊坊店高桥写字楼
邮　编：100038
电　话：(010)51829283

北京环宇广告公司
地　址：北京市宣武门西大街甲97号
邮　编：100031
电　话：(010)63076490

全中广告文化发展机构
地　址：北京市五芳园邮局73邮箱
邮　编：100040
电　话：(010)68611900

百度
地　址：北京市海淀区上地十街10号
邮　编：100085
电　话：(010)59928888

北京世纪双龙广告有限公司
地　址：北京市密云县鼓楼东大街13号
邮　编：101500
电　话：(010)69049788

北京华奥广告有限公司
地　址：北京市丰台区右安门外大街2号迦南大厦1408室
邮　编：100028
电　话：(010)84405701

北京奥美地亚广告有限公司
地　址：北京市朝阳区建国路88号SOHO现代城C座1201室
邮　编：100022
电　话：(010)85806066

北京白孔雀广告有限公司
地　址：北京市顺义区站前东街商业楼321室
邮　编：101300
电　话：(010)69420580

北京北奥广告有限公司
地　址：北京市海淀区花园路小关街120号
邮　编：100083

北京博达新大陆广告有限公司
地　址：北京市建内大街28号民生金融中心D座16层
邮　编：100005
电　话：(010)65286969

北京超炫广告有限公司
地　址：北京市石景山区苹果园南路1号
邮　编：102488
电　话：(010)88790717

北京创意时空广告有限公司
地　址：北京市宣武区广内大街338号
邮　编：100053
电　话：(010)83518560

北京大有视界传媒广告有限公司
地　址：北京市东城区安定门外大街2号安贞大厦2001室
邮　编：100013
电　话：(010)51278910

北京第七传媒广告有限公司
地　址：北京市朝阳区光华路七号汉威大厦C区11层B1106号
邮　编：100004
电　话：(010)64447262

北京缔元信互联网数据技术有限公司
地　址：北京市东城区青龙胡同1号歌华大厦A座612室
邮　编：100007
电　话：(010)84186666

北京电通广告有限公司
地　址：北京市东城区富华大厦F座11层
邮　编：100027
电　话：(010)65545085

北京东方捷先广告传播公司
地　址：北京市朝阳区裕民路12号华展国际公寓A座604室
邮　编：100029
电　话：(010)82253750

北京东方情缘广告有限公司
地　址：北京市朝阳区惠新东街8号2号楼设计大厦9层
邮　编：100101
电　话：(010)84662096

北京东方仁德广告有限公司
地　址：北京市朝阳区建国路93号万达商务大厦A1座21层
邮　编：100022
电　话：(010)58205551

北京斐思态广告有限公司
地　址：北京市朝阳区朝外大街18号丰联广场A座810
邮　编：100020
电　话：(010)65881406

北京福禄财广告有限公司
地　址：北京市平谷区西环北路2号
邮　编：101200

电 话：(010)69984927

北京高狮广告公司
地 址：北京市朝阳区裕民路12号华展国际公寓A座703
电 话：(010)82252551

北京公交广告有限责任公司
地 址：北京市东城区交道口南大街16号
邮 编：100007
电 话：(010)64007772

北京古韵广告有限公司
地 址：北京市密云县檀城北区1号9门
邮 编：101500
电 话：(010)69042919

北京光耀天润广告公司
地 址：北京市海淀区北小马厂6号华天大厦22层
邮 编：100038
电 话：(010)63322460

北京恒华伟业广告有限公司
地 址：北京市朝阳区半壁店290号小红帽物流中心3层
邮 编：100061
电 话：(010)87741845

北京华风气象影视信息集团有限责任公司
地 址：北京市中关村南大街46号华风影视大楼
邮 编：100081
电 话：(010)58991902

北京华教飞艇广告公司
地 址：北京市海淀区彰化路银利娜物业6号楼
邮 编：100089
电 话：(010)51505526、51503788

北京华教通用航空公司
地 址：北京市海淀区彰化路银利娜物业6号楼
邮 编：100089
电 话：(010)51505298

北京华商圣锐广告有限公司
地 址：北京市朝阳区建国路93号万达广场12号楼1103
邮 编：100026
电 话：(010)58208110

北京华扬联众广告有限公司
地 址：北京市建国门内贡苑6号
电 话：(010)85135000

北京吉祥鸟广告有限公司
地 址：北京市密云县长安商业街3-19号
邮 编：101500
电 话：(010)69062323

北京金羽翼广告中心
地 址：北京市门头沟区新桥大街40号
邮 编：102300
电 话：(010)69861384

北京九九联盟广告公司
地 址：北京市海淀区西直门北大街60号首钢国际大厦12A层
邮 编：100088
电 话：(010)82293900

北京开麦拉传媒广告有限公司
地 址：北京市建国路甲6号
邮 编：100022
电 话：(010)85679500

北京旷达广告公司
地 址：北京市怀柔县府前街西口
邮 编：101400
电 话：(010)69656374

北京联合趋势国际广告有限公司
电 话：(010)85805202

北京凌鹏时代科技有限公司
地 址：北京市海淀区安宁庄东路30号
邮 编：100085
电 话：(010)51299131

北京绿谷缘广告有限公司
地 址：北京市平谷区新平北路63号
邮 编：101200
电 话：(010)89989001

北京伦世达广告企划有限公司
地 址：北京市珠市口东大街1号新阳商务楼B座5层
邮 编：100061
电 话：(010)67082355

北京平谷金鼎广告公司
地 址：北京市平谷区旧城街8号
邮 编：101200
电 话：(010)89984730

北京瑞成创亿广告有限公司
地 址：北京市朝阳区大郊亭金海国际
电 话：(010)58200846

北京三基色广告有限公司
地 址：北京市门头沟区潭柘寺新大街1号
邮 编：102300
电 话：(010)69863458

北京桑夏广告公司
地 址：北京市朝阳区霞光里66号远洋新干线A座7层
邮 编：100027
电 话：(010)84466415

北京盛事晨威广告公司
地 址：北京市宣武区珠市口西大街120号太丰慧中大厦5层522室
邮 编：100050
电 话：(010)63552772

北京世邦联合广告有限公司
地 址：北京市朝阳区建国路88号现代城SOHO-COFT-0327号
邮 编：100022
电 话：(010)85802468

北京视奥联合广告有限公司
电 话：(010)84263333

北京太阳圣火广告有限公司
地 址：北京市朝阳区建国路88号现代城SOHO-A座2309
邮 编：100022
电 话：(010)85800003

北京天龙时代广告有限公司
地　址：北京市密云县鼓楼东大街26号
邮　编：101500
电　话：(010)69025898

北京未名广告有限责任公司
地　址：北京市长春桥路新起点嘉园2号楼2108
邮　编：100089
电　话：(010)82561156

北京西藏国风广告有限公司
地　址：北京市朝阳区霞光里9号
邮　编：100125
电　话：(010)65088200

北京新文化广告公司
地　址：北京市昌平南环路26-6号
邮　编：102200
电　话：(010)69714687

北京炎黄时代广告有限公司
地　址：北京市西城区文津街7号国图2层
邮　编：100802
电　话：(010)66129928

北京研桑广告制作中心
地　址：北京市顺义区拥军路（电视台院内）
邮　编：101300
电　话：(010)69423368

北京阳光加信广告
电　话：(010)62191618-212

北京友林广告公司
地　址：北京市顺义区顺平路579号
邮　编：101300
电　话：(010)69476663

北京远大工商广告公司
地　址：北京市大兴区兴政街23号
邮　编：102600
电　话：(010)69247401

北京中电报科技发展有限公司
地　址：北京市海淀区紫竹院路66号赛迪大厦7层
邮　编：102200
电　话：(010)88559583

北京中视电传广告公司
地　址：北京市建国路93号院万达广场10号楼1106
电　话：(010)58208858

北京中天艺圣广告公司
地　址：北京市丰台区长辛店镇杜家坎南路8号321室
邮　编：100000
电　话：(010)83884812

北青传媒股份有限公司
地　址：北京市朝阳区白家庄东里23号院A栋
邮　编：100026
电　话：(010)65902199

迪思传播集团
地　址：北京市朝阳区东三环中路乙10号艾维克大厦1201
邮　编：100022
电　话：(010)65661919

北京海润新时代广告公司
地　址：北京市朝阳区安慧北里安园5号海润大厦三层
电　话：(010)64899933

北京蓝之象启划机构
地　址：北京市海淀区成府路华清嘉园18号楼-2-101
电　话：(010)82867007

北京中视北广广告有限公司
地　址：北京市朝阳区建国路18号
邮　编：100020
电　话：(010)65403066

海天网联公关顾问公司
地　址：北京市朝外大街26号朝外门B座21层
邮　编：100020
电　话：(010)85655666

灵智精实广告有限公司
地　址：北京市东城区北三环东路36号环球贸易中心B座19楼
邮　编：100013
电　话：(010)59232700

麦肯光明广告有限公司
地　址：北京市朝阳区酒仙桥路14号兆维大厦9楼
邮　编：100015
电　话：(010)58040000

全景视觉网络科技有限公司
地　址：北京市朝阳区朝外大街乙12号昆泰国际大厦707
邮　编：100020
电　话：(010)58790667

三星影视交流中心
地　址：北京市海淀区什坊院6号京都信苑饭店10层
邮　编：100036
电　话：(010)63901020

新浪
地　址：北京市北四环西路58号理想国际大厦20层
邮　编：100080

宣亚国际广告公司
地　址：北京市朝阳区建外大街甲92号世茂大厦 12-4 层
邮　编：100022
电　话：(010)85079666

央视市场研究股份有限公司
地　址：北京市西城区德外大街5号
邮　编：100088
电　话：(010)82015388

中国高新技术产业导报社有限公司
地　址：北京市海淀区木樨地茂林居15号5层
邮　编：100043
电　话：(010)68667802

中国邮政广告公司
地　址：北京市西城区北礼士路甲8号
邮　编：100044
电　话：(010)88381356

中国邮政广告有限责任公司
地　址：北京市西城区北礼士路甲8号
邮　编：100044

电　话：(010)88381361

中视金桥国际广告有限公司
地　址：北京市海淀区阜成路58号新州商务大厦606
邮　编：100036
电　话：(010)88116820

北京同路传播机构
地　址：北京市朝阳区建国门外大街永安东里8号华彬大厦1301-1307
邮　编：100022
电　话：(010)85289319

广播电视类

国家广播电影电视总局电影卫星频道节目制作中心
地　址：北京市海淀区西土城路2号
邮　编：100088
电　话：(010)82044734

中国气象局华风气象影视信息集团
地　址：北京市海淀区中关村南大街46号
邮　编：100081
电　话：(010)68408566

北京人民广播电台广告部
地　址：北京市朝阳区建外大街14号
邮　编：100022
电　话：(010)65159028

中国教育电视台广告中心
地　址：北京市朝阳区东三环南路98号韩建丹阳大厦10层1007室
邮　编：100021
电　话：(010)58611311

北京电视台广告部
地　址：北京市朝阳区建国路甲98号北京电视台生活服务楼1层
邮　编：100089
电　话：(010)85336688

北京密云广播电视中心广告部
地　址：北京市密云县西大桥路18号
邮　编：101500

电　话：(010)89095550

国际广播电台
地　址：北京市石景山区石景山路甲16号
邮　编：100040
电　话：(010)68892571

中国国际电视总公司广告部
地　址：北京市海淀区羊坊店路9号京门大厦
邮　编：100038
电　话：(010)63950016

中国国际广播电台广告部
地　址：北京市石景山区石景山路甲16号广告部
邮　编：100040
电　话：(010)68892521、68892080

中央电视台广告部
地　址：北京复兴路11号中央电视台
邮　编：100859
电　话：(010)68500114

中央电视台广告经营管理中心
地　址：北京市复兴路11号
邮　编：100859
电　话：(010)68509309

中央人民广播电台
地　址：北京市西城区复兴门外大街2号
邮　编：100866
电　话：(010)86092610

新闻出版类

中国证券报社
地　址：北京市宣武门西大街甲97号
邮　编：100031
电　话：(010)63072603

法制晚报广告部
地　址：北京市朝阳区建国路71号惠通时代A1座
邮　编：100025
电　话：(010)58635353

中国少年儿童新闻出版总社广告部
地　址：北京市朝阳区左家庄北里5号楼316室
邮　编：100028
电　话：(010)84028008

中国烟草杂志社
地　址：北京市西城区月坛南街55号
邮　编：100053
电　话：(010)63605472

中国矿业报社广告部
地　址：北京市宣武区广安门南滨海路23号
邮　编：100037
电　话：(010)63422533

北京广播电视报社
地　址：北京市崇文区安乐林路18号
邮　编：100075
电　话：(010)67134368

北京晨报社
地　址：北京市朝阳区广渠路3号竞园
邮　编：100600
电　话：(010)87955757

北京青年报社广告部
地　址：北京市朝阳区白家庄东里23号院A栋
邮　编：100026
电　话：(010)65902199、65902062、4006101000

北京商报社
地　址：北京市朝阳区和平里西街21号
邮　编：100013
电　话：(010)84285566

北京晚报广告部
地　址：北京市建国门内大街26号
邮　编：100734
电　话：(010)85201183

电脑商报社广告部
地　址：北京市西城区佟麟阁路95号尚信大厦10层
邮　编：100055

电　话：(010)66422050

电子游戏软件杂志社广告部
地　址：北京市安德里北街恒通伟业大厦4层403
邮　编：100011
电　话：(010)64472920

法制晚报社
地　址：北京市朝阳区建国路71号惠通时代A1座
邮　编：100025
电　话：(010)58635355

工人日报社广告部
地　址：北京市东城安德路甲61号
邮　编：100718
电　话：(010)84151121

光明日报社广告部
地　址：北京市宣武区永安路106号
邮　编：100050
电　话：(010)67078200

华夏时报社
地　址：北京市朝阳区建国路93号万达广场西区C座8号楼
邮　编：100022
电　话：(010)59250005

环球时报社
地　址：北京市朝阳区金台西路2号
邮　编：100026
电　话：(010)65091871

解放军报社
地　址：北京市西城区阜外大街34号
邮　编：100832
电　话：(010)68570796

金融时报社
地　址：北京市海淀区中关村南大街甲18号北京国际D座18层
邮　编：100073
电　话：(010)82198333

京华时报社广告中心
地　址：北京市朝阳区左家庄前街1号百灵大厦5层
邮　编：100028

经济日报农村版
地　址：北京市西城区月坛南街26号
邮　编：100825
电　话：(010)68516119

中国少年报
地　址：北京市朝阳区左家庄北里五号楼
电　话：(010)84028008

科技日报社广告部
地　址：北京市复兴路15号
邮　编：100038
电　话：(010)58884123、58884124

科学时报社
地　址：北京市海淀区中关村南一条乙三号
邮　编：100190
电　话：(010)82613536

瞭望周刊社
地　址：北京市宣武门西大街甲97号701室
邮　编：100031
电　话：(010)63073937

人民日报海外版
地　址：北京市朝阳区金台西路2号
邮　编：100733
电　话：(010)65369408

人民日报社
地　址：北京市朝阳区金台西路2号
邮　编：100733
电　话：(010)65368759

人民邮电报社
地　址：北京市朝阳区安苑路11-1
邮　编：100044
电　话：(010)64982809、64962994

首钢日报社
地　址：北京市石景山区首钢总公司大院内
邮　编：100043
电　话：(010)68873088

新京报社
地　址：北京市崇文区幸福（北）大街37号新京报社
邮　编：100061
电　话：(010)67106666

中国妇女报社广告部
地　址：北京市西城区地安门西大街103号
邮　编：100009
电　话：(010)83226311-4036

中国工商报社
地　址：北京市丰台区花乡纪家庙
邮　编：100070
电　话：(010)63711924

中国国防报社广告部
地　址：北京市西城区阜外大街34号
邮　编：100832
电　话：(010)68570796

中国花卉报社
地　址：北京市丰台区东铁匠营横六条19号
邮　编：100073
电　话：(010)84019808

中国化工报社
地　址：北京市西城区六铺炕北小街甲2号
邮　编：100011
电　话：(010)82037800

中国环境报社
地　址：北京市东城区广渠门内大街16号1105室
邮　编：100061
电　话：(010)67167403

中国教育报刊社
地　址：北京市海淀区文慧园北路10号
邮　编：100082
电　话：(010)62257722、82296688

中国经济导报广告策划部
地　址：北京市宣武区广安门内大

街315号信息大厦B座
邮 编：100824
电 话：(010)63691591

中国经营报社广告部
地 址：北京市西四环北路6号院1号楼
邮 编：100089
电 话：(010)88469630

中国贸易报社
地 址：北京市朝阳区北三环东路静安西街2号
邮 编：100028
电 话：(010)64671063

中国企业报社广告部
地 址：北京市海淀区紫竹院南路17号
邮 编：100044
电 话：(010)68420501

中国汽车报社广告部
地 址：北京市海淀阜城路115号北京印象1号楼2门4层
邮 编：100036
电 话：(010)88136860

中国青年报社广告部
地 址：北京市东城区海运仓2号
邮 编：100702
电 话：(010)64098333、64098277

中国日报社
地 址：北京市朝阳区惠新东街15号
邮 编：100029
电 话：(010)64995000

瑞丽杂志社
电 话：(010)85119820

中国食品报社
地 址：北京市丰台区太平桥东里5号
邮 编：100073
电 话：(010)63272076

中国体育报广告部
地 址：北京市崇文区体育馆路8号
邮 编：100061
电 话：(010)67144586

中国体育报业总社广告部
地 址：北京市崇文区体育馆路8号
邮 编：100061
电 话：(010)67111386

中国信息报社广告部
地 址：北京市月坛南街57号
邮 编：100073
电 话：(010)63376799

作家文摘报社
地 址：北京市东城区王家园10号
邮 编：100026
电 话：(010)65518029

上海市

公司类

分众传媒
地 址：上海市江苏路369号28楼G座
邮 编：200050
电 话：(021)22165163

上海赤兔广告有限公司
地 址：上海市恒丰路现代交通大厦218号1002室
邮 编：200070
电 话：(021)51286996-66

上海大众广告有限公司
地 址：上海市中山西路1515号707
邮 编：200235
电 话：(021)64289139、64287280、64285636

上海电力广告有限公司
地 址：上海市徐家汇路430号电力大楼611室
邮 编：200025
电 话：(021)64152167

上海东方传媒集团有限公司广告经营中心
地 址：上海市南京西路657号广电大厦11楼
邮 编：200041
电 话：(021)62565899-2700

上海高越广告传媒有限公司
地 址：上海市北京西路762号
邮 编：200041
电 话：(021)62716777

上海广告有限公司
地 址：上海市华山路888号
邮 编：200050
电 话：(021)63668828

上海机场德高动量广告有限公司
地 址：上海市浦东新区浦东南路1118号8楼
邮 编：200122
电 话：(021)38600000

上海神兵广告有限公司
地 址：上海市徐汇区徐虹中路20号2栋6楼2535室
邮 编：200235
电 话：(021)64699790、64699792

上海景色广告有限公司
地 址：上海市徐家汇路158弄1号5F
邮 编：200025
电 话：(021)54653909-22

上海美术设计有限公司
地　址：上海市漕溪路258弄23号
邮　编：200235
电　话：(021)64836488

上海申通德高地铁广告有限公司
地　址：上海市仙霞路333号东方维京大厦21楼
邮　编：200336
电　话：(021)61511888

上海市外滩广告装潢有限公司
地　址：上海市卢湾区徐家汇路558弄1号双钱公寓8楼D座
邮　编：200025
电　话：(021)64153083

上海唐神广告传播有限公司
地　址：上海市金陵东路2号25楼
邮　编：200002
电　话：(021)63239018

上海新云传媒有限公司
地　址：上海市浦东南路2304号
邮　编：200127
电　话：(021)50588282

上海信息广告有限公司
地　址：上海市南京西路920号南泰大厦1506室
邮　编：200041
电　话：(021)63227210

上海旭通广告有限公司
地　址：上海市淮海中路887号1005室
邮　编：200002
电　话：(021)64674118-152

上海郁金香广告传媒有限公司
地　址：上海市长宁区延安西路1088号27F
邮　编：200052
电　话：(021)62523000

上海中润解放传媒有限公司
地　址：上海市国定东路233号华地汇创国际广场13A08
邮　编：200433
电　话：(021)31333333-241

上海中智广告有限公司
地　址：上海市徐汇区衡山路建汇大厦922号21楼A座
邮　编：200030
电　话：(021)64078003

上海魅惑广告有限公司
地　址：上海市余姚路339号3楼
邮　编：200040
电　话：(021)51098699

东方航空传媒有限公司
地　址：上海市虹桥机场空港一路280号
邮　编：200335
电　话：(021)64398821

大广广告（上海）有限公司
地　址：上海市静安区石门一路211号12楼
电　话：(021)62178585

上海前景广告有限公司
地　址：上海市浦东大道720号国际航运金融大厦17楼D-E座
电　话：(021)50367101

北京电通广告有限公司上海分公司
地　址：上海市南京西路128号21楼
邮　编：200003
电　话：(021)635016660-2088

海南白马广告媒体投资有限公司上海分公司
地　址：上海市黄陂北路227号2602-2604室
邮　编：200003
电　话：(021)637558789-308

前锦网络信息技术（上海）有限公司
地　址：上海市浦东新区张东路1387号3号楼
邮　编：201203
电　话：(021)61601888

上海DMG国际广告有限公司
地　址：上海市卢湾区斜土路468号
邮　编：200023
电　话：(021)53027711

上海昂立广告有限公司
地　址：上海市宜山路700号A5楼105室
邮　编：200233
电　话：(021)54271688

上海奥美广告有限公司
地　址：上海市长乐路989号世纪商贸广场26楼
邮　编：200031
电　话：(021)24051888

上海博报堂广告有限公司
地　址：上海市淮海西路1118号龙之梦大厦12楼
邮　编：200052
电　话：(021)52306776

上海博派广告有限公司
地　址：上海市嘉定区嘉戬公路3 9 8号
电　话：(021)52357088

上海彩虹广告装潢有限公司
地　址：上海市会文路50号18楼
邮　编：200071
电　话：(021)66531197

上海池田广告有限公司
地　址：上海市程家桥路311号甲
邮　编：201103
电　话：(021)64466950

上海传广广告传播有限公司
地　址：上海市嘉定区嘉罗路2079号－783
邮　编：201800

上海传能广告有限公司
地　址：上海市人民路885号淮海中华企业大厦1606室
邮　编：200010
电　话：(021)63262255

上海大同广告有限公司
地　址：上海市长宁区兴义路48号新世纪广场c座403室
电　话：(021)62786769

上海电气(集团)广告装潢公司
地　址：上海市雁荡路3号21室

邮　编：200020
电　话：(021)53836385

上海东方明珠移动电视有限公司
地　址：上海市南京东路627号6楼A座
邮　编：200001
电　话：(021)63610077

上海东湖广告装饰有限公司
地　址：上海市东湖路70号东湖宾馆4号楼
邮　编：200031
电　话：(021)64156934

上海东艺广告有限公司
地　址：上海市宝路202号
邮　编：200071
电　话：(021)56974620

上海飞帆广告有限公司
地　址：上海市中山南二路777弄2号14楼
邮　编：200032
电　话：(021)

上海风颖文化传播有限公司
地　址：上海市卢湾区东台路277号国际广场B座1803室
邮　编：200021
电　话：(021)53067560

上海高文传播装潢有限公司
地　址：上海市镇宁路9号2幢1C室
邮　编：200050
电　话：(021)63273141

上海广告装潢有限公司
地　址：上海市巨鹿路417号3F
邮　编：200020
电　话：(021)62713667

上海国际广告展览有限公司
地　址：上海市恒丰路218号现代交通商务大厦21层
邮　编：200070
电　话：(021)51797008

上海合力广告有限公司
地　址：上海市江宁路495号1908室
邮　编：200041
电　话：(021)51154493

上海华映文化传媒有限公司
地　址：上海市徐汇区建国西路285号1楼

上海嘉美传播广告有限公司
地　址：上海市长宁区长宁路1033号联通大厦16楼
电　话：(020)52729000

上海焦点广告传播有限公司
地　址：上海市斜土路768号605室(孜远大厦)
邮　编：200023
电　话：(021)63055858

上海解放广告有限公司
地　址：上海市汉口路309号
邮　编：200001
电　话：(021)63609610

上海锦德国际物流有限公司
地　址：上海市延安东路700号(港泰广场)14楼

上海蓝梦广告有限责任公司
地　址：上海市大统路988号B座19楼
邮　编：200070
电　话：(021)56555666

上海联纵智达咨询顾问机构
地　址：上海市浦东小区陆家嘴银城中路68号时代金融中心1801–1803
邮　编：200120

上海灵诺策划传播机构
地　址：上海市愚园路1258号绿地商务大厦1103–1106
电　话：(021)52389190

上海灵狮广告有限公司
地　址：上海市威海路755号15楼
邮　编：200040
电　话：(021)52921000

上海龙韵广告传播股份有限公司
地　址：上海市浦东松林路97弄海怡别墅2号
邮　编：200120
电　话：(021)

上海马良广告有限公司
地　址：上海市长宁区长宁路1200号517室
电　话：(021)62520709

上海美景广告传播有限公司
地　址：上海市长寿路587号沙田大厦1712–1717室
邮　编：200060
电　话：(021)62305798

上海麒麟在线文化传媒中心
地　址：上海市长宁区武夷路695弄5号
邮　编：200051
电　话：(021)62741199

上海强生广告有限公司
地　址：上海市南京西路934号101室
邮　编：200041
电　话：(021)62583166

上海三欣广告装潢有限公司
地　址：上海市静安区威海路567号晶采世纪大厦10楼

上海上腾娱乐有限公司
地　址：上海市淮海中路1720号众联别墅G座
邮　编：200031
电　话：(021)64338111–232

上海上知营销策划有限公司
地　址：上海市徐汇区愚山路520号中华门大厦1009室
电　话：(021)64682529

上海申空广告有限公司
地　址：上海市徐家汇蒲西路166号1号楼704室
邮　编：200030
电　话：(021)84896489

上海申通德高广告公司
地　址：上海市天山路310号3楼
邮　编：200333
电　话：(021)61511800

上海世博广告有限公司
地　址：上海市四平路2500号23楼
邮　编：200433
电　话：(021)55092266

上海腾隆广告有限公司
地　址：上海市普陀区西康路1243号

上海天波广告有限公司
地　址：上海市延安西路1289弄10号6楼
邮　编：200050
电　话：(021)62256843

上海天润广告传播有限公司
地　址：上海市海防路421号1号楼7楼
邮　编：200437
电　话：(021)62667878

上海网迈广告有限公司
地　址：上海市徐汇区肇嘉浜路736号9楼

上海巍珂－庆余广告有限公司
地　址：上海市徐汇区肇嘉浜路1065号2205室

上海西南广告有限公司
地　址：上海市中山南二路777弄2号14楼
邮　编：200032
电　话：(021)54253029

上海欣影国际传播有限公司
地　址：上海市普陀区曹杨路540号7楼
邮　编：200063
电　话：(021)62444869

上海雅仕维广告有限公司
地　址：上海市长宁路1027号兆丰广场2102室
邮　编：200050

上海雅视广告有限公司
地　址：上海市打浦路80弄1号楼23层A、B座
邮　编：200023
电　话：(021)64678292

上海弈动广告传媒有限公司
地　址：上海市长宁区延安西路1118号龙之梦7楼706
电　话：(021)61159760

上海印济广告有限公司
地　址：上海市卢湾区斜土路468号3A室
邮　编：200023

上海邮人商务有限公司
地　址：上海市卢湾区泰康路210弄3号210
邮　编：200020
电　话：(020)64663342

上海邮政商函广告有限公司
地　址：上海市武定路458号12楼
邮　编：200041
电　话：(021)32170189

上海元太传媒有限公司
地　址：上海市南京西路1168号1404室中信泰富广场
邮　编：200041
电　话：(021)32144518

上海元太广告有限公司
地　址：上海市南京西路1168号1404−1406室
邮　编：200041
电　话：(021)32144518

上海智高广告有限公司
地　址：上海市长宁区金钟路658弄17号楼
邮　编：200335
电　话：(021)51781000

旭通世纪（上海）广告有限公司
地　址：上海市淮海中路887号9005室
邮　编：200020
电　话：(021)64748908

雅兰（上海）广告有限公司
地　址：上海市虹口区华昌路9号金象大厦2105室
邮　编：200081
电　话：(21)61483188

广播电视类

浦东广播电视台
地　址：上海市浦东新区丁香路716号A座
邮　编：200135
电　话：(021)68541000

上海东方传媒集团有限公司
地　址：上海市南京西路651号广电大厦11层

新闻出版类

解放日报报业集团
地　址：上海市汉口路300号
邮　编：200001
电　话：(021)635211112

新闻晨报
地　址：上海市汉口路300号
邮　编：200001
电　话：(021)63601016

上海日报社广告部
地　址：上海市静安区威海路755号37楼
邮　编：200041
电　话：(021)52920163

上海文艺出版总社
地　址：上海市延安西路593号
邮　编：200050
电　话：(021)61229100

文汇报社广告部
地　址：上海市延安中路839号3楼
邮　编：200040
电　话：(021)62793809

新民晚报广告经营中心
地　址：上海市延安中路839号
邮　编：200040

天津市

公 司 类

天津市北岛广告发展有限公司
地　址：天津市南开区卫津南路78号立达公寓E座2F
邮　编：300381
电　话：(022)23955538

天津市天健广告有限责任公司
地　址：天津市河西区绍兴道罗马花园D座1802
邮　编：300074
电　话：(022)28010288

天津市新地广告有限公司
地　址：天津市和平区云南路12号清华园商务大厦B座120F
邮　编：300051
电　话：(022)83525081

广播电视类

天津电视台广告部
地　址：天津市和平区电台道19号天宇大酒店3层
邮　编：300070
电　话：(022)23537164

天津人民广播电台广告经营中心
电　话：(022)23374567-116

新闻出版类

天津日报报业集团
地　址：天津市河西区大沽南路873号
邮　编：300211
电　话：(022)28201268

天津市今晚传媒广告有限公司
地　址：天津市南开区南京路358号
邮　编：300100
电　话：(022)27501732

今晚报社
地　址：天津市南开区南京路358号
邮　编：300100
电　话：(022)27501732

每日新报广告部
地　址：天津市大沽南路873号天津日报大厦
邮　编：300211
电　话：(022)28201943

天津广播电视报社
地　址：天津市和平区卫津路143号
邮　编：300070
电　话：(022)23601038

重庆市

公 司 类

重庆汇融文化传播（集团）有限公司
地　址：重庆市渝中区长江二路39号重庆商报社
邮　编：400042
电　话：(023)68890261

重庆广播电视集团总台广播电视广告经营中心
邮　编：400041
电　话：(023)68888300

重庆金牛慧通广告有限公司
地　址：重庆市渝州路西亚广场A座33-25-4-1
邮　编：400039
电　话：(023)68692222

重庆媒体伯乐公交广告有限公司
地　址：重庆市渝中区大都会商厦12楼
邮　编：400010
电　话：(023)6382233

重庆唐码传媒有限公司
地　址：重庆市高新区科园三路68号金果园商务楼D1幢
邮　编：400039
电　话：(023)89089090、68636863

重庆天地广告有限公司
地　址：重庆市渝中区两路口健康路花园大厦B栋6楼
邮　编：400014
电　话：(023)63638008

重庆写真广告有限公司
地　址：重庆市九龙坡区杨家坪跃华新都17-7
邮　编：400041
电　话：(023)68637186

广播电视类

重庆电视台广告经营中心
地　址：重庆市渝州路68号彩电中心
邮　编：400039
电　话：(023)68888225

重庆广播电视集团（总台）
地　址：重庆市渝州路68号彩电中心广告楼
邮　编：400039
电　话：(023)68888225

新闻出版类

重庆晨报
地　址：重庆市渝中区解放西路66号日报大院
邮　编：400010
电　话：(023)63907911

号
邮　编：400062
电　话：(023)63907094

重庆晚报
地　址：重庆市解放西路66号重庆晚报经营中心
邮　编：400012
电　话：(023)63907335

重庆商报社
地　址：重庆市渝中区大坪长江二路39号
邮　编：400042
电　话：(023)89068955

重庆时报社
电　话：(023)62771321

商界杂志社
地　址：重庆市渝中区中山三路168号中安国际大厦13楼
邮　编：400015

重庆日报报业集团广告总公司
地　址：重庆市渝中区解放西路66

重庆日报社
地　址：重庆市渝中区解放西路66号
邮　编：400012
电　话：(023)63907714

河北省

公　司　类

任丘市远大广告有限公司
地　址：任丘市京开北道远大商贸城1楼
邮　编：062550
电　话：(0317)2230000

八达广告公司
地　址：秦皇岛市海港区港城大街176号
邮　编：066000
电　话：(0335)3088333

保定市东风广告有限责任公司
地　址：保定市东风中路1125号
邮　编：071051
电　话：(0312)7911566

保定市宏图广告有限公司
地　址：保定市恒通财富中心1540室
邮　编：071000
电　话：(0312)3330886

保定市盛邦广告有限公司
地　址：保定市莲池南大街87号
邮　编：071051
电　话：(0312)2038158

沧州市红斑马广告有限公司
地　址：沧州市解放中路市电镀院内
邮　编：061001
电　话：(0317)2102625

沧州市狮城霓虹广告有限公司
地　址：沧州市解放中路328号
邮　编：061001
电　话：(0317)2083266

长城广告展览公司
地　址：秦皇岛市海港区驻总商务大厦905室
邮　编：066000
电　话：(0335)3058500

长虹广告公司
地　址：秦皇岛市海港区香格里一栋402
邮　编：066000
电　话：(0335)3077345

晨光广告装潢艺术有限公司
地　址：邯郸市李新北大街69号负4号
邮　编：056002
电　话：(0310)3044555

承德广告总公司
地　址：承德市南银子大街承德剧场院内
邮　编：067000
电　话：(0314)2071753

大道广告公司
地　址：石家庄市中山东路85中学
邮　编：066000
电　话：(0311)86045297

邯郸市东宇广告有限公司
地　址：邯郸市复兴路27号
邮　编：056003
电　话：(0310)4188089

邯郸市当代广告有限公司
地　址：邯郸市黎明街23号
邮　编：056002
电　话：(0310)5905806

邯郸市亚太广告有限公司
地　址：邯郸市城内中街96号
邮　编：056002
电　话：(0310)3155850

邯郸市银华广告有限公司
地　址：邯郸市陵东街陵园内服楼
邮　编：056001
电　话：(0310)3051546

河北春秋文化传播有限公司
地　址：石家庄市裕华东路100号省军区二招B座
邮　编：050021
电　话：(0311)85819390

河北大智广告资讯有限公司
地　址：唐山市新源道和馨园1楼2门203
邮　编：063000
电　话：(0315)2234567

河北华根广告有限公司
地　址：石家庄市广安大街美东国际A座12楼
邮　编：050021
电　话：(0311)89690501

河北霓虹广告有限公司

地　址：石家庄市广安大街24号财富大厦
邮　编：050000
电　话：(0311)85266188

河北省安通广告公司
地　址：保定市永华南路双彩广场北侧186-39号
邮　编：071000
电　话：(0312)2038880

河北消费广场广告有限公司
地　址：廊坊市新华路6号
邮　编：065000
电　话：(0316)2032588

河北亚太广告有限公司石家庄分公司
地　址：石家庄市广安大街77号安侨商务五层513室
邮　编：050000
电　话：(0311)85260317

河北益和文化传播有限公司
地　址：石家庄市广安大街36号时代方舟B座1706
邮　编：050011
电　话：(0311)86045640

河北邮电广告有限公司
地　址：石家庄市健康路33号
邮　编：050011
电　话：(0311)86677842

怀来县天缘广告有限责任公司
地　址：张家口市怀来县沙城镇府前东街建设局201室
邮　编：075400
电　话：(0313)6234000

廊坊利辉广告图文设计制作有限公司
地　址：廊坊市解放道东安市场1栋
邮　编：065000
电　话：(0316)2011883

廊坊市手拉手广告装潢有限公司
地　址：廊坊市迎春路
邮　编：065000
电　话：(0316)2011112

廊坊市消费广场广告有限公司
地　址：廊坊市新华路6号
邮　编：065000
电　话：(0316)2038833

秦皇岛共达广告公司
地　址：秦皇岛市马坊街39号
邮　编：066000
电　话：(0335)3600281

秦皇岛金三元广告公司
地　址：秦皇岛市文化路胜利村
邮　编：066000
电　话：(0335)3064053

秦皇岛青年美术制作公司
地　址：秦皇岛市海港区民族南路99号鸿祥大厦1004室
邮　编：066000
电　话：(0335)3251820

深蓝广告策划有限公司
地　址：保定市阳光北大街139号
邮　编：071051
电　话：(0312)3015220

声屏之友广告部
地　址：石家庄市体育南大街302号
邮　编：050000
电　话：(0311)81587348

石家庄都市文化传播有限公司
地　址：石家庄市广安大街77号安桥商务1201
邮　编：0500511
电　话：(0311)86053626、85115577

石家庄辉煌商务广告公司
地　址：石家庄市中山西路322号开元大厦1603室
邮　编：050000
电　话：(0311)86684966

石家庄极艺投资顾问有限公司
地　址：石家庄市裕华西路9号裕园广场C座C2601
邮　编：050000
电　话：(0311)85288568

石家庄天马广告有限公司
地　址：石家庄和平东路260号-1号
邮　编：050000
电　话：(0311)86672119

唐山市公共交通广告公司
地　址：唐山市新火车站南100米
邮　编：063000
电　话：(0315)2312522

唐山市蓝星广告有限公司
地　址：唐山市路南区西电路12号
邮　编：063000
电　话：(0315)2330150

唐山市唐新集团
地　址：唐山市丰润区光华道39号
邮　编：063030
电　话：(0315)3242706

唐山市天翼广告有限公司
地　址：唐山市路北区华严路体育场西
邮　编：063000
电　话：(0315)7257111

唐山原创文化传媒有限公司
地　址：唐山市路南区新天地购物乐园E1区18、19号
邮　编：063000
电　话：(0315)2326168

天马广告有限公司
地　址：张家口市宣化区商业大厦7楼
邮　编：075100
电　话：(0313)3037198

新世纪广告有限公司
地　址：廊坊开发区四海路71号
邮　编：065000
电　话：(0316)6087270

邢台宝业广告有限公司
地　址：邢台市邢州南路五一桥岗南斜50米路东
邮　编：054000
电　话：(0319)3029107

邢台市飞天广告有限公司
地　址：邢台市中兴西大街时代广场5单元1502
邮　编：054000
电　话：(0319)3608079

邢台市新城广告有限公司
地　址：邢台市中心东大街111号商银大厦7楼
邮　编：054000
电　话：(0319)3607999

艺源文化广告有限公司
地　址：任丘市燕山道24号
邮　编：053000
电　话：(0317)2751799

益民伟业广告装饰有限公司
地　址：张家口市宣华西马道15号
邮　编：075100
电　话：(0313)3038063

张家口市天元广告有限责任公司
地　址：张家口市桥东区工业街24号
邮　编：075000
电　话：(0313)2163566

张家口宣化国美广告有限公司
地　址：张家口市宣化玉皇庙街4号
邮　编：075100
电　话：(0313)3023183

中仁广告艺术有限公司
地　址：石家庄市体育北大街56号美丽华大酒店26层
邮　编：050000
电　话：(0311)85260222

广播电视类

河北电视台广告经营管理中心卫视频道
地　址：石家庄市建华南大街101号中立商务4楼
邮　编：050031
电　话：(0311)66613091

蔚县广播电视台广告部
地　址：张家口市蔚县蔚州镇光明南街
邮　编：075700
电　话：(0313)7213347

任丘市电视台广告信息部
地　址：任丘市西环路12号增1号
邮　编：062550
电　话：(0317)2223643

抚宁县广电中心广告部
地　址：抚宁县城关迎宾路133号
邮　编：066300
电　话：(0335)6683727

迁安市电视台
地　址：迁安市祺福大街350号
邮　编：063000
电　话：(0315)7699185

宁晋县电视台广告信息部
地　址：邢台市宁晋县宁高路86号
邮　编：055550
电　话：(0319)5801234

邯郸人民广播电台
地　址：邯郸市人民路246号
邮　编：054000
电　话：(0310)3090313

南皮县文体广电局
地　址：沧州市南皮县
邮　编：061500
电　话：(0317)8851492

衡水电视台广告部
地　址：衡水市红旗大街693号
邮　编：053000
电　话：(0318)2106003

廊坊人民广播电台广告部
地　址：廊坊市永丰道8号
邮　编：065000
电　话：(0316)2311383、2311332

霸州电视局广告部
地　址：霸州建设东道103号霸州广播电视局
邮　编：065000
电　话：(0316)7213312

泊头市广播电视局
地　址：泊头市裕华路西段
邮　编：062150
电　话：(0317)8290101、8290088

沧州市电视台广告信息部
地　址：沧州市解放西路5号
邮　编：061001
电　话：(0317)2024013、2026058

沧州市气象局广告部
地　址：沧州市浮阳北大道19号
邮　编：061001
电　话：(0317)2089642

昌黎县广电局广告部
地　址：秦皇岛市昌黎县广电大楼1层
邮　编：066600
电　话：(0335)2023624、2028624

大厂县电视台广告部
地　址：廊坊市大厂县广播电视局
邮　编：065000
电　话：(0316)8835854

东光广播电视局
地　址：沧州市东光县府前街
邮　编：061600
电　话：(0317)7721316

丰宁县广播电视台广告部
地　址：丰宁爱民街25号
邮　编：068350
电　话：(0314)8010452

固安县广播电视局
地　址：廊坊市固安县电视局
邮　编：065000
电　话：(0316)6161798

邯郸市人民广播电台
地　址：邯郸市人民路246号
邮　编：056002
电　话：(0310)3090313

邯郸县电视台广告部
地　址：邯郸市邯郸县陵园路东段
邮　编：056001
电　话：(0310)8012654、8025848

河北人民广播电台
地　址：石家庄市裕华东路63号
邮　编：050012
电　话：(0311)86044143

黄骅市广播电视局广告策划中心

地　址：黄骅市建设大街
邮　编：061100
电　话：(0317)5325400

廊坊电视台广告部
地　址：廊坊市永丰道8号
邮　编：065000
电　话：(0316)2311376

保定电视台广告经济信息中心
地　址：保定市朝阳南大街105号
邮　编：071000
电　话：(0312)3095332

滦平县广播电视局广告部
地　址：承德市滦平县广播电视局院内3
邮　编：068250
电　话：(0314)8585752

南宫市电视台信息部
地　址：南宫市胜利街
邮　编：055750
电　话：(0319)5222956、5263856

秦皇岛广播电台
地　址：秦皇岛市迎宾路9号
邮　编：066000
电　话：(0335)3601001

秦皇岛市电视台广告部
地　址：秦皇岛市迎宾路9号
邮　编：066000
电　话：(0335)3065139

沙河市广播电视局广告文艺部
地　址：沙河市体育路
邮　编：054100
电　话：(0319)8801896

石家庄市电视台广告部
地　址：石家庄市体育南大街302号
邮　编：050000
电　话：(0311)81587158

秦皇岛电台广告部
地　址：秦皇岛市迎宾路9号秦皇岛电台广告部
邮　编：066000
电　话：(0335)3601001

唐山市丰南区电视台
地　址：唐山市丰南区广电局内
邮　编：063000
电　话：(0315)8160661、8169951

唐山市丰润区广播电视局
地　址：唐山市丰润区赤暇路50号
邮　编：064000
电　话：(0315)5116518、5122417

文安县广播电视局
地　址：廊坊市文安县城北
邮　编：065000
电　话：(0316)5232797、5231786

香河县广播电视台广告部
地　址：廊坊市香河县府前街2号
邮　编：065000
电　话：(0316)8316185

邢台电视台广告节目信息中心
地　址：邢台市中兴西大街3-3号
邮　编：054000
电　话：(0319)2027600

张家口电视台广告信息中心
地　址：张家口市桥东区建国路17号
邮　编：075000
电　话：(0313)2081518

新闻出版类

燕赵都市报社
电　话：(0311)88631199

精品导报
地　址：石家庄市中山东路313号
邮　编：066000
电　话：(0311)88629319、88629291

河北广播电视报社广告部
地　址：石家庄市建华南大街100号
邮　编：053000
电　话：(0311)85657440

秦皇岛日报社广告部
地　址：秦皇岛市迎宾路139号
邮　编：066000
电　话：(0335)3642400

保定日报社广告部
地　址：保定市东风中路1835号
邮　编：071051
电　话：(0312)3024629

沧州广播电视报广告部
地　址：沧州市解放西路12号
邮　编：061001
电　话：(0317)2011047

沧州日报社广告部
地　址：沧州市新华东路6号报业大厦8层
邮　编：061001
电　话：(0317)3155621、2025761

邯郸日报社广告中心
地　址：邯郸市滏河北大街42号
邮　编：056002
电　话：(0310)

河北法制报
地　址：石家庄市裕华西路120号
邮　编：050051
电　话：(0311)85208367、83027456

河北工人报社广告部
地　址：石家庄市中华南大街68号
邮　编：050051
电　话：(0311)87017658、87019885

河北广播电视报广告部
地　址：石家庄市青园街156号
邮　编：050031
电　话：(0311)85672177、85675866

河北经济日报
地　址：石家庄市裕华西路186号
邮　编：050081
电　话：(0311)88606081

河北科技报社广告部
地　址：石家庄市富强大街92号
邮　编：050021
电　话：(0311)85814557

河北农民报社
地　址：石家庄市裕华东路86号
邮　编：050013
电　话：(0311)88631714

河北青年报
地　址：石家庄市中华南大街503号
邮　编：050091
电　话：(0311)83838000

河北日报
地　址：石家庄市裕华东路86号
邮　编：050013
电　话：(0311)88631228

开滦日报社
地　址：唐山市增盛路东街8号
邮　编：063000
电　话：(0315)3022073

廊坊日报广告部
地　址：廊坊市文明路18号
邮　编：065000
电　话：(0316)2035405

石家庄日报
地　址：石家庄市中山东路313号
邮　编：050011
电　话：(0311)88629340

河北工人报
地　址：石家庄市中华南大街68号
邮　编：050051
电　话：(0311)87013068、87017658

秦皇岛日报社
地　址：秦皇岛市海港区迎宾路139号
邮　编：066001
电　话：(0335)3636449

秦皇岛晚报广告部
地　址：秦皇岛市迎宾路报业大厦3层
邮　编：066000
电　话：(0335)3088755

唐山晚报
地　址：唐山市西山道4号
邮　编：063000
电　话：(0315)2826001

糖烟酒周刊杂志社
地　址：石家庄市广安大街36号银泰国际大厦15层
邮　编：050011
电　话：(0311)89105660

邢台广播电视报社广告部
地　址：邢台市郭守敬北路265号
邮　编：054000
电　话：(0319)2211228

邢台日报广告部
地　址：邢台市桥东区南园街2号
邮　编：054000
电　话：(0319)3129962

燕赵晚报
地　址：石家庄市中山东路313号
邮　编：050011
电　话：(0311)88629345

张家口广播电视报社广告部
地　址：张家口市桥东建国路17号
邮　编：075000
电　话：(0313)2013623

张家口日报社广告部
地　址：张家口市桥东区建国路39号
邮　编：075000
电　话：(0313)2019390、2017983

山西省

公　司　类

山西日报报业集团广告总公司
地　址：太原市双塔寺街124号
邮　编：030012
电　话：(0351)4282231

大同市黑蚂蚁广告装饰有限公司
地　址：大同市大东街8号
邮　编：037004
电　话：(0352)2056363

大同市经典广告设计有限公司
地　址：大同市大东街路南4号楼
邮　编：037006
电　话：(0352)7558813

大同市美好广告装饰有限公司
地　址：大同市新建北路甲8号
邮　编：037006
电　话：(0352)2065088

河津市大地广告有限公司
地　址：河津市新耿街
邮　编：043300

吕梁大地广告有限公司
地　址：吕梁市离石区龙凤南街马茂庄路
邮　编：033000
电　话：(0358)8231796

吕梁非凡传媒有限公司
地　址：吕梁市离石区文化路32号
邮　编：033000

吕梁市阿里郎文化传媒有限公司
地　址：吕梁市离石区长治路9号
邮　编：033000
电　话：(0358)8281825

吕梁市邮政局广告分局
地　址：吕梁市离石区永宁中路65号
邮　编：033000
电　话：(0358)8238000

山西领先广告有限公司
地　址：太原市新建北路39号
邮　编：030000
电　话：(0351)8225555

山西思高传媒有限公司
地　址：太原市万柏林区漪兴路1号801座
邮　编：030024

太原市苹果印刷设计有限公司
地　址：太原市迎泽区建设南路161号
邮　编：030012

太原市旭辉力华文化传播有限公司
地　址：太原府西街169号华宇国际大厦B-9D、E
邮　编：030002
电　话：(13007079999)

太原汪氏广告有限公司
地　址：太原市平阳路173号
邮　编：030006
电　话：(0351)7239110

广播电视类

山西广播电视台卫视频道
地　址：山西省太原市迎泽大街318号
邮　编：030001
电　话：(0351)8302085

晋城人民广播电台
地　址：晋城市凤台东街晋城人民广播电台广告部
邮　编：048000
电　话：(0356)2056962

长治市广播电视总台
地　址：长治市英雄中路87号
邮　编：046000
电　话：(0355)2024938

大同电视台
地　址：大同市迎宾东路云汽园8号
邮　编：037008
电　话：(0352)5801852

大同人民广播电台
地　址：大同市迎宾西路17号广电大楼大同人民广播电台
邮　编：037006
电　话：(0352)5033417

临汾电视台
地　址：临汾市广宣街10号临汾电视台
邮　编：041000
电　话：(0357)2220098

晋城电视台
地　址：晋城凤台西街广电中心四楼广告部
邮　编：048000
电　话：(0356)2038684

吕梁电视台
地　址：吕梁市离石区新华街一号吕梁电视台
邮　编：033000
电　话：(0358)8283246

山西省人民广播电台
地　址：太原市迎泽大街318号
邮　编：030001
电　话：(0351)8302563

朔州电视台
地　址：朔州市振华东街朔州电视台
邮　编：036002
电　话：(0349)2165535

阳泉广播电视总台
地　址：阳泉开发区宁波路1号广电楼广告经营中心
邮　编：045000
电　话：(0353)2903555

中国黄河电视台广告经营中心
地　址：太原市迎泽大街318号
邮　编：030001
电　话：(0351)8301138

新闻出版类

山西法制报
地　址：太原市二营盘狄村北街11号
邮　编：030012
电　话：(0351)2681173

山西经济日报
地　址：太原市桃园北路水西关街26号
邮　编：030002
电　话：(0351)4660888、4660881、4660886

山西老年杂志
地　址：太原市劲松路5号
邮　编：30002
电　话：(0351)4045011

山西日报社广告中心
地　址：太原市水西关26号

山西商报
地　址：太原市新建路78号
邮　编：030002
电　话：(0351)8222158

山西晚报
地　址：太原市双塔寺街124号
邮　编：030012
电　话：(0351)4282226

太原日报社广告管理中心
地　址：太原市新建路78号
邮　编：030002
电　话：(0351)8222009

长治日报社上党晚报广告部
地　址：长治市长兴中路116号
邮　编：046000
电　话：(0355)2049096

太原晚报
地　址：太原市新建路78号
邮　编：030000
电　话：(0351)8222855

英语周报社
地　址：太原市和平南路111号
邮　编：030024
电　话：(0351)7186876

内蒙古自治区

公 司 类

巴彦淖尔市星宇文化传播广告装饰有限公司
地 址：巴彦淖尔市临河区团结路25号
邮 编：015000
电 话：(0478)8217277

包头市白天鹅广告公司
地 址：包头市昆区乌兰道7号
电 话：(0472)5116662

包头市精信广告策划有限责任公司
地 址：包头市钢铁大街46号精顶大厦11层
邮 编：014030
电 话：(0472)5155092

包头市双子广告有限公司
地 址：包头市钢铁大街工商会馆4楼
邮 编：014010
电 话：(0472)5995555

包头市众恒公交广告有限公司
地 址：包头市东河区铁西建设路3号公交二公司院内3楼
邮 编：014030
电 话：(0472)3132421

包头邮政广告
地 址：包头市昆区钢铁大街64号
电 话：(0472)2122668

赤峰春晖礼仪广告公司
地 址：赤峰市红山区松州巷南段
邮 编：024000
电 话：(0476)8255388

内蒙古博洋广告有限公司
地 址：呼和浩特市新城南街鼓楼世纪商厦国美电器北六楼
邮 编：010010
电 话：(0471)6263039

内蒙古博洋广告有限责任公司
地 址：呼和浩特市新城南街新世纪古楼商厦北6楼
邮 编：010010
电 话：(0471)3390399

内蒙古恒隆广告有限公司
地 址：鄂尔多斯市东胜区伊金霍洛西街34号
邮 编：017000
电 话：(0477)8363228

内蒙古卡乐广告有限公司
地 址：呼和浩特市新城区哲里木路军区第四干休所
邮 编：010010
电 话：(0471)6510469

内蒙古锐意广告有限公司
地 址：呼和浩特市新城区北垣东街272号
邮 编：010010
电 话：(0471)4974455

内蒙古盛典广告公司
地 址：呼和浩特市北垣东街3号203室
邮 编：010010
电 话：(0471)6600379

内蒙古盛唐广告有限公司
地 址：呼和浩特市北垣东街3号
邮 编：010010
电 话：(0471)58205717、2353688

内蒙古世爵领跑文化传媒有限公司
地 址：呼和浩特市大学西街71号银都大厦B座1101-02
邮 编：010020
电 话：(0471)6680006

内蒙古先行广告有限公司
地 址：呼和浩特市回民区大学西路71号银都大厦B座4层
邮 编：010030
电 话：(0471)5882705

内蒙古邮政广告有限公司
地 址：呼和浩特市锡林北路38号
邮 编：010010
电 话：(0471)6260433

锡盟起点广告有限公司
地 址：锡林郭勒市三联大十字路口北路东100米
邮 编：026000
电 话：(0479)8248078

锡盟邮政局广告部
地 址：锡林郭勒市锡林大街26号
邮 编：026000
电 话：(0479)8235548

广播电视类

内蒙古卫视
地 址：北京市东三环北路38号北京国际中心4号楼903室
邮 编：100026
电 话：(010)85879495

内蒙古电视台广告部
地 址：呼和浩特市新华大街71号

呼和浩特电视台广告中心
地 址：呼和浩特市公园西路159号
邮 编：010031
电 话：(0471)6968371

巴彦淖尔电视台
地 址：巴彦淖尔市临河区新华西街26号
邮 编：015000
电 话：(0478)8215151

包头人民广播电台
地 址：包头市钢铁大街12号广电大厦电台广告部
邮 编：014030
电 话：(0472)2885688、2885658

赤峰电视台广告部

地　址：赤峰市红山区钢铁西街广播电视大楼 101 室
邮　编：024000
电　话：(0476)8880899

鄂尔多斯电视台

地　址：东胜区满都海巷 11 号
邮　编：17000
电　话：(0477)8377004

鄂尔多斯人民广播电台

地　址：鄂尔多斯市东胜区宝日陶亥东街 4 号(军分区对面)鄂尔多斯人民广播电台广告部
邮　编：017000
电　话：(0477)8320944

呼和浩特电视台

地　址：呼和浩特市中山西路 1 号首府广场 9 楼
电　话：(0471)6912135

呼和浩特人民广播电台

地　址：呼和浩特市玉泉区公园西路 159 号
邮　编：010035
电　话：(0471)2286059、2286027

呼伦贝尔电视台

地　址：呼伦贝尔电视台广告部
邮　编：021008
电　话：(0470)8256111

拉萨电视台

地　址：拉萨市江苏东路 22 号
邮　编：850000
电　话：(0891)6350837

通辽电视台

地　址：通辽市霍林河大街 2066 号
邮　编：028000
电　话：(0475)8225678

锡林郭勒电视台广告部

地　址：锡林浩特市开发区广电大楼锡林郭勒电视台广告部
邮　编：026000
电　话：(0479)8207001

锡盟东乌旗广播电视台

地　址：锡盟东乌旗电视台广告部
邮　编：026300
电　话：(0479)3221039

锡盟西苏旗广播电视局广告中心

地　址：包头市锡盟西苏旗赛汉塔拉镇
邮　编：011200
电　话：(0479)7222645

包头电视台广告部

地　址：包头市青山区钢铁大街 12 号
电　话：(0472)6988628

包头日报

地　址：包头市昆区乌兰道 20
邮　编：014026
电　话：(0472)2100312

新闻出版类

包头电视报社

地　址：包头市青山区钢铁大街 12 号
电　话：(0472)5153236

包头家庭周报社

地　址：包头市青山富强路 8 号
电　话：(0472)3325000

包头晚报广告部

地　址：包头市昆区乌兰道 20 号
电　话：(0472)2514192

包头日报社

地　址：包头市昆都仑区乌兰道 20 号
邮　编：014010
电　话：(0472)2100312

北方家庭报

地　址：呼和浩特市金桥开发区内蒙日报广告部 11 层北方家庭报
邮　编：010040
电　话：(0471)6635330

北方经济报

地　址：呼和浩特市金桥开发区世纪大道 5 号内蒙古日报社 11 楼北方经济报广告部
邮　编：010040
电　话：(0471)6635172

北方新报

地　址：呼和浩特市新华大街 61 号
邮　编：010010
电　话：(0471)6635105

呼和浩特日报

地　址：呼和浩特市金桥新市区滨河路传媒大厦东
邮　编：010020
电　话：(0471)6564010、6290543

内蒙古晨报

地　址：呼和浩特市新城区展东路北段中华家园
邮　编：010050
电　话：(0471)3369755

内蒙古法制报

地　址：呼和浩特市新华大街东影南路 124 号
邮　编：010010
电　话：(0471)4687563

内蒙古广播电视报

地　址：呼和浩特市新华大街 71 号
邮　编：10058
电　话：(0471)6631021、6631005

内蒙古日报

地　址：呼和浩特市新华大街 74 号
邮　编：010058
电　话：(0471)6656562

内蒙古商报

地　址：呼和浩特市兴安北路 64 号
邮　编：010050
电　话：(0471)6552698

锡盟日报社广告中心

地　址：锡林郭勒市锡林大街 43 号
邮　编：026000
电　话：(0479)8213684

辽宁省

公 司 类

辽宁奥海天一传媒广告有限公司
地　址：沈阳市沈河区北三经街67号
邮　编：110014
电　话：(024)22862111

沈阳龙邦国际广告有限公司
地　址：沈阳市沈河区三经街七纬路27号
邮　编：110041
电　话：(024)22856388

沈阳逐日数码广告传播有限公司
地　址：沈阳市和平区三好街84号东软电脑城f座8单元2楼
邮　编：110003
电　话：(024)83688108

铁岭先锋广告有限公司
地　址：铁岭市银州区工人街44号(西安丰宾馆)
邮　编：112000
电　话：(0410)4893999、4895333

大连国域无疆传媒有限公司
地　址：大连市中山区人民路68号宏誉大厦8层
邮　编：116001
电　话：(0411)82734888

大连天歌传媒广告公司
地　址：大连市沙河区东北路99号亿达广场7楼
邮　编：116021
电　话：(0411)88116406

葫芦岛市交通霓虹工程公司
地　址：葫芦岛市龙港区龙程街汽车客运总站
邮　编：125001
电　话：(0429)2126822

葫芦岛市霓虹装饰公司
地　址：葫芦岛市连山区新华大街5号北院
邮　编：125001
电　话：(0429)2131911

葫芦岛银河实业有限公司
地　址：葫芦岛市新华大街11号
邮　编：125001
电　话：(0429)2181773

葫芦岛邮政局函件广告分局
地　址：葫芦岛市连山区中央大街12号
邮　编：125000
电　话：(0429)2121372

辽宁龙邦传播事业有限公司
地　址：沈阳市沈河区七纬路27号
邮　编：110014
电　话：(024)

辽宁盛京广告有限公司
地　址：沈阳经济技术开发区花海路梁子湖街11号
邮　编：110141
电　话：(024)25375023

沈阳创源广告有限公司
地　址：沈阳和平区南三经街22号嘉隆大厦A座11楼
邮　编：110003
电　话：(024)23252233

沈阳市东祥广告有限公司
地　址：沈阳市铁西区新顺南街107号
邮　编：110021
电　话：(024)25871902

沈阳铁道文化传媒集团有限公司
地　址：沈阳市和平区新心街19号
邮　编：110006
电　话：(024)

沈阳智虹商情广告有限公司
地　址：沈阳和平区南京北街21号
邮　编：110002
电　话：(024)22511410

广播电视类

辽宁广播电视台广告传播中心
地　址：沈阳市沈河区青年大街167号北方国际传媒大厦15F
邮　编：110014
电　话：(024)23182888

沈阳电视台
地　址：沈阳市和平区青年大街296号
邮　编：110004
电　话：(024)23999846

鞍山电视台
地　址：鞍山市铁东区二一九路3号鞍山电视台广告部
邮　编：114001
电　话：(0412)2227751

葫芦岛广播电视台新闻综合频率和交通文艺频率
地　址：葫芦岛市龙湾新区
邮　编：125000
电　话：(0429)3230333

铁岭人民广播电台
地　址：铁岭市南环路61号广电大厦0107室
邮　编：112000
电　话：(0410)2215669

辽阳广播电视台广告部
地　址：辽阳市青年大街59号
邮　编：111000
电　话：(0419)4125533

大连电视台天歌传媒
地　址：大连市沙河口区东北路99号天歌传媒
邮　编：116021
电　话：(0411)88116666、88116128

大连人民广播电台
地　址：大连市沙河口区民权街162

号大连电台经营管理中心
邮　编：116022
电　话：(0411)88118927

丹东电视台广告中心管理部
地　址：丹东市振兴区山上街111号
邮　编：118000
电　话：(0415)2190459

阜新电视台
地　址：辽宁省阜新市海东区新华路127-7
邮　编：123000
电　话：(0418)3339516

葫芦岛电视台广告部
地　址：葫芦岛市连山区龙湾大街附近
邮　编：125001
电　话：(0429)2123090、2662000

盘锦人民广播电台
地　址：辽宁省盘锦市兴隆台区市政大街
邮　编：124010
电　话：(0427)2824558

沈阳市广播电视台
地　址：沈阳市和平区三好街89号
邮　编：110004
电　话：(024)83891402

铁岭电视台
地　址：铁岭电视台广告部0116
邮　编：112000
电　话：(0410)2215999

营口电视台
地　址：营口市站前区渤海大街东10号
邮　编：115000
电　话：(0417)2834288

新闻出版类

沈阳晚报社广告部
地　址：沈阳市沈河区北三经街67号
邮　编：110014
电　话：(024)22690350

本溪日报
地　址：本溪市东明路59号
邮　编：117000
电　话：(0414)3223474

大连日报
地　址：大连市中山区民康区15号508室
邮　编：116001
电　话：(0411)82560669

丹东日报
地　址：丹东市十纬路23号
邮　编：118000
电　话：(0415)2124489

锦州日报广告部
地　址：锦州市复东路2号
邮　编：121003
电　话：(0416)3705727

辽宁日报
地　址：沈阳市和平区北四经街28号521室辽宁日报广告部
邮　编：110003
电　话：(024)31688446、81011163

盘锦日报
地　址：盘锦市兴隆台区市政府大街10号
邮　编：124010
电　话：(0427)2831955

沈阳日报
地　址：沈阳市生河街北三经街51号A沈阳日报广告部
邮　编：110014
电　话：(024)82171404

沈阳晚报
地　址：沈阳市沈河区北三经街67号沈阳晚报广告部
邮　编：110014
电　话：(024)22690350

时代商报
地　址：沈阳市沈河区中山路339号时代商报广告部
邮　编：110014
电　话：(024)22699556、22878400

营口日报广告部
地　址：营口市滨河大街5号
邮　编：115003
电　话：(0417)2634850

吉林省

公司类

白城市东方广告公司
地　址：白城市洮安东路84号
邮　编：137000
电　话：(0436)3248866

白城市万达广告公司
地　址：白城市海明东路41号
邮　编：137000
电　话：(0436)3223512

长春吉广传媒集团有限公司
地　址：长春市高新区星火路106号
邮　编：130000
电　话：(0431)

长春吉广集团
地　址：长春市高新技术开发区星火路106号
邮　编：130012
电　话：(0431)85199088

吉林省正进供求世界广告有限公司
地　址：延吉市河南街24号
邮　编：133000
电　话：(0433)5089818

辽源市邮政邮购广告有限公司
地　址：辽源市西宁大路130号
邮　编：136200
电　话：(0437)3112199

大安市气象局广告部
地　址：大安市锦华街3委6组
邮　编：131300
电　话：(0436)5223275

辽源市风驰广告有限公司
地　址：辽源市泰安街
邮　编：136200
电　话：(0437)2998868

吉林省长江广告有限公司
地　址：长春市重庆路77号
邮　编：130041
电　话：(0431)88952699

吉林省大禹广告有限公司
地　址：长春市同志街3536号
邮　编：130021
电　话：(0431)85695290

吉林省天成龙行广告有限公司
地　址：长春市绿园区青年路81-83号彩云间大厦南门8楼
邮　编：130062
电　话：(0431)86158577

广播电视类

吉林市电视台广告中心
地　址：吉林市南京街2号
电　话：(0432)2498111

吉林市人民广播电台
地　址：吉林市南京街2号
电　话：(0432)2461300

吉林市有线广播电视传输有线责任公司
地　址：吉林市恒山路龙润大厦广电公司
邮　编：132013
电　话：(0432)4688742

大安市安广电视台广告部
地　址：大安市安广镇
邮　编：131302
电　话：(0436)5567593

沈阳铁路局白城有线电视站广告部
地　址：白城市明仁南街175-1号
邮　编：137000
电　话：(0436)6123310

通榆县电视台广告部
地　址：通榆县开通镇北
邮　编：137200
电　话：(0436)4262133

吉林人民广播电台
地　址：长春市卫星路2066号
邮　编：130033
电　话：(0431)85815099

长春人民广播电台广告部
地　址：长春市百草路149号
邮　编：130061
电　话：(0431)88929092

吉林电视台
地　址：长春市卫星路2066号
邮　编：130033
电　话：(0431)85817503

白城电视台广告部
地　址：白城市幸福南大街82号
邮　编：137000
电　话：(0436)3677808

白城广播电台广告部
地　址：白城市幸福南大街82号
邮　编：137000
电　话：(0436)3677958

新闻出版类

白城日报社广告部
地　址：白城市中兴西大路43号
邮　编：137000
电　话：(0436)3323838

长春日报
地　址：长春市新民大街1002号长春日报广告部
邮　编：130021
电　话：(0431)85649912

都市新报
地　址：吉林市解放东路139号江城报业大厦
邮　编：132002
电　话：(0432)2523419

长春商报

地　址：长春市新民大街10号
邮　编：130021
电　话：(0431)85648715

长春晚报
地　址：长春市新民大街1002号长春晚报广告部
邮　编：130021
电　话：(0431)85611851、85651077

吉林日报
地　址：长春市自由大路6426号吉林日报广告部
邮　编：130033
电　话：(0431)88600711

新文化报
地　址：长春市人民大街6906号新文化报广告部
邮　编：130022
电　话：(0431)85374338、85388822

家庭主妇报
地　址：吉林市解放东路139号
电　话：(0432)2523460

演讲与口才杂志社
地　址：吉林市吉林大街三亚路7号
电　话：(0431)84696559

视听导报社白城分社
地　址：白城市幸福南大街82号
邮　编：137000
电　话：(0436)3677935

黑龙江省

公　司　类

黑龙江电视广告公司
地　址：哈尔滨市南岗区汉水路333号
邮　编：150090
电　话：(0451)82893489

哈尔滨北方广告公司
地　址：哈尔滨市香坊区珠江路010号
邮　编：150036
电　话：(0451)55150011

哈尔滨电车广告公司
地　址：哈尔滨市动力区和平路167号
邮　编：150040
电　话：(0451)82627117

哈尔滨高阳广告公司
地　址：哈尔滨市南岗区华山路8号
邮　编：150090
电　话：(0451)82288000

哈尔滨工人集团广告公司
地　址：哈尔滨市南岗区红旗大街301号国际会展中心展览办公区314室
邮　编：150090
电　话：(0451)82273088

哈尔滨海润国际广告传播集团
地　址：哈尔滨市南岗区昆仑商城天顺街22号
邮　编：150090
电　话：(0451)82343255

哈尔滨南方智典广告公司
地　址：哈尔滨市道里区田地街副24号田地大厦9楼
邮　编：150010
电　话：(0451)84670385

哈尔滨潜龙广告公司
地　址：哈尔滨市赣水路277号
邮　编：150001
电　话：(0451)82311105

哈尔滨日月广告公司
地　址：哈尔滨市赣水路30号地工大厦1205室
邮　编：150090
电　话：(0451)82283885

哈尔滨神笔画业广告公司
地　址：哈尔滨市南岗区康顺街28号
邮　编：150010
电　话：(0451)82313022

哈尔滨市公共汽车广告公司
地　址：哈尔滨市南岗区国民街93号
邮　编：150001
电　话：(0451)87007763

哈尔滨市共和广告公司
地　址：哈尔滨市道里区新阳路329号
邮　编：150076
电　话：(0451)84623538

哈尔滨市邮政局信函广告公司
地　址：哈尔滨市南岗区松花江街15号
邮　编：150001
电　话：(0451)84689465

哈尔滨铁路广告传媒集团公司
地　址：哈尔滨市道里区通达街199号
邮　编：150076
电　话：(0451)83199998

哈尔滨希望鸟文化传播广告公司
地　址：哈尔滨市南岗区大顺街17号
邮　编：150090
电　话：(0451)82656488

哈尔滨晓升广告集团公司
地　址：哈尔滨市南岗区长江路135号
邮　编：150090
电　话：(0451)82353093

哈尔滨亚龙广告公司
地　址：哈尔滨市昆仑商城美顺18号
邮　编：150090
电　话：(0451)87001708

黑龙江润通广告公司
电　话：(0451)82289125

讷河市博闻广告有限责任公司

地　址：讷河市康安路193号
邮　编：161300
电　话：(0452)3332419

讷河市策思广告有限责任公司
地　址：讷河市育才街118号
邮　编：161300
电　话：(0452)3393363

齐齐哈尔劳动信息广告部
地　址：齐齐哈尔市龙沙区永安大街市社保局内
邮　编：161005
电　话：(0452)2419009

齐齐哈尔起点广告有限责任公司
地　址：齐齐哈尔市铁锋区龙华路339号
邮　编：161000
电　话：(0452)2181777

齐齐哈尔任侃广告有限公司
地　址：齐齐哈尔市富拉尔基区春阳街明珠城46号
邮　编：161041
电　话：(0452)6887945

齐齐哈尔市海燕广告有限公司
地　址：齐齐哈尔市铁锋区龙南小区17号楼6门
邮　编：161000
电　话：(0452)2443788

齐齐哈尔市文龙广告有限公司
地　址：齐齐哈尔市龙沙区安智小区19号楼
邮　编：161005
电　话：(0452)2440360

齐齐哈尔市鑫峰广告装饰有限公司
地　址：齐齐哈尔市龙沙区龙沙小区37号
邮　编：161005
电　话：(0452)2436041

齐齐哈尔铁道广告有限责任公司
地　址：齐齐哈尔市铁锋区南居宅南花园和平3号-A楼
邮　编：161000
电　话：(0452)2142770

首都机场广告公司黑龙江分公司
地　址：哈尔滨市南岗区民航路30-1
邮　编：150001
电　话：(0451)82896696

广播电视类

哈尔滨电视台广告部
地　址：哈尔滨市南岗区满洲里街33号
邮　编：150006
电　话：(0451)53638085

佳木斯人民广播电台
地　址：佳木斯市顺和路35号
邮　编：154002
电　话：(0454)8240121

齐齐哈尔电视台新闻综合频道广告部
地　址：齐齐哈尔市中环南路10号
邮　编：161005
电　话：(0452)2465678

大庆电视台
地　址：大庆市东风路甲1号
邮　编：163311
电　话：(0459)6377147

大兴安岭电视台电视生活频道
地　址：大兴安岭广播电视台生活频道
邮　编：165000
电　话：(0457)2127958

鹤岗电视台
地　址：鹤岗市向阳区九马路广播电视局广告中心
邮　编：154100
电　话：(0468)3213628

黑龙江人民广播电台
地　址：哈尔滨市汉水路333号
邮　编：150001
电　话：(0451)82898888广

七台河人民广播电台
地　址：七台河市桃山区广播电视中心102室
邮　编：154600
电　话：(0464)8259913

齐齐哈尔人民广播电台
地　址：齐齐哈尔市中环南路2号
邮　编：161005
电　话：(0452)2465539

绥化电视台
地　址：绥化市西直北五路口
邮　编：152000
电　话：(0455)8217881

绥化交通人民广播电台
地　址：绥化市交通广播电台广告部(黄河北路广电中心)
邮　编：152000
电　话：(0455)8280004

新闻出版类

哈尔滨广播电视报社
地　址：哈尔滨市南岗区满洲里街33号
邮　编：150006
电　话：(0451)53636011

哈尔滨日报
地　址：哈尔滨市道里区友谊路399号
邮　编：150018
电　话：(0451)84891010

黑龙江晨报
地　址：哈尔滨市开发区长江路101号
邮　编：150090
电　话：(0451)82284128

黑龙江日报报业集团
地　址：哈尔滨市道里区地段街1号
邮　编：150010
电　话：(0451)84692615

新晚报
地　址：哈尔滨市道里区友谊路399号
邮　编：150018
电　话：(0451)84890010、84890028

江苏省

公 司 类

江苏大唐灵狮广告有限公司
地　址：南京市玄武区北京东路22号和平大厦9楼
邮　编：210008
电　话：(025)86896060

苏州工业园区嘉都广告有限公司
地　址：苏州市工业园区旺墩路188号建屋大厦3F
邮　编：215000
电　话：(0512)66608800

江苏金鼎广告传播有限公司
地　址：南京市山西路67号世界贸易中心大厦A1栋1101室
邮　编：210009

常州剪报发展有限公司
地　址：常州市劳动西路17号
邮　编：213001
电　话：(0519)86640022、86647766

常州市艾肯网络广告公司
地　址：常州市新北区太阳城大厦908室
邮　编：213003
电　话：(0519)86605483

常州市扬子江广告营销策划有限公司
地　址：常州市世纪明珠园33乙201
邮　编：213003
电　话：(0519)86699531

常州外事旅游广告有限公司
地　址：常州市晋陵中路400号嘉乐广场B916
邮　编：213003
电　话：(0519)86608282

常州远东国际广告有限公司
地　址：常州市斜桥巷9号楼1402
邮　编：213003
电　话：(0519)88102592

常州众信广告企划有限公司
地　址：常州市武青北路5号金隆大厦521
邮　编：213003
电　话：(0519)88152110

大丰市同行广告传播有限公司
邮　编：224100
电　话：(0515)83531231

大贺传媒股份有限公司
地　址：南京市白下区光华东街6号世界之窗创意园19栋
邮　编：210007
电　话：(025)84202212

江苏华实广告有限公司
地　址：常熟市新世纪大道体育中心凯文路8号
邮　编：215500
电　话：(0512)

江苏天人合一传媒有限公司
地　址：常州市延政中路1号金源大厦22层
邮　编：213003
电　话：(0519)88129966

江苏卓越形象媒体传播有限公司
地　址：南京市中山东路218号长安国际中心长安国际8楼801室
邮　编：210002

南京雷迪欧广告公司
地　址：江苏省南京市京林御景园15楼EFG座
邮　编：210002
电　话：(025)86644699

南京梅迪派勒公交广告有限公司
地　址：南京市汉中路89号精英国际商城22楼
邮　编：210029
电　话：(025)84711070

南京银都广告商务有限责任公司
地　址：南京市白下区仓巷137号6楼
邮　编：210008
电　话：(025)52337500

南京永达户外传媒有限公司
地　址：南京市中山路268号汇杰广场1301室
邮　编：210008
电　话：(025)84573380、3685、3817

苏州华方传媒文化有限公司
地　址：苏州市三香路1号锦宁大厦1808室
邮　编：215000
电　话：(0512)65090008

苏州工业园区新概念广告有限公司
地　址：苏州市干将东路889号东锦商务楼415室
邮　编：215000
电　话：(0512)65240996

苏州美丽华传媒文化有限公司
地　址：苏州市南园南路116号3楼
邮　编：215007
电　话：(0512)65299999

苏州市明日企业形象策划传播有限公司
地　址：苏州市干将东路636号丽景苑1—201
邮　编：215005
电　话：(0512)65118581

盐城市大周广告有限公司
地　址：盐城市锦绣北苑1号
邮　编：224002
电　话：(0515)88370611

盐城市湖海广告有限公司
地　址：盐城市环城北路88号
邮　编：224002
电　话：(0515)88393399

盐城市千禧龙广告喷绘有限公司
地　址：盐城市黄海中路65号
邮　编：224002
电　话：(0515)88395626

南通报业广告公司
地　址：南通市西寺路10号南二楼
邮　编：226001
电　话：(0513)85529908

卓越形象品牌创意产业机构
地　址：南京市中山东路218号长安国际8楼
邮　编：210001
电　话：(025)86649489

广播电视类

泰州市广播电视台广播广告中心
地　址：泰州市梅兰东路128号
邮　编：225300
电　话：(0523)86890909

宿迁人民广播电台
地　址：宿迁市发展大道7号广播电视总台
邮　编：223800
电　话：(0527)84359428

宿迁广播电视总台广告中心
地　址：宿迁市发展大道7号宿迁广播电视总台
邮　编：223800
电　话：(0527)84359448

扬州电视台
地　址：扬州市维扬路168号广电中心广告部
邮　编：225009
电　话：(0514)87855888

常州人民广播电视台广告部
地　址：常州市新园路88号
邮　编：213016
电　话：(0519)83270940、83279666

东台广播电视台广告部
地　址：东台市金海西路广电大厦
邮　编：224200
电　话：(0515)85219777

阜宁县广播电视台广告中心
地　址：盐城市阜宁县城河路63号
邮　编：224400
电　话：(0515)87225688

江苏广播电视总台
地　址：南京市中山东路132号江苏广播大厦
邮　编：210002
电　话：(025)83195881

江苏教育电视台
地　址：江苏省南京市草场门大街105号
邮　编：210036
电　话：(025)86367630

金坛市人民广播电台广告部
地　址：常州市金坛晨风路61号
邮　编：213200
电　话：(0519)82108081

溧阳广播电视台
地　址：溧阳市昆仑北路25号
邮　编：213300
电　话：(0519)87306901

南京广播电视集团广告有限公司
地　址：南京市白下路358号广电大厦
邮　编：210001
电　话：(025)84561883

南京人民广播电台
地　址：南京市龙蟠中路338号
邮　编：210001
电　话：(025)84561883

射阳县广播电视台广告部
地　址：盐城市射阳县合德镇人民西路48号
邮　编：224300
电　话：(0515)82329797

武进电视台广告部
地　址：常州武进湖塘永盛路168号
邮　编：213161
电　话：(0519)86570999

盐都电视台广告中心
地　址：盐城市盐都新区北路59号
邮　编：224002
电　话：(0515)88995994

新闻出版类

周末报社
地　址：南京市龙蟠中路223号
邮　编：210002
电　话：(025)84686720、84686721

东台日报社广告部
地　址：东台市望海西路18号
邮　编：224200
电　话：(0515)85212236、85886676

江苏法制报
地　址：南京市草场门大街101号
邮　编：210036
电　话：(025)86261523

金陵晚报
地　址：南京市龙蟠中路223号金陵晚报
邮　编：210002
电　话：(025)84687111

江苏科技报
地　址：南京市延龄巷2号东度大厦9楼
邮　编：210002
电　话：(025)86646449

南京晨报
地　址：南京市管家桥65号
邮　编：210092
电　话：(025)84707521

武进日报社广告部
地　址：常州市武进区广电中路168号武进日报
邮　编：213000
电　话：(0519)86598210、86598219

盐阜大众报报业集团广告部
地　址：盐城市解放北路7号
邮　编：224001
电　话：(0515)88311744

扬子晚报
地　址：南京市中山路55号新华大厦
邮　编：210005
电　话：(025)84545001

浙江省

公 司 类

象山博大广告有限公司

地　址：象山丹城新丰路228号
邮　编：315700
电　话：(0574)65725904

浙江银马广告有限公司

地　址：台州市黄岩区电大路东茂大厦三楼
邮　编：318020
电　话：(0576)84257773

宁波联合动力广告有限公司

地　址：宁波市海曙区联丰路民丰街11号
邮　编：315012
电　话：(0574)87164256

宁波市顺通广告装潢公司

地　址：宁波市东钱湖工业区黄谢路19号
邮　编：315121
电　话：(0574)88387188

宁波市友谊发展有限公司

地　址：宁波市中山西路138号天宁大厦9楼
邮　编：315010
电　话：(0574)87271618—660

宁波市镇海爱博广告有限公司

地　址：宁波市镇海城河东路463号
邮　编：315200
电　话：(0574)86293818

上海铁路文化广告发展有限公司浙江广告分公司

地　址：杭州市环城东路12号
邮　编：310009
电　话：(0571)87807205

思美传媒股份有限公司

地　址：杭州市上城区虎玉路41号(八卦田公园正大门)
邮　编：310008
电　话：(0571)87926111

义乌市恒风公交广告装饰有限公司

地　址：义乌市宾王路223号交通大厦6楼
邮　编：322000
电　话：(0579)85130596

广播电视类

浙江广播电视集团广告管理中心

地　址：杭州市莫干山路111号浙江广播电视集团广告管理中心
邮　编：310005
电　话：(0571)56352183

杭州电视台综合生活频道营销部

地　址：杭州市环城北路141号永通信息广场西1楼
邮　编：310004

浙江电视台教育科技频道

地　址：杭州市环城北路华浙广场1号27楼A座
邮　编：310005
电　话：(0571)88234777

宁波广播电视广告中心

地　址：宁波市长春路146号
邮　编：315000
电　话：(0574)87194401

台州广播电视总台

电　话：(0576)8315898

温州市广播电视总台

地　址：温州市新城大道广电中心2303办公室
邮　编：325000
电　话：(0577)88922117

新闻出版类

丽水日报广告部

地　址：丽水市丽阳街491号
邮　编：323000
电　话：(0578)2128242

湖州晚报广告部

地　址：湖州市仁皇山路588号
邮　编：313000
电　话：(0572)2399709

嘉兴广播电视报社广告部

地　址：嘉兴市禾兴北路46号
邮　编：314000
电　话：(0573)82203477

金华日报社广告中心

地　址：金华市双龙南街276号
邮　编：321017
电　话：(0529)2398707

衢州日报社广告中心

地　址：衢州市三江东路衢州日报报业大楼西区广告中心
邮　编：324000
电　话：(0570)3085236

绍兴晚报广告部

地　址：绍兴市胜利西路293号绍兴晚报广告部
邮　编：312000
电　话：(0575)85130038

钱江报系有限公司

地　址：杭州市体育场路178号浙江日报报业集团
邮　编：310039

绍兴日报报业广告有限公司

地　址：绍兴市胜利西路293号

宁波日报报业集团广告部

电　话：(0574)87682100

体坛报广告部

地　址：杭州市建国北路333号
邮　编：310003
电　话：(0577)85159361

温州日报报业集团商报社

地　址：温州市黎明西路205号
邮　编：325000
电　话：(0577)88823635

安徽省

公 司 类

安徽高速传媒有限公司
地 址：合肥市安庆路219号
邮 编：230061
电 话：(0551)2840285

安徽黑白广告有限责任公司
地 址：合肥市阜南路168号富临大厦三楼
邮 编：230061
电 话：(0551)2888888、2833666

安徽省金鹃国际广告有限公司
地 址：合肥市濉溪路251号
邮 编：230041
电 话：(0551)5603902

合肥嘉宝传媒有限公司
地 址：合肥市庐阳区琥珀山庄花园村199幢

合肥白马广告有限公司
地 址：合肥市太湖东路万振逍遥苑3栋103
邮 编：230001
电 话：(0551)3436666、3440555

合肥新视野广告有限公司
地 址：合肥市屯溪路168号风和园小区30幢A楼303室
邮 编：230001
电 话：(0551)4669917

广播电视类

合肥人民广播电台
地 址：合肥市阜阳路100号
邮 编：230001
电 话：(0551)2672817

蚌埠电视台
地 址：蚌埠市胜利东路东首广电中心A1区
邮 编：233000
电 话：(0552)3131097

亳州广播电视台
地 址：亳州市人民中路62号
邮 编：236800
电 话：(0558)5501122

池州市广播电视总台广告中心
地 址：池州市秋浦东路77号
邮 编：247000
电 话：(0566)2317955、2317956

淮南电视台
地 址：淮南市洞山西路
邮 编：232001
电 话：(0554)6653288

马鞍山人民广播电台
地 址：马鞍山市雨山西路广电中心一楼
邮 编：243000
电 话：(0555)2333088

宿州电视台
地 址：宿州市恒丰大厦12楼
邮 编：234000
电 话：(0557)3024243

宿州人民广播电台
地 址：宿州市恒丰大厦12楼
邮 编：234000
电 话：(0557)3033995

新闻出版类

合肥晚报社
地 址：合肥市临泉中路报业中心
邮 编：230011
电 话：(0551)4249462

安徽经济报
地 址：合肥市屯西路200号
邮 编：230009
电 话：(0551)4655947

安徽老年报
地 址：合肥市阜南路40号富康大厦3楼
邮 编：230001
电 话：(0551)2615992

安徽市场新报
地 址：合肥市永红路10号
邮 编：230001
电 话：(0551)7136933

工商导报
地 址：合肥市淮河路260号
邮 编：230001
电 话：(0551)2652215

江淮晨报
地 址：合肥市新站区临泉中路江淮晨报广告中心1楼109室
邮 编：230011
电 话：(0551)4249527、4249519

皖西日报
地 址：六安市梅山北路1号
邮 编：237001
电 话：(0564)3339772

新安晚报
地 址：合肥市安庆路96号
邮 编：230001
电 话：(0551)2627155

福建省

公 司 类

厦门易兰商贸有限公司
地　址：厦门市湖里大道1号新时代大厦5F
邮　编：361006
电　话：(0592)3668888-887

福建电广东南卫视广告有限公司
地　址：福州市圣届路1号5层
邮　编：350001
电　话：(0591)

福建电广福视广告有限公司
地　址：福州市新权南路12号金福大厦7层
邮　编：350005
电　话：(0591)83353838

福建电广广播电视报广告有限公司
地　址：福州市白马北路253号4层
邮　编：350001
电　话：(0591)87540046

福建电广广播广告有限公司
地　址：福州市古田路2号
邮　编：350001
电　话：(0591)83319881

福建鼎力营销顾问公司
地　址：福州市上渡路8号林产品交易市场29座2层
邮　编：350003
电　话：(0591)

福建都市传媒股份有限公司
地　址：厦门市思明区北路湖滨北路37-39号4楼
邮　编：361004
电　话：(0592)8068957

福建分众传媒有限公司
地　址：厦门市厦禾路855号英才商厦2118

福建海峡传播总公司
地　址：厦门市湖滨北路育秀里37-39号
邮　编：361004
电　话：(0592)2960113

福建三维广告传播事业有限公司
地　址：福州市鼓楼区六一北路256号星光灿烂南门第6层
邮　编：350011
电　话：(0591)87506765

福建省锦绣广告有限公司
地　址：福州市台江区五一中路138号金钻世家B座8F
邮　编：350001
电　话：(0591)

蓝道（中国）广告公司
地　址：泉州市泉秀路农行大厦16楼
邮　编：362000
电　话：(0595)22197188

厦门广播电视台广告有限公司
地　址：厦门市湖滨北路广电中心13楼
邮　编：361012
电　话：(0592)5301998

厦门华盟广告有限公司
地　址：厦门市湖滨北路59号中信惠扬商务楼9EF
邮　编：361012
电　话：(0592)5082582

厦门世通华纳文化传媒有限公司
地　址：厦门市湖滨北路10号新港广场10楼
邮　编：361012
电　话：(0592)5395977

厦门市路桥广告有限公司
地　址：厦门市海沧海虹路3号
邮　编：361026
电　话：(0592)5828969

厦门唐马博美广告有限公司
地　址：厦门市思明区湖滨北路59号中信惠扬商务楼22F
邮　编：361012
电　话：(0592)5206868

厦门欣美广告有限公司
地　址：厦门市湖滨西路9号大西洋海景城A幢5D
邮　编：361004
电　话：(0592)2392233

广播电视类

厦门广播电视广告有限公司
地　址：厦门市湖滨北路123号广电中心13楼
邮　编：361000
电　话：(0592)5301038

福州电视集团广告中心
地　址：福州市广达路68号金源大广场西区29层
邮　编：350005
电　话：(0591)83371888

福建教育电视台
地　址：福州市五四路217号
邮　编：350003
电　话：(0591)87802248

福州人民广播电台
地　址：福州市晋安区远洋路1号广播中心
邮　编：350014
电　话：(0591)83994876

福州人民广播电台交通台
地　址：福州市晋安区远洋路1号广播中心
邮　编：350014
电　话：(0591)87481097、83994876

南平广播电视总台
地　址：南平市武夷花园9号楼南

平广播电视台大楼
邮　编：353000
电　话：(0599)8833733、8822006

宁德电视台
地　址：宁德市东桥天湖东路10号广电大厦5楼
邮　编：352100
电　话：(0593)2931999

厦门广播电视广告中心
地　址：厦门市湖滨北路123号广电中心13楼
邮　编：361012
电　话：(0592)5301998—858

漳州电视台
地　址：漳州市平等路87号
邮　编：363000
电　话：(0596)2045008

漳州人民广播电台
地　址：漳州市广电中心漳州广播电台广告部
邮　编：363000
电　话：(0596)2062918

新闻出版类

闽北日报
地　址：南平市延平区眉峰路45号
邮　编：353000
电　话：(0599)8855106

闽东日报
地　址：宁德市蕉成北路15号闽东日报广告部
邮　编：352100
电　话：(0593)2076506、2823365

东南快报社
地　址：福州市古楼区东街59号3山大厦4楼
邮　编：350001
电　话：(0591)87809408

福建科技报
地　址：福州市福东路7号科技报广告部
邮　编：350003
电　话：(0591)87855558

福建青年杂志社
地　址：福州市晋安金鸡山路23号
邮　编：350011
电　话：(0591)87336950

福建日报
地　址：福州市华林路84号
邮　编：350003
电　话：(0591)87095876、87820601

福州晚报
地　址：福州市新城大道温州晚报大厦广告部
邮　编：350000
电　话：(0591)83773226

福州晚报广告部
地　址：福州市鼓楼区小柳路85号
邮　编：350025
电　话：(0591)83762693

海峡都市报
地　址：福州市华林路84号海峡都市报广告部
邮　编：350003
电　话：(0591)87079100

海峡教育报
地　址：福州市华林路84号海峡教育报广告部
邮　编：350003
电　话：(0591)87095141

海峡消费报
地　址：福州市杨桥路中闽大厦B座12层
邮　编：350001
电　话：(0591)28377036

梅州日报
地　址：莆田市梅州日报社广告部
邮　编：351100
电　话：(0594)2691145

闽南日报广告部
地　址：漳州市胜利西路152号
邮　编：363000
电　话：(0596)2525081

宁德日报
地　址：宁德市蕉成北路15号宁德日报广告部
邮　编：352100
电　话：(0593)2823365

泉州日报
地　址：泉州市刺桐路晚报大厦1楼广告部
邮　编：362000
电　话：(0595)22500207

三明日报
地　址：三明市列东红岩新村41号
邮　编：365000
电　话：(0598)8223675

厦门日报
地　址：厦门市吕岭路122号厦门日报社广告部
邮　编：361009
电　话：(0592)5581511、5581502

江西省

公 司 类

江西高速广告装饰有限公司
地　址：南昌市桃苑大街桃苑大厦A座8楼
邮　编：330025
电　话：(0791)6525937

玉山县新纪元广告装饰有限公司
地　址：五金小区
邮　编：334700
电　话：(0793)2553917

江西省上饶市创世纪实业有限公司
地　址：上饶市广丰县新鸟林街43号二楼
邮　编：334600
电　话：(0793)2658226

江西年代广告公司
地　址：南昌市广场南路333号恒茂国际中心16栋A座15A0708
邮　编：330009
电　话：(0791)6669660

景德镇市飞龙广告有限公司
地　址：景德镇市中国陶瓷城上海路5号
邮　编：333000
电　话：(0798)8562886

萍乡市亮点广告有限公司
地　址：萍乡市北桥外奋发巷5号
邮　编：337000
电　话：(0799)6669888

安福县奋进广告装饰设计有限公司
地　址：武功山大道266号王家巷路口
邮　编：343200
电　话：(0796)7634118

萍乡市公共交通总公司广告分公司
地　址：萍乡市公园北路二号
邮　编：337000
电　话：(0799)6881858

江西星际广告有限公司
地　址：南昌市站前西路三星大厦A座1402
邮　编：330003
电　话：(0791)6491139

丰城市普城广告装饰有限公司
地　址：丰城市人民路口公路大厦2楼
邮　编：331100
电　话：(0795)6420262

江西省杨帆广告礼仪有限公司
地　址：广丰县公主楼5单元二楼
邮　编：334600
电　话：(0793)2613986

奉新县天人广告装潢有限公司
地　址：宜春市奉新县滨河东路116号
邮　编：330700
电　话：(0795)4621064

抚州市现代广告装饰工程有限公司
地　址：抚州市赣东大道152号
邮　编：344000
电　话：(0794)8211181

赣州华信广告有限公司
地　址：赣州市姚府里10号
邮　编：341000
电　话：(0797)8225688

赣州市金道广告有限公司
地　址：赣州市八一四大道1号金道广告2楼
邮　编：341000
电　话：(0797)8130999

赣州市空间创意广告有限公司
地　址：赣州市健康路67-3号
邮　编：341000
电　话：(0797)8271306

赣州市三马广告装饰工程有限公司
地　址：赣州市大公路148号
邮　编：341000
电　话：(0797)8233838

赣州视通广告实业有限公司
地　址：赣州市文清路2号
邮　编：341000
电　话：(0797)8200123

吉安明珠集团井冈明珠广告有限公司
地　址：南昌市井冈山大道209号
邮　编：343000
电　话：(0796)8256999

吉安市邮政局广告公司
地　址：吉安市吉州区鹭洲东路11号
邮　编：343000
电　话：(0796)8211188

江西晨光实业有限公司
地　址：九江市庐山南路229号图书馆四楼
邮　编：332000
电　话：(0792)

江西方圆传媒有限公司
地　址：南昌市红谷滩丽景路鹿璟完盛国际公寓A栋6楼
邮　编：330038
电　话：(0791)3839333

江西方圆广告有限公司
地　址：南昌市红谷滩丽景路丽景宁区万盛国际公寓A栋6楼
邮　编：330038
电　话：(0791)8560652

江西庐山东方艺术广告公司
地　址：九江市庐山河西路21号
电　话：(0792)8286709

江西仁达企业发展有限公司
地　址：吉安市庐境园38号
邮　编：343100
电　话：(0796)8222339

江西省贵溪市新产业公司
地　址：贵溪市冶炼厂新产业公司企划部

邮 编：335400
电 话：(0701)3379005

江西省杨凡广告礼仪有限公司
地 址：广丰县公主楼5单元二楼
邮 编：334600
电 话：(0793)2613986

江西盛世骄阳广告公司
地 址：新余市仙来中大道
邮 编：338000
电 话：(0790)6456909

江西世纪星晖广告企划传播有限公司
地 址：南昌市中山路177号太平洋商务大厦D-D712室
邮 编：330006
电 话：(0791)6732776

江西腾飞广告装潢有限公司
地 址：泰和县白凤大道
邮 编：343700
电 话：(0796)5323837

江西天义广告有限公司
地 址：抚州市上沿河路92号天义大楼3楼
邮 编：344000
电 话：(0794)8266099

江西永达广告有限公司
地 址：南昌市井冈山大道232号巨融1401室
邮 编：330001
电 话：(0791)6495751

江西邮政广告有限责任公司
地 址：南昌市桃苑大街8号金源大厦A座8楼
邮 编：330025
电 话：(0791)8891339

江西中盛广告有限公司
地 址：江西省府大院东四路23号
邮 编：330046
电 话：(0791)6231600

景德镇大象广告有限公司
地 址：景德镇市莲社北路50号景德镇商城写字楼k7
邮 编：333000
电 话：(0798)8284900

景德镇市百花广告装潢有限公司
地 址：景德镇市珠山西路32号
邮 编：333000
电 话：(0798)8505577、8205522

景德镇市宏达广告装饰有限公司
地 址：景德镇市瓷都大道海慧公园左侧A区8号
邮 编：333000
电 话：(0798)8332166

景德镇市华云气象广告有限公司
地 址：景德镇市气象局
邮 编：333000
电 话：(0798)8584045

景德镇市开心广告有限公司
地 址：景德镇市广场北路金厦大厦307室
邮 编：333000
电 话：(0798)8239116

景德镇市南方实业有限公司
地 址：景德镇市珠山东路20号
邮 编：333000
电 话：(0798)8231291

九江公交广告有限公司
地 址：九江市环城路锦湖豪庭A座2006室
邮 编：332000
电 话：(0792)8238863

九江市公交广告有限公司
地 址：九江市锦湖豪庭2006室A座
邮 编：332000
电 话：(0792)8238863

九江艺高传媒广告有限公司
地 址：九江市环城路锦湖豪庭A座1905
邮 编：332000
电 话：(0792)8219000

南昌公交广告公司
地 址：南昌市青山南路37号
邮 编：330003
电 话：(0791)8613333

南昌虹谊广告有限公司
地 址：南昌市抚河中路469号文化大厦7楼706
邮 编：330029
电 话：(0791)6636613

南昌盛世华纳广告传媒有限公司
地 址：南昌市上营坊街67号401室
邮 编：330006
电 话：(0791)6290663

南昌市绿风广告有限公司
地 址：南昌市中山西路28号名实花园高层北楼A座502
邮 编：330006
电 话：(0791)6592821

南康市新天地广告有限责任公司
地 址：南康市泰康中路市房管局1楼
邮 编：341400
电 话：(0797)6611060

萍乡市佳艺装潢广告设计工程有限公司
地 址：公园南路70号
邮 编：337000
电 话：(0799)6837768

新余市大胡子广告有限公司
地 址：新余市城北五一南路
邮 编：338000
电 话：(0790)6444410

新余市桂新月台广告有限责任公司
地 址：新余市城北平安路368号
邮 编：338000

新余市红日东升广告策划有限责任公司
地 址：新余市抱石大道1号6楼肯德基对面
邮 编：338000
电 话：(0790)6238858

宜春市北信广告有限公司
地 址：宜春市东风大街287号
邮 编：336000

电　话：(0795)3228800

鹰潭市飞兔文化传播有限责任公司

地　址：鹰潭市电影院二楼
邮　编：335000
电　话：(0701)6228588

鹰潭市公共交通有限责任公司广告部

地　址：鹰潭市环城西路52号
邮　编：335000
电　话：(0701)6232688

鹰潭市江山广告有限公司

地　址：鹰潭市站江路8号
邮　编：335000
电　话：(0701)6212801

鹰潭市迅泰苹果电脑设计制作中心

地　址：鹰潭市农业局水产公司
邮　编：335000

广播电视类

江西公共频道广告中心

地　址：南昌市北京西路88号江信国际大厦1805
邮　编：330046
电　话：(0791)6304716

南康市电视台广告部

地　址：南康市泰康中路
邮　编：341400
电　话：(0797)6622333

九江人民广播电台

地　址：九江市长虹大道84号
邮　编：332000
电　话：(0792)8137000

樟树市广播电视台广告经营部

地　址：樟树市锦绣共和
邮　编：331200
电　话：(0795)7339234

分宜县电视台

地　址：新余市分宜县分宜县电视台
邮　编：336600
电　话：(0790)5882426、5896678

萍乡市安源区电视台广告中心

地　址：萍乡市安源世纪广场旁安源广电中心
邮　编：337000
电　话：(0799)6661809

抚州人民广播电台

地　址：抚州市临川大道抚州人民广播电台办公室
邮　编：344000
电　话：(0794)8251268

赣州电视台广告部

地　址：赣州市红旗大道56号创业大厦3楼
邮　编：341000
电　话：(0797)8216858

赣州人民广播电台广告管理部

地　址：赣州市健康路人防办二楼电台广告部
邮　编：341000
电　话：(0797)8221046

赣州市龙南县电视台广告部

地　址：赣州市龙南县文化街龙南县电视台广告部
邮　编：341700
电　话：(0797)3513426

高安市广播电视局

地　址：高安市瑞州商贸广场
邮　编：330000
电　话：(0795)5252569

江西电视台广告管理中心

地　址：南昌市北京西路江信国际大厦23楼
邮　编：330000
电　话：(0791)6301111

江西电视台广告中心

地　址：南昌市北京西路88号江信国际大厦23层
邮　编：330046
电　话：(0791)6301111

江西人民广播电台

地　址：南昌市洪都中大道207号
邮　编：330046
电　话：(0791)8313750

景德镇市电视台

地　址：景德镇市瓷都大道1073号广电中心二楼
邮　编：333000
电　话：(0798)8576600

九江电视台广告部

地　址：九江市湓浦路35—47号
邮　编：332000
电　话：(0792)8227626

临川广播电视台

地　址：抚州市上顿渡区龙井路392号
邮　编：344000
电　话：(0794)8432818

南昌人民广播电台

地　址：南昌市八一大道357号财富广场A座1211南昌好朋友传媒发展有限公司
邮　编：330003
电　话：(0791)6233934

南丰县有线电视台广告部

地　址：抚州市南丰县交通路11号
邮　编：344500
电　话：(0794)3221013

上饶人民广播电台

地　址：江西省上饶市庆丰路3号
邮　编：334000
电　话：(0793)8218818

遂川县广播电视台广告部

地　址：吉安市遂川县电视台
邮　编：343900
电　话：(0796)6326161

峡江县广电局广告部

地　址：吉安市峡江县广播电视局
邮　编：331409
电　话：(0796)3673372

宜春电视台广告部经济部

地　址：宜春市广播电视局13楼电视台广告中心
邮　编：336000
电　话：(0795)3990882

余江县气象局广告部

地　址：鹰潭市余江县邓埠镇四青路165号
邮　编：335200
电　话：(0701)5881180

余江县文化广播电视局广告部
地　址：鹰潭市余江县文化广播电视局
邮　编：335200
电　话：(0701)5886313

抚州广播电视报社
地　址：抚州市临川大道228号
邮　编：344000
电　话：(0794)8251232、8261769

赣南广播电视报广告部
地　址：赣州市章贡区姚府里2号2楼广告部（原文艺学校对面）
邮　编：341000
电　话：(0797)8204433

新闻出版类

光华时报
地　址：南昌市叠山路511号
邮　编：330008
电　话：(0791)6832825

江南都市报
地　址：南昌市红谷中大道1326号
邮　编：330038
电　话：(0791)6849639

江西日报社广告部
地　址：南昌市阳明路190号
邮　编：330006
电　话：(0791)6849125

江西商报社
地　址：南昌市西湖区三元井街39号
邮　编：330003
电　话：(0791)8680778、6283295

经济晚报广告部
地　址：南昌市省委大院内
邮　编：330006
电　话：(0791)6820366

九江日报社广告中心
地　址：九江市南湖支路17号
邮　编：332000
电　话：(0792)8557890

九江晚报社广告中心
地　址：九江市南湖支路17号
邮　编：332000
电　话：(0792)8581387

临川晚报广告中心
地　址：抚州市临川区赣东大道469号
邮　编：344000
电　话：(0794)8239888

南昌广播电视报广告部
地　址：南昌市环湖路39号
邮　编：330006
电　话：(0791)6237122、6223255

南昌日报社广告中心
地　址：南昌市阳明东路757号奥斯卡大厦B座4楼4004
邮　编：330008
电　话：(0791)6822471

新余广播电视报社
地　址：新余市仙来中大道49号
邮　编：338000
电　话：(0790)6443289

新余日报社广告部
地　址：新余市北湖西路1号
邮　编：338000
电　话：(0790)6442342

信息日报广告部
地　址：南昌市阳明路190号
邮　编：330006
电　话：(0791)6849215

宜春日报社广告部
地　址：宜春市中山中路530号
邮　编：336000
电　话：(0795)3223764

山东省

公司类

华众禾晨广告传媒有限公司烟台分公司
地　址：烟台市莱山机场宾馆
邮　编：264000
电　话：(0535)6299268、6299527-8005

德州铭洋广告装饰工程有限公司
地　址：德州市三八中路
邮　编：253000
电　话：(0534)2669752

德州齐鲁大钟广告有限公司
地　址：德州市湖滨北路 19 号
邮　编：253000
电　话：(0534)2695586

德州市天虹广告装饰有限公司
地　址：德州市三八中路 1104 号
邮　编：253014
电　话：(0534)2632989

德州市兆瑞广告有限公司
地　址：德州市德城区新湖路新湖商务港 417
邮　编：253000
电　话：(0534)2669990

德州天海广告有限公司
地　址：德州市东风中路 45 号
邮　编：252300
电　话：(0534)2675777

德州铁艺广告装饰有限公司
地　址：德州市天衢中路 1969 号
邮　编：253000
电　话：(0534)2367736

东营市飞来广告有限公司
地　址：东营市淄博路 9 号百年大厦 4 层 410 室
邮　编：257000
电　话：(0546)7365156

东营市公共交通汽车公司广告经营部
地　址：东营市东城胶州路 448 号
邮　编：257000
电　话：(0546)8983456

东营市邮政商函广告局
地　址：东营市邮政局商函广告局
邮　编：257000
电　话：(0546)8231006

高速公路开发总公司潍坊分公司
地　址：潍坊市经济开发区友谊路 10 号
邮　编：261041
电　话：(0536)8655340

菏泽公交广告装潢公司
地　址：菏泽市定陶路 2 号
邮　编：274000
电　话：(0530)6089206

济宁市公交广告公司
地　址：济宁市建设路 81 号
邮　编：272000
电　话：(0537)2325999

济宁市邮政商函广告局
地　址：济宁市邮政商函广告局
邮　编：272000
电　话：(0537)2217777

济宁众望广告公司
地　址：济宁市黄河东路大众日报济宁分社
邮　编：272000
电　话：(0537)2391039

聊城三维广告有限公司
地　址：聊城市振兴西路 20 号
电　话：(0635)8385099

聊城市现代广告艺术发展有限公司
地　址：聊城市东昌东路 94 号军分区对过五交化 4 楼
电　话：(0635)8225521

齐鲁鑫泰文化传播有限公司
地　址：德州市东方红路 49 号帝景苑综合楼 3 单元 406
邮　编：253000
电　话：(0534)2318888

青岛金桥广告有限公司
地　址：青岛市香港西路 67 号光大国际金融中心 9c—E
邮　编：266071
电　话：(0532)83877876

荣城市海波广告装饰中心
地　址：荣城市成山大道
邮　编：264300
电　话：(0631)7556888

山东爱达传媒有限公司
地　址：日照市黄海一路 36 号
邮　编：276826
电　话：(0633)8398999

山东博大航空广告有限公司
地　址：济南市泉城路 17 号华能大厦 7 层
邮　编：250011
电　话：(0531)86098757

山东长城梅地亚文化传播有限公司
地　址：山东省济南市青年东路 16 号 8 层
邮　编：250011
电　话：(0531)82677101

山东省国际广告有限公司
地　址：济南纬一路 71 号外贸中心大厦 6 层
电　话：(0531)86911372、86031442

山东世纪经论营销企划有限公司
地　址：济南市经十一路 32 号济南电视台 6 号楼 2 层
邮　编：250013
电　话：(0531)82925783

山东唐码龙骏传媒有限公司
地　址：济南市历下区泉城路180号齐鲁国际大厦Z709
邮　编：250011
电　话：(0531)86905657

山东艺景广告装饰有限公司
地　址：莱芜市莱城区长勺北路艺景大街006号
邮　编：271100
电　话：(0634)5611111

山东震环日月星国际广告传媒有限公司
地　址：东营区淄博路9号百年大厦d段5楼
邮　编：257000
电　话：(0546)8205466

山东正伟广告有限公司
地　址：枣庄市市中区华山中路枣庄市建设科技中心4楼
邮　编：277100
电　话：(0632)5100888

威海黑眼睛广告公司
地　址：威海市文化东路41-7号
邮　编：264200
电　话：(0631)5203333

威海红黄蓝广告有限公司
地　址：威海市顺河街212号106室
邮　编：264200
电　话：(0631)5280800

威海巨鲨广告有限公司
地　址：威海市文化中路52号五棵松文化广场5楼
邮　编：264200
电　话：(0631)5221356

威海路通工程有限公司
地　址：威海市青岛北路55号
邮　编：264200
电　话：(0631)5235786

威海明珠广播电视广告有限公司
地　址：威海市统一路395号
邮　编：264200
电　话：(0631)5223022

威海缘也广告有限责任公司
地　址：威海市统一路418号
邮　编：264200
电　话：(0631)5237777

潍坊广达广告有限公司
地　址：潍坊市东风街与鸢飞街交叉路口
邮　编：261041
电　话：(0536)8227762、2109891

潍坊科艺广告有限公司
地　址：昌邑市河东工业园
邮　编：261300
电　话：(0536)7213861

潍坊市公交广告公司
地　址：潍坊市奎文区东风东街295号
邮　编：261041
电　话：(0536)8256549

香港大千企划有限公司
地　址：潍坊市福寿街与和平路交叉路西南角巴黎假日大厦17层
邮　编：261011
电　话：(0536)8275416

烟台市广告美术人有限公司
地　址：烟台市胜利路336号
邮　编：264000
电　话：(0535)6511888

烟台市天马广告有限公司
地　址：烟台市胜利路208号汇丰广场908
邮　编：264000
电　话：(0535)6239334

烟台玉彤广告有限公司
地　址：烟台市西南河路121号
邮　编：264000
电　话：(0535)6664534

淄博奥特传媒发展有限公司
地　址：淄博市张店区共青团西路95号12层A座
邮　编：255000
电　话：(0533)2318899

淄博齐林众信广告有限公司
地　址：淄博市张店区昌国西路26号
邮　编：255000
电　话：(0533)2287777

广播电视类

菏泽电视台广告中心
地　址：菏泽市中华东路1428号
邮　编：274000
电　话：(0530)5336264

东营人民广播电台新闻频道
地　址：东营市南一路260号
邮　编：257091
电　话：(0546)8330449

济宁人民广播电台交通文艺台
地　址：济宁市中区常青路9号广电大厦1304
邮　编：272037
电　话：(0537)2235577

东营电视台广告部
地　址：东营市东城南一路260号
邮　编：257091
电　话：(0546)8333358

淄博人民广播电台
地　址：淄博市张店区华光路52号广电大厦交通文艺广播广告部
邮　编：255000
电　话：(0533)6213110

荷泽人民广播电台
地　址：菏泽市中华路1389号
邮　编：274000
电　话：(0530)5960516

烟台市广播电视台广告中心
地　址：烟台市青年路50号
邮　编：264000
电　话：(0535)6242962

滨州人民广播电台音乐交通之声
地　址：滨州市黄河五路358号广电大厦1408室
邮　编：256600
电　话：(0543)3183866

德州人民广播电台
地　址：德州市东方红路1266号
邮　编：253012
电　话：(0534)2687963

菏泽电视台广告中心
地　址：菏泽市中华路1428号
邮　编：274033
电　话：(0530)5336264

济宁电视台广告中心
地　址：济宁市中区常青路9号
邮　编：272037
电　话：(0537)2221234

济宁市威城电视台
地　址：济宁市金宇路26号
邮　编：272000
电　话：(0537)2357887

莱芜广播电视局
地　址：莱芜市高新区汶河大道001号
邮　编：271100
电　话：(0634)8866958

聊城人民广播电台
地　址：聊城市财干路6号聊城电视台广告中心
邮　编：252000
电　话：(0635)8088881

临沂广播电视台
地　址：临沂市兰山区金雀山路33号
邮　编：276001
电　话：(0539)2952805

临沂人民广播电台
地　址：临沂市金雀山路21号广播电视大厦19楼
邮　编：276000
电　话：(0539)2952145

青岛电视台
地　址：青岛市宁夏路200号广电大厦青岛电视台广告部
邮　编：266071
电　话：(0532)85701683

青岛人民广播电台
地　址：青岛市宁夏路200号广电大厦
邮　编：266071
电　话：(0532)85701510

日照广播电视台广告中心
地　址：日照市烟台路179号
邮　编：276826
电　话：(0633)8802191

山东电视广告发展总公司
地　址：济南市经十路83号山东电视大厦1003室
邮　编：250062
电　话：(0531)82958801

泰安人民广播电台
地　址：泰安市泰山区迎暄大街200号
邮　编：271000
电　话：(0538)6126599

威海广播电视台广告中心
地　址：威海市文化中路66号
邮　编：264200
电　话：(0631)5191072

潍坊电视台广告信息中心
地　址：潍坊市胜利东街85号
邮　编：261061
电　话：(0536)8781386

潍坊人民广播电台
地　址：潍坊市奎文区东风东街248号
邮　编：261041
电　话：(0536)8236672

潍坊市潍城区电视台广告中心
地　址：潍坊市向阳路108号
邮　编：261021
电　话：(0536)8188596、8188887

枣庄电视台广告中心
地　址：枣庄市中区光明西路88号广电大厦
邮　编：277100
电　话：(0632)3323789

枣庄广播影视总台
地　址：枣庄市光明西路88号广电大厦
邮　编：277101
电　话：(0632)3321273

枣庄山亭区广播电视局
地　址：枣庄市山亭区府前路
邮　编：277200
电　话：(0632)8811393

枣庄市峄城区广播电视局广告部
地　址：枣庄市环山路68号
邮　编：277300
电　话：(0632)7713936

新闻出版类

半岛都市报
地　址：青岛市南京路110号半岛都市报大厦
邮　编：266071
电　话：(0532)80889117、80889202

烟台日报社广告部
地　址：烟台市北大街54号
邮　编：264000
电　话：(0535)6631225

生活日报社广告部
地　址：济南市经十路16122号
邮　编：250014
电　话：(0531)85196362、82963188

大众日报
地　址：济南市经十路46号
邮　编：250014
电　话：(0531)85196701

德州日报社广告信息部
地　址：德州市经济开发区东方红东路2177号
邮　编：253000
电　话：(0534)2562876

东营市诱惑风杂志社
地　址：东营区淄博路71号诱惑风杂志社
邮　编：257000
电　话：(0546)8701995

菏泽日报广告部
地　址：菏泽市太原路66号
邮　编：274000

电　话：(0530)5969516、5969510

济南日报
地　址：济南市经七路 28-1 号
邮　编：250001
电　话：(0531)82886248

济南时报
地　址：济南市经七路 28-1 号
邮　编：250001
电　话：(0531)82062778

济宁广播电视报
地　址：济宁市中区常青路 9 号
邮　编：272000
电　话：(0537)2271866、2238056

济宁日报社广告部
地　址：济宁市红星东路 15 号
邮　编：272000
电　话：(0537)2343207、2343326、2343963

齐鲁晚报广告部
地　址：山东省济南市经十路 16122 号
邮　编：250014
电　话：(0531)82616676

山东广播电视报社东营分社广告部
地　址：东营市东城南一路 260 号
邮　编：257091
电　话：(0546)8318688

山东广播电视报社胜利分社
地　址：东营市影视街 12 号
邮　编：257000
电　话：(0546)8777365、8771750

山东商报
地　址：济南市山师东路 4 号
邮　编：250014
电　话：(0531)88197665

齐鲁晚报
地　址：济南市经十路 16122 号
邮　编：250014
电　话：(0531)82963188、85196362

潍坊广播电视报社广告中心
地　址：潍坊市奎文区文正路 2 号
邮　编：261041
电　话：(0536)8888751

河南省

公 司 类

河南华视广告文化传播有限公司
地　址：郑州市农业东路 2 号院
邮　编：450000
电　话：(0371)65751380

河南惠乔广告有限公司
地　址：郑州市东明路 218 号索克大厦 5 楼
邮　编：450000
电　话：(0371)65677251

河南天明公交广告有限公司
地　址：郑州市金水路与英协路交叉路口盛润白宫东塔 1010
邮　编：450000
电　话：(0371)66227934、60156008

河南维思广告有限公司
地　址：郑州市经三路 28 号融丰花苑 B 座 16FB
邮　编：450000
电　话：(0371)65786202、65786254

河南新乡博雅广告有限公司
地　址：平原路 158 号
邮　编：453000
电　话：(0373)3020777

洛阳大禾广告文化传播有限公司
地　址：洛阳市西工区九都路星河国际 504 室
邮　编：471000
电　话：(0379)63372979

洛阳兰勃形象设计工作室
地　址：洛阳市沙厂南路中泰新城泰康苑三楼 C 座
邮　编：471000
电　话：(0379)63900675

洛阳上德赛诺广告有限公司
地　址：洛阳市沙厂南路中泰商务楼 2007 室
邮　编：471000
电　话：(0379)65288179

洛阳市澳特广告有限公司
地　址：洛阳市沙厂南路通元花园 3 号楼 B 座 1102
邮　编：471000
电　话：(0379)63123322

洛阳市电力广告有限公司
地　址：洛阳市西工区健康西路 5 号
邮　编：471000
电　话：(0379)63398418

洛阳市多恩广告有限公司
地　址：洛阳市涧西区建设路 154 号
邮　编：471004
电　话：(0379)64966174

洛阳市烽火广告有限公司
地　址：洛阳市西工区沙厂南路通元国际花园裙楼三层
邮　编：471000
电　话：(0379)6326111

洛阳市士奇广告文化传播有限公司
地　址：洛阳市沙厂南路中泰商务楼 1907 室
邮　编：471000
电　话：(0379)63937998

洛阳市众联成志广告文化传播有限公司
地　址：洛阳市沙厂南路通元花园 B

座 1204 室
邮　编：471000
电　话：(0379)63120138

洛阳视觉广告传播有限公司
地　址：洛阳市西工区沙厂南路中泰新城泰安苑 6 楼 A 座
邮　编：471000
电　话：(0379)63300958

洛阳太阳升广告有限公司
地　址：洛阳市涧西区联盟路雅赛城 D 座 102 室
邮　编：471004
电　话：(0379)5280111

洛阳天明公交广告有限责任公司
地　址：洛阳市涧西区南苑路停车场三楼
邮　编：471000
电　话：(0379)4329092

新乡市奔马文化传播有限公司
地　址：新乡市平原路石牌仿商业街 19 号
邮　编：453000
电　话：(0373)2059988

新乡市东方广告有限公司
地　址：新乡市平原路豫北大厦 11 层
邮　编：453000
电　话：(0373)2072222

新乡市黑马广告装饰有限公司
地　址：新乡市劳动路中段 83 号 2 楼
邮　编：453000
电　话：(0373)2818000

新乡市红绿蓝广告有限公司
地　址：新乡市胜利路中段新世纪广场 1084 室
邮　编：453000
电　话：(0373)2717000

新乡市新生活资讯广告有限公司
地　址：新乡市新乡市健康路 28 号
邮　编：453000
电　话：(0373)2056218

新乡市阳光广告有限公司
地　址：新乡市开发区启明小区 2 号楼五单元 1 楼
邮　编：453000

新乡市银河公交广告传媒有限公司
地　址：新乡市和平大道南 238 号
邮　编：453000
电　话：(0373)5091155

新乡市中山广告装潢有限公司
地　址：新乡市人民路恒升世家 B 座 19 层
邮　编：453000
电　话：(0373)3060000

广播电视类

河南电视台都市频道
地　址：郑州市郑花路北段 18 号
邮　编：450008
电　话：(0371)65605785

河南人民广播电台广告中心
地　址：郑州市经五路 2 号

河南人民广播电台
地　址：郑州市经五路 2 号广播大厦
邮　编：450003
电　话：(0371)65889366

南阳电视台
地　址：南阳市滨河路 56 号
邮　编：473056
电　话：(0377)63143888

商丘电视台广告中心
地　址：商丘市文化路 272 号商丘电视台广告部
邮　编：476000
电　话：(0370)2530601

郑州电视台
地　址：郑州市淮河路 67 号郑州电视台广告部
邮　编：450052
电　话：(0371)68866555

洛阳市电视台
地　址：洛阳市西工区九都路 66 号
邮　编：471000
电　话：(0379)62682665

洛阳人民广播电台
地　址：洛阳市西工区九都路 67 号
邮　编：471000
电　话：(0379)63150526

新闻出版类

大河报广告中心
地　址：郑州市农业路东 28 号
邮　编：450008
电　话：(0371)65796159

洛阳日报报业集团广告总公司
地　址：洛阳市新区开元大道 218 号
邮　编：471000
电　话：(0379)63256081

河南日报报业（集团）有限公司
地　址：郑州市农业路东段 28 号河南日报广告部
邮　编：450008
电　话：(0371)65798760

耐火材料编辑部
地　址：洛阳市涧西区西苑路 43 号
邮　编：471039
电　话：(0379)64205958

经济视点报社广告部
地　址：郑州市农业路 72 号
邮　编：450000
电　话：(0371)63862338、63862332

洛阳广播电视报社
地　址：洛阳市西工区九都路 67 号
邮　编：471000
电　话：(0379)63353871

河南东方今报
地　址：郑州市经五路 2 号东方今报社
邮　编：450003
电　话：(0371)65887909

河南日报
地　址：郑州市农业路 28 号报业大厦

邮　编：450008
电　话：(0371)65796126、65795811

河南商报
地　址：郑州市金水路16号附1号中青大厦8楼河南商报社
邮　编：450002
电　话：(0371)65866233

开封日报
地　址：开封市劳动路开封日报社
邮　编：475002
电　话：(0378)2921688

洛阳晚报社
地　址：洛阳新区开元大道218号
邮　编：471000
电　话：(0379)63232389

郑州晚报
地　址：郑州市陇海西路80号郑州晚报新闻大厦西大厅广告经营中心
邮　编：450000
电　话：(0371)67655209、67655027

湖北省

公　司　类

湖北东方广告有限公司
地　址：武汉市武昌区三层楼富贵里90号
邮　编：430062
电　话：(027)88562146

武汉丽兰传媒有限公司
地　址：武汉市江岸区解放大道1511号化工大厦8楼
邮　编：430000
电　话：(027)59236918

武汉尊荣广告国际传播发展有限公司
地　址：武汉市江岸区中山大道1166号金源大厦B座28层
邮　编：430013
电　话：(027)82778898

北京首都机场广告有限公司湖北分公司
地　址：武汉市发展大道164号
邮　编：430023
电　话：(027)83518738

湖北视星广告有限责任公司
地　址：武汉市解放大道1328号中原大厦17楼AB
邮　编：430010
电　话：(027)82740365

湖北中兴广告装饰有限公司
地　址：武汉市汉口邬家墩115号金贸中心C座7楼
邮　编：430023
电　话：(027)85880418

湖北中兴广告装饰有限责任公司
地　址：武汉市邬家敦115号金贸中心C区七楼
邮　编：430023
电　话：(027)85880948

潜江市华昌广告有限公司
地　址：潜江市东风路108号
邮　编：433100
电　话：(0728)6248490

武汉大众设计策划有限公司
地　址：武汉市江岸区洞庭街139号柏林公寓10楼D座
邮　编：430014
电　话：(027)82822315

武汉光明广告有限公司
地　址：武汉市江汉区万松园路52号
邮　编：430022
电　话：(027)85780898

武汉利器广告传播有限公司
地　址：武汉市江汉经济开发区汉口创业中心一号楼五楼
电　话：(027)

武汉新纪元广告装饰有限公司
地　址：武汉经济技术开发区创业道2号绿岛实业3楼
邮　编：430056
电　话：(027)84896650

武汉新联达广告有限公司
地　址：武汉市江岸区惠济路38号
邮　编：430010
电　话：(027)82864656-801

广播电视类

鄂西电视台
地　址：恩施市东风大道278号恩施州广播电视局
邮　编：445000
电　话：(0718)8244657

孝感电视台
地　址：孝感市长征路106号
邮　编：432100
电　话：(0712)2323930

荆门电视台广告部
地　址：荆门市长宁大道51号
邮　编：448000
电　话：(0724)2360333

湖北广播电视总台广告经营中心
地　址：武汉市武昌区中北路1号
邮　编：430071
电　话：(027)87139750

鄂州广播电视局广告中心
地　址：鄂州市滨湖西路新广电大楼
邮　编：436000
电　话：(0711)3357378

湖北楚天广播电台广告部
地　址：武汉市汉口解放大道1237号
邮　编：430022
电　话：(027)85762122

湖北电视经济频道
地　址：武汉市中北路一号湖北经视大厦19楼

邮　编：430071
电　话：(027)87713331

湖北广播电视总台广告部
地　址：武汉市中北路1号湖北经视大厦
邮　编：430070
电　话：(027)87139661

湖北人民广播电台广告部
地　址：武汉市汉口解放大道1237号
邮　编：430022
电　话：(027)85781501

湖北省广播电视总台电视综合频道广告部
地　址：武汉市武昌区中山路347号中铁大厦10楼
邮　编：430071
电　话：(027)87329694

黄冈电视台广告部
地　址：黄冈市黄州区东门路169号
邮　编：438000
电　话：(0713)8812077

黄石电视台
地　址：黄石市广会路黄石广电中心
邮　编：435000
电　话：(0714)6352247

荆州电视台广告中心
地　址：荆州市江津西路266号广电大厦
邮　编：434000
电　话：(0716)8266888

荆州人民广播电台
地　址：荆州沙市区江津西路266号广电大楼
邮　编：433000
电　话：(0716)8527567

十堰人民广播电台
地　址：十堰市人民北路4号广电大楼810室
邮　编：442000
电　话：(0719)8681007

随州电视台
地　址：随州市清和路35号
邮　编：441300
电　话：(0722)3241476、3222406

随州人民广播电台
地　址：随州市烈山大道359号
邮　编：441300
电　话：(0722)3230029

武汉教育电视台广告部
地　址：武汉市江汉区常青路58号一楼
邮　编：430023
电　话：(027)85605900、65654710

咸宁人民广播电台
地　址：咸宁市温泉路38号
邮　编：437100
电　话：(0715)8262959办

襄樊人民广播电台
地　址：襄樊市樊城区中山后街78号
邮　编：441000
电　话：(0710)3485964

新闻出版类

三峡日报社
地　址：宜昌市东山大道119号
邮　编：443000
电　话：(0717)6449702

武汉晚报社
地　址：武汉市建设大道760号
邮　编：430010
电　话：(027)82868131

湖北日报报业集团楚天广告总公司
地　址：武汉市东湖路181号
邮　编：430000
电　话：(027)88567860广

潜江报社广告部
地　址：潜江市章华中路5号
邮　编：433100
电　话：(0728)6244546、6238926

湖北长江商报社
地　址：武汉市洪山区珞喻路78号长江传媒大厦20楼2004室
邮　编：430071
电　话：(027)87660197

武汉晨报广告部
地　址：武汉市江汉区建设大道长江日报路特1号
邮　编：430015
电　话：(027)85719543

幸福杂志社
地　址：武汉市汉口洞庭街127号
邮　编：430017
电　话：(027)82788982

知音杂志社
地　址：武汉市武昌区东湖路169号知音传媒集团
邮　编：430077
电　话：(027)68890808

湖南省

公 司 类

湖南东文新锐传媒有限公司
地 址：长沙市芙蓉区火星镇天泰花园中门一楼
邮 编：410007
电 话：(0731)84743999

湖南新广联巴士广告有限公司
地 址：长沙市韶山北路139号文化大厦2118
邮 编：410011
电 话：(0731)82259668

永州市丰一广告创意有限公司
地 址：永州市冷水滩区先永路中亚家园2202
邮 编：425002
电 话：(0746)8331118

怀化市闪闪星星广告有限公司
地 址：怀化市迎丰中路251号
邮 编：418000
电 话：(0745)2241222、2132888

宏远广告策划有限公司
地 址：吉首市团结东路18号
邮 编：416000
电 话：(0743)8711698

长沙市达美文化传播有限公司
地 址：长沙市人民中路400号长沙城投12楼
邮 编：410011
电 话：(0731)84156560

怀化市晨龙广告装饰有限公司
地 址：怀化市河西经济开发区德天五交化2楼
邮 编：418000
电 话：(0745)2316668

怀化美广文化艺术传播有限公司
地 址：怀化市人民南路建行鹤城支行大院
邮 编：418000
电 话：(0745)2291368

湖南新金果传媒有限公司
地 址：长沙市凯华大厦6楼
邮 编：410007

长沙铁路广告装饰公司
地 址：长沙市五一大道149号
邮 编：410001
电 话：(0731)82630770

长沙邮政信息广告公司
地 址：长沙市芙蓉东路3段468号
邮 编：410015
电 话：(0731)85231985

常德市楚天广告有限公司
地 址：常德市武陵大道小西门建材市场A栋2楼
邮 编：415000
电 话：(0736)7206117、7206112

常德市佳视广告公司
地 址：常德市建设路
邮 编：415000
电 话：(0736)7769551

常德市金都广告实业有限公司
地 址：常德市武陵大道南首创大厦1603号
邮 编：415000
电 话：(0736)7767711、7767766

常德市灵智彩视策划设计有限公司
地 址：常德市武陵大道中段华信大厦502
邮 编：415000
电 话：(0736)7727848

常德市天能广告有限公司
地 址：常德市朗州南路丹阳楼
邮 编：415000
电 话：(0736)7260999

常德市紫色光广告有限公司
地 址：常德市皂果路海利公寓2楼
邮 编：415000
电 话：(0736)7769368

郴州市诚功广告有限公司
地 址：郴州市中山北街21-13号（郴州卫生局对面）
邮 编：423000
电 话：(0735)2258762

郴州市深海广告有限公司
地 址：郴州市锦湘花园B座501室
邮 编：423000
电 话：(0735)2246089

衡阳市大地传媒广告有限公司
地 址：衡阳市石鼓区碧水蓝天1栋
邮 编：421001
电 话：(0734)8210768

衡阳市飞龙广告有限公司
地 址：衡阳市红湘北路附39号
邮 编：421001
电 话：(0734)6683699

湖南木林森文化发展有限公司
地 址：长沙市芙蓉南路一段368号CTA财富中心20楼
电 话：(0731)85819488

湖南省广告美术公司
地 址：长沙市雨花区韶山北路356号包装大厦B座4楼
邮 编：410007
电 话：(0731)84417289

湖南省拓通广告有限公司
地 址：长沙市解放西路汇源大厦1907室
邮 编：410005
电 话：(0731)82273222

湖南天马广告经贸有限公司
地 址：株洲市七一路2号中旺锦

安城 A 座 19 楼
邮　编：412000
电　话：(0731)28217886

湖南幸福文化品牌传媒有限公司
地　址：长沙市芙蓉中路 776 号湘凯石化大厦 1805、1806 室
邮　编：410005
电　话：(0731)82810556

湖南幸运星·上扬广告有限公司
地　址：长沙市韶山北路 216 号维一·星城国际 6 层
邮　编：410011
电　话：(0731)84152550

怀化市银峰广告装饰有限公司
地　址：怀化市河西西南陶瓷城 6 栋 502 室
邮　编：418000
电　话：(0745)2277878

怀化市邮政局信函广告分局
地　址：怀化市人民南路 48 号
邮　编：418000
电　话：(0745)2241904

怀化市正兴广告艺术有限公司
地　址：怀化市步步高 10 楼
邮　编：418000
电　话：(0745)2230898

湘西自治州天和广告公司
地　址：湘西自治州吉首市团结东路 18 号
邮　编：416000
电　话：(0743)8721245

湘西自治州邮政信函广告分局
地　址：吉首市武陵山人民北路 62 号
邮　编：416000
电　话：(0743)8271636

新化县晨宇广告公司
地　址：娄底市新化县建设局
邮　编：417600
电　话：(0738)3211631

益阳市安化云天广告艺术有限公司
地　址：益阳市安化县东坪镇湘资市场 1 号楼
邮　编：413500
电　话：(0737)7229989

益阳市飞翔广告有限公司
地　址：益阳市大桃路 559 号
邮　编：413000
电　话：(0737)4243222

益阳市贵宝广告实业有限公司
地　址：益阳市长益路 20 号
邮　编：413000
电　话：(0737)4247938

益阳市金翔广告设计有限公司
地　址：益阳市银城大市场
邮　编：413000
电　话：(0737)2661007

益阳市三鑫广告装饰有限公司
地　址：益阳市桃花仑西路 148 号
邮　编：413000
电　话：(0737)4236159

益阳市邮政局邮送广告部
地　址：益阳市益阳大道东 421 号
邮　编：413000
电　话：(0737)6351278

益阳市振强广告有限公司
地　址：益阳市资阳区五一西路 111 号
邮　编：413001
电　话：(0737)4315888

永州市奔腾彩印有限公司
地　址：永州市凤凰园开发区向荣路西侧
邮　编：425000
电　话：(0746)8224298、8221488

沅江市跃马广告装饰设计有限公司
地　址：沅江市琼湖西路金旺小区 3 楼
邮　编：413100
电　话：(0737)2710398

岳阳华实广告装饰有限公司
地　址：岳阳市东茅岭工商银行
邮　编：414000
电　话：(0730)8210819

岳阳金达电视广告有限公司
地　址：岳阳市金鹗山 32 号
邮　编：414000
电　话：(0730)8202016

岳阳金帆广播电视广告总公司
地　址：岳阳市南湖大道岳阳电视台
邮　编：414000
电　话：(0730)8214555

岳阳市创一广告装饰有限公司
地　址：岳阳市室内装饰城 9 栋 2–3 层
邮　编：414000
电　话：(0730)8264826

岳阳市东方广告装饰有限公司
地　址：岳阳市站前西路文盛大厦 202 室
邮　编：414000
电　话：(0730)8235161

岳阳市公交广告有限公司
地　址：岳阳市东茅岭路 53 号
邮　编：414000

岳阳市金宇广告装饰有限公司
地　址：岳阳市鑫八达广告市场
邮　编：414000
电　话：(0730)8229886

岳阳市久鸿广告有限公司
地　址：岳阳市五里牌工业品市场 2 区 D 栋 13
邮　编：414000
电　话：(0730)3133000

广播电视类

湖南经视
地　址：长沙市浏阳河桥东省广电中心西裙楼
邮　编：410003
电　话：(0731)84802816

益阳人民广播电台
地　址：益阳市广播电视中心 9 楼电台综合部
邮　编：413000
电　话：(0737)4380566

常德电视台广告公司
地 址：常德市武陵大道中段267号常德电视台广告公司
邮 编：415000
电 话：(0736)7202883

怀化人民广播电台城市之声频道
地 址：怀化市城东新区广电中心电台城市之声频道
邮 编：418000
电 话：(0745)2858954

娄底电视台
地 址：娄底市娄底电视台公共频道
邮 编：417000
电 话：(0738)8762518

双牌县广播电视局
地 址：永州市万山路20号
邮 编：425200
电 话：(0746)7727599

桃江县广播电视局广告部
地 址：益阳市桃江县桃花路三角坪
邮 编：413400
电 话：(0737)8823272、8822863

湘西电视台广告部
地 址：吉首市湘西自治州电视台广告部
邮 编：416000
电 话：(0743)8222515

湘西州电视台
地 址：湘西州吉首市砂子坳湘西州电视台
邮 编：416000
电 话：(0743)8222515

益阳电视台
地 址：益阳市益阳电视台广告公司
邮 编：413000
电 话：(0737)4380261

新闻出版类

三湘都市报
地 址：长沙市芙蓉中路一段440号
邮 编：410005
电 话：(0731)84329373

益阳广播电视报社广告部
地 址：益阳市朝阳东路广电中心1楼
邮 编：413000
电 话：(0737)4381788

长沙晚报
地 址：长沙市芙蓉区晚报大道267号
邮 编：410016
电 话：(0731)2205019

郴州日报社广告部
地 址：郴州市苏仙北路42号
邮 编：423000
电 话：(0735)2882653

当代商报
地 址：长沙市开湖区建乡新村88栋
邮 编：410008
电 话：(0731)4375333

洞庭之声报广告部
地 址：岳阳市广播电视局
邮 编：414000
电 话：(0730)2959150

衡阳日报广告部
地 址：衡阳市市环城北路3号
邮 编：421001
电 话：(0734)8247333

湖南日报社
地 址：长沙市芙蓉中路
邮 编：410000
电 话：(0731)4329888

怀化日报社广告部
地 址：怀化市湖天南路
邮 编：418000
电 话：(0745)2712029

益阳日报广告部
地 址：益阳市益阳大道西209号益阳日报社新闻楼广告部
邮 编：413000
电 话：(0737)4223845

永州日报社广告部
地 址：永州市冷水滩区铁塔路
邮 编：425002
电 话：(0746)8360651

广东省

公 司 类

百灵时代广告有限公司
地 址：广州市天河北路233号6303-05
邮 编：510613
电 话：(020)38773355、28334201

广州市珍宝广告有限公司
地 址：广州市体育西路103号维多利亚A塔33楼
邮 编：510620
电 话：(020)38103810

珠海天月影视有限公司
地 址：珠海市吉大九洲大道中嘉丽苑813号
邮 编：519000
电 话：(0756)2521958

阳江市维雅设计有限公司
地 址：阳江市体育路68号
邮 编：529500
电 话：(0662)3976818

河源市巨龙广告策划有限公司
地 址：河源市东华路109号
邮 编：517000
电 话：(0762)3881983

汕头市泰峰广告策划有限公司
地　址：汕头市金砂中路友谊国际大厦11楼A室
邮　编：515100
电　话：(0754)88633779

汕头市丽影影视广告有限公司
地　址：汕头市金砂路友谊国际大厦1905
邮　编：515100
电　话：(0754)88322869

珠海市艺恒广告制作有限公司
地　址：珠海市翠微东路268号
邮　编：519000
电　话：(0756)8614875

清远尚美传播有限公司
地　址：清远市新城连江西路丽清花园丽兴苑A、B座2楼
邮　编：511515
电　话：(0763)3366999

大广(广州)广告有限公司
地　址：广州市东风中路410号时代地产大厦801-802室
邮　编：510030
电　话：(020)83487151

东莞市视艺传播广告有限公司
地　址：东莞市园岭路49号晓翠园兴业大厦八楼
邮　编：523012
电　话：(0769)22500278

东莞市心域广告有限公司
地　址：东莞市南城区胜和路胜和广场B座9D
邮　编：523000
电　话：(0769)22238838

恩平市蓝天广告装潢有限公司
地　址：恩平市新平北路55号
电　话：(0750)7711662

恩平市永和广告装饰有限公司
地　址：恩平市新平北路16号慧景楼203室
电　话：(0750)7112880

高州市粤港广告装修公司
邮　编：525200
电　话：(0668)6671679

广东广旭广告有限公司
地　址：广州市中山二路18号电信广场26楼
邮　编：510081
电　话：(020)88889818

广东力臣广告有限公司
地　址：广州市东风东路713东号广东发展银行大厦25楼
电　话：(020)37606345

广东力臣国际广告有限公司
地　址：广州市东风东路713号广东发展银行大厦25楼
邮　编：510000
电　话：(020)87311871

广东麦智传扬广告传播有限公司
地　址：广州市黄浦大道中翠华街83号B栋3层
邮　编：510630
电　话：(020)61003394

广东南方国际传媒广告有限公司
地　址：广州市人民北路686号太平洋2楼综合部
邮　编：510012
电　话：(020)26188933

广东汕特装饰工程有限公司
地　址：揭阳市东山区榕贵园1区108号
邮　编：522031
电　话：(0663)8609999、8609888

广东省电信实业集团深圳市有限公司广告分公司
地　址：深圳市福田区皇岗路3009号培训大楼7楼
邮　编：518026
电　话：(0755)83501322

广东省广告股份有限公司
地　址：广州市东风东路745号之二
邮　编：510080
电　话：(020)87600168

广东新快报媒体广告有限公司
地　址：广州市天河路533号
邮　编：510000
电　话：(020)85180888

广东新庆丰广告有限公司
地　址：广州市天河林和东路中旅商务大厦东座侨晖阁2806号房
邮　编：510000
电　话：(020)38803855

广东英扬传奇广告公司
电　话：(020)83489200

广东志明广告有限公司
地　址：清远市新城区连江路金沙商务大厦4楼4B03B
邮　编：511518
电　话：(0763)3360188

广州白云国际广告有限公司
地　址：广州市白云国际机场股份公司机关办公大楼（北侧礼堂7楼）
邮　编：510000
电　话：(020)86112999

广州白云天骏国际传媒有限公司
地　址：广州市白云区机场路云霄街340号白云天骏大楼2楼
邮　编：510405

广州鼎盛广告公司
地　址：广州市越秀区五羊新城寺右南二街三巷（广兴华别墅区）3-4号2楼
邮　编：510600
电　话：(020)87365512

广州交易会广告有限公司
地　址：广州市流花路117号
邮　编：510014
电　话：(020)26081701

广州市鼎盛广告有限公司
地　址：广州市五羊新城寺右南二街(广兴华花园)三巷3-4号2层
邮　编：510600
电　话：(020)87365511

广州市蓝色火焰广告有限公司
地　址：广州市越秀区寺右新马路五羊新城广场1901号

邮　编：510600
电　话：(020)87377708

广州市旭日因赛广告有限公司
地　址：广州市珠江新城临江大道3号发展中心20F
邮　编：510623
电　话：(020)62606088

广州市致诚广告有限公司
地　址：广州市中山一路57号南方铁道大厦27楼
邮　编：510600
电　话：(020)61282235

广州思源广告有限公司
地　址：广州市水荫路2号华信大厦西座15楼
邮　编：510075
电　话：(020)37601478、37602260

广州中球广告有限公司
地　址：广州市越秀区水荫路56号3栋12楼
邮　编：510176
电　话：(020)87300018

和平县海天建筑工程有限公司
地　址：和平县阳明镇东山路101号
邮　编：517200
电　话：(0762)5688778

河源市风正广告设计有限公司
地　址：河源市红星路112-5号
邮　编：517000
电　话：(0762)3333337

河源市华宇广告公司
地　址：河源市茶亭街河源建筑设计院2楼
邮　编：517000
电　话：(0762)3371499

河源市新野广告策划有限公司
地　址：河源市中山大道御福花园21楼
邮　编：517000
电　话：(0762)3888013

河源市兄弟广告有限公司
地　址：河源市大同路168-1号
邮　编：517000
电　话：(0762)3886169

惠州市黄山影业有限公司
地　址：惠州市惠城区下埔路21号惠隆大厦
邮　编：516001
电　话：(0752)2119939

惠州市惠阳新兴广告装饰工程有限公司
地　址：惠州市惠阳区淡水镇开城大道富华东区首层115号铺
邮　编：516211
电　话：(0752)3378910

惠州市佳盛广告有限公司
地　址：惠州市下角南路150号益阳大厦9楼
邮　编：516002
电　话：(0752)5818888

惠州市杰出实业有限公司
地　址：惠州市惠城区世贸大厦18楼
电　话：(0752)2102000

江门博艺广告公司
地　址：江门市蓬江区迎宾大道中44号3楼
电　话：(0750)3911188

江门市新会区广富广告有限公司
地　址：江门市新会区三和大道北114号
电　话：(0750)6330999

江门市新会真色彩广告有限公司
地　址：江门市新会区圭峰西路38号203
电　话：(0750)6197882

揭阳市广告有限公司
地　址：揭阳市建阳路怡东花园东101号
邮　编：522031
电　话：(0663)8226102

揭阳市榕城区中天广告公司
地　址：揭阳市榕城区榕湖小区斜对面天洋二楼
邮　编：522000
电　话：(0663)8635313

开平市飞扬广告有限公司
地　址：开平市幕沙路107号2-3座
电　话：(0750)2330199

开平市红绿蓝广告有限公司
地　址：开平市义祠客运总站首层B12
电　话：(0750)2255518

黎丽个人广州千里马广告有限公司
地　址：广州市环四东路498号广发花园柏丽商业中心11楼ABCD座
电　话：(020)87609985

龙帆传媒
地　址：深圳市福田区振华东路航天立业2901
邮　编：518031
电　话：(0755)83749171

罗定广告有限公司
地　址：罗定市龙园路26号
邮　编：527200
电　话：(0766)3838710

茂名日报广告有限责任公司
地　址：茂名市迎宾4路156号茂名日报社
邮　编：525000
电　话：(0668)2963993

茂名石化印务有限公司
地　址：茂名市厂前东路5大院5号
邮　编：525011
电　话：(0668)2260410

茂名市缤纷广告装潢有限公司
地　址：茂名市迎宾2路128号嘉富豪庭首层
邮　编：525000
电　话：(0668)3397388

茂名市飞鹿广告装潢有限公司
地　址：茂名市双山三路69号
邮　编：525000
电　话：(0668)2990999

茂名市风云广告有限公司
地　址：茂名市迎宾路135号丰年大厦3楼311室
邮　编：525000
电　话：(0668)2873616

茂名市集美设计广告装饰工程有限公司
地　址：茂名市迎宾路3路189号新时代花园2楼A座
邮　编：525000
电　话：(0668)2288699

茂名市青苹果广告印务有限公司
地　址：茂名市人民南路151号
邮　编：525000
电　话：(0668)2898141

茂名市万通广告公司
地　址：茂名市新福一街68号市工商局对面
邮　编：525000
电　话：(0668)2891146

茂名市兴发广告装潢有限公司
地　址：茂名市迎宾1路30号2楼
邮　编：525000
电　话：(0668)2291162

茂名市正凌广告有限公司
地　址：茂名市人民南路90号
邮　编：525000
电　话：(0668)2293333

梅州市白金广告有限公司
地　址：梅州市嘉应东路
电　话：(0753)2393288

梅州市报业广告有限公司
地　址：梅州市江南沿江东路
电　话：(0753)2263888

梅州市马良广告有限责任公司
地　址：梅州市梅新路61号
电　话：(0753)2273163

梅州市新建广告有限公司
地　址：梅州市丽都新村梅花苑115—117店
电　话：(0753)2312368

梅州市艺之林广告有限公司
地　址：梅州市华南大道园缘路37—40号
电　话：(0753)2256389

梅州市志昌广告有限公司
地　址：梅州市嘉应东路侨联大厦首层
电　话：(0753)2285338

广东省南方广告有限公司
地　址：广州市广州大道中289号
邮　编：510601
电　话：(020)

普宁市智能广告有限公司
地　址：普宁市河滨路1号金叶大厦附属楼3楼
邮　编：515300
电　话：(0663)2254893

清远时兴广告传播有限公司
地　址：清远市清城区桥北路牛皇庙74号
邮　编：511500
电　话：(0763)3320421

清远市彩虹广告有限公司
地　址：清远市南步路23号
邮　编：511515
电　话：(0763)6817777

清远市共鸣广告装潢有限公司
地　址：清远市人民2路7号行政服务中心
邮　编：511500
电　话：(0763)3381398

清远市时尚广告装饰有限公司
地　址：清远市清新县太和镇玄真路39号
邮　编：511500
电　话：(0763)5834567

清远市游艺广告装饰有限公司
地　址：清远市清城桥北路中医院对面
邮　编：511500
电　话：(0763)3338598

汕头市长龙广告有限公司
地　址：汕头市华山路江山花园5座201室
邮　编：515100
电　话：(0754)88363400

汕头市汉鼎广告有限公司
地　址：汕头市龙湖区丹阳庄东路59栋2楼
邮　编：515100
电　话：(0754)88851949

汕头市汉威泰合设计顾问有限公司
地　址：汕头市韩江路豪景大厦401
邮　编：515100
电　话：(0754)88733808

汕头市恒泽广告策划有限公司
地　址：汕头市长平路金泰庄23幢202
邮　编：515100
电　话：(0754)88889097

汕头市华艺广告有限公司
地　址：汕头市汕樟北路浮西路段
邮　编：515100
电　话：(0754)88348442

汕头市兰德广告有限公司
地　址：汕头市金砂东路奋发航空大厦902室
邮　编：515100
电　话：(0754)88838745

汕头市林毅广告有限公司
地　址：汕头市乐山路1号
邮　编：515100
电　话：(0754)88867888

上海李奥贝纳广告有限公司广州分公司
地　址：广州市海珠海区阅江中路688号保利国际广场北场5楼
邮　编：510380
电　话：(020)28360333

上海太动文化传播有限公司
地　址：广州市天河北路233号中信广场5704室
邮　编：510613

韶关市博文广告公司
地　址：韶关市环园西路十幢之一首层
邮　编：512000
电　话：(0751)8873678

韶关市凌翔广告策划有限公司
地　址：韶关市和平路88号粤海大厦南侧附层206号
邮　编：512000
电　话：(0751)8916688

韶关市天合广告装饰有限公司
地　址：韶关市浈江区升平路78号
邮　编：512026
电　话：(0751)8889998，8873308

韶关市天马制作工程有限公司
地　址：韶关市新华南路长兴楼首层9号铺
邮　编：512026
电　话：(0751)8741414

深圳柏高广告有限公司
地　址：深圳市福田区华丰大厦2408室
邮　编：518034
电　话：(0755)83146100

深圳灵臻广告有限公司
地　址：深圳市福田区红荔西路第一世界广场B座21楼E
邮　编：518000
电　话：(0755)83777255

深圳市蓝太阳广告有限公司
地　址：深圳市福田区福华三路国际商会中心B24楼

深圳市唐码之光广告有限公司
地　址：深圳市罗湖区南湖路国贸商助大厦22楼A
邮　编：518041
电　话：(0755)82281628

深圳唐马之光广告公司
地　址：深圳市罗湖区南湖路国贸商厦
邮　编：518000
电　话：(0755)82282638

盛世长城国际广告有限公司
地　址：广州市天河体育西路109号高盛大厦2-5F
邮　编：510620
电　话：(020)38791228

四会市广播电视广告有限公司
地　址：四会市通远街16座2号
电　话：(0758)3331243

台山市天马广告有限公司
地　址：台山市台城镇合新路68号
电　话：(0750)5676888

台山市天艺广告策划有限公司
地　址：台山市台城镇桥湖路2号114房
电　话：(0750)5510170

腾讯
地　址：深圳市南山区高新科技园科技中一路腾讯大厦8楼
邮　编：518057
电　话：(0755)86013388-87992

天行健文化传播有限公司
地　址：湛江市赤坎区人民大道北98号
邮　编：524000
电　话：(0759)3200332

西江报业传媒有限公司
地　址：肇庆市沙墩路十号
邮　编：526238
电　话：(0758)82721330

谢佩伦营销策划机构
地　址：广州市花城大道3号南天广场皇朝阁1505室
邮　编：510623
电　话：(020)22223309

信宜市广信广告有限公司
地　址：信宜市人民北路88号
邮　编：525300
电　话：(0668)8883748

星空传媒（中国）有限公司
地　址：广州市东风中路410-412号 健力宝大厦906室
邮　编：510030
电　话：(020)83486833

阳江市昌辉广告有限公司
地　址：阳江市东风东路4号
邮　编：529500
电　话：(0662)3355333

阳江市教育印务公司
地　址：阳江市江城区东风三路45号
邮　编：529500
电　话：(0662)3316812

阳江市四色广告有限公司
地　址：阳江市漠江路新疆花园11号
邮　编：529500
电　话：(0662)3133288

阳江市星河传播广告有限公司
地　址：阳江市新江北路105号
邮　编：529500
电　话：(0662)3279000

云浮市诚发广告有限公司
地　址：云浮市云城区河南路146号
邮　编：527300
电　话：(0766)8816688

云浮市意达广告装饰有限公司
地　址：云浮市云河滨东路255号
邮　编：527300
电　话：(0766)8823765

云浮市永丽广告装饰有限公司
地　址：云浮市云城区兴云东路8号
邮　编：527300
电　话：(0766)8863395

云浮市粤云广告装饰有限公司
地　址：云浮市云城镇星岩三路68号
邮　编：527300
电　话：(0766)8821984

云浮市云城光明广告公司
地　址：云浮市云城区星岩二路76号
邮　编：527300
电　话：(0766)8828284

湛江开发区广告公司
地　址：湛江市椹川大道北60号棉织三厂内
邮　编：524000
电　话：(0759)3218891　3334908

湛江市佳艺广告有限公司
地　址：湛江市椹川大道家具城对面
邮　编：524000
电　话：(0759)2274799

湛江市金枫广告有限公司
地　址：湛江市霞山区解放东路10号
邮　编：524013
电　话：(0759)2202103

湛江市日月广告设计有限公司
地　址：湛江市赤坎区康顺路33号虹都大厦B座401室
邮　编：524043
电　话：(0759)3177342

湛江市世方广告有限公司
地　址：湛江市霞山区人民大道南114号
邮　编：524000
电　话：(0759)2231098

湛江市新浪潮广告有限公司
地　址：湛江市霞山区海景路9号702
邮　编：524009
电　话：(0759)2380050

湛江市永固广告有限公司
地　址：湛江市霞山区海滨大道南46号绿茵家园C栋309室
邮　编：524000
电　话：(0759)2261243

肇庆市彩虹广告有限公司
地　址：肇庆市和平路2号
邮　编：526238
电　话：(0758)2310918

肇庆市广播电视发展总公司
地　址：肇庆市古塔南路6号
邮　编：526238
电　话：(0758)2224288

肇庆市金桐广告有限公司
地　址：肇庆市古塔中路16号一幢201
邮　编：526238
电　话：(0758)2281101

肇庆市前丰广告有限公司
地　址：肇庆市工农南路丽日华庭南面首层
电　话：(0758)2271843

肇庆市一帆广告有限公司
地　址：肇庆市江滨东路59号华英花苑首层
邮　编：526238
电　话：(0758)2327388

肇庆市智尚广告设计有限公司
地　址：肇庆市玑东路科技学院南侧
邮　编：526238
电　话：(0758)2203444

中山市腾龙互动信息广告工程有限公司
地　址：中山市东区东苑路8卡
邮　编：528400
电　话：(0760)88311425

中山市通润广告装饰工程有限公司
地　址：中山市东区土瓜岭颐富苑二座
邮　编：528403
电　话：(0760)

中山市中城创建广告有限公司
地　址：中山市桃源路东景亭B座101
邮　编：528403
电　话：(0760)88331078

珠海博爵企业策划广告有限公司
地　址：珠海市吉大景乐路55号珠光电子大厦四楼
电　话：(0756)3369016

珠海经济特区王牌广告艺术有限公司
地　址：珠海市香洲区银桦新村1栋2201
邮　编：519000
电　话：(0756)3360688

珠海市北合广告制作有限公司
地　址：珠海市吉大水湾路386号
电　话：(0756)3368081

珠海市集艺斋广告有限公司
地　址：珠海市柠溪路100号
电　话：(0756)2278883

珠海市世纪星马广告有限公司
地　址：珠海市拱北水湾路60号红塔大厦501室
电　话：(0756)3358222

珠海市天王广告有限公司
地　址：珠海市香洲区红山路288号国际科技大厦B座610
邮　编：519000
电　话：(0756)2521686

珠海市万象广告发展有限公司
地　址：珠海市香洲区银桦路8号深圳发展银行大厦15楼A2
邮　编：519000
电　话：(0756)2173878

珠海市消费黄页信息有限公司
地　址：珠海市人民东路163号珠信大厦519室
邮　编：519000
电　话：(0756)2297315

广播电视类

广东南方电视台
地　址：广州市环市东路331号北座
邮　编：510066
电　话：(020)61228693

珠海人民广播电台
地　址：珠海市九洲大道东1129号
邮　编：519015
电　话：(0756)3325639

深圳广播电影电视集团
地　址：深圳市福田区鹏城一路深圳广电大厦19楼
邮　编：518026
电　话：(0755)88310170

江门广播电视台经营中心
地　址：江门市鹏江区建设二路2号长怡商业中心4楼
邮　编：529000

电　话：(0750)3239333

德庆县电视台
地　址：肇庆市德庆县
电　话：(0758)7789028

茂名广播电视台广告中心
地　址：茂名市迎宾4路
邮　编：525000
电　话：(0668)2966619

罗定市广播电视局广告部
地　址：罗定市迎宾路广播电视台首层
邮　编：527200
电　话：(0766)3839529

潮州广播电视台广告中心
地　址：潮州市西荣路48号附楼
邮　编：521000
电　话：(0768)2180030

东莞电视台广告经营中心
地　址：东莞市东城南路电视综合大楼正对面广告经营中心
邮　编：523129
电　话：(0769)

恩平市广播电视台
地　址：恩平市恩城广新街1号(冯如广场侧)
电　话：(0750)7722286

佛山人民广播电台
地　址：佛山市新城区裕和路新闻中心电台大楼6楼经营中心
邮　编：528000
电　话：(0757)28365866

广州电视台广告部
地　址：广州市先烈中路69号东山广场31层
邮　编：510095
电　话：(020)87320818

广州人民广播电台
地　址：广州市环市中路231号
电　话：(020)

广州市广播电视台
地　址：广州市环市中路233号
邮　编：510010
电　话：(020)87320576

惠州市电视台广告部
地　址：惠州市下埔
电　话：(0752)

江门市广播电视广告中心
地　址：江门市建设二路长怡商业中心4楼
邮　编：529000
电　话：(0750)3239333-808

开平电视台广告部
地　址：开平市长沙东兴大道安吉路东1号
电　话：(0750)2219858

开平人民广播电台广告部
地　址：开平市东兴大道安吉路东1号广播电视中心
电　话：(0750)2283433

梅州电视台
地　址：梅州市江北文化公园侧
邮　编：514011
电　话：(0753)2187666

梅州市广播电视台广告中心
地　址：梅州市江北文化公园侧广播电视台广告中心
电　话：(0753)2187666

汕头人民广播电台
地　址：汕头市潮汕路广播电视中心广播广告部
邮　编：515021
电　话：(0754)88210960

韶关电视台
地　址：韶关市武江北路60号海景花园A座2层
邮　编：512026
电　话：(0751)8915070

台山市广播电视台广告部
地　址：台山市台城镇双亭街18号
电　话：(0750)5511611

新兴县广播电视台广告部
地　址：云浮市新兴县新城镇城北新区C号地
邮　编：527400
电　话：(0766)2898238

信宜市电视台广告部
地　址：信宜市迎宾大道
邮　编：525300
电　话：(0668)8873990

阳江电台
地　址：漠江路114号
邮　编：529500
电　话：(0662)3419321

云浮电视台广告部
地　址：云浮市市区宝马路广播电视大楼2楼
邮　编：527300
电　话：(0766)8823599

肇庆广播电视台广告经营中心
地　址：肇庆市古塔南路6号肇庆广播电视台经营管理中心
邮　编：526040
电　话：(0758)2224288

珠海广播电视台
地　址：珠海香洲区银桦路500号
邮　编：519000
电　话：(0756)2526246

新闻出版类

广州日报
地　址：广州市人民中路同乐路10号
邮　编：510121
电　话：(020)81092501

南方报业传媒集团
地　址：广州市广州大道中289号
邮　编：510601
电　话：(020)87373998、87361468

羊城晚报社
地　址：广州市东风东路733号
邮　编：510085
电　话：(020)87133506

广州先锋报业有限公司
地　址：广州市海珠中路97号
邮　编：510120
电　话：(020)81330003

河源日报广告部
地　址：河源市沿江东路
邮　编：517000
电　话：(0762)3386290

河源晚报广告部
地　址：河源市红星路101号河源晚报社
邮　编：517000
电　话：(0762)3661599

梅州日报社广告部
地　址：梅州市沿江东路报业大厦
电　话：(0753)2263888

南方都市报
地　址：广州市越秀区广州大道中289号
邮　编：510600
电　话：(020)87366783、87366770

汕头经济特区报社广告中心
地　址：汕头市金新路
邮　编：515100
电　话：(0754)88312781

韶关日报社
地　址：韶关市熏风路11号
邮　编：512018
电　话：(0751)8914921

深圳报业集团
地　址：深圳市深南大道6008号
邮　编：518009
电　话：(0755)83518460

信息时报
地　址：广州市中山六路2号新宝利大厦1106室
邮　编：510180
电　话：(020)34323133

阳江日报社广告部
地　址：阳江市万福路5号
邮　编：529500
电　话：(0662)3280289

云浮日报社
地　址：云浮市城南天鹅路2号
邮　编：527300
电　话：(0766)8860888

珠海特区报社
地　址：珠海市香洲区银桦路566号
邮　编：519000
电　话：(020)2639890

珠江时报社
地　址：佛山市南海区南桂西路桂园39号珠江时报
邮　编：528000
电　话：(0757)82732198

足球报社
地　址：广州市海珠中路97号足球报社
邮　编：510120
电　话：(020)81330001

广西壮族自治区

公　司　类

广西综路传媒有限公司
地　址：南宁市金湖路55号亚航财富中心19层
邮　编：530028
电　话：(0771)5515828

贵港市飞翔广告传媒有限公司
地　址：贵港市京港大道财富中心9楼
邮　编：537100
电　话：(0775)4569898

北海广告美术公司
地　址：北海市长青路24号
邮　编：536000
电　话：(0779)3058132

防城港市白马广告有限公司
地　址：防城港市防城区育财路3号
邮　编：538021
电　话：(0770)3258501

防城港市东南广告装饰艺术有限公司
地　址：防城港市防城区富兴路27号
邮　编：538021
电　话：(0770)3258986

广西超然广告公司
地　址：南宁市葛村路9号珉旖大厦
邮　编：530022
电　话：(0771)5840458

广西科嘉艺营销广告有限公司
地　址：南宁市七星路137号外贸大厦16楼
邮　编：530022
电　话：(0771)5332114

广西科嘉艺营销广告有限责任公司
地　址：南宁市七星路137号16楼
邮　编：530022
电　话：(0771)5332114

贵港市木林森广告公司
地　址：贵港市江北大道中段港北区人民医院路口
邮　编：537100
电　话：(0775)4243226

贵港市邮政局广告部
地　址：贵港市中山北路
邮　编：537100
电　话：(0775)4552801

合众鼎原国际传媒广告贵港分公司
地　址：贵港市劳动保障局内
邮　编：537100
电　话：(0775)4556726

河池市海顿文化传播有限公司
地　址：河池市南新西路149号
邮　编：547000

电　话：(0778)2299290

河池市华宇广告有限公司
地　址：河池市新建路118号华隆假日城堡A栋1单元301室
邮　编：547000
电　话：(0778)2291043

河池市金城江广告有限公司
地　址：河池市南新西路123-18号
邮　编：547000
电　话：(0778)2299127

河池市龙滩广告营销有限公司
地　址：河池市文体路文华园5号
邮　编：547000
电　话：(0778)2295359

河池市英岳广告策划有限公司
地　址：河池市南新西路483-2号
邮　编：547000
电　话：(0778)2202440

贺州市东风广告公司
地　址：贺州市建设东路银河院
邮　编：542800
电　话：(0774)5126028

来宾市银龙广告有限责任公司
地　址：来宾市北海南路32号
电　话：(0772)4215206

柳州市纳川田广告有限公司
地　址：柳州市海关路4号
邮　编：545001
电　话：(0772)2924964

柳州市一禾广告有限公司
地　址：柳州市潭中东路17号华信国际A座1101号
邮　编：545001
电　话：(0772)2851111

南宁金岛广告有限公司
地　址：南宁市双拥路40号汇金苑大厦10楼
邮　编：530022
电　话：(0772)5597136

南宁两岸策划广告有限责任公司
地　址：南宁市民族大道东段81号气象大厦17层
邮　编：530012
电　话：(0771)5843131

南宁市公交车厢广告公司
地　址：南宁市民族大道82号嘉和城南湖之都1807号
邮　编：530012
电　话：(0771)5761661

南宁智锐影视营销广告有限公司
地　址：南宁市金洲路25号太平洋世纪广场A座1506室
邮　编：530022
电　话：(0771)5888100

日高广告
地　址：百色市右江区向阳路7号阳光新城7层708室
邮　编：533000
电　话：(0776)2837033

梧州珍宝广告有限公司
地　址：梧州市文栏路88号
邮　编：543000
电　话：(0774)3826783

右江广告公司
地　址：百色市中山一路7号
邮　编：533000
电　话：(0776)2891322

玉林金拇指广告装饰有限公司
地　址：玉林市广场东路425号
邮　编：537000
电　话：(0775)2812471

玉林市超时代广告有限公司
地　址：玉林市民主中路343号
邮　编：537000
电　话：(0775)2838642

玉林市天和广告装饰有限公司
地　址：玉林市教育中路625号
邮　编：537000
电　话：(0775)2852888

玉林正泰彩印包装有限公司
地　址：玉林市经济开发区正泰路1号
邮　编：537000
电　话：(0775)2825949

至尊广告公司
地　址：百色市田东县
邮　编：531500
电　话：(0776)5230066

广播电视类

广西电视台
地　址：广西南宁市民族大道73号
邮　编：530022
电　话：(0771)2196195

百色电视台广告部
地　址：百色市右江区城北二路18号
邮　编：533000
电　话：(0776)2823355

北海电视台
地　址：北海市贵州路36号
邮　编：536000
电　话：(0779)3032374

北海人民广播电台广告部
地　址：北海市贵州路36号北海人民广播电台
邮　编：536000
电　话：(0779)3033486、3055727

大新电视台广告部
地　址：崇左市大新镇广播电视局
邮　编：532300
电　话：(0771)3632988

防城港市广播电视广告中心
地　址：防城港市港口区四川路79号
邮　编：538001
电　话：(0770)2826901

广西钦州市电视台广告中心
地　址：钦州市丽桥街18号
邮　编：535000
电　话：(0777)2827288

广西人民广播电台广告部
地　址：南宁市民族大道75号
邮　编：530022
电　话：(0771)5802638

贵港人民广播电台广告部
地　址：贵港市广播电视台广告部
邮　编：537100
电　话：(0775)4235566

桂林电视台
地　址：桂林市安新洲广播电视大楼
邮　编：541002
电　话：(0773)3840344

桂平市广播电视台
地　址：桂平市桂贵路
邮　编：537200
电　话：(0775)3384222

河池市电视台广告部
地　址：河池市新建路93号
邮　编：547000
电　话：(0778)2288255

柳州电视台广告部
地　址：柳州市桂中大道1号
邮　编：545006
电　话：(0772)2695333

柳州人民广播电台
地　址：柳州市桂中大道1号
邮　编：545006
电　话：(0772)2695058

柳州市广播电视中心
地　址：柳州市桂中大道1号广告部
邮　编：545006
电　话：(0772)2695025

龙州县电视台广告部
地　址：崇左市龙州县白沙镇白沙街74号
邮　编：532400
电　话：(0771)8823288

梧州市电视台广告信息中心
地　址：梧州市新兴三路69号
邮　编：543000
电　话：(0774)3825869

象州电视台广告部
地　址：象州县广播电视局
电　话：(0772)2981595

雅安电视台
地　址：雅安市苍平山环山路9号
邮　编：625000
电　话：(0835)2221916

宜州市广播电视局广告部
地　址：宜州市庆远镇公园东路8号
邮　编：546300
电　话：(0778)3141371

新闻出版类

柳州日报社
地　址：柳州市中山西路67号
邮　编：545001
电　话：(0772)2824727

北海广播电视报广告部
地　址：北海市市贵州路36号
邮　编：536000
电　话：(0779)3072999

防城港日报社广告部
地　址：防城港市贵州路18号
邮　编：538001
电　话：(0770)2825278

广西日报
地　址：南宁市民主路21号
邮　编：530026
电　话：(0771)5690162

贵港日报社
地　址：贵港市江北大道西段石羊塘报社大楼
邮　编：537100
电　话：(0775)4523230

河池日报社
地　址：河池市南新西路119号
邮　编：547000
电　话：(0778)2250464

柳州广播电视报
地　址：柳州市桂中大道1号
邮　编：545007
电　话：(0772)2695331

南国早报
地　址：南宁市民主路21号
邮　编：530026
电　话：(0771)5645863、5690162

南宁日报
地　址：南宁市嘉宾路2号新闻大厦1楼新闻中心
邮　编：530028
电　话：(0771)5530672、5530557

南宁晚报
地　址：南宁市嘉宾路2号新闻大厦1楼新闻中心
邮　编：530028
电　话：(0771)5530704

右江日报广告部
地　址：百色市中山一路7号
邮　编：533000
电　话：(0776)2893075

海南省

公司类

海南日报社
地　址：海口市金盘路30号
邮　编：570216
电　话：(0898)66810260、66810504

海南画王广告有限公司
地　址：海口市龙魂南路39-2号肖海阳光大厦3楼
电　话：(0898)66759191

海口惠嘉广告有限公司
地　址：海口市世贸东路世贸大厦F座1808
邮　编：570125
电　话：(0898)68513196

海口领先广告有限公司
地　址：海口市滨海大道财富广场13AA1座
邮　编：570105
电　话：(0898)66786996

海口天使广告有限公司
地　址：海口市南海大道2号A栋5单元509
邮　编：570106
电　话：(0898)66899298

海南白马广告有限公司
地　址：海口市海福一横路华宇大厦1003室
邮　编：570203
电　话：(0898　0898)65365887

海南国语广告有限公司
地　址：海口市金贸区世贸东路2号世贸中心E座19层1907房
邮　编：570125
电　话：(0898)68520520

海南中视集团
地　址：海口市滨海大道123号鸿联商务广场7、11层
邮　编：570105
电　话：(0898)68583399

三亚大方广告有限公司
地　址：三亚市新风路金鹿大厦A座3楼
邮　编：572200
电　话：(0898)88276766

三亚富亚广告有限公司
地　址：三亚市解放二路2中商务楼2楼铺面
邮　编：572000
电　话：(0898)88256138

三亚三森广告有限公司
地　址：三亚市解放二路69号
邮　编：572000
电　话：(0898)88282858

三亚文王广告装饰工程有限公司
地　址：三亚市解放二路
邮　编：572000
电　话：(0898)88233117

广播电视类

海南广播电视总台综合频道广告部
地　址：海口市南沙路61号海南广播电视台1楼
邮　编：570206
电　话：(0898)66818889

海口广播电视台广告信息中心
地　址：海口市中沙路十五号
邮　编：570216
电　话：(0898)66801273

海口电视台广告部
地　址：海口市金盘中沙路15号广电大厦11楼
邮　编：570207
电　话：(0898)66801277

海口广播电视台广告中心
地　址：海口市新华区玉沙路42号
邮　编：570125
电　话：(0898)66801272

三亚广播电视台
地　址：三亚市解放四路新闻大厦1层
邮　编：572000
电　话：(0898)88899545

新闻出版类

海口晚报社广告部
地　址：海口市南沙路69号
邮　编：570206
电　话：(0898)66829835

海南日报报业集团广告中心
地　址：海口市金盘路30号
邮　编：570216
电　话：(0898)66810666

海南特区报
地　址：海口市龙昆南路89号汇龙广场3单元4楼
邮　编：570206
电　话：(0898)66725877

四川省

公 司 类

成都大西南广告公司
地 址：成都市总府路15号王府井商务公寓B座18A
邮 编：610016
电 话：(028)86784466

攀枝花市创世纪广告公司
地 址：攀枝花市炳草岗文响巷29号
邮 编：617000
电 话：(0812)3356333

攀枝花市红帆海肯广告有限公司
地 址：攀枝花市炳草岗人民街490号
邮 编：617000
电 话：(0812)3344999

攀枝花市市政广告有限公司
地 址：攀枝花市鸿福县15号
邮 编：617000
电 话：(0812)3329975

四川华视广告策划有限公司
地 址：成都市高升桥东路罗马假日广场嘉乐楼7楼
邮 编：610041
电 话：(028)85108525

四川省巴蜀新形象广告传媒股份有限公司
地 址：成都市鼓楼南街117号世界贸易中心A座20层
邮 编：610017
电 话：(028)86758811、86782266

四川省邮政广告公司
地 址：成都市下南大街2号
邮 编：610012
电 话：(028)86166563

四川西南国际广告有限公司
地 址：成都市青羊区太升北路58号江信大厦24层
邮 编：610017
电 话：(028)66103944

广播电视类

四川电视台广告部
电 话：(028)87797755

四川广播电视台广告经营中心电视广告部
地 址：成都市西安中路42号
邮 编：610072
电 话：(028)87785577

四川人民广播电台
地 址：成都市红星路二段119号副1号四川广播电视台
邮 编：610017
电 话：(028)86526271

巴中电视台
地 址：巴中市巴州区巴通大道155号
邮 编：636000
电 话：(0827)5221974

达州人民广播电台
地 址：达州市通川区金龙大道广电中心
邮 编：635000
电 话：(0818)2376296

达州市电视台
地 址：达州市通川区金龙大道广电中心
邮 编：635000
电 话：(0818)2372817

广元电视台广告中心
地 址：广元市建设路105号
邮 编：628000
电 话：(0839)3264841

绵阳电视台广告部
地 址：绵阳市一环路南段232号
邮 编：621000
电 话：(0816)2262837

内江人民广播电台
地 址：内江市中区祥龙山祥龙路一巷33号
邮 编：641000
电 话：(0832)2053190

南充广播电台
地 址：南充市顺庆区丝绸路12号
邮 编：637000
电 话：(0817)2805966

南充市电视台
地 址：南充市顺庆区丝绸路6号广电大厦
邮 编：637000
电 话：(0817)2808456

攀钢电视台广告部
地 址：攀枝花市东区向阳村农贸楼5层传媒中心广告部
邮 编：617067
电 话：(0812)3391624

攀枝花广电节目广告中心
地 址：攀枝花市炳草岗2街坊原有线电视台2楼 617000
邮 编：617000
电 话：(0812)3333898

宜宾电视台
地 址：宜宾市翠屏区南岸长江大道中段7号
邮 编：644000
电 话：(0831)23333422

新闻出版类

成都日报
地 址：成都市庆云南街19号成都日报广告部
邮 编：610017
电 话：(028)86740203、86623932

成都商报

地　址：成都市书院西街一号
邮　编：610016
电　话：(028)86750822

成都晚报
地　址：成都市书院西街亚太大厦4层
邮　编：610016
电　话：(028)86512111

南充广播电视报广告部
地　址：南充市顺庆区丝绸路6号广电大厦5楼
邮　编：637000
电　话：(0817)2805979

四川农村日报
地　址：成都市红星中路2段70号
邮　编：610012
电　话：(028)86968406

四川省达州日报社
地　址：达州市通川区通川中路118号
邮　编：635000
电　话：(0818)2377273

天府早报
地　址：成都市红星中路2段70号
邮　编：610000
电　话：(028)86968707

贵州省

公司类

遵义风火广告有限公司
地　址：遵义市香港路港湾丽都c栋401室
邮　编：563000
电　话：(0852)8975933

贵州高速广告有限公司
地　址：贵阳市富水中路16号天业大厦
邮　编：550001
电　话：(0851)5818110

贵州天马广告传媒有限公司
地　址：贵阳市瑞金南路25号贵州电视台大楼A区4楼
邮　编：550002
电　话：(0851)5377368

贵州天马广告公司
地　址：贵阳市贵州贵阳市神奇路1号
电　话：(0851)5377362、5377319

广播电视类

安顺电视台广告部
地　址：安顺市西秀区金虹路18号
邮　编：561000
电　话：(0853)3281198

毕节电视台
地　址：毕节市市东环城路184号
邮　编：551501
电　话：(0857)8293688

赤水市广播电视台广告部
地　址：赤水市广播电视台广告部
邮　编：564700
电　话：(0852)2821426

贵州电视台广告运营中心
地　址：贵阳市瑞金南路25号
邮　编：550002
电　话：(0851)5377249

六盘水电视台广告部
地　址：六盘水市钟山开发区交通路电视台
邮　编：553000
电　话：(0858)8686673

黔南人民广播电台广告部
地　址：都匀市普安路86号
邮　编：558000
电　话：(0854)8226330

铜仁市广播电视台广告部
地　址：铜仁市解放路27号
邮　编：554300
电　话：(0856)5211318

遵义电视台广告部
地　址：遵义市大兴路湘江大厦4层
邮　编：563000
电　话：(0852)8221819

新闻出版类

法制生活报
地　址：贵阳市解放路224号
邮　编：550002
电　话：(0851)5895004

贵阳日报传媒集团
地　址：贵阳市中山东路25号
邮　编：550002
电　话：(0851)5817999

贵阳日报传媒集团广告部
地　址：贵阳市中山东路25号
邮　编：550002
电　话：(0851)5860467

贵阳晚报社广告中心
地　址：贵阳市中山东路25号
邮　编：550002
电　话：(0851)5860467

贵州广播电视报
地　址：贵阳市青云路302号
邮　编：550002
电　话：(0851)5984286

贵州日报报业集团
地　址：贵阳市宝山北路372号
邮　编：550001
电　话：(0851)6626333、6625823

贵州商报
地　址：贵阳市宝山北路372号
邮　编：550001
电　话：(0851)6625066

经济信息时报
地　址：贵阳市西湖路 100 号
邮　编：550002
电　话：(0851)5895119

铜仁日报
地　址：铜仁市开发区梵净山大道
邮　编：554300
电　话：(0856)5250210

西部开发报
地　址：贵阳市南厂路 19 号
邮　编：550002
电　话：(0851)6625035

云南省

公　司　类

昆明白宇现代广告有限公司
地　址：昆明市东风东路 36 号建工大厦 18 层
电　话：(0871)3104286

昆明风驰传媒有限公司
地　址：昆明市江滨西路 47 号鸿城广场 8 楼
邮　编：650021
电　话：(0871)3142212

昆明高新白马广告有限公司
地　址：昆明市人民西路 51 号
邮　编：650021
电　话：(0871)3622666

昆明公交(集团)有限责任公司广告分公司
地　址：昆明市北市区霖雨路 146-148 号
邮　编：650224
电　话：(0871)5815978

昆明市广告公司
地　址：昆明市青年路小花园
邮　编：650031
电　话：(0871)3191520

昆明铁路客运广告公司
地　址：昆明市官渡区 南窑新村 319 号客运公司内
邮　编：650011

云南白马广告有限公司
地　址：昆明市人民西路 51 号
邮　编：650031
电　话：(0871)3617999

云南杰地广告工程有限公司
地　址：昆明市学府路金鼎科技园创业服务中心大楼
邮　编：650031
电　话：(0871)5329128

云南体育广告公司
地　址：昆明市东风东路 14 号省体育场 7 号门
邮　编：650041
电　话：(0871)3176162

云南星耀高科技发展有限公司
地　址：昆明市环城东路 279 号
邮　编：650041
电　话：(0871)3336688

云南玉昆广告有限公司
地　址：昆明市关上中心区 24 号
邮　编：650200
电　话：(0871)7151308

广播电视类

中国云南电视台广告中心
地　址：昆明市人民西路 182 号
邮　编：650031
电　话：(0871)5368098

怒江电视台广告部
地　址：怒江州泸水县六库镇向阳西路
邮　编：673100
电　话：(0886)3622566

昆明电视台
地　址：昆明市西园路 902 号集成大厦 2 楼
邮　编：650118
电　话：(0871)5352168

迪庆州人民广播电台广告部
地　址：迪庆州香格里拉县建塘镇长征大道 37 号
邮　编：674400
电　话：(0887)8222189

保山电视台
地　址：保山市建设路 76 号保山电视台广告部
邮　编：678000
电　话：(0875)2209155

大理电视台
地　址：大理市兴盛路 18 号
邮　编：671000
电　话：(0872)2121540

德宏电视台广告部
地　址：潞西市芒市南蚌路 51 号
邮　编：678400
电　话：(0692)2121159

迪庆州电视台广告部
地　址：迪庆州香格里拉县建塘镇长征路中段
邮　编：674400
电　话：(0887)8222469

红河电视台
地　址：红河州个旧市中山路红河电视台
邮　编：661000
电　话：(0873)2124783

红塔区电视台广告信息中心
地　址：玉溪市玉兴路 51 号
邮　编：653100
电　话：(0877)2038202

昆明电视台广告部
地　址：昆明市西园路 902 号集成大

厦2-3层
邮　编：650118
电　话：(0871)5353555

西双版纳州电视台
地　址：西双版纳州广电路4号
邮　编：666100
电　话：(0691)2124135

玉溪电视台广告信息中心
地　址：玉溪市棋阳路117号
邮　编：653100
电　话：(0877)2038202

云南电视台
地　址：昆明市人民西路183号
邮　编：650031
电　话：(0871)5355555

云南电视台广告中心
地　址：昆明市人民西路182号
邮　编：650031

云南人民广播电台
地　址：昆明市人民西路182号
邮　编：650031
电　话：(0871)5310441

新闻出版类

云南信息报
地　址：昆明市滇池路口电池书城4楼
邮　编：650031
电　话：(0871)4155126、4155797

都市时报
地　址：昆明市丹霞路新闻中心大楼11楼
邮　编：650118
电　话：(0871)5391950、5391903

春城晚报
地　址：昆明市新闻路337号
邮　编：650032
电　话：(0871)4100000办

大众消费报
地　址：昆明市新闻路337号
邮　编：650032
电　话：(0871)3649700

昆明日报社
地　址：昆明市丹霞路198号
邮　编：650118
电　话：(0871)5391909

生活新报社
地　址：昆明市证券大厦2楼（春城路62号）
邮　编：650011
电　话：(0871)3115615

云南经济日报社
地　址：昆明市新闻路339号
邮　编：650021
电　话：(0871)4108623

云南法制报
地　址：昆明市书林街石桥铺28号
邮　编：650011
电　话：(0871)3196428

云南日报广告中心
地　址：昆明市新闻路337号
邮　编：650032
电　话：(0871)4155975

云南信息报
地　址：昆明市滇池路滇池书城
邮　编：650034
电　话：(0871)3609910、4155287

陕西省

公　司　类

陕西瑞翔广告装饰有限责任公司
地　址：西安市高新区高新六路52号C座5层
邮　编：710065
电　话：(029)88453397

西安美灵广告有限责任公司
地　址：西安市高新区新型工业园企业一号公园23号
邮　编：710061
电　话：(029)85691811

西部机场集团广告传媒（西安）有限公司
地　址：西安市莲湖区沣镐路2号
邮　编：710082
电　话：(029)88791304

宝鸡市国强广告策划有限公司
地　址：宝鸡市车站广场中平12号
邮　编：721000
电　话：(0917)3231788

宝鸡市华沙广告有限责任公司
地　址：宝鸡市西凤路11号317室
邮　编：721000
电　话：(0917)3206986

宝鸡市吉协广告装饰工程有限公司
地　址：宝鸡市渭滨区广元路6号
邮　编：721000
电　话：(0917)3229954

宝鸡市精彩飞扬文化传播有限公司
地　址：宝鸡市英达路13号
邮　编：721006
电　话：(0917)3600586

宝鸡市俊成影像广告有限公司
地　址：宝鸡市经二路106号
邮　编：721000
电　话：(0917)3225508

宝鸡市美典艺术广告有限责任公司
地　址：宝鸡市汉中路南段1号
邮　编：721000
电　话：(0917)3240197

宝鸡市明珠广告有限责任公司
地　址：宝鸡市西凤路1号院
邮　编：721000

电 话：(0917)3455759

宝鸡市三彩广告有限责任公司

地 址：宝鸡市西凤路步行街
邮 编：721000
电 话：(0917)3229925

宝鸡市新兴广告装饰有限责任公司

地 址：宝鸡市西凤路南段 12 号
邮 编：721000
电 话：(0917)3228433

宝鸡市艺帆广告装饰有限责任公司

地 址：宝鸡市火炬路 4 号创新大厦 302 室
邮 编：721000
电 话：(0917)6807777

宝鸡市志德广告有限责任公司

地 址：宝鸡市滨河路 1 号图书馆西侧
邮 编：721000
电 话：(0917)3225110

金桥广告有限公司

地 址：咸阳市杨凌示范区西农路
邮 编：712100
电 话：(029)87018644

洛南县邮政局广告部

地 址：洛南县城
邮 编：726100
电 话：(0914)7322699

陕西环美广告有限公司

地 址：西安市西高新亚美大厦聚福阁 303
邮 编：712100
电 话：(029)88313493

陕西巨象广告有限责任公司

地 址：西安市南二环民生银行大厦 606 室
邮 编：710065
电 话：(029)88255555

陕西理想艾科广告装饰有限责任公司

地 址：宝鸡市西凤路 11 号太阳商城写字楼 6 楼
邮 编：721000
电 话：(0917)3222687

商洛市大羽广告装饰有限公司

地 址：商洛市州城路
邮 编：726000
电 话：(0914)2319832

商洛市慧通广告信息有限公司

地 址：商洛市黄沙桥东 200 米（商州区外贸公司 1 楼）
邮 编：726000
电 话：(0914)2311855

商洛市世纪广告装饰有限公司

地 址：商洛市商州商城 20 号楼
邮 编：726000
电 话：(0914)2333022

商洛市邮政局广告部

地 址：商洛市邮政局
邮 编：726000
电 话：(0914)2336535

西安麦道品牌传播有限公司

地 址：西安市西华门 1 号凯爱大厦 B-8-8
邮 编：710003
电 话：(029)87201299

西安三安国际传媒有限公司

地 址：西安市高新区沣惠南路 2 号杰座广场 703 室
邮 编：710075
电 话：(029)88328877

西安沙龙广告装饰公司

地 址：西安市长安中路 89 号阳明国际 19 层
邮 编：710061
电 话：(029)85262588

杨凌创想广告有限公司

地 址：西安市杨凌示范区会展路 1 号
邮 编：712100
电 话：(029)87036661

杨凌红苹果广告设计公司

地 址：西安市杨凌示范区公园路东段
邮 编：712100
电 话：(029)87019129

杨凌华丽雅广告装饰有限公司

地 址：西安市杨凌示范区康乐东路
邮 编：712100
电 话：(029)87015177

杨凌金桥广告有限公司

地 址：西安市杨凌示范区西农路 6 号老管委会 315 室
邮 编：712100
电 话：(029)87018644

杨凌前沿广告设计工作室

地 址：西安市姚安西二街
邮 编：712100
电 话：(029)87010690

杨凌三和文化传播有限公司

地 址：西安市杨凌康乐路 33 号
邮 编：712100
电 话：(029)87019700

杨凌卓艺广告有限公司

地 址：西安市杨凌示范区饮食街
邮 编：712100
电 话：(029)87015258

广播电视类

西安人民广播电台广告中心

地 址：西安市曲江池西路 60 号
邮 编：710065
电 话：(029)88402173、88404700

安康电视台

地 址：安康市大桥路 9 号
邮 编：725000
电 话：(0915)3214219

陕西人民广播电台

地 址：西安市西长安南路 336 号
邮 编：710061
电 话：(029)85339380

商洛电视台

地 址：商洛市团结路 28 号
邮 编：726000
电 话：(0914)2333368

安康电视台广告中心

地　址：安康市大桥路9号
邮　编：725000
电　话：(0915)3214505、3214219

安康人民广播电台
地　址：安康市巴山中路113号
邮　编：725000
电　话：(0915)3213571

宝鸡电视台广告中心
地　址：宝鸡市新建路东段4号
邮　编：721000
电　话：(0917)3210609、3213837

汉中电视台广告中心
地　址：汉中市东建设巷14号
邮　编：723000
电　话：(0916)2248866

汉中人民广播电台
地　址：汉中市前进东路电视塔一楼
邮　编：723000
电　话：(0916)2526699

太原电视台广告中心
地　址：太原市漪汾街2号
电　话：(0351)

铜川人民广播电台
地　址：铜川市铜川人民广播电台广告部
邮　编：727000
电　话：(0919)8102815

渭南电视台
地　址：渭南市东风街中段广电中心广告中心
邮　编：714000
电　话：(0913)8101088

渭南人民广播电台
地　址：渭南市临渭区西四路广电中心渭南人民广播电台
邮　编：714000
电　话：(0913)8101105

西安电视台广告中心
地　址：西安市曲江新区曲江池西路60号
邮　编：710065
电　话：(029)87811888

延安广播电视台
地　址：延安市百米大道
邮　编：716000
电　话：(0911)2119626

杨凌电视台
地　址：西安市杨凌示范区新桥路政务大厦8楼
邮　编：712100
电　话：(029)87033712

榆林电视台
地　址：榆林市灵秀街8号
邮　编：719000
电　话：(0912)3829077

新闻出版类

陕西日报社
地　址：西安市南大街3号
邮　编：710001
电　话：(029)87261661

宝鸡日报
地　址：宝鸡市经二路东段5号宝鸡日报社
邮　编：721000
电　话：(0917)3273352

汉中日报社广告中心
地　址：汉中市中山街41号汉中日报社
邮　编：723000
电　话：(0916)2513446

陕西工人报
地　址：西安市莲湖路239号
邮　编：713000
电　话：(029)87321847

陕西老年报
地　址：西安市西七路380号
邮　编：710003
电　话：(029)87251110、87214923

商洛日报
地　址：商洛市北新街西段商洛日报广告部
邮　编：726000
电　话：(0914)2317997

铜川日报
地　址：铜川市延安路78号铜川日报广告部
邮　编：727000
电　话：(0919)2681740

西安日报
地　址：西安太阳庙门街43号广告部
邮　编：710002
电　话：(029)87610267

西安商报
地　址：西安市解放路318号音像批发市场7楼
邮　编：710005
电　话：(029)82100373

西安晚报
地　址：西安市小南门里太阳庙街43号
邮　编：710002
电　话：(029)87618162、87610267

西安晚报广告部
地　址：西安市太阳庙门43号1层

咸阳日报
地　址：咸阳市渭阳西路付64号咸阳日报广告部
邮　编：712000
电　话：(029)33345966

延安日报
地　址：延安市南大街84号延安日报广告部
邮　编：716000
电　话：(0911)8216262

杨凌后稷印刷厂
地　址：西安市杨凌示范区西农路6号
邮　编：712100
电　话：(029)87018159

杨凌文达工艺美术社
地　址：西安市杨凌示范区西农路文达工艺社
邮　编：712100
电　话：(029)87013869

甘肃省

公　司　类

兰州智诚同辉文化传播有限公司
地　址：兰州市城关区雁南路588号天庆国际商务大厦10F
邮　编：730010
电　话：(0931)8569896

白银好美装饰有限公司
地　址：白银市全民健身广场商业城B区7号
邮　编：730900
电　话：(0943)8251111

白银日报
地　址：白银市白银区五星街36号
邮　编：730900
电　话：(0943)8303551

甘肃汇视广告传播有限公司
电　话：(0931)8875558

甘肃金轮文化传媒有限公司
电　话：(0931)4922348

甘肃省广告美术公司
电　话：(0931)8824235

甘肃新世纪广告装饰有限责任公司
地　址：城关区民主西路7号13层
邮　编：730000
电　话：(0931)13399466666

兰州大名广告有限责任公司
电　话：(0931)4640667

兰州公交集团万众广告彩印有限公司
电　话：(0931)8479438

兰州海润广告有限公司
电　话：(0931)4633333

庆阳市三木广告公司
地　址：庆阳市西峰区安定东路58号
邮　编：745000
电　话：(0934)8229155

庆阳市邮政广告公司
地　址：庆阳市西峰区北大街254号
邮　编：745000

庆阳协力广告有限公司
地　址：庆阳市西峰区南大街24号
邮　编：7450000
电　话：(0934)13309341222

广播电视类

甘肃省广播电影电视总台（集团）广告经营管理中心
地　址：兰州市城关区张苏滩561号
邮　编：730010
电　话：(0931)8569275

白银人民广播电台
地　址：白银市白银区王岘东路67号
邮　编：730900
电　话：(0943)6913555

定西电视台
地　址：定西市永定西路2号广电局1楼
邮　编：743000
电　话：(0932)8217588

靖远广播电影电视局
地　址：白银市靖远县城南大街
邮　编：730600
电　话：(0943)6135819

酒泉电视台
地　址：酒泉市苏州区酒泉电视台盘旋东路1-6号
邮　编：735000
电　话：(0931)2611440

平川广播电视台
地　址：白银市平川区平中路
邮　编：730913

新闻出版类

读者杂志社
地　址：兰州市南滨河东路520号
邮　编：730000
电　话：(0931)8773309

都市天地报
地　址：兰州市张掖路246号都市天地报广告部
邮　编：730030
电　话：(0931)8407777

金昌日报
地　址：金昌市长春路29号
邮　编：737100
电　话：(0935)8313822

酒泉日报广告部
地　址：酒泉市新城区神州路27号
邮　编：735000
电　话：(0937)2682343

兰州晨报
地　址：兰州市白银路123号兰州晨报广告部
邮　编：730030
电　话：(0931)8156338

兰州晚报
地　址：兰州市张掖路246号兰州晚报广告部
邮　编：730030
电　话：(0931)8489243、8467224

少年文摘报
地　址：兰州市城关区民主西路97号大公大厦9楼
邮　编：730030
电　话：(0931)8112383

西部商报
地　址：兰州市城关区白银路123号
邮　编：730030
电　话：(0931)8159339

青海省

公 司 类

青海国茂会展有限公司
电　话：(0971)8233386

青海巨洋广告有限公司
电　话：(0971)6166038

青海联丰广告有限公司
电　话：(0971)6110360

青海气象广告有限公司
电　话：(0971)6116912

青海远翔体育广告有限公司
电　话：(0971)82220888227033

西宁公交广告公司
电　话：(0971)6109668

西宁天下设计装饰公司
电　话：(0971)7725030

广播电视类

西宁人民广播电台
电　话：(0971)8211768

青海广播电台广播电视中心
电　话：(0971)6329334

青海电视台广告经营中心
地　址：西宁市昆仑路1号
邮　编：810001
电　话：(0971)6144323

青海人民广播电台
地　址：西宁市西关大街81号
邮　编：810008
电　话：(0971)6329348

西宁市广播电视局广告中心
地　址：西宁市南关街43号
邮　编：810000
电　话：(0971)8247464

新闻出版类

青海法制报
地　址：西宁市西关大街79号
邮　编：810000
电　话：(0971)6315171

青海青年报
地　址：西宁市北大街3号
邮　编：810000
电　话：(0971)4919209

青海日报
地　址：西宁市长江路5号青海日报广告中心
邮　编：810000
电　话：(0971)8457757

西海都市报
地　址：西宁市长江路10号西海都市报广告部
邮　编：810000
电　话：(0971)6109239

西海商报社广告部
地　址：西宁市长江路5号
邮　编：810000
电　话：(0971)8459787

西宁晚报
地　址：西宁市南关街43号
邮　编：810000
电　话：(0971)8248965

西海商报社
电　话：(0971)3595329

民族经济与社会发展杂志社
电　话：(0971)8482843

宁夏回族自治区

公 司 类

宁夏点合点广告传媒有限公司
电　话：(0951)6083088

宁夏动感飞扬广告有限公司
地　址：银川市公园街10号宁夏体育场东北角
邮　编：750001
电　话：(0951)5055661

宁夏黑马广告有限公司
电　话：(0951)5065518

宁夏宏强广告有限公司
地　址：银川市金凤区黄河东路888-1号恒泰大厦17-8F
邮　编：750004
电　话：(0951)6026875

宁夏众望广告有限公司
地　址：银川市清和北街30号（东升大厦3楼302）
电　话：(0951)6017766

吴忠市敦煌广告印刷有限公司
电　话：(0953)2056975

银川昊都快讯广告有限公司
地　址：银川市金凤区庆丰街159号
电　话：(0951)5011107

广播电视类

固原市电视台广告部
地　址：固原市中心路49号
邮　编：756000
电　话：(0954)2032539

宁夏气象影视中心
地　址：银川市开发区气象局大院
邮　编：750001
电　话：(0951)5029865

宁夏人民广播电台广告部
地　址：银川市新华东街53号
邮　编：750001
电　话：(0951)6041323

石嘴山电视台广告部
地　址：石嘴山市大武口区游艺西街357号
邮　编：753000
电　话：(0952)2022622

宁夏广电传媒集团有限公司广播广告部
地　址：银川市新华东街53号
邮　编：750001
电　话：(0951)6041323

银川有线电视台
地　址：银川市中山北街5号
电　话：(0951)6023264

新闻出版类

固原日报社广告部
地　址：固原市人民政府旁固原报业大厦
邮　编：756000
电　话：(0954)2032539

石嘴山日报社广告部
地　址：石嘴山市大武口区鸣沙路51号
邮　编：753000
电　话：(0952)2013137

宁夏日报社广告部
地　址：银川市中心南街47号
电　话：(0951)6093337

新消息报社
地　址：银川市中山南街47号
邮　编：750004
电　话：(0951)6032745

银川晚报广告部
电　话：(0951)6029134

宁夏广播电视报社
地　址：银川市鼓楼北街35号
邮　编：750000
电　话：(0951)6011046

新疆维吾尔自治区

公 司 类

斗星传媒
电 话：(0991)8312018

疆福成企划广告有限公司
电 话：(0991)2822083

润达尔广告
电 话：(0991)2303098

乌鲁木齐奥立广告有限责任公司
电 话：(0991)8880515

乌鲁木齐福成企划广告有限责任公司
电 话：(0991)2822069

乌鲁木齐华媒盛视传播有限公司
地 址：乌鲁木齐市新民路28号广电局1楼
邮 编：830002
电 话：(0991)8813355

乌鲁木齐金山峰广告公司
电 话：(0991)6160023

乌鲁木齐盛世联广营销广告公司
电 话：(0991)4822051

乌鲁木齐四强广告营销有限公司
电 话：(0991)2827801

乌鲁木齐头羊企划广告有限责任公司
电 话：(0991)6299999

新疆浩然广告有限公司
电 话：(0991)8780512

新疆普拉纳广告公司
电 话：(0991)2308289

新疆普拉纳广告有限公司
电 话：(0991)2308289

新疆威迪广告有限公司
电 话：(0991)2336383

广播电视类

乌鲁木齐电视台
地 址：乌鲁木齐市新民路28号
邮 编：830002
电 话：(0991)8986338、2622112

乌鲁木齐人民广播电台广告管理部
地 址：乌鲁木齐市红山路
邮 编：830002
电 话：(0991)8838222、2643284

新疆广播电视报
地 址：新疆乌鲁木齐市团结路84号
邮 编：830044
电 话：(0991)2561803

新闻出版类

新疆日报
地 址：乌鲁木齐市扬子江路1号
邮 编：830051
电 话：(0991)5818200

工人时报
地 址：乌鲁木齐体育馆路6号
邮 编：830002
电 话：(0991)2629514

乌鲁木齐晚报
地 址：乌鲁木齐市青年路20号
邮 编：830002
电 话：(0991)2626802

新疆都市报
地 址：乌鲁木齐市扬子江路1号新闻大楼
邮 编：830051
电 话：(0991)5893006

新疆法制报
地 址：乌鲁木齐市健康路11号
邮 编：830002
电 话：(0991)2834701

新疆经济报
地 址：乌鲁木齐市解放北路128号
邮 编：830002
电 话：(0991)2332212

西藏自治区

公 司 类

西藏南方广告有限公司
地 址：拉萨市夺底路10号天路康桑小区1栋1单元
邮 编：850000
电 话：(0891)6385750

民航西藏广告公司
地 址：拉萨市城关区娘热路1号民航局2楼
邮 编：850000
电 话：(0891)6829832

西藏国华广告有限公司
地 址：拉萨市林廓北路11号
邮 编：850000
电 话：(0891)6324230

西藏零点广告有限公司
地 址：拉萨市当热西路52号天路康灼小区31栋-1
邮 编：850000
电 话：(0891)6817167

西藏起点广告有限公司
地 址：拉萨市北京中路47号
邮 编：850000
电 话：(0891)6835818

西藏腾辉广告装饰工艺部
地 址：拉萨市江苏路人民体育场对面
邮 编：850000
电 话：(0891)6362379

西藏雅雪广告装饰有限公司
地 址：拉萨市林廓西路23号（拉萨中学北侧50米）
邮 编：850000
电 话：(0891)6816315

广播电视类

西藏电视台广告部
地 址：拉萨市北京中路180号
邮 编：850000
电 话：(0891)6820827

西藏人民广播电台
地 址：拉萨市北京中路41号
邮 编：850000
电 话：(0891)6831723、6831725

石河子电视台
地 址：石河子市北二路19号
邮 编：832000
电 话：(0993)6661888、2016463

哈密电视台
地 址：哈密市红星西路2号哈密电视台广告部
邮 编：839000
电 话：(0902)2231700、2260338

哈密人民广播电台
地 址：哈密市红星西路2号哈密广播电台广告部
邮 编：839000
电 话：(0902)2234185、2233100

新闻出版类

拉萨晚报
地 址：拉萨市江苏路19号拉萨晚报广告部
邮 编：850000
电 话：(0891)6339945

西藏日报
地 址：拉萨市朵森格路36号西藏日报广告部
邮 编：850000
电 话：(0891)6322866

西藏商报
地 址：拉萨市朵森格路36号西藏商报广告部
邮 编：850000
电 话：(0891)6349996

'2010中国广告年鉴

China Advertising Yearbook

广告刊户索引

Index

广告刊户索引